U0923762

“十二五”国家重点出版物出版规划项目

中国海事史

（古、近代部分）

交通运输部海事局 编

人民交通出版社股份有限公司
China Communications Press Co.,Ltd.

内 容 提 要

《中国海事史》(古、近代部分)详细地叙述了中国海事自远古至1949年的萌芽、兴起、发展的历史过程,以及所发生的重大历史事件、重要管理活动和重要管理工作,探索中国海事在国家经济、政治、军事,特别在航运、港口、造船、航道发展中的历史地位和安全保障作用。

本书史料翔实,内容丰富,可供海事管理人员和交通行业广大干部、职工借鉴。

图书在版编目(CIP)数据

中国海事史.古、近代部分 / 交通运输部海事局编
.—北京:人民交通出版社股份有限公司, 2017.9
ISBN 978-7-114-13756-3

Ⅰ.①中… Ⅱ.①交… Ⅲ.①海上运输-交通运输史
-中国-古代 ②海上运输-交通运输史-中国-近代
Ⅳ.①F552.9

中国版本图书馆CIP数据核字(2017)第074394号

Zhongguo Haishishi
书　　名:中国海事史(古、近代部分)
著 作 者:交通运输部海事局
责任编辑:韩亚楠　赵瑞琴　杨　捷
出版发行:人民交通出版社股份有限公司
地　　址:(100011)北京市朝阳区安定门外外馆斜街3号
网　　址:http://www.ccpress.com.cn
销售电话:(010)59757973
总 经 销:人民交通出版社股份有限公司发行部
经　　销:各地新华书店
印　　刷:北京盛通印刷股份有限公司
开　　本:880×1230　1/16
印　　张:23.75
字　　数:631千
版　　次:2017年9月　第1版
印　　次:2017年9月　第1次印刷
书　　号:ISBN 978-7-114-13756-3
定　　价:120.00元

▲借助天象导航（江苏连云港锦屏山将军崖岩画）

▶8000年前，跨湖桥独木舟

▲战国，鄂君启舟节

▲东汉，旗杆石（位于连云港花果山乡小村北小山）

▲唐代，怀圣寺光塔

▲宋代，泉州市舶司遗址

▲明清，总督漕运部院旧址

▲坐落在湄洲妈祖文化园山顶的妈祖雕像

▲明代，郑和船队下西洋

▲清代，京口救生会旧址

▲中英签订《南京条约》现场图（英国画家所绘油画）

◀厦门理船厅旧址

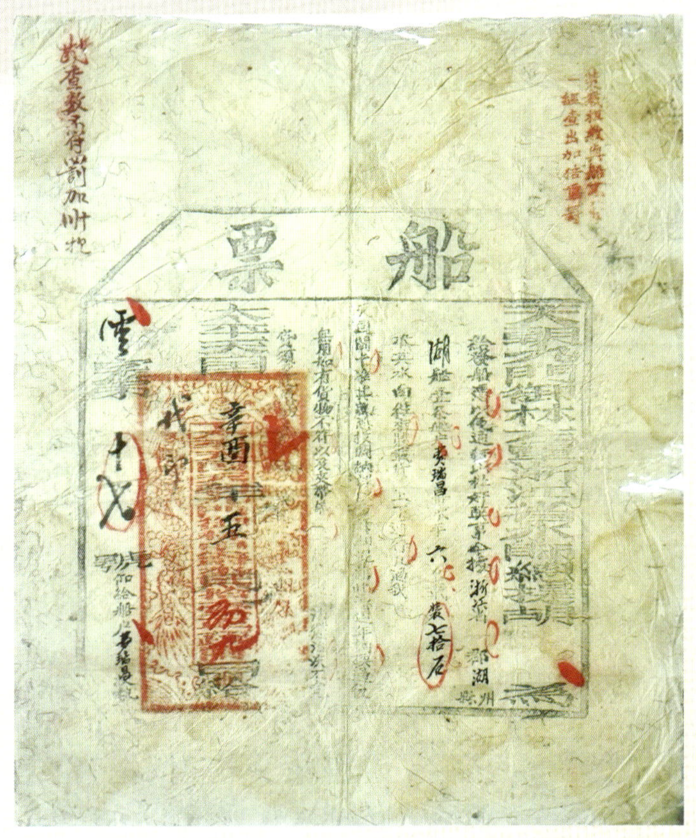
船票

◀太平天国行船“船票”

▶江海关旧址

▲福建船政学堂

▶南京国民政府交通部

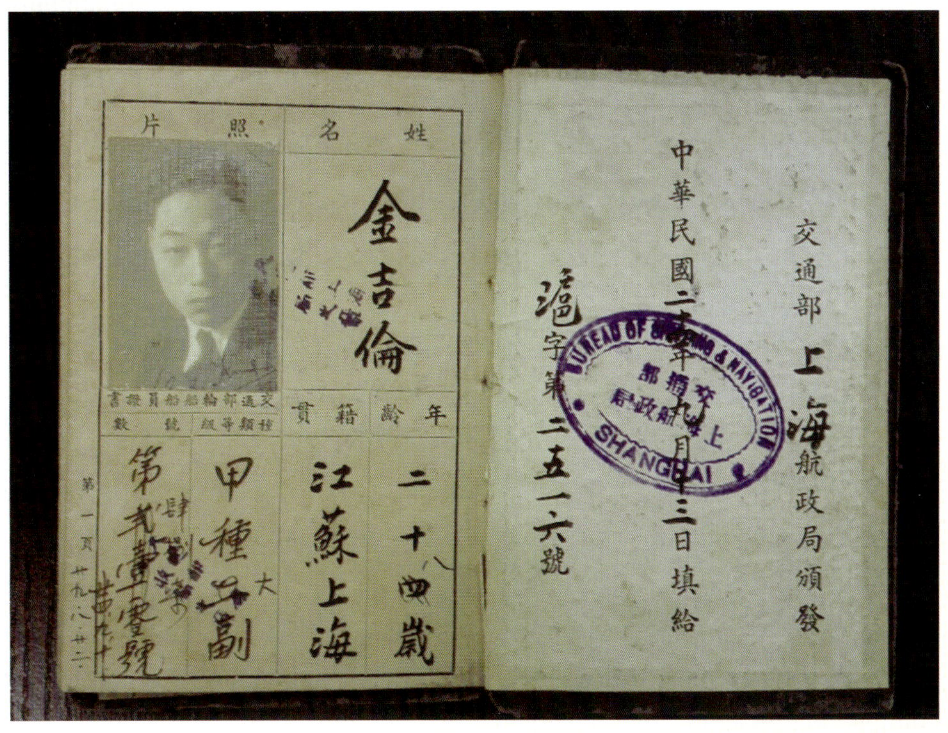

▲1935 年民国船员证书

▲吴淞商船专科学校

▲抗日战争时期川江上的礁滩

▲支援渡江战役第一船

《中国海事史籍丛书》编纂委员会

办　公　室

主　任　张双喜　郑和平　徐津津

成　员　于树海　王如政　王志贤　王宝宏　邓少彪　田为民

白　刚　宁　波　曲义江　朱可欣　孙大斌　苏本征

杜国光　李文华　李恩洪　李雪松　杨善利　吴克彪

邱　铭　宋永强　张九新　张志刚　张显平　张重阳

陆立明　陈永忠　陈洪国　周　旻　赵风龙　胡　伟

段彦仁　钱　闵　徐斌胜　徐新中　曹　鹰　鄂海亮

梁　军　葛同林　韩杰详　曾　晖　戴厚兴

(注:人员依姓氏笔画排名)

《中国海事史》编纂委员会

主 任 委 员 陆鼎良　徐国毅　李　青

副主任委员 王鹤荀　刘　亮　吴红兵　邱　铭　汪志军　季求知　周懿宗　费志林　俞成国　晨晓光　常富治　谢群威

顾　　　问 李青平　陈爱平　郑和平　徐津津　黄　何　王志一　周尤喜

委　　　员 仇晓西　朱国兵　刘嘉华　李洁莹　杨晓东　杨晓林　张晓东(人事)　张晓东(法规)　陈洪国　陈　煜　陈韵娴　俞勤伟　顾　平　夏大荣　徐　旻　黄建伟　曹　鹰　韩伯平　潘江华

主　　　编 吴克彪

主要撰稿人 王成兵　王晓鹰　沙　波　周　海

参与编写人员 杜羿卓　张　侃　陈　方　陈彭年　黄怡新　潘洁沣

前　　言

《中国海事史》是由交通运输部海事局组织编撰的一部经济技术管理史著作，由上海海事局负责组织推进和落实编写任务。2012 年 4 月，上海海事局成立了编纂委员会，建立了编写组，从人力、物力、财力上为编写工作创造条件，并有计划地推进编写工作。然而，上下几千年，史料浩如烟海，散见各地，要求"纵不断线，横不缺项"，且大事不漏，又有专史特点，难度很大。经过几年的努力，编写组收集大量的历史资料，有些史料鲜为人知，在规定时间内完成编写任务，并付印出版。

《中国海事史》，是按古代、近代、现代三部分编写，分古、近代部分和现代部分两册出版。现奉献读者的是古、近代部分，起于远古，止于 1949 年。是采用编年体体裁进行编写的，即在编撰取材上，力求注意主次分明，详略得当，不平均用力，以沿海和长江、珠江、黑龙江干线水系为主，其他水系与支流为辅；在编排上，以时序为经，事实为纬；纵贯横分，对海事的不同要素、不同地区的史实，注意有机联系，自然结合。总的是有中心、有重点、多角度地反映出远古至 1949 年中华人民共和国成立前的中国海事发展的历史全貌。

本书能出版发行，面呈读者，是集体力量和智慧的结晶。在编写过程中，得到了交通运输部和部海事局领导的亲切关怀，给予多次的指导；得到了 48 个直属和地方海事局的大力支持，认真审查了史稿，提出了许多有益的修改意见；得到了中国第二历史档案馆，南京、上海、广州等地档案馆、图书馆、博物馆及交通部运输部档案馆、长江航务管理局档案馆、江苏省地方志图书馆，以及上海、广州等港务局档案馆等单位的全力帮助，为查阅史料提供了方便；北京大学徐万民教授、复旦大学朱荫贵教授、大连海事大学孙光圻教授、上海海事大学时平教授、福州船政学院沈岩教授、中国航海博物馆周群华博士、人民交通出版社谭鸿副社长、上海市地方志黄晓明处长等专家、学者对史稿认真评审，提出了许多宝贵的意见。海事系统的老领导、老专家对《中国海事史》篇目大纲和史稿的修改完善倾注了心血。在此，谨向上述领导、学者、专家们致以深深谢意。

编写《中国海事史》是一件开创性的工作，初次涉及，前无借鉴，史料收集不易，加之编者水平有限，经验不足，书中疏漏、错误之处在所难免，恳请专家、学者、读者不吝赐正。

编　者

2016 年 12 月

凡　例

一、本书为《中国海事史》(古、近代部分),所及时限上溯中国原始社会,下至 1949 年中华人民共和国成立前。

二、本书共 7 章,古代部分三章,近代部分四章,内容以时为经,以事为纬。

三、本书引用历史文献较多,且作者、史料名称、刊出时间等不一,只据实酌情力求统一,引用历史著作多以国家级出版物为主。

四、本书一律采用页下注,以方便读者阅读和查对原文。

五、书中正文中的纪年方法,古代部分采用帝王年号纪年,并注明相应公元纪年。近代部分采用帝王年号的加注公元纪年,其他采用公元纪年,按行文要求处理。

六、书中古代部分所提及地名、沿革,均采用当时称谓,并择其必要者加括号注明现代名称,且采用学术界主流意见,或为本书著者的观点。

七、书中各种名称和专用名词的书写,一般首次使用全称或规范简称,若名称过长或需要重复使用时加括号注明所用简称。

八、本书正文后附有大事记,方便读者阅读和检索正文。

目　　录

古代篇(远古—1840 年)

近代篇(1840—1949年)

绪 论

一

中国是濒临太平洋西岸，是一个陆疆广大、河湖众多、海域辽阔，海岸线漫长，沿海有许多优良港湾，具有优越的水运地理与自然条件的大陆性兼海洋性国家。

全部海岸线分为大陆岸线和岛屿岸线两部分，总长32000余公里。其中，大陆岸线北起鸭绿江口，南至北仑河口，长达18000余公里；岛屿岸线长达14000公里。沿海海域大致分为东北沿海、华北沿海、山东沿海、苏沪浙沿海、福建沿海、粤桂沿海6个部分。海岸线外侧有宽广平坦的大陆架，有渤海、黄海、东海、南海4个海域，形成沿海4个海盆的基本地形。南北沿海以长江入海口为界，以北称北洋，以南称南洋。南北洋岩岸和沙岸分布得宜，各具有深水良港，海上交通条件十分优越。整个海洋总面积约338万平方公里。大小岛屿约7000多个，主要的有台湾岛、海南岛、崇明岛、庙岛群岛、舟山群岛、澎湖列岛、南海诸岛等。

中国有大小河流50000余条，总长42万多公里，其中集水面积超过1000平方公里的河流1600多条。注入海洋的外流江河流域占全部江河流域总面积的64%，是世界上水资源丰富和发展水运最早的国家之一。我国地势西高东低，山系又多东西走向，黄河、淮河、长江、珠江等主要大河都是由西向东流入大海，东西向水上交通比较方便。主要的通海江河注入的海洋有所不同，自北向南分别是：

(1)注入鄂霍次克海流域的黑龙江，全长4370公里，支流不下200条，主要有松花江、乌苏里江等；注入日本海的图们江。

(2)注入黄海的鸭绿江、海河；注入渤海的辽河、海河、滦河、黄河。

(3)注入东海的长江、钱塘江、甬江、瓯江、闽江；注入南海的珠江、韩江、澜沧江。

(4)注入其他海洋的怒江、雅鲁藏布江、狮泉河、象泉河、额尔齐斯河等。在辽阔的土地上，有面积在1平方公里以上的大小湖泊2900多个。通海江河外流湖泊中，鄱阳湖、洞庭湖、太湖等与长江水系河流相连，洪泽湖与淮河水系河流相连。这些湖泊为沿海海区的航海活动提供了极为宽广与纵深的水运腹地。

中国位于世界最大大陆——欧亚大陆的东南，濒临世界上最大的海洋——太平洋的西岸，是一个典型的季风气候国家。冬季盛行偏北风，风向稳定，风力较强；夏季盛行偏南风，风向不稳定，风力较弱。各海区因所处的纬度不同，海陆分布及地形影响各异，又受不同天气系统的影响，所以同一个季节内盛行的风向和平均风力也相差甚大。我国海区附近水域有着对航运活动十分有利的规律性海流，主要有暖流、沿岸流和生流。

优越的地理环境，良好的自然条件，为中国历代的航道、造船、航运、港埠等四大要素发展提供了广阔的空间，创造了令世人赞叹不已的光辉业绩。中国海事正是伴随这四大要素的发展而发展，消长而消长，起到了重要的航运安全保障作用。

二

海事，泛指航运以及海上的一切相关事项，如航海、造船、验船、海事海商法、海损事故处理等。这是广义上的海事,也是人们通常说的大海事。而中国目前所说的海事,为这一大海事的重要组成部分,是根据法律、法规的授权,侧重于水上交通安全、船舶污染水域、维护国家领水主权等监督管理事项,又以水上交通安全为中心。通常所称的中国海事,日常使用"水上安全监督管理"概念,属于行政管理范畴。《中国海事史》就是记载这一狭义海事发生、发展的历史。

海事因古代、近代、现代的职责、职能、职权及任务不尽完全相同,故冠名也不一样。古代没有名称;近代,列强引进西方管理模式,称之为航政(航务行政);现代,继续沿袭航政(只是沿海各港航政机构1953年始称港务监督,1984年改称海上安全监督局)名称,1998年起才统称海事。就其主要管理职能来说,古代主要是对水上交通、外国船舶的管理;近代是集水运及与水(海)相关的一切行政事务为一体的综合管理;现代则是实施以水上交通安全为中心,防止船舶污染、实施船舶检验和航海保障、维护国家领水主权及履行国际公约等。海事机构是建立在一定经济基础之上的国家机器的组成部分,是国家设在各港口、重点水域,管理水上交通安全、防止船舶污染水域、维护国家领水主权利益及履行国际航海公约等的行政事务和执法部门。现代海事偏重于履行国家经济方面的职能,具有公共管理性质。根据世界大多数国家的做法,1998年我国组建了垂直于交通部管理的中央海事系统和各省、区、市领导的地方海事系统,作为国家行政管理职能体系的一部分。从2011年下半年起,中央海事系统实行公务员管理,地方海事系统参照执行。

本书为《中国海事史》(古、近代部分),全面记述我国海事从远古到1949年9月的起源、发展的历史,以及所发生的重大历史事件、重要管理活动、重点管理工作,以及具有开创意义并产生一定社会影响的安全管理事件等。

中国海事的出现虽以国家的产生为前提,但在国家产生之前就已萌发,产生了类似水上交通安全监督管理活动,并经过漫长的孕育过程。早在原始氏族社会阶段,生产力极其低下,有关水上交通安全方面的表现比较简单,主要是借助自然物为舟船导航,利用掌握的水文、气象诸条件辨别方向,采用简陋原始的措施以保证舟船涉水航渡安全,并流传下来各种舟航安全神话传说等。这一切还算不上管理,一种自发、盲目、被动的安全行为与管理痕迹。公元前21世纪,中国历史上第一个国家夏王朝建立,生产水平也比前代有了重大的进步。周代,朝廷开始设立专门的造船管理职官,初步制订质量检验管理制度。这标志着中国海事的正式形成。从此,海事在中国作为国家的一种独特行政管理职能登上了历史舞台。

自周代开始,中国海事在古代自给自足的传统社会历史进程中,与其他行政管理一样,没有明确的职能分工,未划定固定的管理范围,也无具体的定位,军民不分,且无专门的管理机构。那时的海事基本上从属于漕运、税收、海防等,主要寓于漕运管理,同时由其他组织机构兼管或重叠管理,"随事立名,沿革不一"。但随着历史社会形态的不断进步,国家经济、政治、军事、文化的变迁,尤其航运、港口、造船、航道的发展,中国海事也不断进步与发展,由萌发、形成、发展,走向繁盛。到鸦片战争前,海事已初具规模,管理职能与范围涵盖了船舶检验、船舶管理、船舶引水、船舶通信联络、船员管理、通航管理、航行保障、海难救助等。

1840年以后,随着一个个不平等条约的签订,中国的航政管理权随国家开始沦为半殖民半封建社会而相继旁落外国人之手。列强侵入中国,引进西方管理模式,将以水上交通安全为中心的监督管理冠以航政(航务行政)之名,使中国航政成为以水上交通安全为中心的监督管理的代名词。列强控制中国航政后,将原分散于漕运、税收、海防等的管理统一于航政管理,假手海关组建海关兼管的航政体制,由各口税务司把持的理船厅统辖,外国人港务长具体实施。1868年,总税务司设立海务部(处),兼管助航设施建设和管理的航政事务。自此,中国航政归海关理船厅与海务处双重管理。中国航政不仅履行对船员培训与管理,对船舶的检验与管理,对通航设施、津渡、助航设施的建设与管理,海难救助、船舶通信、海上测量、海损事故处理等管理职能，而且还管理与水路相关的一切行政事务，甚至包括水利、水警及河道疏浚等。这一机构已经完全超越航政管理的职权范围，成为集水运及与水利、河道、水上警察于一体的综合管理机构。不过，这一时期西方先进的科学技术与管理方法也相继引进航政管理，给中国航政发展带来新的机遇，特别是缩短了与西方航政管理的差距，尤其是中国助航设施建设和管理还曾一度进入世界先进行列。这是近代中国航政一个不能忽视的特征。在整个近代历史过程中，中国人民从来没有放弃收回航政管理权的斗争。晚清与北京政府曾分别拟置航政管理机构，制订管理法律、法规及规章，欲收回航政管理权，终因列强的阻挠而不了了之。1927 年南京国民政府成立后，收回部分航政管理权，并在全国四大区域建立了半自主的航政机构，开展了有限的航政管理，在一部分地区和领域形成与海关理船厅分治的局面。抗日战争期间，中国航政人员全力投入抗争，以战时水上安全为主，参与各项战时军民水路运输的生产与经营，发挥了重要的安全保障作用。解放战争时期，国民政府管辖下的航政随着内战的爆发而趋向衰落，相继解体，中国共产党领导的人民航政兴起，并逐渐形成新的航政管理体制。1949 年 10 月 1 日中华人民共和国成立，中国航政回到人民的怀抱，开始了新的纪元。

三

中国海事，历史久远。早在 8000—7000 年前，中国祖先已能用火和石斧“刳木为舟，剡木为楫”，揭开了利用原始舟筏进行水运的历史序幕。在早期舟船航行活动中出现为舟船或驾舟人安全而展开的具有某些安全管理性质的现象与痕迹。这类有关水上航行安全的现象，经过较长时间的萌芽、孕育，逐渐演变成后来的水上交通安全监管。不过，由于国家政权尚未出现，这还算不上海事管理，只能视为中国海事的肇始或萌发。

夏王朝由原始的氏族制发展成国家，随着航运区域和规模的不断扩大，人们对水上安全愈加重视，并逐渐将航运管理上升到国家层面。周代，在造船能力和驾舟本领得到显著提高的基础上，武王为了保证所造船舶的质量，特设管理舟船建造的官吏，即舟牧、苍兕（船官）或水师，并相应建立起舟楫建造检查与审核制度。这是迄今为止，中国有文字记载以来，所能见到的最早有关国家海事管理的职官与制度。可以说，作为国家行政管理职能之一，并负有水上安全监督管理职权的中国海事开始登上历史舞台。

历史是一个世代更替衔接的过程，既有阶段性、连续性和开创性，又有不断联系、发展、运动、前进的轨迹。中国海事，自周代形成之后在历史社会形态的不断变化与人类的进步的大背景下演进与发展，从简单到复杂，由兴起到繁盛，一步步地发展起来。到 1840 年鸦片战争前，中国海事已历经数千年，成为社会进步、国家经济发展，保障航运、港口、造船、航道等水上安全不可或缺的一支重要力量，并形成一定的规模。纵观古代中国海事，按照其产生、演变、发展轨迹，约略可以分为三大阶段，即形成与演进阶段、立法与长足进步阶段、规范与进一步发展阶段。

第一阶段，形成与演进时期（远古—589 年）。

中国海事，自周代登上历史舞台，就伴随中国社会进步和航运发展，渐趋上升与发展。到了战国时期，第一次出现明确记载航运目的和舟船安全的管理规范性的文书——鄂君启舟节。这是中国海事发展史上的一个重要里程碑，也是我国迄今第一份形诸文字、保存全面而完好的水路行商与行船通行凭证（相似现在的船舶签证）。它体现出战国时期海事管理的内容更加具体，职责更加明确。

随着秦代始兴漕运，大规模航运兴起，都市型港埠崛起，中国海事走上兴起之路。秦初，中国古代独特的经济、水运制度——漕运肇始，为维系王朝的命脉，水运、海事管理成为国家行政管理极其重要的内容。秦汉时期，朝廷开始设置水部等管理机构，把海事与漕运及水利、河堤等管理职能合在一起，“随事立名，沿革不一”。管理职官由朝廷临时委派官员兼管或专管，形成中央和地方官吏兼管，或相关官员共管和重叠管理的格局。魏晋南北朝时期,更加重视海事在漕运管理中的地位与作用。魏文帝在度支尚书下专设职官,管理海事与漕政,开我国专理海事及漕政、水利、河堤管理之先河。西晋,专设都水台,作为管理海事与漕政的机构。自此,中国开始出现海事及漕政、水利、河堤管理既有管理职官又有管理机构的历史。

周代至南北朝的这一时期,中国尚处于自给自足经济的发展初期,商品交换规模仍然有限,水上航运主要局限于政治、军事领域,致使中国海事管理范围扩展缓慢,涉及内容不多。西周和春秋战国时期,海事管理内容包括助航设施的建设与管理、船舶检验、船舶凭证通行、船员管理等。秦汉时期,增加了对漕运、漕船、津渡的监管,以及人工航标设置等。魏晋南北朝时期,又新增篙工、楫师引航,设"烽燧台基"进行通信联络等。

第二阶段,"立法与长足进步"时期(589—1279年)。

隋唐宋时期,中国社会发生重大变革。由于此前的北方战乱,大批中原民众南迁,促使中国的经济重点转移至江南地区,而政治中心却仍设在北方。于是,漕运格局发生改变,由过去依赖黄河水系转运而变成必须靠南北向的内河航运周转。隋代开通南北大运河作为漕粮转运的主要通道,适应了南粮北运的发展趋势。在这一背景下,中国海事在漕运中保障水上交通安全的地位和作用就显得越发突出,更加受到朝廷的重视。这一时期,中国成为世界上最强大的国家之一,造船、航运、港埠得到空前发展并臻于繁盛,水上航运转向以经济性的运输为主,处于历史上最兴盛时期,并促使中国海事有了新的发展。海事管理范围扩大,管理立法开始,管理工作加强,职责远超前代。许多事项为中国海事之首创,为以后各代所沿袭与效仿。管理机构方面,首次建立独立于行政系统之外的专业管理体系,专设管理漕运、海事的中央派出机构和职官和转运机构和职官,其中巡院更是前所未有;管理法规方面,首次将海事作为国家法律立法并颁布施行。唐是我国历史上第一个给海事立法的王朝。这一法律规定也是中国海事第一个管理法典。此后,历代王朝都借鉴这一管理法典,进行海事建章立制,并加以具体化与细化。海事管理工作进一步细化,一批具体的管理工作从这时开始。特别重要的是首开对外籍船舶管理的先河,在广州设立中国历史上第一个管理外国籍船舶与对外贸易机构——市舶司,拉开管理外舶的历史序幕。之后,又在中国沿海和长江下游主要商城或港埠设置市舶司、市舶务、市舶场和市舶库等管理外舶与外贸的机构。针对外国船舶及其贸易活动,北宋时期还制订中国包括外舶管理在内的第一部法规——《元丰市舶条例》(也称《广州市舶条法》),使中国对外舶与海上贸易管理走向正规化。具体管理工作包括开始对外舶强制引航、按不同河系建造船只、分段航行、训练船员、船舶引水、多样化助航标志建设,以及从宋代起在沿海和内河始设巡检司进行水上巡航和检查等。以上种种措施的实施,起到了保障水上运输安全的作用。宋代妈祖文化开始传播开来,并一直延续至今。

第三阶段,规范与进一步发展时期(1279—1840年)。

在师承前代的基础上,中国海事在元明清时代趋向多样化和规范化,管理机构更加健全和严密,特别是河运、海运及河海兼运管理机构相继建立。元代,在完善宋代《元丰市舶条例》的基础上,颁行更加成熟的《市舶则法二十三条》,成为中国现存最早比较完整的古代管理外舶与外贸法则。在船舶检验方面,形成了集古代造船管理之大成的"九验之法",检验技术管理更加规范、完善。现场巡检、船舶监管、渡运安全、船员训练、船舶停泊区与锚泊、海难救助与打捞、助航设施建设与管理等均有新的发展。特别是郑和船队在远航30多个国家和地区的过程中,创造性地运用了大量船舶检验、船舶航行、船员分工及海上航行指南和通信信号使用等水上安全监督管理方法和措施,对后世影响巨大。根据航海需要而绘制的《郑和航海图》,成为世界上最早航海图之一。这些都对中国乃至世界海事事业发展做出了突出贡献。

近代中国海事最大的变化是航政管理权的丧失,以及中国人民不屈不挠地争取权力的斗争,以及在此过程中的不断近代化和专业化的演变发展。在短短109年的近代史中,中国航政(中国海事的近代称呼)基本上经历四大时期,即殖民地化与艰难收权时期、收回部分航政管理权后的艰难行进时期、全力抗日与后方管理时期、短暂复苏与衰落时期。

第一阶段,殖民地化与艰难收权时期(1840—1927年)。

自鸦片战争爆发起,随着一个个不平等条约签订,中国的航政管理权从沿海到内河、内港一步步丧失。中国不能再像一个拥有独立主权的国家一样,完全行使自己的航政管理权力,维护国家的主权独立和保护本国航业发展。而从漕运、税收、海防等古代兼管机构中分离出来的航政管理,由西方列强建立起的兼管体制取代,被置于外国人控制的海关税务司控制之下,由海关理船厅统揽,各口岸港务长执行。这一管理格局一直延续到1927年国民政府建立半自主的航政管理体制之前,共70多年。

这一时期,西方列强在中国沿海、内河港口设置了29个新海关(也称洋关),并下设专门管理航政的机构——理船厅。理船厅成为各港埠的航政、港务等行政权力的水运综合管理部门,由受委派担任港务长的外国人具体执掌全权。各港口理船厅还制订了章程或办法,具体规定了航政管理职权、职责及管辖范围等,特别是确定了航政管理范围除船舶、船员、船检、通航、津渡、海难救助、海上船舶通信外,助航设施、海上测量、海事海商法、海损事故处理等一切与水上运输相关的事项外,还包括与水利、水警及河道疏浚等管理相关的事务。其中一些事项已经超出航政管理的范围。当然,理船厅等机构的建立,也使中国近代航政管理走上专职化、统一化的发展道路。在这一严重侵犯中国航政管理权的海关兼管体制下,西方列强陆续制订与颁行一系列航政管理章程、箴规、条例及相关的法规、规章制度,结束了中国航政管理无专门法规可依、无统一章程可循的历史。不可否认,一批按照中国国情,参酌西方国家的航政管理法规、规章、管理办法,具有时代特点的航政管理法规和规章的相继出台,毕竟为中国建立起了较为完备的近代航政管理制度,使中国航政向规范化方向迈进。列强通过海关兼管航政,基本上是运用西方的管理技术和方法,对船舶检验、船舶航行与停泊、助航设施建设和管理等进行管理。这种方式与古代海事管理相比,更加体现了管理活动的系统化、合理化。半殖民地化和近代化同步扩展是近代中国航政的一个重要特点。

清末民初,中国的中央政府虽然设立了中央与省的两级航政管理机构,公布了航政管理法规、条例和章程,声称以此"掌全国航政"。然而,航政因丧失管理事权而只能是"虚列未办",徒有虚名,毫无政绩可言。但这毕竟为后来最终从列强控制的海关手里收回部分航政管理权做了一些铺垫。另外,清朝末期的太平天国建立了一套军事化航政管理制度,开展一部分航政管理工作,既保证了太平天国控制区域内的经贸需求,维护了水上安全秩序,又维护中国的部分航政管理权。

第二阶段,收回部分航政管理权后的艰难行进时期(1927—1937年)。

1927年4月18日国民政府定都南京后,收回了船舶检丈、登记和船员管理等部分航政管理权,并按照中国沿海和内河通航条件拟在沿海和长江的上海、汉口、天津、哈尔滨四大港埠设立四大区域性直属航政局,明确了8项管理职掌与管辖范围。后因1931年东北沦入日本之手,广东军阀掌控广东,最终只在上海、汉口、天津设立了3个区域性航政局及其分支机构。此外,各省、市也自行地设立管辖本省水域的地方航政机构,多由省建设厅领导,但互不隶属,形式芜杂,体制各异,名称不一,且不停地演变。至1937年,由于中国未能实现真正的统一,一个分治的中国航政架构遂告形成,包括国民政府主管、各省自管、海关兼管、伪满洲国管制的多套航政管理体系。

接管部分航政管理权后,无论国民政府建立直属的中央航政机构,还是各省设置的地方航政机构,均进行了较为系统的航政立法工作,拟订、修订、颁布了一系列航政法律、法规、章程、条例及规章制度,初步形成了较为完整的航政法律法规体系。仅1927年至1936年,国民政府就先后制定与颁发了约50多部

(件)的航政法律、法规、规则、条例、章程、办法、细则等,其中最主要的为《船舶法》《船舶登记法》《船舶检查(丈量)章程》《船员检定章程》《轮船监督章程》等。

面对外轮不服管,管理权限和职责不明确,人员缺乏,专业技术水平差,时常处于被动状态,具体措施无法执行,管理工作无经验等困难,国民政府中央与地方航政机构从基础工作做起,摸索着前进,取得一定的成效。这是近代以来中国航政首次代表自己的政府行使航政管理权,也标志着中国航政近代化管理的开始。不过,当时中国航政多头管理,各自为政,造成了管理上的混乱,使国民政府所建立的管理法规与规章制度实施起来难以奏效,管理工作开展步履维艰。尤其西北各省干旱少雨,适航河流很少,水运极不发达,仅宁夏、甘肃一段黄河有少量水运,航政管理基本上处于空白状态。

正当半自主的国民政府航政在管理上有所发展时,日本发动了侵华战争,致使中国航政再一次失去了独立展开工作的机会。

第三阶段,全力抗日与后方管理时期(1937—1945 年)。

1937 年 7 月日本侵华以后,相继占领中国的华北、华东、华南及长江中下游大片土地。由于日本与欧美各国没有开战,中国航政留在敌占区的一部分仍由欧美列强控制的海关兼理。沦陷区国民政府的中央航政(如上海、天津航政局及其分支机构)、各省地方航政机构停办或后撤。身陷逆境中的中国航政人员,以抗战大局为重,宁可失业,也拒为敌所用,多数改行,在不同的岗位上尽自己的所能开展有利于抗战的工作。浙江、福建、广东等沿海的航政人员对沿海 36 个非开放小港的进出口外轮组织航业联合营运等开展监管活动。日军对其占领区的中国航政实行殖民化统治,使之遭受了前所未有的摧残,境况悲惨。

抗战初期,国民政府的中央与地方各级航政机构与管理人员,在国民政府军事委员会的统一调派下,配合国民政府军政当局征船抛物,构筑起一道道御敌屏障,组织航业抢运西撤物资,参与各项军事运输活动,组织航业转移外籍与配合军运,建设遭受破坏的助航设施,全力投身到抗日的斗争中,发挥了一定的安全保障作用。

撤至长江、珠江上游大后方的汉口、广州航政局,根据大后方水运繁重、航道复杂、港口混乱、修造船困难等特点,制订出适应大后方的航政管理法规与规章制度,努力开展木船监造、航业与运价管理、船舶检丈登记和船员考试、航行维护、船舶管制与引水、助航设施等航政管理工作。在较好地完成航政管理任务的同时,他们还全力展开航业、航线、运价管理及创建长江上游绞滩业等职能之外的事务。撤至大后方的中国引水员,有一部分还为抗战重操旧业。

第四阶段,短暂复苏与衰落时期(1945—1949 年)。

抗日战争胜利后,中国航政管理权收回。国民政府中央航政迅速恢复战前建制、制度和管理工作,回迁与停办的区域性航政局陆续恢复办公,各省地方航政机构也在较短时间内得以恢复,投入战后复员运输的航政管理中。航政管理进一步扩大,除恢复船舶检查丈量、登记,船舶安全检查,船员、引水员考核和管理,安全航行维护,事故处理等工作外,还"辅助军事,发展内河水运,便利民众交通",协助接收和分配日伪船舶与产业,组织轮运业投入营运等。管理范围延伸到水路交通的各个方面与环节,从行政到生产经营各个层面。但好景不长,1946 年 6 月内战全面爆发,国民政府的中央与地方航政随即成为推动内战水上运输的工具,组织航业,征集船只,向解放区运输战争兵员与物资。之后,随着国民政府节节败退,每况愈下,航政岌岌可危,陷入困境。1948 年年末至 1949 年年初,国民政府的半自主航政体制基本上解体,各地方航政机构也随各城市和地区的解放而撤销或解散。与此同时,伴随人民解放战争不断胜利,人民政府在接管国民政府航政的基础上,逐步创建新型的人民航政体系。

中华人民共和国成立前夕,东北、华北地区所建立的人民航政,克服重重困难,开展了船舶管理、船员考核、修复旧船、整修码头、探测航路、设置航标等航政管理工作,以有限的人力资源与运输工具,在较短的时间内创造了许多前所未有的奇迹，保证了水上交通畅通，有力地支援了解放战争。人民航政管理体制雏形初现，为中华人民共和国成立的现代航政管理的发展奠定了基础。

四

恩格斯在《自然辩证法》一书中指出："有了人，我们就开始有了历史。"①中国海事的起源和发展，水上安全监督管理活动的不断演进，就是中国社会历史发展的一个重要的组成部分。

几千年的中国海事历史，随着中国社会经济、政治等的消长而消长，随着航运、港埠、造船、航道的变化而变化，但同时也有其自身发展演变的特点。

第一，社会生产力是推动海事发展的重要动力。人类社会的运输活动是伴随生产活动而出现的。中国自使用舟筏开始水运活动起，就产生了以水上交通安全为中心的海事形态或现象。由于社会生产力低下，早期的海事十分简单，要求也很低。后来，随着国家的出现与经济的发展，造船与航运业渐趋繁盛，航行安全的保障作用日益凸显，海事的重要性不断提升，管理方式与措施越来越复杂。进入近代，中国航政随着中国沿海口岸被迫对外开放，逐渐被西方列强所控制的海关税务司、理船厅及外国人担任的港务长所操控，对中国社会生产力发展有明显的阻碍作用。但毕竟中国的社会生产和航运仍在向前发展，中国的航政管理也在不断引进西方先进的管理经验、技术与方法。这些都推动中国航政向规范化、系统化迈进，甚至使中国航政在某些方面还一度站在世界前列。

第二，国家主权和航政管理权是海事发展的根本。海事是根据国家法律、法规所赋予的职权，开展以航运安全管理为主体的监管活动。其目的是保障水上交通安全。海事是一种国家权力的象征，在国家形成以后体现国家保障水上安全的意志，促进社会经济发展。近代中国，一个个不平等条约被迫签订，西方列强一步步劫夺中国航权、航政管理权，假手海关控制，由海关理船厅统揽，外国人港务长具体执行。中国航政变成了压制中国航业与船舶发展的工具，难以发挥真正的安全保障作用。

第三，航运、港口、造船、航道等发展是推动海事前进的基本条件。海事作为国家行政管理权之一，与航运及港口、造船、航道四大要素紧密相连，特别是始终要依托着航运的发展而发展。古代中国，漕运是关系到政权存亡的大事，寓于漕政管理中的海事管理自然处于重要地位。虽然海事职官与机构从属于航运、税收、海防巡检等管理体制中，但保障漕运安全的重要作用却为历代王朝所重视。海事管理职官与机构、管理法规及规章、具体管理工作均为朝廷行政管理的重要内容，管理职责范围逐渐扩大，管理方式不断革新与进步。近代中国，受国家主权、航权丧失的制约，航政对中国航业与船舶的安全保障作用受到很大限制。随着中国航业的艰难开拓，部分航政管理权的回收，中国航政取得部分成效，然分而治之的客观现实，又使其工作开展得步履维艰。这是半殖民地半封建社会性质所决定的。

第四，单一功能向多功能方向转变是海事演进的总体趋势。古代中国，海事管理功能由少到多，由小到大，由简单到复杂，由低级向高级演化，从内河向沿海延伸，从北方向南方转移，逐渐扩大、渗透至航运业的各个环节。到了近代，航政的功能除自身监督管理外，还兼管或代管水利、水警、疏浚等，成为名副其实的水运综合管理机构。其管理功能比现在交通运输部管理的水路功能还要多，涉及面也要广。这是近代中国航政的基本特征。

---

①恩格斯：《自然辩证法》导言，见《马克思恩格斯全集》第二十卷，人民出版社 1971 年版，第 374 页。

古代篇

（远古—1840年）

第一章　中国海事的形成与演进(远古—581年)

在距今8000—7000年前,逐水而居的原始先民们利用火和石斧,制造出最原始的水上交通工具——浮筏,开创了中国水运历史。在水运活动中,出于自我保护的本能,先民们就对舟船和驾舟人安全与舟航活动依存关系有了一定的认识,能够借助自然物体和水文、气象条件,为舟船导航与辨别方向,并出现了涉水航渡安全的神话传说等。这是一种盲目、随意、被动的安全监督管理形态或现象。由于生产力极其低下,尚不需要,也根本谈不上水上安全监管性质的海事管理。

前21世纪夏王朝建立,中国由氏族制社会发展成为国家,社会分工扩大,造船与航运、港埠兴起和发展,舟航活动中的安全保障受到政府的重视。周代,周武王确保舟船建造的质量和安全,特设舟牧、苍兕(船官)、水师等职官,建立起对船舶建造质量的检查与审核制度。这标志着作为国家管理范畴的中国海事开始形成。到了春秋战国时期,类似现在船舶签证(通行凭证)的鄂君启舟节,首次在长江中下游出现。这是中国迄今第一份形诸文字,保存全面而完好的水路行商与行船通行凭证,安全监管内容与职责更加清晰,并成为中国海事发展史上的一个里程碑。

前221年中国第一个中央集权制国家——秦朝建立,造船、航运、港口进一步发展,漕运肇始,海事管理作为漕政重要组成部分得到政府的高度重视,并与漕政、水运、水利、河道等管理相互促进、共同发展。当时的管理尚缺乏细致的分工,相关管理职能隶属于多个职官或机构、部门,彼此交叉,“随事立名,沿革不一”,缺乏系统性,甚至军民不分。这是早期国家机构的特点之一。如秦朝始设的水部、都水长等官吏,不仅管水利、农田灌溉,还负有管理水运及漕运、海事事务之责。汉代承袭秦制,水运及漕运、海事事务仍未设专官,一般临时委派其他官员兼管或专管,形成中央、地方、相关官员共管和重叠管理格局。魏晋南北朝时期,魏文帝在度支尚书下设专官——监运谏议大夫,开中国设官专管水运及漕政、海事之先例。西晋,又设立都水台实施监管,是中国海事与水运及漕政既设职官又立机构实施管理的开始。

随着管理职责范围不断扩大,旗杆石导航标识、篙工楫师引水、烽燧台基舟航通信等航行安全保障手段的采用,中国海事渐次形成了特有的管理模式,为以后的海事发展奠定了基础。

总体来说,周代以前的中国海事处于萌发阶段,周代海事进入兴起阶段,秦至南北朝则是中国海事步入演进与发展的时期。

第一节　早期舟船与航运促使海事的萌发

一、独木舟的出现与原始舟航活动

原始社会时期,我们的先民们大多聚居在依山傍水的地方,以渔猎为生。在和大自然搏斗过程中,他们不断观察、了解大自然,利用大自然。据史料记载,8000—7000年以前,祖先们以河而居,开辟衣食之源。在洪水来时,有些人葬身水中,也有些人意外地抓住漂浮树木侥幸得救,又观察到树叶能浮在水上的现象。这类现象多次出现,便启发人们认识水有浮载力。在新石器时代文化遗址中,考古工作者发现过葫芦(匏瓠)及其种子,结合文献记载,可知当时的人们已能做到“以匏济水”。即便以后舟船兴起,人们乘舟时仍腰携葫芦,以备不虞。问世于战国时代的《庄子》一书,更强调瓠舟的作用,称“五石之匏”,系以为舟,“而浮于江湖”。

《物原》载:“伏羲始乘桴”。桴即筏,是原始社会渔猎时代水运工具之一,有竹筏和木筏。《淮南子·氾论》中有“乃为窬木方版,以为舟航”之说。“窬木方版”,即是空心树干组合成方形木筏。郭璞注《尔雅·释水》谓:“并木以渡”。原始筏是将一排竹子或原木捆扎形成一个整体,借其浮力,用以载物与渡河。《易经·系辞》说“木在水上也”。①

先民们并未满足筏的成功,不断探索,又利用树木制造航渡工具。《世本》记:“古者观落叶以为舟”,反映远古先民模拟树叶造舟。《淮南子》卷十六《说山训》载:“古人见窾(空的意思)木浮而知为舟”。《周易·系辞下》记,“伏羲氏刳木为舟,剡木为楫,舟楫之利,以济不通。”“刳木为舟”就是制作独木舟:选一根大树干,用石斧或石刀砍、削一个长槽,然后用火烧掉木屑,再砍、再削、再烧,直到长槽达到合适长度、深度为止。人坐立在槽(独木舟)中就可以浮水漂向远方。1973年,考古工作者在浙江省余姚县河姆渡村发现一处新石器时期遗址,称之为河姆渡文化遗址。他们在遗址中发现6支木桨,都是用整块木板制成。有一支残长0.6米,宽0.12米,叶长0.5米,柄上刻有横线与斜线组成的几何形花纹。另一支木桨残长0.92米,整体细长扁平,像柳叶一样。这说明先民们已会剖制木板,已具备制造木板船的能力。在木桨附近还搜集到一具夹炭黑陶质独木舟模型,与《周易》所说“刳木为舟,剡木为楫,致远以利天下”可以互相印证。由此可以断定,中国筏和独木舟问世下限时间约在七八千年以前,大概在原始社会末期。②目前,在中国历史博物馆中珍藏着一条古老独木舟,是1958年在江苏省武进县奄城乡发掘出土的,长11米,宽0.9米,内底宽0.56米,深0.42米。它是用一整段大原木挖空而成。据考证,该船距今约有6000多年(见图1-1-1)。③ 以后,又有多处发现春秋战国后期独木舟。至今中国已出土独木舟20多只,形体约分为3种:

(1)头方尾方:没有起翘,几乎是平底;

(2)头尖尾尖:舟头舟尾都起翘;

(3)头尖尾方:舟头起翘,尾部平底。

图1-1-1 武进独木舟

摩尔根在《古代社会》一书中讲:“燧石器和石器的出现早于陶器,发展这些石器的用途需要很长的

①《事物纪原》卷八《筏》,丛书集成本,第283页。

②《河姆渡遗址第二期发掘主要收获》,《文物》1980年第5期。

③戴开元:《中国古代独木舟和木船起源》,《船史研究》1985年第1期。

时间,它们给人类带来了独木舟……”①恩格斯肯定摩尔根的论断,并说:在新石器时代“火和石斧通常已经使人能够制造独木舟”。②

筏和独木舟是中国远古最简陋也是最重要的渡水运载工具,先民们借以进行水上捕捞和迁徙活动。中国沿海与长江、黄河流域及西南地区,至今流传着远古先民驾舟涉水的各种传说,以及各地遗址出土的相关文物,证明原始先民使用舟楫已相当普遍。

浙江河姆渡、吴兴钱山漾和杭州水田畈各遗址中出土的桨楫,再现 8000—7000 年前居住于今中国江苏、浙江、福建及岭南地区先民们水上活动踪影。距今 5000—4000 年前,浙江河姆渡第四文化层黑褐色松软土质中,出土有陶鱼和鱼骨等物,证明当时河姆渡人在从事农业种植的同时,还驾独木舟或经过改进的舟船,在河流湖泊中捕获鱼类。居住在吴兴钱山漾和杭州水田畈的先民,也是以舟楫为捕鱼和水上交通工具,到开阔水面捕捞鱼类,进行水上运输活动,与邻近部落联系。③ 今陕西宝鸡、湖北宜都县也发现了新石器时代的彩陶舟型壶与方头方尾独木舟。此外,中国东部沿海的东夷人用独木舟进行海上活动,创造了龙山文化和百越文化。这两种文化与中原仰韶文化,成为哺育中华民族文化三大摇篮。又据文献记载,先民们制造独木舟的时候,颛顼发明了桨、篙,帝喾了发明纤绳。

原始匏瓠、筏、独木舟等浮具开始在中国沿海和内河出现,是人类历史上一次伟大创举。它们用于捕鱼、渡水及水上运输,使人们的水上活动范围有了新的扩展,特别是扩大了氏族部落之间的相互联系。可以说,这是中国造船与航运历史的源头。

二、早期造船与航运促进海事的萌发

(一)舟船建造的兴起

公元前 21 世纪夏朝起,先民们对独木舟进行改造,在船舷加装木板。传说夏禹时,已能制造包括舵、篷、樯等各种工属具在内的木板船。一些滨海夷族与中原王朝已建立臣属关系。据《竹书纪年》记,“帝芒十二年,命九夷东狩于海,获大鱼。”④ 说明夏朝曾组织沿海居民到较深海域捕鱼。那时的航海工具已脱离筏和独木舟,进入木板船阶段。

商代,板材拼合结构的新型船只问世,并逐渐向大型化发展。据上海博物馆所藏殷商时饕餮纹大铜鼎一个铭文“般”(一说“荡”,见图 1-1-2)字,可知当时商品交换和水上运输关系已十分密切。这个字形是木板船上乘着两个人,其中一个人以手执楫在撑船,一个人挑着贝币或货物。20 世纪末以来,发掘出土的大量甲骨与青铜器具等文物,有一些记载了当时舟船演变过程。人们受木筏制造原理启发,造出舫。《说文解字》:“舫,并舟也。”两艘以上船体并列连接起来,增加船的宽度,提高船的稳定性和装载量。“舫”也称“方”“枋”“方舟”“方船”“枋船”。甲骨文“、(舟)”字上有两或三条横,表示当时木板船上纵横材料的安排方法。在河南安阳商朝遗址中出土过许多海贝、象牙、鲸鱼骨,都是海中产物或海外交换而来的东西。这表明 3000 多年前,长江与黄河两大流域之间已经可以驾船通过汉水相互联系。长江中下游一带已成为商王朝国

图 1-1-2　上海博物馆所藏殷商时饕餮纹大铜鼎一个铭文“般”字(一说“荡”字)

①【美】路易斯·亨利·摩尔根:《古代社会》上册,商务印书馆 2009 年版,第 14 页。

②恩格斯:《家庭、私有制和国家起源》,见《马克思恩格斯选集》第二十一卷,人民出版社,1965 年版,第 34 页。

③《吴兴钱山漾遗址第一、二次发掘报告》《杭州水田畈遗址发掘报告》,《考古学报》1960 年第 2 期。

④张静芬:《中国古代造船与航海》,商务印书馆 1996 年版,第 5 页。

土南疆。

木板船产生以后,人类水运活动范围更大。甲骨文中“[illegible]”“[illegible]”等字形很像船帆。甲骨文中“帆”字在楷书中写作“凡”,应是风帆的象形字。甲骨文中“[illegible](般)”字意思是使船旋转,字形象征一个人手拿工具使船旋转或移动。这说明此时船只已有推进工具。商代发明并使用风帆,是船舶推进动力的一次飞跃,也是人类对自然风力资源创造性的开发,为中国航运业步入萌发阶段创造了重要条件。①

周朝,在沿袭前代基础上,提高木板船建造能力,驾舟能力也超过商代。中国南方和长江流域的造船技术与航运水平已高于北方。《周书》中有“周成王时,于越献舟”一说。“献舟”应有一定数量,且质量也较高。“献舟”说明越人有较强造船能力与驾舟技能,黄河、长江和珠江水系已有较大内河船。②

春秋战国时期,铁质工具出现,进一步推动生产发展,舟船建造数量和品种大增。建造船舶又分商船和战船,战船还有很多种类。各诸侯国间展开各种攻伐兼并战争,建造的大量船舶被用于军事斗争。那时的战船既要攻防兼备,又要按战勤需要配置,于是就出现三翼(大、中、小)、弋船、突冒、楼船、桥船等各种类型的战船,且数量又较前代有很大的增长。③ 1935 年在河南汲县山彪镇战国墓出土的“水陆攻战纹铜鉴”,图纹中有相互攻击的战船两艘,可以窥见当时中国制造的战船水平。

秦汉时代,中国造船出现第一个高峰,制造技术有重大进步,船舶种类和部件迅速增多。船的称谓很多,有船、舟、航、舸、筏、欋、艑艄、舳等。可见各地区对舟船有着各种区分和称号,舟船使用很广泛。据古籍记载和对出土汉代船模的研究表明,当时所造船舶种类很多,且能适应不同的用途和需求,主要有客船、货船、战船(如弋船、桥船、斗舰、艨艟、楼船)等。特别是楼船的出现,标志着中国古代造船技术初步成熟。橹、帆、舵、锚等船用设备也已发明,并得到应用。海船已能在海上进行大规模的海战和远航活动。全国舟船建造工场很多,长安、巴蜀(今四川)、长沙、豫章(今南昌)、吴(今苏州)、会稽(今绍兴)、东冶(今福州)及今山东沿海等地均有分布。这表明中国造船已具有一定规模,且技术也很好。④

魏晋南北朝,除西晋有过短暂统一外,中国长期处于分裂状态,各个政权间相互混战。战船是军事斗争的重要手段,造船业在秦汉基础上又有所发展。三国时,孙吴濒海临江,在永宁(今温州市)、温麻(今连江县)等处有舟船建造工场——船屯,并设置“船官”管理。建造的船只有大扁、舸、艑艇、艑舟、轻舟、舲舟、舫舟等。最有名的“温麻”造船工场,所造的“温麻五合”海船用 5 个大板制作。曹魏在山东半岛和渤海沿岸的青、兖、幽、冀四州均有造船基地。西晋,大将王濬至益州,罢屯田军,大作舟舰。他发明的大船叫“连舫”,就是把许多小船拼装成一艘大船。《晋书·王濬传》称:“舟楫之盛,自古未有。”东晋时,后赵石虎建武元年(335 年),能“造万斛舟以渡之”,有船夫不下 17 万人。北魏一些偏远地区也能造船,新疆石窟第 21 窟壁画中就画有一龙船。南北朝时,北魏太平真君十一年(宋元嘉二十七年,450 年)拓跋焘率兵南下,刘宋“陈舰列营,周亘江滨,自采石(今安徽马鞍山市长江东岸)至于暨阳(今江苏江阴),六七百里”,沿江布船设防,足见造船之盛。⑤ 南朝时,江南已能造 1000 吨大船。陈朝,在荆、湘、江、扬诸州及交、广、闽、越一带沿海均有造船工场,民间造船也不鲜见。那时的北方造船业远逊于南方。

(二)航运兴起和日趋发展

夏代,居住在北方滨海的先民,在沿海捕鱼活动中,开始出现一些远海航行。《诗经·商颂》载:“相

---

①张静芬:《中国古代造船与航海》,商务印书馆 1996 年版,第 2-3 页。

②《艺文类聚》卷七十一《舟车部·舟》。

③《越绝书》卷八《记地传》。

④张泽咸《中国航运史》,文津出版社 1997 年版,第 25-29 页。

⑤《资治通鉴》卷一百二十五《宋纪七·文帝元嘉二十七年》,中华书局 1956 年版,第 3959-3960 页。

士烈烈,海外有截。”推测可能曾越渡渤海,甚至已抵达朝鲜半岛。商末,贵族箕子曾率众渡海迁徙至今朝鲜半岛,后还接受了周王朝的封赏。

西周时东方沿海一带居住的越人,富有水上活动经验,也有远海航行交往经历。西汉时作品《尚书大传》卷五载:“交趾之南,有越裳国”,“周成王时,越裳氏来献白雉。”东汉时王充在《论衡》中也说:周时“越裳献白雉,倭人贡鬯草。”据考,越裳在今越南北部,倭是今日本。而“雉”为长羽珍禽,鬯,为香郁芳草。此说虽不十分确实,又是后世追忆,但至少有周王朝与南方越裳与东方倭国有海上交通往来的传说。

春秋战国是中国古代社会急剧变革时期。随着社会制度嬗变,经济发展,科学技术进步,商业贸易兴起,水上交通运输业得到发展。战国时,南北已形成四通八达的水运交通网。孔子《论语》说:“道不行,乘桴浮于海,从我者,其由兴!”即反映出当时航海的广泛性。各方国商运日渐发展。沿海方国通过海路与周边地区交往,开展贸易运输。其中,航海活动最发达的是今山东一带到今江浙一带及今广东沿海地区。一些沿海地方发展成优良的海港。中国与朝鲜半岛、日本列岛等近邻地区的来往得到加强。特别是东南沿海的越人经常在东海、南海进行海上活动,通过番禺港(今广州)开展海上贸易。

这一期间,各诸侯国之间兼并战争激烈而频繁,从田亩辽阔的中原到江河交错的江南,各诸侯国大造战船,展开频繁的水上战争,海上军事航行与交锋盛行,并成为这一时期海上航行活动主要特征之一。

在社会大动荡的情况下,各方国为各自经济发展和战争需要,开沟凿渠,沟通河流,推进水上运输发展,以图称霸。公元前 613 年,楚国开凿荆江通汉水的荆江运河和巢湖通淝水的巢淝运河,是中国目前已知开凿最早的运河。公元前 486 年,吴王兴工开凿邗沟,至公元前 482 年完成。邗沟南引长江水至今淮安,北入淮河以通漕运。《春秋左传纪事本末》称:“哀公九年秋,吴城邗,沟通江、淮。”邗沟是中国第一条纵向人工运河,打破了江、淮横流不相通的格局。战国时,魏惠王九年(公元前 362 年)迁都大梁(今河南开封)后,前后两次用 20 多年(公元前 369—前 349 年)时间,在黄河下游开挖黄、淮之间的天然人工水道——鸿沟,沟通黄河和济、汝、淮、泗诸水,促使一个以鸿沟为主的中原水运网形成。①

邗沟、鸿沟两条具有代表性与影响力的人工运河开凿,将一些天然河流联系起来,形成古代水路交通动脉,为军运与商运发展创造了有利条件。春秋战国是中国古代水运事业形成时期。

秦统一后,经济、贸易、文化交往不断扩大,海上新航线不断开辟。当时,中国航海发展尤以吴(今杭州)、会(今苏州)及交(交趾,今广东省和今越南社会主义共和国北部)、广(今广州)地区为最,航海能力也得到极大提高。秦王嬴政统一全国后 5 次巡视各地,其中 4 次巡游海上。秦代是中国古代水运事业的新发展时期。

两汉时,航海业在秦代基础上又有较大发展。西汉武帝致力于汉王朝与东南亚、南亚地区海上往来,首次派遣远洋船队访问南亚各国,在开辟陆上“丝绸之路”的同时,开辟“海上丝绸之路”。这一海上航线自合浦港(今广西合浦县)、徐闻港(今广东徐闻县)经南海诸岛,至缅甸、印度和斯里兰卡。这是中国历史上第一条远洋航线,也是世界出现最早的海上贸易航线之一。东汉,中国和大秦国(位于罗马帝国东部,统治中心在今埃及亚历山大)之间海上通路开通,往返一次需时 28 个月,航程数万公里。这是中国同欧洲直接友好往来的最早记录。此时,中国开始与日本交往。建武中元二年(公元 57 年),“东夷倭奴国王遣使奉献。”② 这是中国史书上第一次中日正式交往记载。此次倭奴国使得到“光武赐以印授”的待遇。日本元明四年(公元 784 年),九州福冈县志贺岛两位农民发现一方刻有“汉倭奴国王”五个字的金印,证实了此事。③

---

①赵禄祥:《资治政要》,中国档案出版社,第 64 页。
②《后汉书》卷一《光武帝纪》。
③《后汉书》卷八十五《东夷列传》。

三国时期,中国航海业又有所发展。孙吴立国倚重水运,“以舟楫为舆马,以大海为夷庚”,特别注意发展海上交通。孙吴政府曾组织过几次大规模航海。最具重要意义的是,开通自广州启航,经海南岛东面,进入西沙群岛,到达东南亚的便捷航线。孙吴的船队还先后北上辽东、朝鲜半岛,东至夷州(今台湾岛)等地。黄龙二年(230年),卫温、诸葛直率万人船队远航台湾。这是中国历史上大规模航海到台湾的最早记录。[①] 同年,孙权还遣朱应、康泰率领船队出使扶南(今越南南部)、林邑(今柬埔寨)、明堂(今南洋群岛)等地,直到今印度恒河口。这足以证明东吴海运的发达。[②] 范文澜在《中国通史简编》中称孙权为中国“大规模航海倡导者”。曹魏在航海上能力略逊吴国一筹,所进行的航海活动大抵在近海沿岸,但也时有较长距离航海远征。仅公元238年至247年短短10年,曹魏就曾先后与倭(今日本)有过6次互派使节的活动,海上交往不断。

两晋至南北朝,中国航海业继续发展。西晋,中原战端又起,无暇顾及航海活动,与日本列岛海上交往活动曾一度中断。东晋,偏安江南,政治、经济稍有稳定,航海活动再次兴起,主要在东海长江口至黄渤海辽东半岛及渤海辽东湾一线。南朝宋、齐、梁、陈历代政府加强与朝鲜半岛、日本列岛间的海上交往,并与东南亚、南亚、西亚等地区进行海上贸易和文化交往活动,规模较两汉、魏晋更大。“海上丝绸之路”已越过南亚印度半岛,通达阿拉伯与波斯湾。《宋书·夷蛮传》中说:“舟舶继路、商使交属(往来)”,记述了当时对外贸易的盛况。梁时,外国商船有时一年要到十几批。

此外,东晋法显曾航海从天竺(古印度)返回,将印度佛经带入中国。法显是在隆安三年(399年)从长安出发,经河西走廊,过西域,越葱岭去天竺取经。元兴二年(403年),他抵达天竺,搜求戒律,学习梵文梵语,抄写佛经,遍游北天竺、中天竺。义熙七年(411年)九月,从师子国搭乘商船回国。回国后,他撰写了记述这次求经见闻的《佛国记》(即《法显传》)一书。该书是中国详细记述古代中亚、印度、斯里兰卡、南海诸国政治、经济、宗教、历史、地理、风土人情等情况的第一部著作,也是中国有关1600多年前中印远洋航海的纪实文献,具有极高的史料价值。[③]

这里值得一提的是,早在4000多年前中国人就在南海之滨劳动和生息。秦始皇统一中国后,在岭南设南海、象郡、桂林三郡。西汉,汉中央政府多次派使者乘坐海船,穿越南海诸岛前往南亚,开创途经南海的海外交通线路。使者和航海家们在航行南海过程中,逐渐发现了南海诸岛。东汉杨孚《异物志》载:“涨海崎头、水浅而多磁石,……”这里的“崎头”指岛屿,“磁石”指隐没水下的礁滩。三国时期,万震《南州异物志》记录从马来半岛到中国的航程:“……西南向,东北行,极大崎头,出涨海,中浅而多磁石。”[④]公元226年至231年,孙权遣康泰前往扶南(今柬埔寨),航经南海,著有《扶南传》,也有对南海列岛“涨海”“崎头”“珊瑚洲”等称呼的记载。这是中国人对南海最早的称谓[⑤]。这说明中国人最早为自己发现的南海诸岛命名,也已初步掌握南海的基本特点。南海及南海诸岛主权迟至汉代就为中国所拥有,成为中国的领海。

中国的水上运输在先秦时期主要是为了满足军事斗争的需要。只是到了战国时代,全国四通八达的南北水运交通网形成,各方国水上商运才逐渐发展起来。不过,畅通的河道被各方国人为阻隔,加上兼并战争不断,水上商业运输大多囿于各方国河流或河段之内,范围受到很大限制。秦统一中国后,打破了方国割据的局面。自秦至南北朝800多年里,民间运输业迅速发展,四方商贾通过四通八达的水道从事货物运输和中转贩运,规模日益扩大。

---

①《三国志》卷四十七《吴书·吴主权》。

②《梁书》卷五十四《中天竺传》。

③席龙飞:《中国古代造船史》,武汉大学出版社2011年版,第129页。

④《太平御览》卷六十九《地部三十四》。

⑤《太平御览》卷二十八下。

三、沿海与内河港埠的崛起

良好的港埠水域条件与环境,是保障舟船停泊安全的要素之一。商、周时代,交通运输多恃水道,国都所在必求舟楫可至。先民在原始舟航中,往往将利于避风、泊宿、装卸货物的天然海湾、水湾、河口等场地,作为舟船集泊寄碇之所,由此形成最早的港口雏形。

中国古代港口起先主要用于军事,为战船停靠提供服务,后来逐渐发展成了商船汇集的重要港埠。中国最早的港口可追溯到商代。据史料记载,沿海有广东番禺(今广州)港、河北碣石(今秦皇岛)港、浙江句章(今宁波)港。随着航运发展,到战国时沿海港口已发展至6个,即番禺、句章、碣石、会稽(今浙江绍兴)、芝罘(今山东烟台)、琅琊(今山东胶南)等。

中国内河港口从有关史料记载看,大概形成于周代。当时黄河上就有港口,也是渡口,且曾出现上万人渡运的情景。春秋时内河港口勃兴,有些城邑船可由水道经水门进入城内,再择要津地方集泊。战国时,长江两岸港口有江州(今重庆市)、郢都纪南城(今湖北江陵县城内)、寿春(今安徽寿县)、建康(今南京)、广陵(今扬州)、姑苏(今苏州)等,但规模都不大。黄河流域港口有洛阳、定陶和开封、长安等①。

秦汉时,由于商业和航运的发展,沿海、内河流域相继出现较为繁华的城邑。尤其汉时黄河流域的长安、洛阳,被称为"都会",是当时中国政治、经济、文化中心。司马迁《史记》中这样描述:"汉兴,海内为一,开关梁,弛山泽之禁,是以富商大贾周流天下,交易之物莫不通,得其所欲。"② 这些城邑前身就是水陆交通中心或河流渡口处,凭借较好的水上运输条件,逐步兴起,迅速发展成重要都会,有的成为重要的港津。当时关中地区的京都长安(今西安),是全国经济、政治中心,各地物资源源不断地运抵。

终汉一代,中国沿海、关中、长江流域相继崛起一批港口。据司马迁《史记》、班固《汉书·地理志》、范晔《后汉书》记载,沿海港口有番禺(广东广州)、碣石(今河北昌黎县)、芝罘(山东烟台)、黄(山东黄县)、琅琊(山东胶南)、句章(浙江宁波)、会稽(浙江绍兴)、东冶(福建福州),腄(山东福山县)、合浦(广西合浦县)、徐闻(广东徐闻县)、日南(越南广治省)、崂山(山东威海市)、东莱(山东莱州市)、蓬莱(山东蓬莱市)、成山(山东荣成市)、三山浦(辽宁半岛金州)等17个。内河港口有洛阳、定陶(今河南定陶县)、长安(今陕西西安)、江陵(今湖北汉口)、夏口(今湖北鄂州)、豫章(今江西南昌)、襄阳、建邺(今江苏南京)、寿春(今安徽寿县)、京口(今江苏镇江)、临淄(今山东淄博)、睢阳(今河南商丘)12个。

魏晋南北朝,虽然中原地区纷争扰攘,但经济文化逐渐转向长江、珠江流域与东南沿海地区,漕运及海外贸易继续发展,上述港口多数仍得到发展,并出现了一批新的港口,如长广(今胶州湾附近)、永宁(今温州)、梁安(今泉州)等。

在这一期间,形成并初具规模的主要沿海港口与内河港口分别有:番禺(今广东广州)港、碣石港(今河北秦皇岛)、句章(今浙江宁波)港、东冶(今福建福州)港、琅琊(今山东胶南市南境)港、合浦(今广西北部湾合浦)港,洛阳港、开封港、长安港、定陶港(今山东定陶县)、江州港(今重庆)、郢都纪南城港(今湖北省江陵县城内)、建康港(今江苏南京)、豫章港(今江西南昌)、寿春港(亦称郢,今安徽寿春县)。

四、漕运的滥觞与兴盛

始于秦初的漕运,是中国古代出现的一种独特的水上运输方式,也是中国经济发展中一种重要制度,延续2000多年。漕运,有广义与狭义之分。唐代司马贞所著《史记索隐》说:"车运曰转,水运曰漕。"广

①王成金:《中国港口分布格局演化与发展机理》,《地理学报》62卷,2007年第8期。
②江太新:《漕运史话》,社会科学出版社2011年版,第38页。

义漕运,即为古代水运①。狭义漕运,指由国家经营,处于中央政权直接控制下,将征自田赋的部分粮食等经水路解往京师或其他指定地点的运输方式。漕运也称"转漕",漕运用船叫作"漕船"。漕船载运粮、米,叫作漕粮、漕米。驾驶漕船军人和民工,叫作漕军、漕丁和漕夫。

公元前221年,秦王嬴政建立中国第一个统一多民族中央集权国家后,原齐、楚、燕、韩、赵、魏等诸侯国的部分遗民仍对秦国有仇视心理,特别是一些贵族后代聚成反秦势力,伺机东山再起②。

为维护国家统一,防止政局不稳,秦始皇在位12年(公元前221—前210年),先后五次大规模地巡游江南,审视社会动态,开凿曲阿运河。秦在全国实行郡县制,统一度量衡、货币和文字,拆除战国时各诸侯国所设置的关卡和障碍,修筑直道和驰道,发展水陆交通,极力维护大一统政治体制。越人被强行迁徙到江、淮、徐、泗地区,内地囚徒迁到越,开荒种地,刻石立碑,发展当地经济。此外,还通过沿海港口向海外谋取经济利益③。统一中原地区后,秦又调遣50万大军,分5路进军岭南(指越城岭、都庞岭、萌渚岭、骑田岭、大庾岭以南)。公元前219年,又在五岭之上开挖一条运河,路线在今广西壮族自治区兴安县城附近湘江和漓江分水岭上。经过5年多的开挖,到公元前214年,长33公里的灵渠(因工程灵巧而得名)挖成,由铧嘴、大小天平、南渠、北渠、泄水天平和陡门组成。灵渠沟通长江、珠江两大水系,与当时的郑国渠(位于今陕西境内)、都江堰(位于今四川境内)并称"秦三大水利工程"。公元前214年—前213年,为解除居住中国北部(今内蒙古、宁夏一带广大草原地区)匈奴对秦的威胁,秦始皇命蒙恬率30万大军北击匈奴,"……昔秦始皇……遂使蒙恬将兵攻胡(这里指匈奴)。辟地千里,以河为境,地固泽卤,不生五谷。然后发天下丁男以守北河……又使天下蜚刍挽粟,起于黄、腄、琅琊负海之郡转输北河,率三十钟而至一石。"运往前线的大量粮食,主要征自今山东半岛沿海地区(今山东黄县、文登市和高密等地),从今山东黄县与福山两地渡渤海运至津(天津市)南端,再进入黄河转运到北河(今内蒙古自治区乌加河一带)边防前线。

秦代漕运完全为军事斗争需要服务,"漕运之法,自此方详"。经后世发展完善,漕运逐渐成为中国传统社会中一种重要经济制度,在水运中占据举足轻重的地位。

公元前202年西汉定都长安后,赖"河渭漕挽天下",每岁漕关东粟以供京师,遂使漕运制度化④。当时全国最富庶地区莫过于关中,司马迁在《史记》中说:"关中之地,于天下三分之一,而人众不过什三,然量其富,十居其六。"⑤史书记载,这时黄河上"大船万艘转漕相过","航运贸易遍于三江五湖"。虽然当时还有关东与江南陆路漕运,但深受运输工具及崤函古道艰险难行的限制。可以说,黄河中游三门河道是全国漕运枢纽。黄河漕运成为中原地区唯一漕粮运输渠道。王莽始建国三年(11年)黄河徙道后混流黄河、汴河分流,便利南来漕粮自淮河入汴,北来漕粮循河、洛而西,使京师粮食供应不忧匮乏。

东汉以后,国家政治重心从长安东迁洛阳,洛阳随之成为黄河漕运中枢。此时,黄河与长江下游之间通漕水道,主要是经过汴渠、泗水、邗沟连接。这是东汉漕运事业最大成就。漕运粮食涉及长江中下游五水系,地域广、规模大,策划、组织、协调、管理应该说是达到一个相当高的水平。

三国时,淮河、长江流域处于曹魏、孙吴、刘蜀三权鼎立南北对峙前沿,各方均以通漕积谷为要务,所以长距离、大规模转漕运输减少,短途转漕明显增多。各割据政权只能在自己控制领域内解决所需粮食问题。西晋统一,为解决南北运漕水路,开始治理杨夏水道,"开杨口,起夏水","内泻长江之险,外通零桂之漕"。"水嘉初,使矩与汝南太守袁孚第率众修洛阳千金揭,以利漕运"。东晋"凿漕河通江汉南北埭","通路白湖,下注杨水,以广运漕",增加漕运水道,漕运日益兴盛。南北朝时期,漕运处于低潮时期。

---

①《史记》卷五十三《萧相国世家》,中华书局1985年版,第2015-2016页。

②郑若葵:《交通工具史话》,社会科学文献出版社2012年版,第49页。

③张晓东:《秦汉漕运军事功能研究》,《社会科学》2009年第9期,第136页。

④《汉书》卷二十四《食货志》。

⑤江太新:《漕运史话》,社会科学出版社2011年版,第38页。

纵观秦至南北朝800多年漕运兴起与发展历程,可以看出漕运实际上是历代王朝中枢机关转运物资的基础,也是对付各种内乱外患,完成和巩固统一大业的坚强物质后盾,所谓“内兴功作,外攘夷狄”①。换句话说,漕运成为维系王朝命脉的一项特有重要经济制度。

第二节　早期舟船导航与航标始现

一、早期舟船天文气象导航

恩格斯曾在《自然辩证法》一书中指出:“首先是天文学——游牧民族和农业民族为了定季节,就已经绝对需要它。”②从目前发现的中国大陆东部沿海地区新石器文化遗址和文物遗迹表明,先民们在利用筏、独木舟穿行在江海、湖泊的同时,为保证舟航安全,已经可以用太阳、月亮和某些星星辨别方向,利用简单的天文知识导航,指导出(返)航,驾舟渡水。

沿海原始先民通过反复观测,获得了粗浅的天文知识。他们日出起航,迎着太阳,或阳光照射在舟船一侧;日暮返航,背着太阳,或阳光照在舟船另一侧。这样长年累月观测积累,就慢慢地懂得白天利用太阳可以判别方向,引导舟船按照自己需要方向行驶的道理。可以说,先民们的最早天文定向导航物应该是太阳。

先民们也会在明亮月光下行舟或进行水上捕捞活动,慢慢开始注意起月亮或某些恒星,学会参照它们的出没方位为舟船航行导航。在航行实践中,人们逐渐积累起一定的海(水)上航行知识经验,为走向大江大海奠定了基础。

商、周时期,先民们已掌握了东、南、西、北四方向风的知识,用帆利用风力在江河中行船。

春秋战国,先民们凭借对地理知识的掌握,将中国沿海划成北海(今渤海)、东海(今黄海)、南海(今东海)海域。他们深知海洋气象,特别是风向对航海安全的重要性,逐渐认识风和了解云雨气象、海洋水文。《尚书·洪范》中所说的“月之从星,则从风雨”,就是利用海洋定向潮流总结出的安全航海经验规律,将海上航行与天文知识结合起来。战国时,先民们对二十八星宿和一些恒星做定量观测,利用北极星为水上航行定向。总之,人们更加深入了解海洋水流、风力、潮汐和天文、气象等知识,并用于水上航行③。

汉代,人们已知利用季风航海,注意到风的顺逆重要性。顺水行船,再加顺风,航行快速安全;逆水行船,再加逆风,航行缓慢且易发生危险。有经验的行船人,均重视随季节而变向、定期而至的季风。东汉应劭的《风俗通义》最早提到信风:“五月有落梅风,江淮以为信风”。“落梅风”意即梅雨季节以后出现东南季风④。两汉时,利用季风做远洋航行逐渐流行。《汉书·艺文志》载,西汉海上导航星书有《海中星占验》12卷、《海中五星经杂事》22卷等,相关书籍总计达136卷之多。其内容应是记录航海中对星座、行星等位置判定,以确认航线。人们已能利用“重差法”测量海上地形地貌。唐人李淳风在《海岛精算》中,记载了这种利用矩或表进行的两次观测,可求得海岛的高度和海岛与船的距离。这说明当时的人对地文导航与陆地定位知识有了更加深入的了解。这些知识对后世的航图测绘及航程推算具有深远的影响。行船人对潮汐的了解不仅局限于水面涨落,且已找出其中的原因。王充在《论衡·书虚篇》中第一次科学地将潮汐成因与月球运动联系起来。汉代行船人的航海安全经验更加丰富,航海技术处于世界领先水平。舟师凭经验观察星象,特别是北斗星与北极星定出航向,所谓“夫乘舟而惑者,不知东西,见斗极则寤矣。”⑤

---

①《汉书》卷二十四《食货志上》。

②恩格斯:《自然辩证法》,见《马克思恩格斯全集》第二十卷,人民出版社1971年版,第523页。

③张静芬:《中国古代造船与航海》,商务印书馆1996年版,第6-7页。

④《太平防御览》卷九七〇《果部·梅》引《风俗通义》,第4299页。

⑤《淮南子·齐俗》。

三国两晋南北朝时,先民们的天文导航水平进一步提高,天文、气象知识更加丰富。据三国王震《南州异物志》记载,中国南海航行者已拥有增减随宜的四帆帆船,掌握了"邪张相取风气"打偏驶风技术。在后来印度洋航线上,就是利用七帆帆船驶风而航行。同时,对西太平洋和印度洋信风规律有所认识和利用,初步了解航行所经海区海岸地形①。能在"大海弥漫无边,不识东西"的情况下,"唯望日月星辰而进。"②

二、自然航标与人工航标的始现

(一)自然航标

自然航标,是在舟航活动中,借以定位和助航,保障舟航安全的天然目标。

在远古,生活在沿海与内河、湖泊边的先民们,为保证舟船航行安全,起初总是沿岸边行驶,借助或观测自然岸线、山峰、岛屿、古树等识别航线,引导舟船航行。他们往往把熟悉的地形地物保持在自己视线内及记忆中,或循此以进,或避之以退,以保证需要回家或遇到恶劣天气需要躲避时不迷航,及时地将舟筏驶回安全水域或岸边、港湾,并回避水下暗礁浅滩。这些地形地物就是最早的自然航标。

这类被作为航标的天然目标,在全国各地都有。如位于黄河渤海入海河口处的碣石(位于今河北昌黎县城北),成书于战国时期的《尚书·禹贡》这样记载:"岛夹皮服,夹右碣石,入于河。"《水经注》则这样形容:"濡水又东南至(辽西郡)(絫)县碣石山……今枕海有石如埔道数十里,当山顶有大石如柱形,往往而见,立于巨海之中……世名之天桥柱也。"③这说明远古时期的先人们,乘舟进海、入河转航时,已将碣石作为导航标识。所谓"夹右,经行其西",意思是说当碣石出现在右腋方位时,转航西行,即进入黄河河口,由海入河逆流而上,就能到达帝都。碣石作为中国有文字记载的自然航标已被确认无疑(见图1-2-1)。

图1-2-1 秦皇岛碣石

①《太平防御览》卷七十七《舟·帆》引《南州异物志》,第4319页。

②法显:《佛国记》。

③《水经注校证》卷十四《濡水》,中华书局2007年版,第348页。

福州乌山与于山,均屹立于利涉门外江海中。《八闽通志》云:“两山东西对峙,瞩目海上。”两山作为海舶到港岸际标志,也是自然航标。

春秋战国时的芝罘港,是南北洋海上运输必经之地。港外有崆峒、芝罘等岛屿,成为天然导航标志。

在大连老铁山一带,以郭家村遗址最为重要。该遗址西傍渤海东岸,西北角处有一小海湾,叫羊头湾。湾口排列着 3 座小山,分别称大羊头、二羊头、三羊头。湾内除西风外避风条件良好,湾东南老铁山是原始航海天然航标。

广西壮族自治区宁明县花山崖船画中,船尾立有两根小木棒似的东西,可能是一种用于航行避碰的船上属具。

以上表明,先民们在漫长的生产与航行实践中,积累了一定的海(水)上航行知识经验,能够利用自然物体进行导航,保障涉水航渡安全,为以后中国古代水运事业开拓与发展奠定了重要的基础。

(二)人工航标

自然航标受到自然条件的限制,不能完全适应航运发展要求,于是按照人的主观意志而建设的人工航标出现了。

据史料记载,东汉时连云港云台山淹没于海中,朐山港的繁荣带来了周边村落的兴盛。人们在今花果山乡小村北小山上树立一个旗杆石(夹),上面有 3 个石孔,可将旌旗绑缚在杆子上,插入石孔中,供海中舟船识别航线、辨别口岸和码头。作为引导舟船出海归港的标志,该旗杆石是目前能见到的中国最早的人工航标。

三国时,对水军、战船在长江上启泊、航行编队与入港停泊令号等规定十分严格,违令者处以斩刑。《三国会要》载:舰队启航前要发鼓令 3 次。第一次鼓响,全体将士严阵以待;第二次鼓响,各部要就位,水手、船工把棹持橹,士卒将帅手执兵器进入临战状态;第三次鼓响,大小战船立即按舰队阵形开航。各种战船间,左右前后严禁串位,前呼后应,时时井然有序。水战中号令后来直接演化为南北朝商民船舶启航的鸣角伐鼓。舰队的泊港信号,更是直接影响到后世船舶的导航指泊。《三国会要》又载,在战舰航行、编队与入港停泊等规定基础上,还创建了舰队以旗帜为标识的依次行进法。水军船队开航前,先派遣人员到规定泊船营地水边高竖旗帜,然后船队以旗帜为标志,依次开航或停泊。若是夜航,则以燃火炬为标识。使用泊港信号指挥船队进出港的水军士兵,必须具有一定航行经验与操作战舰能力。南北朝期间,沿用三国水军战船导航方式,引导战船、商船。

这种运用旗帜、灯火为舟船导航的方式,类似今天用助航设施与标识为船舶导航,为后来的舟船导航与引水(航)提供了经验借鉴。受派遣导航的人要具有一定的航行经验和驾舟本领,能引领和指挥舟船前行和停泊,类似今天的船舶引航员。所以也可说,旗帜、灯火导航是目前所知最早的船舶引航方法。

第三节　中国海事的萌发与形成

一、海事在舟航活动中的萌发

海事作为国家授权,为国家行政管理组成部分,履行国家经济管理方面的职责,应该以国家产生为前提。不过,早在 8000—7000 年前,先民们使用独木舟开始航运活动时,出于人类自我保护本能,对舟船、驾舟人安全与舟航活动依存关系就有了一定的认识,并出现自发、简单、被动的安全管理现象与痕迹,具有后来以水上安全监督管理为中心的海事管理的雏形和踪影。这表明中国海事正式形成之前有一个漫长的萌芽阶段。

（一）借助掌握的天文知识与自然航标导航

先民们最初的舟楫活动范围并不大，主要是捕鱼及少量载物和短距离涉水。在水运活动中，他们借助自然物体和掌握的水文、气象知识，为舟船导航与辨别方向。江苏连云港锦屏山将军崖岩画是中国迄今发现的最古老岩画，被国家文物局誉为“一项难得的重大发现，是中国最早的一部天书”。该岩画雕刻在海拔20米的黑色岩石上，上面可见农作物、人面、鸟兽、星云图案和各种符号。人头上有三角尖状饰物，脸上刻有花纹。人面中间夹杂着星云图，星云图中还有表示太阳和月亮的图形。这表明距今10000年前新石器时代的远古先民们在航海中已积累了一些天文观测经验，知道利用太阳、月亮和北极星等星辰出没规律辨别方向，以指导舟船出航、返航和进行捕捞等水上活动。

先民们为保障舟航安全，在最初舟航活动中主要借助陆地上的岸线、山峰、岛屿、树木等自然物体作标志，识别航向，引导舟船前行、后退，以求不迷失航向，或避开水下暗礁浅滩。

（二）大禹治水中保证涉水航渡安全的传说

据史料记载，大禹治水时，往来中国东南一带和长江流域，他“陆行乘车，水行乘舟，泥行乘橇，山行乘樺”①，修建灌溉渠道，疏通江河，使江河之水畅流入海。劈山治水13年，终于取得成功，独木舟起了很大作用。这是中国利用舟船治水活动见于史籍的最早记载。大禹在治水活动中，已考虑到舟船航行安全。《禹贡》记载：“随山报木”，即指顺着山势砍削树木，作陆标、水标而“浚川”。独木舟体积小，容量有限，载人不多，驾舟人（船员）必定是集多职于一身。可见这时还处于舟船以驾驶为主兼引航的初级阶段。② 但无论如何，以竹排、木筏浮水为先导，到“刳木为舟，剡木为楫”，独木舟涉水航渡，引发了中国古代行船驾引的萌芽。

（三）流传至今的各种驾舟涉水安全传说

据载，原始社会后期，乘坐独木舟迁徙到长江中游川东一带居住的巴人，“从夷水至盐阳”，即从今湖北长阳县境内，一直溯清江而上，到今恩施境内③，逆水航行200多公里。这充分表明巴人已掌握了较高的驾舟本领。之后，他们又循着大溪到达四川东部，继而逐步向涪陵、重庆方向进发。这样大规模的水上部落迁徙，让我们看到一个非常强悍的民族——巴人，善驾舟，熟水性，敢在大风大浪中行舟前行，有一定的保证舟船与人身安全意识与办法。在巴人中，驾舟本领杰出者被公认有资格当联盟君长（头领）。

长江三峡“神女峰”导航早在远古时代就被人们所认可。此峰所处位置高山夹峰，峰峦接天，江水被束缚在万山丛中，滩险流急，行船艰难。相传很早以前，西天王母第二十三个女儿瑶姬，来到人间帮助大禹凿通三峡，驱除兴风作浪的滩神，才使船舟得以通航三峡。这位富于献身精神的仙女，不愿返回天庭，长年累月立于山头，为舟船导航。年深日久，瑶姬化作奇丽俊秀的神女峰，永远为人们引导航向。战国著名楚国诗人宋玉在《高唐赋》《神女赋》中描述说，神女家住“巫山之阳”，“为高唐之客”，“旦为朝云，暮为行雨，朝朝暮暮，阳台之下”。虽然传说带有想象因素，但剔除其神秘色彩，却在一定程度上反映了某些历史事实。后来的许多考古发现证实，在原始社会，先民们驾驭独木舟与大自然搏斗，锻炼与提高了驾舟本领，在应对危险环境与水上不利条件中，积累了丰富的安全航行经验，以保护自己的劳动成果和生命安

①《史记》卷二《夏本纪》。

②罗传栋：《长江航运史》（古代部分），人民交通出版社1991年版，第5-6页。

③《水经注》卷三十七《夷水》。

全。马克思说过:“一切神话都是在想像中和通过想像以征服自然力,支配自然力,把自然力形象化……”①

以上的物证与传说从不同的侧面证明,先民们在利用筏与独木舟开始航运活动起,就以舟船安全为主开展水上安全监督管理活动,虽然那只是自发、简单、朦胧的安全形态或现象,还算不上海事管理,但在国家建立以前仍可视为中国海事的萌芽状态,至少是水上航行安全意识的萌发。只是由于没有文字记载,不得其详。我们唯有从各地相继发现的文化遗址与出土的文物中,以及历代的文献记载中,尚可窥其一斑。

二、中国海事的渐趋形成

“随着对自然规律的知识的迅速增加,人对自然界施加反作用的手段也增加了……”②

公元前 21 世纪,大禹的儿子启建立夏朝,中国第一次有了国家这种政治形态。为巩固新生国家,夏王朝南征北战,向东扩展至滨海地区,一时成为号令各方族的强国。他们在渤海沿岸或渤海水域进行海上活动,具有一定的海上航行能力,组织过沿海居民进行大规模海上捕鱼与航海活动,甚至曾进行过从山东半岛至朝鲜半岛西海岸的海上航行。传说当时有个因善于操驾舟船而闻名于世的人。《论语·宪问》就有“羿善射,奡荡舟”的记载。说“奡”是个大力士,夏朝寒浞的儿子,能在陆地行舟,与射日的后羿齐名。虽然是传说,但由此可以推断,没有一套保证安全的措施,也不会有如此高超的行舟技艺③。

商代殷人更是素习水上活动,统治者已将航运作为立国大计之一,尤其征战多赖水运,曾举兵越淮水、渡长江,每次参战的军队均在几千人或一万多人。早期的农耕时代,这么庞大的军队渡河、过江、涉海作战,舟船与战员安全必然是要经过精心谋划的。由此可以猜想,殷人对水上航行安全是有一定措施与方法的。商代,《说文解字》释甲骨文“[illegible](般)”字:“从舟从殳,令舟旋也。”“殳”指船上的转动控向器械,可借以增加舟船稳定性,加快航速,扩大载运量。这表明经过较长时间发展,原先自发、被动的安全形态逐渐变为自主、主动的安全行动,只是仍比较简单,要求不高,标准也很低。

周代,人们的造船能力和驾舟本领已超过前代,舟船应用更加广泛,国家比较重视舟航安全,已提出这方面的要求与标准。如普遍使用两船相并的“方舟”,且有多舟并列的舫,加宽船身,增大载积,提高稳性。乘船有严格的等级规定,俨然成为区别贵族与庶民重要礼仪之一,所谓“天子造舟,诸侯维舟,大夫方舟,士特舟,庶人乘桴”。意思是说:“造舟”,多船并列而成,天子乘坐;“维舟”,是只船并列,三公、太宰等诸侯乘坐;“方舟”,两船并列,大夫、卿等高级官员乘坐;“特舟”,单船,士等一般官吏乘坐;“桴”,木筏和竹筏,庶民乘坐。虽说这种等级严格的舟船管理制度未必始终能坚持执行,但在一定程度上也反映出当时的政府对舟航安全已经有一定的规定,证明舟楫安全与经济、政治和人民生活关系更加密切。④《易经·涣卦》中有“利涉大川”和“不利涉大川”的记载,除去迷信成分外,与人们关切气象、水文诸因素对舟船航行安全影响息息相关,说明先民们已能根据不同气候条件,确定船舶启航或停航时间。人们对航运安全的考虑更加深入细致,并且将其列为航运活动的重要内容,予以相当的重视。

鉴于造船业发展和航运繁荣,加上军运需要,为保证舟航活动安全,周武王特别设立专门官吏,管理舟船建造。据载,周朝第四个帝王周昭王南巡时,在汉水一个渡口登上楚人用胶黏合的木板船,途中胶溶解,溺水死亡。此后,周朝更加严格执行船舶建造检验制度,并设“水师”监理舟船建造与质量检验事宜。

①马克思:《导言(摘自 1857—1858 年)经济学手稿》,见《马克思恩格斯全集》第十二卷,人民出版社 1962 年版,第 761 页。

②恩格斯:《自然辩证法》,见《马克思恩格斯全集》第二十卷,人民出版社 1971 年版,第 374 页。

③郑若葵:《交通工具史话》,社会科学文献出版社 2012 年版,第 15 页。

④《尔雅》卷七《释水》。

《礼记·月令》载:“命舟牧覆舟,五覆五反,乃告舟备,具于天子焉。天子始乘舟。”大概意思是说,周天子每次乘舟前,“舟牧”要对所造船舶进行多次反复检查与审核,直至确认安全可靠,方宣布造船完备,给予验收,然后上报天子,天子才能使用。鉴于文献不足,具体内容不得而知,然从字里行间对所造船舶检验之仔细、态度之认真却是明白无疑的。“舟牧”应是中国历史上最早的舟船检验官员。《史记·齐太公世家》载:“……师尚父左杖黄钺,右把白旄以誓曰:‘苍兕,总尔众庶,与尔舟楫,后至者斩!’遂至孟津。”按马融注:“苍兕,主舟楫,官名。”“苍兕”是当时管理民船的官吏。一旦战争需要,就由“苍兕”临时把舟船抽调来运送军队。这件事具体说的是周武王率领800诸侯横渡黄河的一次军事演习。据载,武王十一年(约公元前1057年,一说约公元前1027年),商政破败,周武王率800诸侯在黄河古渡口孟津进行横渡黄河的演习,太师姜尚(出生地为吕,也叫吕尚,也称姜子牙)任“前敌总指挥”。姜尚令旗一挥,10万人马立即上船,按一定顺序朝中流驶去,演习取得成功。之后,周武王见时机成熟,再度率10万大军迅速从孟津渡过黄河,直捣朝歌,灭了商朝。载10万大军渡河,船只、驾船人员众多,没有一定的“航行规则”,是难以保证安全的①。

周代,除武王专门设立“舟牧”与“苍兕”(船官)、“水师”等职官外,还制定了船舶建造检查与审核检验制度,有关管理相当明确、有序。这是迄今为止中国见诸文字记载最早的舟船水上航行安全、建造质量检验等管理职官和管理制度。可以说,中国海事作为国家行政管理的起源应从周代开始。

三、最早的船舶通行凭证——鄂君启舟节

春秋战国时,随着中原地区农业、手工业发展,商旅贩运活动逐渐兴盛起来。据《史记》记载,那时“治产业,力工商,逐什二以为务”,经商可以获利十分之二。《墨子·贵义篇》也说:“商人之四方,市贾倍蓰,虽有关梁之难,盗贼之危,必为之。”奔走四方的商人日益增多,水上运输已成为经商贩运的一种主要运输方式。即便贵族也依仗权势兼作商贾②。同时,与造船、航运、港口相关的各种管理也有所进步。沿海水上强国齐、吴、越等多次展开海战。组织庞大的舟师船队进行军事行动,航行安全肯定是首先要考虑的,也必然会有一定的章法和战术。如大船和小船、快船与慢船、攻击型舰船与保障型船舶均要互相照应,进退有序,攻防合宜,形成一个有机整体。航行中战船间通信联络、防止碰撞、相互避让、避风停泊等的管理都必不可少。水战锻炼了驾舟人员,使他们积累了不少水上航行经验。春秋中叶齐国桓公、管仲时代,已在研究“使海于有蔽,渠洱于有渚”,也就是对多次水战经验进行总结。

春秋时,公元前549年吴国建立舟师后,按照从楚国投奔吴国的伍子胥提出的“篙工、舡师,可当君之轻骠骑也”,将战船分为“三翼”“突冒”“楼船”“桥舡”等类,按照训练陆军(陵军)的办法训练舟师,“大翼者当陵军之重车,小翼者当陵军之轻车,突冒者当陵军之冲车,楼船者当陵军之行楼车,桥船者当陵军之轻足骠骑也。”船员管理方面,驾舟人已分成不同种类,有篙工、舡师等,其中舡师被认定为优秀行船者,做教员训练舟师。船员训练方面,根据战船不同等级或类别,采取不同方法训练舟师人员。鲁昭公二十年(公元前522年),鲁国有掌管泽薮官吏,名曰“舟鲛”。《左传·昭公二十年》载:“泽之萑蒲,舟鲛守之。”还载:“郑国多盗,取人于萑苻之泽。”杜预注:“萑苻,泽名,于泽中劫人。”后称盗贼出没之处为“萑苻”,亦作“萑蒲”。这一记载表明,鲁国在有水上强人出没逞凶之处,设置舟鲛防守看管,对过往船只进行检查监督,用今天的话来讲就是掌管水上公安之职。战国时,又设舟虞掌管舟楫。据《国语·鲁语下》载:“诸侯伐秦,及泾莫济”,“召舟虞与司马”。意思是说,晋国发动诸侯进攻秦国,伐秦之师到泾河(渭河支流,位于今陕西省中部)不能渡河,只好命令船官“舟虞”和管军事的司马互相配合,组织船队,以备战事。

---

①《陕西省志·航运志》,陕西人民出版社1996年版,第323页。

②张圣城:《河南航运史》,人民交通出版社1989年版,第7页。

战国中期,随着铁质工具问世和造船业不断发展,水运活动日益兴盛,逐渐形成规模。社会分工进一步扩大,商品经济日益活跃。各大方国为适应急速变化的政治、经济与军事形势需要,积极地在各自控制的范围内开辟水陆通道,建设关梁、津驿,以利交通往来与通商。初登经济舞台的新兴商人阶层正在壮大,一些较大城邑应时而兴,“千丈之城万家之邑相望”。如燕国涿(今河北涿州市)、蓟(今北京西南),赵国邯郸(今河北邯郸市),魏国温(今河南温市西南)、轵(今河南济源市南),韩国荥阳(今河南荥阳市东北),齐国临淄(今山东淄博市东北),楚国宛(今河南南阳市),秦国咸阳(今陕西咸阳东北)等,手工业、商业兴盛,为“富冠海内”的名城大邑。据《左传·宣公十四年》所记,这些城邑,早已先后设“市”,有的方国还设置“市使”或“市令”,对“市”中贸易进行管理①。各国舟船不断往返上述各城邑,兴贩不断。长江流域各方国也先后沿长江干支流两岸建筑城池,设立国都,形成一些重要城邑(城市),如楚国郢都纪南城(今湖北江陵)、吴国都城(今江苏苏州)、越国都城(今浙江绍兴)及邗城(今江苏扬州)与吴夫差筑冶城,越勾践筑越城(今南京)。这些新兴城邑,都已先后发展成为地区性经济中心与舟船集泊地。其中,楚国商业贸易与航运有较快发展,贩运贸易遍布长江下游,远及今山东一带。

楚国自楚武王五十一年(公元前 690 年)从丹阳(今安徽省云合市寿春县)迁都到郢都纪南城(今湖北荆州)后,利用“西通巴蜀,东有云梦之饶”优越地理位置,大力开发社会经济,商贾舟贩活动更加活跃。战国时,楚国控制长江流域绝大部分地区,成为雄踞南方一霸和长江流域第一大国。在这样的背景下,楚国为方便其贵族在楚国境内从事水陆经商活动,铸造了中国最早的水陆交通运输凭证——舟、车铜符节。1957 年、1960 年,在安徽寿县、蒙城县共发现 5 件鄂君启节,其中 2 件舟节、3 件车节。

鄂君启,字子晳,是楚怀王的儿子,受封于鄂(今湖北省鄂州市),称作鄂君。作为一个封君,启具有从事大规模水陆经商的客观条件。他鉴于楚国实行“三世而收爵禄”制,即所封爵位历三代便自行无效,为避免后代由贵族沦为平民,不得不备舟、车水陆经商发财,为子孙后代积富谋利。

公元前 328—前 314 年,楚怀王为支持鄂君启进行经商活动,特令工尹铸造铜质舟、车符节,赐给鄂君启。符节对所贩货物、经停路线等作了许多限制。启持着这种通商符节,可以在楚国境内从事水陆商贩活动,并在一定程度上享有免税特权,鄂君启节中的“舟节”规定了启的船队水上活动线路、途经城邑(城市)地名、舟船数量及编队方法、货物装载限制、免税办法、有效期限等。它是当时官方发放的水路交通通行特许证明,犹如今天船舶进出口签证。

舟节铭文规定了 5 条航线:今鄂城至枞阳、淮安东路航线;今鄂城至木关、郢都西路航线(其中今鄂城至木关又为一路航线);今鄂城至棘阳、谷城西北路航线;今鄂城至湖南西南路航线。以上 5 条航线,途经国都、城邑与关梁等 11 座之多,涉及腹地包括今广西壮族自治区、湖南、湖北、河南、江西、安徽、江苏 7 省、区。其中,汉江及其支流设有几处税关。这些关卡都对来往的船舶实施检查,征收船税,以此对船舶进行海事管理。

舟节铭文规定了船舶在水上运输中的编队方式,以避免发生事故。鄂君启航驾人员创造了中国内河水运史上较早的“屯三舟为㮣”船舶编队运输方式。“屯三舟为一㮣,五十㮣,岁能返。”即并 3 舟为 1 艘大船,150 只船并为 50 艘大船,限一年之内返航。在当时,这是一种很先进运输方式。从舟船航行安全来说,并舟增加了溯水与顺水之航速,使船舶有较好稳性,能抗击水上风浪,更大程度上保障了航行安全②。

舟节铭文规定,运输货物的船队经过关邑时,出示舟节,可以免征船税,即“(见)其金节则毋政(征)”;没有铜节出示,便征收税金,即“不见其金节则政(征)”。免征舟船税,对鄂君启是一种照顾。没

①《史记》卷一百一十九《循吏列传》。

②郭沫若:《关于鄂君启节研究》,《文物参考资料》1958 年第 4 期;谭其骧:《鄂君启节铭文释地》,《中华文史论丛》1962 年第 2 辑。

有金节的中小船商,则一律要照章缴纳关市之征,才能过关。

舟节铭文规定,由不同的管理部门向装载不同货物的船队征税。如船队载运马、牛、羊出入关卡,应向中央征税机关纳税,各地关邑不得征税,即"女(如)载马、牛、羊以出内关,则征于大府,毋征于关。"大府即中央征税机关,关指地方征税机关,中央、地方机构各管其事,有严密的分工①。

鄂君启舟节,是中国历史资料中第一次明确地记载航运目的地和舟船安全的管理规定。其中原则性地规定了船队规模数量、编队方式、航行路线与区域、航行期限限制、停泊港站及过关检查要求等。就其内容来看,舟节是中国迄今第一份形诸文字,保存全面而完好的水路行商与行船通行凭证,如同现在对船舶实行进出口管理的签证,是中国古代海事史上一件珍贵的实物见证。如果说,周代出现"舟牧""苍兕"与"水师"职官,开始建立船舶建造质量检验制度,管理相当明确、有序,成为中国海事形成的重要标志。那么,战国时代出现鄂君启舟节,用这类符节对舟船航行进行管理,则是中国海事管理内容更加具体,职责更为明确的佐证。

第四节 水运、海事职官与机构的始建

一、漕运对水运与海事机构形成的影响

始于秦代的漕运,经后代发展完善,逐渐成为中国传统社会中一种重要经济制度和运输方式,在国家和社会发展中的地位与作用十分突出。漕运中漕船航行和驾船人的安全管理(类似现在的海事管理)寓于漕运管理中,对以后海事的发展、海事机构的建立产生一定的影响。

(一)从海事管理官吏与机构寓于漕政到设立专官

漕政管理包括漕粮的征收、监兑、挽运、督押、领运等,其中漕船航行、驾船人安全等海事管理占有极其重要的位置。秦代始创漕运,主要是为了满足军事上的需要,并因而使漕运成为维系帝国兴衰的生命线。漕政管理作为军事征战的重要内容,自然不会忽视水上漕粮运输安全管理。但漕运刚刚起步,管理还很粗放,具有临时、短期的性质,相关海事管理寓于漕政管理之中。秦代以后,漕运逐渐常态化,漕政、海事管理上升到国家管理范畴。魏晋南北朝,形成了由以度支尚书为中心的中央管理机构、以专门职官和地方郡守组成的地方管理机构、以大司农为代表的关涉管理机构构成的漕运管理系统。曹魏时,在度支尚书下特设监运谏议大夫、监运大中大夫、都匠中郎将、督运使者等官职,开创漕运、海事设专官之先河。后又改"督运御史",其职能相当于后世的"巡漕御史"。管理水运、海事的中央大员,均由皇帝专派。

(二)海事管理职责与职权随漕政管理扩大而扩大

秦代以后相当长的一段时间里,管理漕运、海事往往是先有职官后有机构,官名与机构名称大致相同,一职一官,一官一个机构。这是古代早期国家机构的"特色"之一。那时的职官分工既不明确也不固定,时常一职官管理水运、海事及水利、河堤等,"随事立名,沿革不一"。西晋,设立都水台兼管水运、海事事务,开启作为组织机构管理海事、水运的先河。在海事管理职官(机构)上,由无专理职官(机构)到设专官(机构),由临时派员(机构)兼管到长期派专人(机构)管理,同时分设立法与审查机构(职官)、行政与执行机构(职官),还有派出机构(职官)、独立专理机构(职官)等。海事管理范围包括舟船建造检验

①《安徽通史》先秦卷,吉林人民出版社2011年版,第463-466页。

和航标、船舶、船员、渡运管理等,并呈逐渐扩大的趋势。

(三)军事部门组织漕运促进海事管理发展

南北朝以前,漕粮运输除朝廷等相关部门重视外,有时还因事关战争,而受到军事部门的格外重视。如西晋时,大司农之下设有东、西、南、北“护漕掾”。另外,为使全国漕渠保持通畅,保证漕粮能够安全抵达太仓,置“太仓”一职,也属大司农管辖。北魏迁都洛阳不久,著作佐郎兼中书侍郎韩显宗上书孝文帝,要求“端广衙路,通利沟渠。”孝文帝颇为赞赏,采纳其议。当时,还有军事将领组织漕运。刘胤为平南将军、都督江州诸军事,领江州刺史,“是时朝廷空罄,百官无禄,惟资江州泛漕。”荀希为大将军、大都督,曾任青、徐、豫、荆等六州诸将军等职,组织军兵漕运。这些地方郡守和军事将领组织漕运,护送漕粮,在战乱中保障了漕粮运输的安全。

二、水运、海事立法与审查及执行机构的始建

秦代漕运肇始后,朝廷设专门管理河务的官吏,兼管水运、海事事务。官吏又分立法、审查及执行之职。当时,朝廷在设“治粟内史”掌管谷食钱货的同时,又在司空(相当于后世的工部)下设都水官员,掌管河道、水运(含海事)等事务。《通典·职官志》载:“初,秦汉又有都水长丞,主陂池灌溉,保守河渠,自太常、少府及三辅等皆有其官……”都水长、都水丞一级官吏,在当时主要管理水利、河道,也兼管水运(主要为漕运)、海事及其他事务。秦时都水使者是河务常设官吏,开创设置管理河务专官的先制,后来成为中国历代王朝的一个常设职官。河务专官不仅管理水利、农田灌溉和保护河渠等,还负有管理水运、海事及税收之职①。

汉承秦制,职官设置较秦代更加完备。西汉初年,承秦制的“治粟内史”因兼掌许多业务、事务而难以实施管理,汉武帝便专设水运职官,以分其职。太常、少府、司农等部门中,都有与水运、舟船、海事有关的属官,皆设置都水官吏。武帝将秦代设置的“中尉”改称“执金吾”,主管京师治安,兼管船舶建造事务,并下设“都船令丞”具体行使管理造船之职。元鼎二年(公元前115年),武帝又将都水使者改为“水衡都尉”,位列九卿之末,年秩二千石。水衡都尉本为管理上林苑、皇室财政收入的高级官员,因兼掌都水,故有水衡之称。水衡为当时河道管理的最高官长。除在中央机构设置佐官属吏分管各项工作外,各地方还设立派出机构处理具体事务。《汉书·百官公卿表》载,水衡下属官有上林、均输、楫棹、水司空、都水等。其中,均输主管调运物资,楫棹令(楫棹令丞)主管造船,水司空主管治水,都水令则主管河道和水利等事务。《唐六典》卷二十三《将作都水监》载,汉成帝又以都水官员过多,设左、右都水使者。清代纪昀所著《历代职官表》卷59《河道各官》则称:都水使者“居京师以领之,有河防重事,则出而治之。”即都水使者居京师,总领全国河渠、水运政令,主管国家财政、盐铁专卖、均输漕运、货币管理等。如刘向曾担任过左都水使者,冯参担任过左冯翊都水,地方上设置都水长、都水丞、河堤员吏等职。

东汉,水运官制仍沿前代。朝廷撤销西汉时设置的“水衡都尉”,恢复都水使者,掌水利建设与水运、海事事务。后来又改都水使者为河堤谒者,管理河渠的整治与维修。地方上置都水参军,基层置河堤员吏。光武帝建武七年(公元31年),罢护漕都尉,设威厥仓官,属河南尹管辖。

魏晋南北朝,朝廷设尚书省曹郎之一水部,设水部郎(郎中)职官。南朝、北齐属都官尚书。“水部郎”为水部曹长官通称,魏晋、宋为六品,梁为五品,陈为四品,北魏、北齐为六品,是管理水道工程、舟楫、桥梁、漕运政令的官吏,其中海事事务由舟楫和漕运官员兼理。

曹魏,朝廷复置“水衡都尉”,官阶六品,掌水军舟船器械。同时,在各郡设立均输官,又称均输长或

---

①吕思勉:《秦汉史》(下),吉林人民出版社2013年版,第607页。

均长,掌管“调均报度、输漕委输”。且各郡国还设有均输监,负责监督均输事宜。他们在大司农均输令的指导下开展工作,形成全国均输管理、水上安全监督系统。《通典·职官五》载:“魏尚书有水部郎。历代或置或否。后魏、北齐有水部,属都官尚书,亦掌舟船津梁之事。”说明这一时期存在着两套漕运与海事管理系统,即属于九卿系统的都水使者(大舟卿)和尚书系统的尚书水部,前者是立法与审查机构,后者为行政执行机构。宋文帝元嘉二十七年,刘宋大县水军建立稳固的防线。在严查“滴水军”装备时,“都水使者乐询、尚书水部郎刘渊之并以装治失旨,付建康。”由此看出,都水使者与尚书水部郎间在水运、海事管理的职责是有交叉与重叠的,但得做到相互配合、相互协调①。

晋以前,中国尚无以运漕命官设职,均以都水、河堤谒者等管理漕运、海事之事。西晋,始设漕运、海事之职官,但不居重要地位,仅是小机构。晋武帝在中央政府的工部下设置水部,掌管水上交通政策法令,官吏为水部郎。并始设专管舟船及水运的官署“都水台”,总领漕运、海事行政事务,为统领治水与水运、海事机构,官吏为都水使者,官阶四品,还设都水参军,从七品。同时,魏时复置的“水衡都尉”并入都水台。《通典·职官九》载:“晋武帝省水衡,置都水台,有使者一人,掌舟航及运部,而河堤为都水官属。元康中,复有水衡都尉。怀帝永嘉六年,胡贼入洛阳,都水使者奚浚先出督运得免。江左省河堤。”②《宋书·百官志》载:“晋武帝省水衡,置都水使者,而河堤为都水官属。有参军二人,谒者一人,令史减置无常员。晋西朝有参军而无谒者,谒者则江左置也。……江左省河堤。”

东晋时,沿袭西晋制度。起初,设大司农统都水长、东西南北部护漕掾,下设都水台,置使者1人,管治河及督理漕运、海事事务。南朝宋、齐、梁、陈政权漕运、海事管理大体上沿袭晋制。而都水使者所发挥作用越来越有限,时罢时设。《通典·职官九》载:“宋都水使者,铜印墨绶,进贤两梁冠,与御史中丞同。孝武帝初,省都水台,罢都水使者,置水衡令,孝建元年复置。齐有都水台使者一人。梁初与齐同,天监七年(508年),改都水使者为大舟卿,位视中书郎,列卿之最末者,主舟航河堤。陈因之。后魏初皆有水衡都尉及河堤谒者、都水使者官,至永平二年,都水台依旧置二使者。北齐亦置二使者。”③《宋书·百官书》载,宋、齐两代设都水使者1人,掌管河渠、船舶、漕运,地方上置都水参军。都水使者管理治河,也管漕运、海事,但似乎更多地承担置办船舰职能,以维护水上航行秩序。梁代设都水台(机关),置都水使者(主事官)1人,都水参军2人,河堤谒者8人。天监七年(508年)改都水使者为大舟卿,掌管舟船建造、航运、海事以及漕务和河堤事宜。陈代沿用梁制,大舟卿官阶相当于中书郎,位高权重。大舟卿下设丞及功曹主簿,主管船舶、航运、漕务、海事及河漕工程④。

北朝北魏初,中央设都水部郎中、都水使者,地方置有河堤谒者、都水参军等职官,以管理水利与水运、海事事务。北魏迁都洛阳不久,蒋少游被任命为都水使者。北齐设水部郎中、都水台、都水使者。都水台管渡口、桥梁。主事官为都水使者2人,官五品,其下属都水参军10人。地方上还有录事、船局、都津尉等员吏。都水使者从五品,属员有河堤谒者,这与东汉将都水使者易名河堤者不同。北周,朝廷设司水中大夫,下设小司水、小司舟等。

三、水运、海事兼管和派出机构的始设

与水部、都水使者并存管理水运、海事职官,大体上分为兼管和派出两大类,且主要是管理漕运、海事事务。

---

①马晓峰:《魏晋南北朝漕运与管理》,《西北大学学报》第40卷第5期,2003年9月。

②《通典》卷二十七《职官九·都水使者》。

③《通典》卷二十七《职官九·都水使者》。

④庄华峰:《魏晋南北朝社会》,安徽人民出版社2009年版,第288页。

(一)兼管漕运与海事职官和机构始设

秦代,中国漕运肇始,尚未设专理漕运、海事官吏,遇有漕运大多是临时委派官员兼管,沿途官吏监督漕运、海事事务,军队全程为漕船护航,保证漕运安全。

西汉,朝廷设大司农,主管国家财政,同时兼管运输、水利、农业等。此时漕船运输管理分中央与地方两个层次。小规模漕运,由中央设置职官负责,如"中都漕"(中央官吏),"漕转山东粟,以给中都官,岁不数十万石"。① 此外,"尉曹""都水使者"等吏员也管理漕运或转运、海事事务。点多面广的大规模漕运,是郡国封君的"诸侯漕"。汉初,封君"皆各为私奉养,不领于天子之经费",因此"陆行不绝,水行满河","实富于天子"②。每遇漕务,多系委派兼管者以代。楚汉相争时(公元前206—前202年),丞相萧何兼管漕粮运输,"汉王引兵从故道出袭雍(今陕西省凤翔、岐山之间),留萧何收巴蜀租给军粮食。"公元前205年,"汉高祖自汉中出三秦伐楚,萧何发蜀汉米万船,给助军粮……"刘邦被项羽击败,"还守城皋荥阳,下蜀之粟,深沟壁垒"。楚汉决战时,"诸侯之兵四面而至,蜀汉之粟方船而下"。蜀中、汉中粮食主要由汉江转漕而下,可经由襄阳转运南阳等地,或由长江运至沿线各地,从而保证了汉军胜利。刘邦称帝后论功行赏,对丞相萧何兼蜀守"转漕关中,给食不乏"进行褒奖。汉武帝元封元年(公元前110年),朝廷派去护送漕粮运输的士兵已达60000余人。同时开始在各地设置基层小吏,如"护漕都尉",专门监管漕运、海事事务,沿途县令长也有兼领漕运、海事事务,职官叫"将漕县令"。此官虽位低权轻,但足见朝廷对漕粮运输的重视,并预示着随漕运发展,漕政、海事管理将走向设立专司机构或职官阶段。如长江水系丹江设武关都尉,汉江有邓县都尉,长江有夷陵都尉和江关都尉。

东汉,京都改设洛阳后,洛阳附近兴建漕运工程,大规模整治汴渠,以利漕运。朝廷就近征收山东、河北、江淮一带粮食,以供京城使用。由于路程缩短,风险减少,不再经黄河三门峡,所以光武帝初年罢废管理漕运"护漕都尉"职官,不设专司漕运的官吏,改由各郡县自护漕粮。

三国时,为军事斗争需要,各方均注重漕运与海事管理,指派高官兼职统理漕运事务。东吴与蜀汉除有都水系统机构和官吏监管漕运、海事外,还由中央专设职官和郡守州牧、统军都督分掌。如吕蒙、陆逊、陆抗、陆奂等将军,均在当地既督统军备又兼督漕屯粮事务。曹魏名将邓艾也曾兼管漕运。

西晋末以降,北方大批人民辗转流徙到江南与东南沿海一带,其中南迁到长江中下游的人数至少有70多万之众。一部分人越过长江后,继续南进,到达闽、粤地区。据有关史料记载:刘宋时户籍南迁人口约占西晋北方人口1/8。聚集人口最多的是当时位于长江口的扬州,占总人口的一半。南迁人民带去了北方先进的科学知识、生产技术和生产工具,兴修塘堰,同南方人民共同开发江南地区,使原来落后的生产迅速得到提高。在这一背景下,漕运、海事也发生变化,依赖南方漕运的程度逐渐加深。两晋沿用前朝制度,虽设专官统理漕运、海事事务,但仍多赖地方军事与行政长官参与,由都督、刺史掌一州或数州运漕事务。西晋名将羊祜、杜预、山简等均组织过大规模漕运活动。东晋陶侃、刘毅等都督、刺史,曾先后在今江陵、襄阳、武昌等地统兵备粮,组织军漕运输。平时军粮由兵士承担运输任务,战时则往往需要征调丁民运送。西晋永康元年(300年),赵王司马伦篡位为帝,成都王司马颖等起兵进讨,洛阳仓廪一空。尚书仓部令史陈敏建议漕运南方米谷以济中州。朝廷从之,"以(陈)敏为合肥度支,迁广陵度支",管理漕运、海事事务,漕运江淮粮食,接济洛阳等地。《宋书·礼志》载有"监淮南津都尉",想必为地方管理漕运、海事事务职官。梁时,江子一曾任"南津校尉"一职。《太平广记》则记载了梁武帝时"南津校尉"孟少卿扣押他人木材事宜。此类职官也是为漕运、海事而设的地方官。

---

①《汉书》卷二十四《食货志》。

②《汉书》卷五十一《枚乘传》。

这一期间,漕运、海事大多管理事务是由地方郡守履行,均为临时性任务。西晋时,贾逵任豫州刺史,“外修军旅,内治民事,遏鄢、汝,造新陂,又断山溜长溪水,造小弋阳陂,又通运渠二百余里,所谓贾侯渠者也。”①北朝时,常年战乱,水运事业发展缓慢,大多由地方官履行漕运、海事管理职能。北魏太平真君七年(446年),薄骨律镇将刁雍上表建议开漕运,造船运粮,得到朝廷认可。北魏也有专门漕运官员,多数是临时性的,只作权宜之计②。

(二)派出管理漕运与海事职官和机构始设

派出管理漕运与海事职官、机构,主要为度支尚书与度支府,是为军事漕运(军漕)而设。度支尚书,始设于汉代。《唐六典》载:“度支郎中一人,从五品上;汉有度支侍郎,即郎中之任也。历魏、晋、宋、齐、后魏、北齐并有度支郎中,梁、陈、隋属侍郎。”③因其掌贡赋和税租,量入为出,故名度支。南北朝时,度支尚书领度支、金部、仓部、起部四曹。

曹魏续设度支尚书,直至隋朝,负责督运漕粮,管理漕政、海事事务。据《晋书·安平献王孚传》载,“初,魏文帝置度支尚书,专掌军国支计,朝议以征讨未息,动须节量。”可见,这一职掌仍为适应战争需要而设置,以后各代沿袭,直至南北朝。度支尚书下特设监运谏议大夫一职,作为派出专理漕政、海事的职官。自此,管理漕政、海事有了专门职官。还设监运大中大夫、都匠中郎将、督运使者等官职,主巡视漕务、海事。后又改“督运御史”,相当于后世之“巡漕御史”(巡视漕务)及护漕掾(相当后世之押运同知),直接负责漕船运输安全,确保漕粮顺利抵达京都。度支尚书与监运谏议大夫的出现,标志着中国漕政、海事开始由专职官员监管与巡视,一改过去委派临时性官吏兼管漕政、海事的状况。

西晋,承袭魏制,度支尚书下继续设监运谏议大夫、监运大中大夫、都匠中郎将、督运使者等专官,巡视漕务、海事事务。西晋伐吴前夕,“及将大举,以(张)华为度支尚书,乃量计运漕,决定庙算。”西晋完成统一后,对漕运中漕政、海事事务重视有加,曾在合肥、广陵(今江苏扬州)设立度支府。

东晋时,沿袭西晋制度,仍设监运谏议大夫和督运御史,专门到各地巡视漕务、海事。朝廷为加强度支尚书的管理职权,“穆帝之世,频有大军,粮运不继,制王公以下十三户共借一人,助度支运。”④由此看出,东晋与西晋一样,漕政与海事事务是由度支尚书负责。南北朝各代,也设度支府,管理漕政、海事,主要官吏称“度支校尉”。度支府位于豫章西北赣江边,负责建设邸阁(粮仓),组织舟船向京城运输漕粮及布帛等物资⑤,以及管理漕政、海事事务等。当时,长江流域的江陵、襄阳、武昌等漕运要地均设“台传”仓储,由朝廷委派度支使承办漕仓和转输。度支,主管军国财赋收支会计、事役、漕运(含海事)、仓廪、库藏等政务。

南朝,仍因袭旧制,管理漕政、海事的派出机构仍为度支府,度支校尉为官员。当时漕运是组织大量服役丁民完成的,即“又率十八人出一运丁役之”,形成了一种运输徭役。非战时,运送军粮由军士承担;战时,便大量调借服役丁民完成。运送军粮,差役既苦又险,南朝各代因此又常以罪犯充役,“自今……若犹有犯,男子谪运”。尽管运输徭役规定每人每年役期为20天,但由于战事频繁,劳动强度大,服役者一般难以返回家园,不乏中途死亡及逃匿者。这种做法给漕粮运输带来许多隐患,严重危及漕船的航行安全。

北朝,也设度支尚书。北魏“(崔)亮在度支,别立条格,岁省亿计,又议修汴、蔡二渠以通边运,公私

---

①《三国志》卷十五《魏书·贾逵传》。

②马晓峰:《魏晋南北朝漕运与管理》,《西北大学学报》第40卷第5期,2003年9月。

③《唐六典》卷三《尚书户部》。

④《晋书》卷二十六《食货志》。

⑤《隋书》卷二十四《食货》。

赖焉。”北齐“(崔昂)后除尚书左丞,其年兼度支尚书。……度支水漕陆运,昂设转输相入之差,付给新陈之法,有利于人,遂为常式。”因此,度支尚书成为魏晋南北朝时期漕政、海事管理主官。原先的都水使者,专司舟楫制造,梁时更改称“太舟卿”,虽有“主舟航堤渠”职能,但在“堤渠”方面发挥的作用不明显。同时,北齐沿袭魏建制,由度支尚书分统列曹、水部曹,掌水运、海事、渡口、桥梁及水利工程等管理事务①。

四、兼管民船税务机构的初设

东晋至陈之间,民间商业性航运和以驾船为业的个体船户逐渐发展起来。朝廷对这些民间商业性航运和个体船户的管理,主要体现在设关征税。

317 年,东晋定都建康(今南京)。建康自此成为偏安江南各朝的政治中心,城市商业逐渐繁荣,“商市林立,百货辐辏”,由度支管理运粮漕船,以及富贾货运商船及民间个体船户舟船。城区秦淮河是四方舻舳出入都城咽喉要道,进出长江与秦淮河商舶众多,经常有成千上万艘商舶云集。左思在《吴都赋》中描写道;“水浮陆行,方舟结驷,唱棹转毂,昧旦永日”。② 一时间“贡使商旅,方舟万计”。这是当时东晋都城——建康繁华情景真实写照。③

为此,东晋设置两个“津关”,“西有石头津,东有方山津”,分扼淮水(秦淮河)上下游。西关设在石头城,称作石头津;东关置于秦淮河下游方山埭(今南京市江宁区东南),叫方山津。两处分别设有津主等官吏,征收船税,检查船只安全。当时税率重于汉代实行的“船五丈以上一算”制律,以征收货税为主,炭、鱼、薪之类也都在征税之列。税率为十分抽一,客商船户无不叫苦④。除南朝宋大明八年(464 年)曾有短暂停止外,船税均照前征收,没有停止过。《隋书》卷二十四《食货志》载:两津“各置津主一人,贼曹一人,直水五人,以检察禁物及亡叛者。其获炭鱼薪之类过津者,并十分税一以入官。其东路无禁货,故方山津检察甚简。淮水北有大市百余,小市十余所。大市备置官司,税敛既重,时甚苦之。”津主是关卡负责人,贼曹是缉拿港区盗贼的官员,直水是关卡属员。检查禁物,是指朝廷禁止民间私自买卖和贩运的物资。两津关一直维持到南朝陈代。后世历代王朝在各地设关征税都与这两个税关有着一定的继承关系⑤。

石头津和方山津,是中国较早设立的水上征税机构。这种设在要津的机构和官员,除征收商货实物税之外,还对民间商业性航运与个体船户、船舶进行管理,主要是船舶检丈及航行安全管理等,并负有维持码头治安检查职责。

此外,这一期间郢州(今湖北武昌)刺史曹景宗在夏口以北(今湖北省武昌汉阳门)一带开街列市,形成郢州贸易中心。位于黄鹄矶西、鹦鹉洲北端之船官浦设卡征收船税,亦管理船舶靠泊事宜。至陈代,亦随梁制,但大舟卿官阶为三品(实际上南北朝多为三品),说明这一时期朝廷是十分重视航运和水上安全管理的。

秦至南北朝之间,从所设置水运、海事管理职官与机构演变轨迹来看,尚无完全定制。历代应生存与拓展的需要,乱中“求治”“求新”,水运、海事管理机构于无定制中逐渐形成。其中,西汉尤为重视水运、海事及河渠事务,设职官较多,且在朝廷中居相当地位。东汉末以后,国家长期分裂割据,官职设置从简,海事管理仍由其他水运管理机构兼管,水运与海事机构职官建置有所变化。一是各代相继设置水运、海事及河务专官,官阶之擢升表明一代比一代更加重视水上交通安全管理;二是从中央设置管理职官或机

①马晓峰:《魏晋南北朝漕运与管理》,《西北大学学报》第 40 卷第 5 期,2003 年 9 月。

②《建康志》卷十六,引《宫苑记》。

③《晋书》卷六十八《贺循传》。

④《通典》卷十一《食货十一・杂税》。

⑤《南京交通志・港口志》,海天出版社 1994 年版,第 79 页。

构度支尚书、都水台,再到在地方交通要冲设置船税津关,表明水运、海事管理已形成系统;三是这些管理机构职权范围相当广泛,涉及农田、水利、治河诸事,远非现代意义上的专业海事管理机构。

第五节 海事管理起步与演进

一、舟船建造质量检验的起步

始于周代舟船建造质量技术检验管理,不断得到后世各王朝的重视,船舶建造质量检验技术不断进步,保证了舟船安全。秦汉之后,对舟船建造检验主要表现在建立专门职官,检验技术管理转向用料、结构、性能及推进工具的改进上,能根据不同航区、航速等造出适宜各水系特点的船舶,舟船建造质量不断提高。如艨艟(大舰)坚固,航速快,且华丽多彩。战时用于军事的舟船,可组成船队"涉江泛海",航行到较远的深海。

(一)管理职官的设立

春秋时期,为保证舟船建造,越王勾践设置了管理造船事务的主官。《越绝书》卷三载:"治须虑者,越人谓船为'须虑'。""治须虑者",即指越国管理造船的船官。吴国、楚国也设立船官,重视舟船建造①。秦时,朝廷宦官之一的中尉,本管治安,也管造船。汉武帝太初元年(公元前104年),中尉更名执金吾,属官有"都船"令丞,掌管包括水上军用船只在内的造船事务。如淳解释:"都船狱令,治水官也。"《通典》载:"汉主爵中尉属官有都船令丞,水衡都尉有楫棹令丞。晋曰船曹吏。齐曰官船典军。后周曰舟中士。"②《秦汉交通史稿》中说:"都船狱,或许意味着以监禁作工的形式保证船舶质量。"可见"都船"令丞是汉中央政府中一个管船的职官。水衡都尉属下有九令丞,其中"辑濯(也叫楫棹)"令丞为船官。如淳释说:"辑濯,船官也。"颜师古解释说:辑与櫂"皆所以行船也","辑濯士,主要辑及櫂行船也。短曰辑,长曰櫂"。③ 辑櫂,即揖櫂,主行船,属官为"辑櫂士"(主用辑及櫂行船),也是朝廷的一个管船官。在地方郡、县上,京兆尹下设有"船司空",主管造船事务,王莽时改称"船利"④。庐江(今安徽省庐江县南)是西汉楼船建造中心,朝廷在这里专设楼船建造管理职官。元封五年(公元前106年)冬,汉武帝第三次巡海,先南巡今江西、湖南长江中下游一带的造船基地,再从浔阳(今江西九江、湖北黄梅一带)浮江,在枞阳(今安徽省枞阳)视察庐江郡楼船建造基地。同时,成都、江陵(汉口)、长沙、南昌、枞阳、苏州、扬州等均设有大型造船工场。其中,成都汇集大批能工巧匠,朝廷在此设两处"工官",管理这里的官营手工业者。

三国赤壁之战后,曹魏不忘灭吴,多次在淮河两岸集匠造船。孙吴深知虎狼在北,汇聚了很多技术高超、熟练的造船工匠,大造战船,凭舟固疆,并在福建建安设三国时唯一的专事造船的职官——典船校尉。梁克家《三山志》云:典船校尉"设在福州开元寺东直巷内,吴时都尉营所在,号船坞。"李吉甫记:"(孙)吴于此(指福州)立曲郍都尉,主谪徒之人作船于此。"⑤晋安郡原丰县(今福州市),晋武帝太康三年(282年),建安典船校尉立。温麻县(今福建连江县),太康四年(283年)"以温麻船屯立"。⑥ 典船校尉、曲郍都尉都是专事造船的主官。当时的典船都尉营能建造装载3000人、上下5层

①《越绝书》卷二《吴地传》,第13页;《越绝书》卷六《策考》,第43页;《水经注》卷四十三《江水》,商务印书馆1958年版。

②《通典》卷二十七《职官九》。参见《文献通考》卷五十七《职官考十一》。

③《汉书》卷六十六《刘屈氂传》,中华书局1962年版,第2881-2882页。

④上官绪智、温乐平:《从秦汉时造船业看水军战船及后勤漕运保障》,《南都学坛(人文社会科学学报)》第24卷第2期,2004年3月。

⑤《元和郡县图志》卷二十九《江南道》,中华书局1983年版,第715页。

⑥《宋书》卷三十六《州郡志》,中华书局1999年版,第722页。

的楼船(也称战船)。孙权乘坐的"飞云"、"盖海"等大船更是雄壮。大船选材也考究,多用豫章楠等上好硬木制成,极为坚固①。同时,其他地方也有造船工场。《三国志》卷五十一《吴书·宗室传六》引《江表传》载:"初权在武昌。欲还都建业(今江苏南京)……于坞中大会百官议之"。能在船坞中开百官大会,可知船坞肯定不会小。晋以后,水衡都尉之职升替变化较大,造船主要由都水使者负责。晋武帝置使者一人,掌舟船及运部。刘宋时也是如此。南朝齐代还专设都水台、大舟卿等要职,督理造船事务。梁代,设置大舟卿,主管舟船建造②。

(二)建造技术的提高

汉代,中国的舟船建造技术进步主要表现在船体结构改进方面:

(1)在船壳结构上开始出现甲板。秦汉以前建造的舟船,船体上没有甲板。这不仅不便于船工操舟,而且航行途中水流会随激浪侵入船中,浸损货物,或造成航运事故。船壳上铺装甲板后,给驾舟带来方便,使航行安全得到加强,也提高了船体强度。

(2)改进船体结构,船身分舱隔室,突破船体无甲板、不隔舱简易壳驳结构。如1955年在广州发掘出一件东汉陶制船模,长56厘米,船体上建有前舱、中舱和尾楼,在船舱建造上有新发展。

(3)在木结构上,以钉关联代替绳索、皮条捆扎连接。1957年长沙西汉墓出土的船模,上置桨16支,船舷两侧边沿和首尾平板上都有规则钉眼,证明各地造船已采用钉合工艺,较普遍使用榫榫卯拼合,并用竹、木或铜铁钉关联方法,以增强船体和船舶部件结构的牢固性。

泰始八年(272年),西晋武帝司马炎命大将王濬为益州刺史。王濬创制"连舫",把许多小船拼装成一艘大船。"方百二十步(一步为六尺——引者注),受(载)二千馀人,以木为城,起楼橹(指舱面上建有瞭望台——引者注),开四出门,其上皆得驰马来往。"③ 当时,"舟楫之盛,自古未有"。

(三)船舶推进属具的突破

汉代,舟船不断向高层和大型化发展,船舶的推进与定向属具也随之改进。长桨短楫是早期木船推进工具,在相当长时期内都是舟船的主要推进器械。东汉末年的刘熙在《释名·释船》中记述:"楫,捷也,拨水使舟捷疾也。"当造船与航运发展到一个新的阶段时,舟船越造越大,便以增加桨楫数目来提高船舶航速。经过不断探索与改进,人们根据鱼儿摇摆前进的道理,发明了橹。橹大约产生于东汉。《释名》载:"在旁曰橹。橹,膂也,用膂力然后舟行也。"这里准确地概括出橹的位置及操作方法。橹从桨的间歇划水变成连续划水,提高了功效,因此有"一橹三桨"的说法。利用人力推进船舶,从桨楫发展到橹是舟船推进工具历史的重大进步。英国人沃塞斯特在他所著的《扬子江帆船与划子》一书中赞叹说:"橹是中国发明中最科学的一个。"

中国古代船舶推进属具又一个划时代的突破,当推大约公元1世纪末至2世纪初风帆的成功使用。东汉元初二年(115年),马融向汉安帝刘佑呈献辞赋《广成颂》,使"风帆"首次见于文献。据考证,中国古船上的风帆在公元18年至115年已问世④。《广成颂》写道:"……然后方艅艎,连舼舟,张云帆,施蜺帱,靡飔风,陵迅流,发棹歌,从水讴,淫鱼出,蓍蔡浮,湘灵下,汉女游。"⑤ 升帆、挂帷、乘风、飞舟,整个过程十分具体、生动。东汉刘熙在《释名》中说:"帆,泛也。随风张幔曰帆。使舟疾,泛泛然也。"风帆使舟

①谢必震:《福建史略》,海洋出版社2011年版,第81页。

②上官绪智、温乐平:《从秦汉时造船业看水军战船及后勤漕运保障》,《南都学坛(人文社会科学学报)》第24卷第2期,2004年3月。

③《晋书》卷四十二《王濬传》,中华书局1999年版,第795-796页。

④文尚光:《中国风帆出现的时代》,《中国水运史研究》1988年第1期。

⑤谭介浦:《屈赋新编》,中华书局1979年版。

船航行速度提高,但若无控向属具加以制约,舟船将失去航向。没有控向工具配合,帆在利用风向上也会有很大困难。于是,随着风帆的问世,经过一段时间实践,到东汉时一种与风帆紧密配合、本质上与桨楫相异的控向工具——柁(舵)出现了,"柁可以止船也"。广州出土东汉陶质船模横尾部就装有船舵。船尾装柁(舵),可用来扶正船舶航行方向,使船不会偏离航线。舵一般是由有技术的人掌握的。舵手地位不高,作用很大。

特别值得一提的是,南朝大科学家祖冲之(455—500 年)为提高航行速度,"又造千里船,于新亭江试之,日行百馀里"①。装有桨轮的船舶,称为"车船"。这种船采用一种前所未有的轮桨,用人力脚踏车轮推动船舶前进,代替帆、橹。木轮船造好后,曾在今南京南面的新亭江试航。试航中只见船舷两侧木轮不断翻滚转动,船的航速比一般木帆船要快得多,经测算日行程可达百余里,因此定名"千里舟"。这虽然没有风帆利用自然力那样经济,但也是一项伟大的发明,为后来船舶动力的改进提供了新思路,在造船史上占有重要地位,也为后来唐、宋舟船建造提供了借鉴。

二、早期舟船管理和船员培训教育

古代水上运输,无论是官方漕运,还是民间运输,不论是溯水而上,还是顺流而下,全仰赖人工拉纤撑篙,稍有不慎就有触石旋洪之患。据史料记载,西汉时海上航行已有朝廷派遣的黄门(即皇帝近侍内臣——太监)亲自执掌,并招募富有远洋航行经验的民间海员一起出航,也有外国航海者或使节参加进来,结伴同行。"蛮夷贾船,转送致之",表明对外国海船可能进行沿途护送,以保证其安全到达目的地港口。这说明,西汉就有民间远洋活动②。这一时期,商业性航运兴起,政府通过征收货、船税费,对民间船舶进行管理。武帝曾颁布《告缗令》,规定舟船征税计算法。《西汉会要》等史籍记载:"武帝元光六年(公元前 129 年),初算商车,……商贾轺车二算,船五丈以上一算"。即按"五丈为一计税单位,例如船长为五丈者,一年出算赋 120 文钱便可。"③ 这种低税政策有利于水上交通与贾贩兴盛。在征税的同时,检查船舶,重点是对船舶进行丈量。这是秦汉统一中国后首次通过征收船税对民间舟船进行管理,是中国内河航运史上一件大事。

东汉和平元年(150 年)以前,黄河三门峡河段东岸(也称"人门半岛")石崖上开凿一段栈道,用以挽舟而上。在当时条件下,这是一种较为切合实际的办法。那时,黄河三门峡一带有熟悉三门峡水情的水手,利用栈道帮助行舟④。

作为海事中重要的船员管理,从西汉时就开始了。当时,中国已有水上航驾(相当于现在的船员或引航员)培训管理。据史料记载,汉武帝发动统一东南沿海战争时,为提高海上作战能力,曾"内增七校,外有楼船","皆岁时讲肄,修武备"。水军有江海上特殊作战标准要求,平时要经过有计划培养和训练,故而要"岁时讲肄"。这是既有固定课程项目分时"讲"授,又有按时进行具体操驾技艺练习"肄"。《文献通考·兵考》上说,汉代水军平时是"郡举五人教习战射","常以秋后讲肄课试"。虽然具体详尽培训方法,如今尚无法考定,但可以说从西汉中国就有船员培训管理,包括官方组织、教练员、培训期限,以及成套的讲授、实习和考核办法。迄至西汉元鼎年间(公元前 116 年—前 111 年),上述办法已由汉朝政府作为一种法令推行开来,成为中国最早对船员培训、教育管理的实践活动。⑤

---

①《南齐书》卷五十二《祖冲之传》,中华书局 1999 年版,第 616 页。

②孙光圻:《中国古代航海史》,海洋出版社 2005 年版,第 130 页。

③《西汉会要》卷五十二《食货三·算车船》。

④吕荣民:《山西航运史》,人民交通出版社 1998 年版,第 29-30 页。

⑤《大学衍义补》卷一百一十七。

三、川江险滩避让与内河夜航的初现

长江三峡穿岩劈岭，礁石丛生，滩多流急，以航道险阻著称，自古以来行舟艰难。舟船通过三峡水域，必须要经过 100 多公里航道中 10 处险滩暗礁。从汉代起，长期航行在三峡的船家，通过不断探索，练就了一身对付三峡浅滩险礁的本领。

《水经注》对长江三峡险滩作了详细记载：江中已知名险滩有奉节境内羊肠虎臂滩、博望滩、东阳滩、落牛滩、滟滪堆及巫山江段新崩滩和宜昌以上流头滩、黄牛滩等。其中，最险恶的是瞿塘峡口滟滪堆、巫峡中新崩滩、西陵峡里流头滩。

瞿塘峡口滟滪堆："江水又东迳鱼腹县故城南……江中有滟预石。"这块石堆兀立江中，高约 27 米，长近 40 米，宽达 15 米，约出现于东汉时，给过往舟船造成极大威胁①。李膺《益州记》(又名《蜀记》)载，"夏，水涨，没数十丈，其状如马，舟人不敢进，故曰滟滪，又曰犹豫。言舟子取途不决水脉，故犹豫也。"

巫峡新崩滩：该滩是继东汉永元十二年(100 年)山崩后，东晋太元二年(377 年)第二次崩塌造成。"滩崩之日，水逆流百余里，涌起数十丈。今滩上有石，或圆如箪，或方似笥……致怒湍流……"②

西陵峡流头滩：此处江水"峻激奔暴，鱼鳖所不能游"，舟船航行至此，稍不小心便有沉没危险。因此，在船家中流传有"滩头白勃坚相持，倏忽沦没别无期"的歌谣③。

除以上最险恶与险要十多处险滩连绵外，长江三峡水流迅急，还造成下水行船神速、上水艰难。"自蜀至此(指流头滩)，五千余里，下水五日，上水百日也"。在三峡中，江水最高流速每小时可达 10 多公里。所以，舟船顺流，有"朝发白帝，暮到江陵，其间千二百里，虽乘奔御风，不以疾也"的记载。然而，在三峡中舟船上溯要比下航速度慢得多。如《水经注》记船行黄牛峡一段说："江水又东迳黄牛山下，有滩名曰黄牛滩……虽途经信宿，犹望见此物"，言水路迂深。三峡顺水行舟快速如飞，常常会随流失控，触滩沉船；上水船只，搏逆西进，又往往会纤断舟覆。

古代长江上船家不断探索，因势导航，逐渐积累通过长江三峡一些行舟经验。如舟行峡中瞿塘、黄龛二滩，涨水时漩涡回复，上下水船都十分惧忌。于是，人们便采取积极措施，以防水上航行事故发生。南朝宋盛宏之的《荆州记》卷一记此说："鱼腹县瞿塘滩……刺史二千石经过，皆不得鸣角伐鼓。商旅上水……乃以布裹篙足"。④ 即俸禄二千石一级郡守乘坐官船经过这里，也要息号角、停击鼓，以便船工集中注意力。用布裹篙头，是为了防止滑篙。这些方法都能有效地避免发生事故。滟滪堆一带水势极乱，漩涡满江，舟船撞石即沉，舟人到此往往犹豫不决。然而滟滪堆在瞿塘峡上口，自然也就成为人们闯过夔门的一座导航标志。广泛流传的《滟滪歌》，是航行三峡船家利用滟滪堆(俗称燕窝石，古代又名犹豫石)一带水文变化而唱出的导航歌：

滟滪大如象，瞿塘不可上。
滟滪大如马，瞿塘不可下。
滟滪大如牛，瞿塘不可留。
滟滪大如幞，瞿塘不可触。
滟滪大如龟，瞿塘不可窥。
滟滪大如鳖，瞿塘行舟绝。

---

①《水经注》卷三十四《江水》。

②《水经注》卷三十四《江水》。

③《水经注》卷三十四《江水》。

④《太平御览》、《水经注》等均有记载。

以上歌词分别散见于《乐府》《南史》《类要》《南诗源》《唐国史补》等史籍中,唯各家所收歌词不一。船家在三峡行船中经过较长时间传唱、增补,方日渐丰富,后被南朝乐府和文人们采录。它描写水淹滟滪堆各种情形,告诫船家要适时而航,是一种特殊的夔门导航文字、驾引指南,更是历代航行在峡江中船夫同滟滪石斗争、拼搏、呼号和成功的记录①。依靠着这些世代相传的经验,峡江船家以高超的驾船技能,闯滩过峡,征服天险,保证了通过三峡的蜀麻吴盐的水上运输安全。

长江三峡最著名的四大险滩是青滩、泄滩、崆岭滩和滟滪堆。除滟滪堆外,面对险恶的青滩、泄滩、崆岭滩,当时行驶三峡的船工中流传着“青滩泄滩不算滩,崆岭才是鬼门关”的谚语。船家、纤夫必须采取“搬滩”的办法才能过这些险要的浅滩。过滩前,货物搬下船,人也下船。上水过滩,须掉过船头,取下船舵(以减弱阻力),由纤夫拉船尾而上;下水过滩,时则横转身,时则船尾向前(以避滩中漩涡),顺水流一转而下。“搬滩”行舟,凝聚了古代船工的智慧和汗水。同时,随着长江三峡通过能力日益增大,船工也基本上掌握了峡中滩险变化规律及航行时间,船只、船具渡险性能和船工操舟技术不断改进,应对三峡凶滩的方法不断进步。

东晋时,浙江内河就有夜航活动。《世说新语·任诞》中有一则王子猷夜航曹娥江故事:“王子猷居山阴,夜大雪,眠觉,开室,命酌酒,四望皎然。因起彷徨。咏左思《招隐》诗。忽忆戴安道。时戴在剡,即便夜乘小船就之。经宿方至,造门不前而返。人问其故,王曰‘吾本乘兴而行,尽兴而返,何必见戴?’”一时传为美谈。今嵊县东北有座艇湖山,山下有湖,湖畔原有子猷桥、访戴亭,相传就是当年王子猷停船地方。王子猷不过一时兴致,即放舟由山阴夜航剡县。很显然,当时由山阴经浙东运河东段(今绍兴至曹娥)、曹娥江至剡县航行,乃是极为平常事情。浙东运河西段(今绍兴至萧山)更是客商往来常走航道②。

四、船舶引航与通信信号的发轫

随着古代航运不断发展,航运经验和技术积累不断增加,异地航行越来越普遍,船工渐渐有了驾驶与引航的分工,引航慢慢与驾驶分离。三国孙吴黄武五年至黄龙三年(226—231年),朱应、康泰船队前往南海国家和地区,远涉重洋,雇用今福建、广东等沿海一带篙工、楫师作指挥。晋人左思《吴都赋》记载孙吴远洋船队前往南海国家和地区航海盛况:“弘舸连轴,巨舰接舻,……篙工楫(檝)师,选自闽禺”。这里所说篙工、楫(檝)师,即指来自福建、广东等沿海一带的航海者,左思说他们“习御长风,狎玩灵胥”,具有高超的行船技能,自然也有担当舟船引航的能力。黄龙二年(230年),卫温、诸葛直浮海求夷州(今台湾)、亶州,万人船队横渡台湾海峡,也必会雇用引航人。与此同时,沿海船民航行到陌生海域或水域,也雇用当地航行经验丰富的篙工、楫(檝)师作引水。另外,《三国会要》载,魏、吴、蜀船队在长江上航行、编队与进出港或停泊,必定派遣具有一定航行经验与操作战舰本领者,引领船舶前行,类似现代意义上的引水员。这是中国最早有文字记载的船舶引航和引航员。可以说,以上江海航行活动是中国船舶引水和选聘引水员的开始③。

两晋时,常聘请闽、粤篙工、楫(檝)师引领外来舟船。

舟船使用的通信信号,起初十分简单。三国时,水军开始以举火或擂鼓作信号,统一舟船航行行动。这类水军创建的舰队泊港信号,后来为民间航运所广泛应用。同时,东吴还设置一种用于军事上的通信设施——“峰燧台基”,分布在今江苏镇江丹徒境内沿江一带。烽燧是一种报警信号,沿江水军可根据信

①《古今乐录》载:“晋宋以后有《淫滪歌》,《乐府》将歌名写作‘淫滪’,《坤元录》写作‘犹豫’”。

②董隆福:《浙江航运史》(古近代部分),人民交通出版社1993年版,第28页。

③谢必震:《福建史略》,海洋出版社2011年版,第81页。

号采取相应的行动①。

南北朝,舟舶启航前必定伐鼓鸣角。这种以擂鼓发号令指挥船舶航行与停泊,是中国较早的船舶间通信方式。

五、水中沙洲靠泊基地

三国时,长江中下游江中因长期水流与泥沙冲刷关系,涌起许多巨大沙洲(小岛),大多便于泊船,类似现在船舶的停泊基地或锚地。如中游武昌鹉洲、彭城洲,滠水口近处鹦鹉洲,今黄冈境内双柳镇弯曲河道中峥嵘洲,下游建康(今南京)江中 12 里长蔡洲和城西南 5 里长张公洲及处于城西北 40 里长江中较大上、下新洲与马昂洲、禅洲、贵洲等,最大的是烈洲。以上江中洲岛顺江布列,形成保卫孙权吴国京师水上屏障。

鹦鹉洲,位于今湖北武昌蛇山南方,北部洲尾接近黄鹤矶下,即今武汉长江大桥武昌桥头堡以南。洲左支汊为大江主流,右支汊夹江下段就是著名"船官浦",商舟云集的地方。《水经注》说:"江之右岸有船官浦,历黄鹄矶(又称黄鹤矶——引者注)西而南矣,直鹦鹉洲之下尾。江水溠曰洑浦,是曰黄军浦,昔吴将黄盖军师所屯,故浦得其名,亦商舟之所会矣。"② 六朝时,黄军浦洲上专设有"船官司",管理舟船停泊。由于分流于洲里汉江浦深,又有大洲相隔,鹦鹉洲是伏泊军舟隐蔽深港,战时常有军舟进入,成为水师要塞。侯景叛乱,舟师自建康(今江苏南京)西上,曾命部将宋子仙夜袭郢州,伏兵藏舰于鹦鹉洲汉江中③。

烈洲,又名列洲或漂洲,在江苏建康(今南京)城南 70 里。沙洲主体周围约 50 里,洲中有小河穿过。大江主泓从洲左流过,右汊为支江。自三国时起,烈洲就成为一个天然良港。南朝宋山谦之《丹阳记》说:烈洲"吴旧津所也,内有小水,堪泊船,商客多以避烈风,故以名焉。"烈洲舟船往来便近,货物易于吞吐,所以商舟集泊,经久不衰。其他如建康城西南 6.5 公里茄子洲和城南附近舟子洲,也都是可供商舟泊靠的中小洲港。茄子洲当时只有夏季可以泊船,冬天则因水枯浅涸不能靠泊。东晋初年,茄子洲突然崩陷数里,洲形曲折九弯,此后完全不能泊船。

在三国至南朝连绵不断的水战中,上述沙洲许多因便于舟船停泊,而被水军占据,用作泊水军舟舰的基地,成为军港或水上战略要地。据载,今湖北省彭城附近彭城洲和滠水口近处武洲处曾是水军要地,今黄冈境内双柳镇弯曲河道中的峥嵘洲是舟师必争之地,有些舟战就在这些基地或要地展开。东晋元兴三年(404 年)四月,刘毅统水军西上讨桓玄水师,两军舟舰大战于峥嵘洲。

三国以后,长江中下游还出现数处人工建造的大小泊船坞港。孙权初在夏口筑泊舰大坞,接着又在濡須口立"濡須坞"。后来孙桓效其法在南京市秦淮河上筑"横塘坞"。吕蒙说:"兵有利钝,战无百胜,如有邂逅,敌步骑蹙人,不暇及水,其得入船乎?"④ 可见,当时建筑这些船坞是用来伏泊船舰,对付突然进攻和支援陆战。

今湖北大冶市东回风矶至西塞山一带江中古三洲,是东吴军舟地,曾屯驻有周瑜水军。今九江市江北古桑落洲,也是舟战争夺之地。梁讨侯景时,陈霸先曾率 2000 艘舟舰泊此,与王僧辩舟军会师。

六、津渡与渡运管理发端

津渡,又称济渡,是指渡口、渡河,或为要塞、关隘等。《文学源流浅说》释"津",称"像人立舟上,引竿

---

①陈敦平:《镇江港史》,人民交通出版社 1989 年版,第 7 页。

②《水经注》卷三十五《江水》。

③《南史》卷八十《侯景传》,中华书局 1999 年版,第 1340-1341 页;《太平御览》卷六十九《地部三十四》,引《荆州记》。

④《三国志》卷五十四《吴书・吕蒙传》。

刺船。”[①] 贾谊《过秦论下》说:“缮津关,据险塞,修甲兵而守之。”这里的津关指的是舟船渡运。古代津渡,是由渡口、渡船和渡夫组成,大多设置在居民聚集之处与通衢。《易经》说:“利涉大川,乘木有功也”,“舟楫之利,以济不通,致远以利天下”。这是对济渡代步功能的概括。《国语·周语》说:“泽不陂障,川无舟梁,是废先王之教也。”在江河上设置舟渡和桥梁,是古代历代王朝一项重要制度[②]。

中国津渡发端于远古,成形于秦汉,最早出现在黄河水系。位于今山西芮城县风陵渡镇境内的风陵渡,相传因黄帝之风后葬于此而得名,是一个“云山连晋境,烟树入秦川”大渡口,为晋通向秦川、豫境的主要津口,纵贯今山西南北古驿道通向外境必经之地。该渡口对岸是古代关中东口的军事要隘潼关,稍向东南即河南省灵宝县境。此地毗邻三省,有“鸡鸣闻三省”之说。

夏、商两代几易其都,大多在黄河中、下游一带迁徙,离不开渡船在黄河上渡运。商代,今山西运城市平陆县太阳渡村茅族人在县西南约4公里处黄河北岸设置津渡,名沙涧渡,渡口南岸是今河南省三门峡。春秋战国时,此渡仍为黄河重要渡口。《左传·文公三年》载:晋文公三年(公元前263年),“秦伯伐晋,济河焚舟,取王宫,及郊,晋人不出。遂自茅津济……”这里茅津指就是茅津渡,原名沙涧渡。这是中国目前有文字记载最早的津渡[③]。

商至秦代,黄河流域各河道相继设置许多津渡,其中以周武王伐纣两渡的盟津(即孟津)最为著名。临津渡、金城渡、横城渡、风陵渡、孙口渡、大禹渡、茅津渡等大批古渡,都是延续使用几千年的古渡口,至今还保存着大量古代遗迹。如周武王伐殷时,曾在黄河孟津渡口聚集大批舟船,渡运军队过黄河与殷商军队作战。东汉末年,汉献帝被董卓部下挟持着狼狈逃奔时,也是从茅津渡过黄河[④]。至今青海、宁夏、内蒙古、陕北、山西、河南、山东等省、自治区均保留有大量黄河古渡口遗迹,仅黄河宁夏段就有16处,黄河青海段有30多处。许多生活在蒙古草原、青藏高原的少数民族大部分就是通过这些黄河古渡口而“南下牧马”。黄河古渡中最著名当属风陵渡、大禹渡、茅津渡3个。古代黄河究竟有多少津渡,至今仍是未解之谜[⑤]。

长江流域各河道津渡设置晚于黄河流域,始兴于春秋战国时期。沿江津渡中设置最早当数位于今镇江的西津渡。春秋战国吴楚曾发生多次战争,均从此渡渡江。吴国曾派大军由西津渡过江,吞并邗国。吴王夫差于公元前486年筑邗城,开凿邗沟沟通江淮,以便北上伐齐,争霸中原,西津渡就是重要的军用码头。地处吴、楚两国边界的楚国重镇棠邑(今南京六合区)与吴国隔江对峙。楚平王七年(前522年),伍子胥离楚奔吴,逃出昭关,就是从今南京六合区乌江附近过江[⑥]。

澜沧江上有一个战国时的古老渡口,即位于今滇西保山城东北40余公里处的兰津渡。东汉曾传有“渡博南,越兰津”歌谣。兰津渡是用沿江竹木扎成舟筏济渡,两汉时开始用篾绳为桥(即人们惯称的溜索),攀援而渡。《云南津渡》称:此津渡作为今云南省现存最早的渡口,处于博南古道横过澜沧江要冲地。

秦汉至南北朝,中国渡口在原有基础上继续发展,并形成一批新津渡。西汉,黄河津渡发展进入第一次高峰期。当时,黄河从河源至河口全区段及其支流,官营、私营津渡很多。黄河上游几处重要渡口,又是连接丝绸之路的关键津渡。仅丝绸之路上就有渡口46处,其中今青海省境内23处、甘肃省境内9处、内蒙古自治区境内14处。王昭君就是经过丝绸之路上今甘肃包头市麻池古城附近的渡口,渡过黄河前

---

①《文学源流浅说》,荣宝斋1979年印,第533页。

②《陕西省志·航运志》,陕西人民出版社1996年版,第108页。

③《山西通志·渡口》,中华书局1999年版,第689页。

④《山西通志·渡口》,中华书局1999年版,第689页。

⑤《陕西省志·航运志》,陕西人民出版社1996年版,第109页。

⑥《金陵通纪》卷一,第1-2页。

往北岸蒙古草原的。①

这一时期,长江流域津渡有所增加,渡运频繁。西津渡三国时开始成为重要渡口。诸葛亮、周瑜于西津渡蒜山定计火烧赤壁。两晋至南北朝时,此津渡已发展成为广陵与丹徒之间主要客运渡口。东晋隆安五年(401年),孙恩率领义军10万、楼船千艘,由海入江,直抵京口,就曾“鼓噪登蒜山”,以图控制渡口,围攻建康(今南京)。后由西津渡抢登,被刘裕打败。东晋时从北广陵(今扬州)经西津渡南渡至京口安置的侨民就有22万,可见此渡地位之重要、规模之大。长江及其支流沿线今云南、贵州、四川、湖南、湖北、江西、安徽、江苏、浙江等省、自治区各重要之处,均有各种不同津渡设置。

自汉代起,历代王朝都设官专管津渡和渡运,称“守津吏”“津长”“监津椽”等。同时,管理水运、海事的职官“亦掌舟船津梁之事”。东晋以后,都水台署中有专管重要津桥的职官,所谓“尉皆分司诸津桥”。

七、水上最早事故

西周昭王,第一次讨伐楚国,出师不利。3年后(即公元前969年),他又亲率大军南征,终于取得胜利,但因误乘胶粘木板船再也没能生还北方。《史记·周本纪》云:“昭王之时,王道微缺,昭王南巡狩不返,卒于江上。”这次沉船,死溺人数不详,以昭王庞大之师,人数不会少。这是迄今见于史籍中国最早的大型海难事故②。

《广州府志》引《南越志》云:“南越王造大舟,溺人三千。”这一则史料说明,西汉时南越国在造船中,因故溺死3000人③。

东晋时,长江三峡羊肠虎臂滩一带为极险恶之处。益州刺史杨亮舟过此处时,遭到覆舟之祸,因此便改其名为使君滩。《水经注》记录了这一次著名海难事故。

东晋咸和八年(333年),石虎继承后赵王位后,迁都邺城(今河北临漳西南),将前赵都城长安所藏大量图书典籍沿渭河东下黄河运往邺城,在三门峡遇险覆没,使中国文化遗产遭受一次重大损失④。

---

①陈琦:《黄河上游航运史》,人民交通出版社1999年版,第34-35页。

②胡体淦:《长江航政史》,人民交通出版社2000年版,第12页。

③叶显恩:《广东航运史》(古代部分),人民交通出版社1989年版,第41页。

④吕荣民:《山西航运史》,人民交通出版社1998年版,第46页。

第二章 中国海事的立法与长足进步(581—1279年)

隋唐宋时期,中国社会经济重心南移,连接北方政治中心与南方经济中心的生命线的大运河开凿成功,大规模的水上南漕北运兴起。社会经济繁盛,政治稳定,造船业发达,水运与港埠繁盛,对外贸易兴旺,中国一度成为世界上最强大的国家。这些都推动了中国海事更加全面的发展,由此形成了一套完整的海事管理法规和规定。海事管理范围之广、内容之多前所未有。尤其值得一提的是,海事立法首次以国家法律的形式出现。此后,历代均借鉴这一方式,为海事立章建制。两宋就水运、海事所制定的各种法规与律条更加具体与细化。

漕运维系王朝命脉,更加得到隋唐宋历代王朝的重视。漕运、海事机构与职官加紧建立与完善,然仍未形成固定模式。特别是强盛的唐代,开始专设管理漕运、海事的中央委派与专理的转运机构和职官(转运使),在各地设立诸道转运使,由多个管理系统与官吏对漕运、海事实施监管。漕运、海事管理机构与职官设置渐趋完善。这是中国历史上第一次对水运、海事实行全面管理。随着中国对外贸易逐步繁盛,,唐宋时期建立了管理外贸与外舶的机构——市舶司,中国开始对外国籍船舶实行专门的管理。元代还制定了包括外舶管理在内的中国第一部海上运输法则——《元丰市舶条例》,使中国对外舶与外贸管理趋向正规化。

这一时期,注重人工航标的设置和管理,实行分段运输、分河流造船、分层次训练漕卒,组织军队护卫漕运安全。两宋还组建漕粮船队,以保证航行安全。船舶驾(驶)引(水)从航运中初步分离,推动中国引水发展。在沿海和内河开始设立巡检司,负责船舶管理及水上通航检查。在航海中,从开始到普遍使用罗盘针导航,“仰观天象,以卜明晦”,掌握和采用“牵星术”,用绳垂铅锤测量水深,用鸽子作通信工具。特别是对进出港口的外国籍船舶开始实行强制引水,并制订了第一个强制引水规章(也是对外舶进出港管理的规章)——《广州市舶条》。

整个隋唐宋时期,中国海事处于立法建章的重要阶段,取得了长足的进步。

第一节 造船与港航繁盛推动海事的进步

一、船舶建造业的进一步发展

隋的统一结束了南北朝对峙的局面,水上交通运输有了进一步的发展,舟船制造已出现结构合理的大型木船。隋统一中国前在黄河支流汾河畔的永安郡治所(在今山西霍县)建造各种战舰。灭陈后,隋朝在江淮、河南地区的濒江、沿海处大造舟船,数量巨大。隋炀帝所坐乘的龙舟,高45尺,长200尺,分4层。大业七年(611年),为攻打高丽,又在东莱海口赶造海船300艘。

唐代,为适应繁盛的外交与贸易需要,大造舟船,造船基地遍布全国各地。当时能修造大船的基地有:宣(今安徽宣城)、润(今江苏镇江)、常(今江苏常州)、扬(今江苏扬州)、苏(今江苏苏州)、湖(今浙江湖州)、杭(今浙江杭州)、越(今浙江绍兴)、台(今浙江临海)、婺(今浙江金华)、江(今江西九江)、洪(今江西南昌)、登州(今山东烟台)、莱州(今山东莱州市)、福州、泉州、广州、交州,剑南道(今四川省内)的沿江一带。这些造船基地设有造船工场,能承造大量河船、海舶与战舰,如大批用于漕运的“歇艎支江船”,还有沙船、福船、广船等。唐太宗贞观时,曾命阎立德“即洪州造浮海大航五百艘”。[①] 贞观十八年

①《新唐书》卷一百《阎立德传》,中华书局2000年版,第3164页。

(644年),曾"敕将作大监阎立德等,诣洪、饶、江三州,造船四百艘以载军粮"。① 以后,唐太宗想再次征伐高丽,曾"敕宋州刺史王波利等发江南十二州工人造大船数百艘,欲以征高丽。"②贞观二十二年(648年),又"于剑南道伐木造舟舰,大者或长百尺,其广半之。"③龙朔三年(663年)八月,曾下诏"停罢三十六州造船"。④ 安史之乱后,盐铁转运使刘晏在扬州设置10个造船工场,大规模地制造船舶。《唐语林·政事》说:刘晏"乃置十场于扬子县,专知官十人,竞自营办。"可见唐朝官方造船能力和规模,民间私人造船也很广泛。

两宋时,造船业也比较发达,在沿海与内河各主要河流沿岸设有诸多规模较大的造船工场。当时全国13个州郡地区与13个路一级的州府地方,均设官办的造船场——船务、船坊。民间造船业也很发达,有些船场也能造大船。建造的船舶种类有漕运用的纲船,以及座船、马船、战船等。南宋的造船业比北宋时更为发达,造船中心在临安、建康、平江3个地方。其他扬州、明州、温州、潭州、衡州、赣州等地也设造船场,所造舟船有的长达二三十丈。为巩固江海防务,战船建造上升到突出地位。

二、漕运与航海业的进一步繁盛

(一)官办漕运业的进一步兴盛

公元589年,隋统一全国,建都于长安(今陕西西安)。隋唐政治中心仍在北方,北方经济虽然发展较快,但两京和边防军所需的粮食相当多,而粮食物资等漕运却逐渐仰给江南。正如著名诗人杜牧所言:"今天下以江淮为国命。"⑤

隋统一全国以后,春秋时开凿的贯通淮河和长江的邗沟,经历代不断开发、整治和发展,此时已渐成规模。为加强对东北和江南地区的控制,将富庶的江南地区粮食运往北方,需要开通一条南北向的大运河。隋炀帝于大业年间(605—617年)前后3次大规模开发运河。第一次是605年,开发通济渠,使洛水、黄河、汴河、泗水与淮河相通;整治邗沟,使淮河与长江连接。通济渠与邗沟开通后,从东都洛阳航行可直达江都。第二次是608年开永济渠,使黄河北连沁水,再东合清、漳、淇、洹诸水,到今天津一带会白河入海;另可通到涿郡(今河北省涿州市)。第三次是610年开发京口(今江苏镇江)到余杭(今浙江杭州)长800多里、宽约30多米的江南河,即自京口经丹阳、常州、无锡、吴都、嘉兴至杭州。《资治通鉴》载:"敕穿江南河,自京口至余杭,八百余里,广十余丈,使可通龙舟,并置驿宫、草顿,欲东巡会稽。"⑥

连续3次对旧有漕渠的大规模开发、整治、加深与拓宽,使原分段的运河贯穿连通,形成北起涿郡、南达杭州全长2700余公里的南北大运河,沟通了海河、黄河、淮河、长江等主要河流的漕运网,连接起长江与钱塘江水系。沟通南北的新漕运干线大运河被称为"运粮河",开通后促进了漕运进一步发展,也使水路运输更趋发达。当时的人们说:"且如天下诸津,舟航所聚,旁通巴、汉,前指闽、越,七泽十薮,三江五湖,控引河洛,兼包淮海。弘舸巨舰,千轴万艘,交贸往还,昧旦永日。"⑦ 据《通典》载:"自是天下利于转输"⑧,"其交、广、荆、益、扬、越等州,运漕商旅,往来不绝。"⑨ 随着航运发达,大运河两岸的商业都市也日

①司马光:《资治通鉴》卷一百九十七《唐纪十三》,中华书局1956年版,第6209页。
②司马光:《资治通鉴》卷一百九十八《唐纪十四》,中华书局1956年版,第6249页。
③司马光:《资治通鉴》卷一百九十九《唐纪十五》,中华书局1956年版,第6258-6259页。
④司马光:《资治通鉴》卷二百一《唐纪十七》,中华书局1956年版,第6336页。
⑤杜牧:《上宰相求杭州启》,见《杜牧集系年校注》第三册,中华书局2008年版,第1019页。
⑥司马光:《资治通鉴》卷一百八十一《隋纪五》,中华书局1956年版,第5652页。
⑦《旧唐书》卷九十四《崔融传》,中华书局1975年版,第2998页。
⑧《通典》卷十《食货十·漕运》,中华书局1988年版,第220页。
⑨《通典》卷一百七十七《州郡七·河南府》,中华书局1988年版,第4657页。

益繁荣,杭州、镇江、扬州、开封等沿运河两岸港口都为当时著名的商业中心。唐代诗人皮日休《汴河怀古》云:“尽道隋亡为此河,至今千里赖通波。若无水殿龙舟事,共禹论功不较多。”① 这条大运河是地球上开凿最长的人工运河,为世界人工运河史上罕见的工程,造福于后代。自此,大运河漕运逐渐进入繁荣时期。隋以前漕运主要是将山东等地征收的部分粮食运往以长安为中心的黄河流域及北方边塞。隋建都大兴城(今西安)后,漕运路线也由原来的自东向西,改为自东南向西北,从长江流域转漕北上至都城。

唐代,水上运输进入鼎盛时期,漕运更是快速发展。当时漕运在规模上,在组织管理方面,以及对社会产生的深刻影响都是空前的。《新唐书·食货志》说:“唐都长安,而关中号称沃野,然其土地狭,所出不足以给京师,备水旱,故常转漕东南之粟。”② 正如唐朝的文学家韩愈所说:“当今赋出于天下,江南居十九。”③ 唐王朝“赋取所资,漕挽所出,军国大计,仰于江淮。”④ 这时经济重心南移,江淮、太湖地区为全国粮仓,南粮北调势在必行。南北水运枢纽的扬州港为漕粮运输的中转站,江南漕粮集中于此地装船编队,经邗沟进入淮水,再经汴水入黄河转渭水,最后抵长安或北方边塞。“往者贞观、永徽之际,禄廪数少,每年转运不过一二十万,所用便足……”⑤到开元中期,天下漕粮愈益以江淮为重,每年组织数千漕船,运粮百余万石北上。然关中人口增加,国家机构膨胀,官吏数量庞大,“国用渐广,每年陕洛漕运,数倍于前,支犹不给”⑥。为此,宣州刺史裴耀卿于开元二十二年(734 年)八月主持漕政后,改长运法为转般法,漕粮运输采取分段转运法(“接运”)的方法,江南船不入黄河,黄河船不入洛水,各河系的船只分段接运,避开三门峡险段,3 年运粮 700 万石,省脚费 40 万贯。⑦ 天宝元年(742 年),陕州刺史李齐物于三门峡附近凿开元新河,同年韦坚又开浚关中漕渠,江淮至关中全程水运,岁漕 400 万石,创唐代最高纪录。⑧

天宝十四年(755 年),安史之乱爆发,唐朝漕运由盛变衰。以后,东南漕路中断,转从长江入汉水。广德元年(763 年)刘晏主漕政后,在疏浚汴河的基础上,创立纲运法(改进完善转般法),成效甚著。唐宪宗元和年间(806—820 年),漕运一度恢复到刘晏主漕政时的水平。唐末,漕政大乱,年运江淮米不过 40 万石,至关中仅 10 万石。

公元 960 年北宋建都汴梁(今河南开封)后,制定了“国家根本,仰仗东南”国策,国家财赋完全依赖东南地区的漕运,当时人说:“食以漕运为本,漕运以河渠为主。”⑨ 真宗、仁宗(1023—1064 年)时,进一步完善纲运制,实行有船十或数十艘组成一纲(组)运输,故北宋漕运也称“纲运”,漕运量竟达到每年 800 万石,超过隋唐,为中国漕运历史之最。到徽宗、钦宗时,蔡京废转般法,改直运法,故漕运量渐减。到熙宁二年(1069 年)又招募客舟与官舟分运,征召了一批商船直运漕粮至京。北宋末年汴京(今开封)陷落,王朝南迁,中原民众一部分随高宗进入太湖流域,一部分随隆佑太后远走赣南,部分跨过大庾岭,继而南下珠江三角洲居住。这批南下的北方人将北方先进的农业生产方式与技术带到南方,从而促进了南方农业不断进步。⑩

建炎元年(1127 年),南宋定都临安(今杭州)。建炎年间(1127—1130 年),江浙、湖广、四川等成为全国富饶的地区,尤以江浙、两湖地区为最,有“苏湖熟,天下足”之称。南宋控制的疆土不及北宋的 2/3,

---

①皮日休:《汴河怀古》,见《全唐诗》卷六百十五《皮日休八》,中华书局 1960 年版,第 7099 页。

②《新唐书》卷五十三《食货三》,中华书局 2000 版,第 897 页。

③韩愈:《送陆歙州诗序》,见《韩昌黎文集校注》第四卷《序》,上海古籍出版社 1984 年版,第 231 页。

④权德舆:《论江淮水灾》,见《新刊权载之文集》卷四七,上海古籍出版社 2013 年版。

⑤《通典》卷十《食货十·漕运》,中华书局 1988 年版,第 222 页。

⑥《通典》卷十《食货十·漕运》,中华书局 1988 年版,第 222 页。

⑦《旧唐书》卷四十九《食货下》,中华书局 2000 年版,第 1426-1427 页。

⑧《新唐书》卷五十三《食货三》,中华书局 2000 年版,第 899 页。

⑨张方平:《论汴河利害事》,见《乐全集》卷二十七,上海人民出版社 1999 年影印文渊阁《四库全书》版。

⑩叶显恩:《广东航运史》(古代部分),人民交通出版社 1989 年版,第 53-54 页。

但岁入漕粮量却与北宋相等,甚至高于北宋。漕运路线比北宋短得多,江浙、湖广、四川粮大多运往沿江重镇及抗金前线。后改运临安,诸路中江西独居 1/3,长江及江南大运河为运输主干,官运为主,商运辅之,岁运量约 600 万石。南宋王朝有了偏安的经济基础。

(二)航海业的全面繁盛与商运发展

1.航海业的全面发展与繁盛

隋以后,中国的海上运输业迅速发展,与台湾、东北地区渤海国的海上联系和交往频繁,对南洋和东南亚地区海外远洋航海更是进入高度发展时期。

隋炀帝时,曾于大业三年(607 年)三月、大业四年(608 年)、大业六年(610 年)派人通航流求(今台湾)。大业八年(612 年)、大业九年(613 年)、大业十年(614 年),又连续 3 年发动了对高丽(今朝鲜)的 3 次军事进攻,从海上到朝鲜半岛主要通过横渡黄海线路和顺航渤海、黄海沿岸线路抵达。

唐代是中国古代社会的极盛时期,中国也成为当时世界上最强大的国家。西汉以来开辟的海上丝绸之路,以及中国与亚非各国的经济、文化交流及友好往来全面繁荣。唐都长安(今西安)成为国际性城市,海外各国使者、留学生、留学僧、商人纷至沓来,络绎不绝,其中经商者居多。他们来到中国,学习先进的文化、政治典章制度,从事经济贸易活动。中国沿海大港的"番坊"聚居着大量外国商旅。

唐与日本的友好往来和文化交流也空前繁荣。为了学习中国政治制度和博大精深的文化,日本先后多次派出遣唐使到中国,其中成行的有 13 次之多。中国也派使者前往日本弘扬中华文化,为中日经济、文化交流做出了巨大贡献,其中最突出的就是鉴真大师。

开元二十一年(733 年),随遣唐使来唐的日本留学僧荣睿、普照受日本圣武天皇之命,"以整顿戒律,光大圣教"寻找能东渡日本传授佛法的高僧。经过近十年,约请到江淮间受戒大师鉴真。鉴真应邀后,不顾弟子们的劝阻,自天宝二年(743 年)至天宝十二年(753 年)的 10 年里,5 次从江浙和福建一带的港口出航,准备经日本航线的南线或南岛线前往日本,但均因天灾人祸而失败。但他不畏艰险,以顽强的毅力终于成功地进行了第六次东渡,于天宝十三年(754 年)三月踏上了日本国土。鉴真大师不仅将佛教正规的戒律传入日本,而且在他的弟子和随行工匠的努力下还为日本的建筑、雕塑、医药、印刷术、绘画、文学、书法及手工艺等方面的提升做出了贡献。他毫无保留地把当时最先进的盛唐文化传授给日本人民,极大地推动了日本天平文化的发展。他在日本辛勤工作十年,被日本奉为"律宗之祖"和"医药之祖",还被尊为"圣僧"。唐广德元年(日本天平宝字七年,763 年),鉴真大师逝世于日本唐招提寺,享年 76 岁。

与唐代的繁盛相对应,7 世纪在阿拉伯地区也崛起一个地跨欧、亚、非三洲的阿拉伯帝国——大食帝国,其边境东部的北段与唐朝边境相接。阿拉伯人擅长航海,长期同中国有着广泛的经济、文化交流。据不完全统计,从唐高宗永徽二年(651 年)阿拉伯帝国第三任哈里发奥斯曼(Osman,574—656 年)首次派人入唐,至唐德宗贞元十四年(798 年)的 148 年间,阿拉伯帝国对中国共派遣使者 39 次之多,平均 3 年多就有一次。阿拉伯商人、伊斯兰教士也多次从海道到唐朝经商、传教。到唐中期,海上丝绸之路的文化、贸易交往更加兴旺,从广州开出的远洋船每天就有 10 余艘。广州港中外各国商贾云集,市场熙熙攘攘。

宋代海外航运贸易兴盛,无论国内航海还是国际航海都远胜唐代,处于中国古代航海的鼎盛时期。当时主要的对外海上航线有西洋航线、对日航线、对高丽航线等。北宋中期,由于西夏控制宁夏的河西走廊,宋与西方各国的往来通道只能走海路。据《岭外代答》《诸蕃志》等书记载,宋与海外 50 多个国家和地区有通商往来,其中重要的除高丽与日本外,还有交趾、占城(今越南中部)、真腊(今柬埔寨)、蒲甘(今缅甸)、勃泥(今加里曼丹北部)、阇婆(今爪哇)、三佛齐(今苏门答腊岛的东南部)、大食(今阿拉伯地区)、层拔("黑人国"之意,在非洲中部的东海岸)等。这些国家大多在亚非航路沿线,远远超过唐代的活动范围。宋代远洋航船已能横渡印度洋,沟通从中国到达红海和东非的西洋航线。

2.食盐、茶叶、纺织品等商运的发展

与漕运、航海的进一步发展相比,茶叶、食盐、丝织品等商货运输在隋至宋700多年中也有了很大的发展。隋唐,中国经济重心开始南移,长江流域和江南地区经济繁荣起来。农副业长期稳定丰稔,手工业景气兴隆,使这些地区的商业贸易有了充足的货源,进入流通领域的商品种类与数量都达到了历史的较高水平,一时间商航货运繁忙。这一时期通过水上运输的物资主要为茶叶、食盐、丝织品、瓷器、粮食等。上文已经谈及《旧唐书·韦坚传》《新唐书·韦坚传》记载了当时在长安望春楼下运河西段的广运潭上曾开过一个大规模的特产展览会,两三百条船按牌号标明广陵、会稽、南海、豫章、宣城、始安、吴都等地名号,船上装上各地特有的产品,船樯延绵数里,盛况空前。所展览的有粮食、锦、镜、铜器、海味、绫衫缎、吴绫、绛纱、玳瑁、珍珠、象牙、沉香、名瓷、酒器、茶釜、茶铛、茶碗、纸笔、黄莲、蕉葛、蟒蛇胆、翡翠等。"凡东南郡邑,无不通水,故天下货利,舟楫居多……扬子、钱塘二江者,则乘两潮发棹,舟船之盛,尽于江西,编蒲为帆,大者或数十幅,自白沙泝流而上……"①这是对唐时商航货运繁荣景况的概括反映。这种集商、航于一体的货运占据着主导地位,是唐代商业航运的主体。另外,唐代社会长期稳定,差旅人员逐渐增多,也带来旅客运输。

两宋期间,中国长江以南广大地区的商航货运,因经济重心南移的完成,进入勃兴的时期,在全国占有举足轻重的地位。北宋,京城迁到黄河南岸的汴梁(今河南省开封市),金银、布帛、香药、盐、茶叶和其他土特产运至数量难以计数。北宋张择端所绘《清明上河图》形象地反映了当时汴梁的汴河两岸的交通、商贸等繁盛的景象,其中对民间船户经营运输等也有所反映(见图2-1-1)。

图2-1-1 清明上河图中的木船

三、沿海、内河港埠的演化

隋唐宋时期,中国沿海海上贸易进入繁盛时代,广州、泉州、扬州、明州(今浙江宁波)成为闻名世界贸易大港,各种货物大量进出,船舶往来如织。这些港口繁盛的程度,在当时阿拉伯商人、波斯商人和欧

①《唐国史补 因话录》,上海古籍出版社1957年版,第62页。

洲商人的笔下都有记载。

在唐朝中期之前,中国对外主要通道是陆上丝绸之路,之后由于战乱及经济重心转移等原因,海上运输之路取代陆路成为中外贸易交流主要通道。由于海上通道在隋唐时输出的主要大宗货物为丝绸,输入的商品有很大一部分是木料,因此又称海上丝绸之路。在这期间,中国境内海上丝绸之路上的广州、泉州、扬州、明州四大海港均地处中国东南沿海,自然条件和社会经济条件优越。其中,广州港濒临南海,地近东南亚,具有海河港口功能,能容纳海舶大小千艘,为海陆交汇冲要之地,众舶所凑,已发展成为国际性开放的东方大港,并被称为中国第一大港。唐中期因遭战火殃及而一度衰弱。泉州港,位于福建南部,东濒浩瀚的东海,晋江穿过城市南部,注入东海。城东南泉州湾海岸线曲折蜿蜒,与台湾海峡相接,有天然的良港,以后渚港、安海港等最为有名。在南朝时,泉州就有与海外友好往来的记录。南唐时设置主管海外贸易机构"榷利院"。清源军节度使留从效主政泉州时,拓建罗城,环植刺桐,泉州港因而得名刺桐港。唐朝曾设管理海外来华贸易的使节和商人的机构。晚唐成为外贸港。唐末五代时,这里的造船业已具相当规模。五代时闽王王审知的侄儿王延彬任泉州刺史17年,"每发蛮舶,无失坠者,人称招宝侍郎"。扬州港,滨江临海,水运发达,成为南北交通枢纽。尤其是隋炀帝开凿大运河,扬州成为漕运、盐运中心,更兼海上丝绸之路对外开放的国际港口,经济繁荣,财货丰厚,文化发达,人口激增,对外交往日趋频繁,大量商旅和众多政治、宗教、文化的使者来往。由于新罗国人来得多,这里还建有新罗人聚居的新罗坊、新罗馆。扬州还是日本遣唐使途经之地。其中,吉备真备和阿倍仲麻吕的故事盛传至今。东渡日本的鉴真和尚也曾在扬州造船准备横渡大海前往日本。在国内扬州已是"富甲天下"的都会,有"扬州富庶甲天下,时人称扬一、益二"[①]之称,一时成为仅次于长安、洛阳的第三大城市。安史之乱之后的一段时间,扬州港进入繁荣时期。这时北方经历战乱,经济凋敝,唐王朝依仗江南供给,控扼江南漕运的扬州则成为唐朝政府仰仗东南财赋的唯一转运枢纽。之后,由于长江中上游沿岸土地大规模开发,水土流失十分严重,扬州港逐渐失去了海船靠泊的便利,甚至"大历以后,潮信不通"。再加上唐末江淮地区连年混战,以致"广陵大镇,富于天下"的美誉变得名不副实了。明州地处东海之滨,甬江宽阔,河床发育稳定,内河航运四通八达,地方平坦富饶,港市地理条件优越。该港腹地经济发展迅速,既是鱼米之乡,又是建造唐舶之所,越窑青瓷产地,还有深受海外欢迎的湖纺和杭缎,为海外贸易的发展奠定了良好的基础。唐长庆元年(821年),港口东迁至三江口,明州港发展成为越州的主要海港,对东南亚、南亚和西亚各地的贸易大港。该港还是日本遣唐使主要登岸港之一。唐朝政府规定,遣唐使到明州后,就地办理入京手续,需时数月至一年。除了这四大港口外,位于唐朝疆土最南端的交州港,也是航行南海的必经之地。中唐时,因广州官吏"侵刻过深","船舶多往发安南市场",即到交州港装卸,以致此港一时商贸繁盛。东冶(今福建福州)港,唐代也有进一步发展。地处山东半岛北岸突出部位的登州(今山东蓬莱)港,成为沿海要冲、北方第一大港,是对朝鲜半岛航海贸易的重要枢纽。

到了宋代,中国出口大宗商品增加了瓷器,进出大宗商品增加了香料,因此又称作海上陶瓷之路、海上香料之路。两宋时,靠北的外贸港先后为辽、金所占,受战事影响,外贸航运大量南移。北宋熙宁七年(1074年),登州港关闭,北方中心港口移至密州(今山东省诸城市)。然而,南宋由于经济的繁荣,南方沿海港口仍不断发展乃至繁盛一时。明州港承接了大量对日本列岛、朝鲜半岛的航运贸易往来,并设置有两浙路市舶司。特别是南宋建都临安(今浙江杭州),明州与之靠近,外贸地位更形重要,进口货物增多,往往一时不及转运,建有市舶库以储存。"商人……兴贩必先至四明而后再发"。由于阿拉伯商人来此地渐多,因而还建造有波斯馆、清真寺,聚居波斯巷。绍熙五年(1194年),明州府更名为庆元府,明州港与当时的广州、泉州并称另对外贸易三大海港。南宋甚至在杭、明、广三州设置市舶司,通称三司。明州

①《资治通鉴》卷二百五十九《唐纪七十五》,中华书局1956年版,第8430页。

附近的龙泉窑举世闻名,雕版印刷在全国名列前茅,这些产品不少通过庆元港远销海外。泉州港,北宋中期因广州港暂时衰落,南海船舶多移此靠泊,很快成为“有番舶之饶,杂货山积”的主要海港。南宋时泉、广常相提并论,泉州海舶往来东海、南海非常活跃。元祐二年(1087年),北宋王朝在此设市船司。宝庆元年(1225年)赵汝适提举福建市舶时,已知通商贸易的国家和地区达50余个。朝廷规定福建沿海的商船都须由泉州市舶司领取“官券”才能出海。泉州城镇南门附近形成蕃商聚居的蕃人巷。那时泉州造船业发达,有泉舶之称。福州港则“百货随潮船入市”,成了泉州港的附属港。

随着隋代大运河的贯通,南北漕运的兴盛,沿运河与漕运相关的长安、洛阳、开封、扬州、杭州等港口趋向繁荣。其中,长安港为漕运总汇之地、国际贸易中心,繁华甲于天下;洛阳港作为漕运中心、全国内河枢纽港,为仅次于长安的名都大邑;开封为隋唐为江南财赋输运洛阳、长安的咽喉港,北宋更是成为都城和商贸中心,直到宋末元初屡遭战火而衰落;扬州则因处运河与长江交汇处而盛极一时。杭州(南宋称临安)港,隋代成为南北大运河的最南端的结点港,开始振兴。唐代已有海舶靠泊,五代是成为重要的外贸港口,北宋时外贸更加兴旺。绍兴八年(1138年),南宋建都于此,内河、外海物资汇聚。尤其扬州港衰微后,杭州港更是成为长江流域最繁忙的河海两兼大型港口。楚州(今淮安)港,位于运河与淮河交汇处,成为南北水上交通咽喉要地,北宋时为江淮漕粮转运点,大量淮盐也由此转往各地。此外,长江沿线的江夏(今汉口)港、九江港等也因各类物资转运而兴起。如江夏港,唐代已形成一经济都会、往来舟船靠泊聚集地,南宋时为长江中游著名的军商合一的大港;九江港,地处长江与赣江鄱阳湖水系汇合处,唐代为长江中下游重要港口之一,宋元时得益于发达的农耕经济和良好的水运条件,一度成为中国“三大茶市”和“四大米市”之一,蜚声海内外。

第二节 水运、海事管理机构形成系统

一、水运、海事立法与审查及执行机构的充实

隋王朝建立统一政权后,着手制定一种稳定的职官制度,既有对前代的因袭,也有本朝的新设。唐朝水运、海事管理组织,在沿袭前代的同时,名称上也更反映漕运、海事的实质,组织更加严密,分工更加明确,发展到一个成熟阶段。这是中国古代王朝所建立的第一个完备的水运、海事系统。

隋初,朝廷设水部,官员为水部侍郎1人,主管全国水上交通政令的制定与实施。此外,设都水台,主官为都水使者及丞各2人,官阶为正八品,掌舟楫、河渠之事务,为管理水运、海事的机构。开皇三年(583年)省都水入司空,开皇十三年(593年)复置,仁寿元年(601年)改都水台为都水监。大业三年(607年)又改为都水使者,正五品,统舟楫、河渠二署。大业五年(609年),又改使者为监,加至四品;又置少监,为五品。复改监为令,从三品;少监为少令,从四品,以协助都水监工作。后又改都水监作都水署,从七品下。

漕运、海事由都水监下设的舟楫、河渠二署管理,署设令、丞各1人。河渠署掌管修治河道和堰闸,舟楫署掌管公私漕船运粮。舟楫令掌公私舟船及运漕之事,丞为其辅佐官员,负责诸州转运至京都粮物的查验。署属官有都水参军30人、河堤谒者60人、录事2人,以及领掌船局、都水尉2人,另置有津渡、桥梁小吏若干。[①] 由上可见,隋朝对漕运、海事的重视程度日渐提高。而管理机构名称频繁更迭,又反映隋朝统一全国后从乱到治的过程,为唐朝健全完备水运、海事管理体制奠定了良好的基础。

唐代管理漕运、海事事务的机构归纳为三大部分:即尚书省工部所属的水部、独立的都水监、中央派出专理漕运和海事的水陆转运使司(转运使司)或诸道转运使司。

①《隋书》卷二十八《百官志下》,中华书局2000年版,第526页。

尚书省工部的水部与独立设置的都水监,职官与机构权限与管理事项基本上相同,但职权不一样。水部是关于水流、河渠、舟楫航运立法与行政审查事项的最高官署。而都水监及其使者(职官)是监督、巡视水流、河渠、航运(含海事)与津梁的特派行政机关与官吏。大部分监督与行政管理任务由都水监执行,所以其下属官员较多。水部直属尚书省工部,最高职官是水部郎中及其副职——员外郎。① 其职权是"掌天下川渎、陂池之政令,以导达沟洫,堰决河渠。凡舟楫、溉灌之利,咸总而举之。"②

唐初高祖武德年间(618—626 年),在尚书省工部下置水部,为工部所属四司之一,与晋代都水台一样,属于负责水运、水利的机构。天宝十一年(752 年),改水部为司水,设令史 4 人、书令吏 9 人、掌固 4 人。司水郎中、员外郎及令吏、书令史,主掌河川、池塘之修治和舟楫(含海事管理)、灌溉之建设等,涵盖与水有关联的水运、水利、农田、灌溉等内容。水部(司水)之最高官员郎中为从正五品,副职员外郎为正六品。至德二年(757 年),司水又恢复水部之名。

作为朝廷行政机关的都水监系统及其职官,是尚书省六部之外中央一级专门以管理水运、海事为主的执行机构,职责是监督巡视水流河堤、航运、舟船与海事等。唐代,都水监机构大抵继承隋制的"都水监",但名称变化一如隋朝更改频繁。武德八年(625 年)置都水台,后复为都水署。贞观六年(632 年)复置"监",并设"舟楫署",管理漕政和海事事务,后因不敷需要而废罢。龙朔二年(662 年)都水监改称司津监,咸亨元年(670 年)复为都水监。垂拱元年(685 年)二月改为水衡监,神龙元年(705 年)又恢复都水监、使者之称,再设废罢的舟楫署。都水职官,由武德初为都水令,到贞观六年改为使者,龙朔二年改为司津监丞,咸亨元年(670 年)复为使者,垂拱元年(685 年)二月改为都尉,神龙元年(705 年)复为使者。都水监机构名称与职官屡经改动,但主掌全国的水利及水运、海事职掌未有改变,"都水使者掌川泽津梁之政令,总舟楫、河渠三署之官属。"其主事官称都水使者。玄宗开元二十五年(737 年),因漕运设专设机构管理,都水监成单独机构,主管理舟船、河渠、海事事务。漕运改由转运机构专管后,海事也随之改由转运机构管理。

都水监机构整个系统编制扩大、职权范围广泛,所以官吏相人数就多些。在诸寺监百司中,都水监机构级别最低,官员品秩也最低。丞 2 人,从七品,主簿 2 人,从八品。丞,掌判监事;主簿掌印,勾检稽失,凡运漕及渔捕之有程者,会其日月,而为之纠举。

(1)都水监系统的机构及人员编制。据《唐六典》卷二十三记载:"都水监,使者二人、丞二人,主簿一人,录事一人,府五人,史十人,亭长一人,掌固四人"。舟楫署,"令一人,丞二人,府三人,史四人,监漕四人,漕史三人,典事三人,掌固三人"。河渠署,"令一人,丞一人,府三人,史六人,河堤谒者六人,典事三人,掌固四人,长上鱼师十人,短番鱼师一百二十人,明资鱼师一百二十人"。诸津,"每津令一人,丞一人,录事一人,府一人,史二人,典事三人,津吏五人"。

(2)都水监使者以下属官。据《唐六典》卷二十三载:都水监,"使者二人,正五品上",掌川泽、津梁、渠堰、陂池之政。下统舟楫署、河渠署及诸津监。舟楫署主掌舟船(含海事)、水运之事务,主官有令 1 人(正八品下)、丞 2 人(正九品下)。河渠署掌河渠、陂池、醢堰、鱼醢之事,凡沟渠开塞、渔捕时禁皆归其专管,有令 1 人(正八品下)、丞 1 人(正九品上)。诸津(渡口)掌天下津济、舟梁之事,各设令 1 人(正九品上)、丞 2 人(从九品下)。

以上管理水运、海事的都水监编制人员总计为 336 人,具体执行大部分海事监督与行政管理事务。此外,各地河渠中还设置有渠长、斗门长,其职能是对灌溉农田和水路运输的用水量进行合理分配。

两宋期间,水运职官承袭唐制,但因战乱频仍,管理机构处于混乱状态。中央设水部,水部设郎中及

①《旧唐书》卷四十三《职官二》,中华书局 2000 年版,第 1256 页。
②《唐六典》卷七《尚书工部》,中华书局 1992 年版,第 225 页。

员外郎各 1 人,其职责是掌管河渠、塘、堰、桥梁、船舶、漕运及海事等诸事。北宋嘉祐三年(1058 年),朝廷设都水监,掌管修治河道之事。官员有判监事 1 人、同判监事 1 人、丞 2 人、主簿 1 人。元丰年间(1078—1085 年),都水监设使者 1 人、丞 2 人、主簿 1 人,还有南北外都水丞各 1 人、都提举官 8 人、监埽官 135 人,分级各司其职。都水监还称外监或外都水丞,金代又叫分治监。可以看出从宋开始,都水监职掌和管理已转向水利、河渠等方面。①

二、专理漕运、海事的转运机构形成系统

自秦始有漕运记载起,历代王朝均设都水职官或机构管理漕运、海事事务。唐朝以前,漕运管理制度与管理机构没有形成固定的模式,基本上"随事立名,沿革不一"。所列诸官署,各有职责,都负漕运、海事之责,但未有一个专司漕运、海事机构。漕运、海事涉及水利、造船,运输、仓储、粮食收纳等各个方面,实非一个部门能全部承担的。一般管理漕运、海事是在户部设官,相关的工部另设水部、都水监等机构。

唐代以后,漕运进入鼎盛时期。漕运维系朝廷命脉,需要主设一个漕运管理机构专司其事,统筹全国漕运、海事事务。有鉴于此,唐玄宗开元之后,朝廷在百官中开始设置都转运司,初称水陆发运司,并增设都转运使、运使等,其最高长官为都(诸)道转运使,隶属度支府,专门负责水陆运输。其职位大致按地区、不同经济项目两类设立。按地区,如江淮、东都、河南、汴州等都府设有转运使;按经济项目,设立度支盐铁转运使、水陆运盐铁租庸使等。由宰相及盐铁使等官兼领,管理洛阳、长安间的粮米运输事务,以及执掌全国谷物财货的转输和出纳。② 后来,又设江淮转运使,职掌江南各道的水陆转运事务。当时,朝廷在京有行政系统以外的差遣官翰林学士,在外的临时差遣官则有掌财计的度支、户部、盐铁转运三司。它们是 3 个各自独立部门,各以使臣莅其事,到五代时才并为一职,称为三司使。三司中以"执天下利权"盐铁转运使最为重要。转运使与盐铁使本是两个职务,转运使掌漕运转输,盐铁使掌食盐买卖,兼及铜铁矿冶。大体上,盐铁转运使以江苏扬州为中心,派员巡视各地。这是唐代临时性的要职③。贞观六年(632 年)又始设舟楫署,管理漕政事务,但仍适应不了漕运业日益发展的形势,故于开元二十四年(736 年)废罢,随之开始专设管理漕运的转运机构并逐渐形成系统。

唐时始建的行政系统之外的专理漕运的转运机构及使者,事实上又是海事管理的机构和职官。其理由有二:

其一,唐时漕运船舶很多,漕粮运量极大。作为朝廷中央派出管理机构与官办的漕运,漕船运输安全和运漕人身安全等是漕政事务中的首要任务与重要组成部分。

其二,唐朝在中国历史上首次形成侧重水上安全管理的监管体系,将海事管理上升到国家法律层面予以立法。况且,宋代以后都水监已转向只管河渠、水利及诸津(津渡、渡口、渡运),不再管理海事、河务等事务。

始于唐时的漕运转运使,是全国漕运、海事最高长官。它是针对不同情况,按漕运线路而设置的,不受道的行政区划约束,由中央直接派出管理漕运、海事事务。由于分管一道或数道,故称诸道转运使,指定特使监管。尤其骨干运道,由皇帝亲自任命转运使,派出特使,且权限很大,可不奏而行事,通常由位极人臣的宰相等官兼任。转运使任职机构一般称水陆转运司,宋时改发运司,元时改都漕司,明清两代又改总漕部院衙门。

开元二年(714 年),唐玄宗任命河南尹李杰为水陆发运使,掌洛阳、长安间的食粮运输事务,为统管

①李治亭:《中国漕运史》,文津出版社 1997 年版,第 123-125 页。
②《旧唐书》卷九十八《裴耀卿传》,《旧唐书》卷四十八《食货志上》,中华书局 1975 年版。
③陈茂同:《中国历代职官沿革史》,昆仑出版社 2013 年版,第 198 页。

各路转运使的长官。到元和六年(811 年),此一职官始废。开元二十一年(733 年)七月,宣州刺史裴耀卿被任命为黄门侍郎、同中书门下平章事,还兼任江淮、河南转运使,亦开始设转运副使,专门负责漕运江淮粮食。自此,主管漕运、海事的转运使便正式设置,成为固定的职官。①

扬州是国内"富甲天下"的都会与江海合一的大型港口,江淮转运使常驻此地,自然也就成为全国漕运、海事最高机关的所在地。"以扬州为中心,形成通江达海的全国水运网"。②"唐世盐铁转运使在扬州,尽斡(掌管)利权,判官多至数十人,商贾如织。故谚称'扬一益二',谓天下之盛,扬为一而蜀(今成都)次之也。"③一般来说,江淮转运使驻扬州,副使"留后"(也称"上都留后",就留守京都长安)。如江淮转运使有事要去京都上奏,副使便来扬州驻守替代。开元二十一年(733 年)至天祐元年(904 年),共有裴耀卿、韦坚、刘晏、第五琦、杜佑、韩滉、裴休等 24 任江淮转运使在此先后常驻,统理全国漕运、海事事务。

宝应二年(763 年),刘晏任吏部尚书平章事,升河南、江淮转运使,后任度支(财政)、盐铁转运使。他上任后将盐铁使与水陆转运使二职合为一任,专领东都、河南、江淮,负责盐铁米粮、钱币及其他货物的转运、储存、出纳事宜,凡漕事"亦皆决于晏",管理职权与范围进一步扩大。从宝应二年(763 年)至永泰二年(766 年),刘晏管理地区由东都、江淮、河南不断扩大到淮南、江南、湖南、荆南、山南等地。④

刘晏在位时,全国漕运、海事管理的中心仍在扬州。为有效开展海事管理,他建立精干的巡院、使司、留后与漕吏等附属机构与属员,形成独立于地方行政系统之外的转运专业管理系统。⑤

巡院,为盐铁转运使的下属机构。其主要职责是管理租调税物的转运,如组织差发舟纲等,防止盐铁与漕粮被侵盗,保证运输船舶和贡物的安全。刘晏曾在江淮一带设巡院 16 个,人员编制一般有院官、推官、巡官、胥吏等 10 多人。有时与盐铁使并为一职,称盐铁转运使,并于诸道分置巡院,使转运使又自成一个新的系统。五代时废巡院,改称转运司,并将转运使由中央官吏改为地方官吏。广德年间(763—764 年),朝廷在扬州设立扬子巡院,负责江南和两淮粮盐的运输。

使司,又叫转运使司,是盐铁转运办事官署和最高管理机关。各巡院的知院官定期向使司报告工作及各地农业生产丰歉与农业产品价格。使司的盐铁转运僚属,有时受遣派出巡视察漕运工作。

留后,就是留守某地的官员,是盐铁转运使设在各地的职官,代表盐铁使管理一方盐铁、漕粮运输事务的留守官。唐代扬州扬子县、荆州等地均设有留后。

漕吏,是直接随船督率押运漕船的小吏,又称纲吏。每纲配备一员督漕纲吏,直接负责该船只与货物安全。《新唐书・食货志》叙述此事说:"晏即盐利顾佣分吏督之,随江、汴、河、渭所宜。"⑥

建中元年(780 年),刘晏被宰相杨炎贬逐忠州刺史,废去盐铁转运使,将漕运转运之事"委度支处理"。贞元二年(786 年),朝廷又恢复盐铁转运使,但始终"以度支总大纲",度支权力渗透到漕务、海事管理中,直到元和四年(809 年)。公元 880 年,高骈任转运使时,改扬子巡院为发运司,为转运使的办事机关,其职掌大于现在的海事、航务、港务等管理权限。纲运制度形成后,制定了相应奖惩制,进一步责成沿河县令分负其责,形成了一个管理系统。这些属员均由当地的县令充任,并主持所在地漕运、海事事务。韩滉以后,运纲的组织工作一度由沿河节度使负责,直到贞元五年(789 年)巡院收回这一权力。

以上可以看出,唐代所建立的管理漕运、海事的转运机构,是前代无可比拟的。其有以下明显的特

①《文献通考》卷六十一《职官十五》"转运使条";《资治通鉴》卷二百二十二《唐纪三十八・代宗宝应元年》,中华书局 1956 年版,第 7136 页;《旧唐书》卷九十八《裴耀卿传》,中华书局 1975 年版,第 3081 页。

②席龙飞:《中国古代造船史》,武汉大学出版社 2011 年版,第 150 页。

③洪迈:《唐扬州之盛》,见《容斋随笔》卷九,上海古籍出版社 1978 年版,第 122 页。

④《资治通鉴》,第 101 页。参阅《中国航海史文献资料汇编》第 3 册《别史卷》,海洋出版社 2009 年版。

⑤《江苏省志・交通志》(航运篇),江苏古籍出版社 2001 年版,第 354 页。

⑥《新唐书》卷五十三《食货三》,中华书局 2000 年版,第 899 页。

点:第一,先由都水监系统兼管,而后设置转运使系统专理漕运、海事,事实上成为水运管理专职机构。如唐代设的漕运最高管理机关——江淮转运使,不仅掌控漕运转输、食盐买卖,还兼及铜铁矿冶管理等,而且是皇上亲命派出的督办和管理漕运的特使,权大位尊,可不奏而行事。第二,转运使系统是在户部定制以外新设的专理漕运、海事的转运机构与职官。转运机构自设中心在扬州后,下属机构网布全国(名为巡院),由院官带郎官御史衔以主漕务;转运使下属官员遍布各道,在行政系统以外作为转运使的专业系统,职责上与地方官署有交叉。第三,除与漕运有关的海事管理机构外,与海事相关的机构还有唐代新建的管理外舶的税务机构——市舶司。

北宋时期,漕运管理机构已相当成熟、完善,但仍有"随事立名,沿革不一"的情况。当时管理漕运的仍为转运使、发转运使及其副职官员,且两者又是职掌相同而级别不同官员。转运使是地方掌管一路漕运等事的官员,一般由朝廷的郎中、员外等六品以下京官选任;发运使则是总管各路转运使的长官,由五品以上京官任职,称都转运使。北宋初时,中央集中财权,改置专职都转运使、转运使,掌一路或数路财赋,有监察地方官吏的权力。其后职掌扩大,兼理边防、治安、钱粮、巡察等事务,成为府州以上行政长官。《宋史・职官制》载:宋代设有都转运史、转运史、副使、判官等,掌管财赋、运输、漕运与海事。这里的转运机构和职官纯为军事性质。《文献通考》卷61所说:"其始除转运使,正因军兴,至班师即停罢"。其任务是筹集军需粮草,与地方事务无关。北宋开宝、太平兴国年间(968—984年),国内渐平,遂在各地普设转运职官,皆称转运使,负责统一规划全国范围内漕运、海事。宋太宗时(976—997年),各路设的转运使均称某路诸州水陆转运使,也称转运使司(俗称漕司),相当于中央转运副使。若以两省五品以上官任,或需兼领数路财赋者,称都转运使,则因事而设,其下设副使、判官,以协助其处理漕务。同时,各路转运司和发运司"以州郡之事,委漕运之臣",仍是除掌握一路或数路财赋、漕运及海事管理外,还兼时常巡察辖境,稽考簿籍,举劾官吏,也就是负考察地方官吏、维持治安、清点刑狱、举贤荐能等职责。以后转运使职责逐渐演化发展为督察一路军民政事。在江淮六路另有专司漕运重务的发运使,并监察海事有关法令的执行。后转运使名称时有改变(如称军转运使、军前转运使、水陆转运使、随驾转运使等),一般为五品以上。其下设转运使副使(也称"漕臣")、判官各1人,一般一路设一使,事少处不设。① 宋景德四年(1007年)前,路转运使职掌扩大,实际上成为一路(州,地方一级政府)之最高行政长官。后来又陆续设立提点刑狱司、安抚司等职官,分割转运使权力,兼管漕运、海事事务,但为时都不长。天禧元年(1017年),发运使总领江淮南漕事。其下设诸路转运司(相当于后世之督粮道),六品官员出任,一路1人,唯河北、陕西以地位重要及事多置2人,督运三班使臣、军大将殿侍(后世的漕标副将)。其下设有分支监押厅(负责监押漕运纲船)、排岸厅(负责河口巡缉与查验漕船)、坝官厅(负责闸坝管理)。如长江流域的鄂州设立过湖北漕司,以统管两湖漕粮的汇集与中转事务。天圣年间(1023—1032年),又在江州设置转般仓,转运江、饶、信、洪、筠、袁、抚、吉、虔各州及兴国、南康、临江、南安、建昌各军的漕粮。神宗熙宁年间(1068—1077年),朝廷设直隶中央州一级的各路转运司(机构)和水陆计度转运使(又称漕司)或使者(官员),管理漕运与海事事务。其名称为转运司或发运司。前者负责收缴贡赋;后者负责及时发送,行唐代的转般法。漕粮上路后,沿途各催纲司、拨发司要担负押运工作。漕粮至京后,下卸和进仓由在京的4个排岸司和下卸司负责,储备工作也由专人负责。地方转运机构设在离汴京(今开封)较近的陕西、河北、河东三路,有时偶尔在西川路(今四川)和京东路(今河南、山东)设置都转运使,广南东路(今广东)、广南西路(今广西)、福建路、两浙路(今浙江、江苏和福建闽东地区)等也有转运使之设。② 黄河三门峡处也设立过发运司,遣置发运使。北宋的漕运管理机构相当成熟、完善,已有较为完备的漕运、海事管理系统。

---

①王丽:《北宋转运使的设置问题探讨》,见《河南大学学报(社会科学版)》第41卷第6期,2001年11月。

②郑有国:《中国市舶制度研究》,福建教育出版社2004年版,第71页。

辽、金亦设有管理漕运的各路转运司。金中都转运司称都转运司,统领诸路转运使。据《金史·百官志》所载,都转运使司使的官阶为正三品,主要掌税赋钱币、仓库出纳、权衡度量之制。其权限、性质远不能和北宋的都转运使相比。西夏也有都转运司机构的设置,其职官为转运使,所有漕运机构也同样对水上安全事务进行监督管理。

南宋沿袭北宋,以东南发运司为主,各地区设置转运机构。转运使之上设安抚使。建炎三年(1129 年),朝廷设立两浙路转运使、副使。两浙路分两浙西路(路治杭州)与两浙东路(路治绍兴),其范围基本继承唐代的两浙道,大致包括今天的浙江省全境,江苏省的镇江、苏州、无锡、常州(统称"苏南")地区和上海市(不含崇明岛)、福建省闽东地区。前线的转运使又叫随军转运使。另在湖北鄂州设立湖广总领所,为"天下四总"之一,建大军仓 100 间,以总汇军粮,其军粮中的米多来自荆湖南路(今湖南)、谷多来自江南西路(今江西)。①

三、度支府管理漕运与海事职责的转变

漕运管理并非是一个部门的事,还要度支府(部)、司农及负责仓储等部门的配合。

始设于汉的度支尚书,曹魏续设度支尚书和度支府,以督运漕粮,管理漕政、海事事务。至隋代时,漕运、海事由新设机构管理,度支府变为差遣的临时性机构。隋开皇三年(583 年),度支改名为民部,改度支尚书为民部尚书,唐时又称户部尚书,以后各代沿袭。唐时新设转运机构主管漕运、海事后,度支机构对漕运、海事的统理改为兼理。度支和户部都是尚书省下的部门。度支、户部、盐铁转运三司为中央的 3 个各自独立的部门,各以使臣莅其事,以"执天下利权"的盐铁转运使最为重要。度支掌统筹财政出纳。据《唐会要·职官判度支》记载,开元二十二年(734 年)以太府少卿萧炅知度支事,以后便成为制度,或称制度支事,或称知度支事,或称度支使。德宗贞元以前,以他官判者多;贞元以后,多以本部尚书、侍郎主之,并加"判""知"之类名号。尚书、侍郎若不加"判""知"本司的头衔,不能实任其职。户部掌户口赋役,因为财政出纳与盐铁税源分别由度支和盐铁转运使所分担,所以它在三司中最为清简。②

中唐以后,由于战争频繁,军事费用支出很大,度支的事务已超越本司原有职权的范围,三司已有互兼及的现象,如刘晏曾任盐铁转运使兼度支使,元琇曾于户部侍郎判度支之外加兼诸道盐铁转运使。唐末黄巢起义以后,天下兴兵,三司的组织系统随之瘫痪,于是随处置租庸使以主调发,兵罢则停。五代后梁时,乃沿其制,置租庸使以掌天下钱货,三司之职因被废除。后唐恢复度支、户部、盐铁三司,以张延朗为三司使,至此三司使方并为一职。

宋时设度支,主要是管理财赋及征税之类的事务。从元代开始,度支府的职责转入管理课税。元世祖中统三年(1262 年),以阿合马领中书左右部兼诸路转运使,专理财赋,改各路监榷课税所为转运司。元在产盐各省区设都转盐运使司盐运使,简称运司,又称转盐运使,专司盐运。

四、管理民间船舶的税关机构

对民船的管理,隋至宋间沿袭前朝制度,各代仍在沿海、河港港埠设立钞(税)关,服务水运,兼管海事事务。其主要职责是对过往商运、个体船户和船舶进行检查,丈量,即"度梁头广狭为率,自五尺至三丈六尺有差",即"船料"。③ 唐时,全国有 26 关,多设于京城四周,而以西北、西南为重点,至于岭南等沿海

①《陕西省志·航运志》,陕西人民出版社 1996 年版,第 354 页。

②陈茂同:《中国历代职官沿革史》,百花文艺出版社 2005 年版,第 257 页。

③《续文献通考》卷二十四《征榷》。

地区则无“关”设置。江河水陆的交汇要冲的“津”(指渡口)设置比“关”更为广泛一些,在东南沿海地区亦常见其名。

唐代,为漕船航行安全,朝廷依照《唐律》规定,从舟车贩运的商人征收税金中进行安全管理。武则天时,朝廷采纳崔融建议,对乘坐舟车的旅行人员亦征税金。至唐上元年间(760—761 年),肃宗李亨为解决财政的困窘,下诏向通过运河船闸的商人征税,“敕江淮堰塘商旅牵船过处,准斛斗纳钱,谓之埭税”。此种以堰埭船闸设关卡,令航行于此的船只在途中征收检查、丈量船舶,导致后来征敛税的过度。唐文宗时(827—835 年),地处邗沟进入淮河的北岸的泗口(古属楚州,位于今江苏清江市西南)是南北大运河舟船往来的必经之地。朝廷在这里设置长江流域的第一个专职征收船税机构。由于税场征税苛厉,“经过衣冠、商客、金银、羊马、斛斗、见钱、茶盐、绫绢等,一物已上并税”,商客怨声不绝。开成二年(837 年),武宁节度使薛元偿上奏说:“淮泗通津,向来京国自有率税,颇闻怨讟”,请予停绝。经朝廷准奏后,泗口税场于当年罢官闭场。①

841 年,唐武宗李炎即位以后,采纳盐铁转运使崔珙的建议:“又增江淮茶税。是时茶商所过州县有重税,或掠夺舟车,露积雨中,诸道(转运使司)置邸以收税,谓之‘搨地钱’,故私贩益起。”当时全国各地,自路道一级政府到各州、县,或利用提高茶叶税率的机会向茶商横征暴敛,或借机大设邸舍,强迫茶商住留,索取过路钱,或以征税为名,上船抢夺茶叶。这种强夺舟船货物的非法行为,持续近 12 年之久,致使舟船难通,茶商经营艰难。到唐大中六年(852 年)正月,盐铁转运使、兵部侍郎裴休才将各地滥征商税的非法行为报告给唐宣宗说:“诸道节度使、观察使,置店停止茶商,每斤收搨地钱,并税经过商人,颇乖法理。今请釐革横税,以通舟船。商旅既安,课利自厚。”② 其后非法横征现象受到一定程度的制止。唐时,通过征税管理民船,虽有一些暴敛,但在一定程度上起到了保障舟船安全的作用。

税务机构通过商业贸易征税兼管舟船,到两宋时更为突出。两宋时期,关税是财政收入的重要来源之一,因此朝廷十分重视,在全国各主要河流沿岸设立了许多税场。当时的商税分关税和市税两种,关税亦称过税,市税又称住税。其中的关税征收对象是流通于水陆途中的商货,征税机构一般设于水陆的津关要处。北宋建国伊始,为让货物有正常交易,又便于国家对大宗商品贸易加以控制,政府实行榷场制。乾德二年(964 年)八月,朝廷下诏在“京师、建安(今江苏仪征)、汉阳(今武汉)、蕲口(今湖北蕲春县境内长江北岸),并置榷场”,同时设榷货务,管理榷场中的漕运与贸易事务。其属下有若干分支机构,其中管理漕运、海事的监押厅负责监督漕运纲船的运输,排岸厅负责河上巡缉和查验漕船。规模较大的榷场设于长江干支流及淮河要镇,既有控制舟贩通商、征收税利的一面,又有保障舟船安全的一面。南宋时,又出现宋、金两个政权间互市贸易的榷场。如宋、金议和后,南宋在盱眙设立了榷场,金也相应在泗州设立了榷场。其中,盱眙榷场设于绍兴十二年(1142 年)五月,管理严格,“南客过淮日,每名给木牌一面,渡口检察,放令上舡。俟回,据牌点名,发入榷场,拘收牌号”③。当时建康(今南京)是抗金基地,从各地调运的粮食囤积于此。绍兴二十六年(1156 年),朝廷在建康建丰储仓,“储二百万斛于镇江及建康”。同时,这里又是官卖货物集散地和漕粮存贮、转运地,朝廷在这里设置有江东转运司、户部提领酒库、提领江淮茶盐所、建康榷货务等署官。④

①《新唐书》卷五十四《食货四》。

②《唐会要》卷八十四《租税下》。

③《宋会要辑稿·食货三八》,上海世纪出版股份有限公司、上海古籍出版社 2014 年版,第 6847 页。

④《南京交通志·港口志》,海天出版社 1994 年版,第 166 页。

第三节　海事首次立法与法规规章的细化

一、海事以法律形式的首次立法

唐代,随着内河航运日益发展,漕粮大量地通过南北大运河北运,为维护水上交通运输秩序,保证漕运航行安全,朝廷在逐步建立和完善水运、海事管理机构,设置各级职官的同时,制定了船舶航行、津渡(运)、河道水流等有关安全的法规,通过立法创设海事管理体系。这些法规见诸《唐律疏议》《大唐六典》《新编唐会要》《水部式》等中,内容包括有船舶航行法规、津渡设置与管理、河道水源管理的法律及规章若干类。其涉及以水上交通安全为中心的海事管理范围之广、内容之多是前所未有的。这些大唐律法对船舶航行与靠泊、船舶违章处罚、渡船与渡运管理等海事管理均作出明确的规定,对与海事相关的安全管理也有所规定,对后来历代制定与颁布水上安全管理法律、规章及各种安全管理制度产生很大的影响。这是中国迄今为止所能见到最早的较为完备的海事管理及航运法典。唐朝也成为中国历史上首次将海事管理以国家法律形式立法并颁布施行的王朝,开中国海事立法之先声。①

(一)船舶航行安全管理规定

1.船舶检查和靠泊的规定

依照《故唐律疏议》载《唐律》规定:"诸船人行船、茹船、泻漏、安标宿止不如法,若船筏应回避而不回避者,笞五十;以故损失官私财物者,坐赃论减五等;杀伤人者,减斗杀伤三等。"② 依照《唐律疏议》解释说:"'船人',谓公私行船之人。"无论是官方舟纲的驾驶者,还是私营的个体船户,驾船航行都必须严格恪守行船、茹船(谓茹塞船缝)、泻漏(谓泻去漏水)、安标宿止的相应规定,不损失官私财物,不伤害客旅。此条具体要求船家行船前或航行中必须随时对船只进行安全检查,保证船体密不渗水。如有渗水,应即时排除,确保船只维持良好的适航状态,避免中途沉船,酿成海事。"'安标宿止',谓行船宿泊之所,须在浦岛之内,仍即安标,使来者候望。违者,是'不如法'。"依此项规定,船舶必须在港埠的浦洲码头岸边靠泊过夜,不得在无人烟的荒岸处停泊宿止。无论白天、黑夜,舟船停泊后必须安设标志,以避免客旅漏船,以资来往船只及旅客识别。船家不得"损失官私财物",不得"杀伤人"或谋财"杀人"。公私船人如违犯以上各条中的任何一条,都属犯罪行为,都要受到"杖六十""杖一百",或判处一至二年徒刑的处罚。如骤遇暴风失物伤人,则不受法律惩治。③

2.船舶航速的规定

据《唐会要》载:开元七年、开元二十五年"旧制……水行之程,舟之重者,溯河日三十里,江四十里,余水四十五里;空舟溯河四十里,江五十里,余水六十里。沿流之舟,即轻重同制:河日一百五十里,江一百里,余水七十里。"此项表明对船舶航速的要求比较合理,轻重有别,顺溯有异。不过,在航行中驶于艰险之处,如长江三峡"其如砥柱之类,不拘此限。若遇风水浅不得行者,即于随近官司中牒检印记,听折半"。从最后一款看,似乎主要针对官办航运,但实际上凡运输官物的公私船只都必须遵守。无故违期者,按情节轻重处以笞刑。④

---

①《陕西省志・航运志》,陕西人民出版社 1996 年版,第 351 页。

②《行船茹船不如法》,见《唐律疏议》卷第二十七《杂律》,中华书局 1983 年版,第 507 页。

③《行船茹船不如法》,见《唐律疏议》卷第二十七《杂律》,中华书局 1983 年版,第 507-508 页。

④《唐会要》卷八十七,中华书局 1955 年版,第 1595 页。

3.船舶相遇"上溯避下溯"的避让规定

这项规定制定于7世纪,是中国内河船舶最早的避碰规则。据《唐律疏议》载:"……行船之法,各相回避,若湍碛之处,即溯上者避沿流之类,违者各笞五十。""若船筏应回避而不回避者,笞五十;以故损失官私财物者,坐赃论减五等;杀伤人者,减斗杀伤三等;""其于湍碛尤难之处,致有损害者,又减二等。监当主司,各减一等。卒遇风浪者,勿论"。这里要求船只和竹筏在航行途中要相互避让,在急流和险滩处如上下两船会遇,上水船要主动避让下水船,空驶船舶避让重载船,以避免船只在行驶中出现碰撞和覆舟事故。船筏应回避而不回避的,要受到杖笞五十的惩罚。为了航行安全,减少事故,处罚严厉是必要的。此规定行文简洁明了,在原则上规范了水上行船秩序。由此可见,早在近1400年前中国对内河船只的水上航行已开始有较为严格的管理。①

4.船舶限制超载的规定

此项法令主要是针对朝廷派公差和从军者,即对乘坐官船者携带衣粮物品的定额超载限制,客观上有利于保证航行的安全。《唐律疏议》载:"诸应乘官船者,听载衣粮二百斤。违限私载,若受寄及寄之者,五十斤及一人,各笞五十;一百斤及二人,各杖一百(但载即坐。若家人随从者,勿论);每一百斤及二人,各加一等,罪止徒二年。"就是说,对于乘官船外出的人员,只准带随身衣粮、物品至多200斤,超重违例者则根据情节轻重及超载数量,要受到笞、杖直至判徒刑2年的惩治。对于从军征讨者乘坐官船超载还要加重处罚。监官知情不制止者同罪。如《唐律疏议》说:"'从军征讨者',谓以船转运军资而私自载物,若受寄及寄之者,'各加二等'……罪止徒三年。""谓监船官司知乘船人私载、受寄者,与寄之者罪同……若是空船……'不用此律'。"这些令律对民间也起到警戒的作用。限制船舶超载无疑对水上航行安全是大为有益的。②

5.监管船舶航行官员的规定

《唐律》规定:"诸监临主守之官,皆不得于所部僦运租税、课物,违者,计所利坐赃论。"就是说,凡经课税的租调物资,负责监察工作的官员都不能在部属内用船或车"僦勾客运"。违者以坐赃论处。非监临官如此,罪减一等,僦运得利要没收或归还原主。

(二)各河流津渡(渡口与渡运)的管理规定

唐代十分重视水上交通的发展。朝廷在河流津口架桥设渡,以便通行,同时对渡口与渡船也注意加强管理。《唐六典》说:"凡天下造舟之梁四"。③ 这里指的是尚书省工部所属的水部,下令在黄河、洛河流域用舟船相连而搭起水上浮桥。而长江流域,则不能使用此法。《唐六典》说:"其大津无梁,皆给船人,量其大小难易,以定其差等。"尚书省工部所属水部,指令长江流域各州县设置10多座津渡,计有"蕲州江津渡、荆州洪亭松滋渡、江州马颊檀头渡船各一艘,船别六人;越州·杭州浙江渡、洪州城下渡、九江渡船各三艘,船别四人,渡子并须近江白丁便水者充,分为五番,年别一替。"④

据《唐律》载文:"其津济之处,应造桥、航及应置船、筏,而不造置及擅移桥济者,杖七十;停废行人者,杖一百。"这里是说,凡指定的津渡处所,不造桥梁、不设渡船者,或未经允许擅自移动桥梁及渡口者,津主(即津令、津丞)要受到杖七十的惩处。由此而影响交通,肇事人则要被杖打一百。为策水上安全,朝廷对津渡加强管理,颁布了《津渡法》,派兵防守,严格渡口管理,严加督促逻卒巡察,从而维护渡运

①《行船茹船不如法》,见《唐律疏议》卷二十七《杂律》,中华书局1983年版,第507-508页。

②《行船茹船不如法》,见《唐律疏议》卷二十七《杂律》,中华书局1983年版,第507页。

③《唐六典》卷七《尚书工部》,中华书局1992年版,第226页。

④《唐六典》卷七《尚书工部》,中华书局1992年版,第227页。

秩序。①

(三)与水上安全相关的河渠管理规定

《新唐书》卷四十六《百官志一》说:“诸州堤堰,刺史、县令以时检行,而立其决筑。”元和三年(808年),从李异奏,江淮堰埭归转运使管理。其内容主要包括河渠通舟水源及斗门管理、灌溉用水管理和堤防管理等。

漕运河渠中的水资源,首先要保证舟船通航,其次是用于灌溉,再次才用于碾硙。水部规定:“凡水有溉灌者,碾硙不得与争其利”。为了保证行舟,“自夏季及于仲春,皆闭斗门,有余得听用之”。由此可见,漕运舟船通航安全是高于水利灌溉的。②

二、海事管理法规规章的细化

在《唐律》的基础上,两宋就水运、海事管理又制定、颁发各种法规与律条,并更加具体与细化。如南宋制定的《庆元条法》较之《唐律》有关官办水运、海事管理条律又有所发展。条法既规定官员依官阶用船的数量,又对官吏滥占舟船作了一定的约束,有利于水运、海事管理秩序正常化。

两宋时,为加强漕运管理,朝廷制定“捕亡令”“职制令”“考课令”“赏令”等项漕运条令。“捕亡令”中有“赏格”“盗贼敕”与“杂敕”等,是惩治纲兵梢及纲外人员沉舟、盗粮等犯罪行为的条律。官吏、捕盗官及检察官和一般人对捕缉、觉察、检举上述罪行有功者,按“赏格”相关规定予以赏赐。到南宋,在继承北宋漕运条令基础上,于庆元年间(1194—1200年)制定《庆元条法》。这是一部包括官运船纲、榷禁、铸钱、私贩官卖物资及国库管理等方面内容的法规,使船纲条令更为完整、严密,并把南宋船纲条规上升到法律高度。其中的《职制门》《榷禁门》与《财用门》等有关条款,对海事管理做出如下规定:

(1)管理官员的等级次序。《职制门·职制令》规定:“诸发运使、副在转运使之上。转运使、副在提点刑狱及知州中散大夫之上……发运判官在知州朝议大夫、转运判官提举常平茶盐官之上……”③

(2)对押纲官吏及与船纲有关官吏的管理。《职制门·职制敕》规定:“诸纲运被朝旨借差别运官物者,其押纲人往回装卸及事故月日并听补填。”④ 这是指纲船在差借期间,押纲官吏要认真做好航行及装运情况记载。此外,《职制门》中《批书》条款规定;“诸押纲人功过,所属官司即时取行程历印纸批书。”“诸押纲人犯罪或违程抛欠,应批书印纸而收匿,以避批书者,杖一百。”⑤《监司巡历》条款规定,“诸发运监司巡历随行吏人所在受例外供馈,以受监临财物论。”“诸监司(属官同)沿流应给船,非遇巡按辄差占牵驾人兵,若巡按而差过数或已归本司而不即发遣,各杖一百。”《到罢》条款中还严禁监督纲船运输的官员借离、调之机索取钱物。各内侍官如出使时借乘船之机“私贩物者,徒二年”。

第四节 外舶管理的肇始与制度初定

一、对外籍船舶管理的肇始

中国古代对外籍船舶的管理始于唐,盛于宋元,主要在沿海。

①《行船茹船不如法》,见《唐律疏议》卷二十七《杂律》,中华书局1983年版,第505页。

②《唐六典》卷七《尚书工部》,中华书局1992年版,第226页。

③《庆元条法事类》卷四,燕京大学图书馆1948年10月据常熟瞿氏本印行。

④《庆元条法事类》卷五,燕京大学图书馆1948年10月据常熟瞿氏本印行。

⑤《庆元条法事类》卷六,燕京大学图书馆1948年10月据常熟瞿氏本印行。

唐以前,中国海上贸易远比不上陆路贸易。东南沿海虽有海上通商往来,却没有设置专管商贸船舶的独立机构。《梁书》说:"……海舶每岁数至,外国贾人以通货易,旧时州郡以半价就市,又买而即卖,其利数倍,历政以为常。"① 这说明唐代以前来往的外舶数量较少,海上贸易尚处于自流的状态,管理也多由地方官员负责。

唐代以后,经济、文化高度繁荣,江南经济迅速发展,航海重心逐渐南移,对外活动频繁开展,海门大开,中国与阿拉伯帝国、日本、高丽等国经济贸易往来频繁,外舶衔尾而来。当时中国海外贸易商品大多为高级消费品,输出商品以丝、瓷为主,输入商品主要是珠宝、药材等。唐宋元时期,广州、福州、泉州和扬州等一批沿海港口成为重要对外贸易港口,管理对外贸易与外国船舶的市舶司等机构及相应的管理制度相继问世。

"舶是水上交通工具,是市舶命名的依据。……这种以舶运货互市,既直接以有易无,也有转手兴贩,既是民间交通,也有官府参预。"② 当时将"在中国往来的外国贸易船,普遍称市舶或互市舶",也称商舶或海舶;对自外国来的船则称"蕃舶"或"夷舶",或冠以国名名之。于是,中国古代最早对外贸和外舶进行管理的机构就取名"市舶司"。市舶司主官为市舶使,有兼任与主任两种,多为皇帝心腹。日本学者桑原騭藏认为,市舶使之称在唐人记录中已有,当时又称"押蕃舶使"或"监(市)舶使"。国内学者也有认为,市舶使除了蕃舶使、监舶使之称呼外,还可称作"结好使"。但也有人认为押蕃舶使与市舶使是两个不同的职官。据《唐故岭南经略副使御史马君墓志》记:"元和九年(814 年),扶风马君卒。……君凡受署,往来桂林、岭南、江西、荆南道,皆大府。凡命官,更佐军卫录王府事、番禺令、江陵户曹录府事、监察御史,皆为显官。凡佐治,由巡官、判官至押蕃舶使、经略副使,皆所谓右职。"③ 这说明押蕃舶使地位高于巡官、判官,而略低于经略副使。其职责范围,柳宗元《岭南节度飨军堂记》介绍:"唐制,岭南为五府,府部州以十数。其大小之戎,号令之用,则听于节度使焉。其外大海多蛮夷,由流求、诃陵,西抵大厦、康居,环水而国以百数,则统于押蕃舶使焉。"④ 由此可知,押蕃舶使是辅佐节度使,负责处理海外事务的一个重要官吏。其职责主要是负责环水百余国的海外交通、贸易等各项事务。

市舶使与押蕃舶使的关系,人们的见解不一。有的认为"市舶使则是置于州的市舶官,他和蕃舶使可能有隶属关系";而有的却说:"押蕃舶使是设置于岭南节度府内的重要官吏,似仅次于节度使";还有的认为:"市舶使负责管理商人们经营的海外贸易,而押蕃舶使负责接待自海外来广州的各国贡使"。从押蕃舶使之"押"字上看,其有验签公文、契约和监督管理的含义,因而它恐与市舶使在航海贸易管理职能上有所分工。押蕃舶使是负责管理航海贸易货物及互市事宜,类似于今天的海关部门官员。而市舶使是负责管理航海贸易船舶事宜,如查验船舶文书,安排与监督船舶与人员进出港口,保障航行安全等,类似今天的海事管理官员。当时管理主要方式是"过所",也称"公验(公凭)",是官府与市舶司签发的一种纸制通行凭证。过所是从两汉的符节演变而来的,如张晏所谓:"传,信也,若今过所也。"由此中外商旅"来往通流",越度关津,到唐朝内地"自为交易"。有押蕃舶使的地区,外国客人过所的发放要经过押蕃舶使之手。

市舶司职责归纳起来有五大方面:第一,征收舶脚,即征收船舶税,凡"蕃舶之至泊步,有下碇之税"⑤;第二,阅货,即待进口船舶泊妥,登船检查货物,并参加船商举行的阅货宴;第三,收市,即代表政府收购珍异的专卖品;第四,进奉,即接收舶商奉贡给朝廷或地方衙门的礼品;第五,抽解,即收取货物商税。

①《梁书》卷三十三《王僧孺传》,中华书局 2000 年版,第 326 页。

②郑有国:《中国市舶制度研究》,福建教育出版社 2004 年版,第 30 页。

③柳宗元:《唐故岭南经略副使御史马君墓志》,见《柳河东集》卷十《志》,上海人民出版社 1974 年版,第 160 页。

④柳宗元:《岭南节度飨军堂记》,见《柳宗元集》卷二十六《记》,中华书局 1979 年版,第 706 页。

⑤韩愈:《唐正议大夫尚书左丞孔公墓志铭》,见《韩昌黎文集校注》卷七《碑志》,上海古籍出版社 1986 年版,第 531 页。

待舶商完成上述手续后,"设市区,令蛮夷来贡者为市,稍收利入官"。①

综合以上诸项,除对到港的蕃舶(外舶)进行例行管理,如征收船舶税外,还要查验船舶文书、船员人数,并进行停泊安排及引水等管理,类似于现在海事部门对外国轮船的管理。因此,市舶司既是中国古代对外贸易的管理机构,也是对外国籍船舶的管理机构。市舶司对外国商船管理的出现,标志着中国对外海事管理自唐开始。

中国最早设立市舶司的地方是广州。唐时,广州港已发展成中国对外贸易第一大港,往返于东南亚间的中外海船多以该港为起止点。当时的广州既是国内著名都市,又是国际著名商港,境外的珠玉、象牙、犀角等物,中国南方的竹、布、藤、簟、药材等特产,咸集汇聚。中唐以后,广州对外贸易更加繁荣,"外蕃岁以珠、玳瑁、香、文犀浮海至"。② 广州关税成为朝廷所依赖的大宗收入。这样,唐玄宗开元二年(714年),朝廷在广州设立市舶司(对于唐在广州设市舶司时间,史学界有3种说法:贞观十七年,即643年;显庆六年,即661年;开元二年,即714年)。也有学者认为,当时只有"市舶使"而无"市舶司"。市舶使作为皇帝的临时命使,委任相应官吏前往任职,主要管理航海贸易和船舶。《旧唐书》载:"(开元二年)十二月乙丑……时右威卫中郎将周庆立为安南(岭南)市舶使,与波斯僧广造奇巧,将以进内。监选使、殿中侍御史柳泽上书谏,上嘉纳之。"③ 又据《唐会要》载:"开元二年(714年)十二月,岭南市舶司右威卫中郎将周庆立,波斯僧及烈等广造奇器异巧以进。"④ 而《新唐书》称:"开元中,转殿中侍御史,监岭南选。时市舶使、右威卫中郎将周庆立造奇器以进。"这可以看出机构称市舶司,官员称市舶使。周庆立是由地方武官兼任市舶使职务的。这是中国史书上出现的最早有关唐代市舶司、市舶使的记载。到唐元和年间(806—820年),因原设的市舶使位卑权轻,不足以担此重任,便以岭南帅(节度使)监领此职。

这时,处于长江与大运河交汇处的扬州,自隋开掘大运河后便成为国内南北物资集散地,也是国外商人从事珠宝、丝绸、瓷器等贸易的场所,有"富庶甲天下"之称,不少波斯人、阿拉伯人在此定居。扬州空前繁荣,"夜市千灯照碧云,高楼红袖客纷纷"⑤ 正是扬州外贸活动兴旺与国际通商地位的真实写照。大和八年(834年),文宗在《大和八年疾愈德音》中说;"岭南蕃舶,本以慕化而来,固在接以恩仁,使其感悦。……其岭南、福建及扬州蕃客,宜委节度、观察使。除舶脚、收市、进奉外,任其来往,自为交易,不得重加率税"。⑥ 这说明当时扬州、福建也设置有类似于市舶司的管理海上贸易与船舶的机构。但市舶使派遣制度只是中央政府介入地方海外贸易的开始。此时的市舶使派遣仅是作为皇帝的临时使命出现,还没有形成一个完全、有效的管理制度。⑦

二、外舶管理机构与制度的初定

入宋以后,中国与海外市舶贸易更加迅速地发展起来。北宋初年,朝廷特派使臣到南海诸国招徕外商,很快便和大食(阿拉伯帝国)、古逻(在今槟榔屿南)、阇婆(爪哇)、占城(今越南中部)、三佛齐(在今苏门答腊)及印度等建立了贸易关系。当时对外贸易货物以"金银、缗钱、铅锡、杂色帛、瓷器、市香药、犀象、珊瑚、琥珀、珠琲、镔铁、鼊皮、玳瑁、玛瑙、车渠、水精、蕃布、乌樠、苏木等物"。⑧ 至南宋时,政府对外

---

①顾炎武:《天下郡国利病书》卷一百二十《海外诸蕃》。
②《新唐书》卷一百四十三《徐申传》,中华书局2000年版,第3685页。
③《旧唐书》卷八《玄宗本纪上》,中华书局2000年版,第117页。
④《唐会要》卷六十二《御史台下》,中华书局1955年版,第1078页。
⑤王建:《夜看扬州市》,见《全唐诗》卷三〇一。
⑥《大和八年疾愈德音》,见《唐大绍令集》卷十,第64-65页。
⑦《福建省志·交通志》,福建人民出版社2000年版,第405页。
⑧《宋史》卷一百八十六《食货下八》,中华书局2000年版,第3054页。

贸易集中于大食、印度、东南亚及日本、高丽等国。这种通商关系一直保持到元代。

随着对外贸易的发展,两宋海上贸易商舶管理事业也跟着兴旺起来,市舶机构与管理制度也日益建立和不断完善。市舶机构大体分路、府(州)、县3个级别,市舶司下辖市舶务、市舶场和市舶库等机构。一般中小港口处只设市舶务或市舶场。市舶司官员由市舶使(提举)、市舶判官(监舶务)、干办公事等不同级别的官员组成。宋初,市舶司承唐代之制,并建立了一套官吏系统,由“州郡兼领”,后改为“漕臣兼领”。北宋中期,一度由江淮等路发运使与副使兼管,但因难以顾及,到熙宁八年(1075年)又取消兼职。元丰三年(1080年),免除地方行政长官的市舶兼职,开始由各路转运使(或副使)直接任提举市舶司,后又设专职提举官掌市舶。《文献通考》载:“旧制虽有市舶司,多州郡兼领。”[①] 在地方上,市舶司与转运司、提点刑狱司、提举常平茶盐司等机构的关系较为密切。尤其是转运司,在市舶司未独立时曾兼管过市舶事务。市舶司独立时,上述各机构互不统属、互相监督。市舶官员选任朝廷很重视,均由朝廷直接任命。北宋末大观元年(1107年),始将各处管理外船与贸易的市舶司改为提举市舶司,简称市舶司或舶司,(或舶使、市舶中使、监舶使、结好使、押蕃舶使),其主管官为提举市舶,简称市舶使,并将设在各地市舶司改为市舶务。[②] 市舶司由所在地行政长官和转运使共同领导,而中央政府派人管理具体事务。市舶官员主要是在正七品至从五品间官员中选任。北宋时期先后在广东、浙江、福建、山东及江苏、上海等地建立路、州一级的市舶司与市舶务。从中分析可知,市舶司先是由地方官乃至漕运的发运使、转运使兼管,其后专置提举市舶司负责,直至南宋仍大致如此。[③] 提举市舶司职掌十分复杂,似无统一规定,主要负责“掌蕃货海舶征榷贸易之事,以来远人,通远物。”[④]

南宋时,两浙、福建、广州市舶司通称三路市舶司或三路市舶。乾道二年(1166年)罢两浙路市舶司后,原属两浙路市舶司各港口市舶机构只称市舶场或市舶务。场或务均由当地官员兼管,并一度隶属转运司,或由提点刑狱司、提举茶事司兼管,但为时不长。广州市舶司仍设提举市舶一职。

市舶司管理职责,北宋期间多次变更,以确定中央政府的管辖权。宋神宗熙宁九年(1076年),朝廷下令:“……详议广、明州市舶利害,先次删立抽解条约”[⑤],决定以广州和明州(今浙江宁波)两个外贸港口为试点,制定一个完整的对外贸易与外国船舶的管理法规。元丰三年(1080年),中国历史上第一个管理对外贸易与外国船舶的法律法规——《广州市舶条例》,也称《广州市舶条法》正式出台,以立法形式确定了对外贸和外籍船舶的管理,并由中央政府直接管辖。因是在元丰年间完成,后人常称之“元丰法”。随后,朝廷专门派遣一批官员,分别到广州、泉州、明州等对外贸易港口推行这个法规。此法则成了中国市舶制度史上第一部成文立法。这标志着中国对外贸易和外舶管理进入法制化轨道。《互市舶法》载,市舶司主要管理进出口的商舶,征收关税,招徕外商,收买舶货,对抽解与博买的舶货进行保护与处理。其中对外舶管理归纳为:外舶入港,“择官阅实其赀”,即检查船舶装运的货物,主要检查外舶入港是否手续齐备、是否按规定进出口岸。[⑥] 可惜元丰法的全文至今未见到。当时外舶进入港口前,即由负责海上巡检的军队派兵船护送。

为鼓励外国商舶来华贸易,宋朝政府规定了一些优惠、宽待外商的政策。为表示招徕远人,每年十月“提举(市舶)司大设蕃商而遣之”,[⑦] 即邀请外商与外舶的主要船员出席宴会,费用由朝廷财政开支。市

---

①《文献通考》卷六十二《职官考十六·提举市舶》,中华书局2011年版,第1868页。

②【日】桑原骘藏:《蒲寿庚考》,中华书局2009年版,第3-4页。

③《文献通考》卷六十二《职官考十六·提举市舶》,中华书局2011年版,第1868页。

④《宋史》卷一百六十七《职官七》,中华书局2000年版,第2661页。

⑤《宋会要辑稿·职官四四》,上海世纪出版股份有限公司、上海古籍出版社2014年版,第4206页。

⑥王杰:《航海史话》,社会科学文献出版社2012年版,第89-90页。

⑦周去非:《岭外代答校注》,中华书局1999年版,第126页。

舶司官吏除按朝廷指定数额抽买舶货外,还对违法者予以论罪。如“巧作名色,违法折买”者,即允许外商向上越诉,犯者以坐赃罪论。这些措施有效地促进对外贸易,保障外商与外舶的合法利益。同时,对于外舶遇难要及时救助。宋元符二年(1099年),朝廷做出外舶遭遇海难的救助规定:“蕃舶为风飘着沿海州界,若损败及舶主不在,官为拯救,录物货,许其亲属召保认还,及立防守盗纵诈冒断罪法。”① 这是在法律上对外舶海上遇难救助做出的系列规定。对海难获救人员,地方官员有责任做好善后工作,“置酒食犒设,送系官屋舍安泊,逐日给予食物。仍数日一次,别设酒食。阙衣服者,官为置造。”欲归本国者,给予妥善遣还。②

两宋,朝廷设置市舶司(务)的地方远远超过唐代,先后有广州、杭州(临安府)、明州(庆元府,今宁波)、泉州、密州板桥镇(今山东胶州市)、秀州(嘉兴府)华亭县(今松江)、秀州(嘉兴府)上海镇(今上海市区)、镇江府、平江府(今苏州)、江阴军(今江阴)、秀州(嘉兴府)澉浦镇(今海盐)、温州等,分布于东南沿海与长江下游等各口岸。此为中国古代市舶司(务)设置最兴盛的时代。

(一)密州市舶司

此市舶司位于今山东省胶州市,当时叫密州板桥镇。据文献记载:唐高祖武德六年(623年),李渊决定在密州的胶州湾北岸设板桥镇,自此板桥镇一跃成为山东胶州湾一带行政、军事和经济中心。北宋初年,密州板桥镇是长江以北主要沿海口岸之一,与朝鲜半岛高丽和日本列岛互市贸易极为活跃。由于获利丰厚,各阶层的人士竞相投入海外贸易。宋元丰六年(1083年),时任知密州(密州的最高行政长官)范锷上书,奏请朝廷尽快在板桥镇设立市舶司。宋神宗随即将范锷的奏章批转都转运司长官吴居厚。吴居厚认为这一奏请可行,建议在元丰七年(1084年)农历七月初三开始实行。③ 但一些大臣对在板桥镇设立市舶司有不同的意见。最后朝廷采取一项折中措施,在板桥镇设立规格低于市舶司的榷易务,暂行管理。

板桥镇设立榷易务后,难以有效地行使“招徕岛夷”互市贸易的职能。范锷对此很着急。宋元祐三年(1088年),他升任为金部(宋代金部负责全国库藏钱帛等的审核,为中央政府机构)员外郎后,约请京东路转运司官员专程到密州板桥镇进行实地考察。然后,他再次奏请朝廷在板桥镇设立市舶司。宋哲宗很快便批准范锷的奏请,于同年(1088年)农历三月在板桥镇正式设立市舶司机构,主要负责山东半岛和苏北诸口岸与高丽、日本等的海上贸易与商船管理事宜。密州为长江以北唯一设立市舶司的海港。由于该司负责中国北方所有口岸进出口贸易的管理事宜,使板桥镇接纳办理进出口手续的中外籍人员成倍增加,胶州湾海面上的船只进进出出,呈现出一派前所未有的繁忙景象。板桥镇也在相当长时间内成为北方内地和东南沿海进行货物交换的重要港口。为配合板桥镇市舶司的日常管理,北宋朝廷还将胶西县政府设在板桥镇。政和二年(1112年),密州市舶司一度停废。到南宋,密州归入金国版图,市舶司不复存在。④

(二)青龙、华亭、上海镇市舶司

青龙、华亭、上海镇市舶司管理虽晚于广州、泉州、杭州、明州,但自北宋首建市舶司以后,发展迅速,地位节节上升。

1.青龙镇

青龙镇坐落于青龙江与吴淞江交汇处,在今上海市松江区北54里处。唐时,华亭升为县,在这里设

①《宋会要辑稿·职官四四》,上海世纪出版股份有限公司、上海古籍出版社2014年版,第4207页。

②曾巩:《存恤外国人请著为令》,见《元丰类稿》卷三十二,四部丛刊本,集部,上海涵芬楼影印乌程蒋氏密韵楼藏元刊黑口本。

③《宋会要辑稿·职官四四》,上海世纪出版股份有限公司、上海古籍出版社2014年版,第4206-4207页。

④《续资治通鉴长编》卷四〇九,元祐三年三月,上海古籍出版社1986年影印本,第3872页。

镇,并成为今上海地区第二个贸易港。宋代,此港成为两浙路物资进出重要港口。《崇祯松江府志》记其繁华说:"为海船辐辏之地,人号小杭州。"①《吴郡图经续记》称:"青龙、福山,皆海道也。……闽粤之贾乘风航海不以为险,故珍货远物毕集于吴之市。"②北宋嘉祐年间(1056—1063年)镇北隆平寺塔建成后,犹如竖立起一座引导船舶入港的航标,减少船舶的漂沉。大约在北宋熙宁年间(1068—1077年),朝廷在青龙镇设立市舶提举司。"宋大观元年(1107年),以镇水治兼领市舶,元至九年,罢属上海"。南宋绍兴元年(1131年)开始设市舶务。《宋会要》绍兴三年条中说:"本路(指两浙路)诸州府市舶务五处,绍兴元年全年共抽解……"五处市舶务包括青龙市舶务。乾道二年(1166年),随华亭市舶务关闭,青龙市舶务也停废。③

2.华亭县

华亭县位于今上海市松江区。隋代初年,此地建立市镇,为今上海地区出现的第一个镇。唐天宝十年(751年),华亭镇升为县。两宋时。由于所属青龙镇的对外贸易地位上升,华亭县也受到政府重视。华亭繁兴于元丰年间(1078—1085年),当时"华亭据江瞰海,富室大家,蛮商舶贾,交错于水陆之道,为东南一大县"。④ 华亭县于北宋政和三年(1113年),置二级市舶司机构——市舶务。南宋建炎三年(1129年),金兵南犯,"所过燔灭一空,而华亭独无恙"。⑤ 因此,南宋朝廷于绍兴二年(1132年)将两浙市舶司迁于华亭,"两浙(路)提举市舶移就秀州华亭县置司,官属供给令秀州应副"。⑥ 绍兴十五年(1145年),在江阴设市舶务。自北宋时起,沪渎一带沙洲逐渐发育,使吴淞江水不能畅流,又因治水不甚得法,致使这一地区水情与港口发生变迁。南宋时,吴淞江航道状况越来越差,持续34年的华亭、两浙市舶司只得于南宋乾道二年(1166年)关闭,青龙镇也日趋萧条。⑦

3.上海镇

上海镇于元至元二十九年(1292年)升为县,旧名上海浦。该镇在青龙镇之东偏南方向,相距约50余公里。这里原是黄浦江畔的一个渔村。南宋时,许多海船因无法溯沪渎入青龙镇,于是都从江浦合流处南航.泊于此处。由于有地临黄浦江水路的优势,海船往来与日俱增,一时间渔村人烟密集,海船辐辏。同治《上海县志》记载;"唐……寻又改属秀州,宋因之隶两浙路。熙宁七年(1074年)设市舶提举司及榷货场,是为上海镇"。⑧ 市舶事务由州县官员兼领。咸淳元年(1265年)设置市舶务,同时建立镇一级行政机构。咸淳五年(1269年),始派董楷任市舶提举官。据同治《上海县志》载,当时市舶机构约在今小东门内宁浜路附近。元至元十四年(1277年),恢复上海市舶司,从此上海港迅速发展起来。

南宋绍兴十五年(1145年),朝廷在江阴军(今江阴)、秀州(今浙江嘉兴)等地增设市舶务。庆元年间(1194—1200年),上述市舶机构与温州市舶务一度关闭,外舶事务统归于明州(今宁波)市舶司。⑨

(三)两浙路市舶司

两浙路市舶司管理中心在杭州,并曾先后在杭州、明州、温州、青龙镇、江阴军、上海镇、澉浦等地设过

①崇祯《松江府志》卷三《镇市》,书目文献出版社1991年影印《日本藏中国罕见地方志丛刊》本,第65页。

②《吴郡图经续记》卷上《海道》,江苏古籍出版社1999年版,第17-18页。

③《宋会要辑稿·职官四四》》,上海世纪出版股份有限公司、上海古籍出版社2014年版,第4211、4218页;谯枢铭:《青龙镇的盛衰与上海的兴起》,《社会科学》1980年第6期。

④孙觌:《宋故右中奉大夫直秘阁致仕朱公墓志铭》,见《鸿庆居士集》卷三十四,上海古籍出版社1987年影印《四库全书·集部》。

⑤孙觌:《宋故右中奉大夫直秘阁致仕朱公墓志铭》,见《鸿庆居士集》卷三十四,上海古籍出版社1987年影印《四库全书·集部》。

⑥《宋会要辑稿·职官四四》,上海世纪出版股份有限公司、上海古籍出版社2014年版,第4210页。

⑦《宋会要辑稿·职官四四》,上海世纪出版股份有限公司、上海古籍出版社2014年版,第4218页。

⑧同治《上海县志》卷一《沿革》,成文出版社有限公司影印清同治十年刊本,第116页。

⑨郑有国:《中国市舶制度研究》,福建教育出版社2004年版,第66页。

市舶务(司)。宋太平兴国三年(978年),吴越自献版籍,纳土于宋,素以海外贸易繁盛著称的杭州归入宋的版图。为了加强对外来商舶及其货物贸易的管理,同年(有的说是端拱二年,即989年)北宋朝廷在吴越长期经营的杭州博易务基础上建立杭州市舶司,为路一级市舶机构,目的是为了管理境内舶商出海。同时,位于奉化江、余姚江、甬江交汇处的明州(今宁波)港,为东渡日本航路最近的港口,因此舟船从杭州、明州起航可通往日本、高丽。早在唐五代时,两港还常有新罗、占城、大食等地商舶往来。宋雍熙年间(984—987年),太宗发布诏令说:"商人出海外蕃国贩易者,令并诣两浙市舶司请给官券,违者没入其宝货。"① 北宋末年,两浙路市舶司几经变更。淳化三年(992年)四月,"移杭州市舶司于明州定海县(今浙江镇海),以监察御史张肃领之"②,为明州始置市舶司。次年又复移至杭州。咸平三年(999年)九月,朝廷"诏杭州、明州各置市舶司"。③ 这是明州单独设立市舶司之始。熙宁九年(1076年),罢杭、明州市舶。崇宁元年(1102年)七月十一日,"复置杭、明市舶司,官吏如旧额"。④ 绍兴元年(1131年),又在温州设立市舶务,庆元年间(1194—1200年)关闭。⑤

南宋初,曾一度将"两浙、福建路提举市舶司并归转运司",但不到一年,即以"并废以来士人不便,亏失数多"为由,于建炎二年(1128年)又复旧制,与广南东路市舶司并存。绍兴二年(1132年),朝廷又将两浙(杭、明)市舶司移至秀州华亭县(今上海松江区)。⑥ 杭州保留市舶务,改称临安(今杭州)府市舶务,后又改名为行在市舶务,即"于浙江清水闸河岸新建,牌曰行在市舶务",⑦ 设置地点在城东南线钱塘江边凤凰山一带保安门外。乾道元年(1165年),又在温州等地增置市舶务。乾道二年(1166年),罢两浙路提举市舶司。庆元元年(1195年),杭州、温州市舶务与江阴军、秀州市舶务一度关闭,外舶事务均集中于明州。地处海滨的海盐县澉浦镇,有很好靠泊条件,作为杭州的外港经常有外舶靠停,于淳祐六年(1246年)在镇东海岸设市舶务,淳祐十年置市舶场。

(四)福建路市舶司

福建路沿海有许多出海口岸。早在唐元和(806—820年)时期,福建已出现参军处或榷货务等类似的市舶机构,到宋太平兴国年间(976—984年)废置。北宋端拱二年(989年)及咸平二年(999年),杭州与明州分别设置市舶司,但福建尚未设市舶机构,而海外贸易日趋繁盛,尤其泉州港海舶进出更多。熙宁八年(1075年),陈偁奏请设市舶司:"自泉之海外,率岁一往复。舟行当乘风便,若令远诣广州,必两驻冬,阅三年而后返。"⑧ 在陈偁奏疏和密友苏颂(南安人)的影响下,时任户部尚书的李常也奏请在泉州置市舶司。而当时朝廷正在着力施行订定《广州市舶条例》,强调泉州海舶往返须经广州市舶司请验,否则要拘货、科罪。

元丰三年(1080年)《广州市舶条例》颁发后,规定:"诸非广州市舶司,辄发过南蕃纲舶船,非明州市舶司,而发过日本、高丽者,以违制论,不以赦降去官原减。"⑨ 这就是说,去南蕃(即东南亚、南亚、西亚和非洲地区)的海船,要向广州市舶司申请;去日本、高丽的海船,要向明州(今宁波)市舶司申请,否则以违法论处。福建沿海海商兴贩南洋,要经广州市舶司请给公凭(贩高丽、日本的要经两浙),否则要没其货,

---

①《宋史》卷一百八十六《食货下八》,中华书局1977年版,第4559页。

②周淙:乾道《临安志》卷二《廨舍》,见《南宋临安两志》,浙江人民出版社1983年版,第24页。

③《宋会要辑稿·职官四四》,上海世纪出版股份有限公司、上海古籍出版社2014年版,第4204页。

④《宋史》卷一百八十六《食货下八》,中华书局2000年版,第3056页。

⑤郑有国:《中国市舶制度研究》,福建教育出版社2004年版,第66页。

⑥《宋会要辑稿·职官四四》,上海世纪出版股份有限公司、上海古籍出版社2014年版,第4209-4210页。

⑦施谔:淳祐《临安志》卷七《城府·仓场库务·诸务·市舶务》,见《南宋临安两志》,浙江人民出版社1983年版,第131页。

⑧《永乐大典》卷三一四一《陈偁传》。

⑨苏轼:《乞禁商旅过外国状》,见《苏轼文集》第三十一卷《奏议》,中华书局1986年版,第890页。

科其罪。然而法禁虽严,私商的外贸运输却多有不经广州(或两浙)的。所以,泉州太守陈偁有“舟之南日少,而广之课岁亏”的慨叹(对高丽等的两浙市舶司的课岁也亏,同样影响国库的收入)。元丰五年(1082 年),陈偁再奏设市舶司,又未获批准。元祐初年(1086 年),福建转运使罗拯奉诏“创法讲求”设司。次年,户部尚书再奏。终于,元祐二年(1087 年)10 月 6 日,获准设立市舶司,置提举官(宋时对市舶司主管的称谓)。① 此次所设市舶司的地点是扼晋江入海口泉州湾内的泉州。《永乐大典·陈偁传》载:“哲宗即位之二年(1087 年),始诏泉置市舶,实公兆其谋也。”据李焘《续资治通鉴长编》(哲宗元祐二年十月条)称:“泉州增置市舶,从户部尚书李常请也。”泉州置司之请,始于新党执政(指王安石变法)的熙宁、元丰年间,而成于旧党当政的元祐二年,前后拖延 20 年之久。泉州市舶司设于鲤城区,据道光《晋江县志》记载:市舶提举司在府治南水仙门内。南薰门在市舶司之旁,即今泉州市内水门巷竹街南薰门(水门)遗址西北,西到水仙宫,东到三义庙,北到马坂巷洪厝山。政和二年(1112 年),泉州市舶司一度停废,南宋建炎二年(1128 年)复置。绍兴二年(1132 年),将原州郡长官兼任的市舶提举改为专职,同时责其“务要执行蕃客,谋额增羡(指增加税收)”。

(五)广州市舶司

北宋开宝四年(971 年),宋军刚刚攻克广州,太祖赵匡胤便下旨立即建立市舶司。《宋史》载:克广州,“擒刘鋹送京师,露布以闻。即日,令美(潘美)与尹崇珂同知广州兼市舶使。”② 宋代,广州的行政首脑为知州,潘美为朝廷任命的第一位广州最高长官,即“以知州为使,通判为判官,及转运使司掌其事,又遣京朝官、三班、内侍三人专领之。”③ 当时港口城市广州显得格外重要,被称为北宋的“货财之源”,也是北宋第一个设立市舶司的城市。浙江平定后,北宋政府又在杭州、明州设置市舶司,与广州合称“宋初三司”,广州市舶司又位居首位。北宋统一全国后,又在泉州、温州、秀州和密州等处设置市舶司。为垄断市舶之利,宋朝对海外贸易采取专卖控制,例称“禁榷”。朝廷严禁一般商人自由贸易,凡船舶进出港口都必须持有市舶司发给的“公凭”,并由兵船监送。本国商人出海贸易归航时,只能回原发港,不得擅入其他口岸。元丰三年(1080 年),广州专设提举市舶官一职,管理外贸与外舶等。市舶司地址在城内东南隅番山下(今广州市区北京南路与东横街交界处),下设市舶库与怀远驿。政和二年(1112 年),密州、杭州、明州、泉州市舶司曾一度被朝廷停废,只留广州市舶司管理对外贸易与外国船舶。南宋建炎二年(1128 年)复置两浙、福建路提举市舶司。乾道二年(1166 年),罢两浙路提举市舶司。

(六)琼州市舶司

自隋代以后,人们普遍以涨海泛称南海。隋唐两代,焦石山、象石等地名出现,更加表明中国人在南海的生产经营活动范围已远至西沙群岛。《旧唐书·地理志》记载有南海诸岛,是南海诸岛从唐代正式归入中国的又一证据。宋代,始以石塘、长沙等专用名称明确指称南海诸岛。石塘又作石堂、千里石塘、万里石塘,长沙又作千里长沙、万里长沙、万里长堤。史籍载长沙大多指今西沙群岛,而石塘大多指今南沙群岛。《宋会要辑稿》的《真理宣国》条载,自其国出发至中国来,“十日过洋,傍东南有石塘,名曰‘万里’”。此为石塘之名的首次出现,也是南沙群岛命名的开始。南宋周去非晚年写的《岭外代答》卷一《地理门·三合流》载,南海有“长沙石塘数万里”。此为首次以长沙、石塘分指西沙群岛和南沙群岛。宋代将千里长沙、万里石塘列入当时的广南西路琼州的管辖范围,标志着南海诸岛已纳入中国版图。

---

①林开明:《福建航运史》(古、近代部分),人民交通出版社 1994 年版,第 67 页。

②《宋史》卷二百五十八《潘美传》,中华书局 2000 年版,第 7410-7411 页。

③《宋会要辑稿·职官四四》,上海世纪出版股份有限公司、上海古籍出版社 2014 年版,第 4203 页。

为加强对南海诸岛及其附近海域的安全管理,宋代开始设置水师对海南岛和南海诸岛海域的巡防与对外舶的管理。开宝四年(公元 971 年)平定南汉刘伥后,宋太祖建立巡海水师,巡管范围即包括西沙群岛。到了南宋乾道年间(1165—1173 年),曾有在海南琼州设市舶司之议,目的在于“专一觉察市舶之弊,并催赶回船抽解”。① 此举虽未果,但在“属邑五:琼山、澄迈、临高、文昌、乐会,皆有市舶”,即设有市舶司次一级的市舶务,专管来往船舶。②

第五节　船舶导航技术发展与宝塔、刻石助航

一、海上船舶航行技术的发展

隋代以前,船民们在沿海航行中积累了丰富的经验,能根据山形水势正确引航,航行已比较安全可靠。至隋代,为继续保障海上航行安全,船民们熟练地运用季风航行,利用天文、地理知识导航,对潮汐也能给予进一步正确解释。唐代,人们已归纳和总结出日本海至南海信风的来去规律,借着对南海、北印度洋及孟加拉湾的季风和洋流规律的认识和利用,来往于中国与东南亚、南亚之间。同时,掌握了利用仰测两地北极星的高度,确定南北距离变化的大地测量术。开元年间(713—741 年),天文学家僧一行已利用“复矩”仪器测量北极星距离地面的高度,虽与实际数字有一定的差距,但却是世界首次对子午线的实测,且这种测量术已在船舶航行中被采用。在“广州通海夷道”中,对航海方向、距离、时间已有相对具体的描述,对某些地区的地理位置或地形特征有明确的地文定位,对远洋航行中的人工航标也有记录。特别是随着数学的进步,航海家已经能在勾股定律相似关系的原理基础上,运用两次观测计算的“重差法”测量陆标。唐代宗大历五年(770 年)前后,浙江人窦叔蒙还写出中国最早的一部潮汐专著《海涛志》,详细论述潮汐运动与月亮运动的同步规律,潮汐形成原因,大小潮出现的时间、计算方式,潮汐循环的周期等。而大体与窦叔蒙同时代的封演,也对一月之中潮汐逐日推移的规律做了非常清晰的论述。如此精确观察和描述潮汐的规律,有助于安排航海活动。潮汐理论的研究也反映了唐代航海业的繁荣。唐代的人们除利用秦汉开辟的中国沿海航线外,还历经艰辛打通了去堪察加半岛的航线,并使往来于日本与中国的海上航线增加到八九条之多。③

宋以前的航海指引,一般是凭天象、天体识别方向,夜里凭星星指路,白天靠太阳辨向。北宋时期,中国的海员能“仰观天象,以卜明晦”,根据日月星辰的变化判断潮汐和阴晴,并能利用指南针航行。④ 北宋宣和元年(1119 年),朱彧在其所撰的《萍洲可谈》中记录他在广州时的见闻:“舟师识地理,夜则观星,昼则观日,阴晦观指南针。”这里已经非常明确记录北宋后期的航海已使用指南针导航,是中国船员最早使用指南针的记录。徐兢的《宣和奉使高丽图经》一书也指出:“(行船)若晦冥则用指南浮针,以揆南北。”指南针在南宋时期发展成罗盘结构,精确度不断提高,应用也越来越广泛,比北宋时期更为进步。中国四大发明之一的指南针应用于航海,是人类文明史上的重大突破,对世界文明的发展做出重大贡献。中国使用指南针导航不久,就被阿拉伯海船采用,并经阿拉伯人又传到欧洲。恩格斯在《自然辩证法》中指出:“磁针从阿拉伯人传到欧洲人手中,1180 年左右。”⑤1180 年是中国南宋孝宗淳熙七年,中国人将指南针应用于航海比欧洲人至少早 80 年。指南针经过改进,加上方位刻度盘,更便于使用,这就是罗盘。中

①《宋会要辑稿·职官四四》,上海世纪出版股份有限公司、上海古籍出版社 2014 年版,第 4219 页。

②楼钥:《攻媿集》卷三、卷十九;赵汝适:《诸蕃志校释》,中华书局 1996 年版,第 217 页。

③《海涛论》,见《全唐文》卷四百四十,中华书局 1983 年影印本,第 4494 页。

④沈括:《梦溪笔谈》卷二十四《杂志》,上海出版公司 1956 年版,第 768 页。

⑤恩格斯:《自然辩证法》,见《马克思恩格斯全集》第二十卷,人民出版社 1971 年版,第 532 页。

国海船开始使用罗盘进行导航约在1225年(南宋宝庆元年)。在这一年赵汝适写的《诸蕃志》明确记载:“舟舶来往,惟以指南针为则,昼夜守视唯谨,毫厘之差,生死系焉。”① 吴自牧也指出:出海航行,“风雨晦冥时,惟凭针盘而行,乃火长(指船长)掌之,毫厘不敢差误,盖一舟人命所系也。”② 这里所说的已不是一般的指南针,而是罗盘了。若无罗盘上的指向刻度,便不可能做到“守视唯谨”,分辨“毫厘之差”。罗盘针应用于航海,说明中国导航技术在宋代居于世界领先地位。它的西传为1492年哥伦布发现“新大陆”创造了前提条件。应用罗盘以后,人类就可以真正摆脱海岸的束缚,驰骋在更加广阔的大洋上。

宋时,徐兢的《宣和奉使高丽图经》和刘豫献的海道图等说明中国在海洋地理识别、探测方面已有较大进步,可以根据天气变化确定方位,判断环境;懂得利用长绳系砣测量海深,“以十丈绳钩,取海底泥嗅之,便知所至”,根据砣底所粘附的海底泥沙判断航行位置及情况;能利用季风航行,驾驭风力的技术也具有相当水平;能在水下修补船只,防止渗漏致沉。这一系列的技术进步,使两宋海上交通更加安全,航向更为稳确,航行时间也大为缩短,有利于中外海上贸易的进一步发展。

二、宝塔与刻石的助航

隋代,人们在利用自然航标为船舶导航的基础上,更加注重对人工航标的设置。一些建在沿海岛屿、岛礁岬角、滩头海边或海岸口门的宝塔,既是人们祈求航行平安所在,又兼作船舶进出海口的引领标志。宝塔一般是由民间集资或僧人募化建造的,也有官吏出资建造的。这一时期,还出现了刻石示警的“人工航标”。

(一)“佛塔”助航

隋以后,中国所建的“人工航标”多为陆标,主要为宝塔。宝塔源于佛教,西汉末年从印度传入中国,后来为供奉神灵而建,又称佛塔,梵语音译“窣堵坡”,意译高显或坟,又可译作塔坡、塔婆、浮屠、浮图,通常为寺庙建筑的一部分。

隋唐时期是佛教兴盛期,兴建、重建的庙宇不胜枚举。建于江湖河海岸边、海湾港埠以及长桥古渡等地方的宝塔,高高耸立,成为指引船舶安全通过或顺利靠岸的导航标志。为方便船只夜间导航,塔上还通常装有灯笼,故又有灯塔之称。在文献中,早有“海船夜泊者,以灯塔为指南”之说;在文学作品中,更有塔上“点燃八百灯笼火,指引千帆夜竞航”的诗句。

唐贞观年间(627—649年),在初次来到中国的阿拉伯著名传教士阿布·宛葛素的主持下,由当时侨居广州的阿拉伯穆斯林商人捐资在怀圣寺内建成光塔,又名番塔,高165尺,矗立在珠江岸边。每晚塔顶高竖导航明灯,指引船只进出广州。光塔是广州乃至中国建成的最早并起导航作用的灯塔。到明初,广州地方官府又沿珠江航道建成莲花塔、琶洲塔、赤岗塔,名为“镇海”,实际起航标作用,为当时进出广州的外国船舶引路。天宝二年(743年),位于长江入海口处与吴淞江入海口南岸的青龙镇北报德寺内兴建了高塔,高七层,临近港口,也起到为船舶航行指引方向的作用(见图2-5-1)。宋嘉祐七年(1062年),僧人灵鉴为寺塔所作铭文说:“厥初未建,市井人稀,潮涨海通,商今来归,异货盈衢,人无饥馁。”咸通十年(869年),温州江心屿建成东峰象岩塔。宋开宝二年(969年),又在江心屿西峰建成狮岩塔。此东西两塔为船舶进出温州港的航标。明代嘉靖进士皇甫访有诗云:“双塔峙琳宫,诸天一水中。回看云岛合,直与海门通。”唐乾符年间(874—879年),高僧如海在泖岛(今上海市青浦区泖河)筑台建泖塔,后增殿阁,名澄照禅院。据《青浦县志》载:其时泖河广阔,来往船只都以泖塔为标志,夜间塔顶燃灯,指示航道。宋

①《诸蕃志校注》卷下《海南》,中华书局1956年版,第143页。

②《梦粱录》卷十二《江海船舰》,商务印书馆1939年丛书集成初编本,第108页。

景定年间(1260—1264 年),此禅院改称福田寺,亦名长水塔院。碑记有“标灯为往来之望”。此外,山东蓬莱丹崖山上建成的海神庙(也称龙王宫),既祈祭龙王,又可作舟船导航之用。到北宋嘉祐六年(1061 年),在海神庙原址兴建蓬莱阁,一侧重建海神庙,仍起着为舟船导航的作用。

宋代,相传一位盼夫归来的柳七娘在福建马尾罗星山建罗星塔(俗称磨心塔),入夜燃烧柴火,以指引归帆。开宝二年(969 年),杭州钱塘江畔建成六和塔,高九层,塔上装灯,江上夜航船赖以导航。政和年间(1111—1117 年),福建长乐县西南山建三峰寺塔(圣寿寺塔),高 27.4 米,成为船舶进出太平港(俗称河下港,又称河阳港、马港、下港)的海岸标志(见图 2-5-2)。明初郑和船队多次泊于长乐太平港,进出港口时即以此塔为航标。同时,它还是郑和登高俯视船队的瞭望塔。塔原在佛寺之内,郑和曾两次修葺佛寺,并以塔定寺名,称为“三峰塔寺”。① 南宋绍兴年间(1131—1162 年),泉州港建成万寿塔,俗称姑嫂塔,矗立山巅,视野辽阔,至今仍为泉州港湾重要的航行标志。

图 2-5-1　青龙塔

图 2-5-2　三峰寺塔

佛塔作为船舶的助航标志,不仅沿海有,内河也有,且广泛分布于长江、黄河、珠江、黑龙江及大运河等内河及其支流。被誉为“万里长江第一塔”的安徽安庆迎江寺塔,始建于宋开宝七年(974 年),高耸江边,白天为过往航船指示位置。晚上塔身数百灯笼点亮,犹如巨大航标灯,闪闪发光,“指引千帆夜竞航”。此塔之后又经过 9 次重建、扩建及维修与保护。

(二)“刻石示警”助航

位于大渡河、青衣江与岷江三水汇合处的四川乐山(唐时称嘉州),大渡河从城南直下,青衣江从西面流来,两江在城南合流后直冲对岸的凌云山下。李冰“辟沫水之害”后的九百多年,这里无航道整治的记载。到了唐代,这一带因水流湍急,成了船舶的畏途。洪水来时,常有船倾人溺的海难事故发生。面对吞舟的惊涛骇浪,人们只得求助于神灵。凌云寺的海通法师利用募化的银钱,组织寺僧在凌云山栖鸾峰

①民国《长乐县志》卷七《名胜志》,福建人民出版社 1993 年版,第 156 页。

临江山壁上凿造一尊佛像,以镇水害。唐玄宗开元年间至唐德宗贞元年间(713—804 年),前后花了 90 年时间,凿成中国最大的石刻大佛造像(见图 2-5-3)。此佛像高 71 米,头与山齐,脚托水际。远远望去,“山似一尊佛,佛是一座山”。本以为有佛像就平安,可河道依然险阻难通。聪明的船民们在长期的行船实践中,利用大佛双脚作标记,探索出了这一带水势规律:每至洪水季节水淹佛足时,舟行至此必遭不幸。有谚语曰:“水淹大佛脚,行舟切莫过。”自此,船民们每当洪水季节,遥见佛脚被水没过,便急忙退避,使海损事故减少许多。

图 2-5-3　乐山大佛

随着航行长江者的经验日益丰富,长江的助航标志也逐渐多样化。一类是指示滩槽中水深的助航标志,如“使君滩上草”“树悉江中见”,凡江中一草一木及各种露出水面的礁石,均可作为航道水深的识别标志、行舟的准则,“舟人以此为水候也,或行人以此为水则也”。另一类是指示滩险、标明航槽位置的助航标志,又称“指浅”导航标志。如唐朝末年,徐中武大将镇守三峡,目睹滟滪堆“对着我来”4 个字被洪水淹没时沉船太多,便在白帝城下立一牌坊,上刻“洪波顺轨”4 个字导航,作为行舟避险标识。① 又如唐时,今湖南境内主要通航河流上采用竹竿设航标,缠以漆布,涂以颜色,标记水情。此类航标由水驿站设置,故称“邮竿”。再一类是以垒石作为导航标志。长江中游常用“插标”,也有垒石作塔以为舟标的,更有在江心礁石上作标志的,用作“标船”指浅。如建于南宋时期有“万里长江第一标”之称的龙蟠矶观音阁,是由盐商建造的,作为避险导航的标志。现四川云阳县城东约 5 里的宝塔滩(即今宝塔沱,在长江宜昌上游 269.4 公里处),因南北两岸均有岩石延伸江中,如齿横阻,导致江水流态十分紊乱,大水时行舟极险。为平安行舟,古人在下游石崖上“凿石作塔,以为舟标”。

此外,据文献记载,唐时川江的狭窄航道已有摇旗击鼓的人工导航方式存在。诗人白居易于唐元和十四年(819 年),从浔阳(今九江)乘船溯江而上至三峡,曾在峡中耳闻目睹这种最早的简易人工引航方法。他在《入峡次巴东》一诗中写道:“两片红旗数声鼓,使君艛艓上巴东。”② 这种以击鼓为信号的导航方式一直沿用到宋代。

①王绍荃:《四川内河航运史》(古、近代部分),四川人民出版社 1989 年版,第 214 页。

②白居易:《入峡次巴东》,见谷莺选注:《历代三峡诗选注》,《社会科学研究丛刊》1982 年 7 月编印,第 114 页。

第六节　海事管理的兴起与发展

一、船舶建造质量检验标准的提高

隋唐宋时期,造船业进一步兴盛,在建造出适合各水系舟船的同时,还提高了舟船建造质量检验水平,把好舟船航行安全的第一道关。

(一)视不同河段建造内河船舶

唐代造船地域很广,北方山东半岛以及东南沿海直至交州(今越南)、广州、江淮以南乃至长江上游剑南地域都可造船。唐中叶刘晏任江淮转运使后,改革漕运,并认识到"江、汴、河、渭,水力不同",必须统一建造适合各水流特性的漕船。于是,按照不同的水情制造所需的漕船,不惜以每艘优给千缗的代价,"论大计者固不可惜小费","以策安全,保官物坚完"。①　如唐代有适合江淮水系的歇艎支江船,行驶黄河急流航段的上门填阙船,适航沿海与长江中下游的沙船,皇帝乘坐的"龙舟",以及鉴真大法师东渡日本专用海船等。同时,还设立专知官,监督造船。这时所建造船舶质量有保证,就连外国使者或商人也要求乘坐中国的船舶。如唐代来中国的日本使者、商人等放弃乘本国海舶,而改乘中国海船。839年以前的日本遣唐使者,乘日本或新罗船舶,航途风浪,常常造成船毁人亡,事故很多。原来是日本船不用铁钉和麻舫桐油,只联铁片,以草塞隙,费工多,费财大,布帆悉于桅之正中,不似中国偏帆灵活,唯使顺风,不能使逆风。中唐以后,多数日本使者、僧人和学生改乘中国船舶。再者,日本建造船舶,造船技师也多聘请中国人。②　唐末五代期间,阿拉伯商人东航者亦皆乘中国船。阿拉伯人苏莱曼在其所撰《东游记》中感慨地说:只有中国海船才能通行无阻地安全航行到波斯湾。如果中国船舶一时没到西亚港口,商人们宁可费时等待,也不愿乘坐马上就起航的其他国家船只。

两宋时,造船业掌控在政府手中。朝廷派转运使等专理漕运的职官管理造船事务。所造船舶要根据官府颁发的标准设计,主要依据载重量和江海航行的实际需要计算长度与宽度,按船样画成图样,估算用料与用工,并依此预支造船费用。这比唐代刘晏所实行的单船经费统包制——"每艘给钱千缗"要科学与准确得多,也更能保证船舶的制造质量。各场造船时,可根据所建造的船只用途,在船样图本中自选合适的船型式样,或遵照朝廷指定的船样建造。③　宋代,浙江温州一带造船工匠能够按图纸造船,《宋会要辑稿》载,嘉定"十四年五月四日,温州言:'制置司降下船样二本,仰差官买木,于本州有管官钱内,各做海船二十五只……"④,造船从仿船模船到按图纸造船,这是中国造船史上的一大进步。

(二)重视船用材料的选择

唐代,各地造船重视材料的选用,"樟木,江东人多取为船……"。⑤　漕船多以樟木为原料。当时的今四川、两湖、江西等江南地区多有樟树,为造船提供了充足的材源。楠木也是造船的常用材料。这说明造船匠师已认识到舟船质量与选材的密切关系。两宋时,造船用料比唐代更为讲究,作为常用的造船材料

---

①《资治通鉴》卷二百二十六《唐纪四十二》,中华书局1956年版,第7286-7287;《新唐书》卷五十三《食货三》,中华书局2000年版,第899页。

②郑绍昌:《宁波港史》,人民交通出版社1989年版,第28页。

③《梦溪笔谈》卷三;《南京交通志·港口志》,海天出版社1994年版,第572页。

④《宋会要辑稿·食货志五十》,上海世纪出版股份有限公司、上海古籍出版社2014年版,第7139页。

⑤段成式:《酉阳杂俎》前集卷十八,中华书局1981年版,第173页。

有杉、松、楠、樟、桧、杞、梓、楮、榆、槐木等,但以楠木为多。"楠材,今江南等路造船场,皆此木也。缘木性坚而善居水……"①御舟多用香木,江南船(也称沙船)多用樟木,粮船以松木为多,海船也多用松木建造。同时,舟船重要部件(位)还选用特殊的优质木材,如以广西钦州出产的名贵乌婪木作船舵,以徽州所产的橙木作橹等。扬州工场造船分三步,先求造船技师,再聚集船材,计算造价和设计小样(模型),然后将小样交给工匠,依样仿造。

(三)榫合钉接与防腐技术的运用

隋代,龙船高、宽、长按适当比例制作,克服了由悬高而产生的摇晃,保证了舟船航行的稳性。唐代,造船重视技术工艺,主要表现在以下方面:

1.榫合钉接技术

唐代造船把榫合钉接的工艺技术提高到一个更先进水平。发端于秦汉时期造船生产中的钉接技术,到这时已更为成熟和规范。1960 年扬州施桥镇出土的唐船,使用的铁钉长 17 厘米,钉帽直径为 2 厘米。而当时世界其他地区的造船还没有进入钉接技术时代,尚停留在皮索绑扎阶段。广州司马刘恂在其撰著的《岭表录异》一书中说:"贾人(指蕃客商)船不用铁钉,只使桄榔须系缚,以橄榄糖泥之。糖干甚坚,入水如漆也。"②宋代,造船的钉接技术对唐代又有继承与发展。宋人张择端《清明上河图》所画宋船上的排钉,就是船舶建造中钉接技术发展的生动写照。

2.防腐等其他技术

唐宋时期,船体防腐(桐油调灰,捻合船身板缝,并涂船身表层)技术取得重大突破。创造出披水板(亦称浮板),挂在两舷腰部,起辅助平衡作用。船底设有纵向龙骨,增加船底强度,使船舶外形美观,又保证船舶有更好的抗沉性能。《清明上河图》中所画船舶的船型光顺等优点,充分证明唐宋时期造船的技术工艺和质量有了很大提高,能更好地保证航行安全。当时,造船采用高估价,如实际耗用 500 贯,估价可达 1000 贯。这也是中国见诸文字记载最早的造船概算(估工估料)制度。北宋时期,在船舶修造技术上还首创船坞修造船舶技术。当时朝廷委派张平管理阳平(今山东莘县)都木务,兼管造船场。张"平遂穿池引水,系舟其中……"此为存船的湿船坞。③ 到熙宁年间(1068—1077 年),又在开封发明专用于修船的干船坞。④ 这一时期还创造了船舶压载办法。《东京梦华录》载,当时金明池里的大龙舟,"楻板到底深数尺,底上密排铁铸大银样如卓面大者,压重庶不欹侧也。"⑤ 这里是讲用铸铁块压载,以保障船不倾侧。这是中国乃至世界最早见诸文献记载的船舶压载方法。国外要到 15 世纪末哥伦布远航美洲时才在船底装石块压载。

金朝创造出建造好的大船下水办法,即利用就近的地势修成斜坡,然后取新的秫秸铺布在地上,再用大木在船两旁加以制约,等到早上霜降地滑时把造好的大船滑移到河中。当时还设计出一种适应北方寒冷季节专用于撞冰的船,可谓破冰船的雏形。正如蔡珪的一首《撞冰行》诗中所写到的:"船头傅铁横长锥,十十五五张黄旗。百夫袖手略无用,舟过理棹徐徐归。"这种撞冰船,使过去船夫在寒冬"扬锤启路夜撞冰,手皮半逐冰皮裂"的艰苦劳动得到很大的改善。⑥

---

①《本草衍义》卷十五《楠材》,人民卫生出版社 1990 年版,第 94 页。

②《岭表录异》卷上,广东人民出版社 1983 年版,第 8 页。

③《宋史》卷二百七十六《张平传》,中华书局 2000 年版,第 7690 页。

④张圣城:《河南航运史》,人民交通出版社 1989 年版,第 152 页。

⑤《东京梦华录》卷七《驾幸临水殿观争标锡宴》,见《东京梦华录注》,中华书局 1982 年版,第 185 页。

⑥蔡珪:《撞冰行》,见《中州集》卷一,中华书局 1959 年版,第 34 页。

(四)新的造船技术工艺的运用

唐曹王李皋在任洪州观察使时,对南朝问世的千里舟深感兴趣,总结经验,进行改进。《旧唐书·李皋传》载:“(李皋)常运心巧思为战舰,挟二轮蹈之,翔风鼓浪,疾若挖帆席,所造省易而久固。”① 从而加快了车船的发展速度,推动造船工艺技术的发展。宋代更是千里舟大发展时期。宋朝时期,行船者除熟练地操纵舟船外,非常重视用帆技术,在使用帆、舵、锚及至测量海水等方面都已超过前人。徐兢在《宣和奉使高丽图经》卷三十四中说:“篙师跳踯号叫,用力甚至,而舟行终不若驾风之快也。”此外,还以船的大小和水深的不同采用不同的柁(舵)。船舶休整或补给时,常抛锚停航,“船未入洋近山抛泊,则放矴箸水底,如维缆之属,舟乃不行。”② 至于何时及如何准确抛锚,那是由篙师(相当现在的船长)来决定。这些篙师在长期舟航中积累了丰富经验,对各地的水域深浅及其能否通行都很清楚。造船技术的进步,加上航行经验的不断积累,遂使宋代的航运技术水平达到前所未有的高度。

二、内河船与海运船的管理

(一)内河船的管理

1.内河漕船的管理

唐宋时期,“国家财赋,仰给东南”局面形成,漕运变为此后历代王朝一项重要政治措施、经济制度与独特的水运方式。

617年唐朝建都长安(今西安)以后,京师和北方所需粮食和盐铁等物资,仰赖于江南各地供给,江淮漕运成为江南贡赋北运的主要航线之一。初时,漕运方式仍沿用隋代形成的长运直达法。漕船从产地起动经江淮各地,直达东都洛阳,或陕州太原仓和渭水河口的永丰仓。因沿途常逢枯水和河道干浅,“计从江南至东都,停滞日多,得行日少”,且“江南之人,不习河事,转雇河师水手,重为劳费”。③ 唐开元二十一年(733年),唐玄宗任命裴耀卿兼任江淮、河南转运使。裴耀卿鉴于以前漕运的弊端,将长运法改为分段运输法(亦称转运法),即组织数千漕船,年运百余万石江淮租粮北上,按江南之舟不入黄河、黄河之舟不入洛口的原则,于沿河就势设仓,节级转运。于是,水通则舟行,水浅则寓仓以待。这种在途中设立中转点,设置粮仓,分段转运,既缩短了漕船航行周期,又使船夫熟悉河道,有利于安全航行。但因地方漕运仍由各州、县及所在道、节度使主办,各州县府又令当地富户承办并督运,以致富户称“船头”,差当地百姓担任漕丁、船工,形成事实上的官漕民运,带来掠夺漕运货物的弊端。④

宝应二年(763年),刘晏就任江淮、河南转运使。接手漕运之后,内河河道沿途治安不稳,漕船常遭抢劫,物资被夺,船只破沉。刘晏参照裴耀卿分段漕运的办法,就漕运与漕船航行安全制定了相应的管理措施:

(1)按漕运要求,分不同水情建造漕船。各水系的漕船只航行于本段。

(2)组建精悍的官运船队,按江、汴、河、渭水情不同分别训练漕卒(船夫),使之“人人习河险”。这非常类似现在的船员培训。

(3)在漕运沿途设军护卫,“每两驿置防援三百人”。他们主要是保证漕船的安全,捕捉劫船之人。

①《旧唐书》卷一百三十一《李皋传》,中华书局1975年版,第3640页。

②《宣和奉使高丽图经》卷三十四《海道一·客舟》,吉林文史出版社1991年版,第70-71页。

③《新唐书》卷五十三《食货三》,中华书局1975年版,第1366页。

④李治亭:《中国漕运史》,文津出版社1997年版,第125页。

创纲运法,漕船按"十船为纲"编成船队,"每纲三百人,篙工五十",由兵卒护送,以盐利的一部分雇船夫运粮,不征用民工。每纲配备一员督漕纲吏,负责该船只与贡物的安全。采用这一措施后,对漕运安全威胁最大的"东都至淮泗缘汴河州县"一段有专人督运、押船,有力地防范了沿途军镇的扣留与盗寇的抢劫,使漕船能平安渡过险境。

(4)根据各水系特性,规定"江船不入汴,汴船不入河,河船不入渭;江南之运积扬州,汴河之运积河阴,河船之运积渭口,渭船之运入太仓。岁转粟百一十万石,无升斗溺者"的航行方案。这样的分段运输法,使船工、水手能较长时间在固定的航道上行船,熟悉水情,有利于保证行船安全。

唐朝,还在扬州建造可直达三门峡的专用船2000艘,每船载重千斛,"自扬州遣将部送至河阴,上三门"。《新唐书》记述道:"晏即以盐利雇佣分吏督之,随江、汴、河、渭所宜。"经过刘晏整顿,"轻货自扬子至汴州,每驮费钱二千二百,减九百,岁省十余万缗",运至关中的漕米每年也恢复到110万石,保证了京师地带粮食供应。①

两宋时,为漕船航行安全,朝廷除承袭前制外,将漕运称为纲运,漕船称为纲船,还制定了一套航运条规,把内河漕船管理提高到新的水平。北宋大中祥符九年(1016年),朝廷对纲船进行合理组织,每10只船组成1纲,由1人为监主,2人协助,"使更相司察"。之后,官纲船队与雇用民船的运输逐渐增多,漕船与民船承运漕粮不能及时得到维修,导致漕运弊端日益严重。"是时,漕运吏卒,上下共为侵盗贸易,甚则托风水沉没以灭迹。官物陷折,岁不减二十万斛。"熙宁二年(1069年),王安石举荐薛向任江淮等路发运使。薛向针对漕运弊情,采取"招募客舟与官舟分运"的漕粮运输措施,使"互相检察,旧弊乃去"。每年规定漕粮数额运足后,"募商舟运至京师者又二十六万余石而未已"。所雇用"客舟""商船"一般都拥有一定的数量,专门从事航运业经营。② 这样一来,既解决了"侵盗贸易"的积弊,又有效地保证了舟船运漕安全。

这时,朝廷还建立了庞大的漕运官吏、纲卒组织和管理制度,对漕运船队实行军队监管护送。北宋初年到至道末年(960—997年),朝廷建造的载运漕粮专用船正常量在2500艘左右,护送漕粮的纲卒约有9万人,都由发运司与使者统管。元丰五年(1082年),转运司一次就裁减漕粮兵卒、纲官2744人。江南、荆湖诸州还设有拨发和监督装卸等职官。军事押运保证了漕船航行安全,降低了意外事故的发生,使官物运输消耗减少,因而得到朝廷肯定。

与宋朝同时代的金朝,漕运制度日趋完善,规定每年分春、秋两运。春运在冰消时起,到暑雨止;秋运从八月起,到冰冻时止。运粮纲船,装粮前3天修好,1天装完1纲,然后贴上封条,3天内启行运往指定地点。根据水路远近,溯流还是顺流,规定到达期限。到达受粮仓库,规定3天内卸完,又3天付款,挽漕报酬。对于漕船,规定轻重船只上下水日行里程:上水重船行35里,轻船日行50里;下水重船日行百里,轻船日行200里。③

2.内河客、货船的管理

自古以来,长江、珠江、黑龙江、黄河的一些航道多狭谷险滩,舟行维艰。为保证客船、货船往来安全,在长期的航行实践中,船民们总结出一套安全行船经验,并留下许多第一手资料。

(1)长江三峡行船经验。船行到三峡,只有东风和西风,风向固定,风势很强。为此,唐代的船民们逆流时利用东风扬帆而上。为观测风向,把握用帆技术,他们还创造了行船使用的"伺风鸟",即在船的

①《新唐书》卷五十三《食货三》,中华书局1975年版,第1368页。

②《宋史》卷一百七十五《食货上三》,中华书局1977年版,第4253页。

③吴宏岐:《略论金代的漕运》,见《中国历史地理论丛》1994年第3期。

桅樯顶端放置一种可随风转动的木鸟,嘴衔长形幡条,作风向标,以候四方之风。

宋代,因三峡险峻,不能直航抵达,必须要经过中间接力转换才能完成全程的航行。南宋诗人陆游和范成大分别用自己的亲身经历所写的行船日志——《入蜀记》《吴船录》,真实地记载了航行长江的艰难过程与安全行船经验。南宋乾道五年(1169年),陆游受命赴任夔州(今奉节)通判,坐船从越州出发,经浙东运河经萧山、杭州,然后循江南运河经秀州(今浙江嘉兴)、苏州、真州(今江苏仪征),再逆长江西上夔州。他的《入蜀记》记录了自江州(今江西九江市)至夔州一共走了76天,其中在港泊舟停留达43天。① 在三峡中停泊10次,夜泊5次,共走了19天。船抵沙市后,"(九月)十六日……日入,泊沙市。……十七日,日入后,迁行李过嘉州赵青船,盖入峡船也。……二十日。倒樯竿,立橹床,盖上峡惟用橹及百丈,不复张帆矣。"到归州后又换用一种橹船,"差小,然底阔而轻,于上滩为便"。这说明过三峡很不容易,要换乘不同水域的舟船。②

范成大于淳熙四年(1177年)离任四川制置使,从五月由成都起程,取水东下,于十月抵临安(今杭州)。一路藉舟顺流东下,靠泊诸多港、夹(指河汊——作者注)、镇、村。沿途凡经税务场,都泊于税务码头。沿江经湖北蕲州蕲口、鄂州和池州雁汊三地都"泊税务亭"。他对所见长江两岸重要港口均记录了简况。如经湖北鄂州,"晨出大江,午至鄂渚。泊鹦鹉洲前南市堤下。南市在城外,沿江数万家……"③ 经南京,"望石头山不甚高……凡舟皆由此下至建康"。④ 他以自己回程经历记述下过三峡的过程。

《入蜀记》与《吴船录》较全面地反映了当时行船人安全地避免各种险滩流急的一段航行经历。

(2)宋、金黄河行船经验。元代色目人沙克什根据宋、金两朝《河防通议》删削改编的《重订河防通议》一书,总结出一套造船、行船的经验。如有关造船的技术标准与用料,书中说:"船每一百料,长四十尺,面阔一丈二尺,底阔八尺五寸,斜深三尺,计用板木二百二十三条片,底板二十四片(长一丈,阔一尺四,厚一寸半),远板四片(长一丈四尺,阔一尺一寸,厚二寸半)……"另记载不同料船所配备的人数与上、下水装载量:"三百料一十五人,下水装一万六千二百五十斤,上水装六千斤;四百料一十八人,下水装二万一千六百五十斤,上水装八千斤;五百料二十一人,下水装二万七千五百斤,上水装一万斤;六百料二十四人,下水装三万二千四百五十斤,上水装一万二千斤;七百料二十七人,下水装三万七千四百斤,上水装一万四千斤;八百料三十人,下水装四万三千二百五十斤,上水装一万六千斤"。⑤

(二)海运贸易船的管理

唐代,政府开始设置市舶司,专管海外贸易与来华外国商船。这是中国古代一项重要海上对外贸易管理制度,延续达几百年,也是中国海外交通史上一件大事。

唐代海上贸易、交通空前繁荣,东南沿海的大批港口向外国商民开放。宋时,前来通商的国家有50多个,⑥对外通商港口有广州、泉州、明州(今宁波)、杭州、洪州(今南昌)、扬州、镇江、江宁(今南京)等处。其中广州、泉州、杭州、明州,为当时最著名的四大海港。尤其是泉州,被元代来中国游历的摩洛哥旅行家伊本·拔图塔(又译伊本·白图泰)称"为世界最大港之一,实则可云唯一之最大港"。

---

①《入蜀记》卷一、卷二,日本早稻田大学图书馆藏乾隆丙辰年(1736年)版。
②《入蜀记》卷四、卷六,日本早稻田大学图书馆藏乾隆丙辰年(1736年)版。
③《吴船录》卷下,见《范成大笔记六种》,中华书局2002年版,第225页。
④《入蜀记》卷二,日本早稻田大学图书馆藏乾隆丙辰年(1736年)版。
⑤王树才:《河北航运史》,人民交通出版社1988年版,第41-42页。
⑥杜语:《开埠史话》,社会科学文献出版社2011年版,第2页。

宋代,随着中国对外贸易的发展,国内商人下海通蕃与前往蕃国贸易的贾舶日益增多,市舶司的管理职能也相应发生变化。《宋史》卷一六七《职官志》详细地记载:"提举市舶司,掌蕃货、海舶、征榷、贸易之事,以徕远人,通远物。"当时,中国贾舶获得市舶司发放的公据(又称公凭、公验,指航海许可证),方能出海。这相当于现代船舶进出港口签证管理。元丰三年(1080年)制定的《广州市舶条例》规定,市舶司对进出口贸易商舶管理,除外舶入港"择官阅实其赀",即检查船舶装运的货物外,还对出海商舶实施监管,具体为舶商出海前,先要呈报当地官府,如实具报船上货物、船员人数及经商地点,并由当地"物力户"(富户)3名作保,经州官核对属实,方可验证出航。① 绍兴十一年(1141年)规定:船舶出发时,要先报所属转运司,由转运司派一属官临时点检,仍差"不干碍官"(与市舶司没有关系的官员)一员监察,并不得允许出洋船舶夹带铜钱出中国界,还要差通判一员覆视,候其放洋,方得回归。如所委点检官、覆视官纵容夹带铜钱出国的,依照包庇、窝藏罪惩办;未到放洋地点回来的,判刑1年。② 外贸商船监管主要分为以下三方面:

(1)划分各市舶司管理海域。宋元丰三年(1080年)《广州市舶条例》规定:"诸非广州市舶司,辄发过南蕃纲舶船,非明州市舶司,而发过日本、高丽者,以违制论"。就是说,去南蕃(即东南亚、南亚、西亚和非洲地区)的中国海船,要向广州市舶司申请,否则以违法论处。到元丰八年(1085年),政府又规定:"诸非杭、明、广州而辄发海商舶船者,以违制论",并没有对所往地区加以限制。到崇宁五年(1106年),宋徽宗又颁诏令,广州去南蕃各国贸易的海船,必须返回广州纳税,不能进入其他港口。宋孝宗乾道三年(1167年),宋政府进一步规定,从广州、杭州、明州出海船舶,回来时不得借口到其他港口停靠,当地也不得拘留抽税,应即派官员押送离去,回到船舶原来发证(即公验)出海的市舶司抽税。③

(2)市舶司对出海商船要求。宋商人进行海外贸易,应把货物名称、数量、前往地点等报告"所在州"(商人原住地),并要有当地"物力户"3人担保,经当地政府核实,到"原发舶州"(市舶司所在地)登记,并领取公据(又作公验、公凭),才能启碇。公据上写明船舶所有权、艘数、纲首、部领、直库、艄工(公)、杂事、碇手(水手)的姓名及全船人员名单、货物种类与数量、护船用具与防盗兵器数量等,还写有不许私贩兵器等,具名呈市舶司,以便查验。凡回程之海舶,据《元祐编敕》记载,必须驻船原发舶之地,在其市舶司抽解,并注销原发公据,即所谓"候回日,许于各合发舶州住船,公据纳市舶司。"此外,公据还记载其他违法事项的惩罚规定,即对不领取公据而擅自出海者处徒刑二年。返航时必须回原发港内巡检监视,称编栏(暂时看管)。④

(3)市舶司规定海舶往返期限。宋朝廷考虑到"缘其间或有盗贼、风波、逃亡事故,不能如期,难以立定程限",隆兴二年(1164年)七月规定:"……召物力户充保,自给公凭日为始,若在五月内回舶,与优饶抽税。如满一年内,不在饶税之限。满一年以上,许从本司根究,责罚施行。若有透漏,元保物力户并当坐罪。"⑤ 这是说,出海商船如在5个月内回港,可予以减税(即优饶抽税);如果超过一年回港,则要加以追究、惩罚;如果走私(即透漏),担保的富户(即物力户)也要连同判罪。这项规定原本促使出海商船及早回港,以防途中辗转贩卖,走私漏税。但当时海上航行安全全靠信风,航行较远地区要在5个月内回港颇难做到,故减税并无多大的作用。返航时并不一定能回到原来港口,在执行上难免出现漏洞,因此各地规定的期限也不一致。如明州(今浙江宁波)海船远洋,还得看风向而定,如遇顺风则"历险如夷",如遇"黑风"则"舟触礁辄败"。所以来回航行,必须掌握好季风特点。一般从明州至高丽多在七至九月,乘西

①苏轼:《乞禁商旅过外国状》,见《苏轼文集》第三十一卷《奏议》,中华书局1986年版,第890页。

②《宋会要辑稿·职官四四》,上海世纪出版股份有限公司、上海古籍出版社2014年版,第4215页。

③苏轼:《乞禁商旅过外国状》,见《苏轼文集》第三十一卷《奏议》,中华书局1986年版,第890页。

④苏轼:《乞禁商旅过外国状》,见《苏轼文集》第三十一卷《奏议》,中华书局1986年版,第890页。

⑤《宋会要辑稿·职官四四》,上海世纪出版股份有限公司、上海古籍出版社2014年版,第4218页。

南季风;回航多在十至十一月,乘东北风。

由以上规定可看出,宋代对出海船舶审验和监管相当严格,申请人申请出航时要有人担保,以保证其不违法。公据是由负责验实的地方市舶司与军队官吏在验实后发给申请人的一个通行证。申请人持有通行证方可出行,遇有临时检查时可以出示。

三、海上通航水域的巡航检查

唐以前,沿海尤其南海地区的海上贸易是由地方长官负责。地方长官把持边海之利,同时朝廷也不要求将海外贸易收入权归中央。唐代沿袭旧制,将沿海与南海蕃舶的管理划归地方帅臣负责,即海上贸易之事仍由地方官员处理。

宋代,政府极其重视市舶收入,“市舶之利颇助国用,宜循旧法,以招徕远人,阜通货贿”。① 为此,进出港口的商船检视非常严格,并开始在沿海、沿江、沿边或关隘要地设置巡检司,也称都巡检司,兼管数州数县或一州一县的治安、船舶进出港事务等。巡检司的官员大多由武官担任,受州县指挥。金朝也设置此机构,职权多限于一县之境,其职官为九品。

据载,北宋地理学家朱彧在其所写的《萍洲可谈》中载:“广州自小海至溽洲七百里,溽洲有望舶巡检司,谓之一望,稍北又有第二、第三望,过溽洲则沧海矣。商船去时,至溽洲少需以诀,然后解去,谓之‘放洋’。还至溽洲,则相庆贺,寨兵有酒肉之馈,并防护赴广州。既至,泊船市舶亭下,五洲巡检司差兵监视,谓之‘编栏’。”就是说,宋代进入广州的外船,由驻在距广州 700 里的溽洲岛上的中国军队派兵船护送到广州港。港内设有 3 个望舶(相当于瞭望台),由巡检司负责检查。船到市舶司(亭)(今广州市区广东省总工会大楼西北侧)泊后,由五洲巡检司派兵监视(暂时看管),以防奸人混入、私行交易等情形发生。船主待“帅漕与市舶监官莅阅其货而征之,谓之‘抽解’,以十分为率……抽外官市各有差,然后商人得为已物。”这里面包括转运使和市舶监官共同上船检查,视船舶配制是否齐全、是否行驶在安全航道等。② 从上面的记述可见,广州入港或出港的外船及国内商船要经历层层哨卡的盘查。③

闽江下游的福州闽安、罗源南湾和福清海口、松林等地,北宋时各设有“把港及钟门巡检司一员,在海上封桩船舶”,迄清代。船舶到达闽江口外,由巡检司先申报衙门,再由巡检司派官员充作向导,选派引水人引领,在市舶官员监督下进入福州港港区。南宋淳熙十三年(1186 年),在泉州法石港建望云楼,为守郡和守望海神之所。④ 宋时,唐代的合浦港更名廉州(今广西北海)港,仍为中国对外商港。朝廷在廉州南十里中和坊设沿海巡检司,兼具市舶司职责,派出役丁在港口巡检商舶与收税。章安港(今浙江台州)设巡检司,巡逻海域,以防船货漏海。

沿海各港设置的巡检司,主要是负责海(水)域通航秩序和环境的巡航与检查,以保证舟船航行安全,并兼有进出港口外国船舶的强制引航之责,还与设在港口的朝廷官员、市舶司等共同完成征税、防走私货物、船舶安全管理等任务。

四、船员分等级管理与避风锚地

随着航运业兴盛与发展,船舶航行水域范围不断扩大,各江、河、海和地区因水文、气候、地形等航行条件错综复杂,导致异地航行难度越来越大。千百年来中国沿海和内河的驾船人充分发挥自己的聪明智

①郑有国:《中国市舶制度研究》,福建教育出版社 2004 年版,第 80 页。

②《萍洲可谈》卷二,见《后山谈丛　萍洲可谈》,中华书局出版社 2007 年版,第 132 页。

③郑有国:《中国市舶制度研究》,福建教育出版社 2004 年版,第 77 页。

④《福建省志·交通志》,福建人民出版社 2000 年版,第 405 页。

慧,通过长期实践积累,熟谙航道,改进舟船操作技能,保障人身与船舶安全。

唐代,朝廷按长江、汴水、黄河、渭水的水力不同,组建内河漕运的漕卒(船夫)队伍,并加以训练,使熟悉各自河系的水情及航段。①

唐代依船员(工)的技术能力给予其不同的专职称谓,相当于现在的职称,如篙手、舵师等。《新唐书》载,长安广运潭停泊的船舶上均有"篙工舵师,皆大笠、侈袖、芒履,为吴、楚服"②。船上主要技术负责人——舵师又称长年,盖因舟船安全完全要靠舵的性能与长年操舵使帆的技术。《南村辍耕录》说:"……舟人之老者曰长年……盖唐已有之矣。杜工部诗云:'长年三老歌声里,白昼摊钱高浪中'"③。"《古今诗话》谓川峡以篙手为三老,乃推一船之最尊者言之耳。因思海舶中以司柁曰大翁,是亦长年三老之意。"④ 这说明到那时的舟船操驾人员已有更加明细的分工,且有职有称。据《唐国史补》载,唐时航行于长江下游的船舶,已知道利用季风,船户称为信风。如七月、八月有上信,三月有鸟信,五月有麦信等。遇暴风降帆,行话称为抛车。⑤ 这些都表明唐时长江船工们驾船技术有了较大的进步。

宋代,船舶上的船员已开始分等级管理。如市舶司将船舶上的船员分成多个等级,并规定了具体责任,特别每船要有纲首、艄工(公)、杂事、部领等高级船员。北宋泉州商人李充以自己的名义申请的李充公凭上,按照北宋管理外贸和外舶的两浙路市舶司要求详细填写了船上 68 名船员的名单,当中就有担任高级职务的纲首、艄工(公)、杂事、部领等船员。纲首,就是海船的船长,由随船出海做生意的商人担任,为船上最高职务、权力最大的人。每当船舶出海远航之前,官府均要给纲首颁发 3 件东西,即朱红大印、竹子做的笞杖和航海贸易证书公凭。大印象征着官府赋予纲首临时代表官府的权力。纲首凭它就可以管理全船,处理突发事件。笞杖类似"尚方宝剑",用它可"先打后奏",临时替官府惩治违法乱纪的船员。公凭为航行证书,即到海外贸易和交涉的凭证,相当于今天的船舶签证。纲首相当于舟师,即驾船有经验者,也称火长。

艄工(公),是专管掌舵的,为船上主要的驾驶人员。商船的方位确定、控制航向等航海业务,全由他一人负责。

杂事,又称事头,负责船上一应日常杂事的处理,类似现代船上的管事,地位仅次于纲首。他可和纲首共同掌管大印,所谓"以巨商为纲首、副纲首、杂事,市舶司给朱记"⑥,是协助纲首作决定的人。

部领,又叫水手头目,率领海船上水手进行工作,大约相当于现代的水手长。⑦

船员要注意几个事项:不许贩运违禁项目,不许前去与宋朝敌对的地区;商人前往境外,不得冒充宋朝使者进行活动。如果违法,前往禁止去的国家,判刑 3 年,流放 1000 里;前往禁止去的地区,判刑 2 年,流放 500 里;没有领取公凭而擅自出海者,同样处 2 年徒刑。⑧

唐代,人们将夜间航行的船舶称为夜航船。《辍耕录·夜航船》说:"凡篙师于城埠市镇人烟凑集去处,招聚客旅装载夜行者,谓之夜航船。太平之时,在处有之。然古乐府有《夜航船曲》。皮日休诗,有'明朝有物充君信,携酒三瓶寄夜航'之句,则此名亦古矣。"⑨ 唐人郑谷的《峡中寓止二首》诗中所讲:"夜船归草市,春步上茶山",也反映了当时的舟船夜航情况。

---

①《资治通鉴》卷二百二十六《唐纪四十二》,中华书局 1956 年版,第 7286-7287 页。

②《新唐书》卷一百三十四《韦坚传》,中华书局 1975 年版,第 4560 页。

③《南村辍耕录》卷八《长年》,中华书局 1959 年版,第 104 页。

④《南村辍耕录》卷八《长年》,中华书局 1959 年版,第 104-105 页。

⑤《唐国史补》卷下,上海古籍出版社 1957 年版,第 62 页。

⑥《萍洲可谈》卷二,见《后山谈丛 萍洲可谈》,中华书局出版社 2007 年版,第 133 页。

⑦王杰:《航海史话》,社会科学文献出版社 2012 年版,第 97-99 页。

⑧王杰:《航海史话》,社会科学文献出版社 2012 年版,第 97-99 页。

⑨《南村辍耕录》卷十一《夜航船》,中华书局 1959 年版,第 137 页。

宋代,广州是外舶云集的港口,一遇台风,停泊的外船和各种商货船均会有损毁,所谓"州城濒海,每蕃舶至岸,常苦飓风……"① 然而广州城内濠涌相连,如若疏浚拓宽,可供船只的避风。北宋祥符七年(1014年)七月,当时正知广州的右太中大夫邵晔(一作邵煜)"凿内濠以泊舟楫,不为飓风所害。……广人歌曰:'邵父陈母,除我二苦。'"② 邵晔的浚濠之举,改善船只的避风条件,使他深得船民与蕃商的爱戴。他患病时,"吏民蕃贾集僧寺设会以祷之"。当其谢世时,广州城内外"多陨泣者。"③

五、船舶引水与外船强制引水的加强

中国沿海、内河引水长期处于自发、自由、分散的状态,没有形成统一的行业。引水作为行业始于三国,兴于唐宋。

唐代,长江引航已从航运中分离出来,成为独立的行业。长江上游川江上能引水的老船工有许多,"自嘉州(今乐山)至荆门,名滩险地凡千百余,舟人一一能言之"的船工,在航行实践中长期探索,积累了丰富的经验,掌握了"收帆下急水,卷幔逐回滩";"欹帆侧柁入波涛,撇漩捎濆无险阻"等适应各种航行状况的操作技术,并用于"瞿塘漫天虎须怒"的江峡航道上。富有航行经验的老船工们以自己的聪明智慧,创造出"朝发白帝,暮到江陵,其间千二百里,虽乘奔御风,不以疾也"的航行奇迹。④ 通过三峡的船舶,正是依靠这些熟谙航道水手的指引和操驾,才能征服三峡天险。著名的"俞大娘航船"甚至有"操驾之工数百"。一些险要航道,"如蜀之三峡……皆险绝之所,自有本处人为篙工"。⑤

北宋时,长江川江段已普遍使用引航员。人们将熟悉川江航道、沿途地形等的导航人称招头。船行川江都聘这些招头作引航。这说明那时的中国已有独立执业的引水业与引水人员。这些引水人员长年在川江上航行,特别受到航行川江异地船只的青睐。从水路经三峡者,必须在沙市换"入三峡船",要由船户保证入峡安全,就必须招募熟悉川江水性的"三老之长"为招头,为行驶三峡的船舶引水领航。南宋大诗人陆游曾记述说:"(九月)二十八日。泊方城。有嘉州人王百一者,初应募为船之招头。招头,盖三老之长,顾直差厚。"船户赵青来后又"……改用所善程小八为招头。"⑥ 后来,陆游出任夔州通判之职,于乾道六年(1170年)自老家绍兴启程溯长江而上赴任,依据一路见闻写成《入蜀记》,第一次揭开中国历史上引航员的神秘面纱,记载了当时已成为航运一项专门业务的引航业的情况。他在《入蜀记》中写道:"六月二十六日,五鼓发船。是日,舟人始伐鼓","九月二十七日。解舟,击鼓鸣橹,舟人皆大噪……"这是说开船时举行仪式,航行中还需敬神,常见"舟人焚香祈神"。他还记载,船快要进入今四川地界时,船主登岸雇请一位名叫王百一的当地人做招头,引船过江峡、避险关。后面的航程更加险峻,为保万无一失,船主重新雇佣更加熟悉长江水道的程小八。王百一由于经受不了这个刺激,竟想跳水自杀。由此可见,当时招头之间竞争相当激烈。⑦

大诗人范成大在调任临安(今杭州)参知政事时,于淳熙四年(1177年)五月二十九日启程乘船东归,根据沿途见闻撰写了《吴船录》一书。途经三峡,舟涉瞿塘峡天险时,他写道:"(七月)丁巳(十九日)……解维。十五里,至瞿塘口,水平如席。独滟滪之顶,犹涡纹瀺灂,舟拂其上以过,摇橹者汗手死心,皆面无人色。盖天下至险之地……每一舟入峡数里,后舟方敢续发。水势怒急,恐猝相遇,不可解拆也。帅司遣卒

---

①《续资治通鉴长编》卷八十三,中华书局1995年版,第1888页。

②《玉壶清话》卷三,中华书局1984年版,第31页。

③《续资治通鉴长编》卷八十三,中华书局1995年版,第1888页。

④《水经注》卷三十四《江水》,见《水经注校证》,中华书局2007年版,第790页。

⑤王轼刚:《长江航道史》,人民交通出版社1993年版,第64页。

⑥《入蜀记》卷五,日本早稻田大学图书馆藏乾隆丙辰年(1736年)版。

⑦《入蜀记》卷一、卷五,日本早稻田大学图书馆藏乾隆丙辰年(1736年)版。

执旗,次第立山之上,下一舟平安,则簸旗以招后舟。”①

北宋兴国八年(983年),朝廷就在三峡的险要之处——夔门,派兵持旗依次站立于山的上下方,视航行情况摇旗放船。这种在川江狭窄航道上摇旗、击鼓的人工助航方式,可谓是川江船舶引航及通行信号台的鼻祖。南宋,沿袭了这种以旗鼓为信号的引航方式。②

对外国船舶进入一国领海水域实行强制引水是国家主权的象征。宋代,外贸门户的广州港已经开始对进出港口的境外船舶实行强制引水,由驻扎在潺洲(一曰为台山广海,一曰为宝安担竿洲)的巡检司官兵承担此项工作。具体程序是:境外商船进广州港之前,由负责海上安全的潺洲巡检司官兵以酒肉热情接待,然后派兵船护送入港(实际上就是强制引水),贸易结束后,由兵船护送商船至潺洲放洋。宋元丰三年(1080年)制定的《广州市舶条例》,是中国第一个对外舶强制引水的规章。此间,外舶抵闽江口外,也由巡检司派引水人引领入福州港。

六、水上航行的信鸽通信

中国用信鸽等飞禽通信始于隋唐时期。唐太宗在饲养猎鹰时,曾利用猎鹰为千里以外的魏王送书信。据说,唐都长安至洛阳,猎鹰能一日往返数次。

隋唐时,广州等地已开始用鸽子通信。据唐李肇的《唐国史补》载:“南海舶,外国船也。每岁至安南、广州……舶发之后,海路必养白鸽为信。舶没,则鸽虽数千里亦能归也。”③ 唐末段成式的《酉阳杂俎》中也有类似的记载:“大理丞郑复礼言,波斯舶上多养鸽,鸽能飞行数千里,辄放一只至家,以为平安信。”④ 通过与外商的经常接触,受其影响,中国人也学会用信鸽通信的办法。信鸽在航海上的通信作用虽有一定的局限性,但不失为当时一种远距离的简单通信手段。

宋代,航海者继续利用信鸽作为船舶的通信工具,“携至外数千里,纵之,辄能还家。及贾人舶舡浮海,亦以鸽通信。”⑤ 海船“不忧巨浪而忧浅水”,盖因有信鸽作为海上航行互通信息的保证。

七、祈求“女神”保海上航行安全

在开展船舶巡检、船员管理、引水、导航等海事活动的同时,自宋代沿海民间和官方开始兴起祈求“海上女神”保佑海上航行安全的祭祀文化。各沿海海湾口均盛行祈风与祭海活动,且同时进行。祈风分为官方与民间两种。前者主要由市舶官员为远道而来的蕃舶而祈求,后者则是舶商为自己的船舶“舟行迅速,无有艰阻”而祈求。祭海由郡守组织,祭奠“海神天妃”。这是古代航海活动中不可缺少的一项内容。

“海上女神”就是中国东南沿海、台湾海峡及海外侨胞十分崇拜的“海神”“天妃”“妈祖”。人们在客货上下的码头、急流险滩、河海交界的岛屿等地点或场所,建立“海神庙”或“天妃宫”等,集中到这些地方烧香磕头,祈求海神保证海平风顺,确保舟船航行安全。漕运粮船起航时必祭妈祖。泉州西郊的九日山摩崖石刻是宋代泉州郡守和市舶司官员在九日山下延福寺内为来往船舶祈求顺风航行,并进行祈风祭典的碑记。⑥

妈祖是人们对“海上女神”的亲昵称呼。其实,妈祖不是神,是一个真实的人,一位生长在海边为救助海难而献身的未婚女子。宋建隆元年(960年),妈祖诞生于今福建莆田湄洲岛石后上林村,姓林名默。

---

①《吴船录》,卷下,见《范成大笔记六种》,中华书局2002年版,第217-218页。
②王轼刚:《长江航道史》,人民交通出版社1993年版,第84页。
③《唐国史补》卷下,见《唐国史补　因话录》,上海古籍出版社1957年版,第63页。
④《酉阳杂俎》卷十六《羽篇》,中华书局1981年版,第154页。
⑤《宋朝事实类苑》卷六十一《鸽寄书》,中华书局1981年版,第805页。
⑥林开明:《福建航运史》(古、近代部分),人民交通出版社1994年版,第116-117页。

据说,她是晋代晋安郡王林禄的二十二世孙女。其父名惟愿(一说名惟悫),宋初官都巡检。她是家中最小的女儿,有一个哥哥和五个姐姐。从小习水性,识潮音,还会看星象。长大后一次又一次救助海难。还曾高举火把,把自家的屋舍焚烧燃成熊熊火焰,给迷失方向的船只导航。她将扶危济困、救苦救难当作自己矢志不渝的终极目标。雍熙四年(987年)九月初九,她在湄洲湾口救助遇难船只时不幸捐躯,年仅28岁。从此,她的名字被世人传诵。人们敬其人,崇其德,缅怀这位勇敢、善良的女性,到处立庙祭祀。妈祖的大智大勇、大爱精神,也得到宋、元、明、清历代朝廷的认同。北宋宣和五年(1123年)朝廷赐予“顺济”庙额,南宋绍兴年间(1131—1162年)、淳熙年间(1174—1189年)又先后赐予“灵惠夫人”“惠灵妃”封号,从而开始确立妈祖海神地位。此后,从13世纪到20世纪初,历经宋、元、明、清帝王30多次褒奖与封号,封号从“夫人”“妃”“天妃”“天后”,直到“天上圣母”“海上女神”等,步步升高。图2-6-1所示为创建于宋雍熙四年(987年)的妈祖祖庙。

图2-6-1 湄洲妈祖祖庙

八、津渡发展与渡运制度的建立

隋唐宋时期,重要津渡、河流津口皆由官架桥通行,或设渡船济渡。《唐六典》说:“其大津无梁,皆给船人,量其大小难易,以定其差等。”① 就是说,较大一些的没有桥梁的渡口,由国家发给经费造船,调配水手,设津吏管理。军事险要之地渡口的船只,有官检校,有兵巡逻防守。② 唐代津渡分为上、中、下3个等级,上等为京都长安周边的关中地区及与驿道相连的,其他地方与驿道相连的均为中等或下等。黄河、长江、珠江、黑龙江、淮河、大运河等重要水系的河道要冲与商埠都设置津渡。南宋,在海南神应港(白沙津,今海口港附近)设有渡船,与对岸的雷州半岛徐闻沓磊驿相往来。此外,琼山烈楼港与徐闻那黄渡之间也对开渡船。③

为对渡口与渡船、渡运的安全进行管理,唐朝在水运机构中设立诸津(渡口)机构,掌天下津济舟梁之事,各设令1人(正九品上)、丞2人(从九品下)。中央与地方政府均分别设立津渡管理机构与选派职官,负责津渡与渡运安全管理。宋代,设立从中央到地方的系列津渡管理机构,监管津渡的监渡官代表中央政府直接管理渡口,具体执行政府的政策。宋朝政府非常重视监渡官的选任,并制订一套赏罚措施。地方上也设有专官负责管理津渡。为确保津渡政策的有效执行,还规定地方官员对买牌上船、渡前检查、专一济渡、派使臣巡视等都要进行监督管理,并制定了监渡官和渡夫的奖励与惩罚的措施。

①《唐六典》卷七《工部尚书·水部郎中》,中华书局1992年版,第226页。

②《唐律疏仪》卷二十七《杂律》,中华书局1983年版,第505页。

③王天意:《白沙津考辨》,见《新东方》2013年第3期;王天意:《烈楼港考辨》,见《新东方》2012年第5期。

各水系津渡使用的渡船是不一样的。西北与西南地区大多以囊筏为主。尤其河流湍急的地带,皮囊与竹木筏的渡河功能是其他渡运工具无可替代的。宋王延德《高昌行纪》中说:“次历茅女嗢子族,族临黄河,以羊皮为囊,吹气实之浮于水,或以橐驼牵木栰而渡。”① 据此而知,茅女嗢子族是使用羊皮囊或用骆驼牵引木筏作为横渡黄河的主要交通手段。《元史》载:“冬十月丙午,过大渡河,又经行山谷二千余里,至金沙江,乘革囊及栰以渡。”②

与此同时,为策渡运安全,唐朝廷为加强津渡管理,颁发了《津渡法》,“著兵防守”。据《唐律》,“其津济之处,应造桥、航及应置船、筏,而不造置及擅移桥济者,杖七十;停废行人者,杖一百。”③ 意思说,凡指定的津渡处所,不造桥梁、不设渡船的,或未经允许擅自移动桥梁及渡口的,津主(即津令、津丞)要受到惩处,以维护渡运秩序。宋代,严格津渡现场监管。南宋绍兴元年(1131 年)三月,江苏镇江西津渡的渡船载 46 人到对岸金山,途中发生翻船事故,渡客与船员 46 人溺水而亡。乾道年间(1165—1173 年),郡守蔡洸特地配置巨舫 5 艘,每艘置旗 1 面,以利、涉、大、川、吉 5 字为各船标记。还根据渡船大小限制渡客的人数,按先后顺序发船。渡船除渡运旅客外,还兼救生职责,遇有江中遭险船舶必须立即救助。④ 这是首次见诸史籍的官渡兼救生性质的船舶。

南宋开禧元年(1205 年),闽江上游松溪县在河渡口码头,设置石碑镌有五行文字,主要为“贱避贵,少避长,轻避重,去避来”等字样,至今石碑犹存,警示人们维持渡口的航行秩序。

此外,南宋朝廷颁发渡口收费标准,严禁对到港商船苛取杂费等。如嘉定五年(1212 年),建康(今南京)守臣报经朝廷同意后,对渡运加以整顿与管理,由官方增添渡船,设置“监渡官”,禁止私人办渡口,对渡口收费“量江面阔狭,计物货重轻”,分别规定渡江运价,“自人车牛马,皆有定数”,还将各项运价“雕榜约束,不得过收邀阻”。⑤

九、水上海难事故

水上行船是高度风险的行业,发生海难事故是难免的。隋唐宋时期,河道一般仍处于自然状态,远远跟不上航运业发展的需要,舟船沉没事故频繁。有关典籍里记录的沉船事件,绝大多数是遭遇自然灾难而致沉溺。

据《旧唐书》卷三十七《五行志》载,唐开元十四年(726 年)六月,“沧州大风,海运船没者十一二,失平卢军粮五千余石,舟人皆死”。据此海损粮十分之一二即为 5000 余石,则这支海运船队原载量在 2.5 万石至 5 万石之间。

据《渤海国志长编》载,从 727 年渤海国首次访日到 786 年第十二次出访,仅渤海国方面的罹难者多达 200 人以上。

唐天宝十年(751 年),“广陵郡(今扬州)大风架海潮,沦江口大小船数千艘。”⑥

唐广德元年(763 年)“十二月二十五日夜,鄂州失火,烧船三千艘,延及岸上居人二千余家,死亡四五千人。”⑦

唐乾宁年间(约 896—897 年),刘昌美任夔州太守时,朝官李荛携带全家乘船自蜀中顺流经夔州欲赴

①《宋史》卷四百九十《外国六》,中华书局 1977 年版,第 14110 页。
②《元史》卷四《世祖一》,中华书局 1976 年版,第 59 页。
③《唐律疏议》卷二十七《杂律》,中华书局 1983 年版,第 505 页。
④范然:《镇江救生会始末》,见《镇江高专学报》第 15 卷第 1 期,2002 年 1 月;至顺《镇江志》卷二《津渡》。
⑤《宋史》卷九十七《河渠七·东南诸水下》,中华书局 2000 年版,第 1622 页。
⑥《旧唐书》卷三十七《五行》,中华书局 2000 年版,第 942 页。
⑦《旧唐书》卷三十七《五行》,中华书局 2000 年版,第 947 页。

江陵。当时正值三峡水位夏水暴涨,水势汹涌,因朝命紧急,李荛不敢停留,冒险东下。舟船启航不久,便陷入漩涡,被水吞没,李荛一家及全船 120 人溺死浪下。①

南宋淳熙七年(1180 年)沙市第一次大火,造成“江舰焚溺,不可胜计”。同年,“江陵府(今湖北荆州)大风,火及舟,焚溺死者尤众”。②

南宋淳熙十一年(1184 年)五月二日,淮西总领赵汝谊接到客商陆太等 11 人状告称:“黄州(长江税场)……每遇舟船至岸,百端阻节,动至五七日稽留。江面阔远,风涛不测,前后积聚官私舟船不可胜计。近有客人颜清等因拘栏看税间,忽一夜风浪大起,坏船十只,沉失盐二千余袋,又打碎其他大小船五十余只,老小不知数目。”③

①《北梦琐言》卷七,中华书局 2002 年版,第 152 页。

②《文献通考》卷二百九十八《物异四》,中华书局 1986 年版,考二三五九页上;《宋史》卷六十七《五行五》,中华书局 1977 年版,第 1471 页。

③《宋会要辑稿·食货十八》,上海世纪出版股份有限公司、上海古籍出版社 2014 年版,第 6379 页。

第三章　中国海事的规范与进一步发展(1279—1840年)

元明清时期,中国古代社会走向成熟,并渐趋衰落。中国海事继续伴随着水运管理而成长。漕运格局发生变化,由河运扩展至海运,漕政、海事管理机构及其管理制度建设更加严密与健全,管理职能进一步扩大。1293年出台的《市舶则法二十三条》,成为中国古代现存最完整且比较成熟的管理外舶与外贸的法则。到清代中期,水运、海事形成了一套完备的管理制度。从机构的设置、官员的配备,职责权限的划分,以及各个环节的奖励赏罚,都是以前历代所不能企及的。明代以后,市舶制度走向衰亡,到清代被榷关制所取代。

围绕海河漕运所建立的海事管理法规和规章制度得到进一步细化。质量验收及设计、核算等一系列船舶建造管理制度,集古代造船生产、管理经验之大成。船舶检验的九验之法,使古代船舶验收质量检验制度达到了相当规范的程度,对其后的船舶检验技术管理具有重要借鉴意义。

中国海事管理模式与方式趋向多样化和规范化。如按照内河和海运的各种船舶、不同航线,分门别类和有效地开展管理;海漕船员集中训练后编入海运队伍;黄河、长江、珠江水系有针对性地开展海难救护,形成相应的救助组织机构;宝塔、刻石示警、立标指浅、烽火堆等人工航标初步适应了船舶导航需要。特别是明代郑和船队七下西洋,重视船队海上安全保障监管,创造出一系列船舶建造检验、船舶安全航行监管、船员合理分工及海上航行指南和通信信号使用等海事管理方法和措施,为中国和世界的海事发展做出了巨大贡献。

第一节　造船与港航的兴旺推进海事发展

一、船舶建造业的新发展

1279年,元灭亡南宋,统一中国。元世祖注重海外交通与贸易,让国库出资造船,促进了造船业的发展。元朝漕粮以海运为主,重点以造海船为主,内河船为铺,所造的海船有遮洋船、海运船、大福船、开浪船、沙船等,数量与质量远远超过前代。当时的造船基地主要分布在扬州、泉州、广州、湖广、赣州、汴梁、襄阳等处,造船数量极为可观,动辄几百艘,有时数千艘。此外,还有大量民船建造地点分散在全国各地。元代,阿拉伯远洋航行逐渐衰落,在南洋、印度洋一带航行的海船几乎都是中国的四桅远洋海船,居世界领先水平,性能远远优于阿拉伯船。明代建造五桅战船、六桅座船、七桅粮船、八桅马船、九桅宝船,为中国造船业发展的又一个新高潮期。

据史书记载,明朝时期造船的工场分布之广、规模之大、配套之全是空前的,达到中国古代造船史上的最高峰。当时的造船业以江浙、福建、湖广等地最为发达,规模亦很大,承造了全国90%以上的漕船和大量海船。主要的造船场有龙江、清江、仪征、临清、登州(今山东蓬莱)、直沽(今天津北)、金州(今辽宁金县)、海州(今辽宁海城市)、广州、潮州、福州、泉州、漳州、吉林和钱塘江宝船厂等。规模大的船场拥有数百名造船工人,专门建造用于海上运粮的遮洋船、内河运粮的浅船等,以及更长更宽专为海运的遮洋船、海上漕运的沙船、河运的漕粮船、官员乘坐的黄船、装载杂货的江汉船等。

到19世纪50年代,中国各地所造船舶计有千种左右,仅海洋渔船的船型就有二三百种之多。在航海木帆船中,沙船、鸟船、福船、广船最为出名,尤以沙船,福船和广船驰名中外。其中的沙船是明代主要船种之一,因建造于南京,又称南京船,明代《兵录》评论说:"诸船唯此最稳"。洪武四年(1371 年),朱元璋令郑遇春在南京"督金吾诸卫,造海船百八十艘,运饷辽东"。① 海运漕船当时称遮洋船,直到洪武三十年(1397 年)仍派造于南京。南京还"防倭造大舰",即用于海上的战船,又称备倭船。②

明清时期,民间造船业日益兴盛,涌现出许多民间私营造船厂。当时数以千计的私人商船均是包给私营船厂建造的。16 世纪中叶后,民间造船业便发展成为手工业支柱产业之一,其中还出现了资本主义生产关系的萌芽。官办船厂的逃亡技术工匠,大都隐匿姓名,被招雇到私营船厂,实行有偿劳动,从而与船厂建立了原始的雇佣关系。各私营船厂的造船工人受雇后成了自由的手工业劳动者。私营船厂生产分工明确,全过程以木、舱、篷、橹、铁、索、漆等七大工种组织建造。作坊内部分工协作的程度较高,基本上保证了造船的质量与速度。各船厂资金丰厚,设计精确,制造的产品坚实耐用。委托造船的船主、商贾深知船一入海,与风浪争命,身家财产全寄于一船,因此要求设计精美,以坚固为第一要务。他们一般"造舶费可千余金,每还往岁一修槝,亦不下五六百金"。③ 因此,私营船厂所造船船的质量多高于官船。据《天工开物·舟车》载,明代民间所造船舶除沙船外,尚有用于运盐或载客的江汉船、课船,专航峡江的橹船,航行于江浙内河的三吴浪船和专航钱塘江的浙东船,还有中原地区的西安船等。

清代,中国远洋航海业在规模上超越前代,直到 18 世纪后期仍处于世界领先地位。清初,由于清政府对官方航海的限制,使中国造船业由官营转向民营。民营木船制造成为造船的主体。康熙四十二年(1703 年),清政府放宽了造船限令,按不同水域情况制造各自适航的船舶,打破明代粮船的统一标准,造成船舶大小不一,直到鸦片战争前都没有统一的标准。乾隆、嘉庆年间(1770—1820 年),随着海内外通商的发展,民间私人造船出现高潮,竞争四起。清代建造船舶的船型约有 70 多种,以沙船、红船、罛船、大黄船等为最多。官办船厂逐渐被民间私营船厂所取代。海上运粮多用平底沙船或浙江蛋船、三不象船,大的可载粮二三千石,造价需银一万两左右。内河漕运主要船型有江广船、江浙船、浅船等。

二、漕运全面发展与航海业推进

(一)海漕开始与河漕进一步发展

元朝于 1264 年迁都燕京(今北京)。此后,作为国家政治、军事中心的北方,庞大的粮食需求和物资供应仍依赖富庶的江南。正如《元史·食货志》所称"元都于燕,去江南极远,而百司庶府之繁,卫士编民之众,无不仰给于江南。"④ 当时内河漕运已无法适应这一运输需求,必须另辟通道。漕运通道的根本性变化,既表现在东西向漕运变成南北向漕运,又体现于出江泛海,开拓海道运送粮食至京都,形成以海运为主、河海并行的漕运新格局。明清时期,沿袭元制,漕运继续发展。尤其到清中期,漕运发展到一个高峰,随后又逐渐走向衰落。

1.以海路为主漕运的开始

海运漕粮,最早可追溯至秦代,而大规模却始于元代。元代以前的海运漕粮规模小、次数少,多系战时应变部署,为临时征调所需军粮活动。秦代就有"输将(指粮食等类物资)起海上而来"之说。以后,汉武帝、隋炀帝、唐太宗等均实施海道漕运。⑤ 唐代海漕规模曾一度达到可观的地步,盛于贞观年间,衰于

①《明史》卷一百三十一《郑遇春传》,中华书局 1974 年版,第 3854 页。

②傅维麟:《明书》卷六十七《土田志》,商务印书馆 1936 年丛书集成初编版,第 1347 页。

③《东西洋考》卷九《舟师考》,中华书局 1981 年版,第 170 页。

④《元海运志》,商务印书馆 1936 年丛书集成初编版,第 1 页;《元史》卷九十三《食货一》,中华书局 1976 年版,第 2364 页。

⑤王杰:《航海史话》,社会科学文献出版社 2012 年版,第 49 页。

天宝年间,前后历时100多年。之后暂滞,但并未罢止,到唐德宗兴元元年(784年)仍有淄青节度使承前制兼管陆、海运之职。除沿海通漕运舟船外,连装运今江西、湖南一带漕粮的船舶也沿长江顺流而下出海北上。唐代海运漕粮较秦汉有大幅度增长,且开北洋海漕运输的先声,可称继往开来。

元初曾一度因循前代的内河漕运,“而运粮则自浙西涉江入淮,由黄河逆水至中滦(今河南封丘县)旱站,陆运至淇门(今河南汲县),入御河(今卫河),以达于京”。但此线水陆辗转,劳役很大,且运量有限,不堪实用。因此,元政府决定另辟蹊径,采取在原运河基础上“广开新河”与弃河图海进行北洋漕运两个对策。至元十九年(1282年),丞相伯颜根据旧时运图书之事,向朝廷提议试行北洋漕运。所谓北洋,指长江口以北的东海、黄海和渤海水域。朝廷命上海总管罗壁、朱清、张瑄等造平底船(即沙船)60艘,招募熟悉海运情况的漕丁、漕夫,开辟海道运输。自此,海漕逐渐取代河漕,“终元世海运不废”。沿北洋进行海道漕运是元代国内航海活动中的重大事件。①

至元二十四年(1287年),元政府为便利江南地区粮食的北运,允许海漕船返回时可将北方的豆、谷和土特产品(梨、枣等)载运到南方,这对当时南北物资的交流起到一定的促进作用。但由于当时对海上气候的变化尚不能有效地掌握,对海道线路情况不够熟悉,受风、雾影响,或遭受海盗袭击,每年均有大量的漕丁、漕夫葬身海底,粮船沉没,粮食损失较大,计十多万石。不过,朝廷规定:船只损坏与粮食损耗,统归漕粮押运官员赔偿;如船只漂沉,以致船民死亡,则可免赔。于是,许多押运官员就利用这个规定,每当发现粮船漏水损坏时,宁可置之不问,任其沉没,以逃避责任,导致粮船沉没数量增加,许多船民无辜丧命。

为了寻找经济和安全的海运线路,从至元十九年到至元三十年(1282—1293年)的12年内,朝廷对海道漕运航路进行了3次实践探索和改进。

第一次,至元十九年(1282年)从刘家港(今江苏太仓市浏河)入海,向北经崇明州之西,循海岸北行,再北上绕过海门外的“黄连沙头”“万里长滩”,沿山澳而行,再经密州过灵山岛放洋,投东北过月余,抵成山,过渤海南向西行,达直沽杨村(今天津市武清区)。这条航线“沿山求屿,风信失时”,要沿着弯曲的海岸线走,行程七个月,很耗费时间。②

第二次,至元二十九年(1292年)从刘家港起航,先走与上述一样的路线,接着绕过“万里长滩”,利用西南风,向东北航过青水洋,进入黑水洋,再利用东南风,向西北达成山。然后再走与上述一样路线,抵达直沽。这一航线避开海岸,利用信风,走一条直线,缩短了航程,并可走大船,增加了货物装载量。③

第三次,至元三十年(1293年)从刘家港入海至崇明岛的三沙进入深海,北去经成山角折而西北行,经刘家岛、沙门岛过莱州湾抵达直沽海口,即刘家港—崇明—黑水洋(今江苏连云港附近)—成山—刘家岛(今山东威海市以北)—直沽(今天津)。或“南自福建梅花所起,北自太仓刘家河起,讫于直沽”。“当舟行风信有时,自浙西至京师,不过旬日而已”。也就是说,如顺风顺水10天可走完全程,新线路较以前的线路短些、快些。

权衡以上3条航线,元政府最终确定采用第三次行进的海运航路,即“自刘家港开洋,至崇明州三沙放洋,望东行使(驶)入黑水大洋,取成山,转西至刘家岛,聚□取薪水毕,到登州(今山东蓬莱)沙门岛,于莱州大洋入界河(海河)”,到直沽。从此,元代的海上漕船都是沿着这条航线向北行驶的。④

这条航线的开拓成功,奠定了元代漕运的格局,自此南北航路贯通。当时江南漕粮自征集地收讫后,

---

①《元史》卷九十三《食货一》,中华书局1976年版,第2364页;华乾龙:《海运说》,见(清)邵廷烈:《娄东杂著》(一名《棣香斋丛书》),清道光十三年(1833)太仓东陵氏刊本。

②《元史》卷九十三《食货一》,中华书局1976年版,第2364-2366页。

③《元史》卷九十三《食货一》,中华书局1976年版,第2366页;《元海运志》,商务印书馆1936年丛书集成初编版,第2页;《大元海运志》,广文书局1972年版,第97-98页。

④《元史》卷九十三《食货一》,中华书局1976年版,第2366页;《大元海运记》卷下,广文书局1972年版,第98页。

首先经长江、江南运河及东南近海 3 条航路集中运至真州(今江苏仪征)、刘家港、福建梅花所及浙东各处。一时间如"潮汐两汛,可容万斛之舟"的入海口处——刘家港一类漕粮转运港,"运艘盈万""番舶云集"。① 至大四年(1311 年)朝廷命漕船改走上述海道航路运粮后,仰赖于北洋漕运的京都用粮逐年增加,至元二十七年(1290 年)为 159 万石,元武宗至大二年(1309 年)达 246 万石,元文宗天历二年(1329 年)更达 352 万石。

元顺帝以前,漕运为海运、河运并行,以海运为主,而"终元之世,以海运为恒"。随着南方爆发大规模的农民起义,河运断绝,海运也大减。元至正二年(1342 年),江南征集的粮食全部北运,仅有 260 万石,较高峰时减少近 100 万石。到至正十九年(1359 年),更下跌到 11 万石,统治秩序受到严重的威胁。元朝廷不得不招降起义军首领之一的张士诚,封其为运粮万户,并监护海道运粮,但终无实效。至正二十三年(1363 年),海道漕运停止,改行内河漕运。

明代前期,虽恢复海上漕运,但很快以海道迂远,加上时有海难事故发生,到万历元年(1573 年)又重罢海运。尽管后来又恢复海运,但随崇祯帝自缢身亡而走到尽头。

清代前期,虽在某特定时期由政府掌管组织过一些海上漕运,并调兵遣将"巡防护送",但因对漕船出海疑虑重重,恐滋事生变,危及统治,旋即又重罢海运。到道光二十六年(1846 年)又"诏复行海运",不过已是鸦片战争以后的事情了。

2.江河漕运的进一步发展

元朝建立后,汴渠受北宋末年战乱及黄河夺淮入海影响而失效,大运河常因天旱水浅而淤塞不通,不得不采用水陆联运的方式,致使漕船不能如期到达。元朝统治者颇感运输路线曲折迂回,不得不重修大运河,以利南粮北运。从至元十六年(1279 年)到至元三十年(1293 年),元政府先后 6 次开挖和疏浚大都至通州运河、通州运粮河,凿直沽新河,疏浚神山河、滦河和扬州运河、会通河(济州运河)与通惠河的部分河段。特别是至元二十八年(1291 年)在隋代整治的大运河基础上,完成了北京到通县与通县到直沽的两段大运河航道开发和整治,以及山东境内运河整治,使南北大运河北段直通到渭河流域的临清。这段运河是连接北方重要都市天津的交通纽带,又通过运河与元朝大都(今北京)相连接。从此,江南漕粮运输不再绕道河南洛阳南北线,省去六七百里路程。

尽管如此,仍常因天气干旱,大运河水浅,致河道淤塞,内河漕船不能如期达到大都,不得不冒泛海风涛之险,从海上转运漕粮。元代虽实行内河水陆联运与河海联运交替运用的方式,但漕粮年运量仍远不及北宋。

明初,朱元璋建都金陵(今南京),"四方贡赋,由江以达京师",②形成以金陵为中心的发达漕运网。这是中国历史上又一次漕运方向的大改变。然而,"海运饷北平、辽东为定制",迫使明王朝只能承沿元制,恢复海运,以海运为主,河、陆兼运为辅,向北方运输漕粮。起初,每年达到 70 万石。一由江入海,经直沽口至通州,或径往辽东;一由江入淮、黄河,自阳武县陆运至卫辉府,再由卫河运至蓟州(今河北蓟县)。到永乐年间(1403—1424 年),实施海禁,加上海运险阻,漕粮运输多赖河运。永乐十三年(1415 年),海漕即告停止,全部由运河承担漕粮运输。永乐十九年(1421 年)迁都北京后,京师粮食需求日增,朝廷大力整治大运河(即从杭州湾通往北京的漕河),其中重点疏浚会通河,造漕船 3000 余只,以资转运。在运河沿岸淮安、徐州、临清、德州和天津 5 处建置漕粮仓库,亦称"水次"(码头)仓。为保障河漕顺畅,朝廷用 200 多天时间整治济宁至临清间长达 385 里长运河,使汶水、洸水注入大运河,增加运河水量,并以南旺口为最高点,使运河水南北分流。所征漕粮多来自南直隶、浙江、江西、湖广、河南和山东等地,约

①弘治《太仓州志》卷一,清宣统《汇刻太仓旧志五种》本;至大《金陵新志》卷六上《官守志》,四库全书本。

②《明史》卷七十九《食货三·漕运》,中华书局 1974 年版,第 1915 页。

占全国漕粮的六成。除漕粮外,还有苏州、松江、常州、嘉兴和湖州供纳的白粮,岁额214000石。嘉靖二十四年(1545年)的《疏凿吕梁洪记碑》中记述了当时漕运情况:"我国家漕东南之粟,贮之京庾,为石至四百万。其道涉江乱淮,溯二洪而北,又沿卫以入白,然后达于京师。"当时,漕运方法经过多次改革后已趋于完善,其运输方式有三法,即支运法(即转运法)、兑运法(军民联运)、改兑法(即长运法或直达法)。《明史·食货三·漕运》载,明代漕运之法有三变,"初支运,次兑运、支运相参,至支运悉变为长运而制定"。①

清代,"国家天庾固倚东南",漕运基本承袭明制。但开凿了中运河,彻底结束借黄河行运的历史,并建成黄、淮、运交汇枢纽,极大地改善了漕运条件。当时担任南北漕运的漕船计有10455艘,经常出运的约7900艘,漕粮运输年均约400万石。清初因实行海禁,漕运只能利用南北大运河。然而运河或通或阻,难以保证正常运输,且运输经费也很拮据,复行海运的呼声日趋高涨。为此,朝廷做了一些新的尝试。道光五年(1825年),以官督商运的形式,通过海道把江南的粮食运输到天津,取得一定成效。即当年设立上海海运总局,并在天津设收兑局,特调琦善等总办首次海运。次年正月,将苏州、松江、常州、镇江与太仓四府一州漕粮共1633000余石,分两批载运北上。漕船从黄浦江出发,经吴淞口东向大海,行4000余里达天津收兑局验米交收。道光以来,河漕在年运量120000至130000石,海漕运粮则达1200000石左右。商船船队开抵天津海口后,再候潮由海口沿海河西上直驶天津。轮船及铁路交通逐渐兴起后,光绪二十七年(1901年)三月二日清政府颁布停漕令,沿袭2000多年的漕运终结。漕运制度废弃后,木制漕船改称木帆船。

(二)航运业的全面发展及商运进步

元代,由于采取积极的航海贸易政策和以罗盘导航为标志的航海技术取得重大突破,中国领先西方进入"定量航海"时期。尤其忽必烈入主中原后,对周边的高丽、琉球、日本、占城、安南、爪哇采取用兵征服政策,一度投入数以十万计的兵力和数千艘战船。这种大规模、远距离的跨海军事行动,对远洋战船提出新的需求。当时,中国已能建造承载千余人,有十余道风帆的较大船舶。这些海船能到达西太平洋与北印度洋全部海岸,并与亚非120多个国家和地区建立航海贸易往来。同时,来自非洲东海岸、日本、朝鲜、南洋各地的使团、商队,络绎不绝地到大都,与元王朝建立政商关系。元代航海规模已超过唐、宋,与世界的往来范围也是空前的。元代的民间大航海家汪大渊曾于至顺元年(1330年)、至元三年(1337年)两次从泉州港出发,航海游历。其行踪遍及南海、印度洋,远达阿拉伯半岛及东非沿海地区。他于至正九年(1349年)写成《岛夷志略》一书,其中记述国名、地名达96处之多。元代的远洋航海业仍保持着宋代的旺盛势头。②

明清两代,对外实行闭关锁国政策,对内实行海禁政策,严重阻碍了中国远洋航运的进一步发展,导致航海业进入由盛转衰的时期。虽然这一时期出现了郑和七下西洋的伟大壮举,但毕竟是在国家支持下的远洋航行活动,有"耀兵异域,示中国富强"的深厚政治动机,很快就被以"炮台为经,师船为纬"的海防保守思想所取代。

清朝定都北京至鸦片战争(1644—1840年),历时196年,采取海禁政策不过39年,其余多数年份都是实行开海政策的。清前期,在造船的数量、质量上,以及航海的技术及船舶运载能力上都有很大提高,中国仍不失为具有航海实力的大国。清雍正五年(1727年)复开海禁后,清代的远洋航运进入兴盛时期。据《厦门志》载:"服贾者(商人)以贩海为利薮,视汪洋巨浸为衽席,北至宁波、上海、天津、锦州,南至粤东,对渡台湾,一岁往来数次。外至吕宋、苏禄、实力、噶喇巴,冬去夏回,一年一次。初则获利数倍至数十

①《陕西省志·航运志》,陕西人民出版社1996年版,第355页。

②聂宝璋:《中国近代航运史资料》第一辑,中国社会科学出版社2002年版,第44-58页。

倍不等,故有倾产造船者。”①这说明18世纪,中国在东南亚一带的航海活动仍十分频繁。

清代中国航海业在规模上超越前代。18世纪中后期清代航海最盛时,约有远洋商船600余艘,总运载能力可达20多万吨,在东南亚地区的航运力量仍居于领先地位。18世纪后期,在中英贸易中,中国仍占有很大的优势。19世纪20年代中国经济日趋落后,造船业与航海业处于停滞状态。到了鸦片战争时期,中国工业落后,商业萧条,农村破产,航海业和造船业也渐趋衰落。

元代,民间航运和船户的个体运输有一定的发展。明清两代,相继建都北京。虽然长江、珠江和黑龙江等大江大河及其支流的航运有所发展,但大运河仍然是中国南北交通的主要通道,大批的粮食和货物主要是通过大运河运往京城。当时,运河里船只往来如梭,运输粮食的船最多的时候曾经达到12000多只,船工最多时超过12万人。除了漕粮运输以外,航行在运河上的还有许多官船、商船和民船。南方生产的丝绸、茶叶、瓷器和北方生产的豆、麦、梨、枣等土特产,都通过大运河进行交流。明代的纺织品、粮食、食盐及其他商品的商贩货运,比起宋元有着明显的增长,刺激了大商业资本兴起。

三、沿海、内河港埠初具规模

(一)沿海港口的发展

自元以后,中国海港、内河港虽各有兴衰演变,起落不定,但总体上是趋向发展的,尤其沿海有一批港口相继崛起。

元代,海上丝绸之路有了空前的发展,海漕运输异军突起,整个海上运输呈现出繁荣的景象,沿海港口格局基本上沿袭宋代,一派繁荣景象,舟来船往,番货交俱聚进出。例如泉州港,因广州港在宋末遭受兵火烧劫衰弱而迅速崛起,一度超过广州港,成东方第一大港。吴澄的《送姜曼卿赴泉州路录事序》称:“泉,七闽之都会也。番货远物、异宝珍玩之所渊薮,殊方别域富商巨贾之所窟宅,号为天下最。”摩洛哥大旅行家伊本·白图泰在其1355年所著的游记中写道:“泉州为世界最大港之一,实可云唯一之最大港。余见是港有大海船百艘,小者无数。”元代与泉州有往来的国家和地区约近百个。元末,该港因遭战乱而衰落,明初被福州港所取代。福州港元代海外贸易繁荣,马可·波罗曾说;“此城为工商辐辏之所”,“盖有印度船舶数艘常载不少贵重货物而来也”。明代,泉州港衰落,该港因而兴盛。广州港在元代的发展虽逊于泉州港,但因处于中国的南大门,仍具有无可替代的重要性。尤其往返于东南亚、西亚远洋水域间的中外船舶,大都以此港为起讫点。据元人陈大震《南海志》载:与广州发生贸易关系的国家与地区达140多个,并称该港为“蕃舶凑集之所,宝货丛聚”。杭州港入元后成为“远涉诸蕃,近通福广,商贾往来”的航海“冲要之地”,与广州、泉州、庆元(今宁波)港并称元代四大重要对外贸易港,闻名于世。不少外国旅行家纷纷到杭州观光,意大利人鄂多立克称杭州为“最好的通商地”。元末明初,因自然灾害与政治因素,杭州港全面衰落不振。元代一度兴起的刘家港因河道渐趋淤塞而衰落,原停泊刘家港的船舶移至上海港,使上海港逐渐成为一个航运贸易重心。天津港在元代因漕运拓展,成为河海漕运的交通枢纽,靠泊的海船“连樯集万艘”。

元至明中叶为海港发展的鼎盛时期。明实行海禁政策后,沿海港口对中外船只时开时禁,即便开放也受到政府法规、规章的严格限制,因此发展相对缓慢。上海港,明嘉靖年间(1522—1566年)作为南、北洋间的海上贸易中心,已成为“江南之通津,东南之都会”,“海舶帆樯足以达闽、广、沈、辽之远”,可谓盛况空前。上海沙船专营北洋航运,约有3560艘之多。此时浙、闽、粤商船陆续驶抵上海港,每年进港漕运船舶大约在1600艘左右。这为后来中国航运贸易中心由广州移至上海留下了伏笔,也为近代上海港成

①道光《厦门志》卷十五《风俗志·俗尚》,成文出版社1967年影印清道光十九年刊本,第323页上。

为中国最大港城与举世闻名的大港奠定了基础。① 厦门港是自明代泉州港衰落后而崛起的新兴港口,“据泉、漳之交,扼台、澎之要,为全闽之门户”,非但是“番舶之所往来”的外贸口岸,也是“海运之所出入”的沿海要冲。特别是从厦门东航,可“对渡台湾,一岁往来数次”。“涉黑水洋”(即台湾海峡)的大小横洋船上千艘,南驶可“至漳州、南澳、广东各处贸易”。到清道光十九年(1839 年),厦门港航海地位已相当显赫,“岁往台湾及南北洋贸易者,以万计”②。直沽港,位于渤海湾西岸,居海河入海处,号称北京门户,为中国北方“聚天下之粟,致天下之货,以利京师”的第一大港。明代,该港成为南北商货集散中心。《明史》载:“粮艘、商船鱼贯而进,殆无虚日。”清开海禁后,“始有商贾经过登州(今山东蓬莱)海面,直趋天津、奉天(今辽宁沈阳),万商辐辏之盛,亘古未有”。其地位越发重要,南来北往的商船可直接抵达。牛庄港,濒近辽河河口的三汊(今营口三岔河),是辽海地区主要海运口岸。清康熙三十二年(1693 年),“盛京(今辽宁沈阳市)谷不登,民艰于食”,清廷决定发山东滨海诸州县常平仓米谷赈济。因运额较大,路途艰险,康熙帝于次年二月亲至天津“访海道”,认为“自大沽口达三汊,较便于登州(今山东蓬莱)”。随后就开辟了自天津直航牛庄的斜穿渤海新航线。从此,各地商船往来者日益增多,牛庄港由此兴盛。

清代,随着台湾岛的开发,台湾与大陆之间的交通往来不断增多,台湾诸港也逐渐兴盛起来。鹿耳门港,位于台湾岛的西南部,背后是富庶的台南平原,原是清代台湾府治(今台南市)西北的一个小岛。自厦门至台湾的大商船及台属小商船往诸(罗)、彰(化)、淡(水)贸易,俱由此出入,遂有全岛“咽喉”之称,并因而成为重要的海上进出门户。船舶真正停泊点在府西门外的台江。③ 打鼓港,又名打狗港,位于台湾府治南面的凤山县,是台湾第二大港高雄港的前身。该港入口处有寿山与旗后两山相对,六七千石大船可扬帆直入,弥补了鹿耳门港之不足。④ 淡水港,即沪尾港,在台湾岛西北端。港内水面宽阔,能同时停泊大船数百艘。清代淡水港一直与厦门港保持交通往来,后来又开放与福州的航路,于是“近则福州、漳泉、厦门,远则宁波、上海、乍浦、天津以及广东,凡港路可通,争相贸易。”在淡水南边有鹿仔港(鹿港),乾隆四十九年(1784 年)开港,与泉州府蚶江互通贸易。嘉道时,这里已是“烟火万家,舟车辐辏,为北路一大市镇”。⑤ 台湾岛的其他港口还有东港、笨港、鸡笼(今基隆)、乌石等,来往船只均十分活跃。

总的来看,从元代开始至清鸦片战争前,中国沿海比较著名的港口有广州、明州(今宁波)、厦门、天津、上海、宁波、福州、泉州(刺桐港)、漳州、厦门、福州、登州(今蓬莱)、天津、牛庄、杭州等 20 多个,形成了 3 个初具规模的港口群,即东南沿海港口群、长江三角洲港口群、环渤海沿海港口群。

(二)内河港口的发展

元明清时期,中国内河港随着漕运的兴盛,逐渐进入繁荣与鼎盛时期。内河港口都成为一个地区的重要商埠,拥有众多的都市人口和活跃的商业、运输活动。从 19 世纪起,这些港口所在地的都市工业均有所发展,且成为商品批发中心。随着交通往来的发达,加上文化教育的开展与建立,它们还成为各地的文化中心。这些港口还有军队防守,甚至建筑有要塞和城墙,常常又成为地方武装和政府军队的驻扎地。港口城市容纳了大量的政府官员,有各种政府派驻机构。比较著名的内河港有南京、江夏(今武汉)、重庆、成都、淮安、济宁、德州、临清、北京等。这些港口形成了以京杭大运河和长江流域为主的运河港口群、长江港口群,以及以关中至中原为主的中原港口群。

---

①王成金:《中国港口分布格局的演化与发展机理》,见《地理学报》第 62 卷第 8 期,2007 年 8 月。

②道光《厦门志》卷五《船政》,成文出版社 1967 年影印清道光十九年刊本,第 101 页;卷五《商船》,第 108 页上、下;卷七《关赋略》,第 124 页上;许原清:《快园记》,卷九《艺文略》,第 184 页下;卷四《海防略》,第 100 页下。

③嘉庆《台湾县志》卷一《地志・海道》《地志・山川》。

④同治《淡水县志》卷十一《风俗考》;姚莹:《台北道里记》,见同治《淡水县志》卷十五上《附录一・文征上》。

⑤道光《彰化县志》卷一《封域志・海运》。

刘家港,元时隶属昆山州,因水域宽阔,位居“潮汐两讯,可容万斛之舟”的娄江入海口处,被朝廷选定为海漕的起运点与始发港,一度成为襟江通海的重要港口,“不数年间凑集城市,番汉间处,闽广混居”。明初,该港有“天下之仓此为最盛”和“六国码头”之称。特别是郑和下西洋,均在此起碇开洋。但随明中叶后海禁政策的实施,“河口陡涨横沙”,河道淤塞,其地位为上海港所取代。

北京港,为运河终端,漕粮码头先后设在积水潭和张家湾。积水潭一度“舳舻蔽水”。张家湾是漕粮上岸港。明代漕粮码头改在通州,张家湾成为客货码头,仍在使用。1898 年京津铁路开通,北京港因而衰落下来。

南京港,元代成为漕粮汇集与发运港。明初建都于此,以后作为陪都也不失为江南政治、经济、文化的中心,港口达到古代的鼎盛期,名列全国前茅,既是全国官物水运中心港,又是全国最兴旺的商贸集散港。明中叶,朝政腐败,赋税苛重,南京港逐渐萧条。

第二节　水运、海事管理机构的充实与职权扩大

一、水运、海事立法与审查及执行机构的职责

元明时期,漕运制度已趋完备,并发展到一个新的阶段。

元代,由大司农管农田水利建设,不设水部,仅设都水监,也叫行监(行都水监)。内外监都有专职官吏及技术人员,统理总治河防使、河道提举司、河防提举司等机构及其事务。地方的县尹兼河防官和各闸提领官、监闸官。据《元史・百官志》载:“都水监,秩从三品。掌治河渠并堤防水利桥梁闸堰之事。都水监二员,从三品;少监一员,正五品;监丞二员,正六品;经历、知事各一员,令史十人,蒙古必阇赤一员,回回令史一员,通事、知印各一员,奏差十人,壕寨十六人,典吏二人。”①

明代,不再设都水监机构,将行水利、河堤管理之责并入工部,而行水利、河堤事务之责划归地方管理。朝廷在黄河、运河等大流域派设专门治理机构与职官,如总理河道或河道总督等。这些职官的地位和各省总督、巡抚平等。内河漕运另设“漕运总督”,专管漕粮运输与漕政、海事等事务,地位与河道总督平行,有时甚至并为一职。清代则基本沿用明制。

二、专理漕运、海事的转运机构职权的扩大

为加强河运与海运的管理,元代朝廷分设海运与河运及河海兼运的转运机构,作为管理漕运、海事的派出机构。明代中叶以后,特别成化七年(1471 年)漕运改行改兑法(亦称长运法),军运代替民运,由各地卫所军代运漕粮,具体设总督漕运总兵官、督运参将和漕运都御史等职,专事漕运事务。清代,漕运在中央一级归户部主管,内设云南清吏司,除管理云南钱粮外,兼理全国漕政、海事事务。

(一)海漕管理系统

海漕管理机构是从元代开始的。当时的海运最高管理机构是中书省,其左司下辖粮房六科中的海运科,为具体办事机构,主要事务由分处南、北的两大组织系统承办。南方的承运系统最终定名为都漕运万户府(治平江,今江苏苏州),归江浙行省直接领导;北方的接运系统为都漕运使司(驻天津直沽河西务)与京畿都漕运使司(驻大都,今北京)。前者主要负责接纳海道粮,兼及其他各路南来物资;后者将南来粮物运入大都各水次(码头)仓。南北两大系统各拥有布局合理的粮库。南方海漕除都漕运万户府机构

①《元史》卷九十《百官六》,中华书局 1976 年版,第 2295-2296 页。

外,还有海道运粮万户府(都海运万户府)、防御海道运粮万户府(海道运粮镇抚司)。至元二十年(1283年),元政府在上海置都漕运万户府(海道运粮万户府),“掌每岁海道运粮供给大都”,以刘家港为发运港。具体海运漕粮事宜由上海总管罗璧以及张瑄、朱清负责。嘉靖《上海县志》卷四《管师》载:“罗璧,字伯玉,镇江人,至元初为总管,镇守上海,建议海运,部漕舟,先道杨村入,不十日至京师,较之漕河部运甚省劳费。”“立万户府二,以朱清为中万户,张瑄为千户,忙兀□为万户府达鲁花赤……”“二十四年(1287年)始立行泉府司(院),专掌海运,增置万户,浙二,总为四府。”① 时江浙行省直接领导海运万户府,并派行省官员监收漕粮.提调海运。每次海运开航前,万户府正官赴港口点阅粮站,监督起航;各所千户则分赴各仓监装漕粮,并轮番下海督运。海道成为漕运的主道后,每岁漕运之数有大幅度增长。此后,管理海漕的行泉府司废立无常。至元二十五年(1288年),又分内外两个漕运司,内为京畿都漕运司,专掌通州至大都间的漕运;外于河西务设漕运司,职掌海道漕粮接运。京畿都漕运司下设通惠河千户所,主事官为千户,官正五品,另有中副千户2人。至元二十八年(1291年),“又用朱清、张瑄之请,并四府为都漕运万户府二,止令清、瑄二人掌之。其属有千户、百户等官,分为各翼,以督岁运”。② 同时,政府还屡调节器军卒,镇守海口,看守仓库,护航粮船,并时遣户部与兵部的要员大吏,亲临监督与调处海漕、海事事宜。“大德元年(1297年),罢行泉府司。二年……又置制用院”。“至大元年(1308年),复立泉府院,整治市舶司事。二年,罢行泉府院,以市舶提举司隶行省。四年,又罢之。延祐元年,复立市舶提举司”。③ 元代管理海漕与河漕的机构及隶属关系详见图3-2-1。

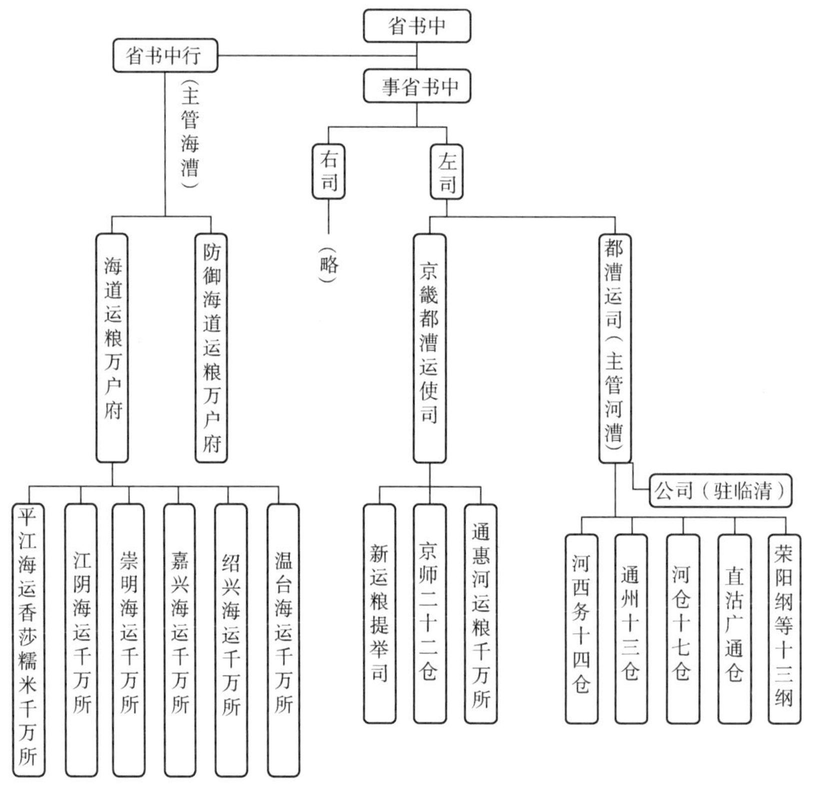

摘自李治亭:《中国漕运史》,文津出版社1997年版,第231页。

图3-2-1 元代漕运、海事管理机构一览图

①《元海运志》,商务印书馆1936年丛书集成初编版,第1页;《元史》卷九十三《食货一·海运》,中华书局1976年版,第2364-2365页。

②《元史》卷九十三《食货一·海运》,中华书局1976年版,第2365页。

③《元史》卷九十四《食货二·市舶》,中华书局1976年版,第2403页。

(二)河漕管理系统

元代,内河漕运重点通过大运河从江南至大都(北京),故元朝基本上沿运河设立内河漕运机构。中统二年(1261年),元朝廷初设军储所,后改为漕储所。至元五年(1268年)改为漕运司,从五品。至元十二年(1275年)又改为都漕运司,官四品。至元十九年(1282年)改为京畿都漕运使司,主要官员为转运使及同知、副使,下设判官、经历、知事等。同年10月,漕运实行分段管理,分设南、北两漕运,即江淮都漕司与京畿都漕运司。江淮都漕司驻在长江与大运河交汇处的瓜洲,负责江南至瓜洲段的漕运事务;京畿都漕运司接收江淮都漕司漕粮,负责中滦(今河南封丘南,黄河北岸)至大都粮运。两司各于其关键地设行司、分司,以求上下衔接,年运粮30万石。至元二十五年(1288年),改原济州漕运司为都漕运司,管领河南、山东由内河北去的漕粮运输。后朝廷增设淮安、济州和利津3个分司。另外,至元二十三年(1286年),在广州还设立管理漕运的转运司。①

明洪武元年(1368年)十一月,朝廷除沿袭宋、元旧制外,在首都金陵(今南京)设中央管理漕运机构——京畿都漕运使司,命龚鲁、薛祥为都转运使,管理漕运、海事事务。② 洪武十四年(1381年)后,此司设废不定。永乐至正统年间(1403—1449年),常以御史、都御史、郎中、主事、提督等官职掌漕运、海事等。自成化年间(1465—1487年)漕运采取长运法,机构、人员及船舶规模之大均达到中国漕运史的顶峰。明代在继承和发展的基础上,组成具有半军事性质的漕运系统。天顺年间(1457—1464年)之后,朝廷在长江与黄河中下游各地分设12个漕总(指把总)、12万军(指漕军),参与漕粮运输,有运船11775艘,尚有遮洋总(海军)7000人,海船350艘。③ 至万历年间,漕卒数和漕船数又有变化。后朝廷罢废京畿都漕运使司,另设漕运府总兵官。④

明景泰二年(1451年),开始设置漕运总督,与总兵官统领漕运、海事事务,驻南北大运河沿运河的重镇楚州(今江苏淮安),任命副都御使王竑为首任漕运总督(简称总漕、漕标、漕抚,全称总督漕运兼提督军务巡抚凤阳等处兼管河道),兼巡抚淮、阴、庐、凤四府及徐、和、滁三州。其职能除督促涉漕各省经运河输送粮食至京师外,还有巡抚地方,并兼管河道维护治理、海事管理等。漕运总督相当于唐代的转运使与宋代的发运使,以及元代的都漕运使司和海道运粮万户府。其下属官员有总督漕运都御史1人、理河刑部主事2人,以及管船厂主事2人和管河工部郎中2人等。都察院各道监察御史中有一个巡视漕务的专职者,掌稽察所巡之地,挑浅疏滞,趱程纠弊,称巡漕监察御史。

明永乐二年(1404年),始设漕运总兵官(简称漕运总兵),既管理漕运,还兼管河道。下设副总兵、漕运参将各1人。漕运总兵常驻徐、邳,与漕运参将一起,协助后来(1451年)设立的漕运总督,管理漕运、海事事务,统领海上漕运运输。海运罢废后,改督内河漕运。舟师参与漕粮运输后,主要由军队承担漕运,运粮旗军成了漕运的基本力量,专职漕粮运输,又称为运军。每年正月,漕运总督巡察扬州、瓜洲及淮安,总兵、参将则监督漕船过洪入闸。每年八月在北京召开一次最高年会,由漕运总督组织,漕运总兵、巡抚、侍郎等官吏参加,商议规划来年漕运事务。在地方上,以府佐、院道和科道官吏及县总书等掌管本地漕事、海事。中央户部和漕府派出专门官员主持各地军、民粮船的监兑和押运事宜。州县以下由粮长负责征收和解运。粮长下设解户和运夫,专供运役。漕运总督下属的机构庞大,下辖储仓、造船厂、卫漕兵厂等。漕船是漕运最基层单位,每艘船编定旗军10人,其中"推一老成者纲领之,谓之纲司",即船长。正常是10~12艘

---

①李治亭:《中国漕运史》,文津出版社1997年版,第228页。

②《明会要》卷五十六《食货四·漕运》,中华书局1956年版,第1063页。

③罗传栋:《长江航运史》(古代部分),人民交通出版社1991年版,第319页。

④《明史》卷五十五《食货三·漕运》,中华书局1974年版,第1922页;《明史》卷七十六《职官五》,第1871页。

漕船组成一个船帮,由1名运官负责押运。卫所是船帮的上司,每一卫所配备的漕船、指挥、千百户及旗军数量由其承担运粮数量多少而定。卫所以上为漕总,是设于布政司一级地方的漕运最高管理机构。其最高职官把总,统管本总内各卫所漕务。各漕总所配备的运军与漕船数量,一般也依运输任务大小而定。但有的漕总所配备的粮船与旗军数量,却大于所承担漕粮运输任务,这反映各漕总负担不平衡。①

清继明以后仍以北京为国都,漕运规模虽逊于明,但其组织结构与管理体制却在继承前代基础上颇有发展,更加严密。从机构的设置、官员的配备、职责的权限,到各个环节的规定、奖励赏罚、交接手续等,都有成文条例可循,形成一套成体系的机构与职官,组成一个完整庞大的官办漕运、海事管理体系。管理漕运、海事的职官最高为漕运总督,中级为各省、府粮道官,基层为领运守备、千总。漕运总督,主管全国漕政、海事事务;各省粮道官,为一省统理漕务、海事的最高职官;领运守备、千总,为管理漕运、海事一线的小吏,承担的责任较重。顺治元年(1644年),仅设漕运御史。次年5月,设漕运总督,为中央最高漕运职官,正二品,驻淮安(见图3-2-2)。其下设有各省都粮道、巡漕御使等,各州县均有专设机构。漕运总督官高任重,常由兼尚书或都察院右都御史衔从一品大臣担任,管辖范围为山东、河南、江苏、安徽、江西、浙江、湖北、湖南八省,负责漕运、检选运弁、漕船修造、查验回空、督催漕欠等事务,海事管理也在其中。就各级官吏职权划分,大致分为监督巡查官、征收监兑官、押运官、领运官、催趱官、漕仓监收官六类。这些职官依职权分别负责,从向税户征收起,至京通交仓止,形成了一个独立完整的体系。以上各漕事官吏,为中央一级的户部内设的云南清吏司兼理。② 漕运总督及其相关管理漕运、海事机构因1901年漕运停止而均被裁撤。为确保漕运无误,清政府沿袭明代旧制,在大运河沿线的淮安、济宁、天津、通州设置了巡漕御史各1人,稽查本段漕运。另设漕运武官(称漕标副将)及所属官员,有副将与游击各1人(乃漕总直属武职),都司、守备各2人。又千总4人、把总10人,均为监管催护漕船等漕务官员。此外,漕运总督执掌着一支数千人的护漕部队,淮安、淮北沿河置有镇道将领,每当船行至各自的防区,催促入境漕船快装快前行,并负有巡视本防区内运河安全之责。在镇江与瓜洲的南漕枢纽处,由镇江道催促,同时由总兵官(后改为副将)巡视河岸,协同督促漕船过江。

图3-2-2 漕运总督署广场

①李治亭:《中国漕运史》,文津出版社1997年版,第230-234页。

②江太新:《漕运史话》,社会科学文献出版社2011年版,第123页。

清代中期前,海事管理除寓于漕运机构,还有多种交叉与重叠的水运或其他机构兼管,名称不一,职责不同,分工不明。如都转盐运使司,简称运司,最高长官为盐运使,主要对沿海与内河的运输船舶实施管理,重点是对外商船发放牌照。水师衙门,主要是保海道畅通和商船安全,派出师船保护运输,防止私运多载,对往来船只组织检查,负责遇难船只的救助等。各州县衙门也兼有水运管理职责,向沿海商船发放执照,对船只编号烙印等。①

(三)河海兼运管理系统

自元迄清,凡经河、海漕运进京的粮帑商货,悉由直沽(今天津)卸下,再改用驳船装运北上。最高峰时,北运河上的官造驳船曾多达 2500 只。这些驳船在入京之前,必经河西务(天津武清区旧城关东北 15 公里,距天津、北京各 60 公里,元明清三代漕运要地)报关通行。为此,河西务自元初起,就成了中央直属之地。据《元史》载,至元二十四年(1287 年)于河西务置总司(清代移至天津),分司在临清(今山东聊城)。该司置官 75 名,最高官秩正三品。至元二十五年(1288 年),内外分置漕运司二,其在外者于河西务置司,领接运海道粮事,掌管自济州东阿并御河上下直至直沽、河西务、李二寺、通州、坝河等水陆繼运,接海道粮斛及各仓收支一切公事。同年,又在河西务建立 14 个粮仓,以储皇粮。各库主官均为正七品,上下共计 52 人。② 由此可见河西务地位之显赫,以及当时朝廷对漕运是何等的重视。

三、兼管民船的税关机构重叠

元明清三代在沿海、内河的港口设立钞关(又称税关、户关)钞关除征收船钞外,还进行船舶丈量、验证、检查、注册等海事管理活动,对过往商运、个体船舶"度梁头广狭为率,自五尺至三丈六尺有差"。③ 依附于钞关生存的牙商、牙行、脚夫、船埠头等,因服务于水上交通运输业而成为新兴行业。

据《元史》载,元初百姓用船装运竹木柴薪之类都在征税之列,到至元二十四年(1336 年)才"罢江南竹木柴薪及岸例鱼牙诸课"。这一年,朝廷"定船户提举司十处,提领二十处。定船户科差,船一千料之上者,岁纳钞六锭,以下递减"。④ 元时既征商课,又征船税,其中船税按舟船的长宽大小为准征收,时称船料。为了征收税金,朝廷在全国设立税关。据《元典章・吏部》载,元代仅在长江干线设立的税务提领竟达 17 处,即扬州、武昌、建康(今南京)、江陵、江阴、镇江、和州(今安徽和县)、公安、江州、重庆、芜湖、池州、岳州、安庆、蕲州、黄州、汉阳。各税关的官阶品级按税关大小划分,六至八品不等。⑤

明初全国税务制简事约,后来机构增设日多。据《明史》记载:"行赍居鬻,所过所止各有税",即行商坐贾都要向政府交纳过税与往税。国家建置的征税"官司有都税,有宣课,有司,有局,有分司,有抽分场局,有河泊所。"。⑥ 当时全国有 13 个布政司、382 个局。⑦ 其中,钞关、河泊所与抽分局是建立在内河、湖泊沿岸向舟船征税抽分的水上关税机构。而河泊所和钞关主要对民船进行管理。钞关是管理船舶的关税机构,除征收船钞外,还担负船舶丈量、验证、检查、注册等海事管理任务。内陆省份重点城镇均设立钞关,通过丈量收取船舶税(也叫船钞、船料、梁头税),即根据船只的等级与大小向每只商船课征税项(原按船舶载货量,后逐渐改为按船只大小尺寸,主要是船舶宽度核定)。明中叶以后,船税、货税、竹木税等

---

①赖定荣:《珠江航运史》,人民交通出版社 1998 年版,第 174-175 页。
②《元史》卷九十三《食货一・海运》,中华书局 1976 年版,第 2365 页。
③《续文献通考》卷二十四《征榷考》,第 239 页。
④《元史》卷三十九《顺帝二》,中华书局 1976 年版,第 838 页。
⑤罗传栋:《长江航运史》(古代部分),人民交通出版社 1991 年版,第 266 页。
⑥《明史》卷八十一《食货五・商税》,中华书局 1974 年版,第 1974 页。
⑦吴兆莘:《中国税制史》上册,商务印书馆 1937 年版,第 168-169 页。

苛征日盛一日,成为商贾与船户无法忍受又逃避不了的祸害。

钞关,名称缘于钞法之弊,始设于明宣德四年(1429年),与收取当时流通的大明宝钞密切相关。据《明史》载:“宣德四年,以钞法不通,由商居货不税,由是于京省商贾凑集地、市镇店肆门摊税课……悉令纳钞”,钞关之名由此而生。成化以后,钞关开始折收银两,后又几经变化,但名称始终未变。“舟船受雇装载者,计所载料多寡,路近远纳钞。钞关之设自此始”。[①] 自明朝政府实行禁海政策后,海漕基本上停止,转行内河漕运,京杭大运河为全国漕运和南北商品流通的主要水上通道。钞关几经停废和新增,到明万历年间全国尚存7个,即运河沿线诸关,包括崇文门(北京)、河西务(天津)、临清、淮安、扬州、浒墅(苏州城北)、北新(杭州)。各关征收船税后,发给行商税票,写明纳银两数目,等待途经其他钞关查验。行商船舶到达下一钞关时,应出示前一关发给的税票,以备查验放行。如有偷漏,应补纳关钞。隆庆元年(1567年),朝廷授权扬州、浒墅二关,凡从上江航行来的船只,若“查无九江船税票,责令补纳船料,另行登簿”。《大明律》还以法律形式规定:“凡关津往来船只,守把之人不即盘验放行,无故阻挡者,一日笞二十,每一日加一等,罪止笞五十。若……经过关津不服盘验者,杖一百。”就是有权势的人所用的船只过关不服盘查的,也要受到制裁。其律条适用于各钞关。[②]

明代,各地都有一批商人利用江河水流漂运竹木料售卖。为向漂运、贩卖竹木商人征收竹木实物税,朝廷专设竹木抽税,由工部管领,故也称工关税。全国各地竹木发运与贸易集中的城镇,都设置有竹木抽分场、局机构,“抽分在南京者,曰龙江、大胜港(大胜关);在北京者,曰通州、白河、卢沟、通积、广积;在外者,曰真定、杭州、荆州、太平、兰州、广宁”。[③] 由于凡漂运竹木经过抽分场、局、津关或在抽分局境内贩卖,政府都要抽取部分竹木材料作为税金,所以这种征收又称作抽分。在对漂运的竹木征收税金过程中,对竹筏的运输安全也同时加以监管。此外,明代还在全国各重要关卡、埠头和河泊所设税关。埠头由各地政府所设,“选抵业人户充当,官给印信文簿”,其职责是对民间船舶进行登记,“客商船户住贯、姓名、路引字号,物货数目,每日赴官查照”。这是在长江上首次出现对民船的海事管理机构。“河泊所是管理渔船的税务机构,主要设在内河湖泊之滨,取税于渔船。到洪武十五年(1382年),全国共设河泊所320个。[④] 就连当时琼州(今海南省海口市)也于洪武二十八年(1395年)设立琼州课税司,负责管理海事和收取船舶税。清康熙二十九年(1690年),海口设常关总局,办理关税与出入境手续。

这些重叠的税关机构,给百姓带来无限祸患,可谓:税卡林立,层关叠征;税外之税,苛索为患;征砖重负,弓兵为害。正如霍韬在《嘉靖改元建言》中所说:“……细民磨髓剥骨,一钱之利,不逃税焉。”[⑤] 各钞关对商船的征税自景泰、天顺年间(1450—1464年)起,除征收船料外,还普遍向舟船加征烧砖税,迫使贾船商舟贩运于水上“既要带砖,又要带钞”,不堪重负。税关人员以检查船只为名,随意勒索商人,未得满足,便故意刁难苛留。洪武时,南雄商人舟贩货物入京,行至长滩关竟被无故留难1月之久。被留的船只遭风打浪击,造成舟覆货沉人亡惨剧的屡见不鲜。

清代,原有钞关改称常关,也统称榷关,又因隶属户部管辖,亦称户关。全国有常关32处,包括:临清关、淮安关、扬州关、北新关、九江关、浒墅关、赣桥关、新江关、西关、芜湖户关、正阳关、临淮关、太平桥关、遇仙桥关、浛光厂关、广西梧州厂关、浔州厂关、河西务关、山海关、张家湾关、居庸关、夔关、徐州关、通州空运厅关、荆关、密云关、宿迁关、龙江关、大胜港关、通州关、南新关、芜湖工关、清江厂关。[⑥] 大关以下叠

①《明史》卷八十一《食货五·商税》,中华书局1974年版,第1976页。

②《大明会典》卷三十五;《大明律集解附例》卷十五。

③《明史》卷八十一《食货五·商税》,中华书局1974年版,第1974页。

④吴兆莘:《中国税制史》上册,商务印书馆1937年版,第165页。

⑤叶显恩:《广东航运史》(古代部分),人民交通出版社1989年版,第130页。

⑥邓亦兵:《清代前期税关设置》,见《清史研究》2007年第2期。

设小关,关中之关难计其数。如淮安钞关下设的小关卡竟达 18 处;而湖北荆州关下设的属关堪与淮安关相匹敌,计正关 11 处、支关 4 处,平均 20 公里就设有关卡 1 处。设置如此密集的关卡,目的无非是为向商人、船户征收更多的税金,且户部、工部两部门均争相设立。顺治四年(1647 年),“立户、工各关”。立国之初,“门关之税,有户、工二关。其户关……山东则临清关;江苏则江海关、浒墅关、淮安关、扬州关、淮关兼辖庙湾,扬州兼辖瓜洲闸;安徽则凤阳关、芜湖关;江西则九江关、赣关;浙江则泊关、北新关;湖北则武昌厂兼辖游湖关;四川则夔关。……工关均木税。有以户关而工关者,亦有专系工关者……山东则临清关;江苏则龙江关、宿迁关;安徽则芜湖关;浙江则南新关;湖北则荆关、辖田关;四川则渝关……”。户部所属各钞关征收船税,工部所属各关征收竹木税。两税兼征的有临清关、芜湖关。朝廷专门派遣户、工两部司员到各关督征税金。康熙四十七年(1708 年),先后定凤阳、天津、杭州、荆州、江海、浙海、淮安、板闸及淮关改由各地巡抚监收关税。

税关对舟船(主要是民间商船)的检查监管,清代仍循旧制丈量船只大小、长短(称为量船。这种量船极为苛严,已经成为盘剥船民的一种手段),并依丈量数据征收船税。这可以看作是对过往舟船的管理,即一种经常性对在港船舶的管理。明代以船料计算征税额,方法粗略,也没有制定详细的条例。清代的量船条例则相当详细。如《淮关量船条例》可以说是当时计算船舶舱容量的标准条例,立有 90 条的量船则例,其中有关丈量船只的细则有 5 条。各税关都分别定有船舶丈量、计算方法,检查夹舱、夹底,防范贵细货物藏于舱底、粗货浮装舱面等条例。为了多征船税,淮关在丈量舟船时不放过一点空隙之处。其《量船条例》规定:“船桅后中舱两边走杆的空虚处、船家察看水情的方水井、探试潮湿的气桶、船舷两边出水的站板、船上的神堂等处,量船时都要被统量在内,计算为有效舱位”。① 税关的苛征横索等弊端终清一代也未能解决。道光时,据载“书吏徇纵等积弊”层出不穷。康熙二十年(1684 年)废除海禁,钞关逐渐减少。光绪二十七年(1901 年),内河漕运停止,钞关随之废止。

第三节　海事法规和规章制度的细化与分类

一、海事管理法规与规章的进一步细化

元朝制定的《元典章》中有关船舶管理规章,主要集中于对个体船户的管理。

《船户揽载立约》:至元三十一年(1294 年),江西行省榜文内一款规定,“今后凡雇乘船之人,须要经由管船、饭头人等,三面说合,明白写立雇船文约。船户端的籍贯、姓名,不得书写‘无籍贯’并‘长河船户’等不明字样……于所属官司呈押,以凭稽考”。②

《休拿客人船只》:此条款规定,如果官船损坏,应送交所在官司修补,不能擅自拘刷民船顶替。③

《禁止拘刷船只》:至元十九年(1282 年),“……江淮上下及淮浙等处小河,往来客船相望不绝……诸处官司指以雇船装卸官粮官物为名,故纵公吏、祗候、弓手人等,强行拘刷捉拿往来船只,雇一扰百,无所不为……”因此,朝廷于至元二十年(1283 年)六月十七日下旨规定:“‘所在官司,却不得依前强行拘刷船只,骚扰百姓,如违并行究治。’钦此”。④

食盐与茶叶运输的船舶管理规章。在《元典章·户部》条款中,对盐、茶引的发放,盐、茶的运销、征

①胡体淦:《长江航政史》,人民交通出版社 2000 年版,第 78 页。

②《船户揽载立约》,见《元典章》卷五十九《工部卷之二·造作二·船只》,中华书局、天津古籍出版社 2011 年版,第 1984-1985 页。

③《休拿客人船只》,见《元典章》卷五十九《工部卷之二·造作二·船只》,中华书局、天津古籍出版社 2011 年版,第 1983 页。

④《禁止拘刷船只》,见《元典章》卷五十九《工部卷之二·造作二·船只》,中华书局、天津古籍出版社 2011 年版,第 1981 页。

税、批验(检查)、缉私和严禁一般船只进入煎盐场附近航行、停泊等,都做了极为明确的规定。除盐、茶商人以外,对于一般的贩运商贾也要进行管制,甚至在关津、渡口处实行"验引放行"制度。批验盐船的手续繁杂,拦船关防众多,沿途盘查、验引势必影响舟船的正常通航。可以说,这些制度的定立使贩运商贾们在一定程度上失去了贩运的自由。许多官设码头也趁机百般刁难舟船。如江南船只很难顺利通航于江、淮及南北运河,致使货物运输受到节节阻碍。皇庆元年(1312 年)八月,中书省在一份说明大都物价上涨原因的奏议中指出:"近年都下诸物价腾,盖因各处所设船行步头刁蹬客旅,把柄船户,以致舟船涩滞,货物不通"。① 可见,元代关津对商船的勒索、阻扰要超过两宋。

保证船户食盐与茶叶运输利益。至元二十年(1283 年)九月,江西行省奉旨禁止拘刷茶船。大德五年(1301 年)三月,两淮都盐转运主使司,奉圣旨禁止拘刷盐船。②

虽然上述某些规章使船户失去了部分贩运自由,但多数条款对维护船户利益、稳定水上航行秩序、促进个体船户经营发展有一定的积极意义。

元延祐四年(1317 年),朝廷制定《海运以远就近则例》,以刘家港为中心,合理组织各地船只装运江南各仓漕粮,大致分三路汇于太仓。《则例》规定:平江路东北的"常熟、江阴、昆山、崇明两所船只于平江、常州、无锡各仓,依验人户、湾船远近、船料多寡、近远分仓、摽拨支装。"原在"……崇明州、通州、海门县船只,前来刘家港湾泊,合于平江仓支装。若有装发不尽粮数,将两所小户并常熟、江阴近千户计贴装。"平江路东南的"松江、嘉定、杭州、嘉兴两所"与"富阳及崇明州船只"从平江仓运粮刘河。"上海张家浜、嘉定沿江一带的船只,于松江乌泥泾各仓支装……"这样,平江—昆山太仓—浏河镇便以娄江为襟带形成了元代海运漕粮的储存基地与开洋泛海的起点港。③

明代,除在各水系设立水驿站船为朝廷官员提供水上交通便利外,其官方航运的主要内容是漕粮运输,并于成化七年(1471 年)实行长运法。永乐十九年迁都北京后,又复回到了元时漕粮北运北京的状况,更加注重漕粮的运输,其中有关漕运、漕粮的安全管理在《大明律·户律》中均有规定:

为让粮船能按时抵达各指定地点,正德五年(1510 年)特制定了漕船航行日志,称为《水程图格》,发给各船帮运官掌管。粮船在航行中,要逐日将水道行程里数、行止地方填入表格中,同原有帮票一起报户部查考。粮船纲如超过运期,运官要受到惩罚。④

对于发生的各种水上事故,《大明律·户律·转解官物》条规定:"若船行卒遇风浪……事出不测,而有损失者,申告所在官司,委官保勘覆实,显迹明白,免罪",失粮不予追究。⑤

二、海事管理规章制度的分类

明代,朝廷对官船及各驿站船的使用有明确的管理规定。

(一)对乘坐官船的管理规定

朱元璋颁行了"洪武船符","织黄丝为之,厚如铜钱,高九寸,阔一尺八寸。织云龙为栏,阔一寸,中织一船,张帆而行。前织皇帝圣旨:公差人员经过驿分,特此符验,方许应付船只。如无此符,擅便给驿,

①《大元通制条格》卷十八《关市·牙行》,法律出版社 2000 年版,第 246 页。

②《禁治拘刷茶船》《禁治拘刷盐船》,见《元典章》卷五十九《工部卷之二·造作二·船只》,中华书局、天津古籍出版社 2011 年版,第 1982-1984 页。

③罗传栋:《长江航运史》(古代部分),人民交通出版社 1991 年版,第 275 页;《海运以远就近则例》,参见《海道经》附录《海运以远就近则例之图》,道光二十六年(1846 年)《指海》丛书刊本。

④《明史》卷七十九《食货三》,中华书局 1974 年版,第 1921 页;《明会要》卷五十六《食货四》,中华书局 1956 年版,第 1067 页。

⑤《大明律》卷七《户律四·转解官物》,法律出版社 1999 年版,第 75 页。

各驿官吏不行执法,徇情应付者,俱各治以重罪。”① 此船符成了乘坐官船的凭证。洪武二十六年还规定:“凡在内公差人员,系军情重务及奉特旨差遣给驿,兵部填给勘合,所差人员转赴内府关领符验,给驿前去,事完就便销缴。凡符验,洪武二十三年重造给发各王府及山西、北平、山东、陕西、广东、福建、辽东、贵州等都司、布政司各六道,云南都司、布政司、峡西凉州卫各十道,浙江、江西、湖广、四川、广西布政司及金齿卫各五道。……如有军务,以多桨快船飞报。”② 这个记载与船符圣旨相符,说明当时因公出差用船必须持有船符与勘合,方准调用或乘坐官船与驿船,违者将受到重惩。后来只凭勘合即可住驿用船,乘官船、驿船便失去了控制。

(二)对因公准乘官船或驿船的人员规定

明代的《大明律·兵律》对“多乘驿马”等犯规行为,要“凡出使人员,应乘驿船驿马,数外多乘一船一马者,杖八十。每一船一马,加一等”;“其乘船车者,私载物不得过三十斤,违者,十斤笞一十,每二十斤加一等”。漕运船只私自搭载客人或商货,以及夹带私物的,还要对护送押送漕粮的兵官、小卒、军丁等给予不同程度的处罚,把总等“降一级”。如果“沿途……占夺车船……被害之人赴所在官司具告,拿解兵部转送法司究问”。这些规定有效地维护水上交通秩序。③

清代,为保证各省按质按量、如期如数交兑漕粮,漕船按时开航、抵港,由政府制定了一系列的规章制度。如对满载漕粮的漕船航行期限有严格的限定。按运输全程计算,长江以南各地帮船必须在每年二月以内渡过淮河,按规定日期抵达通州粮仓卸纳,否则必将误期。原规定“江南的江宁、苏松等府限正月内过淮。浙江、江西、湖广限二月内过淮”,“江北各州县限十二月内过淮”,违限者均要受到惩处。违限10天至3个月以上,各级漕运官弁照例要受到“捆打”“部议革职”,以及“罚俸”3个月、6个月、1年,直至“督抚戴罪催督粮道,监兑各降一级调用”的处分。康熙年间(1662—1722年),过淮时限一度放宽,但对违限的处罚更严。漕船返归本帮(居住的地方)也同样有规定的期限。清政府还特别制定了漕运交兑军粮及开兑限期等方面的条规,共有8项,计20多条。就漕粮的交兑期限、漕米征收开仓与兑完,以及收兑漕粮过程中的管理均作了规定。顺治十二年(1655年),制定了针对运官的《考成则例》,对运官功过赏罚都有详细的条规,如防止漕运官丁因海损事故及其他原因挂欠漕粮等。在《钦定户部漕运全书》中,有对于挂欠漕粮处理的若干条律规定,除就欠粮者“官欠追官,丁欠追丁”,并责令其变卖家产及妻子充赔外,还有对欠粮追补不完的总漕、粮道、监兑、押运、卫所官丁施以杖笞、罚俸、降级革职、发边充军,直至处斩的处分规定。

清代天津漕运已形成一套比较完整的漕规运务与水上安全管理规则,诸如“漕船调拨,通漕禁令,航行顺序,挽运事故,漕船登记,运丁评判,航标管制,河道浚挖”等均有详细条文。这是天津地区较早的有关水上安全管理的规则。④

---

①吴振:《养古斋余录》卷六引《大明会典》;罗传栋:《长江航运史》(古代部分),人民交通出版社1991年版,第378页。

②《大明会典》卷一百四十九《兵部三十二·驿传五·符验》,上海古籍出版社2002年续修四库全书版,第三册,第535页上。

③《大明律》卷十七《兵律五(邮驿)·多乘驿马》《兵律五(邮驿)·乘官畜产车船附私物》,法律出版社1999年版,第128-129、P133页;《大明会典》卷一百六十六《刑部八·军政·纵军掳掠》,上海古籍出版社2002年续修四库全书版,第三册,第41页上。

④《天津市志·港口管理》,天津市社会科学院出版社1999年版,第513页。

第四节　外舶管理的加强与衰落

一、外舶管理的进一步加强

元朝对外舶管理的市舶制度,在沿袭前代基础上又进一步发展。朝廷十分重视海外贸易,曾下诏云:“市舶司的勾当,哏是国家大得济的勾当有。”① 元市舶机关与官员名称沿用上代。市舶司由行省直接管辖,每司设提举2人,从五品。元朝政府曾在中央设立行泉府司(院),管理经营买卖的商人,同时管理市舶事务,但为时不长。当时市舶机构的设置也是多次改变。当元军攻取浙江、福建等地,社会秩序安定后,基于上海、浙江、福建等港口外舶来往频繁,“于是至元十四年(1277年),立市舶司一于泉州,令忙古觫领之。立市舶司三于庆元(今浙江宁波)、上海、澉浦(今浙江海盐),令福建安抚使杨发督之”。② 后来,又在广州、温州、杭州3处增设市舶司。

元代市舶司的名称、隶属屡次变迁。《元史》和《续文献通考》载:“至元二十一年(1284年),设市舶都转运司于杭、泉二州,官自具船、给本,选人入番,贸易诸货。其所获之息,以十分为率,官取其七,所易人得其三。凡权势之家,皆不得用己钱入番为贾,犯者罪之,仍籍其家产之半。”③ 九月,并市舶入盐运司,立福建等处盐课市舶都转运司。至元二十三年(1286年)正月,又诏立市舶都转运司。六月,又省市舶司入转运司。八月,以市舶司隶泉府司。十二月,复置泉州市舶提举司。至元二十四年(1287年)闰二月,改福建市舶都转运司为都转运盐使司。至元二十五年(1288年)四月,从行泉府司沙布鼎乌玛喇请置市舶提举司。至元二十三年(1286年),广州设立市舶司,管理海外贸易。至元二十六年(1289年),为加强对泉州、漳州的外舶与对外贸易的管理,福建市舶司和都转运盐使司合并入市舶都转运司,并设上海、福州为二万户府,以维持海运。至元二十九年(1293年)八月,杭州市舶司并入杭州课税提举司。以后,杭州海外贸易及外舶等管理事务由税关兼管。至元三十年(1294年),朝廷诏令:“仍以温州市舶司并入庆元,杭州市舶司并入税务”。④ 大德元年(1297年),罢行泉府司。次年,又置致用院。至大元年(1308年),复立行泉府司,整治市舶司事。至大二年(1309年),行泉府司又罢,市舶提举司隶属江浙行省。至大四年(1311年),又罢之。延祐元年,复立市舶提举司。至大年间(1308—1311年),广州市舶司罢废,泉州市舶司改隶行泉府司(院),后又恢复市舶提举司,由福建都运司兼管。⑤ 延祐元年(1314年),“改立泉州、广东、庆元三市舶司。每司提举二员,从五品;同提举二员,从六品;副提举二员,从七品;知事一员”。⑥ 这些专职市舶官统辖于地方最高行政当局——行省,直到元末再没有发生过大的变动。期间,庆元市舶司于大德八年(1304年)罢之;至大元年(1308年)复之;皇庆元年(1312年)又废之;延祐元年(1314年)虽恢复,但却禁止商船去外国贸易;延祐七年(1320年)四月又罢废;至治二年(1322年)再恢复建置,并维持到元末。⑦

元初,因元军南下,社会动荡,番舶不来靠泊,上海的海外贸易一度中断。至元二十九年(1292年)上海镇升为上海县,海外贸易有了新的发展。此时,吴淞江下游河床淤塞加重,航道“已成平陆”。大德二

---

①《市舶则法二十三条》,见《元典章》卷二十二《户部卷之八·课程·市舶》,中华书局、天津古籍出版社2011年版,第874页。

②《元史》卷九十四《食货二》,中华书局1976年版,第2401页。

③《元史》卷九十四《食货二》,中华书局1976年版,第2402页;《续文献通考》卷三十一《市籴考·市舶互市》。

④《元史》卷九十四《食货二》,中华书局1976年版,第2402页。

⑤郑有国:《中国市舶制度研究》,福建教育出版社2004年版,第164、178页。

⑥《元史》卷九十一《百官七》,中华书局1976年版,第2315页。

⑦《元史》卷九十四《食货二·市舶》,中华书局1976年版,第2401-2403页。

年(1298 年),澉浦、上海被并入庆元市舶提举司,直隶中书省。以后,上海地区的贸易港口渐为位于长江口的刘家港所取代,直到明代初年黄浦江形成新的水道,才又掀开新一页。元至正二年(1342 年),濒临东海、地处长江入海口的太仓,因海漕而兴盛,“海外诸蕃又贸易于太仓,谓之六国码头”,朝廷命提举脱脱在太仓武陵桥北设立黄渡市舶提举司。元末,受战火之害,曾繁荣一时的刘家港失去对外贸易良港的地位,黄渡市舶司业务一度萧条。①

元初,在廉州(今广西壮族自治区北海市合浦县)设立市舶提举司,归廉州总管府管理,专管商舶及海外贸易。至元三十一年(1294 年),“罢廉州市舶提举司”,由廉州总管府复设沿海巡检司。延祐四年(1317 年)十二月,复置廉州采珠都提举司,兼有市舶司性质。②

元初改制后,仍因袭南宋市舶条例,但管理制度不严,导致营私舞弊、贪赃枉法之事屡有发生,直接影响到朝廷从海外贸易中获取经济收入。为扭转混乱局势,至元二十八年(1291 年)朝廷着手咨访集议新的市舶法令。至元三十年(1293 年)八月,颁布以“亡宋市舶则例”为基调的《整治市舶司勾当》22 条(也称《至元市舶法则》),颁行全国。延祐元年(1314 年)重开市舶时,又颁布了经过修改的新市舶法则二十二条。

这两个市舶法则,既承袭了宋制,又对市舶司职责范围作了新的明确规定,被称为中国古代最完备的一部包含海事管理在内的税关法规。法则中的外舶管理职责主要是审批与核查进出口岸外国船舶的有关手续。而对中国船舶的管理则根据舶商的申请,签发出海贸易许可证(称公据、公验或公凭),对准许出海的船舶进行检查,察看有无挟带违禁之物;船舶回港途中,派人前去封堵(封存货物),押送回港;抵岸后,差官将全部货物监搬入库,对全体船员进行搜检,以防私自夹带舶货。③

特别要提及的是,元代海上交通发达,途经南海诸岛中外商船增多,元朝政府加强了对南海诸岛海域交通安全管理。当时海南雷州、琼州地处海运的冲口,楼钥《送万耕道帅琼管》一诗有云:“琉球大食更天表,舶交海上俱朝宗。”④《代谢知琼州表》中又说:“……而贾胡遥集,实为舶政之源。”⑤ 海南在海运中起到中继站和避风港的作用,甚至琉球、大食等地也有船舶到此靠泊。海南昌化(今海南昌江县)城西有贞利侯庙,“商舶祈风于是”,“舶舟往来,祭而后行”⑥。可见,海南岛不少港口是商船必经之地。为加强对进出南海群岛海域外舶的管理,元至元十六年(1279 年)朝廷派郭守敬到西沙群岛测量天文。至元三十年(1294 年)九月,朝廷在海南设立市舶司,称海北海南博易提举司,管理琼州海峡及琼州各港口、南海诸岛,以及此区域的通商贸易。至大四年(1311 年),此提举司罢废。⑦ 明初,设琼州府统辖南海诸岛,并划归广东布政司管理。南海诸岛是周边地区各国前来中国朝贡贸易的必经之地,中国的水师对此海域实行海防巡卫与安全管理。此外,当时海南渔民还到西沙、南沙群岛海域捕捞,并在岛上种植树木,开垦旱地。

二、外舶管理的渐趋衰落

1367 年,朱元璋在江苏太仓州东、嘉定县西南 36 里的黄渡(今江苏浏河镇)设立市舶提举司,任命镇江小吏出身(有的称“浙东按察使”)的陈宁为市舶提举。据《明史》载,这是明朝建立的第一个市舶司,事实上是恢复元末的市舶司机构。当时朱元璋尚未称帝,政权还不太稳固。洪武三年(1370 年),因太仓太

①郑有国:《中国市舶制度研究》,福建教育出版社 2004 年版,第 180、222 页。
②顾裕瑞:《北海港史》,人民交通出版社 1988 年版,第 32-35 页。
③王杰:《航海史话》,社会科学文献出版社 2012 年版,第 93-94 页。
④楼钥:《攻媿集》卷三。
⑤楼钥:《攻媿集》卷十九。
⑥赵汝适:《诸蕃志》卷下《海南 · 万安军》,见《诸蕃志校释》,中华书局 1996 年版,第 219 页。
⑦正德《琼台志》卷十一《田赋 · 商税》,见《琼台志》上册,上海古籍出版社 1964 年影印宁波天一阁藏明正德残本,第二十四页。

逼近京都,为全面防止倭寇侵犯,此市舶司罢废。洪武七年(1374 年),改在广州、泉州、宁波(今宁波)三地复设市舶司。三地复设市舶司时,倭寇一再出动大批武装船舶侵犯中国沿海及内陆,一时中国"北自辽海、山东,南抵闽、浙、东粤,滨海之区,无岁不被其害"。① 因此,明政府限日本等 10 年来贡一次,定下"片板寸帆不得下海"的禁令,以致市舶司实际上少有业务,仅仅办理些诸国朝贡而已。广东设立市舶司,专门针对占城(今越南)、暹罗(今泰国)、满剌加(今马来西亚)、真腊(今柬埔寨)诸国朝贡;浙江则专门针对日本朝贡;福建则专为琉球朝贡。明洪武七年(1374 年)至嘉靖四十四年(1565 年),广州、泉州、明州三市舶司因沿海倭寇侵扰等原因而开闭不定。洪武七年,广州、泉州、明州三司甚至还曾一度全部裁撤。② 之后,又几经兴废。明人郑晓称:"洪武初,设太仓、黄渡市舶司,至今称为六国马头。寻以海夷黠,勿令近京师,遂罢之。已复设于宁波、泉州、广州。七年九月,又罢。后乃复设提举一人,副提举二人,属吏目一人,驿丞一人。三提举司皆然。"③

永乐元年(1403 年)八月,朝廷重新设立广州、泉州、明州市舶司。此外,还在设置市舶司的地方设立馆驿,相当于市舶司的一项职责,"凡外国朝贡使臣往来,皆宴劳之"。④ 据史书载,明时市舶司只限于管理朝贡,职能较宋元时代大为缩减。进贡船舶按照规定贡道进入指定港口前,市舶司要会同地方行政官员登船戡合文件,辨明真伪,另督令有关人员封舱。郑舜功《日本一鉴・穷河话海》卷七记:"四夷入贡,必先具咨布政司,乃与比对戡合,查照表文、方物,事理明白,然后遣使驱驿,否即却之。"永乐三年(1405年),朝廷在广州设怀远驿,泉州设来远驿,宁波设安远驿,由市舶司掌管接待各国贡使及其随员。广东怀远驿,规模庞大,有房室 20 间,广东市舶司命内臣提督。⑤ 永乐六年(1408 年),为接待西南诸国贡使,增"设交趾(今越南北部与中国广西南部区域)、云屯(今越南广宁省锦普港)市舶提举司,接西南诸国朝贡者"。乾隆《廉州府志》卷十四记载:"云屯镇在交趾新安府云屯县之云屯岩内,海中番贾舟船多聚于此,永乐中设市舶提举司。"宣德二十年(1445 年),随交趾布政使司的撤销,交趾、云屯市舶司也一并撤销。由于战乱和倭寇、海盗的侵扰,泉州的贸易交流受到严重影响,港口逐渐走向没落,市舶司也不复存在。明成化十年(1474 年),泉州市舶司迁往福州,成为福建布政司下属的对外贸和外舶、港务管理机构。嘉靖元年(1522 年),因倭寇猖獗,罢去福州、明州市舶司,唯存广州市舶司。不久,广州市舶司亦被废止。嘉靖三十九年(1560 年),经淮扬巡抚唐顺之的请求,广州、福州、明州三司重新恢复。嘉靖四十四年(1565 年),宁波市舶司因巡抚刘畿的请求,又罢。泉州市舶司开而复废,明代后期对外断断续续实行海禁,海门开闭不定,限制对外通商,导致市舶司兴废不定。由于大批武装海船骚扰中国沿海地等原因,宁波、泉州、广州三地复设的市舶司也相继停闭。至万历八年(1580 年),"严海禁,废市舶",市舶司完全完成了其历史使命,由新设的广东、福建、浙江、上海 4 个沿海海关取而代之。⑥

明朝沿袭前朝市舶司之制,管理制度更为严格,主要管理海外贸易与外舶事务,"掌海外诸蕃朝贡市易之事,辨其使人表文戡合之真伪,禁通番,征私货,平交易,闲其出入而慎馆谷之。"⑦ 该司对蕃商来华人数、时间及其船舶进港等的管理均很严格,并特别制定有戡合制度,发给各蕃国表文,规定其贡期、贡道、进贡人数等。市舶司置提举 1 人,从五品;副提举 2 人,从六品;属下吏目 1 人,从九品。提举,或特派,或由按察使和盐课提举司提举兼任。市舶司隶属于布政司,税收大权完全掌握在布政司等的手中。

①《明史纪事本末》卷五十五《沿海倭乱》,中华书局 1977 年版,第 843 页。

②《明太祖实录》卷九十三,洪武七年九月辛未条,台北中央研究院历史语言研究所 1962 年影印原北平图书馆藏"红格本",第 1620-1621 页。

③郑晓:《今言》卷三"二百八"条,第 119 页;《明史》卷七十五《职官四》。

④《明太宗实录》卷五十二,永乐四年三月甲寅条,台北中央研究院历史语言研究所 1962 年影印原北平图书馆藏"红格本",第 785 页。

⑤《明太宗实录》卷四十六,永乐三年九月癸巳条,台北中央研究院历史语言研究所 1962 年影印原北平图书馆藏"红格本",第 709 页。

⑥《福建省志・交通志》,福建人民出版社 2000 年版,第 406 页。

⑦《明史》卷七十五《职官四》,中华书局 1974 年版,第 1848 页。

直至明末,改行定额包税制,才由提举负责征收税金。①

明嘉靖年间(1522—1566 年)葡萄牙人窃据澳门以后,欧洲殖民主义者首次在中国领土上占据一块立足之地,大肆进行非法殖民贸易,引起东南沿海内外走私猖獗,严重地冲击明王朝的朝贡贸易制度。明朝廷不得不采取"因势利导",开放海禁,"易私贩而为公贩"的策略。隆庆元年(1567 年),明穆宗朱载垕接受福建巡抚、都御史涂泽民的建议,"除贩夷之律","准贩东西洋",重开海外贸易。

三、沿海四海关的建立与兼理海事

清初沿袭明代的"坚壁清野""禁海迁界"的锁国政策,外舶仅限于"贡船",商船不得下海贸易。顺治十二年(1655 年)六月,朝廷诏令实施海禁,沿海省份"无许片帆入海,违者立置重典"。② 顺治十八年(1661 年),实行迁海政策,凡"江南、浙江、福建、广东濒海地方","百姓村落居处",分别内迁 30~50 里,设界防守,严禁逾越。③ 随着反清势力渐渐平息,根据官员们的奏请,康熙十九年(1680 年)朝廷松弛海禁,准许直隶、山东、江南"承载五百石以下船只,往来行走"。康熙二十二年(1683 年)清军进驻台湾后,靖海侯施琅即奏请朝廷设立海关,以便于管理广东一带沿海的对外贸易与外国船舶。康熙二十三年(1684 年),朝廷在东南各省封疆大吏的请求下,恢复南洋与北洋(以长江口为界,长江口以南称南洋,长江口以北称北洋)的海外通商贸易,结束海禁政策。随之中国近海、远洋木帆船运输次第恢复,并得到较快的发展,外舶大量涌进。为加强对外贸与外舶的管理,从康熙二十四年(1685 年)起,清政府在广东广州、福建厦门(及福州)、浙江宁波、江苏上海县分别设立粤海关、闽海关、浙海关、江海关等四大海关。④ 沿海四大海关的主要职责包括:制发和检验进出港口船只的执照,经核实无误,方可登记入册,然后放行;船只到港时,负责检查有否夹带违禁物品,并与守口官兵一起缉拿走私船只;征税,一般征收船税(又称梁头税)、货税和规例(即附加杂税),船税按船只梁头尺寸(即船只大小)征收。⑤

粤海关,康熙二十四年(1685 年)设于广州城外五仙门内,由原旧盐政署改建。由于广州集中了来自西方的各国商船,粤海关在政治、外交以及财政经济收益上对清政府有着特别重要的地位,因此主管粤海关行政的海关监督全称为"钦命督理广东省沿海等处贸易税务户部分司"。除个别年份外,海关监督一职一直由中央直接任命。粤海关管辖整个广东省沿海,负责缉查进入黄埔港的外国商船和管理行商等,并由将军衙门每年调派军队协助海关管理。据《粤海关志》载,该关在海关监督之下,设立省城、澳门、惠州、潮州、雷州、琼州、高州等 7 个总口(相当分关),各总口下辖小口(总口、正税口、稽察口、挂号口)约 70 个,遍及整个广东沿海。粤海关设立后,又在广西廉州镇海角亭附近设廉州口海关,统归粤海关兼理。接着,廉州口海关又在高德、西场、沙岗设分关,对商船进行管理和征税。⑥

闽海关,康熙二十四年 1685 年在福州、厦门两地分别设立。福州设在台江中洲岛上,中心在南台口,并在福州、兴化、泉州、漳州四府及福宁一州共设 32 处关口,周转不下 2000 余里。康熙二十八年(1689 年),开始按照粤海关税则征税,并管理船舶。康熙二十九年(1690 年)后,闽海关只设一名满洲监督,驻在福州,而厦门则不派监督,全凭福州遥控。后来,厦门港在明末清初有了海外贸易基础,发展很快,清雍

①《明史》卷八十一《食货五》,中华书局 1974 年版,第 1980-1981 页。

②《清世祖实录》卷一百〇二,顺治十三年六月癸已条。

③《清圣祖实录》卷一百一十五,康熙二十三年四月辛亥条。

④彭泽益:《清初四榷关地点和贸易量的考察》,见《社会科学战线》1984 年第 3 期;黄国盛:《鸦片战争前的东南四省海关》,福建人民出版社 2000 年版,第 23-38 页。

⑤陈霞飞:《海关史话》,社会科学出版社 2012 年版,第 2-3 页。

⑥【美】马士:《中华帝国对外关系史》第一卷,商务印书馆 1963 年版,第 37 页。

正年间闽海关中心位置逐渐移至厦门。① 到雍正六年(1728 年),凡往来外国及台湾船只只能到厦门一处出口,自然厦门就成为闽海关的总口。此后,闽海关便一直保持着以厦门为中心。作为闽海关属下的一个主要分口——南台口,这时除征收船税,防止走私漏税外,还负有监督民间造船及管理少量海外贸易的事务,不再负责出洋贸易的海船挂验事务。南台分口先由满族人监督担任,雍正二年(1724 年)改由福建巡抚兼管。雍正七年恢复海关监督职位,由内务府官员担任。乾隆元年(1736 年),由闽浙总督兼任闽海关监督。乾隆三年,福州驻防大臣授命与总督共同管理海关。后因总督负责的两省行政事务过重,被免去共同管理之权。此后,福州驻防大臣(即福州将军)单独兼管闽海关事宜。

浙海关,康熙二十四年(1685 年)设在镇海县南薰门外,海关行署在宁波府南,在原刑厅馆舍办公(今宁波中山东路鼓楼东侧市公安局内,又在江东木行路濒甬江边设浙海大关),管辖南经台州至温州平阳口,北至浙西的乍浦和澉浦二口,南北相距长达 1600 余里。康熙二十八年(1689 年)实施新税则,浙海关实征税率明显低于粤海关。西方货船为避开粤海关各种附加税,便常来舟山沈家门港停泊,“舍粤就浙”现象不断蔓延。因商船出入宁波多有不便,康熙三十七年(1698 年)又在定海设关(相当于分关),便于停泊定海的外国商船就近在定海分关接受检验,并交纳税金。这样浙海关分别在宁波、定海均设海关分口,在全省的沿海、岛屿设有关口 17 处。② 浙江关的职责是管理来往日本的中外商船,稽查货物,征收船货税,兼防守海境以及严禁走私。浙海关最初以粤海关税则为参照,乾隆三年(1738 年)诏令加重浙海关税则,并明谕西洋商船不得再停宁波,却未能阻止成功。不久,乾隆下令停止闽、浙、江 3 海关对西方商船的贸易,只准往粤海关一处。

江海关,康熙二十四年(1685 年)初设于华亭县海边的漴阙(今上海市奉贤区胡桥乡)。不久,因漴阙镇小地狭,关务渐繁,公廨窄陋,加上上海河道淤塞,康熙二十六年(1687 年)迁至上海县城宝带门内巡按官署(今上海市南市小东门)。③ 康熙四十年(1701 年),在原地修建关署,称为分巡兵备道兼海关署。主管官员为监督,隶属户部。康熙六十一年(1722 年),“奉旨归苏州巡抚兼管,委地方官兼收”。雍正三年(1725 年),江海关由原来的知县兼理,改由苏松太兵备道监理。雍正八年(1730 年),苏松道台加授兵备衔,并从苏州移驻上海,同时恢复江海关专职官员。“委该道经理关务,移驻上海,不但关税得有专责,并可巡查奸匪,似于地方,更有俘益”。④ 同时,在上海宝带门外的东北侧,建造一座江海关署,称江海大关。江海关统辖 600 里范围内的吴淞、浏河、七丫、白茆、徐六泾、福山、黄田、澜港、黄家港、孟河、任家港、吕四、小海口、石庄、施翘河、新开河、当沙头、漴阙、庙湾、新沟、朦胧、佃湖、板浦、新宿等 24 个海口。⑤

清朝四大海关的设立,标志着中国古代市舶制度的结束,中国沿海开始了以海关(榷关)机构管理对外贸易与兼管海事(主要管理外籍船舶)的历史。海关(榷关)设立之初,在对进出口商船的海事管理方面,均按船舶类型规定分港停泊,进行安全监管。

康熙二十三年(1684 年),清政府虽开放海禁,恢复海外通商,但对西方殖民主义者的戒心未消除,对西方商船在沿海的活动防范极严,“安不亡危”。⑥ 乾隆年间(1736—1796 年),英国等殖民者在中国沿海疯狂地进行各种非法活动,乾隆南巡时在苏州就亲眼看见络绎不绝的西洋商船,引起“防汉制夷”的政治考虑,以及打击反清复明力量的警觉。乾隆在上谕中称:“向来洋船俱由广东收口,经粤海关稽查征税,其

①李金明:《试论明代朝贡贸易的内容与实质》,见《海交史研究》1988 年第 1 期。

②据民国《镇海县志》记载,康熙二十七年(1688 年),改舟山昌国为定海县,原定海县改为镇海县。

③同治《上海县志》卷二《建置·海关》,成文出版社 1975 年影印同治十一年刊本,第 177 页。

④同治《上海县志》卷二《建置·海关》,成文出版社 1975 年影印同治十一年刊本,第 178 页。

⑤同治《上海县志》卷二《建置·海关》,成文出版社 1975 年影印同治十一年刊本,第 178-179 页。

⑥《熙朝纪政》卷六《纪市舶》。

浙省之宁波不过偶然一至”。① 但外贸船舶照样准许进入宁波、福州、上海等港口。乾隆二十年至二十二年间，英国东印度公司代理人洪任辉率武装商船北上，要求到浙江宁波等地贸易一案爆发后，乾隆二十二年(1757 年)十一月七日敕令：当年到宁波的洋船仍准贸易，“而明岁赴浙之船必当严行禁绝。将来只许在广东收泊交易，不得再赴宁波，如或再来，必令原船返棹至广，不准入浙江海口”，以绝本国“奸牙串诱”②。于是，从这一年开始西方商船只能到广州一口挂验通商，航海贸易手续必须在广州海关办理。日本、高丽、东南亚等地商船来中国贸易不在此限制之内。

闽海关、浙海关和江海关并未裁撤，继续担负除“西洋”海舶以外地区船舶和国内商船的管理任务。广州专门办理西方商业贸易业务的商行被称作“洋行”，俗称“十三行”“公行”，是清政府特许的半官半商机构，属于外贸垄断组织，按规定控制了整个粤海关管辖范围内外商在中国的一切贸易和其他事务。一切中外商人在此地的买卖都必须通过它进行。其主要职能包括：代缴关税，代购代销，代理对外的一切交涉，监督外商与为外商做担保人，航线的划定等。其中的海事管理主要是代替海关对外舶的管理，如对外舶的检查、泊位碇泊，指派引水员、强制引水等。③

自清四大海关设立至鸦片战争，中国对西方各国贸易往来并未完全隔绝，只是基本上限于广州一口，具体事务也有种种限制政策。但正如乾隆帝所言：“天朝物产丰盈，无所不有，原不藉外夷货物以通有无，特因天朝所产茶叶、瓷器、丝斤为西洋各国及尔国必须之物，是以加恩体恤”。④ 清政府已经深陷朝贡贸易窠臼，难以自拔。

第五节　船舶导航发展与航标多样化

一、海上船舶航行技术的提升

元代，为保证海船在海上航行安全与稳定，人们将指南针许多针位点连接起来，以标明航线，称之为针路。针路以天干、地支和四卦(乾、坤、艮、震)作为航海罗盘上编排的航路方位，使海船航行时更能精确地确定航向，把握航线。同时，人们进一步认识了海岸天象及其规律，熟练地掌握与利用季风规律，并编成有关潮汛、风信、气象的口诀，且“屡验皆应”。例如，朱清、张瑄在沿海岸开拓海运漕粮途中，把风信、潮汛、云雾等气象的变化预测编成歌诀，记录下来，作为当时航海的一项重要依据和指南。直到现在，中国许多沿海船工、渔民仍在应用这些经验指导航海。可见，元代的航海人对海洋气象变化规律已有相当程度的认识与掌握，有助于进一步驾驭海洋。

明代，人们对海洋综合知识的运用更加熟练，突出表现在以下三个方面：

(1)航路航向方面。指南针更加普及与精准，且一改过去主要运用单针与缝针，如明人《顺风相送》中已经有“定三针方法”“定四针方法”等(即几个指南针一齐运用于确定航向、航程)。至迟在明代已经以“更”作为计量单位，运用于航海之中。明清时期，1 更约为 60 里。“更”与指南针结合，可以推算船位、航速，能更精确地认定航行路线和方向。

(2)地形水势方面。明代人测量水的深浅名为“打水”，以“托”为单位。虽然宋元时期已有航海图样问世，但只是以沿海为主，远洋航海似未能备及。到明代，航海图的绘制已有很大的进步，具有很高的水

①《清高宗实录》卷五百三十三，乾隆二十二年二月甲申条。

②《清高宗实录》卷五百五十，乾隆二十二年十一月戊戌条。

③【英】莱特：《中国关税沿革史》，三联书店 1958 年版，第 4 页。

④梁廷枏：《粤海关志》卷二十三《贡舶三》，文海出版社 1966 年影印道光年间刻本，第 1679-1680 页。

平,不仅涉及沿海地区,而且也囊括海外远洋地区。最典型的明代远洋航海图是明人茅元仪所辑《武备志》卷二百四十中所附的《郑和航海图》。该图所绘地区起自南京,一直到东非沿岸,遍及广大西太平洋与印度洋海岸地区,记载了500多个地名,并绘有针路、各处星位高低。对于航行途中的山峰、岛屿、浅滩、礁岩、险狭等,图中均有描绘,显示出当时的人们对航路、地形、水势的掌握程度,以及对其必要性与重要性已有深刻的认识。

(3)航海天象方面。明代航海者对天象观测技术及星位、信风及海流潮汛的变化规律的掌握,较前代有更大的进步。他们运用牵星术,确定船舶的航行位置。这种牵星术乃是当时一种利用天文状况进行测位的航海技术,即在船上利用牵星板观察某一星辰的高度,借以确定船只所在的地理位置。特别是在深海中,地形、水势难以提供有效的识别,无所凭依,往往要以天象确定航行位置。《郑和航海图》中就附有《过洋牵星图》,记录在印度洋地区牵星航海的经验。

这一期间,人们进一步深化了对季风规律的认识,并能更加充分地利用信风。明代的费信在《星槎胜览·占城国》中讲:“十二月于福建五虎门开洋,张十二帆,顺风十昼夜到占城国。”① 马欢《瀛涯胜览·满喇加国》中说,归航,“等候南风正顺,于五月中旬开洋回还”。② 可见,明代人对季风规律的掌握与运用已经十分得心应手。他们对海上风云气候、海流潮汐的变化规律也十分熟悉,编写出《顺风相送》和《指南证法》等,记载了许多关于这方面的知识和歌诀。如《顺风相送》中有“逐月恶风法”“定潮水消长时候”“论四季电歌”“四方电候歌”等,按农历月日对海洋气象的风雨规律作了详尽的记述。

清代前中期,朝廷十分重视海上船舶航行安全,对海洋地理的重要性有充分的认识与总结,绘制的船舶航海图相当有水平。清代人陈伦炯《海国闻见录》中就有附图6幅,这些图较前人的地图更加详备、精确。书中的《天下沿海形势录》,更对中国东北、东南沿海的海洋地貌、水文航运都有详细的说明。这些都对海上航行具有重要价值。

二、船舶助航标记的多样化

(一)佛塔

明嘉靖五年(1526年),巡海通判蔡潮在福建东山岛东南的东门屿建成文公塔,成为进出台湾海峡南口的重要航标。天启五年(1625年),建于广东惠州大亚湾花洲岛上的霞涌宝塔建成,也成了船舶的航行标志,还有以宝塔作航标的谚语曰:“水浸宝塔脚,下舟休要错,水淹宝塔顶,十船九个损”,作为行舟的准则。

此类灯塔,大多由社会捐助建设,也不乏民间集资建设并管理的。据史料记载,福建惠安县崇武半岛东端的崇武古城,是明代大陆和台湾通航的一个重要港口。洪武二十年(1387年)由渔民集资,在崇武南城门楼西侧建成崇武灯塔。珠江此时也开始出现了人工建设的航标。万历二十六年(1598年),黄埔琶琶洲上建海鳌塔(又名琶洲塔),作为到达黄埔港的“海望标志”。③ 万历四十年(1612年),又在珠江南岸的莲花山上建筑了莲花塔(今黄埔港新港对岸),在“山巅,以为海舶表望”。莲花塔从虎门外也可眺见,至今仍然是一个重要的航行标志。海鳌塔和莲花塔是珠江水道上最早的人工航标建筑,是不发光的航标。④ 清乾隆四十三年(1778年),澎湖通判谢维祺奉台湾府知府蒋元枢之命募款兴建澎湖渔翁岛西屿

①《星槎胜览校注》,中华书局1954年版,第1页。
②《瀛涯胜览校注》,中华书局1955年版,第25页。
③乾隆《番禺县志》卷十九,清乾隆三十九年(1774年)刻本。
④黄培芬:《南海百咏续篇》,广东人民出版社2010年版。

灯塔(又名渔翁岛灯塔)。石塔 7 级,高约 5 丈,灯光射程 1 海里,是沿海最早由地方官吏与民间集资共建的一座灯塔。此渔翁岛外垵高地上的灯塔,是台湾、厦门之间的航标。纵贯南北的大运河沿岸也有许多宝塔,著名如临清舍利宝塔、通州灯塔、杭州六和塔、镇江文峰塔等四大名塔。此外,还有江苏东台西郊的西溪古镇上建成的海春轩塔等。珠江水系上也建有许多宝塔,如西江边建的横县承露文塔,邕江边建的南宁龙象文塔,左江边建的崇左归龙斜塔,及 1896 年在右江边建的隆安榜山文塔。各内河水系上建成的宝塔不胜枚举。这些宝塔既供人们祈求佛法,又可作引导船舶进出海口或港口的人工航标。

(二)刻石示警

明万历年间,巡按御史李史华鉴于长江丰都县境内的观音滩在江水泛滥时上下水行船极易遇险,便在该滩突出的巨石处凿刻"险冠全蜀"几个大字,以警舟人。据《忠州志》载,清乾隆四十年(1775 年)忠州地方官甘隆滨在忠县南东南约 7.5 公里的折桅子滩南岸的崖壁上刻写了"对我来"。此后,船工们驾船行到此地,只需把船朝向刻有"对我来"崖石,然后轻点竹篙,便能避开礁石正常航行。这既是川江船家千百年来以险制险,巧航此滩经验的总结,也是利用川江两岸自然地貌导航的实物记录。乾隆五十六年(1791 年),三峡沿江州县奉乾隆谕诏,在对峡江险滩进行普查的同时,在各自境内沿江两岸"插立标记",为舟船导航,"俾免冒险行走,以昭慎重"。这为古代川江上一次规模最大的设置简易航标活动。自此,川江行船过滩,以标志导航,循标前进。这些航标虽然简陋,但在川江航道上却起到了不可低估的助航渡险的作用,又为近代川江航标设置提供一定的建设经验。① 现在,尽管三峡大坝已建成,川江水急流湍现象不见了,但瞿塘峡口滟滪堆、忠州县的折桅子滩和西陵峡中的崆岭滩的崖石刻的"对我来"仍可见,据有关人士调查考证,散布于长江干支流"凿石作塔,以为舟标"的题刻总计约千处。这些都是舟船航行的标识。

(三)灯船标识

随着海运漕粮活动的发展,元代长江下游入海口附近的刘家港成为海运始发港和重要贸易港口,每年有大量粮船聚齐起发。而从刘家港出发的运粮漕船必经海道的甘草等水域,浅滩暗沙,水情复杂,不知水脉之人多会搁浅、翻船。特别"海舟停泊,或值风涛"时,经常搁浅坐滩,以至船毁粮损。该港口虽在南宋"势日深广",但潮沙不通,元初才"不浚自深,潮汐两汛,可容万斛之舟"。至元二十四年(1287 年),朱清、张瑄疏导娄江入海,使娄江"水阔有二里许"。② 此后,海运日益发展。元至大四年(1311 年)十二月,富有航行经验的常熟船户苏显,在经历多次舟船经过此地遇险惊吓后,对刘家港甘草(指入长江口处)"沙浅水暗,素于粮船为害"等地方,提出竖标导航,设置"指浅号船"的建议。③ 随后征召经验丰富、驾船技术过硬、熟悉这片水域的船户担任此职。经朝廷海道府会集海运千户殷忠显、黄宗翊等人认可,"晓谕运粮船户,起发粮船,务要于暗沙东、苏显渔船偏南正西行驶,于所立号船西边经过,往北转东,落水行驶,至黄连沙嘴抛泊",还规定"如是潮水退,号上桅上,不立旗缨,粮船只许抛住,不许行驶"。苏显还自备私船两艘于刘家港"抛泊西暗沙嘴浅处,竖立旗缨,指领粮船出浅",称之"记标指浅"。④ 这种"指浅号船"虽较为简易,但却是中国江海交汇处的第一艘航标船。延祐元年(1314 年)七月,江阴船户袁源、汤玙等人,又在江阴洲夏港、需沟等以下一百余里之内,凡有浅沙之处皆立标识,共标明江阴洲浅沙暗礁 9 处。⑤

①咸丰《云阳县志》卷一《古迹》,清咸丰四年(1854 年)刻本,第 68 页。

②弘治《太仓州志》卷九《杂志》;陆文葆:《新浏河志・附集》。

③弘治《太仓州志》卷八《杂志》。

④《大元海运记》卷下《记标指浅》,广文书局 1972 年版,第 100-101 页。

⑤《大元海运记》卷下《记标指浅》,广文书局 1972 年版,第 101 页。

这是对海船进入长江的导航标志。为加强管理,朝廷还先后委任苏显、袁源为指浅提领,负责引航事宜,依法施行。此系长江航道最早的专职管理人员。

明宣德年间(1426—1435年),在山东胶州湾运粮航线上出现"海道弯泊,舟行停泊,宜在旧式墩上昼设旗帜,夜悬灯笼,以便趋集"的航路标志。清代乾隆五年(1740年),针对山东青岛港的淮子口海域礁石险峭,水师营把总廖际遇在胶州湾"立石柱于郭五、郭六礁前,出水面丈余,舟人望而备知",使进出淮子口的舟船有所标识。这些固定与浮动航标,是古代航海者船舶航行中实践经验与血的教训的总结,有效地保障了船舶安全航行。它们的出现又说明人们已由单纯地利用天然物体作为航标,指引船舶航行的被动状态,发展到人工制造航标,引导船舶前行。同时这也是山东胶州湾海域最早的航标。① 清雍正二年(1724年),湖南洞庭湖地区等伴洲上人工垒石造成一座石堠,用舵杆插入石堠上,挺拔于湖波之中,既供舟船避风,又作行船的引航目标。所谓"夜是长明灯,引航泊岸"。这是长江中游的首座点灯航标。道光十二年(1832年),长江中游岳阳楼上设置一座航标灯。今岳阳楼尚有清代石碑记述这个航标灯设置的原委:"……瞰洞庭八百里,每欲于楼高处悬灯以标志之……开篙师之觉路,引旅客之迷津"。

此外,这一期间出现了瞭望台导航。明代,在山东登州(今山东蓬莱)港水域的丹崖山,地方政府建成1座瞭望台,对几十里的海面一览无余,为海舶进港提供标识。白天,以山为标志,船舶可航行进港;夜晚,丹崖山的灯火又为船舶导航。清康熙五十六年(1717年),在浙江海门(台州)港口的牛头颈与前所小圆山筑炮台各1座,分兵把守,严防关口的同时,分别在海门与前所的江滨各建了1座瞭望台,用来观察进出口的船舶。到清嘉庆二十三年(1811年)铸造若干雾炮,如同当时的小型战炮,无后座,斜置于土石制筑的炮座上,每遇浓雾天气即施放,以指示庙岛所在的方位,供船舶参酌,提示船舶周转,保证海漕船择时安全进港。1818年,铸造的雾炮装在山东登州(今蓬莱)庙岛上,以作导航。②

自明代以来,秦皇岛港沿海修建天后宫与海神庙,船民除借此求海神保佑船舶航行安全外,还利用自然地物为船舶导航。为便利昼夜行船和靠泊码头,在天后宫等寺庙处面对大海树起高数丈的旗杆,夜间悬挂红灯,引导船舶出海入港。这是该港最早的灯标。此外,还在天后宫东侧和老龙头之间架设高三四丈的三角或四柱木框架,设置由人力或畜力推动旋转的"转盘探海灯",引导夜间航船过往或驶入港口。③

(四)"堠表"助航

要讲"堠表"助航,就得从天津的龙山庙说起。龙山庙是元代设于天津直沽入海口处的导航标识。元定都北京后,漕船驶近渤海湾西岸时,原无显著地物标志,不易寻得直沽河口,且附近多有浅滩搁坏船只。延祐元年(1314年)开始,海运繁盛,海船逐渐增多,且载重量大,而界河海口多有沙淤,形成浅滩,有碍大船航行。为解决粮船由渤海湾转入直沽海口时"无卓望,不能入河,多有沙涌淤泥去处,损坏船只"等难题,延祐四年(1317年)十二月,浙江行省制造幡竿,筹备绳索、布幡、灯笼。次年春,由海运万户府顺便运载直沽,在直沽海口首次立竿,设立导航标记。在直沽入海口处之龙山庙前,高筑土堆,土堆四周用石块砌垒,上立旗杆,每年从四月十五日海漕起运季节开始,白天高悬布旗(幡),夜间悬点灯火,引导粮船望标进港。每年海运完毕,望标设备交由看庙僧人保管。来年四月十五日复立悬点。④ 清康熙六十一年(1722年),在渤海湾陆地上高筑守望塔、人工高台、石桩、小灯等简单的导航标志。⑤

明初,位于长江入海口的刘家港,是漕运船舶出海入江的第一大港。但江海茫茫,舟船行经于此往往

---

①寿杨宾:《青岛海港史》(古代部分),人民交通出版社1989年版,第137页。

②单兆英:《登州古港史》,人民交通出版社1994年版,第236页。

③黄景海:《秦皇岛港史》(古、近代部分),人民交通出版社1985年版,第112页。

④《大元海运记》卷下《记标指浅》,广文书局1972年版,第102-103页。

⑤《天津市志·设施和设备》,天津市社会科学院出版社1999年版,第181页。

迷航漂失。永乐年间(1403—1424 年),海禁重开,刘家港船舶云集,水上交通盛况空前。当时长江口船舶航行,采取外洋(铜沙以下)观山、内洋(铜沙以上)观岸的办法。观岸是指观察地形、地物,可由于船舶自海上入刘河时没有明显的目标可依,遇黑夜风雨,驾船不知所泊,往往搁浅覆溺。于是,由江南官员陈瑄上奏:“苏州府嘉定县濒海之墟,正当江流冲会,海舟停泊之所,其地平迤,无大山高屿,漕舟于此,或值风涛触坚胶浅,辄至倾覆。乞于县之青浦筑土为山,立堠表识,使舟人所知避,而海险不为患”。[①] 为便利商船往来,朱棣采纳了这个建议,命陈瑄役夫督造,“乃命海运将士,相地之宜筑土山焉,以为往来之望”。[②] 永乐十三年(1412 年)九月,建成“方百丈,高三十余丈”的堠表(土墩),其上“昼则举烟,夜则明火”,数十里外可见,成为出入附近海域船舶的参照物和刘河的入口航标,引导船舶进出长江。此堠表至今犹屹立在上海市黄浦江进出长江处。这比元代的水标“号船”又前进了一大步。堠表筑成后,中外船舶“咸欣其便”,遂称刘家港为“天下第一码头”,各国奇珍异宝无不毕集,因名曰“宝山”。后明成祖下令树碑,并亲自撰写碑文,名为《永乐宝山烽堠御碑》。这一土墩被船民誉为“宝山”。[③] 据传今上海宝山县即因此而得名。“宝山”旧址在今上海市浦东新区高桥镇北约 5 公里的江海汇合处。明朝后期,刘河淤阻渐剧。而刘河之南的东江,自明永乐年初浚范家浜接黄埔达海后,江海交通发展顺利。到了清代,刘河航道恶化到舟楫往来必待潮的情形,于是长江出海通道由大黄浦(今黄浦江)取代了刘河的地位。当时大黄浦进出吴淞口,因地势平坦,无高山大阜,堠表可为瞭望标识。这是中国历史上最早由官方建设的航标。自此,黄浦江渐渐成为江海水运的重要航道,上海县成为中国东南地区的商贸大港。雍正十三年(1735 年),吴淞口南北两座炮台上“设立高竿,悬挂明瓦号灯二盏,为港南北标识。”这是上海港出现得最早的航标。从此往来船舶可依照标灯行驶,就是黑夜亦可经行驶入,避免停泊外港,遇到风浪也可及时逃避,较明代的烽火台又进了一步。[④]

明崇祯十三年(1640 年),江西“推官廖文英铸铁柱一丈四尺,立于石以志表,往来利之”。[⑤] 这是江西内河航道中出现最早的航标。另外,鄱阳湖设铁质航标与用柳木做的航标,标志上刻记有水的深浅,过往船可在设有航标的航道中行驶。一般竖立在礁石险滩上的多为铁质航标,沙质、泥土等浅滩中可移动的为木质航标。[⑥]

纵观以上多样化的助航标记,表明这一时期已由过去以自然地物(如天然的树、石、山等)作为助航标记,发展到人工刻石、建塔、“立标指浅”指引航路。人们对于自然的利用和开发的能力有了质的飞跃。但是,助航标记多具临时性色彩,或民间自发的偶一为之,缺乏普及提高的持续性,发展仍然极为缓慢。

第六节 海事管理的加强与范围扩展

一、船舶建造检验制度的进一步加强

元明清时期,造船业进一步兴盛,能建造出适合各流域特性的舟船,建造质量检验也相应有所加强。这些都为舟船航行安全打下了良好的基础。

---

①《明太宗实录》卷一百三十三,永乐十年冬十月戊午条;张泽咸:《中国航运史》,文津出版社 1997 年版,第 265 页。

②永乐年间所立的宝山碑(宝山烽堠御碑),现存于高桥镇高桥中学内。

③《明永乐十年宝山碑记拓片》,上海市博物馆藏。

④刘荫棠:《江苏航运史话》,江苏人民出版社 1991 年版,第 142-143 页。

⑤雍正《江西通志》卷十六《水利三》,四库全书本。

⑥沈兴敬:《江西内河航运史》(古、近代部分),人民交通出版社 1991 年版,第 117 页。

(一)船舶监造职官

明代,朝廷主管船舶建造的部门,既有工部,又有兵部。工部有"尚书一人,正二品。左、右侍郎各一人,正三品。"下设"营缮、虞衡、都水、屯田四清吏司",各司有郎中、员外郎、主事等官。都水清吏司的职掌,较元代的都水监更为广泛,其中包括主管舟船制造。① 在主管漕运的漕运总督下有专管船厂主事2人。清江(淮安)船厂、江宁(宝船、龙江)船厂、山东北清河船厂,均是当时中国规模最大船厂之一。尤其建立于南京下关三汊河的龙江船厂,厂址规模与造船水平格外引人注目。朝廷在南京宝船、龙江两船厂设有提举司,有提举官1~2员,提举1员,直接管理和统领造船生产事务。清江总船厂共有官员36名,其中京卫34厂12名、中都14厂10名、直隶18厂14名。②

清代,在承袭明制基础上有所变革。清初,各船厂均隶属于工部,朝廷置船政同知官统领。不久,因在位之人利用职权侵贪渔利,朝廷于雍正二年(1724年)关闭江宁、清江两船厂的同时,裁革船政同知官,将漕船修造管理大权分委各粮道执掌。至此,漕船的修造与使用归于一体。清政府对漕船建造要求极为严格,打造时派官吏监造,或各卫守备监造。漕船造好后,须将监造官和匠作者姓名及打造年月等刻凿于船尾,由漕运总督衙门查验,加打印烙。如所建造的船舶不符合规则要求,或配用旧木料及杂木,或灰捻不紧密,可立即查到责任者严加追究,将监造官题参议处,并令与旗丁一体赔造。

(二)修造船检验制度

明代,建立修造船的管理制度,船厂设立的船舶设计(志船)、原材料供应(敛材)、造船工料核算(考衷)、材料与船舶验收(孚革)等各项管理制度,集古代造船生产管理经验之大成。可以说,当时造船管理水平非常之高。为保证建造船舶的质量,造船工场都有配套的手工工场,加工帆篷、绳索、铁钉等零部件,还有木材、桐漆、麻类等的堆放仓库。当时造船用工限额、材料验收、木价核算、量材使用,以及船只的修造和交付等,也都有一套严格的管理制度。这些都在一定程度上反映了明代造船厂经营管理水平和经济意识。

清代,修造船管理制度承袭明代,但具体规定又不尽相同。《钦定户部漕运全书》卷十九《佥造漕船》中记载,当时的修造船与各地卫帮漕船佥造的各种具体定例及处理措施共计140条,其中对漕船的佥造期限要求、监造官的职责、作弊的处理均有严格规定。顺治(1644—1661年在位)初年,朝廷就规定了漕船修造与检验制度,提出"九验之法",作为漕船修造完工后验收质量基本制度,共有9项指标。《钦定户部漕运全书》卷二十《浅船额式》载,漕船修造竣工以后,应按"九验之法"检验:

"一曰验木":对整个船体木料的检验,看其所用木料是否为按规定的优质木材,是否夹有杂恶及旧料等;

"二曰验板":对船只所有板材是否符合规定分寸的检验;

"三曰验底":对船只底部的检验,不合规定的"立行究处"(船底最为重要,所以列为必验部位);

"四曰验梁":对船只的梁的深阔都有严格的尺寸,而且船只有梁之处很多,头梁就有15座,此外还有龙口梁等,验收时均挨个逐一严查;

"五曰验栈":对用于装卸货、上下客之"跳板"类的部位,为安全起见,也要严格检验;

"六曰验钉":用钉的数量、大小、距离尺寸均应按规定查看验收;

"七曰验缝":查验板与板相拼接、油灰密封等处是否严实,有否缝隙;

---

①《明史》卷七十二《职官一》,中华书局1974年版,第1760-1761页;《漕船志》卷二《奉使》。

②《漕船志》,台北正中书局据《玄览堂丛书》明嘉靖甲辰(二十三年,1544年)刊本影印,第396页。

“八曰验舱”:挽舟索、牵绳之处验是否扎实牢固;

“九曰验头、艄”:多年航行实践证明“头艄坚实,船自经久”。头艄部位,自应选取上好优质木材。故而对头、艄的检验特别严格,绝对不允许“折乾短少里料”,不能“滥恶充数”,用钉必处处周到,窒舱必处处完全。①

以上船舶建造质量检验“九验之法”,条文虽简明,但考量却格外周详,说明清朝政府对木帆船质量检验的技术监管十分严格。这项制度的创立,标志着中国古代造船业的船舶质量检验已达到相当高的程度,且具一定规范化,对后来中国船舶建造质量检验技术管理有着重要借鉴意义。

康熙四年(1665 年)规定,凡已经投入营运的漕船,不论采用何种木材建成,其使用原则以 10 年为限。满 10 年的船只,或修或废,一般不再使用。康熙七年(1668 年),又规定使用期限届满的漕船,必须由漕总亲自检验后,查明确实不堪继续使用的,方能申报新造。有些船只虽已满限,但经维修仍可使用的,酌情拨一定银两令其维修使用。

珠江流域对民船建造规定与其他地方一样,所有船只的制造都必须在官府的严密监督下进行。“制造商渔船只,其尺寸式样报明州县核例相符,批准兴工。工竣亲验,编号入甲给照,商船由印官开明船用杂物等项,船主、舵手姓名、年籍、器械并开明,以便汛口察验”。船造好以后,还须粤海关依式丈量。对于船只转卖、拆卖、租赁,还规定:“如有将船卖与它人,由澳长及地保查明,果系殷实良民,开报姓名年籍,照例取具各结,编入甲内,照刊书饰,换给新照承买,旧照追销”。②

(三)按水性造船

明代,对各种用途船只都有定型规格,所有船舶各部分之间比例尺寸的规制十分严格。有些主要运输船只还专备有设计图纸。到清代造船不按统一标准,导致大小不一,船舶越造越大。康熙六年(1667 年),政府虽作过规定,一律照标准建造,但因管河道与管漕运的官吏就造船标准争执不休,未有最终结果,直到鸦片战争时也都没有统一按标准建造船舶。清康熙六年(1667 年),统一规定漕船额式,长 7 丈 1 尺,后改为 10 丈为度。漕船建造的各项技术指标也均有要求,并颁发有《浅船额式》《工料则例》《三修则例》《留通变买》等规定,各省划一。建造漕船时,政府派专官监督,或由各卫守备监造。新式漕船建造完工后,应将主官信工匠姓名、建造年月刻凿于船尾,由各漕运衙门验烙。③

(四)船用木料的选择

明代,对船舶建造所用材料的来源也很讲究。特别是船底,要用抗腐性的楠木。造船用料主要以楠木、松木、榆木与杉木为多。还根据船舶不同部位选用不用材料,以保证船舶质量。如船底多用楠木,舵杆用榆木等。清代造船用料均沿用明制。

(五)船舶修造年限规定

明初,朝廷规定:“……三年小修,六年大修,十年更造”。正统年间(1436—1449 年),对漕船修造制度曾作了修改。天顺二年(1458 年)批准:“卫河、通州、淮安船厂。修造船只。松木二年小修,三年大修,五年改造。杉木三年小修,六年大修,十年改造。小修者,军士自备修理;大修及改造者,拨支木料,于各

①《钦定户部漕运全书》卷二十《浅船额式》;《清史稿》卷一百二十二《食货三·漕运》。

②赖定荣:《珠江航运史》,人民交通出版社 1998 年版,第 177 页。

③江太新:《漕运史话》,社会科学文献出版社 2011 年版,第 136 页。

卫运粮官军数内,摘(停)留在厂,同清江、卫河二提举司官匠修造”。① 因江北运河与江南运河船只木质不同,所以规定“里河运船十年一造,江南船五年一造”。运满十年船只叫满号船,不准继续运营。但有特殊情形,可宽多运一次。江南、直隶、湖广等平底漕船,实行五年一造制,其余运河航行的十年一造制。这种强制性的船只淘汰制,防患于未然,减少因船只本身质量差而导致的水上交通事故发生。

清代,对漕船使用年限原则上仍以 10 年为限,满 10 年的一般不再使用。漕船修造,由各级主司修造船官吏负责,各级官员职责分明。按漕船投入使用年限计算,凡旧船仍可使用而未及时检验的,督抚官有权对主事者查实纠劾。主事修造船的各级官吏如谎报船舶朽坏,假奏船只修造竣工日期,隐瞒已朽坏船只表册,承造推诿,不按期限竣工者,各降一级调用;督催不力以及朽坏船只不估价申报等,则罚俸一年;船只不足,不早为补造,又不设法雇募者,也降一级调用。康熙六年(1667 年)后,对漕船的使用期限以 10 年为期,每年给予一艘船的修船费是银 7 两 5 钱,三年一小修、五年一大修,加银 3 两。次年,对漕船使用期限又作改变,须由漕总亲自检验后,查明确实不堪继续使用,方能申报新造。有的船只虽已满限,但经维修后仍可使用的,酌拨一定数额银两,令其维修使用。这比原规定届期一律改造制度更符合实际。②

(六)重视技术工艺

明代,李昭祥《龙江船厂志》记载了起船、出船、车水、作坝等建造过程,说明当时很重视船舶建造技术工艺。嘉靖十一年(1532 年),陈侃《使琉球录》中也说:“二十五日出坞,坞即造船之所。”这说明代的船舶是用船坞建造的。③

二、海运船与内河船管理成效的初现

(一)海船的管理

1.海运漕船管理与海洋开拓精神

(1)海运漕船的管理。元代漕粮征集之地主要分布于江南一带,涉及范围包括今安徽、江苏、浙江、江西、湖南、湖北、贵州和广东、广西、福建等省、自治区,其中以浙江、江西、湖南、湖北为重点。④ 自漕运由河运改为海运之后,为保证由成百上千艘载运漕粮的海船所组成的大型船队自南向北安全航行于沿海水域,元政府建立了严格的编制等规章制度。按照规定,每 30 艘船编船为 1 纲,组成规模较小的分船队,并有各自的纲名,如“济源”“陵州”之类,“每纲皆设押运官二员”,“纲首以秩正八品为之”。每艘船的船尾竖以白旗,旗上标明押运官姓名。押运官负责该分船队的航行安全事务,以及与总船队的联系等。各级漕运官员职责,相应的每年岁终奖惩制度,朝廷核查漕运数量,以及安全航行等完成情况都有相应的规定。元明时期,人们对航海经验做出了系统的总结,《海道经》就是最好的例证。这类图书对中国东部沿海水文地理情况做出了客观的反映,其中记录了避风港的选择、“点篙”以测沙礁的技术等,充分显示了当时水手们的聪明才智。从至大二年(1309 年)起,元朝枢密院在直沽始立“镇守海口屯储亲军都指挥使司”,每年漕运旺季,调兵千人到直沽,保证海漕转运粮船舶进出直沽港的安全。此外,政府还在直沽设立漕粮接运厅和临清运粮万户府,负责对官私船舶接运和管理。都漕运司于河西务设置总司,掌御河上、下及直沽、河西务、李二寺等处趱运粮斛。

---

①《大明会典》卷二十七《会计三·漕运》“漕船”条,上海古籍出版社 2002 年续修四库全书版,第一册,第 495 页下。

②《陕西省志·航运志》,陕西人民出版社 1996 年版,第 328 页。

③中国航海史研究会:《郑和研究资料选编》,人民交通出版社 1985 年,第 322 页。

④张一厚:《海道经·附录》。

明代,朝廷对运输漕粮海舶的安全十分重视,采用各种方式保证安全。面对漕运时行时罢,将从江苏淮安至直沽(天津)的内河与沿海航线划为13个运程,每个运程均标明起止距离,并对重要航行区段有明确的要求,对航行参照物、航行障碍物、航行回避处,对所经岛、岸、湾的泊船处、泊船艘数、所避风向、水深、海底的地质等都有较为精确的认识,甚至对航行避风应取航向、应泊的港口、航行时刻均有翔实的记录。为防止海盗滋扰,朝廷设立了海运军,对漕船实行全程护航。这是以前所未有的。

清代,为保护从海道运粮的海船,由朝廷设在沿海各地的水师前往护送。具体巡防护送任务,由南接江浙、北连直隶的沿海各水师提镇,各按汛地(驻防巡逻的地区),派拨哨船兵丁承担。护送过程中,还要派武职大员2人,随船赴津。如"山东总镇出哨成山、石岛,会于鹰游门,以资弹压",主要是搜索岛屿、防护、迎送,保证漕运的安全顺利。后来,随船押运军官撤除,全由各路水师按程递接护送。远程的出哨、弹压有明确分工。江南提督和苏松镇、狼山镇(今江苏南通)总兵负责自浙会哨至鹰游门;山东登莱镇总兵负责自鹰游门会哨至庙岛;直隶天津镇总兵负责自庙岛会哨至直沽口。如浙江每次海运漕粮北上,沿海水师均是按期巡哨海面,派拨哨船兵丁巡防护送。漕船起运后,也会通告江南、山东各沿海水师,以备接应。道光五年(1825年),政府创行官督商运新法,于上海设立海运总局,天津置收兑局,调山东巡抚琦善、安徽巡抚陶澍为总办,理藩院尚书穆彰阿为验米大臣,会同直隶总督验收漕米,令沿海各口岸驻军分程巡逻监护。

(2)朱清与张瑄的海洋开拓精神。元代,创行从太仓刘家港通往直沽的漕粮海道,不仅推动当时国家造船业、航海业的发展,有利于社会经济繁荣,稳定了元朝经济、政治大局,而且使明代郑和下西洋船队受到启发。以后有郑和船队先后7次自刘家港起锚出发,远航亚非30多个国家和地区,开辟42条海上航线的壮举。能产生以上社会影响力,这不能不说是朱清、张瑄创行海上漕运的功绩。

朱清年轻时曾在上海地区给富户人家当仆人,因杀人亡命而逃入海岛,和他的徒弟张瑄时常驾船航行于海上。他们长期往来海面,熟悉海中礁石和江沙积淤的情况,了解宜于这种海面的平底船建造与行驶,积累了丰富的航海经验。《新元史》卷一百七十五《朱清传》《张瑄传》称:"朱清,字澄叔,扬州崇明人。……张瑄,平江嘉定(今上海浦东新区高桥镇)人。……(至元)二十二年,创行海运,从清、瑄之议也。"不过,两人的首次海上漕运则是至元十九年(1282年)。当时,朱清、张瑄奉旨建造60艘平底(沙船)海船,大船装载1000石,小船装载300石,共计装载4.6万石的漕粮,从今江苏省太仓浏河出发,沿着海岸线泛海北上,次年到达今天津海河口,再转达大都。首次海运成功后,至元二十八年(1291年)又"踏开生路",改进和开辟新海路。后来又完全避开近岸浅险海域,进一步提高航行安全。元朝按照第三次开辟的新航路,每岁依制从事海上漕运,并增建漕船2000艘,建公廨、军储仓,设海泊锚地、泊驻水军。自延祐六年(1319年)起,漕粮年运量经常在300万石以上。江南数百万粮税汇集刘家港,海运北上,使大都等北方地区食粮得到保证。《元史》评价海漕说:兴办海漕后,"民无鞔输之劳,国有储蓄之富。"① 朱清、张瑄原是南宋末的海盗,在元朝逐渐被重用,并成功地首开海运漕粮,功在当时,影响后世。元世祖忽必烈曾对翠相说过:"朱、张有大勋劳(指开创海运),朕寄股肱,卿其卒保护之"②。"南人"如此受器重,在元代并不多见,说明确实为元朝解决了国命所寄的漕运大计。

朱清、张瑄开创海漕,也是中国人海洋开拓精神的一种体现。今上海市市标以白玉兰、沙船和螺旋桨组成三角形图案。图案中心的沙船,就是元代上海先民朱清、张瑄海上成功运粮的船舶,象征着一种不畏艰险的海洋精神。

---

①《元史》卷九十三《食货一·海运》,中华书局1976年版,第2364页。

②王逢:《张孝子序》,《梧溪集》卷五。

2.海运贸易商船的管理

元代,中国商人通蕃与海船贸易基本上类似宋代。至元三十年(1293年)制定的《至元市舶法则》,与宋时《元丰市舶条法》没有多少差异。该法则对中外船舶管理作出规定,中外商船进出港口,要经过航行证书的发放程序,证书的填写,船舶管理,保护与优待船员,船舶走私的处罚和官吏的违法行为的处分等五大部分。这与现在对中外商船的管理内容和程序大体一致。

对前来中国的外舶,要求严格遵守《至元市舶法则》,办理公据(公凭),接受所在地市舶司检查。外国舶商在申请公据(公凭)时,必须把全船人员(即纲首、直库、杂事、部领、梢公、院手、人伴等)的姓名及时报告给市舶司,并说明船舶的吨位、槽高、船身长阔,以及全船货物、种类、件数、重量和所带的武器等。市舶司官员检查后,船上所带的武器、铜锣寄存在市舶司仓库里,待发舶时领回。发舶时,外国舶商须将市舶司所颁发的印鉴、关防通行证等交回市舶司。如广州港,嘉靖之前沿海的港澳均是贡舶的停泊处。自澳门兴起后,逐步替代,终于"独为舶薮"①。澳皆设有守澳官,凡外国贡舶到澳,先由"守澳官员验实,申海道闻于抚衙门,始放入澳"。然后由镇巡及三司长官派地方官,会同广东市舶司官员加以检验,先比对金叶勘合、表文是否有误,继而检验贡品和附带货物。

对于出洋的国内商船,与外舶管理有所不同,规定的禁令和管理内容更多。其一,领取公据(公凭)。出港之前,要填写所往何处,由市舶司官员登船查验,将同船出海人员逐一登记。至次年回帆时,赴原市舶司抽分,不得越投他处。如因风浪未到原来所规定去的地方,回帆时查证属实,依例抽分;如诈妄有虚假,没收船货。规定出海船,大船领公据(公验),小船领公凭。舶商请给公据(公凭)时,须有保物牙人保明,开具本船财主、纲首、直库、艄工(公)、杂事、都领、人伴等人姓名人数,及船的长阔深各若干。海舶往返时间有一定限定,"给以公文,为之期日"。发舶和回帆都要检查货物,如发现走私,商船船主、纲首、事头、火长"各杖一百七十",船物没官。政府还鼓励揭发走私者,首告者以罚没官物的一半作为奖励。船上高级船员,必须由始发港口当局批准认可。全体船员每5人结成1保,1人有罪,同保的4人都要受到株连。不向官府申领公验或公凭,便擅自发船等行为,都属于违法,严重的还要"杖一百七十"。雍正十三年(1735年),"山东海口各州、县、卫设两联印票,填注客商年貌籍贯、船只字号、梁头丈尺、豆石数目、出口年月,分给商船,回日查销"。②

其二,造船之前须呈报官府严查批准。船舶竣工后,由州、县官员亲验,烙号刊名。商船、渔船应在前后刻"商"或"渔"字样,船的两侧还要刻上某省、州、县、船号及船户姓名。船上与客商须领腰牌,牌上刻有姓名、年貌、籍贯等。不符合这些规定,则不准出海。商船航行在外,如若损坏,准其依式另行建造;未损坏而另建新船,经查实后要治以重罪,海关官员及巡检司人员也要受到降一级使用处分。③ 建造新船要有客商、船户担保。除规定海船船只许用双桅,梁头的长度与船员,船帮两侧书写船号,船帆写上州县字号、船主姓名外,对出海商船实行船票制度,造船前由地方官查验船户族人的具保,才核准允许开造。完成后要派人验收海船尺寸,点验船员,登记造册。而商船出海时要由牙行作保人,才能发放出口关票,对船户以及客商的情况一一登记,最后加盖海关的关印。海船入港,会有守卫官兵查验关票。这些文件每年都要更换一次。④

其三,限定出海船的吨位与载重量。起初出海船限制为载重500石以下,梁头不过7~8尺的单桅帆船,自不适宜远洋航行。后来对帆船出海的限制有所放宽。康熙四十四年(1705年)开海禁之后,准许建

①屈大均:《广东新语》卷二《澳门》,中华书局1985年版,第36页。

②《清史稿》卷一百二十五《食货六》,中华书局1977年版,第3678页

③光绪《畿辅通志》卷一百六十《海运》;《清史稿》卷一百二十二《食货三》,中华书局1977年版,第3582页。

④王杰:《航海史话》,社会科学文献出版社2012年版,第93-94页。

造梁头 1 丈 8 尺以下的双桅帆船出海,船员水手不准超过 28 人。①

出洋的国内商船除由市舶司监管外,还要接受各沿海重要口岸的水师(如巡检司、海防馆)的安全检查。

3.海运沙船的管理

沙船是东南沿海,特别江苏沿海船民建造的航海木船,因“以出崇明沙而得名”。宋代称“沙平底船”,为军中常用船,是海运漕粮的主力。元代又改为“平底船”。然改用“沙船”名称始于明嘉靖年间,之后成为通称,也叫“遮洋船”,“以转漕于海”。② “沙船”原航行内河,主要航行于江苏淮安、海门及崇明一带,是元代海运漕船演变而来。其船因造于南京龙江船厂,故又称“南京船”。明代中期,大约 16 世纪初,江苏的太仓、崇明、常熟、江阴、通州、泰州等地富商大户,多数自己建造双桅沙船,几条至十几条不等。小户商人则几家合造一只。明末崇祯年间,已出现了“侨居海上已三代”的崇明人,其“业有沙船几只,开贩柴行生理”。沙船成为海运的主要船只。入清以后,上海港成为南北漕粮运输的枢纽港,是江、海、河的中转基地,也是“沙船”的基地,被誉为“沙船之乡”。康熙二十三年(1684 年)再次开放海禁,南北海上航线大开,上海取代元明时期的刘家港,成了南北海上航线新的交汇点,沙船大有用武之地,大批船舶改泊长江吴淞口。据《刘河镇征略》云:“行驶闽省商船,名为乌船,不入北洋。来江(江苏)俱收上海口子。江苏商船名叫沙船,不入南洋,来江俱收刘河口子。”这种南北洋船舶分港停泊的规定,因刘河口泥沙增长迅速,成为海船进出的障碍,刘家港日益衰落,到了乾隆初年,“渐次不遵旧制”,应停泊于刘家港的沙船也越界驶入黄浦江。

因上海港当时既是南北海运中心,又是内河航运与海运的连接枢纽。一时间“沙船之集上海,实缘布市”。这些沙船由船商们组成“沙船十一帮”,他们主要来自崇明、南汇、宝山、上海的土著之富民及江苏省的通州、海门船商,其中又以“崇明、通州、海门三帮为大”。入帮者船只数多的“有四五十号”。③

为保证海运沙船航行安全,沙船船主有的自建码头供沙船停泊。如清代有着近百艘沙船的上海船主王文瑞兄弟,在上海南市地区建有王家专用码头。船主们各自雇用船工(耆舵水手)。其中,管船的称耆民,管舵(工)的称老大,船主称老板。“耆舵水手,系船主所雇,自有工食”,各自分别负责沙船的航行、操舵,系缆等,引导船舶前行。如清代居沙船主第二的郁润桂一家就雇船工 2000 多人。

运输过程中,先要在每年三月份前经过租船(又称写载,或称写船)协商,由货主、牙行(船行或中间人)、与船主三方立订租船议约,相当于现在的签订协议书。如道光七年(1827 年)一份货商、牙行与船主所立的“集议”规条称:“议各号凭行(牙行)写船,随时面定水力,揽票内注明日月,钤盖本船图记,并经手人姓名,各无退悔”。④ 一经签约,货物全交船方,货随票行。“商人货物从无用人押运,惟以揽载票据为凭,订明上漏下湿,缺数潮霉,船户照数赔偿。惟风浪不测,则船户商家各无赔抵”。船方在航行中,均采取有效措施,以保安全,以立信誉,“从不闻有欺骗”,故取得商家的信任,“水脚皆下全给”。以上三方各负其责,保证沙船水上航行安全。这一切都说明,此时上海沙船业已处于资本主义萌芽状态,从商业资本中分离出来,打破商、航一体的传统,开始走上独立发展之路,为近代航运业经营方式奠定了初步基础。

---

①光绪《大清会典事例》卷六二九《兵部》,“绿营处分条例”、“海禁”。

②《续文献通考》卷三《国用考二》、卷五十三《职官考三》。

③席龙飞:《中国古代造船史》,武汉大学出版社 2011 年版,第 317 页。

④《上海县为商行船集议关山东口贸易规条告示牌》,见《上海碑刻资料选辑》,上海人民出版社 1980 年版,第 72 页。

(二)内河船的管理

1.南北运河漕船的管理

元代海运漕粮以后,漕船聚集到漕粮转运地刘家港。因刘家港处于长江入海口南岸,东临大海,长期受江水和海潮的冲刷,以致该水域泥沙沉积变幻莫测,江潮冲流险恶,浅滩遍布,“潮涨,则一概俱没;潮落,微露沙脊”。船舶航行只能是日落而泊,日出而行。没有熟练的技术和丰富的经验,漕船是很难顺利地穿过这些恶流浅滩的。遇有风暴雷雨,搁浅覆溺,“损坏船粮,溺死人命”之事时有发生。元至大四年(1311 年),朝廷采用官船与雇用民船相结合的方法组织漕粮运输。官方船只运粮军丁和雇用民船,都在“万户府”“都漕司”组织管理下编成船纲投入运输。延祐四年(1317 年)以前,东南海上及长江、江南运河漕运中,“吏胥并缘为奸”,在“支请脚价”“票拨仓分支粮”等方面积弊甚多,常调无力小户至上江从远运粮,而多船上户则拨于近处,以致承运民户怨愤。延祐四年(1317 年)以后,都漕运达鲁花赤万户府经调查询访,立《海运以远就近则例之图》,根据船户大小贫富及远近险夷等不同情况,规定“以远就近,从公派拨”的原则,要求承运船户和漕运管理者执行以上则例的有关规定。各州船户所赴何地何仓运粮及起止里程等内容,刻成石碑,立示吏胥、船户,以制止吏胥为奸现象,使各地大小船户“庶得平均”,各适其所,促进漕粮水运运量的提高。

明成祖朱棣于永乐十九年(1421 年)迁都北京后,南北贯通的大运河就成为南方粮食和货物运往京城的主要通道,大批漕粮北上,致使运河上漕运船只川流不息。还有许多官船、商船和民船往来于运河。为内河漕船的航行安全,朝廷采取派军队押运的方式。成化年间(1465—1487 年),全国卫所船军漕粮定为十二总,“以文武大臣各一名,表里督之。总有把总官,辖诸卫所,诸卫所有指挥等官领其军,军船十人,十人内又选有力者一人为旗甲,以统运。”①正德五年(1510 年),特别制定了漕船航行日志,要求逐日将水道行程里数、行止地方填入表格中,同原有帮票一起报户部查考。这个称为《水程图格》的航行日志,标志着漕运船舶航行过程监督管理更加趋于规范化。漕船在南北运河上长期航行,积累了一定的行船经验,明人张得中曾写过《南京水路歌》,全篇仅有 144 句,1000 多字,但却以韵文形式叙说了自四明(今浙江鄞州区)至北京的运河舟船行止。② 其后,李日华写了《吴城至京歌》,则以苏州为起点,终至北京,全歌共 84 句,以歌唱的形式记录当时运河繁忙的航运及漕船航行与停泊要津港口等情况。③ 这是一篇对南北运河行程及启航与停泊情形的纪事性的文字真实记录,也是当时内河漕船航行运河的难得史料。其内容如:“枫桥解缆钟声早,浒野行行日初晓。望亭过去是新安,锡山回首南门道。昆陵一水穿城过,孟渎闸下帆樯多。船头祭神各浇酒,问神明日风如何?开江直至瓜洲坝,风涛滚滚从东下。金焦削去青芙蓉,楼台掩映真如画。扬子桥边春浪平,行人便觉离愁生。扬州树接广陵驿,邵伯水浸高邮城。界首门前闻布谷,宝应湖边雨初足。淮阴城下阴凄凄,王孙芳草愁人绿。……”④这一段说的是,船自苏州枫桥启航至昆陵(今常州)停泊住宿。第二天晚达瓜洲,第三日住宿高邮,第四日过宝应抵淮阴。船只沿途启航与停泊,以及经过的港埠描述得清清楚楚。

清代,漕运最终实行官收官运,承运者是卫所军籍中较殷实的军丁(运丁)。漕运由漕运总督专管,常驻淮安,在各省设巡抚,并在大运河沿线的淮安、济宁、天津、通州设巡漕御史,稽查各段的漕运与漕船安全。此外,淮安淮北沿河置有镇道将领,以催促入境漕船前行;在镇江与瓜州的南漕枢纽处,由镇江道

①雍正《浙江通志》卷八十《漕运上》,钦定四库全书本。

②张得中:《南京水路歌》,见(明)余永麟:《北窗琐语》,收于《邱隅意见(及其他四种)》,中华书局 1985 年版,第 59-61 页。

③李日华:《六研斋笔记·六研斋三笔》卷四,钦定四库全书本。

④李日华:《六研斋笔记·六研斋三笔》卷四,钦定四库全书本。

催促,同时由总兵官(后改为副将)巡视河岸,协同督促漕船过江。漕粮运输仍沿袭明制,基本上采用长运法。各省、府都有自己组建的漕运船队,称船帮。各省船帮依运量配制一定数量的漕船,由省、府派领运千总1~2人督领管带。一艘漕船配制运粮旗丁10人。为预防漕船拥挤争越,互相争道,政府对漕船运行规定了航行顺序,次序依距离北京通州路程远近而定。如山东、河南帮船在前,湖北、湖南、江西帮船最后。一省之中又按各府路程远近排定行船次序。帮船过淮安及至通州的日期也有严格规定。嘉庆五年(1800年),又严格规定各种船只的航行顺序,即:漕船先行,织造物及运船、木排等排在尾后。如有违犯,严惩押解人员。

漕船返归也规定了期限。《钦定户部漕运全书》卷十三《兑运事例》载《回空例限》规定:江浙一带的各地粮船到通州后,限10天之内开航返回。沿运河行驶的漕船起发和返回也有规定期限。各级押运官违规均有奖惩细则。依规定,满载北渡淮河的江南一带漕船,应于正月过淮,回空漕船返归不得超过十一月底。当时,在镇江集结的漕船会布满金山与焦山之间江面,等待过江的仪式,经瓜洲北上。清代诗人曾赋诗描绘北上漕船情景:"粮艘次第出西津,一片旗帆照水滨。稳渡中流入瓜口,飞章驰驿奏枫宸。"①甚至漕船每日航行里程,也依顺流、逆流和运道难与易有所规范要求。漕船经南北大运河运粮北上,谓之重运;由天津、通州卸粮南返,谓之回空。重运北上,天津至通州,每日航程定顺流40里,逆流20里。直隶安陵矶北至天津,共计578里,运道畅通,北上系顺流,每日限行58里。临清境内运道不过数十里,但因航道复杂、闸坝较多,航行困难,规定航行3天时间。台庄到临清,谓之闸河,不过数百里,要求航行42天。凡经过长江、横渡黄河,以及淮安以南过几个大湖,遭遇风暴、水流湍急时,存在着覆没的危险,难以逐程立限,令沿途地方文武官员速行督催。此外,朝廷严格漕船吃水限制,要求不得超载;设立瞭望楼,加强天气观察,指挥漕船行止;加强救护设施,如救生船只等。江南漕船横渡长江,于瓜洲设有望楼,置立旗杆为渡江标志,选择善测风信的人专管此事。其他各段,若遇风不顺或水势过大时,催赶押运文武官员可共同计议,暂令停船守候,何时入境、出境,并在册内注明。为了加强漕船救护,当时在长江上设有救生船只。康熙二十六年(1687年),镇江用于救生的船只10艘,每船有熟悉水性头舵10人。这些救生船于每年冬春有三个月分泊长江两岸京口、瓜洲渡江之处,以候漕船渡江遇险时出动救护。乾隆五年(1740年),以黄河水势过大,设置护生船2只,于每年正月、二月、三月保护漕船横渡,同时还雇佣民船、渔船参与护救。为预防民船私吞所装运的漕米与货物,各州县均查明船户姓名,取具地邻甘结,发给腰牌,填明各船水手年貌、住址,并于船身两旁编制号数,责令管河县丞与河标把总经管约束。这些抢救粮货的船只,由运丁酌给雇价。地方文武官吏对漕船也负有救护之责。如漕船渡江,遭到风暴,京口总兵必须督率标兵抢救。逆水急流之处,设置引纤小船,插立标记,等候顺风纤挽。或用小船在河中下锚,齐集纤夫挽行,并雇小船在两岸河滩上指引护送。就河漕本身来说,清代拥有近万艘漕船和近10万人的漕运大军,其中除众多的催趱、押运、领运等官员之外,还有七八万之众的水手和纤夫。②

此外,清雍正时期(1722—1735年),朝廷派人昼夜沿运河巡查,雇募附近长夫逐日探量水势,淤浅之处插有"柳标"指示航道,并随时刨挖。每年枯水季节,还集中人力清除河道中的各种碍航物。乾隆三年(1738年),在原设岱船(用于运泥的船)的同时,增设刮板40副,每副刮板配浅夫25人。重运漕船行至浅涩地段,即由浅夫分列两岸刮板拖拉河床,借助水浪冲刷淤沙,保证运船无滞。

2.长江客船的管理

明代隆庆年间(1567—1572年),长江《水陆路程便览》等图记问世,为商旅和船户提供安全行船指南。明代人说:"万垒云峰趋广汉,千帆秋水下襄樊。"此诗描述了襄樊水运繁盛的状况,可知当已成为汉

①于树滋:《瓜洲伊娄河棹歌》。

②江太新:《漕运史话》,社会科学文献出版社2011年版,第116-119页。

江沿线最繁荣的客运中心。长江三峡航行艰险,过峡客船多为蜀艇轻舟,因不轻难为旋转,谚云“纸船铁艄工”。为保证通过三峡客船的安全,下水客船主要靠“篙师”的“点篙之妙”,“舟船顺流,其速如飞,将近崖石处,若篙点去稍失尺寸,则迟速之顷转手为难,舟遂立碎,故百人之命悬于一人”。上水则靠“牵缆”,“以锣声相呼应”。这是明代出入三峡航道一般客船的特征,据称载客在百人以上。清代行峡客船,载客三四十人或五六十人不等。明代文学家杨升庵的《竹枝词》说:“江头秋色换春风,江上枫林青又红。下水上风来往惯,一年长在马船中。”诗中的马船是明清时一种出入三峡的快速客船,入峡溯流利用东风西上。元明清时,行峡客船多采用轻便舟舶,因驾船之人熟练掌握利用三峡风力风向特点扬帆助航的技术,从夔州到宜昌、沙市只需一日的航程。宜昌和沙市是蜀江客运的大站,出入三峡客船要在两地中转停舟。客船行驶长江中游荆江河段,只利用大江,不再走荆北沌水“长河”。荆江河段亦多风涛之险,“帆樯易覆,故人多畏之”。此处江宽泽广,客船还常遇盗贼劫掠,明代曾有岳州“三哨兵侦治”,“西达荆郢,东会汉沔,为洞庭左右臂”。①

3.珠江客、货船的管理

古代珠江河流两岸的行船者,或遇海上风涛之虞,或有江滩峡谷之险,可谓时常处于艰险危难之中。特别是珠江上游,多为山区河流,坡陡流急,滩险累累,航道条件较差。为保证行船安全,清代前期,贵州一带的船民们一方面改进船舶性能,制造适航的船只,另一方面在长年累月航行经验基础上,总结出一套在山区河流中安全行船的独特经验:

(1)水流比较平稳的河段,吨位不大的船舶可撑篙上行,或撑篙与局部陡急河流拉纤相结合。贵州河运多上水货物,拉纤是主要航行方式。乾隆初年,张广泗奏请朝廷发展清水江、都柳江航运,把修纤路与修河道摆在同等地位,所谓“修治河道,凿开纤路,以资挽运”。

(2)在滩险陡急处,结队互助,称为移帮,即相互依靠与支持。

(3)下水航行,划桨推进,靠前梢和后梢控制方向,也有靠撑篙前进与控制方向。

(4)有险滩航槽弯曲窄狭,或急流中耸立礁石,船只无法控制时,则采取吊放的办法,即用绳缆将船只拉住,徐徐躲过急弯或礁石处后再放船下行。稍大的船舶过滩,需集中几艘船的船民搬梢,逐个下放,称为换综。换综时由经验丰富的船民指挥操作。特别难放的险滩附近还有滩师,他们都能熟练掌握险滩各种水位放船的诀窍。过滩时如无把握,可请滩师上船帮助,略付报酬。

(5)极险或极浅的河段,采用起滩的办法,即把贵重货物或大部分货物用人力搬运过滩,待船上下滩后,再装船继续航行,以策安全或避免船只搁浅。完全不能通航的险滩,就分段通航。

(6)在浅滩上搁浅时涉水淘拣,进而利用淘拣的石头堆筑简易堤坝束水,以增加水深和改善流态。行船人还改编“行水歌”(滩路歌),即根据所在江河的沿岸岩石、滩峡的特征和所经过村墟地名编写歌谣,方便行船。这类歌谣下水每30里一句,上水每10里一句,主要计算船舶航行速度,易于背诵。这是内河行船的重要参考资料,反映出船只的性能和航行能力。内河航行,分下水和上水行程。下水顺流,行驶迅速。如遇江河涨水,则行船如飞。据《南越游记》载,从南雄顺水而下,黎明挂帆,晚饭时已遥见韶州城。从英德“夜下浈阳峡百余里”,计程300余里一日可达。以此速度推算,三日可达三水,四日可达广州、佛山。这是在大江(指水深或航道宽)涨水情况下航行的情况。如遇小江浅水,下行则很慢。如从平石至韶州290里,“滩多水浅段,五六日始达”,平均日行五六十里。上水溯流也要多费时日。

值得一提的是,清代珠江上游客、货船管理措施,较以前历代更加完备,形成了一整套管理经验:

(1)保甲制度。凡大、中、小三项出海的商船及渔船,各州县必须照陆上保甲制度编排,10船为一甲,

---

①刘宏友:《湖北航运史》,人民交通出版社1995年版,第164页。

互相保结(后变为 5 船互保)。如无人保结,则另造一册,编入岸地保甲管束。至于内河大小船只,则在各州县设立船行,由身家殷实者 3 人承充。他们直接向官府负责、担保,并具体办理各船户交具保结的事宜。即便是各府州县官设渡船,也要取保具结。

(2)发给船照。各地所有船只,必须向官府备案,领取船照,方能开行。船照一般由州、县发给。照内填写船户和水手姓名、年貌、履历、籍贯,以备汛口(有水师驻防的地区)查验,并盖上某州县、某号、某人、某船木戳,以免混乱。

(3)船头刻印。各地所有船只,无论内河、外海,或大小、新旧,包括舟师、营哨、游巡、商、盐、摆渡等,悉由各州、县督令船户于船头两旁烙印某营、某府、某州县、某号、某人、某船字样。每字直径一尺大小。

(4)限制航行。官府规定所有贸易船只必须有航期限制,违限则治罪。尤其对运盐铁的船只,管制更为严密。据《两广盐法志》记载,凡船户到场运盐,须填写盐运司所发水程一张。所谓水程,是船户载运盐斤数量和航行日期的管理凭照。当时水程又与色旗并用,因称为旗程。乾隆五十五年(1790年)设立纲局时,“裁去内河旗程,改用运票”。运票注明日期、装盐数目。此后实行每船一票制,“每船各给小票一张,凡有经过关口,验票放行”。道光七年(1827 年),恐“私盐透漏”,又称“原定缴票限制酌量改近,如原二日、八日者改为五日、四日缴销”。船只运输铁斤,也必须持有盐运使司发给的旗票。

(5)引票制度。这是即盐引旗票,是官府控制盐铁载运数量的制度。①

清末,黄河上航行的船舶由今内蒙古自治区沿黄河进入山西、秦岭峡谷河段,行至壶口瀑布的上游,因瀑布所限,只好“泊船卸货,移载于停待瀑布下之船舶”,继续下行。或将空舟拖上东岸,在船下横铺杠木,人力推拉而行,谓之“旱地行船”,约过半公里许,复入黄河装货南下。“至禹门以下,船运乃盛”。每岁秋冬,陕船自渭河入黄河,再转汾河,以至投绛州,初春西返。这一状况直到民国初期。②

4.民间行帮船的管理

以帮派形式组成船帮,是中国古代水运业发展中的一种非常现象。一些传统的联系和交往也加强帮派体系的存在,比如师徒关系、主从关系、裙带关系、结拜关系及同乡关系等。民间水运行帮组织的出现,也标志着商业和运输的分家,宗旨是为维护同乡同行的利益。商贾人的行业组织在宋代就已经出现,元代划分得更多更细。延祐元年(1314 年)《修建东岳行宫碑》记载了施主所属行业的名称,除城市商贾人行会外,船户行帮有篙师行、漕行。篙师行是舟船“操驾之工”的行帮,漕行是船户的行会,都是职业行会。明代,行业组织以会馆为特色,是同乡同行工商业者组成的机构,具有明显的经济职能。所谓会馆“所以便往还而通贸易,或货存于斯,或客栖于斯,诚为集商经营交易时不可缺之所”,或“为同业公定时价”。当时的船户们也自愿联合,组织会馆、公所,具有民间组织性质。

明末清初,以行帮、会馆为基础发展形成了大大小小的船帮。如长江上就有川帮、湖南帮、河南帮、陕西帮、湖北帮等。湖北帮中又有楚帮、沮漳帮、武昌汉阳帮、宜昌帮。③

三、通航水域巡逻检查的加强

自宋代起,沿海、内河各重要口岸就设立了巡检司,驻防海口,专司海防巡卫,是军事机构,同时兼理海事管理(即往来船舶登记和管理),或代征税金和收购船上货物,因而又起着榷关的作用。

---

①赖定荣:《珠江航运史》,人民交通出版社 1998 年版,第 175-176 页。

②《山西通志·交通志·公路水运》,中华书局 1999 年版,第 674 页。

③刘宏友:《湖北航运史》,人民交通出版社 1995 年版,第 165 页。

(一)沿海通航海域巡逻检查的加强

元代以后,承袭宋制,仍在各重要口岸设置巡检司,职责与前代相似。泉州与台湾一水相隔,距离很近,政府将台湾作为通往南洋诸国和日本的中转站,于元至元二十七年(1292 年)在澎湖设立巡检司,管理台湾行政与舟船事务。后来沿海巡检司改为市舶提举司。至元三十一年(1294 年),复设沿海巡检司。《元史》卷二百一十《瑠求传》云:"近瑠求则谓之落漈",即指船舶穿台湾海峡的黑潮而过。随舶往亚、欧、非诸国,途经台湾的元代人汪大渊曾登台湾岛上的山顶观潮看日出。元代,还出现"官本船"制度(官商合办贸易制度),对商船管理相对自由,只是每年召集统一通蕃,便于临时征发船舶。如上海沿海设立巡防弓手和海站,保护舶商的安全。商船进出港口,都由防守海口的巡检司官员验明印票,清点人数,方准放行。如系从国外航线归来,更要详加盘查。如因风信不能按规定时间回港,要由所停泊港口的地方官员具保,发给印照,回原出发港口后到指定海关机构注销。这一制度一直坚持到清代中期。

明太祖实行海禁政策后,朝廷在沿海各地或港口设立军事机构,大兴海防,增设卫所,筑墩堡,设烽堠,置军屯,并在沿海各重要口岸设立巡检司。洪武三年(1370 年),朝廷在卢龙(今河北卢龙县)的永平设卫所,对船舶进行监管。洪武十七年(1384 年),在海州(今江苏连云港市)增设卫所,并配备战船 10 艘,"每至春则发舟师出海……防御倭夷,迨秋乃还"。设巡海道,分哨驾驶战船到指定的海域巡逻警戒。据正德九年《金山卫志》上卷三《戒备》记载:明正统七年(1442 年)前,上海金山卫沿海 6 所,均有巡逻海船,每所 10 艘,每艘旗军 100 名,"春夏出哨,秋回"。明嘉靖年间,广东在沿海分东、中、西三路,设置卫、所、水寨等海防管理机构,另置广东按察司巡视海道副使兼广东兵备一员,系兵备兼理分巡,原驻广州,后移至宝安南头。其中,东路为惠州、潮州府所辖海域,中路为广州府所辖海域,西路为高、雷、肇、廉、琼、钦等府州所辖海域。① 这时,从上海出海的船舶,江海关要求由防守海口的巡检司官员验明印票,清点人数,方准放行。万历三十年(1602 年),明政府在旅顺(今大连)设置水师的同时,在金州增设海防同知一员,"凡海防哨探,战守机宜,……官商榷计"。明末清初,此地居民因连年战争,躲避战祸,多逃往山东半岛和朝鲜各地,余下人员不及 1/10,州卫俱废。

清顺治十八年(1661 年),今大连一带水上安全由金州巡检司负责,隶属海城县。雍正十二年(1734 年),金州巡检司归属宁海县,隶属奉天府。巡检司除管理水上交通、舟船安全外,还管理行政事务。康熙五十四年(1715 年),旅顺水师营建成,并出海巡哨。水师营设协领 1 员、佐领 2 员、防御 4 员、骁骑校 8 员,水军 500 名,均属奉天将军统辖。② 康熙四十五年(1706 年),登州水师营前军(又称水师前营)移驻胶州,胶州再次成为名副其实的军港。水师营兵分两路加强海上巡航,一路"千总一员,分汛至江南界止",自头营子出发,沿胶州湾西岸出发向南,经黄岛、古镇口、宋家口等 24 处;另一路"把总一员,分汛东至马头嘴止",从头营子出发,沿胶州湾东岸向北,经会岛口、阴岛口、青岛口、淮子口、千里岛等 52 处。③

明嘉靖以后,官方航海走向衰落,政府限制民间海运的发展。中国海外贸易发生根本的变化,商民贸易逐渐取代了长期占统治地位的朝贡贸易,外国商船不断来华,与国内商民进行民间贸易交往。于是,广东、福建、上海等沿海富有航海传统的居民迫于生计,为利所驱,冲破藩篱,下海通蕃,形成不可遏制的潮流。如福建漳州一带,出现抵抗海禁的活动,民间对外贸易活动呈上升趋势。上海地区的居民半数从事航运与捕鱼,熟悉附近海路,有丰富的航海经验,受国外稀有贵重物品高利诱惑,走私活动十分活跃。这些走私船冲破各种禁令和侵扰,冒险出海贸易。明朝政府为防止走私、劫掠与骚扰,建立了巡检制度。嘉

①司徒尚纪:《从海洋制度文化看历代中国政府对南海领土主权的管理》(上),见《岭南文史》2012 年第 3 期。

②周永刚:《大连港史》(古、近代部分),人民交通出版社 1995 年版,第 52-53 页。

③《莱州府志》卷五《兵防》;乾隆《胶州志》卷三;参阅寿杨宾:《青岛海港史》(古代部分),人民交通出版社 1986 年,第 141-142 页。

靖三十年(1551年),在福建漳州月港设靖海馆,以"郡卒往来巡洋"。① 嘉靖四十二年(1562年)后,为加强对民间通蕃商人与商船的管理,朝廷将靖海馆改为海防馆,作为专管洋面、出海口的军事管制机构;设置海防同知,专理洋务,权同州、县,管防海商及其船舶进出等,实行军事管理。当时,近海船与远洋船分开管理,对远洋船的管理更为严厉,且实行军事化管理。这是明代对商贸海船管理的一大进步。万历二十一年(1593年),海防馆改为督饷馆,东、西洋船引都由其颁发。国内船舶出海的盘检、丈量,缴纳水饷(水税),回港交进口税,按规定也由督饷馆负责办理。该馆主要是通过船引制(也称请引,即颁发安全文书)来实施。由此,变私贩为公贩,明代后期又开放了海上贸易。② 船引制管理的具体步骤,即:开洋后,出海商人不论出近海、远洋,都必须向海防大夫申请,获得船引之后,才可出海。"将下蕃船一一由海道挂号,验其丈尺,审其货物,当出海回籍之候,俱欲照数盘验,不许夹带违禁货物。"③船引上必须详细填写船商姓名、年龄、户籍、住址、开向何处、回销日期,以及限定的货物、器械等名称。如所报有隐匿不实,货物数量不符,不允许出海。④

台湾与福建隔海相望,一苇可通,是中国东南沿海一个最大的岛屿和国防要塞。《蓉洲文稿》曰:"万历间,海寇颜思齐踞有其地,始称台湾。"⑤当时福建商船到台湾,或台湾商船到福建,都要经过检查。福建厦门驶往台湾的商船,要从泉州巡检司领取官方证明,此证明写明船主和水手的年龄及个人情况和装载的货物等。商船出发后,要在大登门接受检查,看登记与申报的是否一致。从台湾返回厦门时,台湾巡检司要对船上人员的年龄等情况,以及装载货物的数量进行检查,并发给一个官方证明。在台湾的鹿儿门要经过检查后方可离港。台湾和厦门巡检司均对进入其港口的船只进行检查。在进港时如发现有走私物品或其他违禁物品,则要进行调查。证明必须交有关巡检司吊销。抵港船舶的官方证明长期未交和吊销,巡检司等就要通知上一级机关,并进行调查了解。

清代,中国沿海水师,特别巡检司对沿海海域巡逻,与对中外商船监管已成常态。顺治十三年(1656年),朝廷宣布禁海令。康熙二十四年(1685年),鉴于台湾已经被清军攻占,朝廷决定开海贸易,宣布允许"以装载五百担以下船只,往海上贸易、捕鱼",⑥但对商船出海仍有不少限制。如当时船舶进入广州港前,一般先行停留在新宁县辖下的广海、望峒、奇潭,香山县辖下的浪白、十字门、濠镜,东莞县辖下的虎头门、屯门、鸡栖等专门提供临时停靠的澳口。又如进入福州港的船舶,不能直接入港,必须由巡检司申报各衙门知令、把总、指挥,即差千百户一员,坐船率军士导引进港,并到指定地点停泊候查。经布政司会同都司、检察司和市舶司官员检视完货物及其勘合文书无误后,封舱,人员导入城内馆驿住下。⑦

(二)内河通航水域巡逻检查的加强

黄河流域,明洪武初年朝廷就开始在黄河茅津渡口设置巡检司。当时,河东池盐大部陆运到渡口,再从茅津渡转到河南各地。渡口运盐的木船多达20艘,主要用于横渡,在水情许可时也承担短途转运。⑧

长江流域,早在明初就创建巡检司,开始用于防范和镇压各地人民的反抗与起义等,后来主要防止盐、茶私贩,检查缉捕违禁装运私货的船只。如镇江港早在明代就设置了巡检司,管理江防,兼管水上通

①乾隆《海澄县志》卷一《建置》;参阅《福建航运史》(古、近代部分),人民交通出版社1994年版,第193页。
②《东西洋考》卷七《饷税考·公署》,中华书局1981年版,第153-154页。
③《明实录类纂》(福建台湾卷),"海禁",武汉出版社1993年版,第515-516页。
④郑有国:《中国市舶制度研究》,福建教育出版社2004年版,第296页。
⑤连横:《台湾通史》上册,商务印书馆1983年版,第18页。
⑥光绪《大清会典事例》卷二三九《户部·关税·禁令》。
⑦郑有国:《中国市舶制度研究》,福建教育出版社2004年版,第238页。
⑧《山西省通志·渡口》,中华书局1999年版,第689页。

航安全事务。嘉靖时,仅在湖北的汉阳一县就设置5处巡检司。① 明万历十九年(1591年),汉口镇已经设立了巡检司。其时,汉口已是商船、货物云集的商埠。

黑龙江流域,康熙二十八年(1689年)《中俄尼布楚条约》签订后,清政府为巩固北部边疆,防止沙俄再度入侵,开始在外兴安岭以南中国领土一侧进行巡边(亦称察边)活动。这种以水路为主的巡边活动,后来被清政府列为戍边定制,分为每年巡逻和三年巡逻两种。每年巡逻安排在五、六月间。三年巡逻是在冰解后,由水路至河源兴堪山(即外兴安岭)巡查一次。同时,建立巡边制度,在黑龙江上、中游地区设置卡伦(满语"哨所"之意)。这些卡伦除博屯河检貂卡伦外,均属黑龙江副都统管辖。"每年由黑龙江副都统轮派官兵坐放"。具体讲就是,开江后轮派官兵乘船在水路巡逻,秋末冬初船不能行驶时便撤回陆上。这种例行的巡边一直持续到1861年。巡边活动,既保护了国家的边防安全,又加强了对舟船的监管。②

珠江流域,明清时期由于广东沿海和珠江流域海盗猖獗,官府对商船提供保护成为重要的职责。当时广东沿海有五路巡洋师船对盐船、商船护航,"带同行走"。在内河也有巡船护送商船。各府均订立了巡河捕盗章程,分段管理。珠江中下游通航水域的安全检查,分别由粤海关、盐运使司和水师3个部门兼管。而保证海道畅通和商船安全的现场监管,则是由设在广东省东莞县太平墟的水师衙门(即巡检司),以及驻防在沿海各处的水师营汛负责。巡检司最高长官为水师提督,负责派出师船保护运输,并防止私运多载。嘉庆十六年(1811年),两广总督百龄奏称:"现派五路巡洋师船,系往来梭织巡查。则凡有盐船由海载运,无论空船重载,俱令巡洋师船带同行走,盐船可免疏虞。而船户、水手人等,亦得藉资稽查。"③水师巡船的"洋面巡缉",对清代前期两广沿海船只来往的监督起到了重要作用。同时,内河水汛保护得到重视。如封开县贺江只有水汛弁兵11名,防拖难免疏失,清代前期"估船往来屡被劫掠"。而在顺德县龙江一带,道光十三年(1833年)"兵役练保分驾艇只,昼夜梭缉,灯火络绎,击柝相闻,较平时防守颇严密",因此商人就没有被匪徒绑架及乘机抢窃情事发生。④ 可见,水汛设置的疏密与航行的安全有着密切的关系。

广州府各路河道绵长,港汊分歧多,故由两院(督院、抚院)派出文武员弁堵捕。至于各地民间组织的巡路,在官府查准后,给发"攻匪保良"戳记,亦可准其承允。为使盗船不致行动得逞,各地官府还划定河面界段,让各州县在船只出事后承缉。由于水师巡船管区分明,各司其职,使护航缉捕工作取得较好的成效,保证了清代广东、广西海船来往航行安全。同时,珠江三角洲还设水汛保护舟船,水师对遇难船只也负有救助的责任。雍正就指出:"粤东三面皆海,各省商民及外洋番估携资置货,往来贸易者甚多。而海风飘发不常,货船或有覆溺,全赖营汛弁兵极力抢救,使被溺之人得全躯命,落水之物不致飘零。此国家设立汛防之本意,不专在缉捕盗贼也。"⑤ 同时,清末海口设水师营,保护商船和官船。⑥

四、船员管理分类与夜间行船

元初,海上运输漕粮的海船大多是缴获南宋的战船与收集沿海的民船,以及为内河漕运建造的官船。这些船舶的船户、水手主要是江浙等东南沿海一带的青壮劳力。海船中水手分工组合各有不同。以总漕

①《明经世文编》卷二百六十五。

②侯长纯:《黑龙江航运史》(古、近代部分),人民交通出版社1988年版,第62-63页。

③《两广盐法志》卷二十《转运三》。

④《粤东案例》(手抄本)。

⑤李绂等编《世宗宪皇帝上谕内阁》第83卷,雍正七年七月二十一日,《文津阁四库全书》第414册,商务印书馆2006年版,第21-22页。

⑥赖定荣:《珠江航运史》,人民交通出版社1998年版,第174页。

(即万户或副万户)乘坐的最高指挥船为例,有水手 300 人。千户、伙长是船中“好家主”,“事事辛苦,不辞行难”。伙长为掌罗盘者,即主要负责导航。伙工“驾舵如驾马”,“数人左右拽长牵”,明显是舵手。碇手“在船功最多”,“一人喝声百人和,何事深浅偏记得,惯曾海上看风波”,无疑是高价招募的“惯熟梢工”。可见,元代海运中的水手队伍是比较复杂与庞大的,并有细致的分工。对所雇佣的航海船工、水手、篙工、舵工等,朝廷先集中于如扬州等一类主要港口,进行航海训练,再通过海上运漕实践,方才编入海运队伍。① 东南沿海一带地区的人民,在提供大量漕粮的同时,有众多青壮年被驱使到海上当水手、船工等,经常延误农业生产。元诗曰:“危樯隘川浦,乃有远人舟。江租赴海漕,惊沙无定沤。号呼走群吏,肉食怀鄙谋。及时不归耕,卒岁何用周。悄悄绿发子,还家多白头。为农极凋瘁,犹用苦诛求。”②

到了明清时期,海船上船员职务与宋元时期相比又发生了全新的变化。船主代替纲首,船上人员形成两个系列,即财副、总管、直库、总哺、香工系列和伙长、舵工、阿班、碇工、缭工系列。船主,又叫舶主、出海、管船,是海船上最高职务,负责全船行政管理与贸易交涉等事务。财副,负责“货物买卖、日常簿记账册之役也”,即管理货物交易和船上财务收支等事务。总管,又叫总官、总轩,是由宋元时的杂事演变而来的,主要处理船上的日常行政事务。伙长,又叫伙头,专门负责船舶的操纵和驾驶,是船上最高的航海技术职务。正因为这一职务技术要求高,所以在船舶航行途中,伙长往往具有很大权威,连船主也要让他三分。郑和下西洋的船队中,就配备了一批伙长,其中不少是外国人担任的“番人伙长”。③

明末清初,战争频仍,全国经济一度凋敝。清政府采取一系列休养生息政策,经济逐渐恢复。到康雍乾时代,国力强盛,经济繁荣,资本主义萌芽在明代基础上又有新的发展,手工业生产规模进一步扩大,出现了许多新的工商业城市。在这一形势下,上海大商人资本有了重大发展,以沙船为主业的商人集团随之出现,并相继开辟南北沿海航线和长江下游航线,获取了巨额资本。沙船业中船主与船工之间已具有明显的资本主义雇佣关系。如沙船商郁润桂一家就雇有船工 2000 余人,平均每艘船雇船工近 30 人,分为耆老、舵工和水手三类。船中主事者名耆老,又叫耆民,类似现在的经理。舵工,又称船老大,专管航行,地位逊于耆老,类似后来的驾引技术人员。水手,就是三等船员,相当于现在的普通船员。舵工和水手一般都没有固定的雇主,在沙船每次启航前由船主临时招雇上船,所谓“舵水人等,原系临时雇觅”。④ 沙船上雇佣船工、水手最多。按船只大小不同,一般每船雇用 20~30 人。到鸦片战争前,仅上海沙船在船水手已有 10 余万人。⑤ 道光十年(1830 年),船长同时又是船主的代理人,抽取船主们所得的红利一成,收入颇丰。那时的引水在航行中可得工资 200 石,来回还可带货 50 石。舵工带货 15 石,无工资。管锚、管舵各带货 9 石,水手带货 7 石,均无工资。无工资的船工们从货船舱位得到一定的实物工资,又要自筹货物资本,自行承担海难事故的风险。

康熙四十二年(1703 年),清政府规定:商贾船舵水手人等,按四种梁头尺寸分别不得超过 14~28 人,平均每船 21 人。黄勤业在《蜀游日记》中称:川江帆船,须置大桡数根,“左右桡夫五六十人,少亦三四十人”。至于那些携妻带子,从事辅助性劳动的小船,加上水手,每船人数亦在 10 余人。按 20 人计,17 万只船,舵手、船工至少在 300 万人左右。⑥

以上不同的船员技术要求不一,所得报酬也不尽相同。但从这些情况来看,当时的船员已分等级管理。

①丁复:《甘雨昨日足》,见《元诗选(二集)》;参阅《江苏航运史》(古代部分),第 114 页。

②丁复:《甘雨昨日足》,见《元诗选(二集)》己集《桧亭集》,中华书局 1987 年版,第 838 页。

③王杰:《航海史话》,社会科学出版社 2012 年版,第 97-99 页。

④《清高宗实录》卷八百一十四。

⑤《筹办夷务始末》(同治朝)卷二十八。

⑥黄勤业:《蜀游日记》,清道光十五年(1835 年)。

清代,广东船户内部分工和管理的简繁,也是视船只大小而定的。船只越大,分工与管理越复杂。据载,行驶南洋的300~400吨船舶,广东潮州人规定需有船长1人、引水(阿长)1人、管账1人、舵工1人、管锚1人及管舱1人,水手通常可达90人之多。水手分为两等:上等的叫头目掌管帆、锚等物;下等叫阿哥,做力气活或粗笨活,如拉绳索和起锚等。大概每艘海船上有船员80~100人。管理人员是一艘船货物贸易的核心。船上的管事人形成了一个集团,目的是下海贸易,行船是次要的事。当时船舵工(或引水),多是识别海岸的专家。在整个航行中,他们日夜集中精力注意观察海岸与岩角。①

夜间行船于江河上,尤其像长江三峡这样的急流汹涌的河流中,没有一定驾驶技术是无法做到的。元明清时,夜间行船已成常态。特别那些夜间航行于长江之上的船民,有着高超的驾船技术。明清时,东南沿海各地,尤其浙江临水州等地夜行更是随处可见。夜航船已成为客旅不可或缺的交通工具。一般来说,能驾驶夜航船的人,技术非同一般。在船工(员)管理中等级或层次中,操夜航船者即是人们通常所说的伙长或舟师之类。

五、船舶引水与强制引水制度的初建

船舶引水与航运有着密切关系,是从航运分化出来的一项专门业务和技术。元明清时期,引水在中国已形成一定的规模。中国帆船船员驾驶技术娴熟,经验丰富,长于规避风险。外国人称赞道:“中国帆船驾驶技术的轻松快捷”,“可以同欧洲船只匹敌。”这从另一个侧面说明,这时中国船舶引水业已成海事一项技术管理内容。②

(一)内河船舶引水

元明清时期,长江下游是漕运的起点,但航行条件复杂,所以各代朝廷都很重视这一水域的船舶引水,并设置了指浅提领,雇请有经验的船户担任引水员。明代,东南沿海与长江的船舶招募熟悉航道的伙长引领船舶航行,不仅个体船户募请,而且官办商运也征用。伙长(船师)的地位与作用相当于现在的船长或引航员,驾驶与引航合一,主要负责全船人的安全。郑和下西洋时也招募这样的舟师,指挥船队远航。这时的引水尚未形成一套完整的行业规范和管理制度,因地而异,各地之间缺乏经常性的交流。政府对此也缺乏统一安排,没有建成一套全行业管理制度。如当时引水业开展得较好的广州港及珠江流域,已经有引水管理制度,但也仅仅是一个地区的实践而已。

清代广东帆船的航行技术较以前各代有所发展,主要表现在掌握季候风的规律,熟悉海河岸线,使用罗经和掌握航行速度等几个方面,其中较为重要的是熟悉河海岸线。这方面要数河船、海船舵工或阿长(引水员)。在珠江水系,河流行船,必须观察沿岸地形、地物,才能顺着航路安全抵达目的港埠。当时船上的船长是不负责行船的,只管理全船的货物,船舶航行由阿长(引水员)负责。③ 航行途中,阿长主要是观察海岸与岩角,日夜集中精力指挥船只航行,或坐在船舷上,或站着打瞌睡,由他自便,手下几个人由其直接指挥。

清代,由于珠江水系船舶需要的引水人数量很大,因而已成正常的职业,人数不断增多。引水人有的也称滩师,指熟悉航道情况,能指引船只安全渡过急流险滩的人。滩师多在滩险较多的河道旁以引水为生。他们多为该河段附近村落人氏,长期居住江边,对江中一石一滩了如指掌。船只到他们熟悉的地方,均雇请他们导航。如珠江上的梅江最险处的蓬辣滩,“巨石横当中流,水势汹涌,怒涛如雷,声闻数里。”

---

①聂宝璋:《中国近代航运史资料》第一辑,中国社会科学出版社2002年版,第55-56页。

②彭德清:《中国航海史》(近代航海史),人民交通出版社1989年版,第10页。

③《粤海关志》卷十七、卷二十六、卷二十九。

乾隆年间,“下水船至此,多请土人掌头,名为滩师,行人货物多起岸”。[①] 封川县的贺江,九曲十八弯,船只下滩也必须雇请滩师带船。贺江上的滩师均懂“滩路歌”,边行边唱,为舟船前行指南。引船走过滩涂后,滩师即离船返回。可见,滩师从事的是短途引航业务。

此外,珠江沿岸村庄居民,尤其是滩险附近的村民,在清代多数以另一种引航方式谋生,就是为舟船拉纤。这些纤夫往往聚集成伙,兜揽活计,待上水船到即纷纷出来拉纤。嘉庆年间(1796—1820年),连江上游、梅江上游以拉纤为业的纤夫很多。如大埔梅潭河边的古村,“村口有大洪地方,石多浪急,舟人至此须卸货拉缆,始得渡过”,因而拉纤就成为该村村民谋生的职业。有了这些拉纤的人,单船上水才成为可能。这也改变以前那种一到滩险急流,必须等候数船来后,集数船之人力逐船过滩的状况。[②]

(二)沿海港口船舶引水

元至大四年(1311年),在东海口的刘家港甘草浅滩区域设立指浅号船(航标)的同时,官府设置了指浅提领一职,有偿给初次出海入江,或不熟悉这一带海域与长江口航道的舟船提供引航服务。指浅提领系“高价招募惯熟梢工,使司其事”。延祐元年(1314年),朝廷又在江阴设立指浅提领,征用熟悉这一带海上与长江口航道的船户,为不熟悉航道的舟船引航,以避水中暗礁浅滩。上行去真州(今江苏仪征市)运粮的漕船,也征用熟悉这带江道的船户作指浅提领,引领船舶进出长江。同时,还有“牵运船只”的劳役制度,即征民夫牵船助航。这些来自东南沿海和江苏一带作指浅提领的“惯熟梢工”,或伙长,具有一定的航运实践经验,熟悉海洋气象和长江、大海的潮汐规律预测推算,对一年四季天气规律了如指掌,并编成口诀。据载,从宋元时代开始,对海潮规律已有详细记录,“虽是俗说,屡验皆应”。其中,对避风港的选择、点篙以测沙礁的技术等,充分显示了“惯熟梢工”,或伙长们的聪明才智,可保障舟船安全航行。[③]

明代沿海港口的引航继续发展。郑和七下西洋选用闽、粤东南沿海地区具引领海船能力的人作远洋船队的引水员。下西洋之所以从长江口出发后,在福建长乐太平港驻泊,一方面是利用福建沿海航海有利条件,借南洋海洋性风候,伺风出洋,另一方面是利用福建诸多航海人才,借其通晓东西洋各地的航路、各国语言,具有驾驶、生火等远洋航行的丰富经验,尤其引领海船的能力。

清代,中国各港口均有熟悉本地河流航道与港口设施的引水员,能满足船舶引水的要求。特别是广州、上海等地,有相当数量的船民从事引水业。如上海居民中有一半从事航运和捕鱼,熟悉附近的海路,有丰富的航海经验。而进出上海港的长江口及黄浦江航道,滩长沙多,外地商船不了解水情,必须雇佣本地船员引航。这些人是上海港最早的引水。[④] 上海港引水员不仅足敷引水需要,而且有一套引水管理制度,规定了引水人选拔条件和引水收费标准等。当时的沿海引水员多系本地商船船长或有经验的船员,归各口海关与海防巡检司管理,统一调配,“有私出接引者,照私渡关津律从重治罪”。从以上引水业演变来看,元代从宋代招头演化而来的指浅提领及伙长等“惯熟艄工”,在中国引航发展史上具有里程碑的意义。他们的职能与现在的引航员职责基本相同。如果说三国时舰船航行中出现了引航的端倪,到宋时陆游笔下的招头可视为引水形成的话,那么元代出现的指浅提领则是中国引航业的肇始。

(三)外籍船舶实行强制引水

作为主权国家来说,对外舶引水是带强制性质的,是国家主权的象征。元朝,对于那些“朝贡”国家

---

①乾隆《潮州府志》卷十六《山川・大埔县》。

②叶显恩:《广东航运史》(古代部分),人民交通出版社1989年版,第161页。

③至顺《镇江志》卷七《山川》。

④茅伯科:《上海港史》(古、近代部分),人民交通出版社1990年版,第84页。

的船只规定了朝贡期限、路线、靠泊港口,以及“贡使”居住和停留的地点,“贡船”的艘数及随从人数及贡物的品类。为了那些“入贡”国家不敢冒伪滥充,还制定有戡合制度。全国对“朝贡”国家开放的港口只有 3 个,即宁波、泉州、广州。

明代,作为都城的金陵(今南京,永乐后成为陪都),外舶进出贸易必须接受带有强制性的引航政策。外国船舶进长江口后,先泊于太仓的“六国码头”,由朝廷“命军卫有司封籍其数,送赴京师”。即必须由中国海防巡检司和有关部门官吏登船检查验证,并选聘有航运经验的伙长(船长)或梢工,一同随船监督和指引该船驶往金陵。这些伙长或梢工的职能相当于现在对外籍船舶安全检查与强制引航。这是长江上最早对外籍船舶强制引水的记载。永乐三年(1405 年),因太仓距金陵太近,“恐生他变”,朝廷下令从此不许外舶驶入金陵,同时供外船停泊的“六国码头”亦关闭,改在浙江、福建、广州三处有市舶司之地处停泊。嘉靖三十一年(1552 年)三月间,前往福建安海港的日本船 30 多艘,均由漳州的伙长(船长)或梢工引水,到安海港二白沙澳停泊,并于沙滩上做买卖。

广东沿海与珠江水系,明清时期外国商船进出贸易兴旺,从事引水的船民大量涌现,其中相当部分能引领外舶。当时的澳门实际上是广州的对外贸易货物的转运地,澳门港可以说是广州的外港。外国(尤其西方国家)商船来华贸易,不能直接进入广州港,要先在澳门靠岸,申报进港手续和船舶引水,由设在澳门的海防衙门批准,发给牌照,拨给引水人,引入虎门,湾泊黄埔。① 也就是由中国派出引水员,强制上船引领,方准进入珠江口,经虎门泊于黄埔港。引水费“不拘船只大小,所付皆相同。但依照船只所属国别而略有差异”。② 充当引水员的人,是经澳门同知严格审查的。他们的年龄、相貌、籍贯都要一一登记造册,报给总督衙门和粤海关存案备查。经过审查合格的引水员,政府发给编号印花牌,每次上船引领,还要持有政府发给的印照。海关凭照验明放行。外商不得私自雇佣没有执照的引水员。当时,粤海关管理着一批引领外舶的引水人,仅广州、澳门、香港的就有 20 多人,而其中澳门海防同知衙门内就有 14 人。③ 除此之外,东莞、香山、新会等县沿海地区也有许多引水人,能担当外舶强制引航任务。据载,这些引水通夷语,熟水道,外国船只一到,即乘小艇前往求雇。这批不受管理的引水人的大量存在,是海上运输发展的产物,同时也为走私贸易和后来的鸦片贸易提供了便利条件。

清中期之后,为做好强制引水工作,朝廷加强了对外船和外商的管理。乾隆二十二年(1757 年)起,广州港成为中国唯一对西方商舶贸易港口。一时间,该港从事引航的人比较多。清政府与粤海关制定出包括对外舶强制引水在内的引水管理规章,并设置澳门海防同知,专管澳门外人、珠江口一带的海防和进出口岸中外商船事务。乾隆九年(1744 年),首任的澳门海防同知印光任制订七条管理章程,后称《防夷七条》。《防夷七条》就外舶强制引水,规定:“洋船到日,海防衙门拨给引水之人,引入虎门,湾泊黄埔。”“限每船给引水二名,一上船引入,一星驰禀报县丞,申报海防衙门,据文通报,移行虎门协及南海番禺一体稽查防范”,“有私出接引者,照私渡关津律从重治罪”。“……至货齐回船时,亦令将某日开行预报,听候盘验出口”。④ 外国商船来华贸易先在澳门靠岸申报,由澳门的海防衙门(即巡检司)派出熟悉航道、谙练驾船技术的引水人与海关官员前往看验,是否装有货物,来自哪个国家,有否所在国家的批照(货船船籍港国家的证件等)。如确系货船,且又带有批照,由中国引水员引领进入虎门。待粤海关官员丈量征税,开舱贸易,并经海关虎门口报验后,再引入黄埔湾泊。如无印照,不准进口。另外,严禁外船擅自雇人引水,随意进港。外船回程出口时,要执批照赴沿海营汛(水师驻防地区)挂号,由守口官弁将船号人数、

---

①梁廷楠:《粤海关志》卷二十八《夷商三》。

②彭德清:《中国航海史》(近代航海史),人民交通出版社 1989 年版,第 44-46 页。

③彭德清:《中国航海史》(近代航海史),人民交通出版社 1989 年版,第 163 页。

④梁廷楠:《粤海关志》卷七《设官》、卷九《税则二》、卷十七《禁令》、卷二十八《夷商三》。

姓名逐一验明,再申报督抚存案,方准放行。至于外舶出入送信的小舢板,也须赴税口挂号查验,给予照票,然后由税口知会就近炮台放行。

对引领外轮的引水员选任,《防夷七条》建议:“请责县丞将能充引水之人详加甄别,如果殷实良民,取具保甲,亲邻结状,县丞加结,申送查验无异,给发腰牌、执照准充,仍列册通报查考,至期出口等候。”《防夷七条》虽为进入珠江外舶而制定的,但却是中国历史上所颁发的第一个包括外舶强制引水在内的引水管理规章。到鸦片战争爆发时,全国有引水员 143 人,专司船舶引水之职,仅澳门就有 14 名。①

此后,由于《防夷七条》执行不力,常有匪徒冒充引水致滋弊窦,清嘉庆十四年(1809 年)清政府遂重申《防夷七条》制度,“嗣后夷船到口,即令引水先报澳门同知,给予印照,注明引水船户姓名,由守口营弁验照放行,仍将印照移回同知衙门缴销。如无印照,不准进口,庶免弊混”。

而外舶一到广东省,就纷纷请求粤海关尽快引水入关,以免久泊外洋。遇上不测风涛,一些外商甚至提前申报粤海关安排引水。英商大班喇咈等呈称:“本年祖家货船十有六只,将次到粤。再四衷恳,先为具奏,冀得早进黄埔,免致久泊外洋,有风涛之险”。为此,道光十四年(1834 年)清政府再度重申《防夷七条》,禁止外国商人私下雇请中国人引水,强调外国船只入港必须向中国政府申报,经过查验后由澳门同知指派中国引水员引航。对于执行引航的中国引水员,由澳门同知颁发执照,查明年貌、籍贯,发给编号印花腰牌,造册报明总督衙门与粤海关存案,遇引带外国商船再发给印照。无印花腰牌的人,外国商船不得雇用。② 可见,广东沿海、珠江水域的引水一直由政府管理。

然而,有的船民仍然私自接受外籍船只的雇佣。有的引航员自己不愿意工作,就把牌照交给没有引航资格的人使用。于是,不少英美鸦片走私船非法闯入中国水域,甚至“每有匪徒在外洋假充引水,将夷人货物诓骗逃走”。一直到鸦片战争爆发前,中国引水管理制度在整体上尚未形成,引航业尚处于一种自发运行的状态。但是,毕竟中国引水业已初具规模,对维护国家主权起到重要作用。英国人魏尔特曾记述:“在 1843 年的《虎门条约》之前,由于当时没有规定,作为一个主权国家,中国对她领海内的引水员和引水工作拥有绝对的管辖权。当广州是唯一对外开放的口岸时,所有引水员都是中国人,都在同业协会或同业公会里工作。中国主管当局通过控制这些组织来课征税收。”③

六、船舶停泊区与锚地的管理

元代,福建的泉州、漳州两港成为广州海道中途寄泊和停留的港口。当时的嘉禾屿(即厦门)隶泉州,辖下鼓浪屿有个称为瑞咣庵的地方,“负山临海,舸可直抵其下”。

当时的泉州港已成为全国最大的对外贸易港口,地位首次超过广州。为便于港口发展和对外开放,朝廷疏通泉州的后渚港,并建立望云楼,在主港泉州港边的法石、后渚、安海、围头澳 4 个支港开辟船舶寄泊地,使泉州港吞吐功能进一步扩大。

明代,朝廷对广东、福建、浙江、江苏、山东、河北等沿海或内河、小港小汊等,凡有船舶停泊处均设置巡检司。如福建的福州、兴化、泉州、漳州四郡,就设巡检司 45 所。主要港口还有政府官员、市舶司官员及水师驻扎。每当“贡船”到港口水域外时,由巡检司向衙门申报,知令军队把总指挥,差千户、百户 1 员,坐驾军船,率领军士护送“贡船”到指定的地点停泊候检。然后,都指挥使司、布政使司、按察使司官员各 1 员与市舶司掌印官 1 员等,前往停泊处,查验“贡船”所带文书,封钉密固船舱货物。再由巡检司官员引

①梁廷楠:《粤海关志》卷二十七《夷商二》、卷二十八《夷商三》。

②梁廷楠:《粤海关志》卷二十八《夷商三》。

③张代春:《论近代中国引水权的沦丧》,《经济与社会发展》2009 年第 5 期。

导"贡船"进入市舶司指定的水域。①

金陵(今南京)成为明王朝首都后,各地输京的漕粮、贡物多由船装运,送达京师。这样一来,泊于南京的船舶"蔽江而赴,溯流而聚","官船、漕船、贡船、商船云集龙江(今南京下关)"。为使各地来船能有避风和停泊的处所,朝廷特划出几块水域,供各类船舶分区靠泊。其中,上新河一带水域供长江上中游来的船舶停泊,"江中舟泊尽泊此以避风浪";中新河一带水域,专供装运贡品的"马快船"停泊;草鞋峡水域,专为小船停泊区。洪武二十六年(1393 年),开通胭脂河。永乐元年(1403 年),疏浚龙江复成桥的三汊湖,竣工后可容 400 艘舟船。为给舟船停泊提供避风良港,天顺二年(1458 年)依南京守备徐承宗奏,照龙江关式样修建大胜关码头,"以便船只湾泊",后又"开御沟城濠"。这些工程的实施,进一步改善了南京港口、码头和航道的状况,使"长江上下,皆可以方舟而至,且北有銮江、瓜洲,东有京口,而五堰之利,或由东坝以通苏、常,或由西坝以通宣、歙"。以长江与运河为主干,构成纵横交错的水上交通网。②

清代,东南沿海与长江以南地区漕运量不断增大,通过江南运河的漕船与日俱增,使苏常一带的河道、港口不能适应,以致漕船随意停泊,航道堵塞,水上险情不断。这种状况引起了地方政府的高度重视。康熙四十八年(1709 年)十一月,常熟县奉江南布政司督理苏松常镇粮道之命,在境内特立《禁止酒浪等船停泊妨碍行舟示碑》。碑文说:"本邑□□外沿城一带,官濠水道狭窄,路系咽喉,民舟辐辏者,东南两仓完漕开兑船、农民粜米还租商贾贸易百货船,皆往来所必经……游山酒船数十艘,游山浪船倍之,船户水手皆拳勇,悬挂缙绅牌额护符……双帮环舣,霸截过半,遂使官濠存细流一线……"③嘉庆十七年(1812 年),苏州府也栽立《严禁粮船违例越泊挽停市岸碑》,重申雍正八年(1830 年)的禁令。可见清代各地政府也很注意对港口与河道水上秩序的监管。④

自清嘉庆末年,广州城南门外的商业区经筑城墙并入城区后,西关兴起,成为新的商业中心。随着来往舟船增多,亦自增置码头,以供船停靠。至于珠江宽阔的河道两旁,更置较大的码头,成为最大的舟船停泊区。清代中期,黄浦江上游的闵行和白莲泾,下游的蕴藻浜,均设有锚地,以供船舶抛锚停泊。

总的来说,至鸦片战争前,全国沿海、内河各港口或港湾水域,为船舶停泊建设了一定的锚泊设施。虽然这些设施还比较简陋,但基本上能适应当时船舶停泊的需要。

七、妈祖文化传播世界

自古以来,人类面临旱涝、蝗灾、瘟疫时,往往把祛灾的希望放在乞求神灵上。宋代人在对妈祖神灵的不断祈祷中逐渐得到启发,逐步形成了妈祖文化信仰。从人文层面看,这一信仰,以及"海上女神"及其神话传说,是一种历史文化,并已成为中华民族一种特殊文化形态,是华夏文明的一个组成部分。

为缅怀妈祖的善良、大爱,人们自发地为她建庙祭祀。妈祖庙是船家祈祷神灵保护的场所,妈祖成为沿海居民崇奉的最大海神。封建帝王为安抚民心,对妈祖大加褒封,如元明封天妃,清初加封天后。这位女神最早的妈祖庙建于宋初,开始仅称"神女祠",后经多次修建、扩建,逐步形成规模,如今已建成 232 级台阶连缀两旁的各组建筑群。中国海上交通贸易及沿海港口开发历史更是与妈祖信仰密不可分。从东北至华南,中国许多著名港口城市的开发史都跟妈祖庙息息相关。。从宋朝开始,沿海与内陆的山海关、天津、绍兴、淮安、温州、湄洲、苏州、昆山、太仓、杭州、宁波、台州、福州、泉州、厦门等港口城市都修建、扩建了天妃宫,作为祭祀妈祖的场所。如《天津县志》记载,元延祐年间(1314—1320 年)在大直沽先建造了

---

①林开明:《福建航运史》(古、近代部分),人民交通出版社 1994 年版,第 145、192 页。

②《南京交通志·港口志》,海天出版社 1994 年版,第 112 页。

③《禁止酒浪等船停泊妨碍行舟示碑》,见《江苏省明清以来碑刻资料选集》,三联书店 1959 年版,第 638 页。

④罗传栋:《长江航运史》(古代部分),人民交通出版社 1991 年版,第 379 页。

一座天妃宫(称东庙)。泰定三年(1326年)漕运最盛时期又在直沽建了另一座天妃宫(又称西庙)。每岁漕运开始,元政府漕运官均要到天妃宫祈祷安全。至治年间(1321—1323年),皇帝硕德八剌曾两次派使臣到大直沽天妃宫祭祀。天妃宫的修建和祭祀活动,反映元朝统治者对海运的重视。

妈祖之庙或天后庙,一般建在码头客货上下、急流险滩、河海交界等处,并与专管外舶的市舶司建在一起。如宋代华亭(即上海)、杭州、泉州、广州四市舶司均与妈祖庙合建一处。还有营口、烟台、青岛、连云港等都是以妈祖庙的兴建为标志,由荒凉的渔村变为繁荣的港口城市。香港北佛堂摩崖石刻和《九龙彭蒲罔村林氏族谱》关于妈祖信仰自南宋传入的记载,则成为香港历史文献记载的第一笔。澳门地名的葡萄牙语称作Macau,就是粤语“妈阁”的音译。台湾同胞把早期的分灵妈祖称为“开台妈祖”,更充分地说明妈祖渡台和宝岛开发是直接相关联的。经宋以后的元、明、清三代及近现代的传播,迄今已历经千年以上,奉祀妈祖的宫庙,除青海、新疆、西藏等省、自治区以外,已遍及中国沿海各省、自治区、直辖市。《妈祖宫集成》是集全国30个省、自治区、直辖市(包括港澳地区)500多县、市有关妈祖宫庙的记载汇编而成的。

妈祖信仰是航海人的精神支撑,目的是祈求妈祖保佑海上航行安全。妈祖信仰增强了沿海官民、商家和渔民的自信心,激励他们与海洋搏斗。古时,皇帝每年都派人到妈祖庙备礼致祭,或交付官漕司及当地府官行祭。祭文上钦定敬称神号为“护国庇民广济福惠明著”天妃。据《浏河镇纪略》载:元“至元二十三年,奉旨建天妃宫于浏河之北岸漕漕河东约半里”。运粮船队出海之前,漕臣们都要举行隆重的祭祀仪式,求天妃庇佑。[①] 每年的妈祖诞生日,成了港口城市最重要的庆典活动。从民众信仰到城市文化氛围,港口城市都具有浓重的妈祖文化的色彩,形成跨地域、多群体的妈祖信仰文化圈。元天历二年(1329年)因漕官不祭而致漕船尽没之后,皇帝孛儿只斤图帖睦尔便下诏委官于沿海18个郡的天妃宫祭祀谢罪,并将妈祖诞生日定为国祭。明郑和七次下西洋,每次开航前都要举行隆重的妈祖祀典,归航后相继著录天后显灵应事,因袭定例。

经过1000多年的历史传承,妈祖信仰随着航海交通的日益发达与华人足迹遍及五大洲,与妈祖信众一块走出了国门。妈祖已成为一位跨越国界的国际神祇。迄今,她的足迹已遍及日本、加拿大、美国、法国、丹麦、巴西等国及东南亚等地区。她成为推动中华文明和世界和平的发展和传的“天使”。据《世界妈祖庙大全》记载:到21世纪初叶,全世界妈祖信众超过2亿人,妈祖分灵庙(宫)5000多座。信众分布在世界五大洲,有26个国家和地区建立庙宫祭祀。仅台湾妈祖宫庙就有1500多座,信众达1600多万,占台湾总人口的2/3。20世纪90年代以来,湄洲岛每年接待台胞近10万人次。每逢农历三月二十三日妈祖生日和九月初九日妈祖忌日,更是人山人海,香火鼎盛。湄洲岛每年要举办朝拜妈祖祭祀大典。妈祖祭祀与山东的孔子祭祀、陕西的黄帝祭祀并称为中国三大传统祭典。祖庙“妈祖祭祀大典”是中国首批“非物质文化遗产”。2006年,妈祖祖庙被国务院列入第六批全国重点文物保护单位。

八、水上事故处理制度的建立

水(海)上交通运输是一个高风险的行业。船只航行于水上,常遭遇不测风浪,导致事故发生。为此,元明清时期朝廷在积极采取防范措施的同时,加紧对海难事故的处理,并建立起事故处理管理制度。

明代,对于发生的水上事故,由朝廷按河流大小与损失多少分类、分级规定处理、赔偿办法。“大江漂流为大患,河道为小患;二百石外为大患,二百石内为小患。小患把总勘报,大患具奏”。[②] 也就是要求发生了大事故要上报皇帝。对漕粮押运人员的责任也有处理规定。如永乐年间(1403—1424年)规定;“凡

---

①郑元祐:《重建路漕天妃碑记》,见《侨吴集》卷十一。

②《明史》卷七十九《食货三》,中华书局1974年版,第1922页。

海船被风、胶(搁浅)、漂、沉,除追赔粮食和船艘外,运官交吏部问罪”。① 对海事处理相当严格。正统七年(1442 年)规定,如某卫所有数只粮船遭风漂失,指派官员核查后,全卫所即改拨于通州及天津仓上纳。天顺八年(1464 年)又规定,漕船若遭风浪损坏,在百里以内要有府、州、县官证实,百里以外应就近取得证明,若船行卒遇风浪,事出不测,“覆实显迹明白免罪,失粮不予追究”。② 然后申报总兵官来处理。如有弄弊诈妄的,除处罚犯罪人外,还要追究负责勘查的官员,并予以治罪。责任事故损失漕粮由运官赔偿,不能全赔的免职,其子孙也不得任职。③

清康熙二年(1663 年),广东南海县突遇“暴风疾雨,雷电大作,飘没深井尾海面船只,淹死人民千计”。有时在同类情况下即使船只完好,但被困于一地,船上人员也得忍饥挨饿。④

清顺治至乾隆年间(1644—1796 年),清政府对海难事故处理逐步制定并形成一套较为完整的条律。《钦定户部漕运全书·风火事故》中载录此项条例 100 多条,详细地规定事故的申报、查验、抢救、带运,奖励抢救有功人员,抚恤溺死旗丁运弁等人,根据情节赔偿、处治假报事故、乘机侵盗和视灾不救等罪的处理办法。根据条律,事故发生后可根据不同情况,处治监兑、同知、通判、督抚及押送领运官弁与旗丁。其惩处自罚停俸禄到降级、革职、发边充军,直到处死,比明代对水上事故的处治更为严细。这反映出清代处理海事时在一定程度上注意到客观情况与分别责任和非责任事故等。特别是对漂溺死亡旗丁等人的抚恤,对抢救粮食财物有功人员的奖励记功等,体现出较为合理的赏罚考量。⑤ 据载,自嘉庆四年(1799 年)至道光八年(1828 年)的 30 年间,仅长江中下游各省漕船在运粮途中共发生风涛、火灾、沉船失粮重大事故计 52 起,沉船 104 艘,死旗丁、水手及家属 152 人。其中整帮沉船 15 起。⑥

这一时候汉水上的船只多为私人所有,水手作为临时受雇佣者,毫无工作保障,一旦遇到船毁人亡事故,只能得到一口棺材。船主将水手伤亡归结为人生“寿数有定”“求财忘身”。如果由各港口设立的船行来处理事故的话,视偶尔事故为必然发生,仅由船主付给祭典钱及火纸(给死者烧纸钱),捞到尸体外帮白布二匹,不购买棺材,更不给家属抚恤金。⑦

第七节　郑和船队下西洋中的海事管理

一、郑和船队七下西洋的历程

朱棣夺得皇位后,改元永乐,为“耀兵异地,示中国富强,以徕远人”,争取海外地区对其政权更替的了解和归附,加强与海外各国经济文化友好联系,命郑和率船队通使西洋。

郑和,本姓马,名和,小字三保(一作“宝”),回族,云南昆阳州(今并入云南省昆明市晋宁县)人。他出身名门望族,幼年受过良好教育,了解一些外洋情况。洪武十四年(1381 年),在朱元璋扫平元朝梁王残部战事中,郑和之父死亡,12 岁的他被俘。后随朱棣参加“靖难之役”,“出入战阵多建奇功”。朱棣夺得皇位后,提升郑和为内官监太监,执掌营建宫室及供应皇室所需。永乐二年(1404 年)赐姓郑,自此改名郑和。永乐三年至宣德八年(1405—1433 年)的 28 年中,郑和先后七次率领由官兵、航海技术人员、军

①《明史》卷七十九《食货三》,中华书局 1974 年版。
②《万历会典》卷二十七《户部会计·漕规》。
③《春明梦余录》卷三十七《户部三》“漕规”“恤军”,北京古籍出版社 1992 年版。
④赖定荣:《珠江航运史》,人民交通出版社 1998 年版,第 155 页。
⑤《清史稿》卷一百二十二《食货三·漕运》,中华书局 1977 年版。
⑥《钦定户部漕运全书》卷八《风火事故》。
⑦《陕西省志·航运志》,陕西人民出版社 1996 年版,第 357 页。

事人员、办事人员及翻译、采办、工匠、医生等 27000～28000 人、240 多艘船舶组成的船队,满载丝绸、瓷器、金银、铜铁、布匹等物,从金陵(今江苏南京)起航,顺江而下至刘家港(今江苏太仓东浏河镇)集结编队出发,泛海南下至福州外港——长乐太平港(今福建马尾港的西南岸,隔闽江斜对相望)驻泊,伺风开洋,朔风至便出五虎门(位于闽江口)而南航西洋各地。郑和船队在太平港驻泊期间,主要做最后的准备工作,如添招富有航海经验的船工、伙长,补给海程所需的各项物资。据《长乐县志》载:"太平港,在县西半里许,旧名马江。明永乐七年,内寺郑和使西洋,海舟皆泊于此,因改今名。"① 船队通过太平洋、印度洋,到达东南亚、南亚、西亚等地区,最远抵达非洲东海岸和红海沿岸,遍访亚非 30 多个国家和地区,航路 10 余万公里,"经过的航线有 56 条,航程 15000 英里"。还开辟了古里(今印度西南部喀拉拉邦的科泽科德一带)到溜山(今马尔代夫)、木骨都束(今索马里摩加迪沙一带)、卜喇瓦(今索马里布拉瓦)、麻林地(今肯尼亚马林迪)的航线,并向南航行到比剌(今莫桑比克港)、孙剌(今索法拉港)。据说部分船队过了南非风暴区,远远超过季风航行的要求。

郑和下西洋以前,中国的远洋航线基本上是沿海岸的,远洋船舶的规模、数量和装载人数及航行次数、持续时间尚属有限。而郑和下西洋,航线从西太平洋穿越印度洋,直达东非,居于当时世界航海的领先地位。这一壮举不仅开辟了新的海上交通路线,形成了系统完善的海上交通网络,更为重要的是对人类社会的政治、经济、文化发展产生了重要的影响。大批中国人沿着郑和开通的海道,走出国门,汇入整体世界之中。比较遗憾的是,宣德八年(1433 年)三月二十日在第七次下西洋的回程中,郑和病故,遗体由随船官兵运载回国,葬于今南京中华门外牛首山下。郑和航海到过的国家,如今一直保存着纪念郑和航海的文物和古迹(图 3-7-1 为郑和在今马来西亚留下的锚)。如爪哇有三宝垅、三宝洞、三宝公庙等,泰国有三宝寺。非洲索马里把当地发掘出土的明代瓷器作为中索人民传统友谊的象征。郑和七次下西洋的具体时间为:第一次,永乐三年至永乐五年(1405—1407 年);第二次,永乐五年至永乐七年(1407—1409 年);第三次,永乐七年至永乐九年(1409—1411 年);第四次,永乐十一年至永乐十三年(1413—1415 年);第五次,永乐十五年至永乐十七年(1417—1419 年);第六次,永乐十九年至永乐二十年(1421—1422 年);第七次,宣德六年至宣德八年(1431—1433 年)。

图 3-7-1　郑和留下的锚

二、郑和船队船舶建造质量的检验

入明以后,中国造船业在前代基础上趋向专业化,船舶质量的检验更加规范。为郑和下西洋,朝廷专门在京师(今南京)秦淮河以西、长江以东的三汊河地区兴建了皇家造船基地,即宝船厂,专门建造宝船。"我祖(指朱元璋)奄有四海,定鼎金陵。环都皆江也,四方往来,省车輓之劳,而乐船运之便。洪武初年,

①民国《长乐县志》卷五《水利志・港》,福建人民出版社 1993 年版,第 97 页。

图 3-7-2 郑和宝船

即于龙江关设厂造船,以备公用”。[①] 龙江船厂大致坐落于今南京市下关区秦淮河以北、热河路以西江边一带,是明代中国规模最大的船厂,以建造航海宝船为主。其为郑和下西洋制造船舶的时间自永乐二年(1404 年)至宣德八年(1433 年),持续了 29 年,是与郑和出使西洋活动相始终。郑和七次下西洋的主体海船有宝船、马船、粮船、坐船和战船五类,共 29 种。宝船最大者,长 44 丈 4 尺,宽 18 丈;中者长 37 丈,宽 15 丈(见图 3-7-2)。宝船有 9 桅 12 帆,马船有 8 桅,粮船有 7 桅,坐船有 6 桅,战船有 5 桅。[②] 三板船和划船是极小的战船,“往来神速,率多取胜”。[③] 郑和宝船相当庞大,造价高昂,要支动天下十三省的钱粮方才够用。宝船的建造使中国造船业“达到了十九世纪以前世界木帆船的顶峰”。英国学者李约瑟惊叹中国的造船业“远远走在欧洲的前面”。

对郑和航海船队的建造质量,朝廷做出许多强制性的规定。各类船按要求给不同的船厂建造,并要进行质量检验。宝船厂主要负责宝船的建造,浙、闽沿海各地造船厂也建造宝船。其他各类的远征船,除龙江船厂建造外,还在全国其他船厂建造。为保证远征船的建造质量,朝廷在吸取以前质量检验经验基础上,创立用工限额、材料验收、木价核算、量材使用等制度,采取多种措施严把检验关。

(一)专设造船提举司

明代自建立起,就由工部选派本司(工部营缮清吏司)主事一员,居住龙江船厂,专理宝船等船舶建造事务。主管船厂的官吏有郎中、主事、提举、副提举等职官。船厂最高行政管理机构为提举司,下设分司。厂里还设有司吏两员,其中一人管理全厂各工种工匠。嘉靖九年(1530 年),提举司裁并,设司吏两名,一管匠工,一管计料,“督率驾船官军(用船的军队),在厂协小工。船之成也,上其数于府院,以听取拨焉。”[④]此外,在生产第一线设立督管造船的帮工指挥厅、指挥千户与百户各一人,负责监督造船工匠施工,保证造船质量。这些职务由兵部考选廉勤者充任,五年一换,隶属中军都督府操江院约束。他们督率驾船官军在厂协济小工(如抬板、舂灰、拽赞之类)。船成后,上报府院,听候调拨使用。依靠这套管理体系,船厂有效地组织起 32 个工种、2000 多名工匠进行大规模生产,在造好船舶的同时,把住了建造质量关。

---

①欧阳衢:《龙江船厂志序》,见《龙江船厂志》,江苏古籍出版社 1999 年版。

②《明史》卷三百四《宦官一》,中华书局 1974 年版,第 7767 页;《国榷》卷十三,成祖永乐三年,中华书局 1958 年版,第 953-954 页。关于郑和宝船尺寸有很大争议。这里照原始资料抄录,并不表明我们赞成这组数据,仅供参阅。另一组数据是:长 15~20 丈,宽 6~8 丈,载重量约为 450 吨(15 料为 1 吨)。

③周世德:《中国沙船考略》,见《自然科学史研究》1963 年第 5 期。

④《龙江船厂志》卷三《食货志》,江苏古籍出版社 1999 年版。

(二)用料十分讲究

建造下西洋船舶的用料,均由各船厂按规定要求购买。龙江船厂与龙江宝船厂是根据船舶的载重量的大小配给一定数量用料。主要用材以楠木、松木、榆木与杉木为多,不同部位选用不同材料。这些材料都要派人到四川、湖广、江西等处购买。政府还在重要港口设立抽竹木场。凡造船用料均依照顺序和手续,“赴抽分分司告领准票,前赴该场支领”。然后查验明白,给作领用。凡抽竹木分场没有的船料,则“拘招商铺,照数买办,丈量、秤验明白,发提举司收贮待用”。金陵(今南京)就设立有隶属于工部的龙江关和大胜关两个抽竹木场。每艘船下水投入使用时,配备的属具及附件的名目、数量也都有明确的限量规定。船用生产材料的供给,由政府派往船厂的提举官吏下设的两司吏中的一人负责,另一人管理全厂各工种工匠。①

为保证远征船的船身坚实不透水,朝廷规定了油船弥缝所需材料的数量。龙江船厂分工细密,各类工种多达 32 个。其所建造的大型宝船具有相当高的工艺水平。② 为增加船舶纵向强度,采用龙骨(俗称龙筋)和置于船舶两舷的大楼。宝船宽达 56 米,长宽比定为 2.45 左右,采取“船方正若一木斛”的形式,大幅度提高了横向强度,“非风不能动”。此外,还采用多桅多帆,增加了航行速度。永乐二年至十七年(1403—1418 年),共建造海船、宝船 140 艘,改造海船 249 艘。其中绝大部分由龙江船厂建造,供郑和出使西洋使用。

(三)专门技术工艺

郑和下西洋船队的船型是按用途确定和改造的。如辅助船,将平底船改为尖底船,“能破浪,不畏横风,斗风、行驶便易”,适合中国南海及北印度洋波涛汹涌的恶劣海况。再如宝船,作为郑和船队中的主要船舶,相当于后世舰队中的旗舰,设 9 桅,张 12 帆,一个铁锚就有 2000 多斤重(见图 3-7-3),篷、帆、锚、舵非二三百人莫能举动,是“体势巍然,巨无与敌”的超大型远洋海船。据载,宝船的排水量达 3100 吨,载重约 2500 吨。宝船大小、长阔各有不同,但长宽之比都在 2.5 倍以下,建造规格控制十分严格。③

图 3-7-3　郑和船队铁锚

郑和下西洋船队的船舶建造,按照工序进行工种分类,然后再依此以“厢”的行政组织管理入籍工匠。全厂有船木梭橹索匠、船木铁缆匠、舱匠与棕篷匠四类,各类又分为船木作、舱作、铁作、篷作、索作、油作等 30 多个工种。第一厢出船木梭橹索匠,第二厢出船木铁缆匠,第三厢出舱匠,第四厢出棕篷匠。各厢匠人,以轮班或住坐两种形式,从事造船生产。这样除便于行政管理外,还有利于加强技艺的切磋和技术质量的

①《龙江船厂志》卷一《训典志》,江苏古籍出版社 1999 年版。
②《龙江船厂志》卷七《考衷志》,江苏古籍出版社 1999 年版。
③中国古代造船发展史编写组:《郑和下西洋与我国明朝的造船业》,见《郑和研究资料选编》,人民交通出版社 1985 年版,第 417 页。

管理。船厂还设立了船舶设计、原材料供应、造船核算、材料与船舶验收等各项管理制度。根据各种船舶的大小难易等情况,确定用工定量等,并形成严格的工时定额及用工数量限价等管理制度,使造船生产过程秩序井然,保证远征船舶建造质量符合长时间远洋航行的要求。可以说,郑和下西洋的远征船是15世纪初叶世界上最大最好海船之一。永乐以后,随着工匠大量北迁,郑和出使西洋活动终结,龙江宝船厂造船业走向低谷,造船任务减少,厂房逐渐空闲。到嘉靖后期,生产宝船的厂、库已“鞠为茂草”,以至只需取拨匠丁赴厂看守即可。①

郑和下西洋船队的船舶建造质量检验,是中国海事在船舶检验技术管理方面提高到一个新水平的标志,为后世海事发展积累了珍贵的财富。

三、郑和船队远洋航行的安全监管

郑和下西洋远洋船队,每次能安全出海与回归,十分重要的是得力于沿海船民的航海实践经验。每次船队出海前,先要到福建、广东、浙江、江苏等沿海一带,选用经常下海的驾船梢工(船员),主要是让他们引导船队航行(就是作伙长,又称船师,相当于现在的船长或引航员)。这些人大多是有着数十年航海经验的驾船人或渔民,熟知潮势、季风、洋流等,并在远洋航行中积累了丰富的航海经验。

(一)沿着事先设计的航线行驶

为保证船舶在浩瀚无际的大洋上安全航行,郑和船队每次下西洋基本上事先设计好行驶航线,以掌握船舶在一定航区中的确切位置,再采用测深定位、对景定位和天文定位确定船位。测深定位,是用测得的水深和提取的海底泥质相互参照后,推测出船舶所处的位置,找出航路中的转向点,保证船舶按预计的航线安全航行。对景定位,是利用沿岸的山岭和显著的建筑物,或海上航路两侧的岛屿,求得船体与这些目标的相对位置,借以标定船位的方法。如郑和船队从孝顺洋到黄山的航路上,采用三向对景定位法,定出转向的位置。天文定位,是海船在航行中利用观测太阳或星辰的高度,测定船位的一种方法。郑和船队在横渡大洋时,主要是观测星辰以定船位。《郑和航海图》所记的各港牵星“指”数,换算成现代的纬度度数,有时与实际度数只略有4.5海里的误差。这已在视线所及的范围内,不影响船舶准确进港。可以说,郑和船队的测天定位技术已达到相当先进的水平。

(二)运用已掌握的海洋气象经验行驶

郑和船队还掌握和积累了丰富的观察海洋气象的经验,可以自如地运用,保证船队航行安全。在往返航行中,能准确及时地利用信风。这说明他们对海洋气象观察、测验已有一定的科学水平,而且讲究实用。祝允明《前闻记》载:第七次下西洋,于“宣德六年十二月九日出五虎门(在闽江口),(行十六日),二十四日到占城(今越南南部)。……八年二月十八日开船回洋,(行二十三日),……五月十日回到昆仑洋(越南南端东面海上)。……六月十四日到崎头洋(浙江象山港北穿山东),……二十一日进太仓(江苏浏河口)”。郑和下西洋往返各地日期,相当于当时信风规律的历史记录。

(三)用罗盘指南等方法确定航线

郑和下西洋在开辟到达非洲东海岸的新航线过程中,在测定往返针路方面也相应做出了新的贡献。针路,是航海时用罗盘指南等方法所确定的路线。郑和船队在航海中,以船在顺风条件下行驶一昼夜的路程为十“更”,以八尺长为一“托”。这种计算方法来自沿海船民的实践经验,却为郑和船队结合当时航

①《龙江船厂志》卷三《官司志》,江苏古籍出版社1999年版。

海技术基础上加以发挥。《西洋番国志自序》称,船队在航行中所遇“海中之山屿形状非一,但见于前,或在左右,视为准则,转向而往。要在更数起止,记算无差,必达其所。”①

(四)运用“过洋牵星”航海术指引航向

郑和船队在继承中国航海观察天象传统的基础上,配合运用“过洋牵星”的航海术来指引航向。《郑和航海图》中有四幅“过洋牵星图”,是用几“指”、几“角”来表示星辰的高低。正如巩珍所述:“惟观日月升坠,以辨西东,星斗高低,度量远近。皆斫木为盘,书刻干支三字,浮针于水,指向行舟。经月累旬,昼夜不止。”② 船队的航海人员在途经亚、非诸国时,不断地观察天象、测量星宿高度,利用星辰定向,以保证船队安全航行,并到达目的港。明代,中国航海家已积累丰富的季节和气象方面的知识,能够准确地测定风向,利用各种风向,熟练地驶帆行船。他们还经常测量海水深度和海的底质,避开不熟悉的海岸航行。③

郑和下西洋船队的远征,正是那些拥有丰富航海经验的驾船人,凭借辛勤劳作和勇于战胜自然的气魄、毅力,引导200多艘远洋船舶安全横渡重洋的一次次伟大壮举。

四、郑和船队船员的分工与管理

郑和下西洋船队能够跨大洋,穿海峡,抗狂风,斗恶浪,“维绡挂席,际天而行”,“观夫海洋,洪涛接天,巨浪如山;……而我之云帆高张,昼夜星驰,涉彼狂澜,若履通衢者”④,与他们所建立的适应远航船员分工与管理制度分不开。

郑和船队除了拥有性能优良的船舶之外,每次出海远航还对所率领的27000~28000名船员和其他人员进行了周密分工,做到步调一致,各司其职,井然有序。每次出航前,对从闽、粤、浙、苏等沿海一带选拔的驾船梢工(伙长)、舵工、班碇手、水手等,都要进行岗位分工,明确责任,以保障船队远航安全。这对现在的船员管理也有一定的借鉴作用。如“永乐七年郑和第三次下西洋中,舟师忠武尉名黄参,长乐塘屿乡人,在其举荐下,邑人从之者众,随师远航……”⑤ 不但招聘福建人作舵工、伙长,还让福建人担任舟师的要职。巩珍著的《西洋番国志》载:“始则预行福建、广、浙,选取驾船民梢中有经惯下海者称为火长,用作船师。乃以针经图式付与领执,专一料理,事大责重,岂容怠忽”。⑥ 据祝允明在《前闻记》中载,第七次下西洋的随员中的航海技术和办事人员有“官校、旗军、火长、舵工、班碇手、通事、办事、书算手、医士、铁锚、木艌、搭材”等,各有分工。⑦ 其中,伙长的地位极为突出,相当于现在的船长,是“驾船民梢中有经验惯下海者”,熟悉针经图式,负责领导全船人员安全航行,或谓之掌罗盘者,凭针路定向行船,或“夜对紫微星直上”,能结合海洋气象和大海潮汐规律,进行预测推算。舵工则按伙长的指点,负责操舵,控制海船航向;班碇工专司船舶离靠码头,下锚停泊;水手、梢工负责升落帆篷、摇橹划桨;铁锚、木艌、搭材等人,则是随行修船的工匠。

作为郑和下西洋船队基地的南京港,既是下西洋官署地,又是船队出海及海外归来的归泊地。朝廷

①巩珍:《西洋番国志自序》,见《西洋番国志》,中华书局1961年版。

②巩珍:《西洋番国志自序》,见《西洋番国志》,中华书局1961年版。

③冯承钧:《南洋交通史》上编,商务印书馆1937年版;郑一钧:《郑和下西洋对我国海洋科学的贡献》,见《郑和研究资料选编》,人民交通出版社1985年版。

④萨士武:《考证郑和下西洋年岁之又一史料——长乐“天妃灵应碑”拓片》,见《郑和研究资料选编》,人民交通出版社1985年版,第103页。

⑤王杰:《航海史话》,社会科学文献出版社2012年版,第62页。

⑥巩珍:《西洋番国志自序》,见《西洋番国志》,中华书局1961年版。

⑦祝允明:《前闻记》,商务印书馆1937年丛书集成初编本(据纪录丛编本影印),第73页。

在《自宝船厂开船，从龙江关出水直抵外国诸番图》（即《郑和航海图》）中，将南京港至刘家港这段长江水道列入下西洋航线的一部分，始发港注明是南京龙江湾（今南京下关）。郑和最后一次下西洋是从金陵（今南京）直接集队出发的，时间是在宣德五年十二月初六（1431 年 1 月 14 日）。此次出洋，以“清和”“惠康”“长宁”“安济”“清远”等为首的大小船只 200 余艘，其中大型海船 63 艘，人员有官校、旗军、伙长、舵工、班碇手、通事（译员）、办事、书手、医士、铁锚、木舱、搭材、水手、民梢（官员雇用的民间梢工、篙师）等 27500 名。航海船只每艘编制约 50 人，其中 30 人为水手。每日船上分 10 班值更，每班 2 小时 40 分钟。当时采取焚香计时的方法，掌握船位，准确掌握驶达目的地。测定航速时，将一木片掷到海上，船员向船尾行走，同时与浮在海上的木片保持着平行，如木片在 51 秒钟里漂过 150 英尺船的全长，那么航速估计为两节。船队记载的最快一段航程是从印度卡利卡特至苏门答腊的北部沿海，全长约 1500 海里。以大约4.4节持续航速用两周时间行完全程。① 后来，跟随郑和下西洋的费信著《星槎胜览》，马欢著《瀛涯胜览》，巩珍著《西洋番国志》，均记述了航海见闻，史料价值极高。这表明郑和下西洋使中国人对亚非一些国家的生活、风俗、社会生产等情况有了进一步的了解。

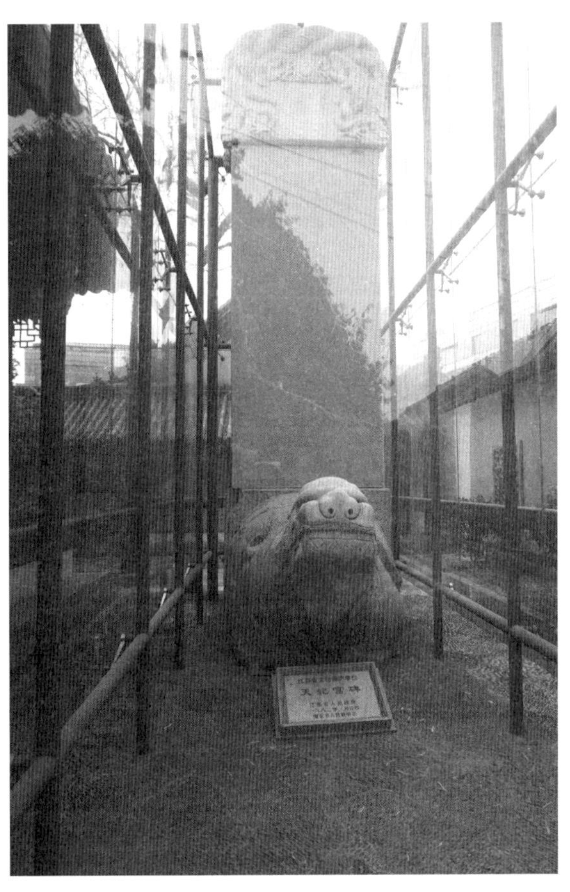

图 3-7-4 天妃宫碑

郑和曾于永乐五年（1407 年）在南京静海寺建立天妃宫。后来多次奏称出海时屡遭波涛惊扰之险，“舟儿没飓风黑浪中，赖天妃显护帖息”。朱棣于永乐十四年（1416 年）亲撰碑文，立碑于天妃宫内。据说，原来在天妃的殿廊上画有许多描写海中景物的壁画，现仅余此碑，碑额上刻着“御制弘仁普济天妃宫之碑”11 个篆字，最后落款时间是“永乐十四年四月六日”。碑石质地良好，雕刻精美，是明碑中的代表作（见图 3-7-4）。郑和还在许多地方建造天妃庙宇。如宣德五年（1430 年）春，郑和第七次下西洋出发前在太仓刘家港、福建长乐太平港分别立《通番事迹记》《天妃灵应之记》碑。②

五、郑和船队的独特通信联络方式

郑和下西洋船队还创造了航行和停泊的独特联络通信办法。郑和船队“云帆高涨，昼夜星驰”于大海上，要让庞大船队保持步调协同是件不容易的事情，必须建立便捷的通信联络方法，以保证统一行动。

为保证对船队实施有效指挥与调度，使航行进退有致，郑和船队利用声响和旗号，创造出一种独特的船舶通信联络方法。据载，郑和船队的通信联络采用的是旗帜、信号，至今船舶航行或停泊时仍沿用。即“昼行认旗帜，夜行认灯笼，务在前后相继，左右相挽，不致疏虞”，“敢有故纵，违误军情，因而偾事者，即时枭首示众”。郑和船队以帅船、运输船居中，战船列前后左右起保护作用。

“昼行认旗帜”，主要指白天以旗帜为通信联络方式。每船中“大坐旗一面，号带一条，大桅旗十顶，

①郑一钧：《郑和下西洋对中国海洋科学的贡献》，见《郑和研究资料选编》，人民交通出版社 1985 年版，第 424-429 页。

②郑鹤声：《浏家港天妃宫石刻“通番事迹记”》，见《郑和研究资料选编》，人民交通出版社 1985 年版，第 97 页。

正五方旗五十顶”,通过约定方式悬挂或挥舞各色旗带,即可作为相应旗语,互通信息。《筹海图编》中载:白天用旗帜,“昼者麾旗为号”。《殊域周咨录》也载,主舰“以红布为幔,五色旗帜,大小凡夺十条”。这一方法在明代航海中颇为常见。

“夜行认灯笼”,指晚上以灯笼进行通信联络。据载,每船有“灯笼一百盏”。《筹海图编》中载:“各船以灯为号,中军船放起火三枝”,“悬灯一盏”。其余四方各营,“前营船悬灯二盏平列;后营悬灯二盏,一高一低”,以便于夜间辨识各船所在的战位。夜间遇有紧急情况,则“看中军旗五方,高竖灯五盏,是欲设疑以见船多之意。每船后尾上立灯,左右各一盏,前桅上加灯二盏”。由此可见,灯火悬挂的位置和灯盏数量的不同,起着报警作用,反映航行中的状态及遭遇的情况,以便相互了解,传递指令,及时通知各船采取相应的措施。

如遇到阴雨天迷雾天气,或海上视线不良时,则用声响信号进行联系。据载,每船有“大铜鼓四十面,小锣一百面,大更鼓十面,小鼓四十面”。这些物件除在作战时可擂鼓助威、鸣金收兵外,尚可在不良天气下传递声响信号。《筹海图编》中载:“夜泊,船听中军招宗喇叭响,各船依序随宗安插,不许私求稳便远泊,因而疏虑”。即便平时天气良好时,锣鼓声响也有专司作用,例如前进、后退、举饮、休息、集合、起碇、扯篷、升帆、转向、抛泊等,皆以声响信号统一指挥。这种独特的船舶通信联络方法一直沿袭至今,成为船舶航行和停泊期间进行联系必不可少的最基本方式。①

六、世界上最早航海图之一——《郑和航海图》

航海图是根据海上活动需要而绘制的专用地图,能反映出一定水域的地形地貌、水文要素、定位条件及其他与航行相关的资料,并给予相应的说明。

据史料记载,大概在北宋咸平六年(1003年),中国就有海图绘制,“神舟所经岛洲苫屿百而为之图”。徐兢的《宣和奉使高丽图经》和刘豫献于金主亶的海道图等,都是当时所绘的海图。南宋时,也曾有“阅诸蕃图”之说。可惜这些海图早已流失。

元代,海图应用较为普遍。“元军……入临安(今杭州),得其(指南宋)书及图,乃命以宋库藏及图籍仪器由海道运燕京。其后,朱清、张瑄献海漕之策,所由海道,视履祥图书咫尺无异”。② 由此可见,元时航海图已广泛应用于航海。明代《海道经》中尚保存一卷元人底本的《海道指南图》,这是目前所见的中国古代航海图中最早的一幅。该图范围涉及长江下游与整个北洋。其所示意航路,东南起自今浙江宁波至江苏南京,然后出长江沿苏、鲁海岸北上,并以山东半岛成山角中心点辐射,东北至辽南海岸,北至辽海营口,东至渤海海湾河口。全海图一字排开,沿江岸与海岸按顺序表列各处港口、岛屿锚泊场所61个,并分段用“正东”、“正南”、“正西”、“正北”、“西南”等标明方位,标有航海指南文字,注有“航路指南”一类的文字。该图是元代船户在北洋漕运中经常使用的。它是中国古代航海一份极其珍贵的资料,也为《郑和航海图》的形成提供了弥足珍贵的基础史料。③

郑和船队七下西洋,充分利用大自然变化的自然规律,将明代以前中国采用的物标导航、罗经指南、天文定位、计程计速等航海技术加以继承和综合的运用,并推上新的高峰。郑和船队中驾驶宝船的舟师们积数十年丰富航海经验,结合熟知的潮势、季风、洋流等自然知识,加上航行于亚非诸国的航海经验,编制了航海图和过洋牵星图——《郑和航海图》。

①刘铭恕:《郑和航海事迹之再探》,见《郑和研究资料选编》,人民交通出版社1985年版,第192页。

②《新元史》卷二百三十四《儒林一》,见《元史二种》,上海古籍出版社1989年版。

③王杰:《航海史话》,社会科学文献出版社2012年版,第84-86页。

《郑和航海图》,全称《自宝船厂开船,从龙江关出水直抵外国诸番图》,幸赖明代茅元仪辑入《武备志》第二百四十卷中得以保存。它是中国较早的一部珍贵的航海技术文献和航海地图,也是研究15世纪中西交通史的重要史料。原图按一字展开的长卷图式绘制,"包括海图二十叶(相当于现代书籍40页)和'过洋牵星图'两叶",记录的地域包括:从今江苏南京下关宝船厂出发,顺流而下出长江口沿江、浙、闽、粤海岸南行再西行,经过南洋及印度洋各国,最远到达非洲东岸肯尼亚的蒙巴萨的航道,绵延上万公里。这中间共绘制530多个地方和港口,包括亚非两大洲的30多个国家和地区。图中分别对航向、航程、停泊港口、暗礁、浅滩、海岸和海底地形、海水运动、风向等,都作了比较详尽可靠的记录,对所经各国的方位、航道远近也都一一标明。郑和船队往返针路不同,但都能安全航行到达目的港,说明船队可灵活采取各种针路,已掌握了高超的航海技术和具有相当的驾船水平。① 其中第十一图上,有一处标有"石星石塘",指的就是南海诸岛。这再次表明此一海域自古就是中国的领海,同大陆有着紧密的联系,各种渔船、官船、商船往返络绎不绝。

《郑和航海图》,不是一幅小范围的简单航海图,而是中国第一部完整的航海图集,是保障船舶远航的安全之图,一份有关航海地理的珍贵资料,也是世界上最早的航海图之一。它与元代的《海道指南图》一样,是古代劳动人民为人类留下的一份珍贵航海遗产。②

第八节 津渡安全管理的加强与水上救生

一、津渡安全管理的加强

中国津渡和渡运管理形成较晚,至元代以后才初见规模。当时大至名川巨江,小至村头小河,为了方便往来,常备船只,设渡以济客、货。津渡分官渡与私渡两类。官渡由官府出资,私渡由乐于做善事者兴办(由一村一庄,或一姓一族,共同集资)。同时,义渡船、官渡船及一般民船也有救生或兼有救生的功能。元明清时期,朝廷对津渡的安全管理更加重视,通过多种渠道实施监管,以策安全。津渡数量不断增加,功能也发生变化。明末仅黄河上游段的津渡就有51处,到清代中期增至177处。③ 各地津渡也由起初主要用于军事,逐渐变为军用码头、客运渡口、义渡码头、江上救生、驿道咽喉等多种用途。如珠江三角洲河网区,河流密布,津渡增速很快。至清道光初年,广东全省有津渡1431个,实际数量肯定远超此数。按每渡配船1~5只不等,一渡载30人,每天来回5渡,全省一日载客过渡至少有429300人次。④ 上海黄浦江自闵行以下当时已有20余处过江渡口,方便浦东与浦西的沟通联系。

(一)增设渡运机构

元代,各地都设有专管或兼管渡船、渡运安全的机构与官吏,建立起一定的安全管理制度。在此基础上,明清两代加强津渡安全管理人员选派和管理措施的制定。如清代珠江流域各地设立河泊所和捕巡,作为渡船、渡运管理机构。

①中国航海学会:《郑和下西洋论文集》,人民交通出版社1985年版,第290页。

②朱鉴秋:《郑和航海图在中国海图发展中的地位和作用》,见《郑和研究资料选编》,人民交通出版社1985年版,第229页。

③陈琦:《黄河上游航运史》,人民交通出版社1999年版,第120页。

④叶显恩:《广东航运史》(古代部分),人民交通出版社1989年版,第241页。

(二)健全渡运制度

为加强津渡安全,元明清时期充实已有渡运力量,颁发渡运运资标准,完善管理措施。如清康熙九年(1670年),钱塘江杭州水域未设官渡,由萧山船户设立私渡,往来以小船载运多人,索钱10文、20文不等,令客商苦不堪言。一次"雪后严寒,舟人强渡,舡重致溺害八十余人"。这是私渡唯利是图,超载导致的渡运事故。为此,浙江总督刘兆麟重立渡口禁谕:"钱江横渡,乃往来通津,客商必经之地……渡夫勒害,立有碑禁:大船一只装载三十人,中船一只装载二十人,小船一只装载十人,每一人给钱五文,每货一担给钱八文。"①

康熙二十二年(1683年)清政府统一台湾后,闽官府对渡运限制甚严,只许厦门一口与台湾鹿耳门对渡。乾隆四十九年(1784年)始增一渡,许福建泉州府晋江县之蚶江与台湾府彰化县鹿耳门港对渡。乾隆五十五年(1790年),又准福州府闽江口五虎门与台湾淡水县八里岔设口对渡。但往台湾的船只或商民,须具保结,报福防同知,给照放行。继此之后,沿海其他小港才陆续开放与台对渡。如福宁府属之南镇,兴化府属之涵江,厦门之大担、小担,漳州府属各岛屿等,逐渐可直驶台湾。而台湾淡水之八尺门,彰化县之海丰港,嘉义县之虎尾溪,凤山县之竹仔港等,皆可容纳船只出入。清政府责成沿海各港守口员弁查验,阻绝无照船只或商民私渡。② 至此,闽台之间的海上交通及人员往来始获方便。

(三)渡口刻石竖碑示警

元明清时期,各河流津渡添置了各种渡船。明清时,黄河流域中上游地区地方官吏加大建造皮筏、皮囊等渡运工具。清康熙二十四年(1685年),浙江巡抚赵士麟造渡船10艘,设官渡,分布在银杏村码头至六和塔一线。为安全起见,赵士麟严令水手摆渡时每船不许揽客超载,渡费每人1文,多载多取者枷号不贷。每船还立有告示牌一块,明文晓谕上述规定,令远商知晓渡例,不为官渡水手及萧山渡子所欺。赵士麟还在银杏树码头创筑避风馆、牌楼、靖浪台各一座,建亭悬种,俱复古制,健全渡口设施。江东岸还设巡缉铺兵数所,每风雨雪时,庵僧鸣钟,铺兵亦鸣锣回应,不许渡船轻易行渡,保证渡运安全。③ 道光十三年(1833年),陕西汉中府在汉王城港口竖立《紫阳知县严禁近滩小船水夫借机抢捞货物告示碑》。道光十七年(1837年),陕西省南郑县在该县大河坝永兴渡(下水渡)立《永兴渡船桥会碑》。④

此外,当时的人们还十分重视提高渡船建造质量标准。清代,珠江流域对渡船建造式样、设备等均有规定,如渡船概不许用"高桅、尖、板篷","如有篷律、缆索、桨橹等件不齐不整者,严责渡夫制办完整"。雍正年间(1722—1735年),广东地方官府规定:渡船大者限载60人,小者限载10人(实际上均超载)。渡船按船长、梁宽的大小分成载60、50、20、10人不等,可装载货物,每货一担,准许一人收费。

二、救生组织与救生活动

中国救生组织始于唐代的水路驿,形成于明清两代。唐代以前,水上航行在以木帆船为主,凭靠天然河道自由航行,船舶一旦发生意外,失事溺水者只能听天由命,救捞落水者只是见义勇为的自发举动,并无专门救生组织。自唐代起在大江大河上逐渐出现由水驿船组织起来的救生机构,一般是设置在江涛巨

①刘兆麒:《总制浙闽文檄》卷三,"禁钱江渡夫勒诈"条。

②周凯:《厦门志》卷五。

③吴振华:《杭州古港史》,人民交通出版社1989年版,第238页。

④《陕西省志·航运志》,陕西人民出版社1996年版,第359页。

浪的大江大湖，或湍水急流、险滩复杂的河段渡口，用以救险。元明清时期，由于水驿站安全工作不断加强，这类机构逐渐演变为官办、民办和官民合办三种形式。此外，沿海沿河的地方官府也负有拯救遇难船只、打捞沉船的职责。清嘉庆年间（1796—1820年），上海已有救生局，局址在上海县城大东门外老白渡（今上海南市杨家渡）。局办事经理员，由县衙门委派，每年拨官款300两银作常年经费。此外，还有吴淞救生局。清代，广东凡在本管区内发生水上事故，当地官府都要前往拯救难船，安抚难民，并资助遣送难民回籍。粤东毗邻闽台，清代前中期凡有从闽渡台的兵船遭风漂至粤东海面者，均由广东地方官府拯救。乾隆十八年（1753年）、二十年（1755年）与道光二年（1822年）、三年（1823年），均有闽省兵船横渡台湾海峡时，遭风漂至广东潮阳、惠来等海面，为当地官府和水师营弁救援收留，"宽借盘费"，资送回闽①。遭风漂至广、惠、潮、肇等府沿海地方的安南、暹罗船只也不少。嘉庆十一年（1806年）有安南国王派遣"运木"者10人，座船遭风漂至潮阳海门港，船只毁坏。广东官府资助其口粮银两，循西江，将他们从广西镇南关送回国。②

长江上游的川江救生活动开展得非常活跃，且自明清两代开始真正研究舟船航行、救生、引水及导航等，取得很大成果。清代湖北水师副将贺缙绅于光绪四年（1878年）撰著《峡江救生船志》一书及附著《峡江图考》和《行川必要》，是当时汇总川江航道导航标志、救生、引航的珍贵史料。其中，《峡江救生船志》汇集并记录了光绪二年（1876年）更新峡江自巴东以下至宜昌虎牙滩一段所有救生船只的有关文件，救生组织、编制与管理章程，救生船的分设等。为《峡江救生船志》所绘带图注文本的《峡江图考》，又称《峡江救生船志图》，逐一形象绘出了上自万县（今万州）湖滩，下止于宜昌虎牙滩，川江下段三峡沿江南北两岸的绝峭陡壁与江中的恶石险滩，并配以简明的文字，说明各段航道江面的水文特点，船只如何航行以及所有救生船分设地点等。清人梁耀枢在《峡江救生船纲志序》中说：舟行峡江有此书，"即以为指南之导也可"。《行川必要》则以标险、引航等文字叙说为主，具有极大的导航价值，为船户航行川江必备的要籍。此书副题为《湖北宜昌府东湖县西坝起上至四川重庆府巴县止行船要津路程备考》，系统地总结了川江行船避险的经验，对江南岸361处、江北岸466处关键江段及凶石险滩一一作了上下航行与靠船的安全指导，说明各段航道江面的水文特点，船只如何航行以及救生船的设置地点等，其中许多行船术语至今仍在沿用。③

（一）救生组织机构

明清之世，各地设立和扩大救生组织，已形成一定规模和数量，先后出现一些好善富户捐船雇人，从事水上救生和打捞。这种救生之类的组织名称不一，有救生局、救生站、救生会社等，且规模逐渐扩大，效法者越来越多。它们的职责主要有救生、引洪、捞浮、收瘗、护航、捞物六项职能，其中前四项完全是公益性质，由官府、善堂向救生水手直接发放工食钱和赏钱，不直接向受助者和家属收取，而收瘗所有费用也都是官府和善堂提供。护航主要针对官员和商人，其中商人租用要收取一定费用。这些组织在清代也承担漕运、滇铜京运、川盐外运护航之责。但许多地方救生局或善堂章程中严禁官员租用救生船作其他用途。个别地方救生船也可以为商人捞取沉没水中的财物，但要根据货物价值按一定比例收取费用。当时救生船只最多的为长江沿江港口。

川江有几次治滩记录，而航道险恶状况没有多大的改变，"自四月至九月，石险水深，行人不敢渡，为

①《粤东案例》（手抄本）"灾赈""行市"条。

②《粤东案例》（手抄本）"灾赈""行市"条。

③贺缙绅：《峡江救生船志》卷一。

其湍急,舟一触石则如齑粉"。[①] 川江重庆以下,时常发生海损事故。雍正、乾隆年间(1723—1796年),沿江各县的官坤富商相继自愿组合,建立义救组织,也称救生船站,建造救生船,当需要救生护航时予以相助。康熙五年(1666年),归州知州邱天莫在归州境内叱滩设救生船,开创归州境内的救生护航活动。随后,沿岸各地方政府也先后在自己管辖水域内建立救生船站,如奉节、万县、巫山、巴县、忠州、涪陵、长寿、云阳等地及巴东、东湖等。长江中下游的汉口、南京、扬州、镇江、南通等地,也设立了一些救生组织与救生船站。这些慈善机构的成员热心捐银,用以救生埋死,拯救航行中的遇难者。雍正四年(1726年),崔邑俊任巫山县令时,捐银救生,张榜设偿,规定:救1人,偿银1两;捞起浮尸1具,施棺1口,白布半匹。乾隆时巴县体仁堂,每年施舍棺木约400具。

这一时期,救生组织机构渐趋独立,规模也逐渐扩大,且有相当的权力。如清嘉庆八年(1803年),由南京本地士绅自发组织成立水上救生组织,至二十五年(1820年)已发展成为南京港口救生局,在滨江沿河地带设了7个分局。南京地方知名人士60余人联名上书江宁府,禀报士绅捐银设立港口救生局之事,同时拟订救生局条规21款呈请批准施行。在这些呈文者中,有告老还乡的知府、翰林院编修、翰林院庶吉士、内阁中书、候补知县等,均颇有名望,所呈之事官方很重视。呈文经过逐级上报,层层审批,直至两江总督。各级主管官员都加注批示,称赞港口救生局之设"乐善可嘉",所定条规"详晰周妥",批准由官方颁发,并要求"家喻户晓",违者"立即严提究办,决不稍贷"。各官署还表示,如果港口救生局"办有成效,即请优奖,以示鼓励"。[②]

(二)救生管理制度

清代在长江港口设立的救生局中,可称当时全国内河规模最大的为南京救生局。其制订的救生组织主要任务、制度、管理规定比较详细,并有具体的管理制度。如《南京港口救生条规》,是清代最具体与全面的救生管理制度。该条规是嘉庆二十五年五月(1820年6月)由江宁府公布的,共21条,并刻石碑竖于江岸,由救生局监督执行。救生局所定条规由官方颁布和执法,违犯条规者均由地方当局究办,使条规具备了官方法令效力。该《条规》的主要内容是关于在港区内失事船舶和落水人员的抢险、救捞、善后处理、奖惩等办法。其中至关重要的是有三条对渡船与渡运海事管理的详细规定:其一,船舶登记,限定船舶载重量。救生局从船舶失事教训中,发现超载是重要原因。为此专门下功夫对境内船舶逐个进行检查,在此基础上将船舶按航行区域分为江船和凉棚船两大类。江船允许在长江航行,分为大船、中船、小船3个等级。装300担以上者为大船,装200担者为中船,装150担者为小船。额定载客量,大船25人,中船20人,小船15人。人货混装时进行换算,1担抵1人,每匹牛、驴等大牲口各抵1人。猪羊大者抵1人,中者2口抵1人,小者3口抵1人。换算总数不得超过额定人数。凉棚船只能在小河内航行,禁止出江,分为大号凉棚船和小划子两个等级,大号船可载10人,小划子视船体宽窄分别额定载客6~8人。各类船舶都由救生局分别编上船号,登记造册,建立档案。为了便于识别监督,救生局派员在各船两侧涂上标记,用白漆大字写上船舶编号、船主姓名、限定人数,并加红色边框,相当显眼。新造船舶或变更船主的船户,为取得编号标记都主动到救生局申报登记。为防止超载航行,救生局"乃令委员不时稽查,毋须摆江多装,致虞覆溺"。对违禁船舶,无论是否造成失事,都要"锁提船户,严行惩治,枷示江岸,并将船只充公,以禁玩违",惩罚甚为严厉。其二,限制运价,严禁敲诈勒索。有些船户为了多捞钱,"每有载至大江中流任意勒索",甚至在江心制造种种险情,威胁乘客多交搬资,或与乘客争执斗殴,不仅使乘客经济受到

---

①(明)王士性:《广志绎》卷五《西南诸省》,中华书局1981年版,第106页。

②秦岱源:《本国航政史》(未刊本),第2章,1932年,南京古籍图书馆。

损失,而且常常招致船舶翻沉事故。对此类船户,救生局“深堪痛恨”,在条规中专门作出规定:船户只能按例定标准收费,不得多收;收费地点必须在“渡送过江泊岸后”,禁止在江心留难乘客。对有敲诈勒索行为的船户,救生局鼓励举报,为被索之人提供种种方便,使“免受拖累”。一旦查实勒索横争者,即给以严惩。其三,恶劣天气,发布禁航令。在狂风大作时,有些船户趁渡运船少之机,不顾安全,冒险渡客,以图多获取利益。为保证船舶安全航行,救生局条规中规定:“摆江渡船遇风狂浪大之时,除公文驿马相机行止外,惟行人当俟风平浪静过江,不得冒险抢渡。”救生局还备有大信号旗,风浪大时由救生局升竖官府颁发的“止渡旗”。各渡船船户看到升旗,即当停泊,不得违抗。每当出现大风浪等恶劣气候影响航行安全时,沿江各救生分局也要将此旗高高升起。沿江各船必须立即停航泊岸,“倘敢抗违,由局禀请拿究。”①

(三)救生船舶

元明清期间,由水驿站演变为官办与民助相结合的海难救助不断发展,通过自筹或捐助而设置的救生船也不断增加。从清乾隆年间开始,黄河流域的甘肃、山西、陕西等地曾设有救生船。钱塘江上也曾设有救生船。清末,上海黄浦江上还出现了专门的救生小火轮1艘、巡船4艘、驳船若干艘。政府和善堂也鼓励民船主动参与救护,赏钱不仅照样发给,有时甚至发得比专业红船更高。黄浦江一带民船救助商船落水者和打捞尸体等,事后可按规定收取费用。

当时长江沿线各救生机构基本配备有救生船3艘。这些救生船普遍涂为红色,故又称为红船。红船有专门雇佣的水手,轮流在险要江面巡游。按官方批准颁发的救生局条规规定:“红船三只专为救生局设,自应遵守宪示,永远不得乱捉差使贻误游巡,亦不得通情借用。倘红船私装擅离江面,查出即将该水手革退。”为保证能随时发现险情,救生局还在水上建有瞭望台,称迎江高楼,派专人守望,发现船舶失事,立即组织施救。这些设施和人员都是救生局水上救捞的专业力量。清康熙十五年(1676年),红船首见于湖北秭归县境内的险滩处,后逐渐流行于川江。红船设于险滩航道段,数量多少依滩险里程长度而定,少至1~2艘,多则可达7艘,每船配有水手4~6名。一般泊在险滩上下或左右两旁,客观上亦起到助航作用。当航行船舶驶入险段航道时,见到红船自然起到警示作用,船工会谨慎驾驶。特别是外来船只,不知险滩水脉,红船水手往往能主动指示航线,帮助航行船舶避免触礁沉没之灾。行舟能否平安渡险,心理素质极为重要。红船守立险道四周,无疑给驾船者以很好的安抚,有助于减轻其精神压力,起到其他航标所无法替代的作用。可见,救生红船设置,在社会效益上已超出单一的施救功能,还起到助航的积极作用,成为当时多种助航形式的一种补充,也是开发川江航道的一项有效措施。

在长江及川江,若遇船只失事,红船即可出动进行抢救。长江流域的救生红船以三峡为最多。清康熙十五年(1676年),归州知州邱天英在有“鬼门关”之称的崆岭险滩设立救生红船。② 康熙十九年(1680年),清政府在巴县明代所设水驿站船基础上,设水驿站船8只,以传递文报。乾隆二年(1737年),四川奉节县在长江瞿塘峡中的滟滪堆、黑石滩等极险处设置救生船。随后,万县也设船,救生护航。乾隆三年(1738年),巴县又在最险处布设救生船5艘。据晚清统计,川江红石滩、青滩、黄草峡等22处滩险段均设红船、舟标。清代长江上游曾设置红船多达100多艘,水手曾达500多人。③ 到嘉庆、道光年间

①《南京交通志·航政管理》,海天出版社1994年版,第189页。

②《夔州府志》卷七《水利》。

③蓝勇:《明清时期中国内河的公益救生》,《光明日报》2015年5月20日。

(1796—1850 年),川江沿线各县加强救生船站的工作,增添巡江船,流动巡江,以安商旅。一直到光绪二年(1876 年),巴东、东湖、归州等地以武汉成式红船、蜀中成式红船取代原有的救生旧船,并订立有关规章制度,形成对救生船站的规范管理。

与此同时,长江中下游也有救生船,实施水上救助打捞。

三、内河水上海难的救助与打捞

长江上的海难事故救助起源于三峡航行中的滩户。舟船在三峡中难以溯流上滩,由滩户组织人员拉滩施助。舟船在三峡触礁沉没,滩户及时打捞沉船、财物,救人捞尸。三峡滩户不仅人数较多,而且具有相当实力。"滩户皆利于败舟,贱卖板木,及滞留买卖,必摇沮此役(指海难施救)","不则赂石工,以为石不可去。须断以必行,乃可成"。这既说明他们以救助为谋生手段,也反映出早期海难救助存在着滩户趁火打劫的弊端。①

清代,珠江流域地方官府规定,除水师衙门对遇难船只负有救助的责任外,各州县衙门也有兼管救助的职责。佛山和澳门两个同知衙门兼管职能最为突出。凡在其管区内发生海难事故,当地官府要前往救助,安抚难民,并资助遣送难民回籍。各地河泊所和捕巡也要管理渡船。据《粤东省例新纂》载:各属渡船"每船置大白粉牌一面,将渡夫姓名、往来埠步,船身梁头丈尺、水程里数、载水、收钱各数目及归何处捕巡、河泊所等官管理,逐一开载。"由此可见,清代有多种水运管理机构,实行的是一种对船户、船只交叉管理的体制。该书还记载:"凡遇铜铅船只过境,如有逢溺,严饬沿河地方文武员弁,务即亲诣河干,会同该运员督饬水摸(潜水员)认真打捞,如或捞不足数,即派妥干差役缉访。遇有私卖铜铅,查系出于水摸之手,立即严拿,尽法惩处,无稍姑容,以除积弊"。如遇到载客为主的渡船倾覆,救人活命是沿河汛弁最重要的职责。"倘有覆溺,该汛弁兵能救活一命者,于渡户名下追偿银五钱。救活多命,按名追给。如风雨不行阻止,覆溺玩视不救,该管州县即据实详情草究"。②

救生局的首要任务是抢救因船舶失事而落水的人。如《南京港口救生条规》21 条的救生条规规定:"江面遇有覆舟人口,责成摆江船户抢救;河道溺水人口,责令凉棚救护"。就是说长江上由渡江船舶施救,在秦淮河或其他支流内河则由称为凉棚的小划子施救。这些船户在南京境内有固定处所,便于监督联络,可免事故发生时相互推诿,成为救生局能够依靠的业余救生力量。为了鼓励这些船户履行抢救义务,条规中还规定了奖惩办法:"每救一人,赴局领犒劳钱一千文,如值外江暴风加倍而千文;捞尸一口,给钱三百文;凡捞起不活,与救援者无涉。该船户等务当临时踊跃保全生命,切勿观望贻误,亦不得藉救生之名,乘间抢匿失风货物,察出定即照律治罪。"③

抢捞救人有偿,也带来有些善于泅水的人为贪图偿银,与船户等人串通,故意制造翻船沉落事故,救人之后赴局领钱私分。为堵塞这个漏洞,救生局制订了严厉的打击措施,对这类人"除将得钱之人提案追罚,严加惩治,枷号游示外",对一切参与弄虚作假或知情不报的人也"一并究拿"。

对于落水被救活命者,根据不同情况,港口救生局都免费提供种种方便:局中备有衣帽鞋袜供落水者更换;有床铺房舍供落水者歇息修养;负责通知家属前来接回落水者;住在外地的可在局内休养 3 天,等待身体恢复;对无钱回家者提供路费。同时,对落水死亡者,救生局还负责善后处理,主要是验明死者身份,登记死者性别年龄、衣着服饰、面貌特征,告示死者亲属认领;清点死者遗物,登记备查,妥善保管,以

①刘宏友:《湖北航运史》,人民交通出版社 1995 年版,第 206 页。
②黄思彤:《粤东省例新纂》卷六、卷七。
③道光《上元县志》卷三《建置》。

便死者亲属认领。对无主尸体,经报官验证后,由救生局提供棺材 1 口、殓布 3 幅、石灰 10 斤及香烛、纸钱等,葬于局专门购置的义冢,坑深坟高都有标准,“倘有草率不坚,三年内如有坍卸者,即着原埋土工赔修”。为了便于日后有人查找,义冢还立有标记,注明死者特征。除溺死者外,对路毙死者也有相应的处理办法。道光年间(1821—1850 年),由于屡次发生洪水泛滥和坍岸,救生局的各种设施遭到严重破坏,损失惨重。虽然再度集资,重整旗鼓,但终未恢复元气。这一时期,清王朝已走向没落,救生局也随之衰败下去。面对宽阔的大江,纵横的河道,众多的渡口码头,仅靠几艘专业救生船显然已无法满足需要。为此,各地救生机构通过法令形式,广泛依靠广大船户,继续进行水上救助。①

护航救生业属非营利性行业,所从事的是社会福利事业一般不收或稍取费用,救助支付的资金主要由捐助者或义务经办者承担。这些人为社会带来效益,为水上救捞和水上航行安全做出了贡献。护航救生事业的兴起与发展,也适应了明清时期中国木帆船航运业发展的需要。清人程以辅在《峡江救生船碑记》中,引湖广总督李瀚章评峡江救生的话说:“予尝以此水急滩险,为行旅病,今无忧矣”。② 救生护航事业的出现,是中国航运事业向新型航运业发展的重要标志之一。

①《南京交通志·航政管理》,海天出版社 1994 年版,第 186 页。

②贺缙绅:《峡江救生船志》卷二。

近 代 篇

（1840—1949 年）

第四章　近代中国海事的殖民地化与艰难收权(1840—1927 年)

自第一次鸦片战争始,随着一系列不平等条约的签订,中国沿海、内河、内港被迫逐渐向列强洞开,中国航权、航政管理权随之丧失。中国海事也被改名称为中国航政。列强倚仗攫取的特权,推行外籍税务司把持下的海关制度,渐次假手新海关兼管中国航政,结束中国航政由漕运、税收、海防兼管的历史,建立起严重侵犯中国航权的海关兼管体制,即:由外籍税务司掌控,海关所属理船厅主管,外籍港务长具体执行。这一体制下的航政职权与范围极为广泛且复杂,基本上覆盖船舶、船员、船检、通航、津渡、助航设施建设与管理、海难救助、船舶通信、海上测量、海损事故处理等,甚至涉及水利、水警及河道疏浚等,形成了一个集水运及与水相关的一切行政事务于一体的综合管理体系。这一管理格局延续数十年,直到 1927 年国民政府建立后收回部分航政管理权。这是中国半殖民地化在航运安全管理上最为明显的体现。

这一时期,西方列强掌控下的中国航政也在引进西方先进的航政管理经验和技术,推进航政的发展,并不断趋向系统化、专业化。

西方列强从自身利益出发,以中国政府的名义,制订了一系列航政法规、规章。这些法规、规章作为不平等条约的补充,多数由外籍总税务司或某口岸税务司及相关部门发布。

航政管理工作也是列强按照其意志与外国船舶及外国商人需要进行的,一切以保障外船安全为中心,与外船关系不大或涉及不多的基本上就没真正开展。因此,后来中国民众要求收回航政管理权时,列强首先放弃的就是这些与外国船舶航行安全关系不大的管理工作,对其他工作则始终紧抓不放。列强假手兼管的航政严重地损害中国航业与船民的利益,引起中国民众的强烈反对。从清末到民初,中国政府迭经交涉,多次提出收回海关兼管的航政管理权归中国政府组建的专业机构管理,并拟于沿海与长江、珠江、黑龙江等重要港埠设立中央与省两级航政管理机构,拟订航政管理法规、条例和章程,以“掌全国航政”。然而,国家主权尚且不保,航政管理权更是无从谈起,以致均因“事关变更外人管辖职权,未敢擅自决定”而收场,所拟机构只能“虚列未办”,只是为 1927 年收回部分航政管理权做了一些铺垫。

这期间太平天国曾一度控制长江中下游水域,为维护商船往来安全,保障航运贸易秩序,建立了一套军事化的航政管理制度,并开展了部分管理工作。对不同来意的外轮,太平天国采取了区别对待的方法与措施,实施了有效的监管,在其辖区内捍卫了中国航权、航政管理权,维护了国家民族利益。

第一节　列强窃取中国航权与航政管理权

一、沿海航权与航政管理权的渐次丧失

沿海航权与航政管理权,是国家主权的组成部分。近代中国沦入半殖民地半封建社会,就是从丧失沿海航权与航政管理权开始的。

进入 19 世纪之后,中国社会经济仍是以自给自足的自然经济为主,水运无不仰仗木帆船。到 19 世纪 50 年代建造的船型有上千种,基本上能造出适应不同河段、不同用途的船,其中沙船、鸟船、福船、广船驰名中外。仅长江水系有木(帆)船约在 17 万只、340 万吨左右,船工舵手在 300 万人上下。同时,沿海、

内河已崛起一批初具规模的港口群,适应水上运输物资装卸的需要。当时的沿海港口有上海、广州、天津、宁波、福州、登州、牛庄等20多个;内河港口有南京、武汉、重庆、成都、淮安、德州、北京等。形成了3个初具规模的沿海、内河、中原港口群,即:以东南沿海、长江三角洲、环渤海为主的沿海港口群;以京杭大运河和长江流域为主的内河港口群(运河港口群、长江港口群);以关中-中原为主的中原港口群。近代中国港口开放,打破中国原先自我封闭的社会环境,扩大与世界各国的交往,使港口成为了解和接触西方先进事物的窗口。但是,这也为帝国主义侵略和扩张提供了条件。此时的大多沿海、内河港口仍处于自然状态,作业方式还是采用为人拉肩扛的原始办法。

中国传统的木帆船航运业,经过历代的继承和发展,此时已发生显著变化,开始了近代化的进程。据统计,鸦片战争前夕,中国约有木(帆)船20万艘,总吨在400万~500万吨。其中,从事沿海、远洋运输的木(帆)船约600余艘,20多万吨,居主导地位,是自开海通商以来远洋运输的主要部分。①

这种以木(帆)船为主的传统航运,始终贯穿于中国传统社会,在国计民生中起到举足轻重的作用。数百万吨的各类船只,在中国江海湖泊上往返运输,为全国农产品和手工业品交换提供运输服务,密切了地区间、城乡间的经济联系,促进商品生产发展和商业城镇兴起与发展,也强化了中国自给自足的自然经济。然而,从19世纪30年代末开始,中国木帆船航运格局终于被西方殖民主义的战舰与炮火所击破,中国广阔市场渐次被迫向外国资本敞开。

19世纪中叶,西方资本主义迅速发展,积极向外扩张。西方国家侵略中国的经济手段之一,就是预谋控制中国沿海和内河主要运输通道,向中国倾销“过剩”商品。然而,中国虽面积广大、人口众多,理论上是一个非常理想的商品销售市场,但自给自足的自然经济决定了对国外产品需求并不旺盛,以致英国不得不用鸦片平衡巨大的贸易逆差。这又反过来给中国经济造成致命的打击,遭到中国的反击。1840年6月,英军经过精心策划之后,从封锁珠江口开始,以武力维护鸦片贸易,悍然发动鸦片战争。1842年6月16日,英国舰队集结于长江口外,以“皋华丽”号为首的舰队开始向吴淞发起进攻。清军在腹背受敌的情况下,节节败退。英国舰队乘机侵入长江,溯江而上。8月4日,“皋华丽”号等12艘军舰进泊南京下关江面,以胁迫清政府接受城下之盟。恩格斯在《英人对华的新远征》一文中曾经指出,扬子江战役“在于侵入横贯中国中部的大河长江,……夺取这条重要水道就会置北京于死地,并逼迫清帝立即媾和。”② 果然,在“英人船坚炮利,非力所能敌”的炮口威逼下,8月29日在“皋华丽”号上清政府的代表被迫与英国签订了中国近代史上第一个不平等条约——《南京条约》(亦称《江宁条约》),拉开了中国丧权辱国历史的序幕,揭开中国海事史上屈辱而痛苦的一页。不平等的《南京条约》,除割让香港,赔偿英国军费、鸦片烟价、商欠共计2100万元等丧权辱国的条件外,还签订了有关直接制约中国航权、航政管理权的两项条款:

第二条规定,“……准英国人民带同所属家眷,寄居大清沿海之广州、福州、厦门、宁波、上海等五处港口,贸易通商无碍”;且准英国“……派设领事、管事等官住该五处城邑,专理商贾事宜”。根据此条款,中国沿海五口被迫向外国人自由开放,英国可以派员作为领事进驻,其他人员也可自由进出。

第十条规定,“……英国商民居住通商之广州等五处,应纳进口、出口货税、饷费,均宜秉公议定则例”,“英国货物……路所经过税关不得加重税……每两加税不过分。”这一所谓的“协定关税”,导致中国关税不能自主,沿海贸易权、航权丧失。

1843年10月,中英签订《中英五口通商章程》和《虎门条约》(又称《五口通商附粘善后条款》),作为《南京条约》的补充,进一步攫取了领事裁判权和片面的最惠国待遇。美、法等国纷纷效尤,分别于1844

①彭德清:《中国航海史》(近代部分),人民交通出版社1989年版,第2-12页。

②恩格斯:《英人对华的新远征》,《马克思恩格斯全集》第12卷,人民出版社1998年版,第184页。

年7月与10月分别与中国签订《中美五口通商章程》(即《望厦条约》)和《中法五口通商章程》(即《黄埔条约》)。接着,其他西方国家,如葡萄牙、比利时、瑞典、挪威、荷兰、西班牙、普鲁士、丹麦等国,相继提出要求,清政府一概应允①。

作为《南京条约》补充条约的《中英五口通商章程》,以及《望厦条约》《黄埔条约》,除窃取中国航权外,还直接侵犯中国航政管理权,为西方列强破坏、侵犯中国航政确立了法律依据。

《中英五口通商章程》第一款规定:"凡议准通商之广州、福州、厦门、宁波、上海等五处,每遇英商货船到口,准令引水即行带进;……欲行回国,亦准引水随时带出……至雇募引水工价若干……即由英国派出管事官秉公议定酌给。"《中法黄埔条约》第十一款规定:"凡法兰西船驶进五口地方之处,就可自雇引水,即带进口……欲行扬帆,应由引水速带出口,不得阻止留难。凡人欲当佛兰西(法兰西旧译——引者注)船引水者,若有三张船主执照,领事官便可着伊为引水,与别国一律办事。"②

根据以上两条款,使本来国际惯例中的外国船进出一个主权国家,必须由所在国引水员实施"强制引水",以体现引水管理权,改为由外船可"自雇引水",允许外国人充当引水人,船公司可雇中国人,也可雇外国人,中国地方官不得干涉。自此,作为中国航政管理权重要权利之一的引水权受制于列强,使中国失去了对外国船强制引水的权力,开中国引水管理权丧失之先河。

《中英五口通商章程》第三款规定:"英国商船一经到口停泊,其船主限一日之内,赴英国管事官署中,将船牌、舱口单、报单各件交与管事官查阅收贮……管事官既得船牌及舱口报单等件,即行文通知该口海关……"第六款规定:英国贩货出口,"将船钞、税银扫数输纳全完,由海关给发完税红单,该商呈送英国管事官验明,方准发还船牌,令行出口。"第十六款:"所有通商五口,每口内准英国官船停泊一只……至官船进口、出口,英国管事官应先期通报海关,以凭查照。"

这些条文中所说的英国管事官,就是指英国领事。按国际惯例派驻外国的领事,是绝不可侵犯驻在国的主权与过问行政管理事务。但上述条文规定,外国商船进入中国通商口岸,向其本国领事报告,交验船舶文件,并由领事批准进出港,根本不必通过中国港口当局的核准。这就开了剥夺中国航政对外国籍船舶进出口批准权恶劣的先例。

中美《望厦条约》第二十六款载:"合众国贸易船只进中国五港口湾泊,仍归各领事等官督同船主人等经管,中国无从统辖。"按该条款规定,美国船驶入港口,可在港内由外国领事选择停泊区,指派锚地泊位。这一做法首开外国领事(主要是英、美、法三国领事)干预中国航政对外船指泊权的恶例③。

以《南京条约》为开端,西方列强争相效仿,采用同样条款订立条约,并提出所谓"机会均等,利益均沾"的要求,均取得了在中国开放港口的航权、航政管理权等特权。

第一次鸦片战争后,中国五口被迫对外通商,西方殖民者接踵而来。列强们并不满足已取得的通商口岸,企图得到更多的中国通商口岸,特别是希望中国准许各国商船往来长江这条"黄金水道"上各口岸进行贸易运输。英国外交大臣克勒拉德斯1857年大为不满地说:"目前贸易只限于五个通商口岸,外国人只能前往这五个口岸。"他发誓要"竭力解除这些对华贸易的限制。"于是,英国又发动了第二次鸦片战争。1858年,清政府在天津先后与俄、美、英、法政府代表分别签订了《天津条约》。后又在上海和英、法、美三国分别签订《通商章程善后条约·海关税则》。1860年10月与11月,在北京分别与英、法、俄三国签订《续增条约》,即《北京条约》。又与沙俄签订《瑷珲条约》。

中英《天津条约》第三十二款规定:"通商各口分设浮桩、号船、塔表、望楼,由领事官与地方官会同酌

---

①王铁崖:《中外旧约汇编》第一册,三联书店出版社1957年版,第31-32页。

②聂宝璋:《中国近代航运史资料》第一辑,社会科学文献出版社2002年版,第82页。

③聂宝璋:《中国近代航运史资料》第一辑,社会科学文献出版社2002年版,第71-72页。

视建造。”又在《中英通商章程善后条约》(《天津条约》补充条款)第十款规定:其所用经费“在于船钞项下拨用”。自此,列强又劫夺中国一项航政管理权——助航设施的建设和管理①。

中美《天津条约》第十六款规定:“大合众国船只进通商各港口时,必将船牌等件呈交领事官,转报海关”。

中英《天津条约》第十一款、中法《天津条约》第六款,均规定牛庄(后改为营口)、登州(后改为烟台)、淡水、台湾(后选定台南)、潮州(后改为汕头)、琼州6个港埠为通商口岸。《北京条约》又规定增开天津为商埠,使沿海“条约口岸”增至12处②。

以上条约还首开汉口、镇江、九江、南京四个内河港口。同时,重申第一次鸦片战争后签订的条约中对列强具有法律地位的船舶进出口审批权、自雇引水权两个航政管理特权,又增加了一项新的航政管理权,即:可在各口建设助航设施并进行管理,经费从征收的船钞费用中抽取,由中国政府负担。至此,列强取得了对船舶进出审批与指泊、船舶引水、助航设施建设和管理等航政管理特权的法律依据。

1866年,中意《通商条约》在列强劫夺中国引水权方面又进了一步。该条约第三十四款规定:“意国船只欲进各口,听其雇觅引水之人。完清税务之后,亦可雇觅引水之人带其出口。”根据这一条款,各国领事不仅有任用外籍引水,对引水人员审查、批准和签发引水执照之权,还增加了规定引水费率,参与引水行政事务,以及有关章程订立之权。到1868年,盗卖中国引水权的《中国引水章程》实行后,一方面让外国人充当中国引水“合法化”,另一方面全面剥夺了中国引水人的权利,建立了一个以外籍海关总税务司为核心、以各港理船厅为枢纽的全国性引水管理体制。这样一来,中国的引水权完全被置于由外人所操纵的理船厅和各国领事官并通商总局控制之下,中国政府被排斥在外,列强长期篡夺中国引水权的局面已经形成。这个局面的形成经历了从强制引水到外国船可自雇引水员,再到外国人可充任中国引水员,直至后来各口海关税务司、理船厅对引水的直接控制③。

1868年,外籍总税务司赫德就助航工作与英国海军部海道测量局取得联系,制定英国海军部海道测局负责人完全同意的方案。赫德的设想不仅符合清政府的意愿,也得到英国公使阿礼国的认可和赞同。随后,阿礼国呈文英国外交部,也得到支持。从此,中国海道测量管理权也为列强掠夺。

1876年9月,中英《烟台条约》签订。该条约第三款规定,沿海温州、北海增辟为通商口岸。至此,沿海已有14个“条约口岸”对外开放,即广州、福州、厦门、宁波、上海、天津、牛庄、登州、潮州、台南、淡水、琼州、温州、北海。

19世纪末,帝国主义国家竞相争夺殖民地,“分割世界领土的斗争已达到了极其尖锐的程度”④。尤其是甲午战争后,世界资本主义发展到帝国主义阶段,资本输出的要求越来越迫切,西方列强开始在中国重新划分势力范围,1899年9月,美国向英、法、德、日、意、俄等六国提出所谓的中国“门户开放”照会,要求在“势力或利益范围内”取得“通商和航行”的“平等待遇”。1895年4月17日,中日签订《马关条约》,规定:割让辽东半岛(包括鸭绿江口至凤凰城、海城、营口以南及旅顺、大连在内)、台湾及所有附属岛屿和澎湖列岛给日本,赔偿日本军费等。这一条约的签订标志着继《南京条约》之后,帝国主义对中国侵略进入一个新的历史时期。其后,德国以山东教案为借口,1897年11月14日强占山东胶州湾;沙俄1898年3月27日强占旅顺、大连;英国1898年7月1日强行租借威海卫,9月又强租九龙;法国1899年11月16日强租广州湾。沿海港湾几乎全为列强所占,中国面临被瓜分的危险。1898年3月26日,清政府宣

①贾祯:《筹办夷务始末》(咸丰朝)卷三十二,中华书局1979年版,第25页。

②《交通史·航政篇》第二册,国家图书馆出版社2009年版,第25页。

③聂宝璋:《中国近代航运史资料》第一辑,社会科学文献出版社2002年版,第87页。

④列宁:《帝国主义是资本主义的最高阶段》,《列宁全集》卷22,人民出版社1964年版,第176、205页。

布秦皇岛港自行开埠,后又宣布连云港港不对外开放。

从 1842 年签订《南京条约》到 20 世纪初的 50 多年里,中国沿海口岸除自行开放的秦皇岛港与不对外开放的连云港港外,基本上因不平等条约被迫成为"约开口岸"。1842 年《南京条约》时为 5 个,1858 年《天津条约》时为 12 个,1876 年《烟台条约》时为 14 个,到 20 世纪初达到 29 个。沿海港口被迫开放,外国商船侵入,使中国沿海航权、航政管理权一步步地丧失殆尽①。

二、内河航权与航政管理权的逐渐沦丧

(一)长江航权与航政权的丧失

内河航权、航政管理权与沿海航权、航政管理权一样,是国家主权的组成部分。中国内河航权、航政管理权的丧失,是第二次鸦片战争后从长江开始的。这一过程大致可分为 3 个阶段:第一阶段为第一次鸦片战争前后,主要在长江口及下游;第二阶段是 1858 年《天津条约》后在长江中游;第三个阶段是 19 世纪中期在长江上游(川江)。

西方列强对物产丰饶的中国第一大内河——长江腹地垂涎已久,允许外国舰船"自由出入"是其长期追逐的目标。1843 年 11 月,英、法、美等国共同策划打开扼住清政府的政治、经济命脉的长江大动脉,鼓吹"只有整个内地都开放,中国就会成为……最有价值的市场"。"尽可能掠夺那条在当时公认为世界上最富裕的内河流域的一些贸易。"② 1854 年,英美等国屡次要挟清政府修改条约,以扩大在华的航行权,要求开放长江及其支流。

1858 年 6 月 13 日至 27 日,英、美、法、俄胁迫清政府分别与其签订《天津条约》。该条约除规定再开 7 处沿海新口外,最主要的是实现长江对列强开放。按照历次不平等条约或所谓"最惠国待遇",之后有 16 个国家得到相应的特权。从此,长江腹地与长江港口被迫对外洞开。

中英《天津条约》第十款规定:"长江一带各口,英商船只俱可通商。惟现在江上下游均有贼匪,除镇江一年后立口通商外,其余俟地方平靖……准将自汉口溯流至海各地,选择不逾三口,准为英船出进货物通商之区。"

1861 年,总理衙门核准颁布了英国参赞巴夏礼与江西地方当局拟定的《长江各口通商暂订章程》。该章程规定了开放镇江、九江、汉口长江三口的暂行办法。

中法《天津条约》第六条款规定:"中国多添数港,准令通商",具体协定"将广东之琼州、潮州,福建之台湾、淡水,山东之登州,江南之江宁(即南京)六口……准令通商无异"。只是规定江宁俟军事结束后,方准法国人领照前往通商③。

综合来看,汉口、九江、南京、镇江四口被列为长江第一批对外开放的"条约口岸"。只是由于太平天国此时在南京立都,不承认条约对其的约束力,所以在条约中注明等清军攻占南京后再办理开放手续,准列强领照前往通商。但从法律上已经规定南京与镇江、九江、汉口三口一样,给予列强一样的通商、航行特权。这些规定实为长江航权、航政管理权丧失之肇端④。

1861 年至 1862 年间,由外籍代理总税务司赫德与清政府修订的《长江各口通商暂订章程》,又将长江航权、航政管理权奉送给西方列强。《长江各口通商暂订章程》,其中规定外国船可以在上海与长江各

①彭德清:《中国航海史》(近代部分),人民交通出版社 1989 年版,第 396 页。

②【美】马士:《中华帝国对外关系史》第一卷,上海书店出版社 2006 年版,第 391 页。

③聂宝璋:《中国近代航运史资料》第一辑,社会科学文献出版社 2002 年版,第 71-73、96 页。

④章勃:《我国航权丧失之前因后果》,《交通杂志》第一卷第 12 期,1932 年,第 67 页。

口之间运输货物。长江航权、航政管理权既丧失于不平等的《天津条约》,再丧失于清政府自订颁布的《长江各口通商暂订章程》。《长江各口通商暂订章程》是《天津条约》关于开放长江条款的补充和扩展,是在太平天国与清军争夺长江,双方战线犬牙交错情况下,由英国要挟清政府扩大长江范围,进一步垄断长江航权、航政管理权的规定,使不平等条约中未明确给予列强的长江航权、航政管理权规定得到承认,赋予了外国人侵犯长江的合法权利。

1868年,由外籍总税务司赫德一手操纵制订的《中国引水总章》由清政府颁行。此章程中本来不包括长江航道,不准外国引水人进入长江,但列强硬说也适用于长江,一些熟悉长江航道的英籍船长偷偷进入长江为船舶引水。沿江各口海关放任其自由行事,又不办理引水执照,使长江引水权从此被外国人所控制。

1876年9月13日,《烟台条约》签订,外国侵略势力进一步向长江腹地扩张。中英《烟台条约》规定,增加宜昌、芜湖及沿江之大通、安庆、湖口、武穴、陆溪口、沙市8个长江口岸允许外国船舶暂时靠泊。1890年3月31日,中英双方又《新订烟台条约续增专条》,规定"重庆即准作为通商口岸,与各通商口岸无异"。1895年4月17日,中日《马关条约》签订,第六款规定:"……应准添设下开各处,立为通商口岸……①湖北省荆州府沙市,②四川省重庆府,③江苏省苏州府,④浙江省杭州府……"①

1898年4月1日,总税务司赫德以英、法等国与清政府再次签订的《修改长江通商章程》之名,进一步确认以前约章中规定的长江通商口岸、暂停口岸、临时停船接客处所等:①确认长江通商口岸为镇江、南京、芜湖、九江、汉口、沙市、宜昌、重庆8处,准许"凡有约各国之商船"均可在上列"各口往来贸易"。②开出沿江"暂停口岸"5处,即安徽之大通、安庆,江西之湖口,湖北之陆溪口、武穴,准许各国商船在这些不通商口岸暂行停泊,上下客货。这些"暂停口岸"亦称寄泊地。③载明沿江"停船接客处所"8处,即江阴、宜兴、黄子岗、黄州、芦泾港、天星桥、荆河口、新堤,准许各国商船搭客暨随之行李在这些地方上下。这些地方也称"旅客上下地",或叫洋棚②。

其后,清政府又与列强签订《辛丑条约》(1901年)、《中美续议通商行船条约》(1903年)、《中日通商行船续约》(1903年)、《改订修治黄埔河道条款》(1905年)等一系列不平等条约和章程。特别是《辛丑条约》的签订,使清政府完全处于帝国主义控制之下,各帝国主义又开始重新在中国划分势力范围。

从1842年签订《南京条约》起,经过一系列条约、章程约定,虽然没有明确主权,但西方列强倚仗不平等条约,巧取豪夺手,迫使长江干支流23个港口对外开放,并由此强行侵入我国内河港口,导致长江航权、航政管理权丧失殆尽③。从此,在中国这条最大的内河上,轮船麇集,洋旗翻飞,长江、成为外国航业资本争利逐鹿的场所。

(二)珠江航权与航政管理权的丧失

西方列强在入侵长江的同时,也对珠江不断地窥探。1859年,英国军舰驶至梧州探测西江。他们探测后,认为珠江水系的西江、东江、郁江、左江、北江和柳江等河流,有极大的航运价值。此后,"英国多方设法,欲于西江一带开埠通商,而广东官吏千方百计阻挠,曾未允许。"④

1895年中日甲午战争后,在《马关条约》谈判中,日本要求清政府添设梧州等7处为通商口岸,允许

①《交通史·航政篇》第二册,国家图书馆出版社2009年版,第151页。

②【英】莱特:《中国关税沿革史》,生活·读书·三联书店1958年版,第333页。

③《聂宝璋集》,中国社会科学出版社2002年版,第99页。

④贾桢:《筹办夷务始末》(咸丰朝)卷三十六,中华书局1979年版,第34-35页。

日本轮船溯西江至梧州。英、法两国也拼命争夺。清政府只好允准。1897年,中英签订的《续议缅甸条约附款》,另附西江通商专条,使英国取得了在珠江的航行特权。该约专条规定:“将广西梧州府、广东三水县城江根圩开为通商口岸……轮船由香港至三水、梧州,由广州至三水、梧州往来……并将江门甘竹滩、肇庆府及德庆、广州城外四处,同日开为停泊上下客商货物之口,按照长江停泊口岸章程一律办理。”这样,甲午战争之后,中国开放通商口岸的城市已达40多个,松花江航行贸易特权已为外国掘取,形同设有通商口岸。此外,租借地、通商场、贸易圈、势力范围等,作为各种准通商口岸或变相的通商口岸,分布极其广泛,几乎遍布整个中国①。

1902年,中英订立《续议通商行船条约》,第五款规定:“中国允于两年内除去广东珠江人工所造阻碍行船之件”,为珠江开放通航创造条件。第十款规定:“兹将广东省内之白土口、罗定口、都城作为暂行停泊上下客货之处,按照《长江停泊章程》办理,并将容奇、马宁、九江、古劳、永安、后沥、禄步、悦城、陆都、封川等十处作为上下搭客之处。”同时,允许英国轮船由香港至广州、江门、三水、梧州、南宁等处往来互通。至此,广东、广西内河航权几乎全被列强攫夺②。

1906年11月7日,清政府又宣布南宁对外开埠通商,并于翌年设立海关,列强进而操纵了南宁港口的航政、港务及航运大权。不久,外国商人便以南宁为基地,把势力扩展到珠江流域的广西、云南、贵州等地。

自1897年签订《续议缅甸条约附款》起,及第二年迫使清政府颁布《内港行船章程》,英国攫取了珠江航行、航政管理的特权。1902年,该特权又载于中英《续议通商行船条约》,正式成为一项条约特权。正是由于以英国为首的列强一次又一次的勒索,中国珠江航权、航政管理权逐渐丧失殆尽,外轮在内河“殆如水银泻地,无孔不入”③。

(三)黑龙江航权与航政管理权的丧失

列强贪婪的欲望并不仅限于长江、珠江,还觊觎黑龙江、松花江等其他内河。1858年签订的中俄第一个不平等条约《瑷珲条约》第一条规定:“由黑龙江、松花江、乌苏里河,此后只准中国、俄罗斯行船,各别外国船只不准由此江河行走。”据此,沙俄取得了黑龙江、松花江、乌苏里江等三江的航权、航政管理权。然而,沙俄仍不满足,因为本打算在《瑷珲条约》中“解决”的乌苏里江以东的广大地区属吉林管辖,不得不采取以“两国共管”方式作为临时“过渡”。于是,条约签订后,沙俄就继续着手吞并中国乌苏里江以东地区④。

中英《北京条约》签订后,1860年11月沙俄以“调停有功”为名,诱逼清政府签订中俄《北京条约》。该条约的签订使沙俄非法霸占乌苏里江以东广大地区“合法化”。中俄《瑷珲条约》和中俄《北京条约》,把黑龙江以北和乌苏里江以东100多万平方公里的中国领土并入俄国版图,把原属于中国内河的黑龙江和乌苏里江变成中俄两国的界河。沙俄还借此夺得在黑龙江和乌苏里江的航权、航政管理权,控制自黑龙江入海的水上运输通道,并在符拉迪沃斯托克(中国称海参崴)建立基地,将中国从日本海分割开来⑤。

1896年,沙俄又以借地筑路(即修筑中东铁路)为名,与清政府签订《中俄密约》,进而获得中国内河松花江的航权、航政管理权。1910年,沙俄再次与清政府签订《松花江行船章程》,独取松花江航行、航政

①杜语:《开埠史话》,社会科学文献出版社2011年版,第85页。

②聂宝璋:《中国近代航运史资料》第一辑,社会科学文献出版社2002年版,第71-74页。

③《珠江航运史》,人民交通出版社1998年版,第192页。

④聂宝璋:《中国近代航运史资料》第一辑,社会科学文献出版社2002年版,第97-100页。

⑤彭德清:《中国航海史》(近代部分),人民交通出版社1989年版,第24页。

管理的特权①。

综上所述,1876 年签订的《烟台条约》,是继 1842 年《南京条约》、1858 年《天津条约》之后的第三个重要条约。它是打开长江流域腹地大门的钥匙,又是列强进一步深入中国西南地区的法定依据。该条约签订之后,英国在西藏、云南,法国在广西,俄国在新疆,展开了更加猛烈的攻势,继续逼迫清政府又签订一系列不平等条约,逐渐打开广西、云南、西藏、新疆等边疆地区的大门,并新增加通商口岸 15 个②。

从以上各种条约可以看出,列强攫取中国内河航权、航政管理权,是从长江开始,再到珠江、黑龙江等其他内河,一步一步地有预谋、有计划地深入。如果说,列强第一次鸦片战争是以直接打进长江,切断运河作为压迫清朝屈服媾和手段,那么,第二次鸦片战争则是以强占广州和攻陷京、津为手段,以开放长江、珠江、黑龙江等猎取内地特权为目标。近代中国内河航权、航政管理权的全部丧失,是和整个中国盛衰荣辱的命运紧密联系在一起的。

三、内港航权与航政管理权的完全旁落

19 世纪 90 年代的中日甲午战争,处于列强瓜分中国的狂潮期。入侵者在强夺中国内河航权、航政管理权的同时,又开始向中国内河支流及"内港"渗透,并攫取中国"内港"航权和航政管理权。所谓"内港",按《烟台条约》解释为"内地",即"系指沿海、沿江、沿河及陆路各处不通商口岸,皆属内地"。所谓"内港行船",就是在一切非条约口岸的内河内港,对中外各种轮船一体通融,准其任便往来,照章贸易,实质上是一种"没有开放名义的开放"。中国内港航权、航政管理权丧失之始,最显著的标志是《马关条约》。该条约第六款规定:除准添沙市、重庆府、苏州府、杭州府为通商口岸外,允许"日本轮船得驶入下开各口附搭行客、装运货物:①从湖北省宜昌溯长江以至四川省重庆府。②从上海驶进吴淞江及运河以至苏州府、杭州府"。

1898 年 5 月 25 日,总税务司赫德拟订共 9 款的《内港行轮章程》(又名《华洋轮船驶赴中国内港章程》)。其章程虽为清政府颁布,未受国际条约束缚,但列强总是尽快地把这项权益载在国际双边条约规定中,给予这项既得权益以条约形式,以期"合法化"。该章程有关内港航权、航政管理权是这样规定的:

第一款:"中国内港,嗣后均准特在口岸注册之华、洋各项轮船,任便按照后列之章往来,专作内港贸易。"此后,中国的内河,无论巨川支流,凡可以通航者,均对外国轮船开放。

第二款:"……华洋贸易轮船,或在口岸内驶行,或往来内港,除按本国律章应随有之牌照外,尚须赴税务司处请领关牌。其关牌内,应将业主姓名、籍贯注明,并将船名、船式及水手人数等项,按行开列,每年换领一次……"第五款规定:"轮船……之货驶赴内港,应即报明海关,由关核定应否照完何项出口税……驶回本口应即报关,由海关一体核办……"

以上两项条款,规定外籍税务司有给外国船舶发放通关船牌,允许其在内港航行等权力。条款还规定,内港犯事者,或违背税章、或殴辱人命、或盗窃财产等,由外籍税务司交由领事官办理。这样一来,外国轮船可在中国内港享有一切航行的治外法权,不受管束,且"变客为主",俨然成为中国内港管理航政、港务等事务的主宰者。

1902 年签订的《中英续议通商行船条约》与 1903 年签订的《中日通商行船条约》,均将《内港行轮章程》作为条约的附件,明文订入。经此规定,外国轮船在内港航行就有了国际条约依据,中国不仅不能根据自己的意愿收回此特权,就是更改章程,也须英、日两国允准。以后,附入英、日两约中的《续改内港行船章程》,内容完全一致,系属补充性质,凡旧章程之与新章程不抵触者仍属有效。

---

①李国华:《近代列强攫取在华沿海和内河航行权的经过》,《史学月刊》2009 年第 9 期。

②杜语:《开埠史话》,社会科学文献出版社 2011 年版,第 66-68 页。

以《内港行轮章程》为主的不平等条约中,对外国势力渗透到中国腹地所有未开放的各个地方,也没明确主权的约定,然而随着外国船舶进出这些未开放的地方或港口,也就意味着这些地方(港口)的航权、航政管理权已落入列强之手。外国船舶可驶往自己所需要去的任何地方,不问是沿海、沿江、沿河及开放与否,不问城市或农村。中国土地上没有对外国船、外国人可保密的地方①。

如果说,列强攫取沿海、内河的航权与航政管理权,所涉及的地域还采用列举方法,尚有可见的确定范围,那么关于"内港"航行权的规定,则已属漫无限制。这样,中国领海、领水范围内的大小港口几乎全部洞开,外国船舶完全可自由出入中国所有港口,不受任何禁阻。至此,中国内港航权、航政管理权也丧失殆尽。对此,曾担任过英驻华公使的阿礼国在1896年亦承认:"要求在一切既不是国与国间的分界,也不流经别国的内港航行权,是在任何国际法体系中都完全没有根据的。没有一个西方国家曾经让与这种权利给别国,即使其中并不涉及治外法权权益问题。没有一件条约甚至承认过这样一项原则。"②

综观近代中国,伴随一系列不平等条约的签订,沿海、内河、内港等港口门户一步步被迫洞开,对西方列强国家全面开放。至1907年,中国被迫开放与自行开放的口岸达57个。伴随而来的是中国航权、航政管理权的丧失,地域范围也是按先沿海、后内河、再内港,沿海按先南洋,后北洋,内河按先长江、后其他内河水系。航权、航政管理权的丧失按时间顺序可分为3个阶段:第一阶段,1842年《南京条约》至1858年《天津条约》,是长江口以南的沿海港口与区域权力的丧失;第二阶段,1858年《天津条约》至1895年《马关条约》,是长江口以北的沿海和长江沿线口岸为主的港口与区域权力的丧失;第三阶段,1895年《马关条约》至1903年《中日通商行船续约》的附件,是中国领土范围内以前未曾开放的所有大小港口与区域,不受任何限制,允许外船均可自由进出③。这样,从1843年到1903年的60年内,西方列强终于逐步把中国的航权、航政管理权全部劫夺到手。

据统计,近代中国政府被迫签订的中外条约有1182个,其中大部分是不平等条约。西方列强通过不平等条约强迫中国开放的通商口岸有100多个,从东南沿海,一直到全部沿海,以至扩展到内地,并由原来彼此孤立的点连成一片,逐渐形成一个通商口岸城市网络④。通过这一网络,列强不仅获得许多特权,以庇护自己,而且在中国设立轮船公司,倾销商品,掠夺资源,对中国政治、经济、国防及航运业等造成极大危害。

第二节　列强假手海关兼管航政体制的建立

一、外籍税务司把持海关制度的推行

西方列强深知仅靠武力侵入中国,获取通商和沿海贸易权是不够的,要全面地掌控中国经济、政治并为其服务,就必须建立一个由自己控制的管理机构去监督执行。况且许多具体细节,也不是条约中能事无巨细、包罗无遗的,也确实需要一个机构在执行中见机行事,灵活掌握。于是,列强们处心积虑、策划已久,从"协定关税"开始实施掠夺中国海关的阴谋,并最终选中由外国人控制中国海关,让它成为他们利益的总代理机构。

①《交通史·航政篇》第二册,国家图书馆出版社2009年版,第39页。

②【英】莱特:《中国关税沿革史》,生活·读书·三联书店1958年版,第346页。

③李国华:《近代列强攫取在华沿海和内河航行权的经过》,《史学月刊》2009年第9期。

④杜语:《开埠史话》,社会科学文献出版社2011年版,第4页。

上海自1843年开港后,由于所处地理位置优越,居中国海岸线中点,“控长江之咽喉,扼东海之要冲”,经济腹地深广,至1852年出口贸易额超过广州1.7倍,跃居5个“条约口岸”之首,成为中国对外贸易中心①。列强将上海作为实现“各口划一办理”与外籍税务司管理海关制度的试验场,从这里取得经验后,再移植到全国各地。

上海对外开埠后,出任英国驻上海第一任领事的巴富尔强行划定英人居留区,遭到中国人民的反对和清政府的拖延,未能成功。直到1845年11月,英人居留区才得到清政府的批准,首开西方列强在中国设立租界的先例,导致中国境内出现了独立于中国法权之外的“国中之国”。之后,巴富尔诱致上海道台吴健彰把江海关迁入外滩的英租界②。

1853年3月,太平军攻克南京,上海震动。9月,小刀会在上海起义,设在英租界的江海关遭到一群来历不明的暴徒抢劫。接着,英国水兵占据劫后的海关官署,英国驻沪领事阿礼国借口中国海关机构不复存在,提出共同管理海关的要求,并与美、法领事协商③。

1854年,清政府代表与英、美、法三国驻沪领事会晤后决定:三国领事各提名一人,由中国任命为税务监督,与中国共同管理江海关。6月29日,《上海海关组织草约》签订,上海关税管理委员会(即由三名领事代表组成的税务司署)成立。7月12日,外国领事参与海关监督关务,推荐英国驻上海副领事李泰国任江海关税务司,“把海关及关员确切而不可争辩地置于各有约国领事的管辖之下”,使海关“成各领事馆的一个附属机构”④。由此,列强“把直接的外国干涉注入一个中国政府部门”,中国独立的海关一步步地进入西方列强的彀中。自此,第一个管理海关的外国税务司在江海关出现,开启外国人管理海关的先河,为中国近代海关之滥觞⑤。

列强自然不会满足于仅控制上海一处海关,而是要将他们把持中国海关的制度推向全国。1855年至1856年,英国外交大臣柯勒拉得恩一再督促驻华全权公使包令,要他“因势利诱”把上海的海关征税制度扩大到其他各口。1858年11月《天津条约》签订后,英法美三国又胁迫清政府分别签订《通商章程善后条约》。该条约规定“通商各口收税”,“现已议明,各口划一办理”,将江海关外籍税务司管理海关制度推向全国各口岸。

1859年春,上海关税管理委员会撤销,总税务司公署在上海设立,隶属于清政府理藩院。清政府委任江海关税务司李泰国为总税务司,“凡各口所用外国人,均责成李泰国选募”,并由李泰国“总司其事”⑥。

1861年1月24日,清政府设立总理各国事务衙门后,总理衙门大臣奕䜣又把海关事务划归总理衙门管辖,进而把选募、考核、监督海关外员权力全部交给李泰国,并授权“如有不妥,惟李泰国是问”。自此,列强从幕后转到前台,而外籍人担任的总税务司不仅成为全国海关首脑,而且也成为中国航政最高长官。4月,首任总税司的李泰国称病请假回国。6月,总理衙门遂委英人费子洛(G.H.Fitzroy)、赫德(Robert Hart)代行,“而重要事务,均由……赫德主持”,为署理总税务司⑦。赫德代理总税务司后,为在各通商口岸广设新关,不得不暂缓总署机构的组建。他很少在上海驻留,总司署办公机关亦常随其在广州、北京等处奔走而移动。

---

①彭德清:《中国航海史》(近代部分),人民交通出版社1989年版,第70页。

②聂宝璋:《中国近代航运史资料》第一辑,社会科学文献出版社2002年版,第221页。

③熊月之等:《上海编年史》,上海书店出版社2009年版,第60-62页。

④杨德森:《中国关税制度沿革》,山西人民出版社2014年版,第10页。

⑤【英】莱特:《中国关税沿革史》,生活·读书·三联书店1958年版,第114页。

⑥宝鋆:《筹办夷务始末》(同治朝)卷三十九,中华书局2008年版,第21页。

⑦杨德森:《中国关税制度沿革》,山西人民出版社2014年版,第12页。

1863 年 11 月 15 日,英国人赫德被正式委任为总税务司。1865 年,总司署自上海迁至北京,设在北京东交民巷台吉场(又称台基厂)。在以后长达 48 年时间里,总税务司赫德成为中国海关和航运界纵横捭阖的实权人物,中国地方官甚至将军、总督都无权加以管束,就连李鸿章这样的首辅大臣也敬畏他三分。赫德将上海殖民性质的海关制度迅速推广到全国各口,然后邀请洋人"帮办",目的在于让洋人掌控港务、海务等航政事务及关税征收、查缉走私等管理职权,并通过海关兼管航政,以全面控制中国航政管理权①。

二、立新关设理船厅及订理船厅章程

"条约口岸"开港后,随即建立新的海关,是西方资本主义列强侵略中国的产物。早在国门洞开前,中国政府已于 1685 年(清康熙二十四年)在沿海设立粤海关、闽海关、浙海关、江海关,在管理中国外贸与税务的同时,兼管中国航务、港务、海务等航政事务。五口通商后,西方列强着眼点就放在把持中国海关特权上,外籍税务司管理海关制度的建立并开始推向全国就是最好的例证②。

1858 年,上海江海关首任管理关务的外籍税务司到任以后,各国领事就鼓吹建立新的海关。英国驻华公使阿礼国认为"新海关应摒弃旧有的中国海关。"在这一背景下,为上下对口统一,自上而下的海关主管官及高级职务"无一非外人充任",为清一色的外国人,并"掌握全权,为他国行政官无比之独裁的行政长官",形成了独立与较为完整的完全听从于总税务司及各级税务司的管理系统。外国领事、新任总税务司在每一"条约口岸"一开埠,继则设立新海关(简称"新关"或"洋关"),取代中国海关,把中国关税自主权和海关管理权全部囊括到手。1859 年,刚受命的中国海关第一任总税务司英人李泰国,以及后来的继任者赫德,就连海关总署组建这么重大事情也暂缓,迫不及待地"屡次出巡各地","着手创设新关制度",加紧"条约各口"新海关的设立步伐。在总税务司直接操纵下,做到了每开一新的通商口岸,便设一海关。以前,中国政府为扩充财政收入和加强木帆船运输的管理,在各水陆交通要道原设有常关(清政府在各地所设立的海关、榷关、钞关、工关、户关等的统称,又叫"旧关")。新海关的建立就形成一个开埠港口海关、常关并立,分庭抗礼,各自管辖的畸形状况。常关航政管理职权缩小到只能管中国帆船及所载货物的查验、征税,其他如航政法规制定、引水、船舶检丈及往来各通商口岸商船证件管理等职权均被新海关所夺。

为控制新成立的海关大权,总税务司于 1864 年夏制定《通商各口募用外国人帮办税务章程》(又称《海关衙门章程》),对海关行政、人事制度做出详尽的规定。总税务司要求:"惟税务司系总税务司所派之人,非属监督可比"。"各口税务司之权日重,洋商但知有税务司,而不知有监督矣。税务司乃因中国应有之权,而据为己有",同时"税务司只对总税务司负责"③。自此,中国海关监督名义上由中国海关关道充任,为第一行政长官,税务司为第二行政长官,但事实上关道被架空,形同虚设,成为税务司的傀儡。各口由税务司执掌实权,海关监督"仅在其署内,依据税务司之报告以办理记录报告之事务而已。"④ 如果没有洋税务司的副署或印章,中国海关监督连发一张执照的权力也没有。各口税务司直接听命于总税务司,当地官员完全不能过问海关事务。当时 14 个开放口岸的海关,赫德掌控 12 个。1901 年《辛丑条约》签订后,各通商口岸"五十里内常关"交归海关代管,常关业务遂"改归税务司兼管"。只有 50 华里以外的常关,仍由清政府道台管理。

①白寿彝:《中国通史》第 11 卷,上海人民出版社 1999 年版,第 558 页。
②《交通史·航政篇》第二册,国家图书馆出版社 2009 年版,第 109 页。
③《帝国主义侵华史》第一卷,人民出版社 1973 年版,第 186 页。
④【日】高柳松一郎:《中国关税制度论》,商务印书馆 1927 年版,第 36 页。

列强在各口岸建立新关掌控中国海关的同时,为自身侵略利益,无时不在伺机攫取中国航政管理权。1858 年 11 月,清政府与英、美、法等国签订《通商章程善后条约》,把航务、港务、海务等航政管理权交付海关,从此形成列强把持海关、海关兼管航政的畸形局面。也就在这一年,江海关(新海关)下设立理船厅,也称理船科、港务司,管理航政事务,开了由外国人通过海关理船厅直接掌控中国航政的先例。之后,各"条约口岸"仿效上海江海关,在设海关的同时或以后,在新关下设置兼管航政的理船厅或港务司。凡不征"洋式船只"之税的海关,均"未有理船厅之设"。就是说,无外国船到达的口岸,仅设新关,不设理船厅,如珠江、黑龙江水系各口开埠后设新关,未设理船厅,航政事务由新关下的港务长执掌①。

理船厅名义上是列强引进西方管理模式专理航务、港务、海务等航政职能的机构,实际上还管理与水相关的水利、水警及河道疏浚等,是一个集水运及与水相关管理于一体的综合管理机构。有的理船厅下设港务部,有的不设。上海、广州、天津等大港,既设新关,又在新关下设理船厅。理船厅负责人为港务长(1863 年赫德任总税务司后,将港务长划归各口海关税务司管理),其所设的下属各有不同。如上海港港务长,下设帮办、通事、买办等属员,还有勤杂人员;北海港港务长,下设副港务长、港务员、办事员、港口警察、杂项船员等。也有的海关只设港务长,不设理船厅。其后,中国海关将原河泊所(管理渔船)均改为理船厅,所有职责也随之并入海关理船厅。1901 年,清政府将洋关 50 华里以内的常关划归海关管辖。1912 年,理船厅撤销,各关内设港务课(科)代理航政事务,港务长兼任课(科)长。

(一)沿海各口新关与理船厅的设立及理船厅章程的制订

近代中国第一个由外国人设立的海关和海关理船厅的是上海海关。上海成为通商五口之一前,清政府已在今上海南市小东门外的黄浦江边设立江海关。上海被迫开埠后,由封闭型港口再度转为开放型港口。然而这一次开港与 160 年前康熙年间的设立海关开放港口有着本质的差别,前次开放是在保持国家主权的前提下自行开放,而这一次则是在西方列强武力威胁下被迫开放②。1843 年上海开港当年,为方便洋船停泊区的征税事宜,上海道台在洋泾浜北面(今上海市延安东路)以北设置了一个简陋的西洋商船盘验所,并增设两个稽查关卡。12 月 31 日,西洋商船盘验所撤销。1846 年,英国领事阿礼国建议上海道台在北门外英租界的外滩中心区一个大庙王(即今海关大厦原址)设立海关(新关)或"江海北关"(因在"大关"以北,故称"北关",又称"新关"或"北新关""洋关"),专事"洋船课税"。这是中国在外人控制下的第一个半殖民地海关③。原"江海关"称为"江海大关",或"老关"、"常关",沦为仅管理中国帆船及其所载的货物的机构④。1853 年 9 月 7 日,上海小刀会发动起义,占领上海县县城,关押上海道台兼海关监督吴健彰,烧毁新关关署,关员逃入租界。在沪英军趁机占领新关关署。当月,吴健彰被美国人秘密救出后,便向各国驻沪领事求救,要求各国领事承认他的上海道台兼海关监督的地位。之后,各国领事同意设立临时海关。10 月 26 日,临时海关在英租界北面(即苏州河北岸边)的两艘小船上设立。1854 年 6 月以后,上海海关"置于各有约国领事的管辖之下",开外国人控制海关的先例。1858 年,关内设立理船厅,兼理航政事务。这是中国第一个设理船厅兼理航政管理事务的海关。之后,各"条约口岸"均予仿效,设立海关后均设置理船厅,兼理航政事务。1859 年 4 月,总税务司李泰国推荐英国人德都德任上海海关的第一任税务司,称"上海正税务司",并规定税务司为一口海关行政之最高官长⑤。

---

①白寿彝:《中国通史》第 11 卷,上海人民出版社 1999 年版,第 559 页。

②茅伯科:《上海港史》(古、近代部分),人民交通出版社 1990 年版,第 107 页。

③【英】莱特:《中国关税沿革史》,生活·读书·三联书店 1958 年版,第 85 页。

④陈霞飞:《海关史话》,社会科学文献出版社 2012 年版,第 8 页。

⑤白寿彝:《中国通史》第 11 卷,上海人民出版社 1999 年版,第 559 页。

广州港,是中国近代率先开埠的口岸之一,早在19世纪30年代就有大量外国商船涌入,走私鸦片。1843年7月27日,正式对外开放。1853年起,中国的航运中心地位逐渐北移至上海,但广州港仍不失为华南地区的重要港口。1859年10月,总税务司李泰国携带“上海章程”赴广东、福建开设新关。英国公使卜鲁斯致设置在中国各口岸的英领事函,指令各领事全力支持,称:“李泰国先生为了创立一个统一的海关管理制度,即将赴各主要口岸考察。女王政府对这一尝试的成功付以极大的关怀,我必须请求你们将他完成此事给予必要的协助。”①10月24日,广州海关(也称“粤海关”)设立,美国人吉罗福为首任税务司,行代理职(英国人费士来因故未到任),赫德和马福臣为副税务司,分驻广州和黄埔,管办航政、港务及税务等。已独立自主174年的旧粤海关至此结束,成为“常关”。1860年1月1日,汕头正式开埠,设潮海关,另一个美国人华为士任首任税务司②。粤、潮两关均设理船厅,理船厅下设港务长。1876年成立的琼州(海口)、北海及后来设立的三水、江门各口海关均设理船厅,监管港务、航务等航政事务及税务。1887年10月中葡《和好通商条约》签订后,港澳木船鸦片走私基本断绝,赫德建议新设两个海关,即在“附近香港设关在九龙湾,拟即名曰九龙关;附近澳门设关于对面山,在澳门之南拱北湾,拟即名曰拱北关……”因九龙、拱北两关不征“洋式船只”之税,故“未有理船厅之设”③。

地处渤海之滨的天津港,“当海河之要冲,为畿辅之门户”④,是古代河海漕运之枢纽。1861年1月20日,天津对外开埠。3月23日,天津海关(俗称“津海关”)在天津城内梁家园(东浮桥附近)设立,首任海关税务司为英国人特文纳(克士可士吉)。随后天津新关设理船厅,下设港务部。港务长为英人洛维特,负责管理船舶注册、船舶检验、航道设施、港政、引水(领港)人员等事宜。1862年,天津海关移至英、法租界交界处的紫竹林附近(今天津海关大楼)。1863年2月,分别在塘沽、大沽设分关。1898年秦皇岛“自开口岸”(不在条约之列)后,成立津海关分关,称“津海关道秦皇岛分关”,1899年2月开关,直到1963年脱离天津海关⑤。

中国近代最早通商五口之一的宁波港,1844年1月1日开埠。1861年5月22日,宁波“别立新关(浙海新关)”,关址在宁波江北岸外马路,英人华为士为首任税务司,由副税务司休士主持关务。原于1685年设立的浙海关为“常关”(里关)。其后,新关下设理船厅,订立《浙海关关章》⑥。1877年4月1日,温州港对外开放,建立温州海关,好博逊为首任税务司。半年后,温州海关改称“瓯海关”。1896年10月1日,杭州新关开关,李士理为首任税务司,是年冬又在嘉兴添设分关。⑦

中国近代第一批沿海“条约口岸”中的厦门、福州,也分别于1843年11月1日和1844年7月3日开埠。1861年7月14日,闽海关(新关)在福州成立,关址为福州泛船浦,并于长乐县营前(马尾港对岸)设办事处。英人华德为闽海关第一任税务司。1862年3月30日,赫德到厦门,组织建立厦海关,设置理船厅,海关设于厦门海后滩,英人华为士为首任税务司。1865年,闽海关在关内设立理船厅,由南段巡工司领导,任命外国人主其事。理船厅设负责人1名,下辖港口指泊员、执有字据的引水人、灯塔值事人及港口巡役等⑧。

1861年8月22日,清政府宣布烟台港独自成立海关,称“东海关”(后改“东海洋关”),“并未设立税务司”。1862年1月26日,烟台港对外开放。11月,英国人汉南来烟台,任东海关第一任税务司。1863

①白寿彝:《中国通史》第11卷,上海人民出版社1999年版,第559页。

②彭德清:《中国航海史》(近代部分),人民交通出版社1989年版,第424页。

③梁廷楠:《粤海关志》,广东人民出版社2002年版。

④《畿辅通志》卷一百二十八《政经三十五·城池·天津府》,商务印书馆影印本。

⑤《交通史·航政篇》第三册,国家图书馆出版社2009年版,第310页。

⑥《鄞县通志》,鄞县通志馆1935年版,第187页,第157页。

⑦白寿彝:《中国通史》第11卷,上海人民出版社1999年版,第559页。

⑧陈诗启:《中国近代海关史》,人民出版社2002年版,第70页。

年,税务司归总理衙门下设的三口通商大臣和海关总署双重领导。1865 年及以后,在青岛、塔埠头和金家口设立东海关的分关,胶州湾诸港的贸易直接或间接由英国人掌控。

1862 年,台湾的淡水(今台湾省新北市淡水区)、打狗(今台湾省高雄)相继设立洋关。1864 年 5 月成立鸡笼关(今台湾省基隆),首任税务司麦士威兼任①。1865 年,安平(今台湾省台南市安要区)开关。

1864 年 5 月 9 日,牛庄设立新关,其下设理船厅,开展航政管理。此关原称山海关,亦称牛庄海关,为中国东北近代建立最早的海关,隶属于奉锦山海关道。其下设有奉天(沈阳)分卡。1861 年 6 月 11 日,牛庄开埠。英国领事密迪乐以"牛庄距海口甚远",改置在营口,对外仍称牛庄。从此,营口代替牛庄,成为东北第一个对外开放的通商港口。1907 年,在大连建立海关②。

至 1864 年,不平等条约规定的 12 个沿海"条约口岸",除琼州外,其他的广州、汕头、厦门、福州、宁波、上海、天津、牛庄、登州、淡水、高雄 11 个口岸均设新关。凡有外国船的地方,均在海关下设立理船厅,专理航政事务③。

1876 年 4 月 1 日,琼州对外开放。早在《天津条约》中就将琼州作为开放口岸,但由于生意清淡,在相当长时间里没有商人对它感兴趣,以至"因为来到琼州的洋船即使有,也极少",所以才推迟开放。开放后,在今海口市中山路尾南侧设海关,由外国人任海关税务司,负责进出船舶管理,对海口河道和琼州海峡以及海南沿海进行测绘,设立和管理灯塔、浮标等。海口港成为外国船的定期寄泊、洋货进口港④。

1877 年 3 月 18 日,总税务司赫德派英国人李华达到北海出任北海关(俗称"洋关")税务司。4 月 1 日,北海关首任税务司李华达宣布开埠,使北海成为中国西南地区近代史上第一个对外开放口岸。北海海关初设时由粤海关管辖,后属清政府总理衙门税务处,下设港务司(理船厅)。1901 年,北海常关归并入北海海关。1911 年设北海船政分局,1913 年"统辖钦廉航政收入及船舶"(但实际由北海关理船厅操纵),不久"裁撤",8 年后复设。

1858 年至 1864 年,北起牛庄(今辽宁海城),南迄广州的中国沿海,先后建立海关 11 处。各口外籍税务司在设海关和海关理船厅的同时,都制订本口理船厅章程或管理办法,规定理船厅的管理职权、职掌范围、管辖水域等。综合各口海关理船厅职责,主要有:制订行船章程和规范及规章制度,稽查出入口船舶,检定船舶吨位,登记收费,核发证书,指定泊位,建筑码头、驳岸,举办船员考试,验查损伤船舶,查看引航执照,引航引港,设置、迁移、改造和管理灯塔、航标、号船,疏浚航道、测量航道,绘制海图,测录、报告气象,管理火药暨爆炸物、储藏所、防疫所、守望台、水巡秩序等。事务范围极为广泛,完全超出航政管理的内容,还兼管水上卫生防疫、气象、水上警察等。可以说,海关理船厅是一个集水运及与水相关管理为一体的综合管理机构⑤。

之后,各口根据不同时期形势发展与航政状况,对理船厅管理章程的内容进行修改和增补。1862 年,上海港恢复设立港务长,由贺克莱担任。他一到任,就公布《上海口理船厅章程》,共 8 条。该章程概要地重复 1859 年《黄浦江河泊章程》(共 22 条)的内容,只是新添防疫和港内防污染的条款。1869 年增至 13 条,1873 年、1875 年、1876 年、1886 年又进行 4 次修改和增补。至 20 世纪初,《上海口理船厅章程》所规定的内容已不适应上海港航发展变化的要求。因此,1913 年 5 月 10 日,江海关税务司梅黎尔发布新的《上海理船厅章程》,共 47 条,较 1886 年的章程条款增加 24 条,增加一倍多。这一章程每增补或修改

①陈霞飞:《海关史话》,社会科学文献出版社 2012 年版,第 14 页。

②【英】莱特:《中国关税沿革史》,生活·读书·三联书店 1958 年版,第 393 页。

③陈诗启:《中国近代海关史》,人民出版社 2002 年版,第 176 页。

④朱均舟:《近代琼州关设立及其活动》,《传承》2010 年第 12 期,第 86 页。

⑤《交通史·航政篇》第二册,国家图书馆出版社 2009 年版,第 93 页。

一次,就给西方列强扩大一次船舶的停泊区域,缩小一次中国民船泊地水域。如十六铺码头以南本是中国民船停泊区,原归清政府上海道台管辖。列强不顾中国政府与船民的反对,到 1896 年已将其停泊区域扩展至董家渡,较上海开埠之初所订界扩大了好几倍①。必须指出的是,理船厅是西方列强控制下管理航政的部门,理船厅章程反映了列强对中国航政的控制。同时,章程条款多数适用于外国船舶,而中国船舶则另有专章。这种在同一港口中将外国船与中国船分开管理的做法,反映了列强控制下的理船厅对中国航政采取轻视和排斥的态度。

《上海口理船厅章程》不断地修改,反映当时上海港口与港口航政变化的特点,适应港口经济及航运发展的需要。同时,也通过吸收部分资本主义国家港口的管理经验,修改与增补一系列新条款,使章程更加趋向科学与合理。

与上海海关理船厅一样,广州、天津、福州、宁波、北海、烟台、厦门等沿海各口海关理船厅在 1858 年以后的 10 多年时间里,视各口航政管理情况,对理船厅章程与管理措施、办法不断地加以修改、充实,甚至重新制订,使航政管理有章可循,适应了各港口的港务、航务、海务等航政管理的需要②。

(二)长江各口新关与理船厅的设立及理船厅章程制订

第二次鸦片战争后,长江各口开港、设新关和立理船厅的时间,基本上是与沿海各口同期进行的。列强先是渗透到长江中下游,强迫汉口、九江、镇江、南京(直到 1899 年开放)四口对外开放。外国领事及总税务司急切地按照《天津条约》和长江通商章程规定,迫使沿江各口尽快开商埠、设洋关、置理船厅、订立理船厅章程,以控制各口航政管理事务。

1861 年 3 月,汉口开埠。1862 年 1 月 1 日,江汉关正式开关,英国人吐麦司·狄克为第一任税务司,后又设立理船厅,并在汉阳、石灰窑两处设分关③。

1861 年 5 月 10 日,位于长江和大运河交汇处的镇江开埠。6 月 5 日,镇江海关成立,英国人骆德为首任税务司。随后设立海关理船厅,制订《镇江关理船厅职务撮要》(即理船厅章程)。

1862 年 1 月,九江设关,置理船厅,制订《九江港口管理章程》,相当于理船厅章程。

1877 年 3 月 27 日,安徽芜湖开关,4 月 1 日开埠。

1877 年 4 月 1 日,宜昌开埠,成立海关并设理船厅,英国人安伯客担任首任税务司,港务长为甘诺敦。宜昌海关又设夷陵分关。

1891 年 3 月 1 日,重庆开关,第一任税务司为英国人霍伯森。建关初期,海关外班中设总巡(相当于港务长)1 人,兼理港务和船舶工作,英人鲁富充任总巡。

1896 年 10 月,沙市设关,由宜昌关兼管。同时,苏州、杭州开埠,并设关。

1899 年 3 月 22 日,南京开埠。5 月 1 日,金陵关建立,英国人安格联任税务司,下辖大胜关、划子口、救生局、浦口等 4 个子关口。同时,金陵关下设理船厅,制订了共 19 款的《南京理船厅章程》④。

1899 年 11 月 1 日,岳州(今湖南岳阳)自行开埠,并在城陵矶设岳州海关,马士兼任首任税务司。海关下设内、外班和理船厅。

1904 年 7 月 1 日,长沙开埠,设立长沙关于水陆洲上,夏立士为首任税务司。

1917 年 3 月 16 日,重庆海关万县分关成立。总税务司命铃木藤藏(日本人)为首任万县分关副税

①彭德清:《中国航海史》(近代部分),人民交通出版社 1989 年版,第 37 页。

②白寿彝:《中国通史》第 11 卷,上海人民出版社 1999 年版,第 560 页。

③聂宝璋:《中国近代航运史资料》第一辑,社会科学文献出版社 2002 年版,第 258 页。

④《南京交通志·港口志》,海天出版社 1994 年版,第 76 页。

务司。

19 世纪 60 年代初到 20 世纪初叶,长江干支流设新关与置海关理船厅的口岸 10 多个。除个别海关(如金陵关)外,基本上是从下游到中游再到上游,从干线到支流一步步次第推进的。这种溯流而上、逐步渗透的发展态势,反映了西方列强势力入侵长江的大致步骤与操纵长江航权、航政管理权的基本轮廓。

长江各海关理船厅章程所规定的管理职权与范围,基本上移植上海海关理船厅所规定的内容,少量针对长江当时港航特点而定。以长江第一个设立海关的镇江关为例,首任税务司骆德到任后,制订并公布《镇江关理船厅职务撮要》及《泊船界,引水船只,防疫,泊船设趸,测量水道各项办法》,规范了 19 个方面的航政管理内容。《航政纪要初编》一书记载了《镇江关理船厅职务撮要》主要内容:“泊船事务、寄碇事务、卫生事务、趸船事务、测水事务、测水深浅事务、设立志桩事务、破坏船只、行船遇险事、建筑码头事、建造驳岸事、不准侵占地段私动工作事、预防风雨报告、天气表、时辰球、勘量轮船吨数及客位事、勘量拖船客位事、驳货船只、督促船只、晓谕航船事。”从上述内容足见管理范围之广泛①。镇江处于长江与大运河的交汇点,又是长江沿江第一个建立近代海关的港口,分别对出海和进江船舶进行管理,所以镇江关在相当一段时间里起到了长江“总海关”的作用。当时,进出长江腹地的商船限制在镇江、九江和汉口等 3 个口岸,且商船分为暂作长江贸易的出海大洋船和常行长江贸易的内江轮船两大类。前一类无须再在上海报关,但如驶往镇江上游,须在镇江请领“镇江专照”;后一类仍须将船舶证件交存上海,换领“内江专照”②。

长江上游流域的云南省,1889 年 7 月在蒙自建立海关并对外通商,并在中国与越南交界红河的蛮耗码头设立分关。蛮耗码头成为当时中国对外贸易重要口岸和滇南水陆联运中枢。清政府在此设海关税务司,法、意、德、美、日 5 国设领事馆、商号洋行、医院等。中外商人云集,舟船往来不断,每天岸边常泊木船 20 余艘,往来红河航线上运输船舶近千艘,码头日吞吐量数千吨。1895 年,河口辟为商埠,清政府在该地设立公署,越南在此设领事馆,两国来往船只极为频繁,“大船三百,小船千艘,往来如蚁”。

(三)珠江水系各口新设海关

1887 年 6 月 26 日,龙州开埠。1889 年 6 月 1 日,龙州关成立,首任税务司为宾格纳。1897 年 2 月 4 日,清政府同意“将广西梧州府、广东三水县城江根圩开为通商口岸,作为领事官驻扎处所”,并允许外国轮船由香港至三水梧州,由广东至三水梧州往来。1897 年 5 月,梧州正式对外通商。1906 年 11 月 7 日,南宁对外开埠,次年 2 月 19 日设海关③。

(四)黑龙江水系各口新设海关

1907 年 7 月 8 日,清政府设立黑龙江的第一个中国海关——滨江关(又称哈尔滨关)。滨江关全称“中国海关税务司滨江总关”,设于哈尔滨(该地亦为中外交通枢纽),为水陆总关,首任税务司为葛诺发。1909 年 7 月 1 日,滨江关开始办理江上关管理业务。是年,滨江关的三姓、拉哈苏苏分关的江上关也分别开始工作。1909 年 12 月 27 日,在珲春建关,命名为珲春总关,贺伦德为首任税务司。

设立江关、公布内河的航行贸易法则,本是一国之内政,别国无权干涉。然而清政府在设立松花江海关,并决定实施《松花江航行贸易规则》后,引起俄、日、美等国的强烈反响。其中最为强烈的便是俄国,认为清政府事先没有同俄国协商便设立海关,是对沙俄既得利益的“侵害”,于是提出“抗议”,要求撤除

①王汝许:《航政纪要初编》,交通部 1912 年卷四《镇江关》。

②王汝许:《航政纪要初编》,交通部 1912 年版,卷四《镇江关》。

③《珠江航运史》,人民交通出版社 1998 年版,第 194 页。

江关,后不了了之①。

综观1858年至1927年的数十年里,西方列强假手海关兼管中国航政,由海关所设理船厅与港务长具体执行,使一系列不平等条约中规定的侵犯中国航政的设想得以实现,直接包揽各口一切航政事务,从而使中国各口岸走上洋人假手海关兼管的这一半殖民地化的航政畸形发展道路。至1907年,全国沿海、内河共设立近代海关29个。仅1858年至1864年,就有沿海、沿江14个"条约口岸"(沿海11个,即广州、福州、厦门、宁波、上海、天津、牛庄、登州、潮州、台南、淡水;长江3个,即镇江、九江、汉口)建立近代海关。大多数近代海关下设兼理航政的理船厅与港务长,形成一个由外籍税务司控制的新的、专职、统一的海关兼管航政管理体制。各海关制订各口岸理船厅章程或办法,规定航政管理职权、管理职责、管辖范围等,管理职能已超出航政本身。以江海关理船厅为例,下设总务厅、指泊所、水巡、吴淞理船分厅、防疫所、附属机关(包括看守台、灯号台、火药储藏所等)。海关理船厅名义上归中国政府领导,实际上却由外国税务司操纵,港务长执行,成为西方列强对中国航政实行殖民地化统治的总机构。理船厅章程或管理办法唯列强意志是从,是束缚中国航政发展的桎梏。

三、外籍港务长的设立与职权的扩大

1843年上海开埠后,外国领事喧宾夺主,"自行料理"进出中国港口的外国船,排除了中国政府对港口航政事务的管理,致使港口秩序混乱,也直接影响着外国商行、商船利益。为此,驻上海各国领事决定设立港务长,管理上海港口的航政事务。他们借口中国人不了解外国商行和商船,强行规定港务长人选必须由驻沪领事提名并由外国人担任。1851年秋,美、英、丹麦、荷兰和葡萄牙5国领事提名港务长人选,强迫中国政府(上海道台)同意。9月24日,由美、英、法3国领事联名在英文版《北华捷报》上发表一个通告,宣布上海道台任命美国人贝莱士为上海港第一任港务长,主要管理外国船停泊区。最初职责为外国船只进出港口、指泊与维持港内水域秩序3项"洋船事务"②。港务长所主管的部门,属于清政府建制,官方称之为河泊所,以后又改成为理船厅。

本来港务长从属上海道台,地位相当于新中国成立后各港机构中的港务监督长,职责是执行国家有关政策法令,管理中外一切船舶,维持港口秩序,保护国家利益。但当时的上海港务长不管上海港事务,仅为外国船服务,却又拥有管理港口的实权,因此引起各国领事暗中争夺。特别是英国人,自以为他们用炮艇打开上海门户,进出港船舶和贸易额最多,港务长"非英莫属",居然受美国人管束,很不甘心。其他各国船主、商人也巴不得有人带头反对,纷纷要求撤换港务长。美籍港务长贝莱士就这样于1852年被迫离职。

1858年《天津条约》以后,列强加快对中国侵略的步伐,各口岸新关设立后设置兼理航政的理船厅及港务长,制订理船厅章程。港务长作为理船厅负责人,又是港口的最高长官,由总税务司或各口岸税务司委派,大多是外国船的船长或船员,或在华的外籍引水员,少量为洋行的职员。这样,海关兼管的航政管理体制,事实由列强控制的理船厅(即外人充任的港务长)具体执行。这是近代中国航政管理体制的一个显著特征。

作为管理各港口航政事务的最高长官——港务长,是列强借用西方模式管理中国港口的航政事务等。美国人离职后,上海理船厅的港务长一职空缺10年之久,1862年才恢复。英国驻沪领事及江海关英籍税务司推荐英国人贺克莱为港务长,下设帮办1人、巡捕2人、通事1人、买办1人,另有勤杂人员14人。重设的港务长职权更大,且不断增加,除指定外国船泊位,负责维持港口秩序,管理港口内外的浮筒

①侯长纯:《黑龙江航运史》,人民交通出版社1988年版,第118-119页。

②聂宝璋:《中国近代航运史资料》第一辑,社会科学文献出版社2002年版,第86页。

和航标,监督上海江海航道设立的灯船、浮筒及航标等航政事务外,1863年起又管上海港码头建设事务,1868年5月4日增管上海港港口警察,1879年10月增管黄浦江民船与江岸测量航道和丈量船只及排除航道故障,以及水利总局和其领导的水巡队等。1898年4月,吴淞商埠自行对外开放后,港务长又增管吴淞水域的商船,主要为外国船。此外,还兼管其他行政事务,如1905年成立的"上海黄浦河道局"、1912年5月成立的"开浚黄浦河道局"(简称"浚浦局")等。其他各港口设立的外籍港务长,航政管理职权与上海港一样逐渐扩大①。如1877年,北海海关理船厅下设港务长、副港务长、港务员、办事员、港口警察、杂项船员和海务办事处等,航政管理职权次第扩大。

1864年,为扩大兼理航政的理船厅与港务长的权力,赫德下令港务长划归税务司管理。自此,航政从属于海关,港务长为税务司下属,听命于外籍税务司。随后,沿海、内河各港口均移植上海港的制度,设立港务长,并均由外国人出任。

1865年,总税务司署迁至北京后,赫德在制定的27条《通商口岸募用外国人帮办税务章程》中,规定各口税务司和港务长的调职和撤职均由总税务司做主,各口港务长在港内行事要听命于本口岸海关税务司,经费收支归总税务司负责核查。因对上海港港务长领导鞭长莫及,不得不委任江海关税务司领导,使上海港港务长管辖范围成为江海关管理的一部分。之后,江海关内又专设港务课,负责航政事务。

1868年,沿海分北、中、南3个区段,每段设外籍巡工司1员。在实行分段管理海务事务后,沿海、长江各口岸理船厅负责人——港务长也受制于当地巡工司与税务司的双重领导,全国海务事务则归总税务司设立的海务部(处)管辖。

为进一步明确港务长与巡工司的隶属关系,1868年总税务司赫德在回答上海港港务长雷尼尔的请示时说:"作为港务长,你主管船厅工作,虽然一般说来,你是税务司的下属。但作为港务长,你特别要接受区段'巡工司'的命令以及海务部的命令。……除非海关税务司授权,你不得对公众、任何人、报纸发表任何规则、工作情况等。"这就说明,各口负责航政事务的理船厅和具体执行的港务长除受各口岸税务司领导外,还要服从区段的巡工司管理,接受双重管理②。

1912年,大多数海关理船厅被撤销,各口岸新关内设港务课(科),由港务长兼任港务课(科)长。

外国人出任港务长,控制港口航政事务的做法,是中国港口殖民地化程度日益加深的集中表现。

四、助航设施建设和管理机构的建立

助航设施的建设与管理,属交通范围,本来海关无权过问,但列强也通过海关理船厅将其掌控于手中,中国地方当局无权过问。

第二次鸦片战争以后,随着沿海对外通商口岸的增加及长江港口逐渐开放,原有助航设施已不适应。为扩大助航设施建设与管理的职权,列强迫使清政府不断提高通商口岸所征外国船只的吨税(又称船钞,是按船舶容量向外国船只征收的税费),以用于助航设施的建设经费。1865年1月,清政府被迫提高到1/10,1868年又提高到7/10,直到1877年。这样,中国海关全部吨税收入的7/10用作助航设施的建设与维护经费。经费有了保障,西方列强又拟订了一个在中国沿海及长江有系统地修建航标的计划,以满足航运的需要。1868年4月25日,总税务司赫德发布第10号专电,设立船钞部(亦称"船钞项下"部门),隶属于总税务司。1873年设总司署于上海③。

①王铁崖:《中外旧约章汇编》第一册,三联书店1957年版,第264-265页;王汝许:《航政纪要初编》,交通部1912年版,卷二(江海关)。

②《交通史·航政篇》第二册,国家图书馆出版社2009年版,第93页。

③中国海关编纂委员会:《中国海关通志》第一册,方志出版社2012年版,第328页。

船钞部,又称“海务部”或“海务处”,下由巡工、理船、灯塔、运输 4 科组成。船钞部主要“约分为港务之管理,灯塔、浮标及一切便利航行设备之装置与维持,沿海及内河水道之测量,河道图表之绘制与天气气象报告之记录等”,也就是:测绘及建立各种助航设备,改置浮桩、号船、塔表及料理灯事;经管沿海和长江航道业务工作。其职责范围最初只限于航标的设置和养护及管理,航道疏浚打捞,维持港口船舶航行、停泊秩序等事项,后来范围扩大到引水、验船、观潮等方面。海关在沿海、沿江测绘,使中国海防无秘密可言。

巡工科,又称巡工总局,下设总务股、江局职员、营造科。总务股的职务先后设有巡工司(1870 年底裁撤)、各口巡工司、海务巡工司;江局职员,又称巡工江局,设有巡江工司等职;营造科,又称营造处或工程局人员,设有总营造司、营造司等职。

理船科,又称理船处或理船厅,管理船只进出港口事务,其职权分为指泊、巡江、救火 3 项。理船厅负责人为港务长。

灯塔科,又称灯塔处,设有巡灯司(又称灯塔巡视员)、主事人(又称船主或灯船船长)、值事人等职。

运输科,设有管驾官(又称舰长)、管驾等职。

船钞部直属海关总税务司,由一名相当税务司级的海务司(也称海务税务司)掌管,其下设港口工程师及灯塔工程师各 1 名。海务税务司的职责是负责沿海、内河助航标志的建设与管理,起除沉船,修浚港口水道,管理港口船只停泊及专门人才延聘。当时,中国沿海海岸划分成北、中、南 3 个区段,每段派段巡工司 1 员,实行分段管理。各段巡工司属双重领导体制,既归海务司领导,又接受其辖区内有关各口税务司领导。段巡工司主要负责所在各港的助航设施工作,定期巡视段内所辖的各港口,检查浮鼓和标桩的状况,地方引水工作的执行情况及港务长的港务工作情况,以及所辖海岸区内灯标的正常发光等。港务长负责维护和管理所在港辖区内的助航设施,如灯标等,直接给有关助航设施工作人员(如灯守)下达工作指示,进行日常的监督管理,视察浮鼓、标桩,以及与辖区内灯守保持联系。各通商口岸设理船厅,其负责人为港务长,具体管理本港的港口、助航设施以及引航事务。作为最基层单位的理船厅,既受各关税务司领导,又在业务上接受段巡工司的指导,具体管理本港的航政、港务、助航设施及引航事务。

沿海海域北、中、南 3 区段巡工司具体管辖范围如下:

北段从北纬 41°至北纬 34°,包括东北及山东沿海,内有牛庄、天津、烟台等通商口岸。北区段巡工司设在烟台,又称烟台巡工司,管辖东海关、津海关、山海关等关的理船厅。

中段从北纬 34°至北纬 27°,包括江苏、浙江等省沿海,内有上海、宁波及长江的镇江、南京、九江和汉口等通商口岸。中区段巡工司设在上海,又称上海巡工司,管辖江海关、浙海关、镇江关、九江关、江汉关等关的理船厅。

南段从北纬 27°至北纬 20°,内有福州、厦门、淡水、基隆、台南、高雄、汕头、广州、琼州等口岸。南区段巡工司设在福州,又称福州巡工司,管辖闽海关、厦门关、淡水关、潮海关、粤海关等关的理船厅①。

船钞部第一任海务司为英籍船长福布斯,首任灯塔工程师是英国人韩德善。1868 年 5 月 25 日,海关总税务司分别任命法籍船长威基渴、英籍船长贺里、美籍船长毕斯璧为北、中、南段巡工司。这标志着总税务司—海务司—段巡工司—港务长—灯守自上而下的助航设施建设和管理体系正式形成。时间不长,北、中段合并称北段,段巡工司常驻上海,而南段未变。

从 1869 年起,以赫德为代表的总税务司设立气象站。次年,各税务司在沿海、内河各口岸海关和各主要灯塔所在地逐步地设立测候所(气象站),在全国大部分地区构成了气象联络体系。在测量疏浚水

①中国海关编纂委员会:《中国海关通志》第一册,方志出版社 2012 年版,第 454 页。

道、绘制水道图、制定航行章程、刊发航行布告等方面,海务部门做大量工作。海关还制定了检疫章程,执行检疫任务,提供瘟疫情报。这样,中国助航设施建设和管理一下子从原始落后状态跃进到世界先进行列①。

1871 年 1 月,在上一年底首任海务司福布斯辞职后,鉴于商务日盛,船舶渐增,航标、航道等助航设施建设和管理亟待加强,总税务司撤销海务部(司),特设税务营造处,并设总营造司和总巡工司。总营造司驻江海关,会同各口岸海关税务司,专管全国江海各口行船工程,兼管船舶检验事务。总巡工司负责航政及航道、港务管理事宜,其下分置巡工、巡灯、港务(理船厅)3 司。巡工司管理各关灯塔、灯船、浮桩及测量海道、绘制图表、观测天气、疏浚内港、捞取沉船等事;巡灯司记载天气、风向、浮标情形、船只旗号等事;港务司即理船厅,掌管指定泊所、建筑码头驳岸、稽查出入船只、考验船员证书、勘量轮船吨位、选用领港等事宜。自此,航政既从属于各口税务司及理船厅、港务长,又归区段的巡工司管理。

1871 年至 1880 年间,助航设施建设和管理由各口港务长秉承税务司之命直接办理,并由总工程师和段巡工司协助。这一组织形式直到民国初期仍未有大的变动,上属总税务司,下受港务长业务技术领导。各口岸海务工作由港务长具体负责。

1881 年,为加强助航建设和管理工作的统一领导和规划,赫德对船钞部进行改组,撤销海务税务司,将 3 个段巡工司合并为 1 个,改称为海务巡工司,与总营造司一起协助总税务司直接管理海务工作。总税务司下面直接设有营造、理船、灯塔 3 个股,分别负责助航设施、引航等航政事务。具体业务由总税务司领导,各关税务司监督理船厅实施。首任海务巡工司由原南段巡工司美籍船长毕斯璧担任,与韩德善一起组成新的海务处。所属(各)海关,“初设有船钞股,内分营造、理船、灯塔三处,各掌管有关事项。后经改设海务、工务两股,理船与灯塔事划归海务股,管理营造事划归工务股,而统辖于税务司”②。

1896 年,由于沙俄窃夺黑龙江和乌苏里江的航权,控制自黑龙江入海的水上运输通道,以后便擅自整修航道,设置与管理水上助航设施,组建石勒喀河、乌苏里江及黑龙江的航道整治部门——航道整治部,隶属于黑龙江铁道研究会。1898 年,航道整治部演变为黑龙江水路局,成为独立的常设机构,掌管黑龙江干支流航标的设置、管理和航道测量、疏浚、行政管理等有关事务。黑龙江水路局直属于沙俄交通部,总部设在海兰泡,管理黑龙江水系的 4 个航道区和 14 个水域。

1912 年,海关税务司署将原船钞部门所属的灯塔处和理船厅的船钞部改为海政局,下设巡工科、理船科、灯塔科、运输科与华属海政局 5 个部门。巡工科内设巡工司、副巡工司、巡江工司、供事、管驾、测量师、绘图师等;理船科内设理船厅、指泊所、入水匠、信旗吏、巡江吏等,职权为测量船只吨数、验查损伤船只、调查失事缘由、验看领水执照及办理设立、迁移、修理、改造浮桩号船及灯表等事务;灯塔科设巡灯司、值事人、灯船弁、水手等职,具体承担灯塔管理事务等。

1913 年 3 月,总税务司利用北京政府交通部缩减航政编制的时机,调整并扩大海关的编制,增设征税、海务(航标)、工程 3 股。征税股组织职能与前无异;海务股管理前船钞股的理船、灯塔事务,股以下又分设巡工、理船、灯事、海面 4 个厅;工程股管理原营造处事务。从以上情况看,海关在此前的组织职能仅是征税而已,所有海务、工程两股所掌职能均系航政事务。海关的扩编在于继续把持并扩大航政实权③。

1925 年,海政局改为海务部。

①陈诗启:《中国近代海关史》,人民出版社 2002 年版,第 142 页。

②中国海关编纂委员会:《中国海关通志》第一册,方志出版社 2012 年版,第 456 页。

③张耀华:《中国近代海关之航标》,见《上海:海与城的交融》,上海古籍出版社 2012 年版,第 257 页。

五、日本建立大连地区航政管理机构

自 1858 年中俄《瑷珲条约》起,中国东三省基本上由沙俄控制。1898 年,沙俄将中国旅大地区改称"关东州"。1904 年,日俄战争爆发,沙俄战败,双方于 9 月 5 日签订《朴次茅斯条约》,规定:中国的旅顺、大连及其附近的领土领水的租借权由俄国让与日本,南满铁路(由长春宽城子到旅顺)的一切权利让与日本。日本仍沿用"关东州"称旅大地区,并逐步在此建立起殖民统治的政权体系。1905 年 12 月,日本政府强迫清政府签订《中日会议东三省事宜条约》及其附约。据此,日本取得了在南满铁路的特权,迫使清政府开放辽阳、铁岭、长春、哈尔滨、齐齐哈尔等 16 个东北工商城镇,准许日本在奉天(今沈阳)、营口、安东(今丹东)设立租界地"新市街"。日本在租界地内利用中国人力、物力、财力大兴土木,建筑机关、仓库和居民房舍。还以营口港为基地,向东北内地大量输送日本移民。仅 1906 年,营口一地的日本移民总数就骤增到 1 万多人。到 1910 年,除派往东北内地以外,营口城内的日本移民总数仍有 2336 人。

1904 年 5 月至 1905 年 5 月,日本军队先后在金州、大连湾、旅顺设立军管署,实行军事管制。1905 年 10 月至 1906 年 8 月,日军设置关东总督府,管辖关东州民政署。1906 年 9 月,设置关东都督府,其下设大连、旅顺、金州 3 个民政署,作为地方行政机构,直到 1919 年 4 月。大连港的航政、港政事务由关东州行政机关负责。1908 年 10 月 31 日,日本政府公布海务局官制。同年 11 月 1 日,关东州海务局在大连设立,统一掌管大连港包括港务、航路标识、海港检疫、船舶检测丈量、船籍事务、船舶职员及引水员监督等一切航政事务。海务局内常设船舶职员、引水员惩戒委员会。为预防传染病,从关东州外进港的船舶必须接受检疫。对 1000 吨级以上的船舶强制引水,并收取引水费。还设灯台局,管理大连港及其附近的灯塔、雾警号及无线罗盘等;建立水上警察署,下设 11 个警察派出所,掌管大连港湾及沿岸水上和码头区域内的治安、司法等警察行政事务,缉拿出入大连港口的反日爱国的中国过往人员①。1913 年 2 月,日军还建立社团法人大连海务协会,作为介于港湾海事行政机关的关东海务局和港湾营业机关的南满铁道株式会社之间的航政机关,经关东州授权,办理船舶检验、海损计算等航政事务。1919 年 4 月 12 日,关东州海务局改为关东厅海务局,下设旅顺支局、甘井子支局及普兰店支局。海务局掌管的船舶检查、船员监督、航路标识、海港检疫、船舶测度等职责未变。

关东州殖民当局为加强对大连港的航政、港务控制,通过大连港口攫取东北物产资源,以关东州名义制订公布了一系列航政管理规章和规则,仅 1906 年至 1929 年就有《船舶出入港规则》《船舶检查规则》《船舶引水规则》《船舶特种检查规则》《船籍港、船舶登记法》《船舶管理规则》《船员法》《航道标志使用费办法》《引航员规则》,以及《大连港港则》《关东州海务局规程》等②。以《大连港港则》为例:1907 年 12 月 10 日公布实行,1925 年重新修订。修订后的《大连港港则》共 69 条,其中涉及航政管理有 5 条。如第二条,将大连港划分为 3 个水域区,即大连、柳树屯、放泊区(锚地);第六、七两条,规定海务局职能和局长职责,海务局长认为有必要时可以命令指定和改变船舶停泊场所或者命令船舶停止航行,港内船舶未经海务局长许可不可以改变其停泊场所;第九条,规定船舶检疫事项;第十二条,规定船舶引水事项。该港则对船舶航路、装载危险品船舶、船舶在港停泊、港内管理秩序、船舶联检、船舶停航与修理、外国军舰进出港事项均有相应的规定③。

六、兼管体制下的航政特征与赫德其人

1840 年至 1927 年,除东三省先后由沙俄、日本专设机构控制外,中国其他地区的航政采取的是外籍

---

①《辽宁省志·水运志》(航政管理),辽宁人民出版社,第 305 页。

②丁奇中:《中国船检史》,人民交通出版社 1998 年版,第 124 页。

③周永刚:《大连港史》(古、近代部分),人民交通出版社 1995 年版,第 152 页。

税务司假手海关兼管体制。其中,外籍税务司和港务长管理航政,外籍巡工司管理海务。航政从属于税关机构,港务长听命于税务司。虽然机构时有增设或裁撤,管理职责常会交叉和重叠,但基本点是一致的,即航政的管理机构、职权范围、管理制度、各项管理工作开展统归各口海关税务司和海关总税务司管辖。一是全国上下对口,形成一个新的、专职的、统一的较为完整的体系。二是通过巡工、巡江、巡灯、港务(理船),包揽航政、港务、航务等水运管理的各个方面。三是自上至下的主管官员及高级职务无一中国人。

在英国人赫德设计与经营下,中国航政实际上变成列强假手海关,设置在中国内部的一个包罗万象的侵略机器。在主权完全丧失情况下形成的这个中国航政管理体制有着几个显著特征①:

第一,中国航政体制的形成和发展,始终是与中国经济,政治、军事形势,特别与水运、港口发展同步前行的。随着水运与港口向殖民地化方向发展,所形成的兼管航政管理体制与管理模式凸显浓厚的西方殖民主义色彩。

第二,列强实施的航政管理工作,始终是以外国船舶为主,因而形成了外国船和中国民船由两个机构分管的管理模式。由外国人把持的管理外国船和洋行的机构,涵盖了航政管理的主要方面和绝大多数。而中国政府设置的管理机构,起初还能管理沿海民船或内河内港木船之类,后来竟成一种摆设。

第三,兼管中国航政的理船厅与港务长的设立,借鉴了西方各国港口管理模式,相对以管理木帆船为主的古代航政管理体制来说是一个进步。它吸取了西方航政管理体制的先进经验,更加趋向系统化、合理化。

客观地说,列强把持中国航政期间,引进了一些西方先进的管理经验,在助航设置与管理、船舶管理、造船检验等航政管理方面取得了一定成效。谈到这一点,我们不得不提英国人赫德。

罗伯特·赫德(Robert Hart),英国政治家,1835 年 2 月 20 日出生于英国北爱尔兰亚尔马郡波塔当,1854 年来到中国,1861—1911 年担任中国海关总税务司达半个世纪之久,1911 年 9 月 20 日死于英国白金汉郡。自 1863 年正式继任中国海关总税务司起,赫德假手海关控制中国航政 48 年。在这一历史进程中,他也做过一些有益的事情,提出过一些较好的建议,如聘请外国航政、海务方面的技术专家,引进当时世界上先进的技术,特别在中国沿海与内河兴建助航设施,使清末中国在较短时间内,一度在助航设施建设和管理方面进入到世界先进行列。建成的助航设施,便利了中外船舶的航行,保障了水上交通安全。此外,他还为中国建立了气象、卫生检疫等。

然而,赫德毕竟是英国人。作为以英国为首的列强夺取中国权益的忠实代表和真正实现者、看守者和扩大者,以及安插在清政府内部为列强谋取特权利益的侵略工具,他始终受维多利亚时代理想——保持英国"日不落国"地位的精神激励,尽力维护列强的根本利益,扮演着极不光彩的角色。如在长江开放航权问题上,赫德提出长江通商论,制订《长江各口通商暂行章程》。他还斡旋签订中英《烟台条约》和《新订烟台条约续增专条》,侵夺中国内河航行权;制订《华洋轮船航行内港章程》,赞同修改《长江通商统共章程》;制定《引水章程专条》《领港规则》,授意税务司们在执行中与领事们私下交易,尽量宽处外方;插手中国沿海转运贸易,促使中国沿海帆船航运业消亡等。

对此,赫德本人曾毫不掩饰地说,海关是一个具有"治外法权成分"和"非常混杂的国际职务"的组织,是一个"异乎寻常的机构"②。当时中国一些具有进步、爱国思想的早期资产阶级改良主义者曾痛斥赫德:"貌似忠诚,心怀鬼蜮","阴鸷而专利,怙势而自尊""左袒西商""功在彼国"。在海关管辖下,包括航政在内的中国海关管理权、中国航权、航政管理权无一不旁落于外人之手。此时的航政机构具有浓厚

①杨德森:《中国海关制度沿革》,山西人民出版社 2014 版,第 67-89 页。

②上海海关学会:《中国近代海关重要历史文件汇编》第 7 卷,第 208 页。

的半殖民地色彩。

第三节　打上半殖民地烙印的航政法规与规章

一、全国性的航政管理法规与规章

航政法规,包括航政立法及主管机关依法授权而制定的规章例则,与国防安全和航业的发展关系极大。它的制定、修正和废止受时代背景、社会经济制度及事实需要诸因素的影响和制约。它是国家权力的体现,亦是政策的具体化。其功能体现在:①保护国家航权;②保护国防;③保障航行安全;④保护本国航业;⑤保护公益;⑥维护公众交通①。但是,近代中国航政法规和规章制度,受制于半殖民地化统治,不仅不能发挥上述功能,反而成为出卖国家和民族权利的契约和窒息民族航业的枷锁。涉及航政管理条约及章程并非某一部门发布,大多以与各国签约的形式出现,夹杂在相关章程中发布。

以《南京条约》为开端,清政府同外国侵略者签订的一系列不平等条约,其中许多涉及航政管理内容。诸如允许外国船只驶入领海、内江;"自雇引水",外国人充当引水;外国船进出港口"均由领事等官查验船牌,报明海关";"通商各口分设浮桩、号船、塔表、望楼,由领事官与地方官会同酌视建造";其所用经费"在船钞项下拨用";等等。这些条款都具有航政法规的性质,成为出卖中国航权与航政管理权的契约,深深地打上半殖民地的烙印。

在这一背景下,列强除有各种条约所规定的特权外,还视其侵略利益与扩张目的,由驻华领事、外籍总税务司视不同时期的航政状况,颁布航政法规、规章,命令各关外籍税务司及理船厅执行,而中国政府却没有公布政策性的法令、法规的权力。列强所颁布制订的各种航政法规和规章制度,归纳起来可分为三大类:一类是全国性的,一类是区域或省级的地方性的,一类是针对专题问题的专业性的。三类中前两类较多,专业性一类较少。

其中由各国领事、海关总税务司根据航政管理实际,制订与颁布的全国性法规规章居多数,有些是他们代替清政府、北京政府制订和颁发的。

1851 年 9 月,以上海道名义发布《上海港口管理章程》;

1867 年 10 月,总税务司制订《中国引水总章》;

1870 年,总税务司制订《各关征免洋商船钞章程》;

1876 年,总税务司颁布《长江及沿海通商口内,内地船只防备轮船碰撞章程》;

l879 年,清政府与各国订立《内港江河行船免碰及救护赔偿审断专章》;

1882 年,总税务司制订《改订征免洋商船钞章程》;

1884 年,总税务司制订《华商购造小火轮请领牌照并拖带渡船章程》;

1895 年,总税务司制订《起除沉船章程》;

1902 年,总税务司制订《各海关管辖灯塔浮桩划分界限章程》,划分各口岸海关管辖航路标识的界限,规定灯务工作细则;

1902 年,总税务司制订《各海关设立灯塔浮桩指示行船章程》,经外务部核准,令各关一律遵行。该章程共 14 条,详细规定各类航标的颜色、线条、图案、灯光以及各种组合含义,用以指示船只避险、防止事故发生,保证正常航行。②

---

①王洸:《中华水运史》,台北商务印书馆 1971 年版,第 311、325-326 页。

②《交通史·航政编》第四册,国家图书馆出版社 2009 年版,第 1126 页。

1916年,总税务司制订《修正测量船只吨数缴费章程》。

1921年,总税务司制订《各海关限制轮船搭客暨罚款章程》。

客观地说,上述全国性的航政管理法规与规章,有些对水运发展,以及创造有利的航行秩序产生过一定促进作用①。

《中国引水总章》(也称《各海口引水总章》)是中国近代引水史上第一个全国性的章程,由总税务司赫德一手策划完成草案。该草案稿以中、英、法三国文字并列,呈交清政府总理衙门,并送给驻北京的英、法、美、俄、德等国公使审阅。在获得各国公使们的一致认可后,1867年10月1日清政府总理衙门核准将共15条的《中国引水总章》作为试办章程,交各省"酌办"。经过一年在各港口试行后,赫德又对它进行修订。修订后再经英、美、法、俄等国公使认可,于1868年11月27日咨行各省执行。修订后的总章最重要之处是,由于外国领事与外国轮船公司抵制,废除强制引水这一款,使引水事务更加简化,让外国与中国船舶享有同等的权利,并赋予外国人有管理中国引水的权力,事实上排斥中国引水人。修改后的引水总章为10条②,归纳起来有以下几点:

(1)关于引水最后的决定权,由理船厅会同各国领事对重大整体事件做出决策。

(2)"引水人数及引水之费,引水之界由理船厅港长起稿,会同领事团并商务会参订","以理船厅为定评"。这就是说理船厅有最后之决定权。

(3)引水学徒的发照和派充引水的权力完全归理船厅掌握,考选引水人的权利也为理船厅和领事官所把持。此外,还规定:"不论是中国人士或别国人,皆可被派选局,选充引水之职缺。"

(4)"选派局人员中以理船厅为局长,一引水长,另有二员,由理船厅会同领事及商务局开列名单,颁布后掣签选定。"

(5)投考引水员者"不限何国人",考试时有关涉之领事可以"躬自到场或遣代表人监考"③。

《中国引水总章》公布后,根据其第一条的规定,在以后的20多年时间内,上海、天津、福州、牛庄、宁波、厦门、汕头、广州纷纷订立各口引水分专章,制订具体的引水规定。例如,1866年闽海关颁布《福州口引水章程告示》,1879年修订成正式的《福州口引水分章》;1868年颁布的《上海口引水分章》;1868年颁布的《宁波口引水章》;1869年颁布的《天津口引水章程》(《天津就地引水条例八款》);1874年颁布的《厦门口引水章程》与《广州港引水章程》;1877年颁布的《温州口引水分章》;1879年颁布的《引水章程专条并福州口引水分章》等④。

《中国引水总章》第一条就规定:"均应由理船厅准情酌理,约与各国领事官并通商总局妥为拟定"。这样一来,中国引水最后决定权完全置于由外国人所操纵的理船厅和各国领事官并通商总局控制之下,中国政府被排斥在外,形成了西方列强长期篡夺中国引水权的局面。

《中国引水总章》,从1868年起实行,到1933年废除,前后60多年,一直是中国引水业和引水员管理的最高法规,代表着近代中国引水业走向制度化管理趋势,为中国引水业有章可循创造了条件。同时,它不仅是一个对内行业管理的章程,而且也是一个对外条约、规范中国领水行为的准则。对中国引水业来说,它赋予外国人管理中国引水事务大权,在事实上保障了外籍引水人权益,排斥了中国引水人。《中国引水总章》,是借中国政府之名,行西方列强控制之实,使列强劫夺到手的引水权更加合法化与具体化,具有浓厚的殖民主义色彩。

---

①《交通史·航政篇》第四册,国家图书馆出版社2009年版,第257页。

②王铁崖:《中外旧约汇编》第1册《各海口引水总章》,三联书店1962年版,第264-266页。

③《交通史·航政篇》第四册,国家图书馆出版社2009年版,第543页。

④《交通史·航政篇》第四册,国家图书馆出版社2009年版,第436-534页。

《内港江河行船避让规定》,即 1879 年清朝政府与各国订立的《内港江河行船免碰及救护赔偿审断专章》,其中重要的避碰规定有:行船应让停船,后船应让前船,快船应让慢船,轻船应让重船,小船应让大船,顺风船应让逆风船,顺水船应让逆水船;轮船、大船、重船,如有深阔水路可走,不准贪图近便,驶入浅窄小港;华式木船夜间用白色号灯,遥见来船即举灯,如欲往右避则将灯举向船左,来船向灯的左边而行,如欲左避则相反;遇大雾、大雪,对面不能望见之时,放响声为号,彼此徐行;河湾里轮船转弯可以冲及之处,不准木船抛锚停泊。这一行船防护碰撞专章,非常具体而切合实际。它指出:海上、内河行船,在防触礁、搁浅方面,除了靠船上的图书仪器和船上人员的知识与能力之外,主要是靠船身以外的安全设备和运用这些设备的制度。安全设备即海上、内河和港口的各种航标①。

《上海港口管理章程》是为上海海关税务司所订,也是中国近代第一个港章。它明确规定外国商船停泊的港区范围和港务长的职权,并就外国危险品船只的停泊和外籍船员的岸上居留等问题做出严格的限制。这对改变外国船只停泊区的混乱状况、维持港口秩序有一定的积极作用。由于当时多数航政管理经验是从上海开始,然后移植到全国各港口,所以这一港章对全国各港口颇具指导性。

1843 年 11 月 27 日,上海开港之初,港口洋船停泊区没有明确的管理机构和管理制度。外国船舶进出港口,不守航行秩序,或航速过快,或随便锚泊,或任意装卸,使航道经常堵塞,屡屡发生船只碰撞事故,船舶纠纷随之增加。为改变这种混乱状况,各国商行出于自身的经济利益,纷纷向各国领事请求制定一个港口水上秩序的管理章程。于是各国驻沪领事一起向清政府上海道台提出设立港务长和制定港章的建议。1851 年 9 月 24 日,清政府在公布贝莱士为港务长的同时,又以上海道名义公布了《上海港口管理章程》。该港章共 6 条:

(1)规定外国商船在港内停泊的界限自苏州河南岸至洋泾浜的黄浦江面,东西沿岸各留出行通道,外国商船停泊不得超越这一界限。

(2)规定港务长的职权是:为外国船只指泊,监督外国商船的停泊与开航,已停泊的外国商船未经港务长的同意,不得擅自移动。

(3)凡载有火药及易燃品的船只不得停泊在洋船停泊区附近。

(4)外国人不得在岸上开设饭店客栈供外国商船上水手使用。

(5)无领事许可,外国船员不得上岸永久居留。

(6)章程若要修改,应由道台与领事共同协商办理。

这个章程在 1852 年 7 月又稍作修改,放宽对外国商船停泊与开航的限制,增加违章行为处以 100 元以上罚款的规定。不过章程的适用范围只在洋船停泊区,针对外国商船及水手,不包括中国民船停泊区,所以不能称为整个上海港的港章。章程明确港务长的职权,对限制外国商船乱泊乱航、限制外国船员的岸上居留、对危险品船只的停泊有初步的规定,因而仍有利于改变洋船停泊区的混乱状况。

《上海港口管理章程》公布后,沿海、内河各港口均予以仿效,相继公布本港口的管理章程,所公布的港章完全是为外国航运业和外籍船舶服务的,港章的殖民色彩尤为浓厚,可归纳为 3 点:

(1)强行制订的港章,对于外国船给予种种特权,为外国军事侵略提供多种方便,而对中国船只则是处处限制,苛刻对待。

(2)有的港章(如上海、广州等)还规定向外国军舰提供专用泊位。在不平等条约中也从未规定专门为外国军舰划出专用停泊区域,但列强硬是塞进港章,偷偷施行。

(3)相当部分港章毫无例外地注明“经本口各国领事、公司商行推定”。这就明确了港章的制订和修改,须得到外国商人的同意与外国领事的批准,将中国政府对港口决定权拱手让予外国人,使他们处于全

①王铁崖:《中外旧约章汇编》第 1 册,三联书店 1962 年版,第 368-372 页。

面垄断中国港口的地位①。

《长江及沿海通商口内,内地船只防备轮船碰撞章程》是一个 8 条的轮船碰撞章程,由九江海关于 1876 年拟定,总税务司抄发各口海关执行。其主要内容包括防碰措施、碰撞责任、对遇难船只救助等。该章程吸收外国通行的一些规定,如燃挂灯号、鸣笛(锣)、右让原则等②。

这一章程虽较为简单,但却是近代中国航政史上第一个技术行政管理法规,也是长江上最早的行船避碰章程。据此,整顿和规范了这一时期"华洋共处,新旧并存,轮木相杂"的混乱秩序,一定程度上起到维护航行秩序、减少船舶碰撞事故发生的作用。

二、各省地方航政管理法规与规章

由于列强把持海关,原本不属于海关管理的航政也被列强利用特权归属于海关,形成总税务司、各口海关税务司的系统操控中国航政的局面。每当涉及全国的航政法规出台以后,各口海关税务司或各地方行政机构及各海关理船厅,均会自行拟订出仅限于本口范围内的一些规章制度,以使本口范围内的航政管理有章可循。

1853 年 9 月 9 日,上海海关制订 6 条临时办法,即《海关行政停顿期间船舶结关临时规则》;

1861 年,浙海关制订《浙海关轮船往来宁沪专章》;

1861 年,镇江关制订《查验小轮船办法》《小轮暨拖船章程》《镇江关泊船章程》《镇江关各国商船进出起载货物完纳税钞章程》等;

1862—1904 年,针对长江中游水上安全状况,江汉关制订《进出口船舶管理规则》(1862 年 10 月)、《汉口趸船停泊章程》(1873 年)、《官用轮船管理规则》(1889 年)、《轮船检查》与《汉口丹水池外商火油池栈试办章程》(1901 年)、《江汉关防护染疫十五条》(1904 年)等;

1863 年 3 月 17 日,烟台东海关制订《烟台口东海关章程》和《船只进口章程》,1865 年又充实这两个章程,公布新的《管理船舶章程》(共 21 条);

1863 年,由总税务司赫德"提议制定"涉及长江航政的《船货入官会讯章程》《领港规则》等;

1867 年,广州海关制订《粤城停泊轮船章程》;

1867 年,汕头海关制订《汕头口停泊轮船章程》;

1872 年,福州海关制订《福州港内泊船管理章程》;

1876 年,江海关制订《上海口吴淞泊船章程》;

1882 年,江海关税务司和港务长共同制订《上海港吴淞口各船停泊章程》《上海吴淞口洋船拨运货物章程》《上海吴淞口驳运洋船拨运货物章程》;

1891 年,重庆海关制订《重庆新关试办章程》《重庆新关船只往来宜昌重庆通商船只货物征税停泊试办章程》;

1896 年 7 月,浙海关制订《洋船来往苏杭沪通行试办章程》;

1898 年,江海关制订《江海关查验官商各小火轮章程》;

1904 年,粤海关制订《广州口船只停泊起下货物章程》;

1907 年,粤海关制订《小轮遵守章程》;

1909 年 6 月,浙海关制订《内港行轮防碰章程》20 条,重庆海关制订《川江行轮免碰民船章程》;

1915 年,海关巡江司草拟《把舵章程》;

---

①彭德清:《中国航海史》(近代部分),人民交通出版社,1989 年 3 月,第 397-398 页。

②王洸:《中华水运史》,台北商务印书馆 1971 年版,第 434 页。

1918 年,重庆海关制订《扬子江上游航行章程》;

1919 年,山海关税务司制订《渤海沿岸各口轮船搭客简章》;

1920 年,重庆海关理船厅修订《重庆关理船章程》(共 29 条)。

以上这些地方或区域性涉及航政管理的规章制度,有些虽为局部或某区域性而制订的,但由于有的海关在全国范围内处于特殊地位与影响力,以及某一项航政管理事宜具有特定性,因此对全国航政工作也有着指导与示范作用。

三、航政法规与规章的基本特征

以上全国性、地方性航政法规和规章、管理制度,是列强假手海关兼管中国航政的具体体现,明显打上了半殖民地的烙印。航政立法“变客为主”,使列强掌控了中国航政法规、规章和制度从制订到实施的决定权,为所有管理章程、箴规、条例及相关的规章制度成为列强压制中国人民利益的工具披上了“合法”的外衣。但是,从另一方面来看,这些在近代所形成的航政法规和规章制度还具有另外两个特征:

一是吸取先进的西方管理经验,系统地建立航政法规和规章制度,并开始受到国人的关注。20 世纪初叶,已有人开始认为中国航业不振,第一根源是无航海律例,提出要扩张航业就应先组织航律,主张按照国情,仿照外国的成规、西方的某些先进方法,突破一些旧有的航业管理体制,制定航海律例,建立包括航政管理在内的航业法规、章程、条例等。这种按照国情,参照外国,斟酌接受的见解,颇具见地,无疑能使中国航政向规范化方向迈进。与此同时,各口海关每年都开展航政等专题报告会,总结经验教训。

二是使以法为主代替以习惯为主的管理观念不断上升。兼管航政的总税务司与各地税务司,针对各地的水上安全实际,制订出一批各具特点的管理章程、箴规、条例及相关的规章制度,虽具有深厚的半殖民地色彩,但在一定程度上结束了中国航政无法可依、无章可循的历史,为建立较完备的近代航政管理制度打下基础。以下两个管理案例就是最好的例证。

1843 年出台的《上海港口管理章程》,基本上是根据当时上海港发展和港区水上安全特点,吸收部分资本主义国家的管理经验而制订的。通过增补一系列新条款,使港口管理趋向科学与合理,顺应了上海港近代化的大趋势。尽管该章程简单,也难以执行,但却是港口有序管理的一种标志,使上海港在航政管理方面朝着以法为主代替习惯做法转变。这也是上海港由古代港口转变为近代港口的一个标志。

1861 至 1927 年间,广东海关理船厅参照外国航政管理模式,先后制订的航政管理章程及规定制度主要有:(1)港口安全行船和停泊章程;(2)海河安全航行制度;(3)防失火、爆炸、风暴制度。虽多从保护外国商船安全出发,对中国船舶带有歧视和排斥,但毕竟是以近代科学为基础而建立的,是中国航政管理的一大进步。

第四节　列强掌控中国航政管理工作

一、强行划定外轮停泊区和故意偏袒外国船

列强通过一系列不平等条约逐渐攘夺中国沿海、内河、内港的航权、航政管理权,假手海关掌控中国航政的各个方面、各个环节,但开展具体航政管理工作却不多,主要围绕进入中国的外国商船和兵船航行与停泊、引水,以及助航设施建设和管理等展开。这是近代中国航政管理工作最明显的特征。

究其原因:一是以经济利益为主是列强侵略的核心,而船舶又是掠夺经济的载体,进出中国港口货物全靠商船运输;二是外国船舶的安全与否,直接影响着外国商行的根本利益;三是外商借口船舶的建造检

验、丈量、登记手续“已在国内办妥。”

为此,列强对事关外国船舶及与外国船舶相关的安全事务,无论条约有否规定,总是想方设法去谋划与实施。最明显的表现是,外国船舶到达的地方,尽可能设置助航设施;外国船舶停泊的水域,尽可能划定锚泊地。而与外国船舶关系较少或不密切的,或涉及较少的,航政工作开展的就较少,就是开展也是局部性与地域性的,基本上是一种陪衬,如船舶检查丈量、船员管理、航业保护等。在后来中国人民强烈抗议下,列强迫于压力放弃的部分航政管理权,多是这类对外国船舶影响不大的事务。

船舶停泊区域的划定,是船舶停泊安全的前提条件。1843 年“五口通商”后,根据《南京条约》等不平等条约的规定,外国船舶在中国口岸湾泊,“归各领事等官督同船主人等经营,中国无从管辖”①。当时,中国也没有统一的受理机构与管理制度。各国洋行和船舶争相涌入,迫使中国各通商海港开辟并扩展专供外国商船停泊的水域,扩大港区的范围和规模。1861 年以前进出中国港口的外船绝大部分是西式帆船,大多是木壳,以后轮船比重不断上升。当时,外国帆船大量涌入中国沿海港口,数量逐年递增,到 1864 年已增至 8839 艘次、3315761 吨。外国帆船进出中国港口航速自定,停泊随便,载货装卸随意,致使航道经常发生堵塞,船只间屡屡发生碰撞事故,威胁各国船商的经济利益。因此,各国领事借口“为使早期各条约通商章程有效实施起见”,喧宾夺主地包揽船舶进出口批准、划定港区泊船界限,以及制定船舶管理规定等权力,为各自国家商船提供好的航行、停泊条件②。

1843 年 11 月 8 日,英人巴富尔出任英国驻上海第一任领事后,越俎代庖发布告示,宣布 11 月 17 日上海开埠。随后,为使外国商船安全停泊,他又强行划定外船停泊区——“西以宝山为限,西南以河之左岸为界,迄于吴淞”,规定“船舶停泊港内者,其位置务须尽量靠近河之左岸,其地区在上海城迄下流四分之三海里之间”,并宣布外船停泊区内的外国商船需移泊,必取得英国军舰的允许。这一举动是将上海港当成了英国军舰的基地。1851 年 9 月 24 日,美国人贝莱士出任上海港港务长后,以上海道台名义公布共 6 条的《上海港口管理章程》。此港章进一步扩大外国船舶的停泊范围,而中国民船不得使用。次年,又放宽外国船舶停泊与开航限制等。

1858 年签订的《天津条约》,规定外国兵船不可进入中国通商各口,可西方列强从来就没有也不会接受条约的束缚,海关理船厅及港务长时常擅自行事,甚至改变相关条约中的约定,故意允许外国兵船进出通商港口和停泊区域。广州海关理船厅制订的《粤城停泊轮船章程》,有意将省河由西到东从沙面西南角起到天字码头水域分为 7 个“停泊之界”,并专为外国兵船划出锚泊水域,挤压中外船只共泊的锚泊水域③。同时,外国海船不再遵守停泊黄埔的旧章,径驶省城河下,从而使粤海关对外船航行的管理名存实亡。1873 年修订的上海港章规定:“于泊界上段之内常应留四船泊位,以备兵船到口停泊之用。”④

除违约强行为外国兵船留停泊区之外,各口海关税务司更是处处为外国商船提供便利。如 1861 年的《福州口岸各国商船进出起下货物完纳税钞条款》、1861 年的《镇江关泊船章程》、1863 年的《烟台口东海关章程》和《船只进口章程》、1867 年的《粤城停泊轮船章程》与《汕头口停泊轮船章程》、1872 年的《港内泊船管理章程》等,都为外国船舶停泊和航行制订了专门规条。这给外船停泊和航行带来一定的便利,主要表现在 3 个方面:一是为外国船舶创造良好的航行与停泊环境,留有便利通道,同时也可限制中国船只。二是不平等条约中没有规定兵船停泊区,这类自订港章之类的规章制度却塞进条约中所没有的东西,为兵船留有专用泊位。三是许多港(关)章,均注明“经本口各国领事、公司择行推定”,明确这些港章

---

①王铁崖:《中外旧约章汇编》第 1 册,三联书店 1962 年版,第 50 页。

②《交通史・航政篇》第四册,国家图书馆出版社 2009 年版,第 543 页。

③《通商约章类纂》卷三十四,天津官书局 1886 年刊印,文海出版社 1977 年《近代中国史料丛刊续编》第四十七辑。

④《通商约章类纂》卷三十四,天津官书局 1886 年刊印,文海出版社 1977 年《近代中国史料丛刊续编》第四十七辑。

制订和修改权全由外国领事和商人决定①。如《汕头口停泊轮船章程》,竟明文规定:"凡由香港以上各口至福州常行往来之轮船,进口时可直抵浮桩停泊",无须指泊,为专驶香港、福州航线的英商德忌利士公司轮船提供良好的泊位。1877年,温州开放后,海关税务司将港区水域的龙湾炮台至蒲州、水陡门至江心屿西塔两处较好的水域划为外国船舶锚泊区。

正因如此,外国船舶倚仗特权,时常无视安全规则无序航行。一旦发生水上事故,外国人掌控的海关理船厅、港务长歧视中国船舶,故意偏袒外国船舶。1861年,英国太古洋行的趸船不顾镇江海关泊船章程中对船舶停泊的规定,随意超越停泊区域,并建立栈桥。对此,清政府两江总督向英国太古洋行提出趸船按泊船章程规定停泊的要求,英国领事始终不正面答复,镇江关外籍税务司、港务长也不闻不问,一拖了之②。有些外国商船或军舰,恣意横冲直撞,"他船稍失回避,一与相碰,立成齑粉",船民控诉无门,"而诉讼一涉外国领事,则白送性命,耽搁功夫"。外国船舶在遇有舢板或小船碍路时,"总是直冲过去将它们撞沉",以致"在中国的水道上,难得有一天没有船只被这样撞沉的"③。完全没有自卫能力的中国木船,面对恃强逞凶的外国船舶,自身安全尚不可保,更无法保障正常营运和客货安全。更有甚者,有外国船舶竟串通官府,诬良为盗,肆意迫害中国船民和客商。

这一时期,沿海与长江各口海关理船厅概不承认清政府公布的有关船舶避碰章程。1889年美国在华盛顿召集航海公会与会国议定的《航海避碰章程》,以及1910年各国颁行增订的《航海避碰章程》,均规定"凡船只均须遵守万国航海避碰章程"。清政府派员参加1889年华盛顿会议,对会议议定的《航海避碰章程》也曾"出示通谕一同举办",但该章程的适用范围明显仅限于海上。可是,中国各口海关置中国政府颁布的有关内河避碰章程于不顾,硬要规定长江航行的船只必须遵守万国《航海避碰章程》,因此在处理海事纠纷案件中,往往造成适用航律问题的分歧而久拖不决。在处理水上事故纠纷时,理船厅又明显偏袒外国船。1919年1月,华商"新华"轮在长沙附近被英国怡和公司的"顺益"轮撞沉,长沙海关不仅不扣留肇事船,反而"偏颇于一方"。同年4月,华商"金同安"号夹板船在芜湖上游被日本商轮"东庆丸"撞沉,芜湖海关理船厅不仅不扣留"东庆丸",反令"金同安"船户交银2500两作为打捞沉船等费用。在这种情况下,就连中国轮船公司雇用的外国职员、船员也无视中国规章。例如,掌控轮船招商局的洋员们,时有玩忽职守、指挥紊乱、违章操作的现象发生,还常常酗酒误事,导致招商局的船只海难事故频发。仅1875年至1911年就发生海难15起。而1916至1926年10年间,共发生海难10起,死亡3000多人。其中,最严重的恶性海难事故有5起④:

(1)1916年4月23日,"新裕"轮装载军队及军火自天津开往福建,驶至浙闽交界海面刀鱼山海域,在迷雾中被监护的军舰"海容"号撞断船身,军火爆炸。"新裕"轮顿时沉没,全船船员及官兵千余人仅救起10余人,其余均遇难。

(2)1918年4月25日,北京政府国务总理段祺瑞等乘坐军舰"楚材"号,在长江汉口丹水池处将招商局"江宽"轮撞沉,淹死船员及乘客共355人⑤。

(3)1922年4月30日,"江通"轮从宜昌开出,载客千余人,下水在长江汉阳大军山附近失火焚毁,死伤近千人。

(4)1923年3月1日,行驶金清港—宁波的"金清"轮严重超载,下午4时从金清港出航,2小时后即在台州湾口穿礁头触礁翻船沉没。900多名旅客,生还者仅70余人。

---

①聂宝璋:《中国近代航运史资料》第一辑,社会科学文献出版社2002年版,第258页。

②《交通史·航政篇》第二册,国家图书馆出版社2009年版。

③聂宝璋:《中国近代航运史资料》第一辑,社会科学文献出版社2002年版,第354页。

④张后铨:《轮船招商局史》,人民交通出版社1988年版,第320页。

⑤郭寿生:《各国航业政策实况与收回航权问题》,上海华通书局1930年版,第1312-1346页。

(5)1926年10月15日,被军阀孙传芳征用的“江永”轮在长江九江江面,因所载军火发生爆炸,全船沉没,死亡船员88人、官兵400余人①。

二、自行批准船舶进出口岸与现场巡航

按照国际惯例,船舶进出主权国家口岸应由该国实行审核与批准,这是航政管理的一项内容。但自鸦片战争起,在中国却出现一种“喧宾夺主”的怪现象,外国船只进入中国港口必须征得外国领事的同意与裁决,就连中国船只进出自己国家港口也要经外国领事批准,中国政府反而不能做主。且口岸一旦对外开放,该水域便成为外国船舶进出的“自由港”。这是中国航政管理权丧失最为突出的表现。

1843年上海开埠后,英国驻上海领事规定进出上海港的外国船舶均向本国领事馆申请办理出入口手续。凡外国商船到达口岸,在进入港口时不用向中国官员呈交船牌文件,请求入港许可,而是向其本国领事报告,由领事批准即可;船只出口时,也不必取得中国官员的许可,而由外国领事发还船牌,令行出口②。

五口通商之一的福州、宁波也是如此。两口开埠后,进驻两地的外国领事插手两港船舶进出口岸审核与批准的航政事务,擅订《海关及领事对外船管理办法》《浙海关关章》等,规定:外船船主在船舶进口时,将一切船舶证件、提单、舱口单等交给本国领事收存,然后由领事馆通知海关,按舱口单所列货件,起卸上岸,课征关税。外国船舶出口前,船主须向本国领事馆呈缴由中国道台(海关监督)所签发盖有大印的文件,领事馆批准发还船物证件,并发给出口准单,令行出口③。

在外国领事操纵下,中国官员根本不能行使对进出口岸外国船舶的监管职权,审核与批准有关进出口岸证件,而必须通过外国领事向外国侨民发布通告后方能实行。未得到外国领事同意的都会被认为是“违反条约”,引起列强新的挑衅和讹诈④。

1858年《天津条约》签订后,列强扩大侵华特权的图谋大部分得以实现,长江门户洞开,假手海关理船厅、港务长兼管的航政管理体制建立起来。西方列强殖民统治中国航政进一步加深⑤。从此,理船厅或港务长接替各国领事管理航政,外国船舶进入各口岸,“凡船只停泊事宜均须听由理船厅指示”,指定停泊地点后到本国领事馆“先将其船舶证件交给本国领事查验,然后由领事转送海关”,由税务司指定理船厅核实,领取海关通行证准予放行。出口前,外船船主须经本国领事馆将有关文件呈缴海关税务司,由海关税务司让理船厅检查后同意放行,领事馆方准发还船物证件,并发给出口准单,令行出口⑥。对于没有派驻领事,或无约国的船舶和商人,得由其请税务司代行领事关于商业贸易和公证人方面的职权,如船舶出入手续、船员保证、领取三联单等。对于事务较繁的海关(如江海关),专门设置指泊所,设协长1名、指泊员数人。在理船事务较简之海关,亦设有指泊员。协长和指泊员多为外国人。协长或指泊员之下又设司事若干名。协长或指泊员每天或亲自,或派司事,于港区视察与处理泊船事务,并将泊船情形登录簿记,报告理船厅及税务司。除指泊所外,各口海关均设水巡于舟中,名曰巡江吏。巡江吏设稽查长1人、巡官数人、水巡捕若干人。水巡职务系日夜轮流巡梭港内,稽查船舶有无违章、碰撞、遇险、污染河道等情事,以及维护港口秩序,缉捕盗贼、置船捕拿人犯等。

这一期间,为进出长江船舶的管理,自镇江1862年5月开埠后,总税务司赫德将进出长江的外船分

①彭德清:《中国航海史》(近代部分),人民交通出版社1989年版,第242页。
②聂宝璋:《中国近代航运史资料》第一辑,社会科学文献出版社2002年版,第80页。
③【英】莱特:《中国关税沿革史》,生活·读书·三联书店1958年版,第85-86页。
④聂宝璋:《中国近代航运史资料》第一辑,社会科学文献出版社2002年版,第81页。
⑤聂宝璋:《中国近代航运史资料》第一辑,社会科学文献出版社2002年版,第257页。
⑥《交通史·航政篇》第二册,国家图书馆出版社2009年版。

为两种,即由长江出海的海船和驶进长江的江船。凡由海入江的外国船,由上海海关理船厅(港务长)负责发给“内江专照”(航行通行证);驶往镇江以上或镇江驶往上海出海的外船,由镇江海关检查船舶证书,发放“镇江专照”。因此,有“船到镇江,不能不抛”一说。镇江海关在相当长的一段时间内起到兼管长江航政的“总海关”作用①。

为了外国船舶进出口与在港停泊的安全,各口理船厅港务长及其属员、帮办、通事、买办等人,时常巡视和检查已泊和待泊的外国商船,并予以登记,对已泊的船只记录在案,待泊的船只选择水流平缓的水域指定停泊位置。对危害外国船舶安全的因素,采取一切可能的措施予以消除,有时还专门增添机构实行安全监管。1868 年 5 月,上海外国船时常为抢夺泊位锚地而发生碰撞事故,偷窃船岸货物和其他犯罪行为也时有发生。为此,总税务司赫德成立了上海港港警,监管外国船舶的安全。1879 年,上海民船停泊区一遇风潮涨激就会有民船断缆顺流而下,有时会被冲到外国船舶的停泊区。为防民船给外国船造成损害,在外国商行的要求下,江海关设立水利总局,下设水巡队,专管民船停泊区。水利总局有舢板巡船 4 只,派巡丁昼夜巡逻,同时管理黄浦江边界桩,指引各类船只分帮停泊,稽查抛弃泥石和沿江私筑码头等事项,以及分段测量、绘图,遇有淤浅妨碍行船之处竖立标杆,以示趋避。除进一步扩大原港区外国船停泊区外,上海港还增加从“吴淞灯塔至吴淞湾或吴淞口外沙”洋船停泊区。1862 年来沪的一位日本人就说过:“上海县城前面虽然聚泊着数千艘商船,其盛况可见。但是,清朝自己却不能从海关随意取得税银”②。

三、控制助航设施的建设与管理及航道测量

鸦片战争前,侵入中国的外国船舰便在沿海私行窥测,绘制海图,并在某些险峻之处私自设置航标,以保障其商船的航行安全③。五口开埠后,进入的外国商船因吃水深、航速较快,尤其不熟悉航道,时常导致触礁搁浅事故的发生。为此,外国领事和商人于 1846 年公然撇开中国政府,私自设置助航标志。起初,主要集中在沿海航道、通商港口的重要水道,设置的助航标志包括灯塔、灯船、浮桩、浮标及其他信号和标志等。1858 年第二次鸦片战争后,随着外国商船进入中国港口、航道数量的猛增,原有一些简陋的助航设施已不能适应需要。于是,列强就加快了助航设施的建设,主要的地点为外国船舶到达的水域。除个别地区外,助航设施的建设和管理一律由海关总税务司负责。

1868 年设立海务处后,总税务司开始引进西方先进技术设备和管理方法,在沿海通商各口险要地点设置灯塔、灯船、浮桩、浮筒、雾角等助航设施,并逐步构成连锁体系。长江、珠江的重要航道也相继建设助航设施,由航政部门负责巡视、保养与修葺。以后还对这些助航设施进行了有步骤的革新。助航设施的建设和维护具体由海务处负责,海关支付费用,外籍税务司控制预算,外国海军与工程人员组织施工。至 1908 年,全国沿海、内河共有灯塔 182 座、灯船 5 艘、灯艇 44 艘、浮标 171 个、望楼 798 座。这些助航设施主要为外国船服务,也起到为中国轮木船导航的作用,有效地减少了水上碰撞或搁浅事故的发生④。

(一)助航设施的设置和建设

助航设施的建设,集中于沿海水域和港口重要航道。

1.沿海助航设施的建设

(1)沿海助航设施的设置与建设,按年代顺序如下:

①【英】莱特:《中国关税沿革史》,生活·读书·三联书店 1958 年版,第 333 页。

②【日】峰源藏:《清国上海见闻录》,引自《上海公共租界史稿》,上海人民出版社 1980 年版,第 625 页。

③李廷元:《中国灯塔志》,海关总税务司公署 1933 年,第 4 页。

④陈霞飞:《海关史话》,社会科学文献出版社 2012 年版,第 29 页。

1844年,在广州珠江海珠炮台附近,利用当时沉没的“伶仃”号鸦片趸船露出水面2米的前桅顶挂灯,作为水上灯桩指示航道。

1846年,长江口铜沙浅滩处设置木质灯船1艘,并在吴淞口外布设一些浮标和石桩等标志。但设施过于简单,不能满足列强的要求,外国领事和商人公然不经中国政府的批准,私自设置航标。

1847年,长江口北岸及南岸浅滩外缘各设置1座标桩,标示进入长江口的南北界限。这是近代中国第一次设立的新式助航标志。此后中国沿海又陆续出现一些近代助航设施①。

1855年,从国外购置灯船“柯普登爵士”号,置于长江口铜沙浅滩,引导船舶进入长江,称“铜沙灯船”。这是长江第一艘新式灯船、也是中国的第一艘新式灯船。

1856年至1857年上半年,长江口外大戢山至吴淞之间设置8个铁制棱形浮筒,吴淞内沙设两个浮筒,标志深水航道。

1858年3月,吴淞内沙又设置了两艘航标船,分别漆为红、白二色,并各悬挂红、白二色旗帜,用以指示进港船只绕开浅滩航行。

1859年,广州附近的海珠炮台设石柱,并置灯其上。

1862年,吴淞口内拦江沙设标桩3座,以便船舶出入上海黄浦江。

1863年,厦门港外大担岛设简易灯1座,1865年改建成灯塔。山东半岛成山角建花岗石灯台1座。

1864年,长江开始建造灯塔。12月,在长江口南岸原建砖塔的基础上,改建成长江第一座灯塔——九段灯塔。

1865年,上海道在吴淞口左岸教场尖嘴沙建一座洋式矮屋,内燃油灯,使西式概念的灯塔登陆中国。1872年改建为新灯塔,称“吴淞灯塔”。

1865年,宁波甬江口外建立虎蹲山和楫里山小型灯塔各1座。1872年加以修缮,加强灯光能见度和光照度。外航道建造了一些其他灯塔,将铜锣换成雾钟。到1907年,沪甬线上建成唐脑山灯塔与1座浓雾报警台,为船舶安全导航提供一定的条件②。

1866年,地处渤海湾西北岸边缘的曹妃甸建成1座灯标,委托曹妃庙内的和尚代为照料管理。

1867年,烟台崆峒岛建灯塔1座;营口的辽河口设牛庄灯船1只;英国在香港建灯塔1座;葡萄牙在澳门建灯塔2座;烟台港建第一座灯塔,称烟台灯塔。

1868年,山东蓬莱阁东北角的丹崖绝壁上建1座导航标灯。

1869—1871年,长江口南侧的大戢山,舟山群岛北部的花鸟山、西鹤嘴,长江口北侧的佘山,厦门港外的东碇岛等处各建灯塔一座。其中,花鸟山灯塔为远东第一水晶透镜灯塔。

1872—1875年,福建闽江口外的东犬岛,闽中沿海的乌丘屿、牛山岛,厦门港外的青屿,舟山群岛的鱼腥脑岛,澎湖列岛的渔翁岛,山东半岛的成山角等处各建灯塔1座。

1874年,粤东南澎岛上设置主副两灯塔。这是近代广东最早的沿海灯塔。此后在河海设置的灯塔和其他航标逐渐增多。

1876年以后,先后在海口港两侧、临高角、海甸西炮台,琼州海峡东入口处、新盈港等处修建灯塔;海口入口和水道铺前湾等处设置浮标。19世纪70年代末至80年代初,广东沿海设置灯塔、灯标、灯桩共37座③。

1877年,宁波沿海鱼脑灯塔建成,使用四级定光白灯,光强度为175烛光。

---

①聂宝璋:《中国近代航运史资料》第一辑,社会科学文献出版社2002年版,第81页。

②彭德清:《中国航海史》(近代部分),人民交通出版社1989年版,第416页。

③朱军舟:《近代琼州关设立及其活动》,《传承》2010年第12期,第86页。

1878年,由天津海关将招商局一艘旧趸船“伊顿”号改装成灯船,即大沽口灯船,泊于海河拦江沙外水深24英尺处。该船上悬由狼山水道旧灯船移来的六等定光灯,烛力350支。这是天津港第一个助航设施。次年,灯船因破坏负重偏斜沉没,死亡40人,成为当时轰动全国的海难事故①。

1879年,北海地角村北面附近的网门水域(今装卸锚地)设立红、黑两个浮标。到1914年,冠头岭北面海中增设转向浮标。

1880年,广东惠来县南端的石碑山,汕头港外的表角及港口的鹿屿,浙江象山三门山各建灯塔1座。

1882—1890年,在渤海的猴矶岛,黄海的镆岛、赵北嘴,舟山群岛的白节山、小龟山(小板山)和洛伽山,厦门口外的北碇岛,旅顺口老虎尾,台湾的鹅銮鼻、高雄、淡水等处各建灯塔(或灯桩)1座。

至1883年,全国沿海内河有灯塔77处(其中头等灯塔14处)、浮筒55具、标桩58具②。

1888年,大连海区第一座近代助航设施——老虎尾灯塔建成。老虎尾灯塔位于旅顺港老虎尾东角,东经121°15′02″、北纬38°47′32″。塔的结构为钢筋混凝土圆形塔,塔内装有电气设备,灯高32米,射程20海里。

1891—1900年,秦皇岛港的南山头,山东的旗杆嘴,浙江渔山列岛的北渔山,香港的横澜岛,雷州半岛南端的关窖尾,海南岛的秀英港,琼州海峡西部的临高角,台湾的安平,长江口崇明岛的东旺沙和六激港等处各建灯塔1座。

1893年,辽东半岛最南端的老铁山灯塔建成。该灯塔位于黄、渤两海交汇处,东经121°08′02″、北纬38°43′37″。其设备由法国引进,采用水银浮槽重锤旋转镜。塔的结构为白色圆形铸铁塔,高14.8米,灯高1米,射程25海里。老虎尾灯塔和老铁山灯塔的建设,为舰船安全进出旅顺港提供了可靠的保障。以后,经历甲午、日俄、两次世界大战的100多年中,该灯塔七易其主,被中、日、俄三国轮番管理,命运坎坷,在世界灯塔中实属罕见③。

1893年,位于香港大东门水道东南的横栏灯塔建成,由当时中国海关灯塔股设计制造。1901年,该灯塔移交给港英政府管理。横栏为一沙洲,灯塔即设于沙洲之巅。初建时,与大连老铁山灯塔皆采用当时最新式的水银浮槽灯机,后改置等头灯1盏,烛力为45000支。灯光高出海平面225英尺,光力可照及22海里。该灯塔备有地雅风雾笛1具。

至1894年,海关管辖的沿海助航设施有灯塔111座、浮筒89具、标桩67具,初具规模④。其中,宁波至上海航线的灯塔形成体系。最为著名的是宁波象山的北鱼山灯塔,为采用当时最新技术,且海关管辖灯塔中最高的一座,甚至一度成为远东第一灯塔。该灯塔建成于1895年,位于东瓜山西北约100海里的北鱼山东南端高岩之顶,东经122°15′40″、北纬28°53′15″。建塔的岩石高约91.4米,灯高出海面约105.1米,为指示船舶经由远海航线自南行驶上海之用。此塔为一座白色园塔,镜机是特等白光连闪灯,原系六芯灯头,燃用煤油,每30秒钟闪光两次,射程26海里,光度9.4万烛光。1910年改修后,置白炽纱罩灯头,光度增至30.9万烛光。该塔曾装有雾炮两台,因船舶航线距塔较远,炮声所不能及,故又先后拆除⑤。

1902—1927年,烟台港的烟台山,龙口港的屺姆岛,鸭绿江口的大鹿岛,舟山群岛的半洋山、外洋鞍岛(东亭山)、下三星岛和唐脑山,浙江温州以南的冬瓜屿,福建三都澳以东的东涌岛(东引岛)和西洋岛,沙埕港外的七星山,粤东沿海的遮浪角,珠江口的横门、淇澳岛、金锁牌和舢舨洲、临高、名架尾、海口等处各建灯塔1座。浙江金塘裂表嘴太平山、裂表嘴、石浦东门也各建灯塔。长江口东旺沙和六激港的灯塔

①《天津市志》(设施和设备),天津市社会科学院出版社1999年版,第182页。
②孙修福:《近代海关大事记》,中国海关出版社2005年版,第49页。
③《辽宁省志·公路水运志》,辽宁人民出版社1999年版,第302页。
④徐万民:《中国引航史》,人民交通出版社1999年版,第35页。
⑤《中国海关通志》编纂委员会:《中国海关通志》第二分册《近代卷》,方志出版社2012年版,第1079页。

撤除。

1915—1920年,宁波港内新增添白节山灯塔,改善唐脑山、七里屿灯塔,以及甬江内的朱家河头灯标及上白沙灯标。此外,浙江境内沿海还有半洋山、太平山、东亭山、冬瓜山、七星山、下三星等有名的灯塔。

1919年,河口北砲台设置天津港口第一座水深信号台。

截至1927年年底,海关管辖的沿海灯塔共59座,不包括灯船6艘。

(2)沿海声响航标的设置和建设情况如下:

1871年,长江口铜沙灯船曾设汽笛及雾炮各1具,听程3~4海里。长江口牛皮礁灯浮、汕头港外娘礁灯浮及硇洲东南哨浮曾装雾哨,听程2~3海里。

1872年,曾用雾锣、雾钟的浙江虎蹲山灯塔改换固定光的塔灯。山东半岛成山角灯塔、长江口灯船和九段灯船曾设雾钟。长江口航路灯浮曾是带钟的灯浮。1899年更新的长江口灯船用机械撞击巨钟,每分钟3次,每次2响。雾锣、雾钟一般听程1~2海里。

1899年,更新的铜沙灯船,改用双响气压雾笛1具,听程4~5海里。

1901年前建造的灯塔,凡属地理位置险要的,均设雾炮或雾笛。例如,南海的临高、横澜洲、石碑山、表角、南澎岛,东海的东碇、乌丘屿、牛山岛、北渔山、北椗、东犬岛、大戢山和黄、渤海的成山头、崆峒岛、猴矶岛等15座灯塔及大沽灯船均曾设雾炮,下雾时每隔10分钟或15分钟放炮1响,有的听到船上发出汽哨或其他响声时才放炮应答,每3~5分钟鸣放1响,直至听不见航船的声音为止。为使邻近灯塔的雾炮信号有所区别,也有放炮2响的。雾炮听程2~4海里。现今牛山岛灯塔和表角灯塔均各残留一尊当年使用的雾炮。

1920年,开始在花鸟山、佘山、东亭山(外洋鞍岛)、镆铒6岛、成山角和南澎岛等灯塔使用低音雾笛,称地亚风(Diaphone)雾号,听程5~10海里。以上声响航标,均系利用空气作媒介,所以又称空中声响航标。东海花鸟山灯塔曾于1910年试用水下的电缆电钟发出声音,但航行船舶须有接收水下声音的设备才能使用,且效果不佳,故未推广。

20世纪20年代末,海关开始在沿海设置无线电指向标,当时称无线电桩。1927年,长江口花鸟山灯塔建指向标,设备从英国进口,3年(1930年)后正式使用。这是中国沿海第一座无线电指向标。

2.长江助航设施的设置与建设

进入近代之后,长江助航设施建设与管理多在干线,设置的航标“最多时约七百座,分布在长达三千公里的长江干线上,平均约四公里一座,天天收灯、点灯,灯光如豆,导航作用不大”①。随着外国船舶从长江下游逐渐向中、上游延伸,对助航设施设置和建设的要求不断增加。

长江助航设施的设置和建设按年代顺序如下:

1861年,长江狼山水道布设灯船1艘,称“狼山水道灯船”,为长江上第一座航标。

1862年,吴淞口建立1个指示潮位的标杆,同时在吴淞内沙设置3个指示浅滩的灯标。

1863年,长江口开始设立航标,并把从铜沙浅滩撤换下来的“海马”号灯船移至长江狼山江面使用。

1867年,镇江海关在长江下游辖区内设灯标7座。这是内河上设置的第一批灯塔。之后,九江关、江汉关纷纷仿效,相继在辖区内设置灯桩和灯船。

1868年海关设置海务科后,开始大规模地在中国沿海设置灯塔、航标,其中上海港范围内的较大工程有1869年的大戢山灯塔。

1869年,江汉关在长江黄州黄冈县七矶洪西角设单桅灯船1只。

1869年建成的大戢山灯塔,1870年的花鸟山灯塔,1871年的佘山灯塔,正好组成一个半环形,指示

①长江流域规划办公室:《长江水利史略》,水利电力出版社1979年版,第208页。

着进出长江口的航路。这是上海港灯塔航标系统建设中最主要的工程。

1870年,九江关在辖区内设置灯桩10座。

1871年,铜沙灯船置换1艘装备有2千瓦的旋转反光灯并备有汽笛及雾炮装置的新船,以后又经过几次更新。

1871—1873年,江汉关又先后在湖北省阳新县、蕲春县、黄冈县沿江一带设置岸标3座和灯船4座。至此,汉口以下长江水道均有新式航标设置。

到1872年,长江中下游设灯标27座。1880年增至33座,另有浮筒10处。到1900年,有灯标41座、浮筒18座、灯桩6座。这一时期,长江助航设施的建设比较缓慢,且仅限于中下游干流水道,上游及各支流尚未起步。

1893年,铜沙灯船西南11海里航道中添置1具浮筒,作为铜沙灯船的辅助设施。铜沙灯船是长江进口的第一只灯船。

1898年,以灯船1艘代替原来的九段灯塔。这是长江进口的第二只灯船。

1901年,汉口以上的金口礁设置长江中游第一座航标,即金口礁引导灯桩。

1906—1910年,江汉关在汉口至城陵矶设标桩13座。

1907年,岳州关在湖南沅江口的白沙塘庙附近设标杆1架,时称“白沙塘灯桩”。此为长江中游支流航道设置近代航标之始。

1908年后,城陵矶至宜昌间开始设置浮标和标桩,洞庭湖也开始设置航标。

1915年,重庆成立长江上游巡江事务处后,开始在川江设置航标。当年8月17日,在狐滩南岸设立标杆信号1座。此系长江上游(川江)航道设置的第一座近代航标。

至1910年,长江全线共设置各种助航标志114座。到1920年,长江助航设施几经增撤和调整,中、下游共有大型航标146座,其中中游52座(标桩20具、灯船3个、标志29个)、下游94座(标桩48具、灯船44个、标志船2个)。上游逐渐将标杆信号改设为信号台,到1920年共有23处。

川江通行轮船以后,简单的助航条件已不适应发展的需要。民国初年,重庆海关参照长江中下游早期通轮的经验,在宜昌至重庆川江航道上逐步设置信号台、水码、标杆等作为导航设施。据《川江通讯小记》载:凡川江宜渝段最凶之滩湾及三峡进口等处,皆设有信号,轮船过之必鸣笛示警。又据1915年8月17日第一号《航行布告》:奉“总税务司颁行川江各险滩之上下设立标志、信号处、浮桩、水表等事,以助航行之便利”。由此,海关巡江工司于1915年在川江上设置第一个轮船航行标志,即丰都县佛面滩左岸石梁嘴上的警船桩。又于1915年8月17日在万县境内的狐滩建立标杆站,此为川江第一座信号台。

继丰都佛面滩设置警船桩之后,信号台在川江行轮中的作用逐渐增大,并曾发展到43处,另建设28处信号站、7艘标志船、33处竹竿指向标、17处帚形指向标和3处木杆指向标。信号台设置后,为避免轮木船相碰,重庆海关巡江工司致函各地:“今因海关设立标杆,以免轮船碰撞民船,现刻夔峡内外标杆,已经开办,每处有信炮,如有轮船往来,均以信炮为凭,贵部勿要惊恐,并烦传知各部知照。”同时,制订《川江行船免碰章程》,详细规定上下水轮船之间,轮船与木船之间,经过漕口的具体避碰办法。这些措施实施后,避免了许多事故,深受船员欢迎①。

3.珠江助航设施的设置与建设

1859年,番禺县海珠一带的大浪石、三浪石上各建1座红色圆形石质灯塔,二浪石上建成1座绿色圆形石质灯塔。这3座灯塔统一编号为第一灯、第二灯、第三灯,是中国最早的夜标建筑。

①王绍荃:《四川内河航运史》(古、近代部分),四川人民出版社1989年版,第217页。

1865 年,珠江口外的松山建成东望洋灯塔,利用摆力旋转,灯光彻夜不休,光线射程 25 海里。1904 年,改用电动机械。东望洋灯塔为珠江口外第一灯塔。

1872 年,广州三枝香水道大石闸设灯桩 3 具。

1891 年,广州进口水道各处铁闸设灯 13 盏。

1900 年,广州区域之内已设有灯 21 盏、浮标 9 具、标桩 7 具。

1906 年,虎门最狭处水道中间礁石顶上建成两层红色方砖灯塔 1 座,名叫金锁牌灯塔。灯塔高 11 米,光线射程 10 海里。1931 年 5 月曾遭雷击,后被修复。

至 1910 年,珠江三角洲及其附近水道已"设灯 26 盏,浮标 29 具,标桩 17 具"。

1914 年,虎门口外 5 英里处的一露出海面 45 英尺的小岛上建成 1 座灯塔,名叫三板洲灯塔。塔高 31 米,射程 15 海里。

1923 年,唐家湾建成灯塔 1 座,高 55.1 米,射程 15 海里。

4.黑龙江助航设施的设置与建设

黑龙江水系的航标最早设于 1894 年。当时,松花江上航业渐次兴盛,中国官员在三姓浅滩设航标 3 座,可时间不长就被冰块冲毁。1895 年,沙俄"黑龙江调查队"在勘测水道的基础上,组成航标设置作业班,进入船舶航行的河段做设立航标的准备。1896 年夏航期,开始设立各种岸标。先在黑龙江上、中游设置接岸标(靠此岸航行后转向彼岸航行的标志)96 座、导标(对准标志航行的岸标)28 座。这是黑龙江最早设立的岸标。当年冬季,又在黑龙江、乌苏里江全线设置航标。

1897 年,沙俄政府拨专款给黑龙江水道局,用于航道维护及设置航标。当年就在黑龙江、乌苏里江的浅滩处首次设置水上浮标。随后又在额尔古纳河和黑龙江下游从伯力到江口庙街地段设立昼夜航标 3000 座及水上浮标 500 座。1898 年,又开始设置松花江水道航标。1904 年,沙俄黑龙江水道局从松花江口到哈尔滨的长距离干线上继续设置航标。

至 1906 年,黑龙江水系各江河设置的航标总数为 3716 座,设标里程 5248 俄里。1907 年,沙俄黑龙江水道局把松花江的航道、航运管理移交给中东铁路船舶部。1909 年,中东铁路船舶部又将松花江水上行政权及航道管理权,移交给中国的滨江关。

到俄国十月革命时,沙俄已在黑龙江干支流 7470 公里(7000 俄里)的航段上,设置江式灯标(即设于岸边的航标)约 3000 座、海式航标 500 座(即三角浮标)。十月革命后,苏俄远东政府与中国政府协商,于 1917 年成立华苏航政委员会。1922 年 6 月,双方在黑河召开第一次会议,确定在国际河流上共同征收江捐和共同修复、维护黑龙江航道,里程达 1703 俄里。以后开始共同设置洛古河起至乌苏镇的浅滩上的 7 处水深标志。1927 年在嘎杂克维奇至虎林共 336 俄里的水路上,共同维修设置航标 235 座。1928 年,双方共同维修额尔古纳河罗秦城至洛古河航道,共 420 俄里。双方自签订协议后,共同维护航道总长 2441 俄里,所需费用各自承担一半①。

(二)助航设施的管理与制式更新

1.助航设施机构建立与管理

第二次鸦片战争后,由于外国来华船舶日益增多,各国轮运业对助航设施需求日感迫切,因此将其列入《天津条约》,做出邀请洋人帮办,设置助航设施、管理船舶及征税等规定。这样一来,就以条约形式把助航设施建设纳入航政管理的范畴。

这时,中国沿海、内河航道、助航设施管理既无系统,又无规章制度,更谈不上有效的建设及管理。

①《黑龙江省志·航运篇》,黑龙江人民出版社 2001 年版,第 747-748 页。

1860年以后,中国北洋航线和长江相继开放,轮船航运业逐渐兴起,而助航设施发展却极为缓慢,除沿海口岸增设极少数助航设施以外,大部分航线上均未设任何标志,引起各国航商的强烈不满。后来,在解决"经费在船钞项内拨用"的问题后,助航设施的建设开始加快,并建立养护与管理制度。1868年,隶属于总税务司的海务部(或海务处)成立,专门负责助航设施的建设、管理与维护。其职责"约分为港务之管理,灯塔、浮标及一切便利航行设备之装置与维持,沿海及内河水道之测量,河道图表之绘制与天气气象报告之记录等"。同时,将中国沿海划分为南、中、北三个区段,实行分段管理。19世纪80年代后,总税务司拟订一个在中国沿海有系统地修建航标的计划,按先北后南的顺序,建立北自牛庄(今营口),南迄海南琼州的一个沿海大型灯塔体系。

随着轮船进出港越来越多,各沿海海关也派员到现场监护助航设施。1861年,闽海关(洋关)设立后,即着手勘测闽江水道,并在航道设立、迁移、改造、维修助航设施。海关理船厅下设1~3名巡江吏,负责巡查闽江下游入海航道,及时将沙滩移迁、浮标漂移等危及航道安全的变化报告理船厅。税务司在接到理船厅禀报后,即调遣海关船艇,在巡江吏指挥下,对有关航道进行勘测。并规定引航人员如发现航道异常也应立即报明理船厅。海关税务司与南段巡工司相互配合,负责辖区内沿海灯塔、浮标等助航设施的建造和维修保养。1880年,驻福州的南段巡工司调上海,上列灯塔管理转由厦门税务司代管,后又改派南段巡视员1人驻厦门,专理南段灯塔事务。灯塔建成后,理船厅派灯塔值事人分赴各岛管理,海关补给船定期前往补充燃料、食物等。当时,海关对沿海的海务管辖有明确的分工界限。如浙江沿海区域,自杭州湾起往北沿海,归江海关管辖;自杭州湾往南沿海至台州海域,归浙海关管辖;自台州起往南沿海至福建霞浦县属的南关澳(也称南镇澳)止的海域,属瓯海关管辖。灯塔等航标的设置、建筑、管理也是按照这个范围分工进行的。尤其宁波至上海航线上的灯塔,自成体系,对甬沪航道及在杭州湾、舟山海域航行的船舶几乎成为航行中不可缺少的指南。1907年唐脑山灯塔建成后,甬沪航道的灯塔基本已经配套,剩下来的只是进一步改善和提高的问题。

2.合理布设,更新助航制式

海关设置的近代航标标志,以作用的不同分为水上标志、岸上标志、信号标志和水位标志,各种航标的样式、颜色、灯光等都有统一规定。自1847年上海设立第一座近代航标后,西方近代航道技术设施逐步输入,并有相应的改进。

早期所设的助航标志有标桩、灯桩、灯塔、灯船、灯浮等。这些标志的形状、颜色、灯光皆参照当时的英、美航标制式,以方便各国船舶识别。为对早期助航设施进行较大的改进,引进英、美等国的先进航标技术。19世纪70年代,由于要对早期助航设施进行较大的改进,中国对英、美等国家先进航标技术的引进达到高峰。1880—1890年除少数增设外,整体步入低谷时期。究其原因:一是自19世纪50年代后英国控制中国航标设置权后,中国民间、官方自行设标减少;二是列强忙于瓜分中国,亦无暇顾及助航设施的建设。到20世纪初叶,随着中外轮船运输业新的发展,尤其外国轮船势力大量进入沿海各地,向长江与内河腹地延伸,辅助航行安全的助航设置建设再度兴起。其主要表现在以下几点:

(1)航标制式划一,布设较前合理。1872年,船钞部总营造司编纂《通商各关沿海沿江建置灯塔灯船灯杆警船浮桩总册》,开列当时各关所设航标形状、颜色、灯光,并在凡例中对航标制式做出统一的说明。1882年8月4日,总税务司正式通令各关,要求将各地所设航标,按统一规定改饰标准的色样,并就各种航道、浅滩、礁石等标志的图样和颜色作统一规定。次年,沿海、沿江各通商口岸的警船、浮桩等都改饰标准式样。航标的规范化管理得到加强①。

1902—1904年,海关船钞部分别制订《各关管辖灯塔浮桩划分界限章程》《各海设立灯塔浮桩指示行

---

①王轼刚:《长江航道史》,人民交通出版社1993年版,第137页。

船章程》,明确各海关管理航路标识的界限,规定灯务工作细则、航标类型、规格与作用,从而使助航设施管理更趋规范化。如长江上游因航道水流湍急,险滩密布,礁石林立,航标制式同中、下游略有不同,只是对信号台标杆及台房作了统一规定。航标的布设,着眼于"标标相见,灯灯相连",力求标出一段相当长度的航路。这一目的虽未完全达到,但基本改变我国早期航标"引导船只航行距离太短"的弱点①。

(2)引用新技术,革新灯塔设施,导航效果明显增强。早期的岸标,多以土、石相垒,费工费时;近代岸标,取木杆替代,可随时移动,具有轻便、机动的优点。19世纪80年代,灯塔大都使用定光灯,且燃用植物油,光亮度低,天气不好时难以发挥导航作用。从1890年开始,新的灯塔改用明灭相间闪光灯机,燃用矿物油,光亮较高。灯光设备也从固定式改为遮隐式,并添置新的报警雾炮。到1895年时,沿海、沿江较大灯塔燃用植物油的不下12处,而设置定光灯的也有12处。1899年以后,对灯塔改建、革新和新建工作进一步开展,改原先燃植物油为燃煤油,并配以压油灯头,以增加光的强度,灯塔性能有了较大的提高。从1900年开始,各灯塔相继改装明灭相间灯,煤油蒸汽灯头,甚至"阿格式"电石瓦斯灯头,燃用平楚瓦斯,安装新式镜机,灯火烛力大为增进。长江以外的花鸟山灯塔,设置新发明的指示机械——无线电桩。1911年落成的遮浪角灯塔,是当时世界最大的灯塔之一。南澎岛灯塔所设的气压雾笛,为世界最强的雾角之一②。

(3)灯塔雾号设备不断改进。灯塔多有雾号设备,当重雾船只不能见到灯塔的灯光时,或鸣雾笛或放雾炮。由于空气流动的变幻,凭雾号的声响以示方向,不易听得准确,但作为防险信号还是有效的。雾号也有不同的制式,1882年海关对各口海关管辖的水上助航标志曾作过统一规定,用以标示航道以及处于水道中的礁、滩、障碍物和沉船处等共8项,但仅以颜色表示,比较简单,也无江海之分。如青岛港的灯标、雾警笛等港航设施均完备,甚至有电话配线箱,可供船舶靠岸时和陆地通话。这在当时远东各海港也处于先进行列③。

(三)沿海、沿江通航水道的测量

《南京条约》签订之后,中国门户洞开,列强在中国沿海、沿江等河流两岸建设助航设施的同时,不时地借口保护本国船舶安全,派军舰探测中国港湾航道。例如,1853年在未得到当地政府允许的情况下,英国海军部擅自派军舰探测闽江口港湾航道,并在航道上布设浮标和航标灯,自建导航系统④。

1858年《天津条约》签订之后,列强更是蠢蠢欲动,意欲探测长江。11月8日,即中英《通商章程善后条约》及所附《海关税则》签订的当天,英国由巡洋舰"狂怒"号等4艘舰船组成的舰队就从上海出发,上溯长江腹地,进行所谓"试探性旅行",沿途勘察测量航道,制作航道草图,具体策划沿江开埠事宜。此次"试探性旅行"历时近一个月,航程1000余公里,于12月6日泊于长江中游汉口江面。1859年1月1日,这支首次入侵长江腹地的英国舰队返回上海港口⑤。

1859年,英、法等国的兵船曾驶至广西梧州,对西江航运进行探测。英国使者曾在向其上司的报告中认为:珠江水系的西江、东江、郁江、左江、北江和柳江等支流河流,航运价值极大。因此,列强尤其英国想方设法要让西江水系港埠通商,但广东官吏不断加以阻挠。1881年7月15日,英国海军正式公布从1879年起勘探并绘制的北海港海图。之后,又于1884年10月、1885年8月、1890年6月、1898年7月、1898年8月、1903年2月6次再版。这是当时国际航海界常用的最有权威的北海港海图。

①徐万民:《中国引航史》,人民交通出版社1999年版,第37页。

②陈诗启:《中国近代海关史》,人民出版社2002年版,第232页。

③彭德清:《中国航海史》(近代部分),人民交通出版社1989年版,第449页。

④【英】卫京生:《福州开放为通商口岸早期的情况》,见《福建文史资料》第一辑,福建人民出版社1962年版,第146页。

⑤张后铨:《航运史话》,中国社会科学文献出版社2011年版,第26页。

1868年以后,在上海沿海和黄浦江增设航标的同时,上海巡工司开展航道测量工作。1887年,测量吴淞口和从吴淞口到上海的黄浦江航道。这个测量图作为英国海军部第1601号航海图《吴淞江或黄浦江、吴淞江口》出版。1888年,测量长江南部入口部分从鸭窝沙向外延伸的16英里一段航道。1891年,测量从鸭窝沙向外延伸的17英里一段。1893年,测量黄浦江外沙至陈家嘴一段航道。1894年,测量当时上海港港区内航道。1894年,测量长江口北水道,灌木岛至佘山一段。

从1870年起,各口海关在沿海、沿江相继设立测候所(气象站),在全国大部分地区构成气象联络体系。在测量疏浚水道、绘制水道图、制定航行章程、刊发航行布告等的同时,各口海关还制定检疫章程,执行检疫任务,提供瘟疫情报。

长江各段河床深浅、航道弯直、礁石高低等情况极为复杂,过去全由驾引人员亲身体察,死记硬背,或者沿途丢篙打铊,探测前进。1902年法国兵舰首次对川江滩险进行测量,后又测量上游宜渝段水道,并绘制海图,由海关出版,"内容确有大部分有价值之报告",并能"指示在水中之散礁"。汉口至长江入海口的水道,则由中国海军的海道测量局,在海关巡江司的协助下进行测量,所得海图也由海关出版,亦称"内容甚优","但不能完全作为航行于常变动水道之向导",还得结合中下游洲滩的变化情况适时修正航行。湘江水道于1920年测量完竣,出版海图。汉宜段水道在1925年开始测量,第二年完成,发表测图。至此,长江上中下游水道已有全面勘测,并出版全套海图,一卷在手,可识迷津,减少了引航的主观盲目性,提高了行船的安全性①。

1883年,湖北省宜昌总兵罗冒臣及夔州知府汪晓潭曾对川江部分航段施测,并作川江航道图,但仅为片断图幅,内容极为简略。1889年,巴县令国璋编纂的江图,勘察、绘制重庆至宜昌段航道测图97幅,图名为《峡江图考》,分装上下两卷,上卷从宜昌至奉节图53幅,下卷从奉节至重庆图44幅,内容较为丰富,然准确性较差。1896年,上海商会派员来渝察看商务,提出对川江进行全面测量,以作通行轮船之准备,但未实现。

其后,英、法等国乘虚而入。1887年,英人蒲兰田率测量队测量宜渝段航道,绘制航线图,设标杆、浮标等。1902年,法国海军少佐虎尔斯特率测量队,对重庆至宜昌及重庆至宜宾航段进行测量,搜集大量的航道资料。紧接着,英、法等国海军频繁来川测量川江河道。1910年至1913年,法国海军少佐底泊底党及海军上尉拉堤克和福埃,率测量队对长江宜渝段航道进行测量。1912年,法国海军少尉斯锐对长江渝叙段航道进行测量。1913年,法国海军少佐底泊底党再次来川测量长江渝叙段航道。同年,法国海军少佐马可于特测量岷江叙嘉段航道。1914年,法国海军准尉欧宾测量嘉陵江渝合段航道。1920年,法国海军少佐若伯测量岷江叙嘉段和嘉陵江渝合段航道②。

1899年开始,沙俄在置航路标识(即航标)的同时,首次测量松花江航道。1908年秋,中国收回松花江航运管理权,另立水利公会,管理松花江水路,维修航标、测量航道等。但因中国没有专业管理人员,大量的水路测量资料和航道图等均未存放于中国的有关部门,只得聘用俄国人协助管理。

综观这一时期的助航设施,由于赫德等外国人聘请外国海务方面技术专家,引进当时世界先进技术,在沿海与长江兴建与管理,使得清末中国在这一方面一度进入世界先进行列,颇有现代化的味道。特别是灯标的首次出现,标志着中国传统的助航技术有重大突破,自此由过去以自然地物为主的原始古老助航技术逐渐向人工设标技术发展。可惜的是,提供助航服务的专业队伍始终没有建立起来,助航设施建设多具临时突击色彩,或民间自发的偶一为之,缺乏普及提高的持续力,以致后来发展极为缓慢。

---

①《长江航运史》(近代部分),人民交通出版社1992年版,第450页。

②王绍荃:《四川内河航运史》,人民交通出版社1989年版,第209-210页。

四、外籍引水排挤中国引水与引水人

引水,亦称“引(领)港”“引(领)航”,主要是让那些熟悉江河与港区航道、并有丰富航行经验的人来“引路”,避让危险,保证船舶顺利进港,为安全航运所“必须的”,也是一个主权国家维护其尊严与国防机密,保障港口和船舶安全的重要主权,通常称为一个把守“国门”的特殊行业门类。引水员也称“领港员”“引航员”,以个人名义代表国家,以个人的品性象征尊严。凡船舶进出别国港口,必须由所在国的引水员引领。这一方面是为保障船舶航行安全,防止发生事故;另一方面是为不使港口险要形势、航道深浅等有关国防机密资料为外国人所掌握,造成军事上的不利。这是国际上普遍采用的制度,称“强制引水”制度。

第一次鸦片战争后,西方列强攫取了中国航权、航政管理权,将中国水域视为他们的内港,自由进出,不受拘束。进出中国港口的外国船舶可自雇引水,甚至外籍人可充任引水员,外国领事有权发给本国人引航证书,授权并监督外籍引水员在中国境内从事引水业。这一做法使本应由主权国家行使的对外国轮船强制引水的权力反而被外国人剥夺,中国引水人被排斥在外,中国既有的引水管理制度完全被抛开,中国引水业由自主管理变为由各缔约国分别控制,以致呈现混乱无序状态。

(一)列强入侵中国引水业与签发引水证书

自 1842 年第一批五个“条约口岸”(广州、厦门、上海、宁波、福州)相继开港后,涌入五口的外国船舶多为新式帆船或轮船,吨位较传统帆船要大,驾驶和操纵技术要求较高,引水需求越来越大,要求也更高。当时中国近代引水业处于起步阶段,广东、福建、浙江、上海、江苏及长江均有一批熟悉本地港口设施和航道情况的引水人,且多数为当地有经验的船员、渔民或运输船舶的船长兼职,基本上不会说外语,也无专门的机构与管理规则,属自由经营,技术、设施都不尽如人意,人数也不敷使用,引领外国商船中难免发生事故。清政府对引水事务不闻不问,缺乏管理。这一切给外国领事插手中国引水提供了借口。在外国领事、商人及航运势力支持下,外国船舶自雇引水人,甚至让外籍船员充任引水员,由外国领事发放引水员证书。外籍引水人也乘虚而入,纷纷跻身通商五口的引水业。1843 年夏天,2 名英国人在广州建议领事在各通商口岸更有效地控制引水事务,外国人开始干涉中国引水管理事务①。

1844 年年底,英国驻沪领事首先向本国人托玛斯 · 林克莱特发放上海港引水执照。这是在中国第一个有记录的外籍引水员,也是上海港第一个外国引水人。随后美、法等国起而效尤,为本国人签发引水执照。至 1851 年,上海港有 4 名英国籍引水员,与中国引水员竞争。此后,各国领事竞相签发执照,滥用不合格的外籍引水员。这些外籍引水员大多是外国商船上船员,依仗本国政府包庇,自由地从事与自己职业不符的利润优厚的引水业务,根本不受任何章程与制度限制,带来了港口引水秩序的混乱。有时,引水员们群集在港口外,当进港船舶到达时,就会引起一场争夺斗争。遇到天气不好,风浪较大的时候,这些引水员们又会全部躲进港内,使到达港口船舶找不到引水员②。

(二)列强操控引水机构、人员及管理章程

1855 年,为加强引水管理,驻上海各国领事和上海英商总会举行会议,决定制定一个引水规则,12 月 10 日自行公布《上海港口引水章程》(共 8 条)。③ 这一章程是中国近代引水史上的第一个章程,将不平

①聂宝璋:《中国近代航运史资料》第一辑,社会科学文献出版社 2002 年版,第 84 页。

②彭德清:《中国航海史》(近代部分),人民交通出版社 1989 年版,第 47 页。

③王汝许:《航政纪要初编》卷二《上海引水章程》,交通部 1912 年版。

等条约中列强攫取的引水权具体化,并赋予英、美、法 3 国登记、考选引水人和签发引水执照的权利。由于章程以种种借口排斥中国有经验的引水人员,遭到中国引水员(当时中国引水人员还占一定的比例)的强烈反对,加上外籍引水员也不愿受章程的约束,因而始终未能实行。1859 年 12 月 23 日,驻沪各国领事在 1855 年的《上海港引水章程》基础上,公布了《上海外籍引水人管理章程》,更进一步把引水工作"只交给缔约列强的欧洲公民"①。如果说,1855 年《上海港口引水章程》名义上使中国人还保有申请引水执照的权利(当时上海港 58 名引水人中,中国引水人有 15 名),那么到 1859 年中国引水人则全被排除在引领外船之外,几乎无船可引,处于半失业状态。1860 年 1 月,由外国船长、外国保险公司职员等 6 位委员组成上海港"引水员考试委员会",制定引水员考试规则。4 月 16 日,中国近代史上第一个专门性的引航员职业团体——"上海引水公司"成立。上海引水公司全部由外籍引水员组成。1863 年 1 月,一个由外国船长和商人们赞助的第二家引水公司在上海成立,从而使上海引水公司陷入危机。1900 年 1 月底,统一的"上海引水公会"成立,其成员共有 35 人,包括唯一的中国籍引水员张玉。

天津港引水组织成立于 19 世纪 60 年代。1865 年,英国人高林在天津东大沽口小码头首次建立"大沽引水公司",开展引水业务。1867 年 8 月,大沽海口开始招聘引水员,招雇英、美、丹麦人充当。1869 年 12 月,"天津港大沽引水公司"成立,地址在东大沽。该公司引水员是德国人奚里曼和两个英国人,引水业务及财务工作均委托天津怡和洋行代理,按百分比给予洋行提取报酬。其内部结构比较简单,一名秘书,两名职员,雇用船员 9 名。当时船舶进出港口并非强制引水,船主可自行进港不需领港,或只申请引水领过大沽浅滩,再自行进港。引水费也划分地段。初期每月引领进出天津港的船舶 20 余艘,以怡和、太古、招商局的船舶为主②。

福州港引水机构于 1866 年 6 月由闽海关在罗星塔司巴单关船内设立,时称引水公所,归闽海关理船厅管辖。所内雇有引航员若干,不属海关编制。引航员的招考应聘、引水业务、引水费收发等均由理船厅负责③。

1868 年,总税务司成立海关船钞部(后来改称海务处)后,除主管助航设施建设和管理外,从这时起还管区段内各口的理船厅。引水业务受各口理船厅领导的同时,也要服从于海务处下的巡工司管理,实行双重管理体制。

1925 年 12 月,广州国民政府试图成立"引水事务特别局",从海关、领事团以及外国商会手中夺回引水人考选和管理权,遭到广州海关及外国领事的强烈反对,最终未能付诸实施。但在全国民众强烈要求下,海关还是作了让步,默认在引水人考选委员会中增加中国人代表。广州港的引水人定额也从 20 人增加到 40 人,新增的都是中国引水人。

这一时期,一些外国引水的行业组织,如引港公会、航船公会等,董事均为外国商会会长、商船船东和水险公司的代表,"冀偿其独霸垄断之私,遂使中国航海人员亦无从行使职务"。沪汉航线上外人领水组织甚多,如上海引水协会、淞汉引水协会、日本人扬子江引水协会等,共有引水人员 78 人,全部为外国人,"变本加厉,由客卿主持组织所谓引水人管理委员会,实行非法考试,公开排斥华人"。

(三)列强制订《中国引水章程》及章程重点

第二鸦片战争后,由于西方列强进入中国的船舶数量日益增加,沿海北起营口,南至广州,内至长江腹地,大多为外国商船,有时在一个港口内竟停泊一二百艘。各国船商为维护各自的利益,彼此间争夺有

①聂宝璋:《中国近代航运史资料》第一辑,社会科学文献出版社 2002 年版,第 85 页;《北华捷报》,1859 年 12 月 27 日。

②《天津市志·港口管理》,天津社会科学院出版社 1999 年版,第 502 页。

③《福建省志·交通志》,福建人民出版社 2000 年版,第 406 页。

利的停泊位置,任用本国的引水员,不可避免地带来港口停泊船舶的拥挤和混乱,为外国势力插手新辟口岸引水管理事务找到借口。各国领事为本国人签发引水执照,更加助长了外籍引水员排挤中国引水员。

1862年,曾在上海做过英国领事的麦都司,改任驻牛庄(今营口)英国领事后,在牛庄实行自由引航政策,任凭外国船长自由雇请引航员,也不签发引航执照。他还于1866年9月草拟了一份牛庄港英籍引水员管理章程,授权英籍引航员垄断所有进出该港的英国船引领业务,遭到其他国家领事和公使们的抗议。于是,他把问题提交给驻北京的各国公使和清政府总理衙门,要求着手制订一个全国性的引水法规。各国驻华代表、总税务司及各国引水组织就建立中国统一的引水规范基本达成共识。但清政府缺乏这方面的自觉认识,漠然处之,给外国势力插手中国引水以可乘之机。他们按照自己的意志,策划引水总章的制订工作,拟定出他们所期望的引水管理章程,将中国引水和选用引水员的管理全部揽到自己的手里①。

1867年10月1日,由赫德一手操纵制订的《中国引水总章》(也称《各海口引水总章》),作为试办章程交各省一体酌办。试行一年之后,1868年12月27日总章正式公布施行。该章程以黄色纸作为封面,号称"黄皮书"。在以后的20多年时间内,沿海与长江各港据此相继颁行地方性的引水分章以及具体的操作规程。1933年国民政府颁布《引水管理暂行章程》,《中国引水总章》废止,前后施行65年。《中国引水总章》基本确立了一套依附于海关理船厅的引水管理框架。按照赫德自己的说法,这份修订后的章程,目标是在中国领水内建立起一个高效率的引航制度,并进行具体的引航管理。而实际上,《中国引水总章》的颁布建立了一个以海关总税务司赫德为核心、以理船厅为枢纽的全国性的引航管理体制,为西方列强所控制②。

(四)外国引水排斥中国引水与引水人

19世纪后半期,中国引水员队伍发生了结构性的变化,呈现出排挤中国引水员的"国际化"状态。从等级来说,引水员分为持证引水员、学习引水员、中国引水员。从受雇方式来看,又分为候船引水员、包月引水员、轮船公司的特别引水员。从国籍来看,中国引水员的比例越来越少,外籍引水员逐渐排挤中国引水员,而外籍引水员又以英、美籍为主。连外国人也不能不承认中国引水员对引水技术和港口水文情况相当熟悉,能够给船舶提供所需的服务,"欧洲的引水员们,通常并不比他们的中国同行可靠多少"③。到1866年,由中国自己培养的轮船驾驶员成长起来,却被认为虽熟知港口水深、流速、潮汐等知识,但缺乏航行或必要的号令方面的知识,因而被告发给"中国引航员证书"只能引领帆船或在轮船上起辅助作用,船上工作由船长负责。不过,由于他们已熟悉全套驾引技术,具备与外籍引水员竞争的实力,引发过华洋争夺商船引水权的斗争。据统计,1867年至1868年,江海各口有领水人员共203人,其中中国人103人、英国人40名、美国人35名、希腊人10名、丹麦人6名、瑞典人6名、荷兰人2名、奥地利人1名。虽然中国人仍占一半,但大多在一些非重要水域任职。直到20世纪初,长江入海口仍"无一华人充当引水"④。

自《中国引水总章》施行以后,外国势力操纵了中国引水业,而中国政府却毫无作为,以致在一些港口中国引水人逐步退出了这个日益发展的行业。以当时引航业最为发达的上海港铜沙引水(即从长江口外的铜沙至黄浦江内港一段)为例,1866年60名引水员中,有中国人15人;1889年中国人仅4人,外籍45人;1896年中国人只剩下2人。至1900年,中国人只有张玉1人。张玉被迫于1903年退休后,上海港竟无中国籍引水员在执业,直到1928年。从1903年至1928年的25年,中国船员全部被排除上海铜沙

①《交通史·航政篇》第四册,图书馆出版社2009年版,第432-443页。

②王铁崖:《中外旧约章汇编》第一册,三联书店1962年版,第264-265页。

③聂宝璋:《中国近代航运史资料》第一辑,社会科学文献出版社2002年版,第87页。

④徐万民:《中国引航史》,人民交通出版社1999年版,第39页。

引港之外。不仅上海港如此,其他沿海通商港口也非常类似。由此,一个新兴的引水业变成"国际性"行业,中国人反被排斥于其外①。1869 年,天津港大沽引水公司成立前,该港引水人全是外国人,没有一名中国人。20 世纪 90 年代末先后有 1 名德国人和 2 名日本人加入,引水员增至 8 人,英国人占一半,仍无中国人。这时,外船进出天津港不需要强制引水。

1919 年,宁波港开始有华人担任该港引水员。第一次世界大战以后,宁波港 3 名引水员全是外国人(其中斐尔格和爱克林是英国人)。1921 年,英籍引水员引领一艘糖船搁浅,损失惨重,引起沪甬航运界和中国船员的强烈不满。在强大的社会舆论压力下,税务司和港务长不得不撤换两名英籍引水员,选用在宁波航业界享有盛誉的周裕昌、顾复生为引水员。这是宁波港对外开埠以来中国人担任引水之始。不久,在反帝声浪中宁波港务长一职也改由中国人柯秉璋担任②。

到 1927 年国民政府成立时,中国引水人继续减少。据 1928 年统计,北起安东(今丹东)、南迄广州沿海 11 个主要港口中,营口、天津、厦门、汕头没有中国引水员,青岛、宁波各有 2 名,安东、温州各有 3 名,福州有 6 名。外国引水人仍占绝对统治地位③。外国引航业垄断中国引水业的后果之一,就是从中法战争开始的历次对外战争中,外籍引水员纷纷服务于入侵中国领水的敌国船舶,而中国政府却对此却无可奈何,任由其严重威胁中国国防安全。

(五)长江引水业与引水人员

长江各港口船舶引水在鸦片战争前,与珠江及其他内河水系一样,由各港的本地人担任。引水人多为当地船主或有经验的船员、渔民,对本港的航道、水文等情况比较熟悉。自大量轮船进入中国,长江引领轮船的引水员都是木船的驾长和船工,在驾驶技术方面亦有所继承,形成轮船驾驶员与引水员(又称"领港"或"领江")分开设置,各有分工,是为当初长江引水组织的特殊形式。1858 年《天津条约》中有外国轮船可"听其雇觅引水之人"的规定,外国引水员乘机渗入长江引水。不过,由于 1853 年至 1864 年太平天国控制长江中下游大部分地区,长江该段引水业务无法开展。1861 年,长江上第一个港口——镇江港对外开放后,英、美、日等国的引水员偷偷进入长江中下游,并试图进行长江引水,也未成功。

1868 年实施的《中国引水总章》,本来不包括长江航道,但以英国为首的列强,以及熟悉长江航道的一些外籍船长却偷偷地渗入,充当起吴淞口至汉口的长江航道引水员,进行船舶引水。长江各口海关,开始对长江航行的船舶也听任其自雇引水,并不办理引水执照事宜。如镇江关理船厅公布的《泊船界引水船只防疫泊船设趸测量水道各项办法》中关于"引水"一款中就有这样的记载:"镇江一埠,向无专司引水事务之人,所有长江船只均各雇有引水,常年随船来往,其各海轮进口,向有上海或吴淞口自雇熟悉扬子江水路之人以为向导,并未领有执照。"列强故意寻找借口,硬说《中国引水总章》也适用于长江,要求建立外籍淞汉引水人机构。此时,清政府自感力不从心,任凭外国船舶自雇引水④。

对长江一直抱有野心的日本,早在 1903 年就有船员及引水员进入中国引水市场,并成立了"扬子江领江公会",开始为长江航线的日籍船舶引水。如长门正清就是从这一年开始担任长江航线日籍船舶引水人。至 1920 年,长江中下游有日本籍引水人 17 名。1920 年英国引水人在上海成立"外籍淞汉引水公会"时,为准备对中国的军事侵略,日本也成立了日本引水人的"扬子江引水公会",包办日本船舶进出长江的引水,开展上海港和长江中下游引水业务。该公会在日本驻上海总领事馆登记注册,取得执照⑤。

---

①徐万民:《中国引航史》,人民交通出版社 1999 年版,第 39 页。

②郑绍昌:《宁波港史》,人民交通出版社 1989 年版,第 325 页。

③彭德清:《中国航海史》(近代部分),人民交通出版社 1989 年版,第 51 页。

④胡体诠:《长江航政史》,人民交通出版社 2000 年版,第 130 页。

⑤《长江航运史》(近代部分),人民交通出版社 1992 年版,第 447-450 页。

"外籍淞汉引水公会""扬子江引水公会"成立之际,中国引水人也成立了自己的引水组织。至此,长江引水成为中国、日本和以英国人为主的欧美人三分天下的局面。据1920年统计,长江中下游的长江淞汉段有引水员170多人,形成以中国人、日本人、英国人为主的三分天下的格局。其中,中国人130多人,居首位;其余日本人21人,欧美人19人。但是,较大吨位的船舶全由日本人或英国人包揽。长江的中国引水人,大部分来自广东、宁波等地,鄂、川等省的也有。

此时,长江上游也有178人的引水队伍,基本是中国人。长江中、上游的引水业务,开始是由引水人自由执业的。可自外籍引水人组织的"淞汉引水公会"成立后,武汉江汉关按照《扬子江下游外籍引水管理章程》等引水章程规定,包揽淞汉、汉宜湘甚至宜渝段的引水业务,并借口保证长江行轮的安全,建议由江汉关理船厅对各轮的驾驶员和随船引水的资历和技能严加考核和管理。这一建议,在北京政府交通部的推托下不了了之。到1926年,长江干流有一些华人担任领水之职。据调查,中国籍领水为86人,外国籍104人,且二者收入悬殊:华人领水工资总额20余万元,外人104万元。"长江引水,外人势力,亦甚优厚",实权仍为外国人所掌握。其中,川江各段引水到1923年已发展到145人,乃筹建俱乐部式的"领江会"。1924年始正式成立"长江上游领江公会",除报请重庆关注册备案外,并于次年在北京政府交通部登记注册。

(六)中国引水员的自我培养

中国兵船一向由海军院校培养出来的本国人担任驾驶。早在1873年轮船招商局刚成立时,外国人就公开承认中国"兵船发号施令,其进止转捩处,皆与西船无异"。在华洋争夺驾驶权的斗争中,许多海军军官转业到商船上做船长、大副。他们学有专长,且工作过的船舶吨位较大,有资历和技术与外国人一较高低。如曾任招商局船务处副处长的章臣桐,江海大轮船长刘勋达、滕士标、安其邦、徐斌、黄友士等,也多从海军而来,大大加强中国商船的驾驶技术力量。此外,民国海军部还在上海创办扬子江引水传习所,经过传授和实习,然后考试结业,仅1930年至1931年两届考试合格的便有319人。另据外国专著报道,当时在长江上游充当引水者130人,学习引水人数与之大约相等。可见当时已有一支为数不少的兵船、商轮两用的引水人才遍布长江上下①。同时,秦皇岛港也有民间引水业务,且有专门的引水组织。到1875年,引水组织称"水雷营",一般有水手8人,全习水性、熟海道,设船2条,每条船长3丈余,船身涂饰红漆,船中备有帆橹和救生设备。水手居住在"天后宫",昼夜值勤,海上有事,一呼即应。他们主要负责附近沿海遇难船只营救和带引海船进港。

(七)外籍引水人的罪行

西方列强通过劫夺中国沿海、长江的引水管理权,垄断引水业务及掌控引水员选考管理权,使引水与引水员为其经济、军事侵略服务。一些引水员公然引领军舰进出中国港口,甚至为列强发动对中国的战争提供服务。1884年6月,法国远东舰队就是利用外国人引航,进驻马尾江面,并挑起中法马江海战的。在这场中法战争中,在中国海关登记的英籍引水员汤姆士、德籍引水员缪勒和、美籍引水员毕洛引领法国军舰,深入闽江口内的马尾港,参加中法马尾海战,击沉中国扬威等兵舰7艘、商船19艘,致海军将士伤亡870余人,使福建水师全军覆没。此外,马尾造船厂被击毁,造成重大损失。当时的法军将领被告知:"一张由领港人所给的略图,会给你指出跑套、障碍物、水雷等的相近位置。"对于外籍引水人这种助敌行为,中国政府竟然毫无办法。

中法战争期间,中国总理衙门即照会驻华各国公使,要求禁止在华外籍引水人员充当法舰引水。美

①《长江航运史》(近代部分),人民交通出版社1992年版,第448页。

国公使杨格曾据此请示美国政府。美国国务卿巴耶德复电说:“中国政府要求虽属近理,唯无此示禁之条文,又不在领事法权之内,美国公民以个人资格订约受雇,政府碍难禁止。”清政府竟也无可奈何。

1900年,八国联军进攻天津海河,大沽口有南北炮台,天津海关注册的德籍引水员林柏引领敌舰,带领联军绕过大沽口从北塘口登陆,抄了大沽后路,才使八国联军得以直趋北京①。

列强能够假手海关兼管航政,首先是通过不平等条约攫取特权,再因清政府、北京政府及其官员腐败无能。这是中国航政管理权的丧失、半殖民地化最显著的标志。另一方面,中国航政管理呈现新的发展态势,从基本封闭转向开放,从侧重征税转向对船舶航行靠泊秩序、航道畅通、引水等实行管理,从以习惯法为主转向以成文法为主。同时,引进西方先进的航政管理经验,也使中国航政管理工作趋向规范化、制度化,适应了近代化发展的要求。半殖民地化和近代化同步相互交织在一起,是近代中国航政管理工作的一个重要特点。

第五节　太平天国控制区域的航政管理

一、太平天国军事化的航政管理

1851年兴起于珠江流域的太平天国运动,是19世纪中期中国大地上爆发的最大的农民起义。这场革命运动的锋芒直接指向清王朝,也指向西方列强,具有明显的反侵略、反封建性质。1853年,太平天国定都南京,将南京改称“天京”,控制了长江中下游地区。1864年,天京被清军攻陷,太平天国运动宣告失败。

太平天国控制长江中下游区域期间,处于战争状态,但商船来往、航运贸易却从未间断过,也吸引了不少中外商船前来天京贸易。西方列强玩弄“中立”的伎俩,主张“平等”贸易,以劝诱的手段取得太平军的信任。太平军注意发展民间贸易,虽不准中国帆船(指清政府的商船)通航,但外国船可以通行。这样外国商船不顾清政府“不准在金陵城外停泊洋船”的照会,继续与太平军进行贸易。太平天国建立了水上管理机构和管理制度,对进出管辖水域的中外船舶进行安全检查、造船的质量检验等。不过,这些管理基本上都是军事性质的。

(一)军事化的航政管理机构

1852年12月2—13日,太平军攻下益阳、岳州,各获民舟数千艘,将船工、水手编入太平军,建立水营。1853年,太平天国定都南京后,选派长期筹建水军(水营)、巡查河道、监修船只、督办漕运,并卓有成效的唐正财,正式担任水营总指挥,“提督水营事务,总办船只”。太平军在天京下关江边的大王庙(今东炮台处),设立太平军水师衙署,水师有木质船(含军船)万余艘。后因战争逐渐减少,最后剩下800余艘。太平军水师除进行水战和保卫江防外,还承担江上运输任务和处理通信、管理船只等事宜。太平军水师还在长江上游战略要地(如天京、湖门、田家镇、汉口等)设置江上要塞木排水城,以加强防卫。还派出战船巡查江面,与驻守江岸的陆营一起,形成水陆配合、水面战船和水中障碍、水面炮台堡垒相结合的江防体系。

为不使战争状态下的中外航运与贸易中断,太平天国在天京设置税关,称作“天京关”,后改为“天海关”,具体由水师负责实施。随着西征的胜利,又在武昌、芜湖、安庆、九江和宁波等处设立海关(亦称税关,或关卡机构),以征收关税和管理航政事务。还有立于1861年12月的宁波关,也称“天宁关”,不过为时仅5个月,1862年5月10日被迫撤出。太平天国设在各地的海关,均分上、中、下关,即提中关、提头

①《天津市志·港口管理》,天津市社会科学院出版社1999年版,第513页。

关、提下关,分别进行船舶的检查与征税。

设立在天京(南京)的天海关,设主官 1 人,职同将军,统领各关职官。“天海关”下设 3 关,即提中关、提头关、提下关。提中关设在仪凤门外鲜鱼巷口河下,有正、副官员各 1 人,兼有指挥其他两关之责。提中关官员,职同指挥,较头关、下关高一等级。来往船只经头关或下关查验后,尚需中关再次查验核实。由于天海关设于天京水路的大门,地理位置极为重要,因此任命驻守江岸炮台水师主将梁凤超兼管(后封为贡王),后由义安爵级高级官员管理。天海关遇有涉外事件和重要问题,均上报东王杨秀清和干王洪仁玕等高级官员审核决定。天海关关员属水军编制,无专门制服,和水军服装一样,为绿边黄色背心,通商旗亦为黄色。这是中国历史上第一个由农民政权设置的海关机构。

提头关设在上河夹江(今南京上新河),官员正、副各 1 人,职同将军,属职官中的四等,由水师总制、率长、管带兼任,下设协理、书手、听使等,负责船舶管理与征税。

提下关设在七里洲河内,职责、官员配备与提头关相同。不过,提头关负责上游来往船只,提下关负责下游来往船只。

三关四周均有“营盘围护”。每关设瞭望楼一座,作为观察之用。楼设在高处,一般高 5 丈余,分为 5 层次;也有高至 10 丈,分为数层的。楼上插正、副负责人姓名的黄旗两面,昼夜均有人值班,5 人 1 班轮流值班,望来往船只。各关均有大约百名士兵守卫。在每艘巡查船上都装有小型火炮一两尊,且放置于船头,还装备有火枪一两杆、火药一两桶及很多刀矛器械。如此严格的盘查制度严重影响太平天国的办事效率。三关由正、副佐将各 1 员领导,督理关务。每关均“驻有营盘(指军队)”兵力不等,上、下海关驻军在 200 人左右。中海关因紧靠水师大营,派兵较少,仅有 80 人。①

(二)军事化的航政管理制度

为保证水上运输的正常进行,太平天国建立了一套船舶和航运管理制度。太平天国设水官正、副将军统管船只,每船委派管带(船长)统率。船只在太平天国管辖的水域内航行,均须持有船牌,写明所隶属的长官姓名、管带姓名和船上兵员水手姓名。船牌悬挂船上以便查验。清代张德坚编写的《贼情汇纂》卷八曾记载燕尉刘德禄坐船船牌式样,其内容为:“太平天国燕尉刘德禄坐船一条,由水营两司马胡元志任该船管带”,管带水营圣兵 6 名、牌尾 3 名(姓名均在船牌上写明),最后是发牌日期。

起初,水师传送文件并无规定期限,后来东王杨秀清规定“船行上下水日行里数,每船下水顺风定以每日行二百四十里,上水顺风日行可百余里。上下水无风各若干里,逆风不行。令各船逐日沿途登簿,每日何风?舟泊何处?行程若干?”这实际上规定了每日航行日志的内容,成为传送文件船舶的一项航行管理制度。此外,设置专送文件、指令的“正疏衙”机构。文件送到天京,必须先到“正疏衙”查对逐日的航行日志,不对则不收。这既要求及时,又在某种程度上保证文件的机密。为掌握每日风向,准确查对船只航行时间,“正疏衙”下令在天京汉西门内“添扎一馆,竖立定风旗,派人逐日觇风登簿,专司稽查收文”。此为太平天国设立的观察气象的专门人员。

(三)军事化的船舶安全检查与水上通信

太平天国的船只出航,规定必须领取“行路船票”,否则不得开航。船票上写明船上人数、装载货物的名称,以及到达港口和地点,由“沿途巡察官照数验明,不得多少,方准放行,如数不符,情形可疑,即行拿究。”行路船票上载明船上人数、船内装载的物品、船要到达的地点(见图 4-5-1)②。这一制度通过船牌

①张寄谦:《太平天国的水营》,《舰载武器》2005 年第 9 期。

②《贼情汇纂》卷八,见中国史学会:《太平天国》第 3 册,神州国光社 1952 年版,第 239 页。

对船只进行管理,又以行路船票来控制船舶航行,具有一定的严谨性。

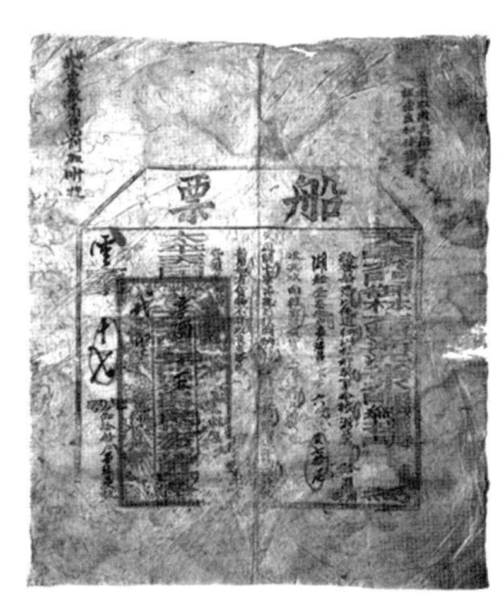

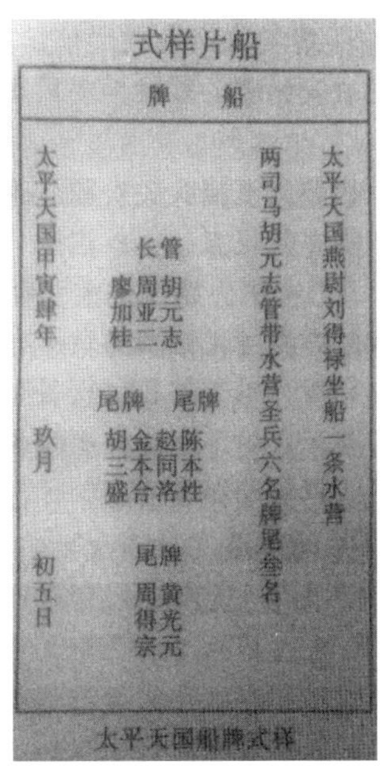

船片样式

船牌

太平天国燕尉刘得禄坐船一条水营

两司马胡元志管带水营圣兵六名牌尾签名

管长

胡元志

周亚二

廖加桂

尾牌 尾牌

陈本性

赵同洛

金本合

胡三盛

尾牌

黄光元

周得宗

太平天国甲寅肆年 玖月 初五日

太平天国船牌式样

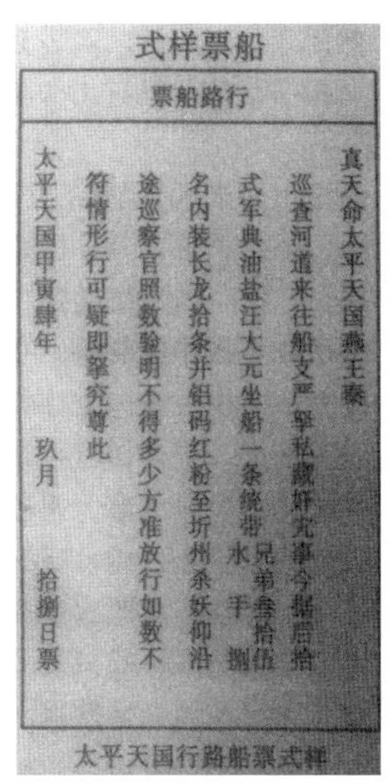

船票样式

行路船票

真天命太平天国燕王秦

巡查河道来往船支严拏私藏奸宄事今据后拾

式军典油盐汪大元坐船一条绕带兄弟叁拾伍 水手捌

名内装长龙拾条并铝码红粉至圻州杀妖仰沿

途巡察官照数验明不得多少方准放行如数不

符情形行可疑即拏究尊此

太平天国甲寅肆年 玖月 拾捌日票

太平天国行路船票式样

图4-5-1 太平天国船牌、船票

太平天国对于来天京的上游和下游的船舶,检查十分严格。设在各地的关卡中备有查货的关票和查船的铁印。船只查验完毕后,发给关票与小黄旗一面,加盖铁印。小黄旗必须插于船头,并在船尾粉书大字"某关查过"字样,然后才可放行①。若发现船票与所载货物不符严加惩处。对于由上游来天京的船舶,必须持有天海关的关票,凭"行路船票"先至提头关查验。提头关官员根据单证查验货物,如不足则不准船只进口,如有多余则作为夹带私货予以没收。查验完毕后,换发给货主一张新关票,并发给一面小黄旗,约2尺见方。旗上首横列"太平天国"4字,其下有直行"奉令通商"4字,并加盖提头关铁印。货主将小黄旗插在船头后,即可通行。船只到达鲜鱼巷口提中关时,该关官员又按照提头关发给的关票查货。如果票货不符,还有多余,情节轻者将该船押送天海关负责人梁凤超,从重训斥②。如果查出私藏银钱,立即将货主捆送进城,由天王洪秀全等进行审讯,或将该人斩首。提中关查对货物之后,对于零星银两、衣物、牲畜,登记后由关船运到城内储存;对于成船的油、盐、米等粗重货物,则责令船主运到水西门码头,由城中关员搬取存库。提中关查货完毕后,也发给关票小旗,并在船尾书写粉字"中关已经查验"字样,才准予放行。对于下游镇江、瓜州等处来天京船舶,必须先到提下关查验后发给关票。查验过程与上游来天京到提头关查验一样。太平天国递送文报书信的公务船只,也常常经过天海关,也必须接受查验,领取关票和小黄旗。

水上通信是太平军水营的日常工作。定都天京后,陆路往往容易受到清军阻截,掌握着长江控制权的太平军使用船只传送文件既方便又安全。于是,每水陆要冲处专门设置传送文件、指令的机构"疏附衙"(即驿站),每50里1个,配有水上通信船只。"疏附衙"传送公文的船只也需经各关"查验给票"。各船一般配备小炮一二门、鸟枪一二条、刀矛器械数件、人员四五人不等。每船均有黄旗一面,上写"天朝疏附"或"监军疏附"等字样③。

①《贼情汇纂》卷八,见中国史学会:《太平天国》第3册,神州国光社1952年版,第105页。

②《贼情汇纂》卷八,见中国史学会:《太平天国》第3册,神州国光社1952年版,第210页。

③张寄谦:《太平天国的水军》,《舰载武器》2005年第9期。

为加强江防与天京安全,太平军还设置有关官员,如“天京左、右巡河道”(各1人,职同总制)、“安徽正、副巡河道”(各1人,职同监军)、“湖北正、副巡河道”(各1人,职同监军),较天京类似官员低一等级,负责巡查河道、稽查来往船只、发行路船票等。可以看出,太平天国在整个长江中下游均设江防官员,以天京为重。天京江防巡逻所使用的船只是一种八桨快船,长二三丈,乘员二三十人。据记载,该船是“大约乘以巡江者,未能远行也”。进出天京的船只管理极严,手续繁多。除每只船携有“船牌”,执行任务另发“船票”(即船只通行证)外,大江上下多处还设有巡查人员,随时检验证件是否齐全,严防奸细混入。

按照太平军的规定,不论何种型号和大小的船只,只要到达天京,统归“水营”节制。如有需用,亦需向“水营”调拨。水营专管船只的官员为“水营巡查”。太平军“水营”还在下关江口(即“水营”总部)和汉西门、水西门、上河设立“水营巡查总制”“水营巡查军帅”,以加强船只管理和查询。长江中设有来往巡逻船只,“巡查河道来往船只,严拿私藏奸宄事”。还专设“头关提船将军一人,主收发掳获民船战舰。”①

二、太平天国船舶建造质量的检验

1852年12月攻克武昌后,太平军有船只过万,大多是四处获得的民船。《湘军志》载:“破武昌东下,连舟数千,皆商舟也。”定都天京后,太平天国专设“战船衙”机构和“督造战船”官员1人,专司“主造战船”。另有“金龙船衙”,主管制造官员所用的船只。

太平天国在天京设有战船厂,1854年开始大量造船、修船,并专门设“战船街”和负责造船的官员“督造战船”。造船地点至少有两处,现在的下关大王庙一处,另一处为现在的水西门外。两处负责造船的官员“督造战船”,职同将军。此外,在安庆、彭泽、南康等处也设有造船厂,兼顾修理,用以满足长江中游水战的需求。1854年冬,太平军“于安庆造船习阵”;1855年,又于九江仿清军船式制造战船。大王庙船厂能“打造八桨快船,船长约二三丈,上有布篷,船旁画龙”,每只可容二三十人或三四十人不等。船系敞口,航行时八桨齐划,速度较快。太平军水师船只种类多达数十种,包括战船、炮船、粮船、辎重船、炭船、盐船、拖船及金龙船(诸王座船)等②。

三、揭穿列强“中立”伎俩与对外国船舶的管理

太平军与清军初战的几年,外国船舶未受战争影响,时常进出太平军控制区域进行贸易,发展异常迅速。如1852年1—9月,上海外籍船舶共计进口182艘、78165吨。到1855年,总计进口达437艘、157191吨。19世纪50年代后期,随着轮船运输业的迅速发展,外国船已初步控制了长江航运。60年代初,太平天国与清军仍在长江中、下游交战,战区内中国木船运输处于停顿状况,只有外国军舰与商船在运行。列强佯称“友好”,打着“中立”旗号,用全副武装的船只来往长江战区,派员游说作战双方,利用战乱,哄抬运价,谋取高额利润,实现资金增值。另一方面,列强暗中勾结清政府,伺机合伙绞杀农民革命③。

太平天国奠都后,列强为维护他们从第一鸦片战争中攫取的特权,急切试探太平军的态度和对外政策。1853年4月22日英国驻华公使文翰乘兵舰“哈尔士”号从上海出发,26日到达镇江江面。由于事先未发出通知,镇江太平军各炮台以及江中各水师舰船立即向“哈尔士”号开炮轰击。文翰等人到达天京逗留数日,5月2日返回。3日经过镇江时,在瓜洲再次遭到太平军的炮击。11月30日,法国公使布尔布隆一行乘兵舰“加西尼”号溯江而上,12月6日驶近天京时也遭到太平军炮击④。1854年5月21日,美

①张寄谦:《太平天国的水军》,《舰载武器》2005年第9期。

②罗尔纲:《太平天国史》卷三十九,中华书局1991年版,第1171页。

③彭德清:《中国航海史》(近代部分),人民交通出版社1989年版,第51页。

④太平天国历史博物馆:《太平天国文书汇编》,中华书局1979年版,第296页。

国驻华公使麦克莲一行乘“色士奎哈那”号军舰从吴淞启程,25 日到达镇江。驻镇江的太平军当即发出炮弹一发,以示警告,并迫使美舰停航。美舰杜耳少校等登岸会见镇江太平军守将吴如孝,表示“公使将在南京停靠,并在那里和负责人会晤”。吴如孝即于当日书面照会“色士奎哈那”号舰长:贵军有何国事,乞先示告,将宝舟权泊江滨,本检点代为先奏,候我主旨下定夺。这一照会本是合情合理的,但美舰拒不听从,悍然于次日继续启航西上。1854 年 6 月 15 日,英国新任驻华公使约翰·包令又派麦华陀一行乘“响尾蛇”号和“冥河”号两舰西上,18 日黄昏到达镇江。镇江太平军开炮,迫使英舰抛锚停泊。20 日清晨,太平军派一军官陪同英舰离开镇江,当日到达天京。24 日,英人向太平天国提出一系列无理要求。太平天国对此逐项答复:平定后,不仅可与英国通商,万国皆可通商,惟鸦片为禁。对临时性的通商贸易则提出:“通商者务要禀遵天命,凡欲来天国通商者准到镇江焦山下,听守镇江大员办理。”① 他们还对来访的英、法、美等国公使宣布:待条件具备后可开埠通商;严禁外国船只贩运鸦片;外国商人必须遵守太平天国颁布的各项法令规章。同时,他们对凡从事正常贸易的外国商船予以保护,对非法诡秘航行长江的外国船只保持一定的戒备,而对于敢于来犯者则予以迎头痛击。以上种种表明,太平天国坚持独立自主的外贸和管理外船的政策,既维护太平天国的航权、航政管理权,又维护国家主权与民族尊严。

1861 年 2 月,英国海军副司令贺布受该国使节额尔金派遣,乘舰抵达天京,向太平天国发出照会,提出八点要求,其中一项要求是:太平军对持有英国签发护照的英国船通过天京时,天海关不予干涉,并准许英舰“怪物”号驻泊南京。凡经过南京的每一艘英船,都和该舰舰长雅龄联系,并由舰长发给护照,护照副本送交太平天国指定的官员。为此,希望太平天国能够尊重英国发出的护照,允许带有护照的英国船舰通过太平天国控制的长江水域。由于太平天国领导人对英国人的本质缺乏足够认识,天海关梁凤超请示东王杨秀清后,同意“‘怪物号’在南京驻泊”,由英国自发护照,“……护照副本递送到天国海关”。5 月 4 日,美海军上将司百龄向太平天国提出所谓“美国船只只为商务目的,享有在扬子江上航行的权利”。5 月 23 日,太平天国殿前二天将李春发发给司百龄一份照会,同意美国船只夜晚经过天京时,在长江北岸浦口塔根湾停泊,天明时到天海关接受查验后方可行驶②。1862 年签订的《长江通商统共章程》(又称《长江收税章程》)第一款规定:“凡有英商之船在长江贸易者,只准在镇江、九江、汉口三处贸易,沿途不准私自起下货物”,可外国船只要抵达汉口、九江,必须经过南京。在此之前,英、美等国舰艇多次擅自闯入,均遭到两岸太平军的炮击。于是,他们就与太平天国谈判,声称不干涉中国内政、不帮助清政府等,以便其舰艇、商船继续在太平军控制的长江水域通行,攫取更大的经济利益③。

对于外国轮船通过天京上行,太平天国规定要查验放行。就是说,由天京关佐验明外国领事所发的官照(证明文件,相当于护照),再在上、中、下三关检查船牌和核实货物,照章纳税。纳税以船长一丈抽税千钱为标准,粗货船长一丈抽税钱二千,细货则成倍征收。纳税以后,发船票一张,才准予放行。同时,所有外国人和传教士如要上岸,必须先向海关申请,由海关转禀东王杨秀清决定是否准予上岸④。太平军对外籍船舶采取严密的航政管理措施,维护了国家的主权。

太平天国保护外轮正当营运,但对掩护清军来犯的外国轮船又竭力抗争。1862 年,太平天国坚决拒绝英国司令何伯的四项要求,指出悬挂英国国旗的中国帆船必须接受天海关的检查。在处理外交和通商事务中,太平天国持不卑不亢、公允得体的态度,对西方列强蔑视中国主权的侵略行径提出义正词严的责问。太平军将领何文庆在致宁波法国领事的照会中指出:“自抵宁、镇地界,弟即首谕兵士,凡遇尊国之

①《东王杨秀清答复英人三十一条并质问英人五十条告谕》,见太平天国历史博物馆:《太平天国文书汇编》,中华书局 1991 年版,第 299-301 页。

②聂宝璋:《中国近代航运史资料》第一辑,社会科学文献出版社 2002 年版,第 259 页。

③罗尔纲:《太平天国史》卷三十四,中华书局 1991 年版,第 1318 页。

④郑绍昌:《宁波港史》,人民交通出版社 1989 年版,第 133 页。

人,待以宾客之礼,妥为通商,视同一体,本属两无猜忌。无如尊国之人,不知何意,欲代胡妖行挟制之事。凡遇我国货船米载来镇,尊国之人受雇在船,驶闯进关,既不容关卡稽查,又不容兵民平买。睹此情形,殊失同心之义。”①

太平天国在长江中下游十几年奠基创业活动中,积极开展各种航政管理活动。在严峻而复杂的形势下,太平天国的将士们虽然缺乏国际知识,又忙于军事斗争,但还是力所能及地建立了一套军事航政管理制度,开展了对外国船舶的管理。他们不承认不平等条约,不屈从于武力威胁,捍卫了中国的航权、航政管理权,维护了国家民族利益。

第六节　清末与北京政府时期的航政管理

一、清末与北京政府建立的航政管理机构

(一)中央直属的航政管理机构

列强把持下的海关兼管航政根本谈不上行使维护中国主权职能,却严重地损害中国航业权益,引起中国民众的强烈反对,同时也使国人对昏聩的清政府更加失望,要求改革的呼声日渐高涨。迫于广大人民群众救亡图存,要求收回海关兼管航政的压力,为维持自己的生存,摆脱困境,清政府于1901年4月成立了督办政务处。

1905年,清政府试行“新政”,5月9日发出一道收回海关行政权的上谕,但遭到英国公使的强烈反对。清政府被迫做出妥协,于9月发表声明:“海关内部并不更动”,实际上已宣告上谕无效。

1906年4月,清政府设立税务处,以统辖海关。10月4日,清政府改组中央政府机构,设邮传部,初设一厅四司(即承政厅、路政司、邮电司、航业司、都水司)②,始有收回理船厅之议,但总税务司根据条约,以“理船厅与税关有相互关联之处,不允移交”。

1907年6月1日,清政府邮传部设船政、路政、邮政、电政、庶务五司。其中,船政司“掌全国船政,举凡内港外海各江航业,所有测量沙线、推广埠头、建设公司、营辟船坞,以及审议运货、保险,检查灯台浮标各事,凡有关于船政者胥掌焉”③。船政司下设筹度、核计两科。筹度科负责航务调查、航路开通、航业的推广与保护、航政规章的整理与审核;核计科负责船会管理、船舶失险检查、灯旗信号检查、军运漕运、船员考试和轮船公司的表册、账簿、注册、给照、估价变卖、救难等事项④。船政司的设立,是中国第一次把船舶运输及与之相关的航道、港、航运公司、船舶查验以及保险业等划归一口,并称为“船政”。虽然船政司设立后,海关拒不交出划归该司所管之事项,致使船政司只是名义而已,但必定是中国中央政府建立的第一个专门管理航政的机构。

1912年4月,北京政府成立。随后,北京政府将清政府邮传部改为北京政府交通部,下设总务、路政、邮电三股,航政暂时附属于邮电股。交通部以航政一端“弈如乱丝,宜速筹整理之法,以为划一之计”⑤。7月,航政部门从邮电股单分出来,设立航政司,下辖总务、航务、航业、港务四科。8月,以航政事务简单为由,将四科合并为总务、航业两科,航务科归总务科兼理,港务科归航业科兼理。

---

①【英】莱特:《中国关税沿革史》,生活·读书·三联书店1958年版,第104-105页。

②白寿彝:《中国交通史》,上海书店1984年版,第227页。

③白寿彝:《中国交通史》,上海书店1984年版,第227页。

④《交通史·航政篇》第四册,国家图书馆出版社2009年版,第87页。

⑤《交通年鉴》航政篇,第一章,1933年版。

1912 年,北京政府在拟订 13 条《航政管理局暂行章程》的同时,开始在航政预算项下列出拟设各航政机构所需经费预算。预算内列出拟设天津、上海、广州、汉口 4 个航政局,及烟台、营口、镇江、芜湖、潮州、梧州、九江、长沙等 8 个航政分局,及 1 个航务高等审判厅和 4 个航务审判厅的预算经费银元 16.75 万元,开办费 10.45 万元,航政预备奖励补助费 50 万元。实际上机构并未成立,经费亦未支出。1913 年预算,又运用同样的方法,除列出上年"虚列未办之数"外,又预算增设重庆、温州、福州、哈尔滨航政局及安东、济南、南京、安庆、苏州、琼州、北海、南宁、沙市、岳州、万县、宜昌、宁波、福州、厦门、杭州航政分局。上述所拟设的各省航政机构,也列出所需的经费预算。但"自(民国)元年至三年,迭经交涉,仍未收回",也就根本谈不上航政管理实权之说。因而一事未办,一文未支,所谓拟设的航政机构,徒有虚名,又把 1913 年预算压缩为经常费 21.3392 万元、临时费 14.988 万元。1914 年预算,又如法炮制,按上年预算开列。

1913 年 12 月,北京政府裁撤航政司,航政事务改由邮传局管理,改为邮传司航务科①。同年,外籍总税务司颁定 31 条的《理船章程》,扩大海关编制,增设征税、海务、工程三股,进一步加强航政管理实权。从 1912 年北京政府成立至 1927 年南京国民政府成立前的 16 年间,北京政府主管全国航政的最高长官——航政司司长前后更换 13 人,即:曹汝英(1912.5—1913.11)、梅光羲(1913.11—1914.1)、叶恭绰(1914.2—1914.7)、袁龄(1914.7—1916.11)、刘蕃(1916.11—1917.7)、胡礽泰(1917.7—1922.6)、张福运(1922.6—1923.1)、萧永熙(1923.1—1924.11)、张群(1924.11.5—1924.11.29)、赵庆华(1924.11—1925.1)、陈福熙(1925.1—1927.7)、赵镇(1927.7—1928.6)、王焕文(1928.6—1928.11)。②

为统一各地方航政管理机构,北京政府准备一并裁撤各省成立的航政机构。然而,1914 年北京政府修改清政府 1909 年订立的《各省大小轮船公司注册给照章程》,颁布《修正各省大小轮船公司注册给照章程》时,却规定:"关于理船厅一切规章,均照旧办理"。同时,北京政府一方面以各省所办航政"率多管理不善"裁撤各省已成立的地方航政机构,另一方面对各省收回理船厅职权之议又明确表示"暂行搁置"③。这样,辛亥革命形势下部分省份已收回的航政管理权没能得到巩固,便拱手还给列强控制的海关理船厅,并将广东省以外的各省地方航政机构以"事权不属,经费困难"为由次第裁撤。

北京政府空喊成立交通部统一管辖下的各埠航政管理局。1914 年 5 月 13 日,交通部将拟设的航政管理局计划及航政管理局章程呈送北京政府大总统袁世凯。交通总长朱启钤一篇呈文可谓"其辞切口"④。袁世凯批示:"如拟办理。"

北京政府交通部呈请的这一计划,既不动用中央的经费,又可削弱地方权力,且不触动海关理船厅的制度,不致生"窒碍"。但北京政府认为"理船厅附设于税关,载在条约,现在民国初建,各国尚未正式承认",故不敢向外国人提出。于是,就是这样一个无法触动海关兼管航政管理权权限的拟设航政机构计划,也终以"总税务司之扞格不克实行",而没有办成。

1916 年 8 月,北京政府几经裁并分合航政机构,恢复航政司,下设总务、管理、航业、工程四科,做出加强航政自主管理姿态,却将年年都列出的成立各地方航政局的航政预算与项目经费统统裁去。结果直至北京政府终结,所列机构仅是虚设而已⑤。对此,后人嘲讽地评论:"……盖姑妄言之,不啻成为政府滑稽之举动矣……究其终极,则皆为画饼……自邮传部设立以来,迄于民国之交通部,对于畸形病态之航政,一再合并减缩,几视为之闲曹。前后垂二十年,而航政虚有其名,管理之旁落如故。"上述评论是对清

①《交通史・航政篇》第四册,国家图书馆出版社 2009 年版,第 80 页。

②刘寿林:《民国职官年表》,中华书局 1995 年版,第 50-53 页。

③《航政管理局之将设》,《申报》1914 年 6 月 4 日。

④高廷梓:《中国航政建设》,商务印书馆 1947 年版,第 129 页。

⑤王洸:《抗战复员后的长江航运及航政》,见中国第二历史档案馆:《中华民国史档案资料汇编》第五辑《财政经济(九)》,凤凰出版社 1999 年版,第 486 页。

末民初航政情形的真实写照。

(二)各省自行建立的航政机构

中华民国北京政府成立后,在交通部拟议沿海、沿江要埠设立中央直属航政机构与拟订航政管理局暂行章程的同时,各省地方政府也拟设自成系统的地方航政机构。这些机构与海关并行,相对独立于中央航政,只向地方政权负责,管理本省内江海的航政、航业行政等事务。各地方设立的航政机构,名称不一,或称航政处,或称航业局。

1911 年武昌首义成功后,湖北省军政府先行设立交通司,并要求江汉关“将理船厅所管航政事项完全移交给新设立的交通司管辖”,该关外籍税务司“立即承诺以后地方航务行政,海关不再干预”。此后,浙江、江苏、湖南、四川等省军政府(或都督府),援引湖北先例,相继成立各省交通司(或航政局、船政局),收回海关理船厅部分航政、航务管理事权,管理本省的航政、航务事务。

各省航政管理机构并无定制,兴废无常,名称和隶属范围也不尽统一。1913 年 9 月,湖北省军政府将收回江汉关理船厅的部分航政职权划归湖北省船政局管辖。1926 年 10 月,交通司改为航政局。1927 年,又改为湖北省航政委员会。次年,裁撤航政委员会,设航政处,隶属省建设厅。

1911 年,上海市政厅曾设立过市舶课,管理黄浦江内的民船,取缔原来的船牙和埠头,1913 年便被撤销。1920 年,上海整个港口依然处于分散管理、事权不统一状态,主要权力仍掌握在海关外籍税务司、理船厅与外籍港务长及受外人控制的浚浦局(1905 年设立)手里。船舶航行秩序维护和引水管理等由海关理船厅和港务长负责;航道治理和码头建造批准工作继续由浚浦局负责;助航设施建设与管理由巡工司负责。

1912 年,湖南省都督府设立交通司,次年撤销,航政管理分别由军事厅、财政司办理。

1912 年,广东省在省交通司内设立航政课,管理全省航政事宜。翌年,交通司改为全省地方交通管理处,负责管理航、路、邮、电四个方面的管理事务,同时开始制定《广东航政章程》。1913 年,北京政府设立广东航政局,并设立汕头、汕尾、河辉、惠州、石龙、韶州(韶关)、三水、佛山、陈村、江门、香山(中山市)、肇庆、阳江、吴川、北海、海口 16 个航政分局,其中珠江水系有 10 个。10 月,改由内务司附设交通局,委任路政、航政两总管,分掌路、航事务,并撤销各地的航政分局。1914 年,又改组成立广东航政总局,专管航政事宜,隶属省财政厅。1916 年,次第恢复潮梅、陈村、香山、江门、三水、阳江、海口、北海、高雷 9 个航政分局,其中属珠江水系的 4 个。1925 年,广东航政总局改隶省建设厅①。1913 年,北京政府在广西北海市珠海中路设立北海航政局,在钦州、防城设分卡,“统辖钦廉各属航政收入及船舶”。北海航政局自成立起,由于英、法、德等国驻北海领事通过北海关理船厅控制港口,操纵北海航业,就几乎成为一个单纯性税收机构,失去应有的管理作用,不久便“奉文裁撤”。1916 年,恢复设立北海航政处。

1914 年 2 月,浙江省行政公署设立内河、外海两个水上警察厅,负责稽查船舶、缉捕海盗、征收船牌费等事宜。浙江省行署划定杭、嘉、湖、绍四府所属的内河,金、衢、严三府所属的上江,温州所属的瓯江为内河警察厅的管辖范围。

1923 年,江苏曾由省长公署咨文成立江苏省航政局,同时公布施行《江苏省航政局暂行章程》,但亦因当时政权更迭频仍,海关分庭抗礼,以上章程也就成一纸空文。②

1926 年 12 月,四川省在重庆设立川江航务管理处,开始航政、航运事务管理。

---

①《广东省志 · 水运志》,广东人民出版社 2005 年版,第 44 页。

②《江苏省志 · 交通志》(航运篇),江苏古籍出版社 2001 年版,第 354 页。

(三)张作霖建立的东北航政机构

1905年日俄战争以前,黑龙江水系的水路管理、航标设置、航道疏浚及水路费的征收均被俄国独霸。1907年,清政府东三省总督徐世昌创设吉林官轮总局。总局设于哈尔滨,在吉林、小城子(陶赖昭)、新城、三姓(依兰)等处设分局。此后不久,地方官吏开始筹备组建松黑两江邮船局,先是对沿江航道进行详细调查,而后就公司组建、航道整治、建造船只、航线调整、船员工资、修船费用以及筹建水上巡逻队等问题,向东三省政府提出组办情况报告。1908年中俄松花江水路会议后,中国收回黑龙江水系的水路管理权。1907年至1908年,清政府通过中俄水路会议,组织由中国地方官府、中东铁路公司及航商等各方代表组成的江道委员会(亦称"水利公会"),负责灯照标识设置事宜,开始参与管理松花江航政事务。1909年4月19日,松黑两江邮船局建立,保护江防,兼管两江的航政、渔业。邮船局设总办1人,下设总务、航政、工程、防务、渔业5个科,每科置科长1人。

1926年1月11日,张作霖宣布东三省独立。1928年5月,各航商曾多次呼吁有关部门疏浚黑龙江水系航道。于是,东北水道局于当月正式成立,实施河道管理及航政管理。1928年12月29日东北易帜后,东三省保安总司令部于1929年1月与3月分别制订涉及航政的《商船职员服务证书暂行章程》《商船员工抚恤暂行章程》与《东三省商船注册给照及检查给照暂行章程》,加强东三省航政与水运事务管理工作。1931年日本侵占东三省后,东北水道局被日本人接管。

(四)兼办部分民船航政事务的行业组织

由于中国航权、航政管理权的丧失,各地民间的中小轮和木帆船业主为生存计,千方百计向外国驻华领事谋求庇护,申请发给"航行证"或"许可证",允许他们悬挂外国国旗,以便在缴纳注册费和船舶费后得到一定保护。如19世纪末期,在江苏境内"就镇江至淮河一带,约计悬挂洋旗的船几及二千余艘"。其他河流航道上,插挂外国旗的轮船、帆船也几乎随处可见。

为协调内部关系和相互间的矛盾,维护自身权益,各地民间中小轮船和木帆船业主设法创立行业组织。1906年12月13日,"江苏商船总会"在镇江成立。它是一个具有民间团体性质的非营利行业组织,宗旨是"保护、整顿中国航业"。其职权是调查船只种类、籍贯,编排船号,检查船只质量,编制航商名簿,计划发展航业,扩大航线,劝令民船、小轮参加商船公会,制备、下发由农工商部颁定的船旗、船牌格式给轮船、民船悬挂以示保护,借以"保护航业,免挂洋旗"。从商船公会的任务、职权以及组织情况来看,它是一个行业性组织,包括轮船、民船(木帆船)两部分,又以民船为主,并兼办民船部分航政事务。该总会开展工作后,各地轮船、帆船开始领取船牌,悬挂中国船旗——龙旗。与此同时,各地船舶业主为经营谋生、加强彼此合作、增强同外来势力的抗衡能力,还自发地组织起船帮组织。船帮可以说是一种建立在经济和乡土观念基础上的传统性、排他性船民组织。如到1913年,江苏全省木帆船共组织有30个船帮。

江苏商船总会成立后,一些地方分支会被少数地方势力把持。他们结党营私,强令轮船、木帆船船户入会,并借故勒索。1911年7月,清政府农工商部鉴于上述情况,会同邮传部强调商船公会"不得干涉航务以外的事",应以"联络航商与兴办公益,辅助官治,便利交通为宗旨",并取消支会,以免过于分散。1912年,江苏商船总会撤销①。

江苏商船总会的建立也带来其他地方的效仿,一些地方也组织以民间小轮船和木帆船业主为主体的商船公会。1907年10月,广东轮船和帆船航商在广州筹办"广州商船总公会",订立章程(12月开始试

①郭孝义:《江苏航运史》(近代部分),人民交通出版社1990年版,第55页。

行)。接着,又成立韩江各种内河商船总公会。之后的两三年内,广东各地成立江门、陈村、佛山、惠州、清远、肇(庆)罗(定)、海(丰)陆(丰)、新安、增(城)龙(门)、石龙、连(山)阳(山)、恩(平)开(平)新(兴)、钦州、廉钦、(新)会(新)宁 15 个商船分会①。

这些兼办民船航政的行业组织,与海关兼管、各省自立的航政机构在管理职责上大致相同,包括:(1)制定本辖区内航政管理的章程法规;(2)办理境内轮船、木船的检验、丈量、注册、给照;(3)维护水上治安,保障行旅安全(各省航政机构多设有武装巡丁,如四川兼行水警职权);(4)管理航运市场,监督运价,排解航商、船民纠纷;(5)兼营航业;(6)办理其他有关航务事项。

各类航政机构多自成系统,交叉重叠,职掌难分,职责范围不明,且相互争夺,彼此推诿,矛盾重重,管理比较混乱,不能真正保障航商正当权益,以致船商无所依凭,一时被目为秕政。1931 年国民政府交通部呈文行政院,在回顾以前航政机构时说:"我国航业不振,虽由于外轮压迫,要亦管理之法未尽得宜,海关既墨守成规,各省复各自为政,船商日呻吟憔悴于政令分歧之下。"②

二、清末与北京政府制订的航政规章制度

20 世纪初叶,随着商船进出中国港口的增多,建立航运、航政等航律逐渐被关注与重视。1908 年起,有人提出"扩张航业,应先组织航律"的主张,认为"(中国)航业之所以不振,尤以无航海律例为受病之第一根源",要求仿照外国轮船管理成规,"详定航海律例……以为航行的准则"。这种参照外国详定航律的见解,无疑颇具见地③。

鉴于这一形势,1908 年清政府邮传部尚书下令"赶修航律",派陈寿彭等人先将"英国管理船律译出以资采择"。1909 年,由"参议厅厅长陈毅承办四政法规,派起草员王世徽、李瑞棠、陈寿彭合拟",于 1910 年 2 月拟成《航律纲目草案》。《航律纲目草案》共 14 篇,即:第一篇总律,第二篇商船律,第三篇商船注册律,第四篇船主律,第五篇船长律,第六篇经理人员律,第七篇船员律,第八篇引水律,第九篇行船安稳律,第十篇旅客律,第十一篇货物运送律,第十二篇救护律,第十三篇损失平均律,第十四篇水险律。

除《航律纲目草案》外,1904 年清政府外务部拟订《小轮暨拖船载客额数免险试办章程》,1909 年由川鄂两省总督会订并咨请清政府邮传部立案施行《川江行船免碰民船章程》,1910 年清政府邮传部颁布《各省大小轮船公司注册给照章程》④。

1918 年,发生"楚材"兵舰撞沉招商局"江宽"轮事件,因无适用航律,原被告双方各执一词,经年不能判决。北京政府交通部派员会同总税务司英人安格联商议善后办法。安格联建议"中央明定查验航船法律"。交通部采纳安格联的建议,于 1919 年 3 月 13 日决定在交通部下设立交通部航律编纂委员会,由交通部参事陆梦熊兼会长,聘请安格联推荐的海关海务巡工司戴理尔为顾问。陆梦熊对航律素无研究,主要靠戴理尔主持航律编纂工作,导致委员会完全操纵于外国人之手。3 月 28 日,交通部公布《航律委员会章程》,规定该委员会负责编订商船航行及其他有关法规。4 月 9 日,交通部航律编纂委员会成立⑤,以清政府邮传部拟订的《航律纲目草案》为蓝本,开始编订商船航行有关法规和航律的工作。

交通部航律编纂委员会从成立至 1922 年 7 月裁撤的 3 年多时间里,共起草和制定、审定的航律有《船舶注册法》《船舶公安法》《船东船长责任条例》《保全海上人命施用无线电信条例》《船舶注册法施行法》及属于《船舶公安法》施行细则的《搭客章程》4 种,业已起草尚未审核的航律有丈量船舶吨位、船舶

①广东省档案馆档案:《1911 年广东省属常关工作报告》,参阅《广东航运史》(近代部分),人民交通出版社 1989 年版,第 156 页。

②《行政院训令交通部》,1931 年 1 月 31 日。

③《扩张航业应先组织航律说》,《津报》戊申年三月二十八日(1908 年 4 月 28 日)。

④《交通史·航政篇》第二册,国家图书馆出版社 2009 年版,第 147 页。

⑤《交通部组设航律委员会》,《申报》1919 年 4 月 5 日。

检查证书、船员配额、船员合格证书、船员服务证书等有关条例5种①。

上述由交通部航律编纂委员会所拟定的各项航律,事实上大都由海关拟定,呈总税务司审定,事实上是由列强操控的,弊端甚多:(1)多系外国人起草,并不适合中国情形;(2)各口之法令极为庞杂;(3)各章程对于中国航运业并无特殊优异的条例;(4)船舶注册法及公安法等重要航律均未公布。这些航律多优待外国航商,苛刻中国航商,不能保护中国航运业。未公布施行的法规及余下未尽事宜后交由北京政府交通部航政司继续办理。

与此同时,北京政府及其交通部先后公布涉及航政的法规、规章有:1914年5月的《轮船注册暂行章程》,1915年6月的《起除沉船章程》与《民船夜间悬灯章程》,1916年4月的《军警用轮船暂行简章》,1920年11月的《航业奖励条例》,1922年的《航业公会暂行章程》与《交通部商船职员证书章程》②,1924年7月的《商船职员证书暂行规则》,1925年6月的《商船船员抚恤章程》及《保全海上人命使用无线电信条例》《海军军官充任商船职员服务证书暂行规则》等③。

在北京政府公布航政航律的同时,各省也在制订地方航政、航务管理规章制度,如《湖北境内木船注册给照管理暂行章程》《湖北境内小轮检验注册给照规则》《整理武汉轮渡章程》《外国船舶战时航行规约》《轮船注册给照章程》《查验小轮暂行规则》《渤海各口轮船搭客简章》(1919年),以及湖南《请领放行证规则》等。

1925年,北京政府交通部又责成航政司在司内设航律编纂室,直至1927年6月裁撤。航律编纂室先后成稿的航政法规、规章有《船舶法》《船员法》《船舶检查法》《船舶丈量法》《船舶登记章程》《船舶冲突审查章程》6种。

从以上所形成的航政管理法规、条例和章程来看,整体上是较为规范的,符合当时的实际,但因政局不稳,政权腐败,大多未能实行。诚然,清朝末期的政府、北京政府设立船政司、航政司,就是试图"掌全国航政","凡有关船政者胥掌焉"。不过,由于外国人担任总税务司、港务长,列强控制海关理船厅,对其所掌航政管理实权不会拱手相让,并对中国政府收回航政权的努力大肆阻挠,以致上述所形成的一些航政法规、规章"有管理之名而无其实"。

三、清末与北京政府开展的航政管理活动

清末、北洋政府所建立的航政机构,在不改变中国半殖民地地位,不平等条约依旧束缚着中国的情况下,是无法行使管理职权的。其所制订的航政法规、规章、规则的付诸实施也是非常困难的。虽然各级航政机构顶住压力,艰难施行航政管理,但成效不明显。

(一)中国商船悬挂外国旗帜

早在1825年,欧洲轮船第一次到达印度。5年后,英国轮船"福士"号从印度驶抵广东伶仃洋洋面。这是第一次在中国海面出现轮船。不过,轮船在构造上或使用上还存在不少问题,海上运输仍以木帆船为主要运输工具④。

五口通商后,进入中国的外商洋行渐趋采用轮船运输。仅1870年到1876年,来华的外国船舶中,轮船所占比重已从73.19%增至85.21%,帆船则从26.81%减至14.79%。当外国轮船称霸中国江海航运之

①《交通史·航政篇》第二册,国家图书馆出版社2009年版,第59-63页。

②张心澂:《中国现代交通史》,台北学生书局1976年版,第217页。

③王洸:《中华水运史》,台北商务印书馆1982年版,第438-440页。

④【英】莱特:《中国关税沿革史》,生活·读书·三联书店1958年版,第247页。

际,中国民族轮船航运业才刚刚起步,业务开展艰难,无法与外商竞争,随时有被挤垮的危险。早期的中国轮船业经营与安全缺乏保障,只能依附于外国商行或将船舶“诡寄洋商名下,骗捐取利”,获取一点残羹剩饭而求生存。一批中国航商船舶悬挂外国旗帜便应“时”而生了①。

一国轮船改挂另一国旗帜,是国际航运界的一种惯例。在正常情况下,轮船在本国水域行驶应悬挂本国旗帜,危急关头被迫改挂外国旗帜,以求得到类似外国船舶的待遇,无疑是一场悲剧。中国船舶被迫悬挂外国旗帜,以求得外国领事的保护,是19世纪40年代从澳门、50年代从香港开始的。1855—1856年,英国香港殖民政府两次发布航运条例,规定:凡在香港租有英王土地的中国居民,均得申请船舶登记,并享受英国旗帜保护。这种办法在第一次鸦片战争后几年逐渐开始推行到中国江海航运上,中国帆船商人已采用悬挂外国旗以求得外国领事的保护,且在通商口岸已成为一种普遍现象。第二次鸦片战争后,长江中下游的内河小轮船也悬挂外国旗帜。当时,在上海、汉口等地均有悬挂外国旗帜的木船。如上海,1861年下半年“就有193只悬挂英国旗的,129只悬挂美国国旗的宁波小船和汉口帆船”。60年代之后,广州的中国航商开始自购轮船,委托外国商行代理,悬挂外国旗帜经营。1868年,烟台商人李振玉等伙同美国人组织清美洋行,以一艘“天龙”号轮船悬挂外国旗帜在上海、烟台、天津之间从事货物运输。

中国民营轮船业不是从传统的木帆船改造、转化而组建起来的,中国传统政权对民营轮船业的束缚,终归是不符合历史潮流的,新的生产力总是要突破旧的生产关系而向前发展的。

19世纪50年代起,轮船作为新式交通工具逐渐被人们所认可。中国轮船航运业也从兴办内河、沿海新式小轮公司开始,以及之后的民营轮船公司,逐渐发展起来。先是广东、山东、江西、湖南、湖北、浙江、江苏、福建等省先后创办民营小型轮船企业,仅1895年至1900年就有近100家。有的中国商人投资外国的轮船公司或轮船,有的自己购买轮船与组织轮船企业。但他们当中有一部分是雇聘一个外国人,由其出面向外国领事注册作为外国航商在中国江海上经营轮船运输,托庇于西方列强。

中国民族航业悬挂外国旗是以一种隐蔽的方式进行的,故称“诡寄经营”。这是中国半殖民地化时期的特殊产物。其具体经营办法有两种:一种是将船舶所有权转让给外国人,另一种是租用外国船舶。造成这种情况的原因,既有清政府禁止中国商人购置和经营轮船的政策,也有列强轮船航运业的排挤,再加上技术、经验不足等。中国航商长期依附外国商行经营轮船运输,助长了外国在华航业的优势,对中国民族航业的振兴裨益甚少。但这些华商因参与轮运经营,积累资金,学到经营管理方法,而这些活动却受到封建统治的限制和禁阻②。

(二)自造的“万年清”号海轮的检验

船政局,全称“福州船政局”(亦称“马尾船政局”),在晚清政府行文中亦使用“福建船政局”。船政局的船厂称“马尾造船厂”。

1868年起,马尾造船厂随同洋员学习的有锯木、造船、冷铁、铸锻、铸铜、刻模、翻砂及车床、钳床、水缸等工匠,约计两三千人③。这批工匠在船政学堂毕业的技术人员帮助下,操作技能得到了很快的提高,在以后近代修造业(包括造船与机器修造)的发展中起到带动和骨干作用。该厂所造的第一艘海轮“万年清”号就是其杰作。

1869年6月,由船政局马尾造船厂“边建厂、边生产”建造的“万年清”号轮船下水。这是中国自制的第一艘海轮。该船是一艘木质海上运输船,长238尺(合79.33米),宽27.8尺(合9.27米),吃水14.2尺

①彭德清:《中国航海史》(近代部分),人民交通出版社1989年版,第111页。

②彭德清:《中国航海史》(近代部分),人民交通出版社1989年版,第105页。

③中国史学会:《洋务运动》(五),上海人民出版社1961年版,第77-78页。

(合 4.73 米),排水量 1370 吨,载重 450 吨,主机功率 580 马力,航速 10 海里,造价 16.3 万两白银。船上配备中国的轮机、舵工、水手等共 80 余人,并破格任用渔民出身的副将衔贝锦泉为管驾(即船长)。9 月 18 日,“万年清”首次试航,由中国人引港,驶出闽安、琯头、壶江,取得成功。9 月 25 日,再次试航至闽江口熨斗岛。10 月 1 日,由马尾港直接驶往天津候验①。这几次试航都是在没有外国人参与下取得成功的,对中外影响极大。11 月 5 日,该轮船驶抵天津,清政府派三口(天津、南京、上海)大臣崇厚验收,确认船身工料坚固、轮机灵稳、性能良好、质量合格,并批准“万年清”的命名。随后,清政府各省所需的轮船交给马尾造船厂制造,以免国币外流,并由总理衙门正式行文南北洋通商大臣及沿海各省督抚,饬其使用马尾造船厂制造的轮船②。

马尾船厂于 1867 年 12 月底建成第一号船台,即安装龙骨制造第一艘海轮,一年半的时间全部竣工。

(三)开始调研与考察长江航路

自清末开始,对长江航路比较系统的调研、考察逐渐增多。这些考察活动从水文记录、航道测量、海图绘制、航标设置等方面一一着手,采用了近代科学知识,并吸收了以往的航行实践经验,取得了一些成果。1878 年,湖北水师副将霍缙绅写出《行船必要》和《峡江图考》。1887 年,英国人立德罗发表《扬子江三峡航行记》。稍后,受任长江上游巡江司的英国人蒲兰田出版了《川江行轮指南》。尽管这些早期著述大多较为简略,有的限于打滩过漕的具体操作,但毕竟对长江航行技术开启了专门研究。

(四)与航政相关学校的兴办

鸦片战争之后,随着中外航业的发展,中国海员工人数量不断增多。由于国家力量的衰弱和列强势力的压制,加上技术、文化水平较低,他们的职位多数比较低微。当时,中外商轮上的要害部门和重要岗位多为外国人所把持。驾驶人员中一般都是“洋船主”和“洋大副”,“华人只能作二、三副”;轮机人员也是“十之七八均借材(才)异域”;引港人员则为外国人所包办。这种情况迫切要求中国开办航业教育,培养本国航业人才,改变不利状况。

从 1866 年马尾船政学堂开办,到民国年间的各类商船学校和以水产、税专、航政命名的各类学校在天津、上海、黄埔、厦门、汕头、南京、武昌等地的次第创设,中国人开始了自己的近代航运、航政教育拓荒之路。这些学校或设航政班,或分设驾驶、轮机学科,甚至与航业界自办的专门学校、养成所、训练班等互相结合,源源不断地为中国航运业输送造船、驾驶、轮机、航政、引水等各类人才。在学生的招收方面,各学校尽力拓宽人才来源,有左宗棠所称的“无论弁兵,各色人等”,有张之洞所谓“量技艺之高下”分班入学,有郑观应主张的“心灵体壮,通达中文,年在二十左右者”等。招收方式大都采取招考录取,或在海员中选拔。学生们入学时多为知识青年,再通过勤奋学习专业知识和艰苦实践锻炼,逐步掌握了先进的科学技术,成长为合格的航业人才。其中不少人为发展中国航运事业奋斗终生,成为推动中国江海航运近代化的一支重要力量。

除开办商业性航业专科学校外,中国还先后设立过天津、黄埔、江南水师学堂(见图 4-6-1),烟台、湖北、吴淞海军学校,以及江阴中央海军电雷学校等。这些海军学校虽为建立海军而设,“但以前或因军舰不敷容纳,或因个人环境与兴趣之转移,故事实上海军人员转业商船职务者颇不乏人”。其中转业到江海航运业的年久资深、成绩卓著者为数甚多。如黄埔水师学堂毕业的造船专家叶在馥,江南水师学堂毕业

①沈葆桢:《沈文肃公政书》卷四,第 35 页。

②陈书麟:《马尾船政局、厂及学堂的沿革》,见《福建文史资料》第十五辑,中国人民政治协商会议福建省委员会文史资料研究委员会、福州市马尾区政协 1986 年 12 月印,第 20-21 页。

的江南造船厂厂长马德骥,烟台海军学校毕业的三北公司总船长刘勋达等,就是其中的佼佼者。

图 4-6-1　江南水师学堂

一些中国的航运企业为培养自己的人才,也开办了相关的学校,如招商公学航海科和民生公司高级船员养成所等,把驾驶科学的研究和教育提到系统化、正规化的高度。1922 年 2 月,北京政府海军部海道测量局在上海成立。7 月 21 日,海道测量局局长许继祥呈文海军部,提出在该机构内设立引港传习所,作为培养、训练引水人才的教育机构。9 月 28 日,总统黎元洪下达指令"准如所拟办理"。

上述学校中虽没有专门培养航政管理人才的专科学校,但大多与航政有关,其中开办较早且比较著名的要数福州船政局创办的福州船政学堂,其次为吴淞商船专科学校。

1.福州船政学堂

创办于 1866 年的福州船政学堂,是马尾船政局的铁厂、船厂、船政学堂三大部分之一,初建时名为"求是堂艺局"。左宗棠在上奏中讲明创办学堂的着眼点是:"夫习造轮船,非为造轮船也,欲尽其制造、驾驶之术耳;非徒求一二人能制造、驾驶也,欲广其传,使中国才艺日进,制造、驾驶展转受授,传习无穷耳。"① 学堂的学科分设制造、绘事、驾驶、管轮等。此为中国航运业教育的嚆矢。

1867 年 1 月 6 日,求是堂艺局正式开学,设造船专业、驾驶专业。校址暂设福州城内定光寺(又称白塔寺)、仙塔街。随后,招收造船专业的学生,暂借城外亚伯尔顺洋房开课。马尾造船厂建成后,1867 年 6 月 6 日搬迁至马尾新校舍,遂改名为船政学堂,按其前、后位置分为前、后学堂。前学堂开办造船专业,后学堂开办驾驶专业。两专业要求学员分别达到能按图造船和任船长的能力,并派员留学英、法,学习驾驶和造船技术。

福州船政学堂是我国培养造船和驾驶人才的第一所学校,为近代江海航运培育、输送了大批科技人才。辛亥革命后的 1912 年,福州船政学堂改称马尾海军学校。虽然由于时代的变迁,福州船政学堂的辉煌只延续了 40 多年,但它力求追赶时代,注意培养本国人才,做出了一定的成绩。它率先引进西方军事教育的体制及内容,在招收学生、聘用教习、教学内容及教学方法等方面都具有与传统教育不同的特点,在中国建立起一套全新的教育体系,开创了中国近代海军教育的先河,对中国近代海军教育的发展产生

①中国史学会:《洋务运动》(五),上海人民出版社 1961 年版,第 28 页。

了重要的影响。该学堂是当时中国师资力量最为雄厚的科技学校,也是最早采用西方教学制度和方法的新式学校,在中国近代海军史和造船史上都占有重要地位①,培养和造就了一批优秀的中国近代工业技术人才和杰出的海军将士。像林则徐、严复、詹天佑、邓世昌等一代民族精英和爱国志士就是他们的杰出代表。他们曾活跃在近代中国的军事、文化、科技、外交、经济等各个领域,紧跟当时世界先进国家的步伐,推动中国造船、电灯、电信、铁路交通、飞机制造等近代工业的诞生与发展。他们引进西方先进科技,传播中西文化,促进中国近代化进程。

2.吴淞商船专科学校

吴淞商船专科学校,是中国创办最早的一所培养商船驾驶和轮机人员的学校。1909 年,清政府邮传部尚书盛宣怀出于对航业人才的渴求,将南洋公学改为高等实业(商船)学堂,在原路电、土木工程专业之外,增设船政科,办航海一班。1911 年,船政科分出,单独成立邮传部高等商船学堂,借上海徐家汇南洋公学对面的屋宇为校舍,招生开学,学制 2 年。之后,张謇等热心航海教育的人士于 1912 年在上海吴淞炮台湾江边建成新的校舍,将高等商船学堂自徐家汇迁至吴淞,改名为交通部吴淞商船学校,设驾驶一科,内分正科和普通科(即预科)两种,学制均为 3 年(在校学习 2 年,上船实习 1 年。正科招收中学毕业生,专门教授驾驶学及与航海有关的科学;驾驶普通科(预科)试授中学的普通学科及与航海有关的科学。正科毕业生以后可以充任船长,普通科毕业生则可担负船长以下的各等职务。学校还向海军部借得“保民”号轮船作为实习船,通过交通部聘请外国人欧克音任实习船长,聘请一名英国下级士官担任船艺课。学习程度好的学生被派到招商局的船上实习。教职员实行聘任制。1914 年,首届学生毕业,同年下学期开始招收轮机科学生。连续三届毕业生总共仅 60 余人,但分配就业仍很困难,又因办学经费不足,学校遂于 1915 年奉命停办。海军部接收学校后,改办海军学校,名为“吴淞海军学校”,为烟台海军学校毕业生专修专门课。1921 年,吴淞海军学校停办②。

吴淞海军学校停办后,航运界人士多方奔走,为重新开办吴淞商船学校而出力。几经努力,于 1928 年由交通部批准复校,以船钞附捐作为该校经费。

3.其他专科学校

清末民初,政府还在上海、厦门、汕头、武昌等地开办以航政、水产等命名的学校,有的附设航政班,有的分设驾驶、轮机学科。

轮船招商局也曾创办航海学校,取名为航海专科学校,1923 年 9 月 1 日开学,教授的课程有天文、航海术、造船、装货方法、无线电收发、罗经差、操艇术和急救法等。该校以“华甲”舰作为练习舰,预定航行全球实习,培养船长人才。1924 年 1 月 12 日,“华甲”舰从上海启碇,北上青岛、大连,然后转赴日本横滨,正准备开往美洲时因该舰产权纠纷中辍实习。翌年 10 月,该舰被收编在北京政府海军渤海舰队。船上 30 多名学员不愿加入舰队而离船上岸。招商局第一个航海专科学校遂宣告解散。

第七节　中国航政管理权收回的艰难斗争

一、民众收回航政管理权的斗争

自 1858 年起,列强假手海关兼管航政,严重地损害中国航运业的利益,引起中国民众和社会各界人

①陈书麟:《马尾船政局、厂及学堂的沿革》,见《福建文史资料》第十五辑,中国人民政治协商会议福建省委员会文史资料研究委员会、福州市马尾区政协 1986 年 12 月印,第 30,33-34 页。

②彭德清:《中国航海史》(近代部分),人民交通出版社 1989 年版,第 522 页。

士的强烈反对，要求收回航权、航政管理权的呼声一直未有停止过。1895 年甲午战争后，为瓜分中国，西方列强极力扩大各自的势力范围，纷纷在中国寻找和收买代理人，以进一步实现“以华治华”的美梦。特别是 1901 年《辛丑条约》的签订后，清政府已彻底放弃抵抗列强的念头，甘当“洋人的朝廷”。与此同时，中国人民为维护国家主权和航政管理权而掀起的爱国斗争运动却不断兴起。上海等江海港口的码头工人拒绝为外轮装卸货物。海员工人相继掀起反帝罢工浪潮，使外国航运公司受到严重损失。航运界知名人士郑观应、张謇、卢作孚、王洸等大声疾呼，为争取权力而奔走。国人收回航权、航政管理权的呼声日趋高涨。

迫于中国民众的压力，清政府曾多次与列强进行“由我国交通机关接管海关代管之航政事务的交涉”。但因清政府的懦弱和屈就，加之外国资本的贪婪和野心，海关总税务司依仗列强势力拒不移交，几次交涉均告失败。清政府的腐败无能，对外奴颜屈膝，对内血腥镇压，激起反帝反封建的爱国主义运动浪潮进一步高涨。

1906 年，在朝野爱国人士的呼吁下，清政府邮传部曾提出收回理船厅，由中国人主持的合理要求，遭到外籍总税务司的断然拒绝。清政府不敢据理力争，事情便不了了之。以后虽又提出过几次，总税务司都以“理船厅与税关有相互关联之处”为借口，蓄意拖延。

1909 年 9 月，清政府宪政编查馆奏准由邮传部接管理船厅的航政及航务事务。总税务司坚执理船厅与税关有互相关联之处，不能划分，且以条约上航政工程及船钞二项有关，决不能移交华人，不允交让。于是，邮传部只接管了原属北洋大臣经管的招商局、工商部主管的各省商船公会，以及颁布轮船表式、订定注册给照章程、筹设商船学校等事务。

1910 年，清政府宪政编查馆再奏定行政纲目，载明“理船事宜，应划归邮传部，以期统一”的主张。邮传部据此咨税务大臣“查照办理”，请由税务大臣将理船事宜移交邮传部管理。清政府税务大臣咨复邮传部，以 1858 年通商条约（指中英《天津条约》）第三十二款有“通商各口分设浮桩、号船、塔表、望楼，由领事官与地方官会同酌视建造”之语，谓“改归部办，难免各国公使不加干涉”，并谓“理船厅职掌，多与海关性质相近，可属海关，由外班总巡兼管”。邮传部在咨复税务大臣时，针对以上各点，据理力争申明：“通商条约第三十二款并无专由领事官办理之规定，对于理船厅改归部管一事，实无冲突，不致发生缪鹎。”海关和邮传部同属中国行政机关，航政事务移归邮传部管理，本属中国国内部事务，外国公使无权干涉。税务大臣对于邮传部的咨复无言可答，又惧各国公使干涉而置之不理，拒不交出航政管理权。因传统保守势力阻挠，意见分歧，此事最终议而不决①。

辛亥革命推翻清王朝，封建帝制结束，民国建立，在一定程度上为中国资本主义的发展开拓了道路。但不平等条约没有废除，中国半殖民地半封建社会性质也没改变。

尽管如此，中国人民并没有放弃，始终在为收回航权、航政管理权而不断抗争。

1911 年，长江流域的各省纷纷要求接管理船厅，但北京政府以理船厅载在条约，各国尚未正式承认，不敢向外国人提出。以后，北京政府虽曾指示交通部全面开展收回理船厅的工作，但因政府内部争论不休，加之军阀混战，收回航政管理事权虽有呼声，却始终未能施行。

1912 年 1 月 1 日，中华民国临时政府在南京成立。孙中山就任临时大总统，力主废除不平等条约，收回航权，发展民族航业，但囿于当时历史条件而无法付诸实施。

1916 年 1 月，北京政府交通部致函海关税务处，详与商议收回海关兼理航政事宜，仍无结果。同时，众议院议员徐象先等提出质问书，质问当局兼管航政事务的海关理船厅何以至今尚未归部，航政局何以至今尚未兴办。自此之后，虽仍继续交涉，但以政府多故，终未解决。

---

①胡体诠：《长江航政史》，人民交通出版社 2000 年版，第 153 页。

然而,坚贞不屈的中国人民为收回航权、航政管理权的斗争一直没有停止过。其后,又发生1919年的“五四运动”、1925年的“五卅惨案”、1926年的“万县惨案”、1927年的武汉九江民众“收回英租界斗争”,以及宁波港为岸线和岸线管理主权而进行的“白水权”收权斗争等。

二、引水界和引水人收权的强烈要求

五四运动以后,中国人民的反帝爱国斗争的浪潮日益高涨,主权意识崛起,民族精神不断高涨,其中中国引水界和引水人为收回引水权斗争的声势尤为突出。五四运动期间,在上海和其他各港的反帝爱国运动中,都有中国海员和领江公会的成员参加。他们站出来,控诉外国势力对中国引水权的侵夺,将外籍势力操纵引水权,使最大的上海港无一中国引水人的问题第一次公布于众,引起各方的关注。

19世纪之初,因引水“关系海权甚巨”,全国民众要求上海江海关补用合格的中国引水人,“毋得听其垄断,致碍国家主权”。在引水与国家主权的关系上,政府部门和商界、引水业有了共同认识,确立了共同目标,即:政府谋划,行动于上,民众讨论,鼓动于下,合力共举。中国人民收回引水权的意志更加强烈。这就迫使外国总税务司不得不同意修改《中国引水总章》,遂令江海关税务司先行拟定修改意见,并上报关务署审查①。

1921年,北京政府海军部成立海界委员会和海道测量局,开始研究收回引水权的途径和方法。海界委员会经过多次研究,向海军部提出建议,要求修改1868年颁行的《中国引水总章》。1922年4月,北京政府交通部派出两名代表,会同海军部的两位代表,一起商讨修订《中国引水总章》的办法。这次会议虽然未提出实际的方案,但可以看出收回引水权在北京政府中的影响。5月4日,中华扬子领江公会致函上海总商会,阐明引水对于国防的重要性,呼吁政府立即修订引水法规,以收回引水权。上海总商会接到来函后,迅速呈请北京政府农商部,要求部咨会交通、海军二部,选派专人前往上海,一同修订引水章程。

1925年12月,广州国民政府试图成立“引水事务特别局”,将引水人的考选和管理权从海关、领事团以及外国商会手中收回,遭到广州外国领事的强烈反对,最后未能付诸实施,仅取得一点让步,即默认在引水人考选委员会中增加中国代表。鉴于当时的革命形势,外籍总税务司也假惺惺地表示赞赏,认为广州关税务司做法是正确的。这样,广州港的引水人定额从20人增加到40人,新增的全是中国引水人②。

1926年5月,外籍人在上海组织长江引水考试委员会,企图染指长江引水人考试。中国航运界和引水界强烈要求政府设法阻止这种非法行为,并反复申明引水与国防的重大关系,指出外籍人一旦把持引水人考试,将使中国引水人被排斥殆尽,但最终未能阻止。

1927年前后,长江、珠江的中国引水人成立全国江海领港业总联合会。次年初,该会在上海集会。会后,他们向国民政府上海特别市政府递交对1868年的《中国引水总章》进行修改的《修改引水章程讨论会宣言》,要求该市政府转呈南京政府有关各部,吁请其积极行动起来,以收回、维护引水权,同时公布递交的《修改引水章程讨论会宣言》。这份宣言堪称收回中国引水权史上的经典文献。

三、“航政风潮”与双方论战

1921年,在北京政府交通部明令取消各地商船公会后,江苏省拟“仿照广东成例,建设保航机关”。1923年,江苏省议会议决筹办江苏省航政局,并在境内沿江沿河各埠设航政分局及事务所。同年年底,当江苏省航政局及上海航政局相继成立时,遭到以上海总商会副会长方椒伯、上海县商会会长姚紫若等人的极力反对。于是,设与不设航政局的两派发生争论,一时甚嚣尘上,酿成一场“航政风潮”。主张设

①章勃:《收回引水权问题》,《国闻周报》第8卷27期,1931年7月。

②徐万民:《中国引航史》,人民交通出版社1999年版,第36页。

立者宣称:“航政主权,不应操诸海关洋人之手”,并历数航业失败之原因,“其病在全国上下,从未注意中国航政”,建议省政府设立航政局①;反对者则认为,设立航政局是“假借名义,以便聚敛”,而其所拟设局章程“直将江南水利局、实业厅、水警以及海关、地方官厅各种职权,尽举而囊括之”,是一“重床叠架”的“骈枝机关”②。

与此同时,上海凌季记商号也呈文交通部,说航政局章程与“海关理船厅现行章程大相抵触”,要求出面干预。1923年10月,交通部致函江苏省政府,要求“暂从缓办”,并“俟将来察看情形,由本部酌定统一办法,再行会商举办”。1924年1月,江苏省执政当局也以“(航政局)试办以来群情惶惑,原订章程似未尽善”为由,电令“暂行停办”。航政局停办后,为编查江苏全省船业户籍,又先后在各地设立船舶登记所、航政调查员。不久,因“经费无着”,机构、人员自行撤销。而湖北省地方航政机构,则是在同北京政府交通部及海关多次争执后,才得以延存下来③。

从清末到民初,迫于全国人民收回中国航政管理权的强烈呼声,与航运有关的政府部门着实进行筹划,做出一定的尝试,多次向列强提出收回理船厅的事权归于邮传部与交通部,并在沿海与长江、珠江、黑龙江等主要内河要埠拟设航政机构,形成中央与省级的两级航政管理体制架构,“以崇国体而重主权”,改变航政管理“棼如乱丝”的局面。但清政府、北京政府均以“事关变更外人管辖职权,未敢擅自决定”,“应先由外交部审核”等为词,借故推宕。待到咨文转到外交部时,又因北伐战争“戎马仓皇”而“未及议此”。结果,“由中国交通机关接管海关之代管之航政事务的交涉”,“迭经交涉,仍未收回”,致使所拟设的航政机构只是“虚列未办”。所谓航政管理,最多只是每年核发几张船舶执照与商船船员证书,制订、公布几个章程、规则而已。究其根本原因,乃国势不振,政府软弱无力,即便有收回航权与航政管理权主观愿望,也无济于事。但从另一个方面来说,迭经交涉,为后来从海关手里收回部分航政管理权铺平了道路④。

---

①《马炎文为航政局反驳两商会》,《申报》1924年2月9日。

②《航政问题之昨讯》,《申报》1923年8月29日;《反对航政局之再接再厉》,《申报》1923年12月7日。

③《交通部咨请苏省撤销航政局》,《申报》1923年10月6日;《停办航政局省令发表》,《申报》1924年1月20日。

④彭德清:《中国航海史》(近代部分),人民交通出版社1989年版,第365页。

第五章　中国海事收回部分管理权后的艰难行进(1927—1937 年)

1927 年国民政府定都南京后,迫于中国民众和政府的压力,西国列强不得不放弃海关兼管的船舶检丈、登记及船员考核、事故处理等部分航政管理权。然而,南京国民政府仅在表面上统一中国航政,日本又很快占领并扶植伪满洲国操控了中国东北的航政,导致中国航政多种势力并存,各自为政,行进艰难。

南京国民政府根据收回的部分航政权,拟在沿海与内河的上海、汉口、天津、哈尔滨四大港埠设立区域性的航政局,并明确了八项职掌,划分了管辖范围。然而,因东北沦陷,哈尔滨航政局无法设立,改在广州设置,又遭广东军阀陈济棠阻拦,直到 1936 年才设立完成。各省市自行设立隶属本省的地方航政机构。中央与地方航政机构初步确定了管理职责、管辖区域。至抗战全面爆发时,中国航政遂形成分治架构,即:国民政府航政局主管,各省地方航政机构分管,海关理船厅兼管,以及伪满政权管制东北。

为加强航政管理,国民政府中央与地方分管的航政机构,“均以确立规制,重视主权,维护本国航业,保障公众利益为要旨”,“尽量采纳国际法之规定,俾应国际航运之需求”,进行了较为系统的航政立法,拟订、修订、颁布了一系列航政法律、法规、章程、条例及规章制度等。各地方政府也制定所属辖区内的航政规章制度。至此,中国航政从组织机构,到船舶检丈、登记、船舶管理、船员考核、航行维护、事故处理等业务方面均订有专章,初步形成较为完整的管理法律法规体系。

由于航政管理权只是部分收回,加上列强阻挠,南京国民政府航政机构所开展的船舶检丈、登记和船员考试等工作,实际上多数局限于民船或木帆船等极其有限的范围内。即便如此,航政机构及其管理人员还是十分认真地履行职责,从基础工作做起,摸索前进,取得了一定的成效,积累了一定经验,在所及范围内建立起近代航政管理秩序,促进了航业的建设与发展。当然分而治之,多头管理,多方并存,各自为政,也造成管理上的混乱,使所订立的管理法规与规章制度实施艰难,具体航政管理工作举步维艰,表现在外轮不服管、重征税轻管理、管理权限职责不明确、航政人员缺乏及道德欠佳、航政专业技术水平差,管理时常处于被动状态。这一期间,中国共产党领导的革命根据地,建立起航运与安全管理合一的水上运输与安全管理机构,如船舶检查处、运输管理委员会、船舶管理所、运输管理局等,并制订了《运输管理简章》等,统一负责对船舶、渡口等安全监管,对这一专业管理领域的工作进行了有益的尝试。

第一节　部分航政管理权的收回

一、收回航政管理权斗争的再起

(一)收回航政管理权之前的中国港航业

辛亥革命推翻 2000 多年皇权制度,中国航运业自由发展所遭受的束缚和禁锢有了一定程度的缓解,民族资本建立江海大中型轮船航运企业有了更好的条件。第一次世界大战爆发,西方列强无暇东顾,有相当数量的外轮从中国沿海港口和航线撤走。与大战结束的 1918 年同战前的 1913 年相比,外国直接进出中国的船舶艘次、吨位分别减少 20%、41%;在中国各口岸间往来船舶艘数、吨位分别减少 10.2%、10%。

货运的增长,船只的短缺,也为中国民族航业发展提供了良好的机会。"1921 年中国轮船航运业的资本总数和轮船吨数,比 1911 年各增加两倍多和三倍","辛亥革命后十年间的新发展,实两三倍于以往五十年内的积累"。①

不过,战后外国船舶在华势力又迅速回升或接近 1913 年的水平。到 1930 年,中国通商口岸进出口轮船中,外国轮船占 82%,中国轮船占 17.2%。②

中国民族航运业不但在数量上有所增长,而且船舶技术也有新的进步,船舶总吨位占有优势。民族资本除利用政府支持、地利优势等外部条件发展航业外,还注意改进内部的经营管理,使自身实力不断增强。1921 年,中国民族航运业适合于江海及远洋航运的轮船达 219 艘,总吨位 36 万吨;到 1928 年,全国注册轮船 1294 艘,28 万余总吨。中国轮船航运业船舶总吨位从 1927 年的 2163 万吨增加到 1936 年的 4417 万吨,翻了一番。在进出中国通商口岸的中外船舶总吨位比重,从 18.6%增加到 30.5%。③ 到 1935 年,全国各地进出口轮船中,外国轮船要占到近 80%。同时,沿海、内河港口除少量港口因商货品种和流通路线的改变而由盛转衰外,其余大多数港口均有较大的发展,吞吐辐射面有了扩大。如广州港到 1932 年已有码头 47 座、仓库 21 座。1932 年至 1936 年间进出口船舶逐年增加,到 1936 年已有往来外洋船舶 12796 艘、国内船舶 2060 艘。又如上海港,到 1931 年进出口船舶总吨位达 2100 万吨,与日本大阪处于同等地位,列世界第七位。

(二)收回航政管理权斗争的再起

1927 年 4 月 18 日国民政府在南京定都后,各地收回航权、航政管理权的斗争再次掀起高潮,遍及社会各个阶层。朝野爱国人士和一些政府官员一再强调收回航政管理权的重要性。国民政府内人士认为:"首都濒临长江下游,非先肃清敌国在长江之海军与航运力(包括航政管理),一旦开战难免遭敌人的炮击,所以,收回航权即保卫国土。航权收回以后,后方根据地才能巩固。"④ 民众与各地航商就收回航政管理权公开发表言论和文章,认为"欲整顿全国航政,须先收回管理航政之权";航政管理权操在外国人手里,以致"查验、纠纷均失其平衡","中国航商多受其痛苦,使航业愈难发展",并极力主张撤销海关理船厅⑤。

广东省准备收回海关理船厅工作,提议设立广东全省港务管理局。1930 年,航商向广东省政府呈报《本厅收回海关理船厅提议书》⑥。提议书经过广东省政府第五届委员会第六十六次全体会议通过后,转报西南政务委员会,并由该委员会第四十四次政务会议作出决议:"令饬粤海关照办。"粤海关复函说:"此案经请示总税务司接准电复,一切归照旧办理。"海关拒不撤销理船厅,后又经多次交涉,均无效果。直到总税务司梅乐和南来,知此事势在必行,不得不表示同意,终于 1932 年撤销广州海关理船厅。1932 年 11 月 7 日,广东全省港务局"赓续办理丈量、检验船只及发给牌照事项"。

(三)收回引水主权斗争的再起

在收回航政管理权斗争中,引水权始终是中国人民与列强斗争的目标之一。1927 年 4 月南京国民政府成立后,更是如此。1928 年 3—4 月,中国引水人联合总会向财政部提出强烈要求,请财政部转饬上

①彭德清:《中国航海史》(近代部分),人民交通出版社 1989 年版,第 233 页。

②严中平:《中国近代经济史统计资料选辑》,科学出版社 1955 年版,第 222 页。

③朱荫贵:《1927—1937 年的中国轮船航运业》,《中国经济史研究》2000 年第 1 期。

④《交通杂志》第 5 卷第 3 册,1937 年 3 月。

⑤凌杰:《收回海关理船厅之必要》,《航政特刊》1931 年 9 月。

⑥《本厅收回海关理船厅提议书》,《航政特刊》1931 年 9 月。

海港务长补用中国引水员参加上海港引水。总会主张从法律角度入手,修改甚至取消《中国引水总章》及各港的引水分章、细则,制定全新的引水法规,并要求国民政府从速起草引水法,尽快公布施行。1931 年 10 月 6 日,国民政府财政部、交通部向行政院呈递修订后的引水章程——《中华民国各口引水暂行章程》。国民政府考试院还公布与引水暂行章程配套的《引水考试条例》。1934 年,考试院又公布《引水人考试法》,以加强对引水人的考选。

1932 年"一·二八"事变爆发后,日本军队大举进攻上海。其舰队在外籍引水员的引领下,长驱直入长江与黄浦江。国民政府要求上海外籍港务长禁止外籍引水人为日本军舰服务。外国领事团先是表示,中国与日本之间并不存在正式的战争状态。然后,干脆又采取敷衍手段,对此置之不理。外籍上海引水公会则不予理睬,积极为日军提供引水服务。上海港的日籍引水员全部供日本海军直接指挥,其余外籍引水员也积极为日本军舰服务。

这次事变,使中国人民感受到切肤之痛,更增强了收回引水权的决心。1933 年 5 月,国民政府参谋本部、海军部及财政部联合成立"扬子江标志军事设计委员会",负责研究引水问题及制订引水章程。财政部、交通部 1931 年上报的《中华民国各口引水暂行章程》,屡经修改,已趋完善。1932 年 9 月,新的引水章程得到批准,次年施行,同时宣告废止 1868 年的《中国引水总章》及各口分章。

与 1868 年的《中国引水总章》相比,《中华民国各口引水暂行章程》有两大变动:(1)关于引水学徒的国籍要求,旧章程不分中外,新章程则明确必须为"中华民国人民"。(2)关于引水主管机关的组织及其职权,规定沿海各港及长江下游组织设立的"引水管理委员会"为各地引水主管机构。引水管理委员会的职责是:制订辖区内的引水管理细则,确定引水区界限和当地引水人定额,组织引水人考选、发证,监督引水规章的贯彻实施,并裁决与引水有关的业务及其他纠纷。

新章程公布后,各口本应筹备成立引水管理委员会,接管外籍引水组织。可外籍总税务司借口牵涉外交问题,且非海关职责,不愿接受接管。国民政府乃于 1933 年 12 月 16 日在外国总商会代表空缺的情况下,在上海组建新的"上海引水管理委员会",开始接管设在上海的 4 个外籍引水公会(即上海引水公会、淞汉引水有限公司、淞汉华人引水公会和日本扬子江领江公会),并要求外籍引水组织接受管理。淞汉引水有限公司表示愿意服从,但提出比较高的条件,使接管一事搁置。日本扬子江领江公会拒绝接受上海引水管理委员会的管理。连第一大港的上海港外籍引水机构都不认可,其他港口外籍引水组织自然就不认账,遂改由海关管理,事实上保持原状。至于新章程规定"逐渐淘汰外籍引水",补充中国引水人员的政策,也没有完全得到落实。据 1929 年交通部调查,至 1929 年沿海宁波、温州、广州、福州的引水员全部是中国人,安东(今丹东)、青岛、上海只有少数中国引水员执业,营口、厦门、汕头、天津引水组织仍无中国人,大连港引水业务和管理全是日本人操纵①。

与其他沿海、内河不同,广州港引水权收回较早。至 1929 年,广州港 23 名引水员全都是中国人,无一外国人,为沿海各港引水组织中所罕见。这与 20 世纪 20 年代广东政治形势有关。从 1917 年 7 月护法运动开始,广州就成为以孙中山为首的革命力量的大本营。孙中山先是联合广东地方军阀,然后又联合共产党,寻求苏俄的帮助,使广东的革命形势蒸蒸日上。虽然孙中山在 1925 年逝世,但广东的革命形势却继续发展,成立广州国民政府,组织北伐军,将国民革命从广东一省推向全国。广东作为这一时期国民革命的源头,革命政府在收回国家主权方面做了一些工作。因此,广州港的引水业较早回到了中国人的手中。

中国船员也为收回引水主权进行斗争。1928 年,以吴淞商船学校同学会为基础的商船驾驶员总会成立,为收回航权、引水权,争取本国驾驶员上船任职权利展开斗争,反映了广大海员的意志。1929 年 1

①徐万民:《中国引航史》,人民交通出版社 1999 年版,第 51 页。

月,“中华航海职工联合会”在上海成立,作为服务船员的组织,主要服务中外各轮船船主、轮机员、引水、水手、火伕、茶房、管事、服务生等,仅存在一年零两个月便宣告解散①。

(四)苏区根据地兼理航政机构与管理活动

在中国近代航政历史中,中国共产党领导的航政始终处于逆境,在抗争中求生存、求发展。在建立苏维埃革命根据地期间,还未有专一的管理航政机构,有关航政事务均与水运、税务等行政管理混为一体。

1929 年,赣东北革命根据地苏维埃政府率先在波阳县、德兴县铜埠镇设立“船舶检查处”(又称“边卡”)和“对外贸易处”。信江流域的上饶、铅山、横峰、飞阳、贵溪、余江等地的船民亦组建了信江船业工会。船舶检查处负责检查出入境的船舶、货物,征收关税②。

1931 年 11 月,中国共产党领导的红军粉碎国民党军队第三次围剿,在江西瑞金成立中华苏维埃共和国中央临时政府,建立以瑞金为中心,包括赣西南和闽西地区 21 个县城的中央革命根据地。中央工农民主政府成立后,对苏区水路运输十分重视,在各级行政部门中设立管理水运交通的专门机构,成立运输管理委员会、河流管理委员会、河道修理委员会。各县设有运输站或转运站③。

1933 年 2 月,中央革命根据地军民粉碎国民党的第四次“围剿”,中央革命根据地与闽赣根据地连成一片,苏维埃政府于“外河”(指流经苏区至游击区的河段)设立几个船舶管理所,对这些河道的水上运输实行分段管理。同时,在“内河”(指苏区境内的河段)与外河的重要口岸设置相应的机构,管理水上运输与木船的安全④。

闽西根据地,最早是由红四军 1931 年秋入闽后分别成立中华苏维埃政府运输管理局福建分局、汀州分局,开始对船舶进行管理和实施交通建设,并在长汀和水口两地设立造船厂。汀江水系木帆船曾发展到 4700 多艘,基本上保证了苏区水上运输的需要⑤。

1933 年 10 月 11 日,中华苏维埃共和国临时中央政府在中央国民经济人民委员部下设运输管理局,并颁布《运输管理局简章》,就苏区的船舶运输管理体制、调配办法、运输市场等作了明确的规定,特别对苏区船舶航政管理做出如下规定:凡国家或私人船舶必须向运输管理局登记,领取登记证。所有船舶在必要时均须遵从运输管理局的调配。船主若认为调配不当,可陈明理由,另商变通办法。若急需运货时,经运输管理局调用,概不准借故推托。为使私人运输得到发展,运输管理局根据公私货物运输总量和船舶总数进行平衡分配。凡欲雇用船舶运输货物者,必须事先将货物种类、数量、需要船舶数目、到达地点报告运输管理局,由该局负责介绍船只。运输管理局按照当地运输情况,添制船舶。以上规定,首次明确了苏区船舶和货物运输管理措施,充分体现了在国民党严厉封锁下的苏区所采取的统一管理,统筹安排,服务于革命战争的水运、航政管理政策⑥。

闽苏区或赣苏区的江河上下,凡行旅必经而无桥梁之处,均设置渡口,有渡船,以济人行货运。苏维埃中央政府十分重视渡口、渡运的安全,在每条河流均设有渡船管理委员会。据 1932 年赣西南苏区报告称:“仅兴国就有渡船 18 只,宁都有 41 只,永丰有 7 只,万太(可能指万安与太和)有 4 只……”至于渡船经费来源,有专门用来供渡运开支的田地,由政府派人代耕。每逢过年节,地方政府另发给渡工工钱米,以资鼓励,故渡工的积极性很高。当时,从白区购进的物资,有不少是肩挑至渡口,由渡工转交给运输船

①彭德清:《中国航海史》(近代部分),人民交通出版社 1989 年版,第 296 页。

②陈霞飞:《海关史话》,社会科学文献出版社 2012 年版,第 111 页。

③沈兴敬:《江西内河航运史》(古、近代部分),人民交通出版社 1991 年版,第 188 页。

④沈兴敬:《江西内河航运史》(古、近代部分),人民交通出版社 1991 年版,第 188 页。

⑤林开明:《福建航运史》(古、近代部分),人民交通出版社 1994 年版,第 375-376 页。

⑥江天凤:《长江航运史》(近代部分),人民交通出版社 1992 年版,第 416 页。

舶送到中央苏区。

赣苏区水路运输是在特定历史条件下形成的,为时虽然只有 7 年左右的时间,但作为苏区交通一个重要组成部分,既反映共产党人在艰苦战争环境中组建人民交通的能力,又体现出苏区船民为支援革命战争做出的贡献。

这一期间,针对湘鄂西革命根据地辖区水网密布的特点和革命斗争的需要,各级苏维埃政府和湘鄂西军事委员会以及湘鄂西(消费)合作总社都在河湖沿线设有交通管理机构——交通部,管理所属的水上交通队。此外,还在国民统治区的汉口、新堤、新滩口、观音洲等城镇还设有秘密交通站,负责水上交通队的船只(绝大部分为木帆船)运输、安全,与物资转运站之间的联系,以及办理进出根据地人员和军需民用物资的运输任务。这些地下交通站的活动范围逐渐扩大。

此外,湘鄂西革命根据地的各级苏维埃政府还在根据地的交通线路所经渡口处设置昼夜渡运,仅内荆河的瞿家湾至柳关、瞿家湾至峰口就有渡船 18 艘、渡工 36 人,日夜运送往来的人员和物资,便利了苏区的水上交通①。

二、部分航政管理权的相继收回

自 1858 年海关兼理航政的体制形成到 20 世纪 30 年代,一个“代表国家政府”“统筹及执行航业政策”的国家航政机关始终没有独立地建立起来。《中国经济年鉴》论述当时的情况时说:“吾国水道交通之历史,由帆船而嬗为轮船,甫数十载。设局经营,既诿诸商人,出入管理又不归本国,航业而已,何政之有。”这样的评价是十分恰当的。外国人把持下的海关兼理航政根本谈不上中国政府自己行使航政管理职权。

1927 年 4 月国民政府定都南京,国民党执政。1928 年,北伐战争继续进行。国民革命军曾宣言取消不平等条约和实行关税自主,收回海关兼理的航政管理权。各阶层的有识之士也纷纷提出整顿全国航政、收回航政管理权的要求,并极力主张撤销兼管航政事务的外国人控制的海关理船厅②。

为废除不平等条约,收回关税自主权和内河航行权以及航政管理权,国民政府继续修改、重订条约的外交工作,并于 1928 年 6—7 月发表修改、重订条约的宣言。美国率先于 7 月 25 日与中国订立《关税新约》(全称《整理中美两国关税关系之条约》)。此后,除英国、日本外,德国、比利时、意大利、丹麦、葡萄牙、西班牙等国相继效法美国,与中国订立类似新约,共计 12 个,均同意放弃在中国的特权。在此情况下,一直极力反对的英国不得不放弃一些特权。这样,中国部分收回了海关关税主权③。

至于各港口通商问题,英、美等国却“既欲维持通商口岸制度,则辄须存有一种治外法权制”,相互串通一气,坚不放弃。当国民政府发布命令宣布要在 1930 年 1 月 1 日强行废除领事裁判权时,英国拒不承认,表示只能视此为“原则上”渐进废除领事裁判权的开始日期,即作为与中国进行旷日持久的谈判的开始日期。在英、美等国的拒绝之下,国民政府废除领事裁判权的命令只是一纸空文。海关总税务司赫德曾把领事裁判权视为“各项条约的中心观念”,废弃这一特权,关系到整个不平等条约体系的灭亡。列强的坚持,使国民政府的废约交涉陷入维谷。“九一八”事变爆发后,中国面临着民族危亡,修约交涉即基本上停止。

对于西方列强,国民政府始终坚持“攘外必先安内”的退让政策,因此对各阶层收回航权、航政管理权的要求也是采取敷衍搪塞的态度。1927 年 11 月,国民政府外交部部长陈友仁、财政部部长古应

①刘宏友:《湖北航运史》,人民交通出版社 1995 年版,第 321 页。

②凌杰:《收回海关理船厅之必要》,《航政特刊》1932 年 9 月。

③陈霞飞:《海关史话》,社会科学文献出版社 2012 年版,第 88 页。

芬先后发表取消不平等条约和实行关税自主的宣言。1928 年 1 月,财政部关务署长张福运向新任财政部部长宋子文建议废除海关总税务司制度,把总税务司署管理的包括航政在内的事务完全移归关务署办理,以此作为实行关税自主的初步措施。宋子文表示:国家尚未统一,军事行动正在进行,假使急于废止海关总税务司制度,改由财政部派员直接征收关税,则各地区未接受国民政府指挥的军政当局就有权截留税收,不仅影响中央军政各费的支出,而且会引起列强干涉。不如倚仗外力,暂保现状,以维持目前局面。

1928 年,国民政府交通部部长王伯群向行政院提出由交通部接管海关兼管航政和港务事权的建议。各国驻华使节闻讯后,纷纷向国民政府提出质问。他们通过总税务司梅乐和向宋子文进言,并以外商船舶将停止进入中国,从而影响中外贸易和税钞收入相恫吓。蒋介石慑于列强的威胁,指责王伯群不应该冒昧地向行政院提出此等不合时宜的提案。但筹建航政构架的事并未停顿,7 月 20 日交通部向中央政治会议及行政院分别提出关于海关兼管航政的移交接收大纲。7 月 26 日,国民党第 190 次中央政治会议就航政根本方针作出决议:为海关代管航政各部分暂行仍旧,惟同时受中央机关之指挥监督。这就再次为海关继续兼理引水、航道等航政事务提供依据,只确定了交通部的“监督”地位。

1929 年 9 月,国民党中央执行委员会政治会议通过中国航政根本方针,决定实行航路国有政策,航政实行中央、地方两级管理,在中央成立航政司外,地方设立区域航政局,从速收回沿海及本国境内的外国船舶航行权。但是,又决定“向由海关代管航政各部分暂行仍旧”。这样的做法就形成了国民政府建立的半自主机构主管、海关理船厅兼管、地方航政机构分管的三者并存分治格局,同时出现了空喊收回航权和航政管理权与海关继续兼管部分航政的自相矛盾的一些提法:

(1)遵照航路国有政策,凡属港政应由中央主管机关(航政)主持负责施行。凡属港务,如各埠码头、仓库、港内航行标志均为地方管理,应受中央主管机关(航政)所派委员指挥监督;

(2)向由海关代管各部分,暂行仍旧,惟需同时受中央主管机关之指挥监督,其关于海关代管海政部分,已为海军部指挥者,不在此列;

(3)确定航政范围;

(4)沿海岸及本国境内之外船航行权应速收回。①

从以上航政方针看,航政由中国政府负责管理,可实际上“海关代管,暂行仍旧”,中国政府的航政管理权有其名而无其实,还是遭受列强的掣肘。如江汉关外籍税务司对川鄂两省收回省内部分航政管理权极为不满。1928 年 9 月 25 日,江汉关监督呈湖北省政府一封公函,对湖北省收回内河小轮航政管理大加指责,称所有海关管理及监察各华商小轮之权均已移归航政局掌管,此举与各通商口岸定章不合。小轮等自由出入港口,不向海关报领准单,任意装卸货物,势必发生诸弊。事实上,川鄂两省并没有真正收回航政管理权。

面对来自中外的压力,中国人民并没有停止收回航政管理权的步伐。1930 年,蔡元培先生在中央广播电台发表了航政实施方案的演说,提出航权、航政、港政管理权应完全收回。除通商口岸外,沿海、沿江禁止外国轮船航行,并提出造船、扩充航业等爱国主张。

在中国人民的不懈抗争下,列强不得不做出让步。1931 年 7 月,海关交出由海关理船厅兼管的船舶检丈、船舶登记、船员考核等部分航政管理事权,由国民政府管理,具体由交通部航政局及其所属的区域航政局,以及各省地方航政机构接管并负责开展管理工作。而引水、航路标识及港务等航政管理事权未能收回。

---

①湖北省政府建设厅:《湖北省建设最近概况》,1933 年 8 月版。

第二节　半自主航政机构的建立及演变

一、《交通部航政局组织法》的实施与修改

1926年11月,汉口国民政府公布《交通部组织法》。

以蒋介石为首的国民政府在南京成立后,1927年8月8日,首次修正公布汉口《交通部组织法》。11月11日,第二次修正《交通部组织法》,扩大交通部组织机构,增设航政司。

1929年12月20日,交通部公布《交通部组织通则》(也称《交通部各司分科职掌规则》),规定航政司下设3个科,并明确各自职责:第一科管理航业行政,第二科管理船舶运输,第三科管理航政、航务。

1930年12月19日,国民政府公布以分治为基础的《交通部航政局组织法》,称:"呈奉国府命令公布实施,凡船员之登记,船舶检查及丈量载线标志管理海员航路等项,均规定为该局执掌。"①该组织法共14条,归纳起来有机构设置、管理职责两大部分。机构设置又分机构的隶属关系、机关部门设置和各部门的定员数及选人用人标准等,管理职责又分局长、各部门的职责。

(一)机构设置

(1)交通部航政局(司),直隶于交通部,其设置处所及管辖区域,由行政院定之。

(2)交通部航政局下设科室2个,为第一科、第二科。设局长1人、科长2人、技术员4~8人、科员8~14人。按最高人数规定,航政局的总人数在25人左右。

(3)交通部航政局局长由交通部任命,科长由局长任命,技术员与科员由科长任命。

(4)对于航政技术员与科员的选用条件,为在航政人员考试未举行前,除应具有公务员任用法所定各该级公务员之资格外,并应具备其他条件:曾在国内外商船或其他航务专门学校毕业者、曾在国内外大学肄习造船或轮机工程之学校毕业者、曾在航政机关办理技术事务三年以上并成绩优良者、曾在航政机关办理行政三年以上并成绩优良者、对于航政有深切研究而有专门著作并经审查合格者。

(二)管理职责

(1)航政局第一科职掌:关于机要及考绩事项,关于收发文件及保管案卷事项,关于公布局令事项,关于典守印信事项,关于本局及办事处经费之预算、决算及出纳事项,关于编制统计报告事项,关于本局庶务事项,其他不属于第二科事项。事实为行政事务管理。

(2)航政局第二科职掌:关于船舶出入查验、证书核发事项,关于船舶登记和发给牌照事项,关于船舶检验、丈量事项,关于船员及引水人员考核监督事项,关于造船事项,关于载重线标识事项,关于航路疏浚事项,关于航路标识之监督事项。事实为航政局主要职掌②。

与此同时,规定航政事务管理以适用海商法规定之船舶为限,即200吨以下的归地方航政机构管辖。还就所属的区域航政局所设立的办事处、额定人员、任用程序、设置地点、管理范围等作出规定:

(1)交通部航政局于重要海口之各商埠设办事处,置技术员1人,兼充办事处主任,荐任或委任;科员1~3人,委任。办事处之设置地点及管辖区域,以及航政局及办事处细则由交通部定之。各区域航政局及其办事处等级、所属省市、负责人③详见"各区域航政局及其办事处一览表"(表5-2-1)。

①《重编日用百科全书》,商务印书馆1934年版,第4322页。

②中国第二历史档案馆:《中华民国史档案资料汇编》,第五辑《财政经济(九)》,凤凰出版社1999年版,第4页。

③中国第二历史档案馆:《中华民国史档案资料汇编》,第五辑《财政经济(九)》,凤凰出版社1999年版,第4页。

(2)交通部航政局"以适用海商法规定之船舶为限",即:"航行海洋或二省以上之船舶事宜,由航政局处理,但总吨数不及二百吨、容量不及二千担之船不在此限"。

各区域航政局及其办事处一览表　　表 5-2-1

	名　称	等　级	所属省市	负责人
上海航政局	镇江	乙	江苏	郁世鹰
	海州	乙	江苏	王懋勤
	宁波	甲	浙江	朱仿文
	温州	乙	浙江	余九皋
	芜湖	乙	安徽	金彭年
天津航政局	青岛	甲	山东	徐守桢
	烟台	甲	山东	徐达行
	威海	乙	山东	蔡鼎
	秦皇岛	乙	河北	张润芳
汉口航政局	九江	乙	江西	吴诚
	长沙	乙	湖南	朱天昌
	宜昌	乙	湖北	曾汝廉
	重庆	乙	湖北	何栗真
广东航政局	汕头	甲	广东	因广东航政局没有成立,故未任命办事处负责人
	厦门	甲	福建	
	福州	乙	福建	
	海口	乙	广东	
	江门	乙	广东	
	北海	乙	广西	
	梧州	乙	广西	

摘自:交通部编撰委员会《交通年鉴》,南京,交通部总务,1935 年,第 27 页。

这个《交通部航政局组织法》从 1930 年 12 月第一次颁布实施后,到 1938 年止共进行了 4 次修改。

1931 年 9 月 19 日,对上年的 14 条组织法进行了修改,仍为 14 条,于 9 月 26 日公布施行。这一次扩大了航政司内设部门,除设第一科(管理航业行政)、第二科(管理船舶)外,增设第三科(管理海事船员)。

1935 年 2 月 15 日,又一次进行修改,定稿后仍为 14 条,2 月 26 日公布施行。

1935 年 6 月 14 日,再一次修改为 12 条,于 6 月 28 日施行。

1938 年 12 月 2 日,又一次修改,修改后为 8 条,于 12 月 8 日公布实施。①

二、交通部航政司的建立与频繁变化

(一)交通部航政司成立的前后

1926 年,广州国民政府设立交通部,下设邮电航政处。

国民政府定都南京后,交通部于 5 月 16 日成立,下设路政、电政、邮政三司,因航政事务简单由路政司第四科兼理。1928 年 5 月 17 日,成立航政司,下设第一、第二两科,第一科管理航业行政,第二科管理船舶。

①《交通史·航政篇》第二册,国家图书馆出版社 2009 年版,第 281 页。

1931 年 1 月 31 日,根据 1930 年 12 月 19 日颁行的《交通部航政局组织法》,国民政府行政院院长蒋介石发布"训令":令交通部在上海、汉口、广州、天津、哈尔滨五大港埠先行分设航政局,"上海局兼辖江、浙、皖各埠,汉口局兼辖湘、鄂、赣、川各埠,广州局兼辖闽、粤、桂各埠,天津局兼辖直、鲁、辽东沿海各埠,哈尔滨局兼辖松、黑两江各埠"。6 月 26 日,交通部航政司确定上海、汉口、天津、哈尔滨航政局首任局长人选,分别为奚定谟、徐濬镕、陶毅、曾广钦,但均为代理职①。根据蒋介石的训令,交通部于同年 7 月 1 日在上海、汉口、天津、哈尔滨四埠设立航政局,各航政局下属机构日臻完善。此时(1929 年 3 月至 1936 年 7 月间)广东全境由广东军阀陈济棠掌控,不受国民政府领导,"广州航政局"无法设置,只得在福州、厦门两港埠设立交通部直属的航政处,管理福建省沿海及部分内河的航政事务。

1931 年 9 月 18 日,九一八事变爆发,日军 4 个月就占领辽、吉、黑、热四省,哈尔滨航政局设置后还未开展工作就停办了②。这样,国民政府原计划在五埠设立的区域性航政局,实际只设立了上海、汉口、天津 3 个和直属的福州、厦门 2 个航政处。广州航政局直到 1935 年才筹建,1936 年 9 月正式成立。在 1931 年以后国民政府相继于各重要城市与港埠建立半自主航政机构的同时,各省也筹建自行管理的地方航政机构,并先后收回当地海关理船厅被迫交出的部分兼管航政事权。这样,中国就形成海关兼管、国民政府主管、地方航政机构分管的航政架构。虽然三者并存,分散管理,事权不一,相互交叉、重叠,但毕竟是中国作为主权国家建立独立于海关以外的航政管理之发轫。即便是这样一个架构,也经历了 73 年(从 1858 年开始)曲折艰辛的历程③。

(二)交通部航政司的建立与人员及司长

由于当时只收回了海关兼管的部分航政管理权,所以在筹建交通部航政司时,国民政府未予以高度重视,立法院对航政缺乏信心,只是在重要城市、港埠"作初步规模,只设少数办事处",目的在于应付一下需要进行的航政管理,导致航政局设立之初就"有先天不足"的问题。交通部在航政司司机关下设第一科、第二科。1931 年 9 月,改为航务科、船舶科,并增设海事科,管理海事与船员。航政司司机关除科长之外,有科员 30 多人④。1933 年 12 月间,交通部重定各司分科职掌,航政司司机关仍为航务、船舶、海事 3 个科,人数没有多大变化。1934 年,航政司司机关增设空运科,只增科长 1 人、科员 4 人。后来,又办理船员检定工作,增加技士 3 人。由此看出,1927—1937 年,交通部航政局局机关正常人数在 30~40 人之间。抗战时期,海事科因控制范围缩小而被裁撤⑤。

这一期间,交通部直属航政系统的管理人员也时增时减,变化频繁,专门从事航政管理人员不多。航政管理人员多数是从各行业抽调、借用的非专业人员,少量是从航务学校毕业的学生⑥。据 1937 年 8 月出版的第二回《航业年鉴》载:至 1936 年 12 月,交通部直属的上海、汉口、天津、广州 4 个航政局及其 22 个办事处,加上上海航政局所辖的船舶碰撞纠纷处理委员会、航线调查委员会,总共有人员 313 人。就人员分布来看,上海航政局 119 人,占 38%;汉口航政局 81 人,占 26%;天津航政局 24 人(不含局机关人数),占 7.6%;广州航政局 89 人,占 28.4%。就人员结构来看,管理人员 276 人,占 88%;行政与后勤人员 37 人,占 12%。就人员分类来看,技术员以上的 96 人,占 36%;科员 33 人,占 10%;办事员(含事务员、财会人员等)129 人,占 41%;雇用人员 55 人,占 13%。交通部直属航政局及其办事处组织结构详见图 5-2-1;交通部直属航政局及其办事处各类人员详见表 5-2-2。

---

①中国第二历史档案馆:《中华民国史档案资料汇编》,第五辑《财政经济(九)》,凤凰出版社 1999 年版,第 306 页。

②丁奇中:《中国船检史》,人民交通出版社 1998 年版,第 5 页。

③中国第二历史档案馆:《中华民国史档案资料汇编》,第五辑《财政经济(九)》,凤凰出版社 1999 年版,第 306 页。

④高廷梓:《中国航政建设》,商务印书馆 1947 年版,第 135 页。

⑤王洸:《航业政策》,《交通杂志》1934 年 12 月,第 88-90 页。

⑥《交通史・航政篇》第二册,国家图书馆出版社 2009 年版,第 281 页。

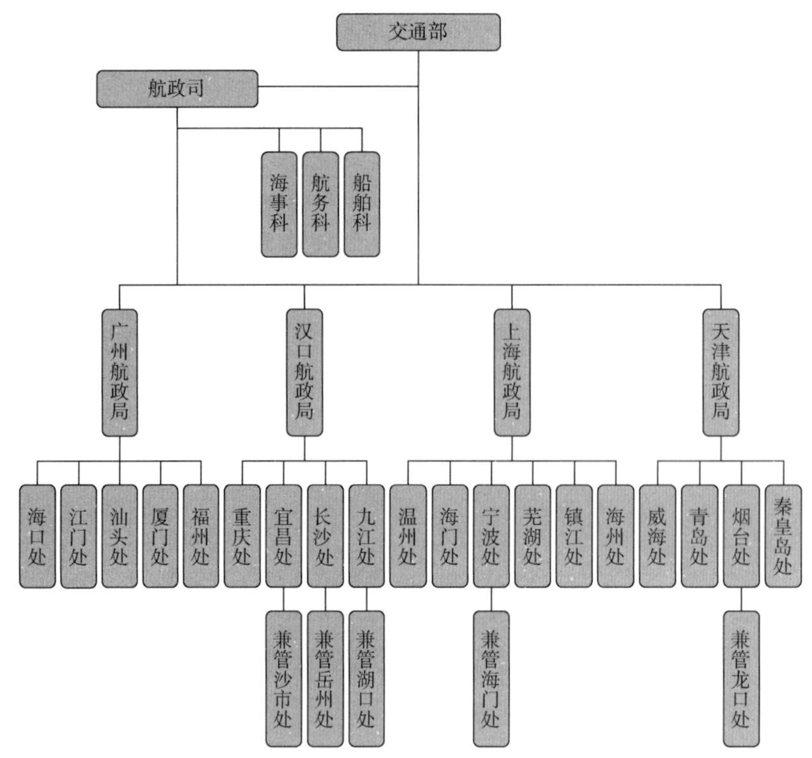

图 5-2-1　国民政府交通部直属航政局及其办事处结构图

交通部直属航政局及其办事处各类人员表　　表 5-2-2

区域航政局	分支机构	各部门或岗位的人员数量	累计人数
上海航政局 局长:吴嵎	上海局机关	局长 1 人 技术主任 1 人,技术员 4 人,助理技术员 1 人 第一科:科长 1 人 文书股:股长 1 人,科员 3 人,办事员 4 人 统计股:股长 1 人,办事员 4 人 航务研究员:1 人 会计股:主任 1 人,助理主任:3 人,出纳 1 人,办事员 1 人 庶务室:庶务员 2 人,办事员 1 人,书记 6 人 第二科:科长 1 人 验船股:股长 1 人,科员 2 人,办事员 2 人 登记股:股长 1 人,科员 3 人,办事员 4 人 上海航政局船舶碰撞纠纷处理委员会: 主席 1 人(局长兼),委员 5 人,记录 1 人 上海航政局航线调查委员会: 主席 1 人(局长兼),委员 7 人,记录 1 人	64 人 注:除去兼任两个主席
	芜湖办事处	主任 1 人,技术员 1 人,事务员 8 人,雇员 3 人	13 人
	宁波办事处(兼管海门处)	主任 1 人,技术员 1 人,事务员 8 人,雇员 3 人	13 人
	温州办事处	主任 1 人,技术员 1 人,事务员 8 人,航务研究员 1 人	11 人
	镇江办事处	主任 1 人,技术员 1 人,事务员 7 人,雇员 3 人	12
	海州办事处	主任 1 人,技术员 1 人,事务员 2 人,雇员 1 人,航务研究员 1 人	6 人
	合计人数		119 人

续上表

区域航政局	分支机构	各部门或岗位的人员数量	累计人数
汉口航政局 局长:董仲修	汉口局机关	局长1人 第一科:科长1人 技术员兼第二科长1人,技术员2人,科员15人,雇员17人 会计室:室主任1人,会计员3人	41人
	九江(兼管湖口)办事处	主任1人,技术员1人,事务员9人	11人
	宜昌(兼管沙市)办事处	主任1人,技术员2人,事务员2人,雇员2人	7人
	长沙(兼管岳州)办事处	主任1人,技术员2人,事务员4人,雇员6人	13人
	重庆办事处	主任1人,技术员1人,事务员3人,雇员4人	9人
	合计人数		81人
天津航政局 局长:潘耀襄	青岛办事处	主任1人,技术员1人,事务员4人,雇员3人	9人
	烟台办事处(兼管龙口处)	主任1人,技术员1人,事务员4人,雇员3人	9人
	秦皇岛办事处	主任1人,技术员1人,事务员2人,雇员2人	6人
	合计人数		24人(不含局长)
广州航政局 局长:姚伯龙	广州局机关	局长1人 第一科:科长1人 第二科:科长兼技术主任1人 编查股:股长1人,登记股股长1人,考核股股长1人 验船股:股长1人,技术员1人,科员9人,办事员7人 航务研究员1人,书记7人 文书股:股长1人 会计股:主任1人,助理会计员3人	37人
	福州办事处	主任1人,代理技术员1人,会计员1人,事务员5人,雇员4人	12人
	厦门办事处	主任1人,技术员1人,会计1人,航务研究员1人,事务员4人,雇员4人	12人
	汕头办事处	主任1人,技术员1人,助理技术员1人,航务研究员1人,事务员10人	14人
	江门办事处	主任1人(局长兼),技术员1人,科员1人,办事员2人,书记1人,管卷1人	7人(局长兼主任)
	海口办事处	主任1人,技术员1人,事务员8人	8人
	合计人数		89人

摘自:《民国二十五年本国航业基本概况》(甲:航政及港务),第二回《航业年鉴》,上海市轮船业同业公会发行,1937年8月出版,第6-24页。

这一期间,根据《交通部航政局组织法》,由国民政府交通部任命主管航政事务的航政司司长(类似于今中国海事局局长),首任航政司司长为沈蕃,之后有8人接任。各航政司司长任职时间如下①:

沈　蕃:1927年11月—1928年11月;

殷汝耕:1928年11月—1930年1月;

蔡　培:1930年1月—1932年5月;

①刘寿林:《民国职官年表》,中华书局1995年版,第583-590页。

许龄筠:1932 年 5 月—1932 年 12 月;

高廷梓:1932 年 12 月—1936 年 3 月;(其中 1935 年开始由陆翰芹代)

陆翰芹:1936 年 3 月—1938 年 1 月;

何墨林:1938 年 1 月—1945 年 8 月;

高廷梓:1945 年 12 月—1946 年 8 月;

李景潞:1946 年 8 月—1949 年 9 月;

王　洸:1949 年 9 月—10 月(去台湾)。

(三)交通部直属航政机构的频繁演变

国民政府所建立的直属航政机构,航政人员紧缺,“办事人员,又未尽熟航政法规,常发生纠纷”,产生诸多弊端①。据有关资料载:“航政局成立之初,既无经验,又缺经费,全凭检查丈量登记收入以为挹注,是以航政建设效用未著,而扰民之事迭起。缘当时……已成立之各局在所属各河道重要口岸分设登记所,其中有预先呈请设立者、有未经呈准而权宜设置者。登记所本以依法登记检丈为其职责,但开始之时,经费无着,全恃检丈收费,以资维持。重以事属创举,人才未经培养训练,乃演成类似税收之机关。且船舶运输每停泊一天,即多一天之成本,如因检丈停留,必致损失,故(船商)对于检丈之执行,或意图规避,或以其他方法履行登记手续,结果难免发生不肖员司勒索之弊。船舶经航政局检丈之后,各省政府建设厅又重行登记检丈,商船又多一次之留难与多一重之负担。商民未见航政之利,而先受其害,各方纷纷表示不满,目为秕政。”②

此外,中央航政机构与各省地方航政机构重叠,兴废无常,频繁变更。

航商对以区域建立的中央航政机构,管理线长面广,以致鞭长莫及的弊端意见纷纷。为此,国民政府交通部不得不于 1931 年 11 月向行政院呈报,同意在“航业繁盛各埠分设办事处,办事处下分设登记所”。而沿海与长江沿线各省则曾数次会呈行政院,要求取缔航政局所设之船舶登记所,并要求恢复 1930 年原《航政局组织法》第三条之规定,将航行一省之内的 200 吨以下之轮船及 2000 担以下之帆船划归地方航政官署管辖。1932 年 7 月,国民政府交通部将上述情况呈报行政院,提出:“凡关于现有地方船管理机关之设置及一切航政规章与现行中央航政法令抵触者,均应一律明定范围,重新修改,咨送本部审核转呈钧院备案。”8 月初,行政院批复:“查航政系属交通部主要范围,所请为统一法令,避免抵触纠纷起见,事属可行,应准照办。”这样,交通部便裁撤合并部分航政办事处和登记所,改在航业集中的港埠和地方统一分设“船舶登记所”。到 1932 年底,裁撤合并办事处和登记所工作完成。如上海航政局辖区经过裁撤合并,只设立 23 个船舶登记所③。

(四)一省一个中央航政机构的建立

1933 年 1 月,国民政府为统一航政管理,规定各省只设立一个中央直属航政机构,并再次裁撤航政机构,即“非商务繁盛及船舶荟萃之区,则予裁撤”④。此次航政局组织、管辖范围及经费整顿具体情况如下:

(1)各航政局附设之登记所,除改为办事处外,一律裁撤。

(2)沿海沿江商务繁盛、船舶荟萃之重要口岸,设置航政办事处。其中规定:上海航政局设镇江、芜

---

①《交通史·航政篇》第二册,国家图书馆出版社 2009 年版,第 282 页。

②高廷梓:《中国航政建设》,商务印书馆 1947 年版,第 130 页。

③《交通史·航政篇》第二册,国家图书馆出版社 2009 年版,第 282 页。

④国民政府上海航政局档案,销毁卷 226 号。

湖、宁波、温州、海州5个航政办事处;汉口航政局设重庆、宜昌、长沙、九江4个航政办事处;天津航政局设青岛、烟台、威海卫、秦皇岛4个航政办事处。

(3)明确航政局管理船舶以适用海商法规定者为限,即:20总吨以上之航海轮船,容量200担以上之航海帆船,在与海相通能供海船行驶之水上航行之20总吨以上轮船暨200担以上帆船。但以橹棹为主要运转方法者,不在此限。并将《中华民国海商法》第一条所谓"在与海相通能供海船行驶之水上"一语具体规定为:长江自海口至重庆之一段,湘江自汉口至长沙之一段,黄浦江自吴淞至上海之一段。

(4)规定各航政局、处之编制及经费预算。

根据各省设一个中央直属机构的原则,中国沿海、沿江各省只保留一个船舶登记所或航政办事处,如江苏省,安徽省各剩镇江、芜湖船舶登记所。1933年2月,上海航政局各船舶登记所裁撤,改为航政办事处,即宁波、温州、芜湖、镇江、海州5个航政办事处,其中宁波、芜湖办事处为甲等航政办事处,其余为乙等航政办事处。汉口航政局在湖北境内设宜昌、沙市两个航政办事处,在皇经堂、段螟矶、下新河、团风、钟祥等处设船舶登记所。由于四川境内业务扩大,重庆船舶登记所更名为重庆办事处。湖南境内设长沙办事处,并在常德、益阳、岳阳分设船舶登记所。江西境内设九江办事处,工作多侧重长江和鄱阳湖航线。

1933年,国民政府交通部在广西北海设立其直隶的"交通部北海办事处",管理钦廉港口航政事务。同时,交通部再次划定北海港区域范围包括今广西沿海港口,即雷州半岛西侧至中越海界为止。

三、直属区域航政局的设立和变化

(一)上海航政局的建立

按照国民政府交通部的统一安排,1931年6月11日上海航政局成立,地址为今上海四川路33号,首任局长(代理)为奚定谟。局内设一、二两科。第一科下设文书、统计两股及会计、庶务两室;第二科下设登记、考核、验船、造船、航路、给证六股及技术科。又附设"船舶碰撞纠纷处理委员会",以专门处理海损事故。局机关人员共计44人,其中技术人员8人,4人为验船师①。上海航政局管辖江苏、浙江、安徽三省的航政事务,并分别在辖区内要埠海州、苏州、南通、镇江、南京、芜湖、安庆、蚌埠、兰裕、宁波、温州、台州、杭州等地设立了13个航政办事处,并在吴淞、苏州河、闵行、浏河、镇海、定海、绍萧、石浦、严东关、闸口、嘉兴、吴兴、无锡、江阴、盱眙、正阳等地设立了23个船舶登记所。各地航政机构成立后,先后接收了江海关、浙海关,以及长江沿线的镇江、南京、芜湖海关兼管的船舶检验、丈量、给照及船员考核等事项。7月22日,上海航政局接管江海关兼管的检验丈量和给照、船员管理等部分航政事务。凡沿海、江河内满20总吨的轮船、容量在200担以上的帆船,均交由航政办事处或船舶登记所管理。海关亦公告卸除此项职责。1935年12月,上海航政局局长为吴嵋,局机关有64人。其下属的芜湖办事处共13人,主任为汪成教;宁波办事处共13人,主任为毛绍遂;温州办事处共11人,主任为蒋幼怀;镇江办事处共12人,主任为陈洪;海州办事处共6人,主任为臧幼博②。

(二)汉口航政局的建立

汉口航政局依照国民政府交通部的统一安排,于1931年7月1日成立,首任局长(代理)为徐濬镕。局内设一、二两科。第一科下设文书、事务两股及会计室;第二科下设验船、登记、监理、航政四股及技术

①《交通史·航政篇》第二册,国家图书馆出版社2009年版,第282页。

②《民国二十五年本国航业基本情况》(甲:航政及港务),见第二回《航业年鉴》,上海市轮船业同业公会发行,1937年8月出版,第8-13页。

室,管辖沿长江的江西、湖北、湖南、四川四省的航政事务。7—9月,在下新河、虾蟆矶、沌口等处设立登记所。1931—1932年,先后在九江、南昌、瑞洪、长沙、常德、益阳、宜昌、重庆等地设有了航政办事处,并在湖口、武穴、团风、钟祥、下新河、虾蟆矶、罗家河、岳阳、衡阳、皇经堂等地设立船舶登记所。汉口航政局职掌湘、鄂、赣、川四省各埠的船舶丈检、勘划载重线标志、船舶登记及发证、船员及引水员考核监督、有关造船事项、船舶进出口签证、航道疏浚、航标监督等。各地航政办事处分别接管了江汉关、重庆关、宜昌关、九江关、长沙关兼管的船舶检丈、登记及船员考核等航政事务。到抗战前夕,汉口航政局设有重庆、宜昌、沙市、长沙、岳阳、九江、湖口7个办事处①。1935年12月,汉口航政局局长为董仲修,局机关有41人。其下属的长沙办事处(兼任岳州办事处)共13人,主任为严圣华;九江办事处(兼任湖口办事处)共11人,主任为陈皋;宜昌办事处(兼任沙市办事处)共7人,主任为王文瑛;重庆办事处共9人,主任为俞国成②。

(三)天津航政局的建立

天津航政局于1931年7月成立,首任局长(代理)陶毅。局内设一、二两科。第一科主管总务,含文书、会计及庶务股等;第二科管理航政事务。人事由局长主管。该局主管河北、山东两省和辽东沿海各埠航政。其下分别设立了除天津市以外的青岛、烟台、威海卫、秦皇岛4个航政办事处。天津航政局主要职责是:负责办理船舶登记、丈量、检验事项,管理船舶船籍业务,以及维护航行安全、处理航政纠纷、监督航业调整航线、取缔逾额载量等。9月1日,交通部天津航政局致函津海关:关于检查及丈量船舶事应由航政局主管。此时,大连在天津航政局辖区内,但作为日本租借地,中国政府没有行政管理权③。1935年12月,天津航政局局长为潘耀襄。其下属的青岛办事处共9人,主任为李居平;烟台办事处共9人,主任为邵骥;秦皇岛办事处共6人,主任为于世秀④。

这时,日本占领东四省(含热河省),开始染指华北,侵犯天津、河北及山东沿海一带。特别是1933年5月31日,国民政府军代表熊斌与日本关东军副参谋长冈村宁次在塘沽(今塘沽边防检查站址)签订《塘沽协定》,实际上承认日军对东三省和热河省的占领,并将河北东部划为"非武装区",而中国军队不得驻扎。这样,国民政府成立的天津航政局实际上已难以开展航政管理事务⑤。

(四)福州与厦门航政处的建立

1931年7月,交通部在福建省分别建立了交通部直属的福州航政处、厦门航政处。两航政处收回了闽海关、厦海关所属理船厅的部分航政管理权,负责办理行驶内河、外海20总吨以上轮汽船及200担以上帆船的登记、检查、丈量等事宜。航政处主管人为主任,其下设技术股、考核股、登记股、调查股、会计股、出纳股、文书股等。其中,技术股主管检查、丈量及技术上一切事项;考核股专管船舶及海员核定登记,以及轮汽船进口、航政报告签证事宜;登记股主管轮汽船、帆船所有权保存、转移,以及船籍变更、注销之一切登记事项;调查股主管船舶之一切调查事项;会计股专管收支账目及选报收支各事项;出纳股专管银钱出纳事项;文书股负责典章印信撰拟,来往公文、公牍、档案、文件的收发、保管等事项。1935年12月,筹建中的广州航政局局长为姚伯龙,局机关有37人。其下属的福州办事处共12人,主任为陆翰翀;

---

①《交通史·航政篇》第二册,国家图书馆出版社2009年版,第283页。

②《民国二十五年本国航业基本情况》(甲:航政及港务),见第二回《航业年鉴》(1935年),上海市轮船业同业公会发行,1937年8月出版,第14-17页。

③《交通史·航政篇》第二册,国家图书馆出版社2009年版,第281页。

④《民国二十五年本国航业基本情况》(甲:航政及港务),见第二回《航业年鉴》(1935年),上海市轮船业同业公会发行,1937年8月出版,第18-20页。

⑤《交通史·航政篇》第二册,"总务",国家图书馆出版社2009年版,第282页。

厦门办事处共 12 人,主任为吴节性;汕头办事处共 14 人,主任为严作娖;海口办事处共 7 人,主任为符和琚;江门办事处共 7 人,主任由局长兼任①。

(五)广州航政局的正式成立

1936 年,南京国民政府和军事委员会免去陈济棠的国民政府西南政务委员会委员、第一集团军总司令等职务,任命余汉谋为广东"绥靖"主任,派员到广州接管原广东全省港务管理局的工作,"将海商法规之船舶,收归管辖,其余仍由厅(指建设厅)辖之船务局、所管理"。9 月 1 日,"交通部广州航政局"正式成立,下设一科、二科和会计室。一科设文书、事务、出纳、统计、人事等股。二科设技术、海事等股。其中,技术股负责验船、船舶登记、船员考核、航线审批等。会计室设综合、簿记二股。该航政局在广州、江门、汕头、海口、北海、梧州、桂平、厦门、福州 9 处设立办事处。广州航政局原定管理广东、广西、福建三省的航政事务。可此时广西省自行设立航政机构,不受南京国民政府指挥。这样,广州航政局只管广东、福建两省的航政,主要管理海商法规定的船舶。

四、各省自行设立航政管理机构

1927 年 4 月成立的国民政府,名义上统一了全国,实际上只控制国土的 1/5。在这种情况下,除东三省航政从 1931 年后完全被日本人控制以外,在国民政府直属航政系统日臻完善的同时,各省(市)政府自行设立了由其管理的地方航政机构,实行分管、分治,履行本省(市)管辖水域内的航政职能。这些机构的名称和管理范围不尽相同,隶属关系各异,往往变动无常。如长江水系的四川、湖北、湖南、江苏、浙江等省,设航政司或交通局、航政局、航务处,业务范围大致相同。这种分散的管理弊端极多,政出多门,职掌难分,有利益时互相争夺,遇到问题彼此推诿,以致航商啧有怨言②。

(一)广西省的航政管理机构

1927 年以前,广西省未设专门机构管理航政,有关事务概由海关兼管,民船则由各地县政府随处设点征收船税。"为整顿水道交通,保护商旅航行,统一各江船课,改良船只运输",1927 年 2 月 1 日广西省政府在梧州成立了广西航政局。翌年 4 月,又在南宁、柳州、桂平、桂林、百色、龙州设立航政分局。广西省会在南宁,航政局设在梧州,两地相距 500 多公里,导致广西建设厅鞭长莫及,难以指挥。于是,省建设厅于 8 月以设在梧州"离本厅遥远指挥不便"为由,将航政局由梧州迁往南宁,另设分局于梧州,原各分局均改称航政办事处,后又将所有各分局均改为办事处。1928 年 5 月底,广西建设厅感到各航政办事处已变成单纯的税收机构,便裁撤了各航政机关(包括航政局),将整理航务、收船钞等事项归各税务机关办理。

1929 年 7 月 15 日,交通部在沿海增设钦廉航政局。因北海关理船厅不愿放弃管理筑港及航行标识职权,该局只能管理民船发照及征船钞。不久,钦廉航政局改为钦廉船务所,后因无起色,于 1932 年 6 月 21 日撤销。

1933 年 7 月,广西省设广西航务管理局,办理船舶的检验丈量、船员登记、牌照税的征收等航政事务,制定有关航政章程。1934 年 7 月,因省财政拮据,广西航务管理局裁撤,航政事务由省饷捐局设科办理,还在南宁、柳州、桂平、桂林、贺县、长安、百色、龙州设民船牌照征收处或代办处③。1937 年 9 月,广西省重建广西省航务管理局,并在南宁、柳州、桂平、桂林分设办事处,在百色、龙州、平乐等地设分处,管理

---

①《民国二十五年本国航业基本情况》(甲:航政及港务),见第二回《航业年鉴》(1935 年),上海市轮船业同业公会发行,1937 年 8 月出版,第 21-24 页。

②张后铨:《航运史话》,社会科学文献出版社 2011 年版,第 124-125 页。

③《广西壮族自治区志·航运史》,广西人民出版社 2012 年版,第 371-372 页。

全省航政事务。

(二)广东省的航政管理机构

1929 年 3 月至 1936 年 7 月,广西防城人陈济棠利用国民党内部派系斗争,拥兵自重,执掌广东军政大权。1931 年 5 月,"粤省宣布独立,与南京政府对峙"①。1932 年 11 月 7 日,陈济棠政府在广州成立"广东全省港务管理局",继又设立潮汕及琼崖两港务局。全省港务管理局主要职责是"赓续办理丈量、检验船舶及发给牌照等事项",管理广东沿海、内河及海南岛水域的航政事务。之后修改 1913 年制订的《广东航政章程》。1932 年,海关总税务司梅乐和迫于民众的压力,同意交出粤海关理船厅中部分航政管理权。1933 年 2 月 14 日,广东全省港务管理局接管了这部分航政管理权。3~6 月,又分别接管了潮海关、琼海关、三水关、江门关、拱北关等交出的部分航政管理权。

广东全省港务管理局设局长及各办事人员,共 29 人。其具体职掌共 13 项,其中 10 项为航政管理事务即:疏通航路、测量河道、灯塔与浮标及其他海上标志的管理、船舶丈量与登记、船舶的检验及取缔、船舶及引水人的考核、船舶的出入查核与指泊、处理船舶纠纷、造船造机(轮机)之取缔及奖励、发给牌照、船港卫生等。该港务局虽为全省性的行政管理机关,但实际上其管理范围主要限于省河(属于当时广州地区的省河航道、黄埔港水域、潮汕及海南岛地区)。这是广东省最早由中国人自行设置的港口行政管理机构。1934 年,广东省建设厅所属的各地航政局一律改组为船务管理所,共有陈佛、北江、西江、中山、东江、江门、廉钦等 7 个。

广东全省港务管理局成立之后,修订《广东航政章程》,订定船舶检定规则和颁发航海规则及防碰章程,分 3 个阶段开展工作。此外,该局还主要做了以下工作:限定船只的载重量和航行速度,以防止船舶滥载和超速;划定轮船吃水线,并根据航路及船舶的不同种类重新核定船舶载客的客位,严令轮渡将载客执照用玻璃框架悬挂在船上醒目之处,使旅客和有关人员一目了然;限定各轮渡如期按照规定数目配足救生衣、救生圈;定期和临时抽验船舶,淘汰破旧船舶;调查河道应竖立标志的重要地点,筹备在各河道建设灯塔、水表、浮标、灯杆等导航标志;规定各轮渡改换旗帜、服装,新开承摆轮渡须上缴航程简明图②。

(三)福建省的航政管理机构

1927 年 5 月,国民政府福建省政府成立,设民政、财政、建设、教育 4 厅,并确定建设厅分管全省航政事务。1931 年 1 月,建设厅在福州设立了"验船处",负责闽江上下游轮船的丈量、检验、登记、给证等。不属于海商法规定之船舶,均由"验船处"依照交通部有关规定,施行船舶的丈量、检查、登记、给证及督理船员等航政事项,并监督各线轮船贪装超载等违章事宜。这是该省航政机构对轮船业监管之始。1931 年,交通部福州航政办事处成立后,即向闽海关所属理船厅收回航政管理权,其中,闽江下游轮船的航政管理事宜,归建设厅所属的"验船处"(该处撤销后,移归船舶管理所)办理;沿海船舶航政及港务事务由交通部福州航政办事处直接办理。其他如各地木帆船的管理、航路的改良、码头建设、船舶安全设备管理等事宜,仍由福建建设厅所属分支机构负责办理。自此,国民政府交通部和福建地方交通部门在航政管理职权上有了初步划分。此外,其余一些原由海关理船厅所控制的港务管理权,均收归交通部所属福州航政办事处自行掌管。

1934 年,按照福建省河流航行情形,福建省建设厅分区设立了船舶管理所。将丈量、检查、登记、收费、给照诸事都归各所办理。1935 年 5 月间,由福建省民政厅会同省建设厅、财政厅拟定了福建省船舶

①《中华民国二十年海关中外贸易统计年刊》(上卷),总税务司署统计科编印,第 58-59 页。

②《派定各属船务管理员》《广东两年来建设事业之回顾》,《越华报》1933 年 8 月 24 日。

管理所组织规程和船舶检验收费办法纲要。5月20日,省政府委员会决定成立船舶管理所,下设总务、技术、会议3个部门。6月26日,隶属于福建省建设厅的“福建省船舶管理所”在福州设立,在厦门设办事处,负责船舶的丈量、检查、登记、收费、给照诸事,悉纳入该所办理。6月30日,建设厅所辖的“验船处”撤销,其各事项交由“福建省船舶管理所”办理。此外,管理地方航政事务的还有分驻沿江沿海各地的水警队,河海船舶均受其管理监督。除了编组水上保甲,管理人口流动,制发船舶牌照,检查来往船舶及行旅外,有关航务规章法令的贯彻,港口码头秩序的维持,以及航运纠纷案件的处理等,水警机关均可直接受理,或协助航务主管部门办理。当时福建省航政形成交通部航政处、省建设厅船舶管理所、水上警察3个机构分管,各负其责①。

(四)浙江省的航政管理机构

1927年4月27日,浙江省政务委员会成立。7月20日,浙江省政务委员会通过浙江省航政局组织大纲和预算草案。10月,浙江省政府改组,设立浙江省建设厅,确定该厅为管理全省航政事务的主管部门。浙江省建设厅先后在浙江省8个区成立船舶管理事务所,将每区所下设的临时稽征处改为分所,并增设分所9个,开展船舶管理、查检给照等工作。1928年7月,浙江省建设厅召开了第一次航政会议,再次督促及早建立全省性的专门航政机构。1930年2月6日,《浙江省航政局章程》公布,决定设立浙江省航政局,直隶省府建设厅,掌管全省航政事宜,全省划分区域设立分局及流动办事处,必要时得自行经营航业,并设立修船厂及船坞。2月13日,浙江省航政局正式成立,改8个区船舶管理事务所为4个区航政分局,所有分所一律改为办事处。1931年2月7日,浙江省航政局撤销,改设航政处,附于省建设厅内。原4个区航政分局改为区船舶管理事务所,各地办事处改为分所,削减行政经费1/3。1937年年初,局势危急,战争迫近,浙江省准备实施战时船舶管理办法。2月19日,浙江省政府命令所有各区管理船舶事务所及各分所一同撤销,免除船舶牌照费,船舶管理事宜暂由各县、市政府负责办理。浙江专管航政的机构就此结束②。

(五)上海特别市的航政管理机构

1927年5月国民党上海特别市成立后,市公用局和港务局分别行使地方的航政管理职权。前者对上海地方木帆船进行检验、丈量、核发执照;后者则专门对上海轮船进行登记、注册,兼对进出吴淞口的沙船、钓船进行登记、丈量。特别是1927年12月设立的上海港务局,也负有航政管理之职,主要负责管理船舶登记、取缔领港业务(即取消外籍人引水业务)、测量全市水道、疏浚淤浅水道、管理船政和码头事项等,但因外籍税务司控制的江海关和上海外国总商会一直持反对和抵制的态度,未能履行职责。延至1931年,上海航政局成立,试图加强监督船舶航行安全的行政管理力量。但因此也形成了上海地区由航政局、公用局和港务局分治的多套航政管理体系,而公用局仅限于对木帆船检验和征收船税,不过问安全航行。一个地方多个航政部门行使职权,势必政出多门,使航业与船员无所适从③。

(六)江苏省的航政管理机构

1927年5月,江苏省政府成立建设厅,规定省内航政由省建设厅及各县的建设局、科兼管。1931年,在上海航政局成立的同时,江苏省也设立了航政局,不久即撤销,改由江苏省建设厅第一科管理水运及水

①林开明:《福建航运史》(古、近代部分),人民交通出版社1994年版,第313-315页。

②童隆福:《浙江航运史》(古、近代部分),人民交通出版社1993年版,第420页。

③《上海内河航运史》,人民交通出版社1995年版,第242页。

运事项。各地航商公会、航业公会也兼管航政之事。民间运输则多由地方势力、船帮、行会所所把持,自订章程,私立行规,各霸一方。

(七)湖北省的航政管理机构

1926 年 10 月北伐军攻克武汉后,湖北政务委员会为求进一步收回内河航行管理权,设立湖北省航政局,办理湖北内港民船和小轮登记给照事宜,同时颁发《湖北航政简明条例》与《航政局暂行职掌章程》。此为湖北设立航政机构之始。1927 年 1 月 6 日,湖北省航政局改组为湖北省航政委员会。1928 年 5 月,航政委员会裁撤,在省建设厅内设航政处,接管原航政委员会所管辖的省内航政事宜。航政处并于汉口、武穴、皇经堂、下新河、宝塔洲、段蟆矶、沙市、宜昌设船舶查验注册给照办事处,隶属于建设厅。1928 年年底,湖北省江防局成立,在江河地区设派出所,木帆船登记、给照事务划归江防局办理。每月由江防局编造木帆船查验登记表,送省建设厅航政处所属各木帆船查验注册给照办事处。航政处专管内河小轮登记检查、丈量等事宜。1929 年,宜昌、下新河、段蟆矶 3 处查验注册给照办事处裁撤,其余 5 处改称小轮查验事务所。1931 年,沙市小轮查验事务所撤销,设团风事务所。1930 年,江防局撤销。1931 年中央直属的交通部汉口航政局成立后,仍保留湖北地方航政机构建制,负责管理内港小轮、木船等有关事宜。1932 年 10 月,仅留汉口小轮查验事务所,改于汉口设小轮查验办事处,由省建设厅所属的航政处直接派技术员对行驶内港小轮施以丈量检查,境内各地小轮查验所一律撤销。1928 年设立的武汉轮渡所也一并裁撤,将轮渡业务归并航政处营业课办理。1933 年,省航政处因与汉口航政局发生冲突而停办航政管理业务。1937 年 3 月 16 日,湖北省政府将建设厅所属航政处、内河航轮管理局、管理汉口轮驳事务所、武昌机器厂合并,成立湖北省航业局,继续履行地方航政管理职能①。

(八)四川省的航政管理机构

1926 年 11 月 25 日,四川善后督办刘湘令设置“川江航务管理处”于重庆,受第 21 军政务处领导,管理川江航务事务及一些航政事宜。不久,该管理处与重庆税收总稽查处合并。1929 年 6 月两处又分开,7 月在重庆重新设立“川江航务管理处”,委托民生公司卢作孚任处长,专管川江水上航政、治安,下设万县、奉巫、宜宾办事处。川江航务管理处是四川省第一个专管航政和治安的机构。在此之前,虽有川军杨森和刘文辉在万县设立的航务管理处,以及刘湘在重庆设立的航务管理处,但并未完全执行航政管理任务,只是在各自防区内通过征收捐税实行船舶监管。新的川江航务管理处成立后,负责管理川江航业、维护川江航运安全及对川江轮木船的检查等航政事务。1933 年刘湘控制全川后,被国民政府任命为四川省政府主席。为了巩固自己的势力,统一四川航运,刘湘将川江航务管理处升格为川江航务管理总处,在宜宾、万县、奉巫(即奉节巫山)设立 3 个分处,在万县设立办事处,在涪陵、广元等地设派驻所②。

(九)湖南省的航政管理机构

1936 年 1 月,仿效福建、江苏等省办法,湖南省拟于省建设厅内附设航政机关,并拟出具体计划,提交省政府委员会通过,但未能实现。3 月,何健主持省府委员会第 651 次常务会议,议决管理船舶事宜,暂由建设厅主办,由全省水上警察局及各县、市政府辅助执行。1937 年 11 月,湖南船舶管理总所在长沙成立,主管湖南境内水上航政事宜。

---

①刘宏友:《湖北航运史》,人民交通出版社 1995 年版,第 346-347 页。

②王绍荃:《四川内河航运史》(古、近代部分),四川人民出版社 1989 年版,第 202 页。

(十)江西省的航政管理机构

抗战之前,江西境内的航政事务除由汉口航政局及其九江办事处管理外,还由江西省巡警公署或水上公安局代为管理。1936 年,江西省水上警察总队成立,隶属于江西省民政厅,其职掌范围是:掌管江西境内的内河帆船、轮船的检查丈量、登记给照及机驾船员的考察工作,内河码头管理及轮帆船失事的救援和善后处理等。总队部设于南昌,并在南昌以外的重要港站设有 4 个中队部和 12 个分队部,备有小型船艇 5 艘,巡回于赣江和鄱阳湖。

(十一)贵州省的航政管理机构

贵州省虽未成立专管航政的机构,但 1936 年春开始由省建设厅管理 200 吨以下的轮船和所有帆船,并受国民政府参谋总部、交通部委托,开展贵州省的船舶调查登记工作。

1931 年 11 月,天津航政局在山东济南设立小清河航政办事处,地址就在济南城门外青龙街。

国民政府在南京定都,收回部分航政管理权后,除沦陷的东三省由日本掌控,建立傀儡的航政机构外,在沿海、沿江各省市建立了一些航政机构。这些机构既互不隶属,形式芜杂,又体制各异,名称不一,且不时演变,多数由省建设厅领导。由此,在中国就形成了中央直属、地方专管与各海关兼管的三套航政管理机构并存的格局。虽然各机构都能起到一定的作用,特别是在加强小轮木船管理、整顿水运市场、维护水上治安、开发地方交通、促进地方经济发展方面作用显著,但由于机构重叠、政出多门,还是造成了航业管理的混乱,以致各种航政机构间矛盾重重,有利益时相互争夺,遇到问题又相互推诿,航商多有怨言。正如 1931 年 1 月国民政府交通部给行政院的呈文中所说:“由于外轮压迫,要亦管理之法未尽得宜,海关亦墨守成规,各省复各自为政,船商日呻吟憔悴于政令分歧之下。”①

五、中央与地方管辖区域的初步划分

1930 年 12 月 19 日,国民政府公布《交通部航政局组织法》,规定了航政局的隶属关系、编制及各科职掌。按这一航政局组织法的规定,在内河一省范围以内行驶之总吨数不及 200 吨容量不及 2000 担之船舶均不属中央航政局管辖,而由地方航政部门管理。

1931 年 9 月 26 日,交通部修正公布的《交通部航政局组织法》,除明确规定航政司直隶交通部,其设置及管辖区域由行政院确定之外,还规定国民政府交通部在各地设置的中央直属航政局管辖船舶的范围以适用海商法之船舶为限。按照《中华民国海商法》规定,适用海商法之船舶为 20 总吨以上之航海轮船暨容量 200 担以上之航海帆船,以及在与海相通能供海船行驶之水上航行之 20 总吨以上轮船暨 200 担以上之帆船。据当时统计,全国共有轮船 3300 多艘、540466 吨,平均每艘 163 吨;200 担以上之航海帆船 15901 艘、4903425 担,平均每艘 308 担。也就是说,如果《交通部航政局组织法》不加修正的话,则各地中央直属航政局管辖之船舶则寥寥无几。

这一修正无疑是符合当时情况的。其中,航政司(局)第二科职掌第二款载重线标识,当时已委托英美等国船级社办理;第六款关于船舶出入查验证,因商港条例尚未施行及其他缘故未能执行;第四款关于引水之考核监督也未能全部接管;第八款航路标识,仍由海关兼管。因此,航政司(局)设立初期实际所能行使的职权为船舶丈量、检查登记、核发船舶吨位证书、检查证书、登记证明书、管理船员、监督航业等。各地中央直属的航政局及其分支机构设立之初,经费缺乏,全凭检查、丈量、登记收费以抵支出。与此同时,各地方的航政机构仍对小轮进行检查丈量,以致航商双重负担,未见航政之利而先受其害,纷纷视此

①《行政院训令交通部》,民国 20 年 1 月 31 日,摘自江天凤:《长江航运史》,人民交通出版社 1992 年版,第 402 页。

为秕政。各地中央直属航政机构要求各地方航政机构停止船舶检查、丈量证书,撤销有关机构。各地方航政机构则扣留由中央直属航政机构检丈、登记过的船舶。如此政令分歧,航商失所凭依,深以为苦。1931—1932年,以湖北省为主,联合江苏、安徽、江西三省向国民政府行政院呈请恢复原订航政局组织法第三条,并明确规定地方航政权限。其理由是各省的内河航政与地方息息相关,如船舶行驶、航道疏浚如何办理才适于运输需要、无碍农田水利,其他如水上警察、保护航业、纠纷处理、码头建设、航标设置等,非地方航政机关主管难于办理。而国民政府行政院认为,根据船舶法规定,船舶非领有国籍证书不得航行,船舶须由主管航政机关检验、登记后方可向交通部领取国籍证书。如果恢复原航政局组织法第三条,则中央航政局对总吨200吨及容量2000担以下的船舶既无施行、登记之权,交通部亦无理由发给国籍证书。此类占大多数的船舶势将不能航行,影响商业经济。为此,1932年8月3日国民政府行政院及交通部作出规定:除总吨数不及20吨或容量不及200担或以橹棹为主要运输方式的船舶,由地方航政机关管理外,其他均由交通部直属的中央航政局办理。至此,中央与地方航政管理权限之争始告结束。

尽管如此,中央与地方航政仍然存在多头管理的问题。海关控制部分权利,中央直属航政局掌管部分小轮船的注册、给照权限,地方航政机构亦在不断地演变之中。因此,各地方小轮船始终处于“三管三不管”的状态下,安全难以保障,水上交通事故时有发生①。

1933年6月28日,交通部颁布《制定全国船籍港令(附表)》,以第3363号文训令各航政局、处。9月,交通部公布了《全国各船籍港名称疆界表》,划定了各船籍港的名称和所辖地界。全国共划定了46个船籍港,即上海、南京、海州、镇江、南通、宁波、海门(今台州)、温州、芜湖、安庆、天津、秦皇岛、滦河口、青岛、威海、烟台、龙口、营口、葫芦岛、丹东、广州、三水、江门、汕头、安东、北海、海口、梧州、南宁、福州、厦门、泉州、三都澳、汉口、沙市、宜昌、长沙、岳州、九江、湖口、万县、重庆、哈尔滨、虎林、龙口、大黑河。11月20日,为明确全国船籍港界,交通部发布《核定全国船籍港疆界令》,以第5950号文训令各航政局、处,规定:所有未设航政局及办事处之船籍港,其航政事宜由邻近之航政局或办事处兼理。与管辖局或办事处距离较远者,其航政事宜由管辖局或办事处呈部核准派员前往办理。此项机关仍定名为办事处,另发印信,由原派出之局、处长官用兼理某处名义对外行文。如汉口航政局九江办事处兼理湖口办事处,长沙办事处兼理岳州办事处,宜昌办事处兼理沙市办事处,上海航政局宁波办事处兼理海门办事处等②。

1933年9月8日,交通部发布《核定航政局及各航政办事处管辖区域令》,公布了各区域航政局及各办事处的管辖区域(详见表5-2-3)。

各区域航政局(处)管辖区域一览表(1933年)　　表5-2-3

区域航政局(处)	管辖区域
上海航政局	自钱塘江起,沿海而北,经扬子江口至吕泗以南止。又自扬子江口起,入江经崇明、南通港而至江阴以东止。又自吴淞口溯黄浦江至上海市区止
海州办事处	自苏鲁交界点起,沿海而南,经青口、连云港、陈家港而至吕泗以南止
镇江办事处	自江阴以东起,西经江阴、镇江、南京至苏皖交界点止
芜湖办事处	自苏皖交界点起,西经采石、芜湖、大通、安庆至赣皖交界点止
宁波办事处	自曹娥江口起,沿海南经镇海、宁波、舟山群岛、象山、石浦、三门湾至海门以南止
温州办事处	自海门以南起,沿海南经坎门、温州、瑞安、平阳而至浙闽交界点止

①刘宏友:《湖北航运史》,人民交通出版社1995年版,第351页。

②郭孝义《江苏航运史》(近代部分),人民交通出版社1990年版,第156页。

续上表

区域航政局(处)	管 辖 区 域
天津航政局	自滦河以西起,沿海西经北塘、清河口、白河口入山东省至羊角沟以西止。又自白河(海河)口起,沿河而上溯至天津市区止
秦皇岛办事处	自辽冀交界点起,沿海西经秦皇岛、北戴河至滦河口以西止
烟台办事处	自姜革庄以西起,沿海西经烟台、登州、龙口至羊角沟以西止
威海办事处	自姜革庄起,沿海东经姜革庄、威海卫绕荣城石岛至乳山口以东止
青岛办事处	自乳山口以东起,经乳山口、石臼所至苏鲁交界点止
汉口航政局	自鄂东富池口以下起,溯江而上,经富池口、蕲州、黄石港、黄州、武汉、金口、新堤至监利以西止
宜昌办事处	自监利以西,溯江经藕池口、沙市、荆州、宜昌、巴东至川鄂交界点止
长沙办事处	自城陵矶以下起,经城陵矶沿洞庭湖入湘江上溯至长沙止
九江办事处	自赣皖交界点起,西经湖口、九江至富池口以下止
重庆办事处	自川鄂交接点起,沿川江上溯经巫山、夔州、万县而至重庆止
直辖厦门办事处	自闽粤交界点起,沿海而北经东山、厦门、金门而至泉州以北止

第三节　半自主航政管理法规与制度的初定

一、初步建立半自主的航政法规规章

国民政府定都南京后,着手开展全面立法工作,统一法制。从 1927 年起,国民政府陆续拟订、修订、颁布了一系列航政法律、法规、章程、条例等。在拟定各种航政规章时,“均以确立规制,重视主权,维护本国航业,保障公众利益为要旨”①。据不完全统计,1927 年至 1936 年间,以国民政府(行政院)或交通部、实业部、考试院、军政部名义颁发的航业、航政方面法律、法规、规则、条例、章程、办法、细则等有 50 多部(件)。至此,国民政府建立的半自主航政从组织机构、职责的确立、范围的划定,到船舶检验、注册给照、安全检查、船员考核、通航维护、事故处理等均订专章,初步形成较为完整的航政法律、法规及规章体系。这些法律、法规、章程、条例的颁布施行,逐步把中国航政管理纳入规范化、法制化的轨道,对保障航行安全、维护航行秩序起到保障作用。其中,国民政府颁布实施的航政法律、条例详见表 5-3-1,交通部公布的航政管理规章详见表 5-3-2。

国民政府颁布的航政管理法律、条例一览表　　表 5-3-1

序号	颁 布 时 间	法律、规范名称	颁 布 单 位	实 施 时 间
1	1929 年 12 月 30 日	海商法	国民政府	1931 年 1 月 1 日
2	1930 年 11 月 25 日	海商法施行法	国民政府	1931 年 1 月 1 日
3	1930 年 12 月 4 日	船舶法	国民政府	1931 年 7 月 1 日
4	1930 年 12 月 5 日	船舶登记法	国民政府	1931 年 7 月 1 日
5	1931 年 12 月 5 日	船舶载重线法	国民政府	
6	1933 年 6 月 17 日	商港条例	国民政府	
7	1934 年 5 月 15 日	航路标识条例	国民政府	
8	1935 年 3 月 25 日	船舶无线电台条例	国民政府	

①王洸:《中华水运史》,台北商务印书馆 1971 年版,第 312 页。

交通部公布的航政管理规章一览表 表5-3-2

序号	公布时间	规章名称	公布单位	实施时间
1	1927年12月	轮船注册给照章程	交通部	
2	1928年1月16日	码头船注册给照章程	交通部	
3	1931年6月5日	船舶丈量章程	交通部	1931年7月1日
4	1931年6月5日	船舶检查章程	交通部	1931年7月1日
5	1931年6月5日	船舶国籍证书章程	交通部	1931年7月1日
6	1931年6月5日	船舶登记法施行细则	交通部	1931年7月1日
7	1931年9月12日	发给船舶航线证暂行办法	交通部	1931年7月1日
8	1931年12月12日	内河航行章程	交通部	
9	1931年	海关管理航海民船航运章程	财政部 交通部	
10	1931年	海员管理暂行章程	交通部	
11	1932年1月9日	商办造船厂注册规则	交通部	
12	1932年1月20日	小轮船丈量检查及注册给照章程	交通部	
13	1932年8月16日	交通部船员检定委员会暂行章程	交通部	1932年6月1日
14	1932年8月16日	船员检定暂行章程	交通部	1932年6月1日
15	1932年8月16日	船员证书暂行章程	交通部	1932年6月1日
16	1932年	未满二百总担帆船丈量检查注册给照办法	交通部	
17	1933年6月5日	拖驳船管理章程	交通部	
18	1934年2月2日	航路标志办法	交通部	
19	1934年4月25日	航行安全电报规则	交通部	
20	1934年7月6日	保障旅客安全办法	交通部	
21	1935年3月	查报轮船遇难办法	交通部	
22	1935年3月26日	船员检定章程(在修改《船员检定暂行章程》基础上)	交通部	
23	1935年6月12日	沿海港湾及内河轮船救生设备暂行办法	交通部	1935年9月12日
24	1935年7月1日	船舶漆绘吃水深度办法	交通部	
25	1936年10月15日	海事报告暂行办法	交通部	
26	1936年12月9日	轮船业监督章程	交通部	
27	1936年12月9日	轮船业登记规则	交通部	
28	1936年	造船奖励条例	交通部	
29	1937年2月27日	船图种类	交通部	1937年7月1日
30	1937年2月27日	船舶设计纲目	交通部	1937年7月1日
31	1937年5月28日	核发华籍船舶国籍证书办法	交通部	
32	1937年6月23日	核发轮船通行证书办法	交通部	
33	1937年7月23日	船舶丈量技术规程	交通部	
34	1937年7月23日	船舶检查技术规程	交通部	

上述由国民政府颁发和国民政府交通部公布的航政法律、法规、章程等,“尽量采纳国际法之规定,俾应国际航运之需求”,① 与国际公法相适应,为中国航业加入国际营运创造了条件。虽上述法律、法规、章程由于战乱和海关把持部分航政管理权而无法施行,但也为中国航政管理开启了近代。如1929年颁布的《海商法》,是中国近代首部海运专门法律,在中国航运史上具有划时代意义,奠定中国近代航政法律体系的基础。

《海商法》颁布之后,有关航政法律、法规、规章等相继出台,使航政有法可依,有章可循。其中公布的《船员检定章程》,开始中国船员考试考核制度。其他如《船舶法》《船舶检查(丈量)章程》《轮船监督章程》等,从行政上、技术上明确了中国航运各个方面必须遵循的准则和检验、监督的标准,进一步推进中国航政规范化的进程。同时,有些法律、法规不能完全适应不断变化的航运状况,国民政府着手进行修改,补充,进一步完善,以符合航运实际的需要。1932年2月,交通部公布的《小轮船丈量检查及注册给照章程》,规定凡20总吨以下之轮船,均应依章申请航政官署检丈,领取检查及吨位各证书,再由航政官署或船舶所有人将此项证书连同船舶事项表、所有权说明文件及册照印花各费一并呈请交通部核发执照。1933年,交通部公布《拖驳船管理章程》,规定:20总吨以上者均依《海商法》办理,20总吨以下者依《拖驳船管理章程》办理。自1934年开始,对各外籍拖驳船亦一律照章办理。1934年,交通部公布修正的《码头船注册给照章程》,将码头船分为甲、乙两种,甲种为趸船,乙种为浮码头。凡甲种码头船均须受主管航政官署之检查与丈量,检丈完毕发给证书,呈交通部核发执照;乙种码头免予检查②。

二、两个国际公约接受手续的办理

1933年2月14日,国民政府办理接受《1929年国际海上人命安全公约》的手续,同时公布外交部翻译的公约全文,宣布1935年7月1日生效。交通部亦令各航政局和各航业同业公会知照,声称“以后实施办法由本部拟定再饬遵”。后来,因该公约没有生效,也就停止了履约事宜。

1930年7月,国民政府签订《国际船舶载重线公约》(1933年1月1日生效)。为谋求国际航行便利及维护海上人命财产安全起见,交通部认为中国航运正在力图发展,实有必要加入该项公约,于是1934年11月间译就公约全文呈送行政院。1935年,国民政府立法院第四届第二十五次会议通过公约译文,行政院于7月31日公布。8月19日,公约加入书送达英国政府,依例办理加入公约手续。11月19日,《国际船舶载重线公约》对中国生效③。但是,后来因多种原因,国民政府并没有加入该公约。

尽管出现加入《1929年国际海上人命安全公约》而未生效,以及对中国生效的《国际船舶载重线公约》而未加入的情况,但在申办加入的办理相关手续过程中国民政府还是做了大量工作。

国民政府交通部依照公约规定,制作了各种证书样本送经缔约各国政府承认。当时中国轮船行驶香港,香港英国殖民政府一向不承认华籍船员证书、乘客证书等证书的有效性,后经国民政府外交部与香港政府交涉,香港政府最终于1935年7月1日执行并予以承认。

随着《国际船舶载重线公约》对中国生效,交通部于1937年1月16日以航海字第154号训令各航政局,对国际航行船舶的载重线可委托国际公认的测量船舶载重线公司(即外国船级社)代为检验和勘划。航政局在其签发的国际船舶载重线证书上加盖关防和局长签字,作为中国主管机关正式签发的国际船舶载重线证书。

根据《1929年国际海上人命安全公约》,参照《国际电信公约》及其附件规则,交通部拟订《船舶无线

①王洸:《中华水运史》,台北商务印书馆1971年版,第314页。

②《交通史·航政篇》第二册,国家图书馆出版社2009年版,第288页。

③《交通年鉴》第四编《航政》,1935年12月,附录第18页。

电台条例(草案)》共 18 条，于 1933 年 10 月呈请行政院核转立法院审议通过，国民政府 1935 年公布施行①。

三、各省市自订的航政管理规章

这一时期，各地建立的地方航政机构名称、建制各异，而业务范围大致相同。各地还相应制定了本辖区内航政管理的规章制度。这些规章制度大致上可分为以下几类：一类是办理境内轮船、木船的检验、丈量、注册、给照工作；另一类是维护水上治安，保障行旅安全；再一类是管理航运市场，监督运价，排解航商、船民纠纷。三类中最多的是对轮船、木船的检验、丈量、注册、给照等。

福建省，1931 年由省政府建设厅开始举办验船事务后，因闽江下游各汽船检丈事宜归闽海关办理，故不能对行驶万寿桥下游各轮汽船进行检验。于是，省建设厅只得于 1931 年 2 月针对行驶万寿桥上游的各轮汽船实际，制定验船的《轮汽船取缔规则》《查验轮汽船简章》及《验船罚则》等。

浙江省，于 1929 年 1 月制订《浙、江两省会订防护内河商轮办法》，3 月制订《浙江省取缔内河行驶轮船汽船规则》，12 月制订《修正浙江省取缔河道停泊竹木排规则》，1931 年 5 月出台《修正浙江省管理船舶规则》，1934 年制订《浙省管理船舶章程》。这些规则、章程的制订和实施，对维护航道秩序、加强船舶管理、保证船舶航行安全、减少航运企业之间纠纷发挥了一定的促进作用。

上海特别市，1927 年成立后，设立市公用局和港务局，分别行使地方航政管理职权。1929 年，港务局与公用局分别公布《上海特别市船舶登记暂行章程草案》和《公用局总船务处规则》，进一步明确各自的职责。尤其是 5 月 28 日港务局公布的章程草案(共 13 条)，是上海特别市的第一部管理航政、运政的规章。同时，市公用局开始着手内河船舶检验工作。1929 年上半年，市公用局的“巡轮与总船务处”成立，并计划下半年实行船舶检验，先划船，后货船。市公用局还公布了《上海特别市公用局检验船舶罚则》。

江苏省，1930 年 11 月由省政府公布《江苏省建设厅内河轮船行驶证请领手续》，规定江苏省内河小轮要经航政机关或海关检丈合格，发给证书，然后呈报建设厅核发行驶证才准行驶。1933 年交通部划分部属航政局与各省属地方航政机构的管辖范围后，江苏省航政主要管理内河支流总吨在 20 吨以内和容量在 200 担以下船只。

四川省，1934 年 10 月由省政府公布《川江木船注册给照章程》《管理长航木船章程》《管理揽载木船章程》及《重庆大小河各码头渡船接送轮船旅客规则》等航政管理规章，对维护船舶航行安全起到一定作用。1935 年 12 月，省政府将川江划为 7 个区，分别进行木船注册登记，按照交通部《船舶丈量法》检查丈量船只，合格的发给执照准许航行，每年检查一次。

湖北省，1926—1936 年自办航政期间，由省政府先后自订《湖北境内小轮检验注册给照规则》《整理武汉轮渡章程》《湖北境内木船注册给照管理暂行章程》《湖北各埠设立小轮码头售票注册管理规则》《湖北境内小轮管理章程》《修正湖北境内木帆船注册给照章程》《湖北各埠小轮码头售票注册管理规则》等。

湖南省，由省建设厅在这一期间自订《请领放行证规则》《外国船舶战时航行规约》《轮船注册给照章程》《查验小轮暂行规则》等，作为管理本省航政的依据。

江西省，1934 年由省水上公安局自订三项规则，并经交通部核准实施，即《取缔内河轮船汽船驾驶轮机人员暂行规则》《检查内河轮船汽船办法》《取缔内河轮船营业规则》。

①丁奇中：《中国船检史》，人民交通出版社 1998 年版，第 98-100 页。

第四节　半自主航政管理工作的艰难施行

一、船舶检查、丈量及登记

(一)中央航政的船舶检查、丈量及登记

收回部分航政管理权以后,国民政府所建立的半自主中央航政机构,很快开展船舶检验、丈量及登记和船员检定与给照等管理事务。对适用于《中华民国海商法》的船舶,要求轮船所有人向其所认定的船籍港的航政主管机关申请检、丈与登记,分别领取检查、丈量证书和登记证明书;再由航政主管机关将各项证书复制件报送交通部,呈请核发船舶国籍证书。而对小轮船、帆船、拖驳船、码头船的检、丈和注册给照,均按相关法规、章程等逐步推行。

船舶检验、丈量及登记是首推的航政管理工作。由于这时中国沿海、沿江处于中外航运争相发展时期,往来船舶数量激增,形成中外官民航运企业并存、竞相发展的局面。国民政府的各地中央直属航政机构,为做好船舶检查丈量、登记这一基础性的航政工作,先是对船舶验定船型、容量、吨位,并登记船舶建造日期、所有权等,以便发放船舶吨位证书、国籍证书以及船舶检验证书,保证船舶处于适航状态。这是半自主的国民政府航政机构首次代表国家对船舶行使管理职权,也是中国航政开始近代化管理的标志。

1933 年之前,尽管国民政府和交通部颁发了船舶检丈、登记的法律、法规、章程、条例及其实施细则,但因一般航商不甚了解,许多航运业主仍保留到海关接受管理的习惯,且中央与地方航政机构由于权限不明确时有争议和冲突,加上部分航政人员不具备应有的基本素质和技术水平,致使检查、丈量等管理工作一度陷入困境。如 1931 年至 1933 年间,汉口、上海航政局对沿海与长江船舶的检丈、登记工作一度处于停滞状态。

天津航政局要求在津各公私航商及船舶必须向其登记,规定:“凡属船舶航行,其所有权无论属于机关或私人,其用途无论属于自用或商业运输,均应申请航政局检查丈量登记,确定其航行能力与载重吨位,发给证书方得航行。船员亦应受检定合格发给证书方得任职……无证书之船员……严行取缔其执业”。至于载重的检查,经常派有专人登轮视察,严行监督商船航行。此外,还检查船舶“机器马力及各种航海设备”,以保证航行安全;丈量船舶吨位、客位,以确定其客货载量;“审查船舶证件,以鉴定其所有权”①。

上海航政局先后开展中国籍船舶登记、检查丈量载重线标记、船舶进出口签证等管理工作。从 1931 年 7 月成立至 1937 年抗战爆发的 6 年中,该局共登记船舶 502 艘、392353 吨。至于航行在黄浦江上的中国籍小轮船,海关仍旧坚持由其检丈,航政局也就不敢过问。此外,上海航政局还专门成立船舶碰撞纠纷处理委员会和航线调查委员会②。

1933 年,经过国民政府交通部的整顿,中央与地方管辖船舶的范围与权限得以明确,船舶检查、丈量、登记工作逐步走上正轨,工作量也日趋繁重。据统计,仅 1933 年上海、汉口两航政局共丈量轮船 215 艘,检查 1250 艘,登记 219 艘;办理帆船丈量 3264 艘,检查 3183 艘,登记 3131 艘。1936 年,上海、汉口两航政局共丈量轮船 288 艘、36082 总吨,检查轮船 1555 艘、353158 总吨,登记轮船 175 艘、109158 总吨;丈

---

①《天津市志·港口管理》,天津市社会科学院出版社 1999 年版,第 513 页。

②茅伯科:《上海港史》(古、近代部分),人民交通出版社 1990 年版,第 304 页。

量帆船1654艘、496802担,检查帆船2699艘、1117719担,登记帆船116艘、341929担①。

本来,随着海关兼管部分航政管理权的移交,“凡海关对于中外船舶检验丈量及管理港务事项即行移交各该航政局继续办理”②。但外国船商借口检丈已在本国内办妥,拒绝到当地航政机关接受船舶检验、丈量、登记。各航政局多次就此逐级上报,但国民政府态度暧昧,不置可否。如1934年8月,上海航政局曾就英国拖驳拒绝接受检丈一事呈报交通部,交通部复电竟称:“内河航行权未交涉收回以前,所有外籍船舶……由船籍国本国主管机关所发之检丈证书,应予暂行承认。”这样,各航政局仅对中国籍船舶航政管理取得一些成效,对外籍船舶管理却举步维艰。

(二)地方航政的船舶检查、丈量及登记

与国民政府直属的区域航政局及其分支机构相比,这一时期的地方各航政机构开展的船舶检丈、登记管理有所不同,主要集中在长江沿线与部分省市内河。

湖北省,由省建设厅直隶的航政处直接办理小轮查验及木帆船注册给照,在汉口清佳楼设立小轮查验办事处,置专员1人、巡查队员10人。凡轮船开航,须于前12小时内填具报单,由专员亲自查验盖章,方准放行。在汉口皇经堂和武昌下新河、虾蟆矶及宝塔洲、武穴、宜昌、沙市设置木帆船查验注册给照办事处。1928年年底,湖北省江防局成立,在江河地区设派出所,接手办理木帆船登记、给照事务。每月由江防局编造木帆船查验登记表,送省建设厅航政处所属各木帆船查验注册给照办事处。1929年,各办事处归并后改为小轮查验事务所。1932年月1后,境内各地小轮查验所一律撤销,改于汉口设小轮查验办事处,由航政处直接派技术员对行驶内港小轮施以丈量检查。湖北各民营小轮企业开始都是自置趸船、租用码头、自售船票,在经过的中途站点委托当地人设票棚售票(给以票价百分之几的手续费)。自小轮日渐增多,航线逐步扩展以后,各地遂有独立的票棚(多称轮船售票局)出现,拦街兜揽,弊病丛生。1930年,沿江小轮码头票棚纳入航政管理,取缔自立的票棚。1931年,核准注册、趸设售票者计51家。这一时期,湖北地方航政部门共查验小轮达635艘次、31182总吨。其中,1928年、1929年查验的小轮平均每艘总吨为40余吨,1930—1932年平均每艘总吨则达50余吨。这说明湖北轮船载重吨位在逐渐增加③。

广东省,1932年11月7日在广州成立全省港务管理局,主管广东全省航政事务。该局从设立起分3期,每期4个月,对船舶进行检丈、登记管理工作。第一期主要是检验轮电船,丈量船舶,办理轮电船注册、船舶登记、船港卫生及换发牌照;第二期主要是发给内港行驶专照,考验船员引水,取缔与奖励造船造机等;第三期主要是征收船钞,指泊船舶,测量河道和建置灯塔、浮标等。至1933年7月底,广东全省港务管理局共丈量未满50吨至未满4000吨的船舶61艘,检验未满50吨至未满5000吨的轮船862艘,丈量舱位、检查器具和核给与换发载客执照的141艘,办理轮渡船管理手续的131艘;办理船长、舵工、大副、机手考试和发给及格执照502人,换发执照233人;办理帆船、渡艇各项牌照1709件,代领船舶执照70件,代领国籍证书29件,办理轮船所有权登记25件、船舶所有权登记27件。

为防止船舶滥载和超速,广东全省港务管理局限定船舶载重量和航行速度,划定轮船吃水线,并根据航路及船舶不同种类重新核定船舶载客的客位;还限期令各轮渡按照规定数目配足救生衣、救生圈,规定定期和临时抽验船舶,淘汰破旧船只。此外,还着手调查河道应该竖立标志的重要地点,筹备各河道撤设灯塔、水表及浮标、灯杆等导航标志;规定各轮渡改换旗帜、服装,新投入的轮渡须缴上航程简明图。该局还规定:禁止轮船将煤渣及废物倾入河中与河旁;不准在河边及码头附近摆卖熟食物,以免渣滓倾倒入

---

①胡体淦:《长江航政史》,人民交通出版社2000年版,第183页。
②《交通史·航政篇》第二册,国家图书馆出版社2009年版,第289页。
③刘宏友:《湖北航运史》,人民交通出版社1995年版,第348页。

河;禁止竹排、木排堆积河旁,以免阻碍航道①。

福建省,从 1931 年 2 月起除制定船舶检验管理规则外,设立的验船处对行驶于万寿桥上游的各轮汽船进行查验。但因经费问题,航商也不愿认真执行,所以有关更换船机是否申请变更登记、客货载量是否超过规定限制等都难以核办。虽然船舶查验效果不明显,但较先前毕竟前进了一大步。1934 年,省建设厅按照省内河船舶航行情况,分区设立船舶管理事务所,分管辖范围将丈量、检查、登记、收费、给照诸事划归各所办理,进行航路改良、码头建设、船舶设备安全等管理。1935 年 5 月间,省民政厅、建设厅、财政厅共同拟订福建省船舶管理所组织规程和船舶检验收费办法纲要。1935 年,省建设厅为统筹管理地方航政,规定对在福建省航行的总吨位不及 20 吨的小轮汽船实行统一管理②。

浙江省,1927 年以前未设航政机构,对船舶的管理主要由水上警察负责,收取船牌费。1927 年 11 月,浙江省成立 8 个船舶管理事务所,处理船舶事故及航业纠纷。1928 年 7 月 5 日,省建设厅召开全省航政会议。这是浙江省在近代召开的第一次航政专业会议。会议提出议案 90 件,共包括扩充航线、航政设施、航政管理、航政宣传教育、航政机关、航政经费、收回航权等 7 个方面的航政内容。不过,有些议案脱离实际,在当时社会条件下是无法实现的。

这次会议以后,浙江各船舶管理事务所从管理入手进行整顿,陆续自订并公布了一些航政管理规则,对省境内航行、停泊船舶实行严格管理,对船舶牌照、行驶航线等均作出规定。规则要求一切船舶向所管区船舶管理事务所呈请注册时,均须填具报验单,缴纳船舶牌照费,再由事务所发给牌照。报验单分为甲、乙、丙、丁 4 种。甲种为轮船、汽船,乙种为从事运输营业的木帆船,丙种为公用船、救生船、义渡船,丁种为江北贫船、螺蛳船等③。

上海特别市,1927 年 5 月成立后,地方航政管理由市公用局与港务局分管。市公用局主要负责地方木帆船检验、丈量、核发执照等,港务局负责轮船登记、注册及登记丈量出入吴淞口的沙船、钓船。1929 年 6 月,市公用局"巡轮与总船务处"在董家渡码头成立后,公布《上海特别市公用局总船务处规则》,开始检验工作,计划下半年实施检验,先划船,后货船。1930 年,市公用局在陈家渡设立船务分处,进行船舶检验。

江苏省,由 1927 年 5 月成立的省建设厅管理地方航政事务。其职责范围起初未有明确规定,但有"办理水利工程及行政与水道交通之管理事项"。管理水道交通就必然要涉及航政管理,因而省内河的航政事务均由省建设厅负责管理④。

四川省,1932 年由川江航务处正式接收原海关巡江工司管理的标杆台,沿江设置航行水码(航行水尺),作为助航的重要设施,为轮木船驾引人员所注目。1934 年 12 月,川江航务处将全省河流划为 7 个区,分别对木船注册登记,并按交通部《船舶丈量法》检丈船只,合格的发给执照,每年稽查一次。

江西省,1929 年由江西水上公安局负责省境内的轮船领照事宜。1930 年,水上公安局见省内一些轮船行驶多年,超越航修期,即通过轮船航业公会令其中 14 艘小轮船停班修理,并对所有驳船登记造册。1932 年,水上公安局整顿南昌地区的渡口,核准渡船装载人数,规定渡费价目,严禁超载及勒索现象,取缔违法渡船。1933 年,针对部分轮船公司、船主任意招雇不称职的驾驶、机舱人员,致使轮船肇事事故屡屡发生的混乱状况,通令各航业公会对凡未经考核及没有取得合格证书的船员一律不准雇用,已雇用的必须清退,否则予以严究。

---

①蒋祖缘:《广东航运史》(近代部分),人民交通出版社 1989 年版,第 239-240 页。

②郑元钦:《福州港史》,人民交通出版社 1996 年版,第 170 页。

③童隆福:《浙江航运史》(古、近代部分),人民交通出版社 1993 年版,第 422 页。

④郭孝义:《江苏航运史》(近代部分),人民交通出版社 1990 年版,第 156 页。

河北省,1925 年以前分布广泛、数量众多的民船是内河运输(特别是货物运输)的主力。起初,民船登记和船捐征收由天津常关及所属几个分局负责。“直隶河务船捐局”成立后,接管民船登记和征税业务。1930 年 5 月,直隶河务船捐局改为“河北船工船捐征收处”,并制订《河北省船工船捐征收章程》,主要强化征税事项,对水运市场及航行安全管理较少。据天津航政局统计,1931 年至 1933 年间河北省登记各类运输民船共 10955 艘,总载重量为 533938 吨。1927 年至 1937 年间,中国民间航业以“维持增进同业之公共利益及矫正营业之弊害,发展交通为宗旨”的轮船业同业公会纷纷成立,或在原有基础上改组重建。一时间,江苏、浙江、安徽、江西、湖北、湖南、四川、山东、福建、广东、广西等省及上海、天津、青岛三市,先后成立了 40 多个航业公会。这时的中国轮船公司几乎全部成了航业公会的成员。航业公会在规范航业秩序、保护赞助商利益和促进航业发展等方面发挥了一定的促进作用①。

二、开展船员检定与给照

船员检定与船员给照,主要根据国民政府交通部 1932 年公布的《船员检定委员会章程》《船员检定暂行章程》(1935 年修改为《船员检定章程》和《船员证书暂行章程》)中有关规定实施。1932 年 8 月,国民政府拟成立“交通部船员检定委员会”,辅助航政司处理关于检定、审查及考验船员事宜,并决定检定办法分审查资历和考验(考试)两种,以考试为主。船员考验由交通部航政司办理。1933 年 5 月,“通部船员检定委员会正式成立。

对于船员检定及船员证书的发放,主要依据国民政府交通部 1930 年 1 月 26 日修订公布的《商船职员证书章程》和 1931 年 10 月 1 日公布的《海员管理暂行章程》办理。对于驾驶部的船长、大副、二副、三副、水手长、水手及轮机部的轮机长、大管轮、二管轮、三管轮、机匠、加油夫、大夫长、大夫等海员,由所在地航政局调查其所任职务及服务年限等项情况,认证属实后即核发海员手册及船员证书。此种办法只重资历,不重技术,易生弊端。

为防止伪造资历及滥竽充数等情况发生,国民政府交通部于 1932 年 8 月 16 日公布《交通部船员检定委员会暂行章程》《船员检定暂行章程》和《船员证书暂行章程》,决定对船员实施检定。

《船员检定暂行章程》规定,凡驾驶员及轮机员以上船员,除曾领有商船职员证书申请升级检定者,以及虽未领有商船职员证书申请原级检定但充任请给所任之职务满 3 年以上,经审查合格者免试外,其余船员一律应接受考验。

《船员证书暂行章程》第五条规定,各级驾驶员之证书皆分下列 3 种:(1)甲种证书,凡受检定合格堪充远洋轮船驾驶员者发给之;(2)乙种证书,凡受检定合格堪充近海轮船驾驶员者发给之;(3)丙种证书,凡受检定合格堪充江湖轮船驾驶员者发给之。第六条规定,各级轮机员证书,皆分下列 2 种:(1)甲种证书,凡在学校毕业领有毕业证书并在机械工厂及轮船机器室实习期满领有证明书,经检定合格堪充轮机员者发给之;(2)乙种证书,凡在机器工厂或轮船机室实习期满领有证明,经检定合格堪充轮机员者发给之。

1935 年 3 月 26 日,国民政府交通部在对《船员检定暂行章程》修改基础上,公布了《船员检定章程》。

根据以上船员检定暂行章程、船员证书章程的有关规定,开展对中国籍船舶船员的检定与考试、证书发放,是为近代中国籍船舶船员考试之始。船员考试由交通部航政司统一组织,集中定期举行,重点在南京、上海等地。仅 1933 年、1934 年的两年间,先后在南京、上海举行了 4 期考试,即:1933 年 10 月 24 日在南京举行第一期船员考验;1934 年 1 月 24 日在上海举行第二期船员考验;1934 年 4 月 20 日在南京举行第三期船员考验;1934 年 6 月 27 日在上海举行第四期船员考验。

---

①朱荫贵:《1927—1937 年中国轮船航运业》,《中国经济史研究》2000 年第 1 期。

每期考验临期多有船员航海未归或因事不能赴考者,为方便应考,交通部 1934 年 7 月改定期考验为随到随考。1933 年 1 月至 11 月,经交通部核发的船员证书,甲种共 54 张,乙种共 320 张,丙种共 8 张,总计 392 张。1934 年 1 月至 6 月底,注册船员领得甲种证书者 294 人,其中驾驶员 193 人、轮机员 101 人;领得乙种证书者 1643 人,其中驾驶员 773 人、轮机员 870 人;领得丙种证书者 22 人。1936 年以后至抗日战争全面爆发,船员检定考验继续举行。后又因川江船员赴交通部(南京)考试路程太远,改由交通部派员前往重庆举行考验,考试日期定于 1936 年 1 月 18 日起至 3 月 8 日①。

据统计,1931—1935 年国民政府交通部共核发船员(含沿海船员,下同)证书 1166 份,内有驾驶员 486 人(其中,船长 172 人,大副 139 人,二副 132 人,三副 43 人)、轮机员 680 人(其中,轮机长 204 人,大管轮 145 人,二管轮 176 人,三管轮 155 人)②。据 1936 年对交通部核发的证书统计,全年获颁甲种船员证书者 108 人,乙种船员证书者 567 人。历年总计有 620 人获得甲种证书,3419 人获得乙种证书。到 1936 年,累计已有 4039 人获得高级和中级船员证书,有效地充实中国轮船航运业的人才队伍③。

据 1930 年第十三次国际劳工大会中国船员代表提供的数字,当时中国约有船员 16 万人之多。1932 年国民政府工作报告称:据实业部统计,中国海员人数为 215650 人(这个数字还包括在轮船上服务的从业人员,如理货员、茶房、管事、账房及一切杂役等)。与 19 世纪后期至 20 世纪初期相比,这一时期的中国海员队伍有了较快的增长。特别是 20 世纪 20 年代至 30 年代初的十几年中,扩大了一倍左右。由于 20 世纪 30 年代海员人数无精确的统计,可按中外轮船艘数及每船配备的高级及低级船员(不包括水手等)人数进行估算。表 5-4-1 是 1933 年在中国的中外高、低级船员人数估算,仅限于中国沿海及长江内河行驶的中外轮船。

1933 年行驶中国高、低级船员估算表　　表 5-4-1

国籍	吨位(吨)	艘数(艘)	低级船员(人)		高级船员(人)	
			每艘人数	总人数	每艘人数	总人数
中国	25~50	1160	6	6960	2	2320
	50~100	1288	10	12880	2	2576
	100~300	361	13	2693	8	2888
	300~500	103	15	1545	8	824
	500~1000	92	18	1652	8	736
	1000 吨以上	194	23	4462	8	1552
	小计	2298		30192		10896
外国	1000 吨以下	255	12	3060	2	510
	1000 吨以上	257	20	5140	2	514
	小计	512		8200		1024
合计				38392		11920

来源:《中国航海史》(近代部分),人民交通出版社 1995 年版,第 288 页。

这一时期,地方航政机构也开展了船员管理工作。1934 年年初,广东省建设厅设立港务船务专员,分赴各港务局、船务所,了解各地船民生活概况及有关事项,检查各港务分局及船务管理所人员的工作情

①彭德清:《中国航海史》(近代部分),人民交通出版社 1989 年版,第 366 页。
②张后铨:《航运史话》,社会科学文献出版社 2011 年版,第 123 页。
③谭刚:《抗战时期大后方的内河航运建设》,《抗日战争研究》2005 年第 2 期。

况等。一些地方还做出与本地航运有关的具体规定。1935 年 11 月,福建省船舶管理所以闽江险滩航道船舶行驶技术性较强,遂对上游轮船船员开始施行检验。初期检定及格的舵手 100 人、驾驶员 108 人,分派各船工作。船舶管理所还通告各轮船航商不得雇用未领执照的船员。当时,闽江上游轮船共有 90 余艘,每艘以正副舵手、驾驶员 4 人计算,应派用者当在 360 人以上,检定及格之数尚不敷用。1938 年 2 月,复由船舶管理所进行第二次检定。9 月,又由该所布告各船员限期登记,并饬令洪山、水口、南平三地办事处督促进行,对技术船员加强考验,重行分配。自是以降,航运安全有所推进。

为维护国家主权,国民政府各航政局曾支持中国船员填补离职的外籍船员职务。如 1935 年北方航业公司"北孚"轮外籍大副调离,仍以外籍大副填补,经上海航政局拒绝结关,并令其遵照交通部令将该外籍人辞去,速雇中国籍大副接充。该公司遵照办理。

三、海难事故处理及重特大事故

1933 年 4 月 28 日,国民政府交通部公布《交通部航政局船舶碰撞纠纷处理委员会章程》,各航政局依据章程次第成立"船舶碰撞纠纷处理委员会"。该委员会为调解机关,职责仅为判断航政责任,所有判断事项对双方当事人均无约束力。委员会调解不成的,最后不得不诉诸法庭。而普通法庭办事推诿,又缺乏航政知识与经验等,判断航政很难做到公允。因此,交通部于 1934 年 5 月呈请行政院设立航政法庭,但未获批准。

为谋补救,交通部会同司法部门,将各航政局船舶纠纷处理委员会定为航政公断机关,航政责任由委员会裁定,经审定如属船员及引水人之过失责任,即由委员会拟议行政处分,呈交通部核准后执行。航政中涉及生命财产损害及赔偿等问题,则由当地法庭审断处理。但《海商法》规定,航政报告由主管航政官署签证,经交通部审查决定,1936 年开始由海关将航政报告签证移交航政局办理。同年,交通部制定《航政报告暂行办法》11 条,规定航政报告签证由各航政局办理。至此,各航政局海事处理工作逐步走上正轨。

海难事故处理职权由航政局执掌以后,开始一段时间,因人员少,管理地域辽阔,其分支机构亦不如海关巡工(江)机构及航道人员那样遍布沿海、沿江各地,遇有海难事故发生,在证据搜集方面仍有许多实际困难。因此,航政局船舶纠纷处理委员会在一段时间不能成为具有权威的仲裁机构。有些海事纠纷,当事双方往往私自了结,并不通过航政机关。特别是一些外国轮船在碰撞中国船舶后,故意藐视航政机关,或扬长而去,或依仗权势,向地方政府施加压力,迫使地方政府或当地法院对海事纠纷做出损害中国人利益的不公正处理。

由于航政机关缺乏权威,对海事案件处理极不严肃,致使部分船员特别是外籍船员对航行安全掉以轻心,一时间海难海损事故非常突出。以上海航政局辖区为例,据该局 1934 年对苏浙皖三省区域内的遭遇险难之船舶事故统计,因碰撞而沉没船只 13 艘,损伤 65 艘;因搁浅而损伤船只 24 艘;因触礁沉没船只 8 艘,损伤 1 艘;因贪载而沉没船只 2 艘;因火灾而沉没船只 1 艘,损伤 4 艘;因机器损毁沉没船只 2 艘,损伤 4 艘;因其他原因损伤船只 17 艘。以上总计遇险船舶 141 艘(沉没 26 艘,损伤 115 艘)。其中仅碰撞一项,吨位损失约及万吨,死亡人数据不完全统计在 100 人以上①。

1927—1937 年中国发生重大海难事故数起,突出的为以下 8 起:

(1)1928 年 2 月 17 日,大通轮船公司的"新大明"轮,自上海开往口岸,在次日驶近口岸时,被从上水驶来的日商"厚田第二丸"迎面撞击,致使船首毁坏,机器震毁,船体开裂。而违章行驶的"厚田第二丸"却逃之夭夭。后来虽有几家国内轮船公司闻声前来施救,终因"新大明"轮突然倾覆,仅救出 40 余人,其

①胡体淦:《长江航政史》,人民交通出版社 2000 年版,第 186 页。

余365名乘客和船员遇难。这是长江航运史上罕见的海难事故。

(2)1928年7月12日,沙市开宜昌的“上海”号客班轮,行至长江中游董市下沙滩时,蒸汽锅炉爆炸,当即死亡100余人,30人得救。这些人后由董市经大埠街至涴市,改乘刘中松的船赴沙市,不幸又在太平口被龙卷风打翻,淹死20人,仅10人得救。

(3)1929年7月15日,江苏利苏公司“奔牛”轮载客200余人于下午3时驶离镇江码头。航行不久,慎记轮船公司的“镇新”轮赶上来。“奔牛”轮则加大锅炉气压以加快车速和“镇新”轮争抢航行速度,导致“奔牛”轮驶至镇江甘露寺至焦山附近发生激烈爆炸,造成80多人伤亡。其中,炸死44人,炸伤3人,落水丧生36人。

(4)1931年3月11日,江苏大达轮船公司的“大吉”轮由上海开往扬州,下午6时驶至离江阴40公里张黄港龙驹沙地方,因船上新兵吸烟不慎,引起船上所装的80箱硫黄焰硝爆炸起火,虽救起约200人,冻死与死亡100余人,轮船也烧成空壳。

(5)1933年1月,“新宁台”轮从海门港开往宁波港途中,因在上甲板装载生猪过多,在镇海口外三山头翻船沉没,全船500余人均遭溺毙。

(6)1934年2月9日,浙江“荆江”小轮在董市附近的二鸭子口翻沉,淹死旅客和船员300多人。

(7)1934年春,正值旅游旺季,商轮“旅安”“汇通”“富源”“荆江”号先后在长江、汉江遇险沉没,共死亡300~400人。

(8)1934年7月15日,镇利苏轮船公司的“奔牛”渡轮,在瓜洲长江口渡运过江时,因锅炉爆炸而沉没,当时被锅炉沸水烫死和落水溺死者就有83人。之后,又从“下江捞起不完全的尸体多具”。

以上事故发生的原因有4点:(1)船舶及属具之缺陷。如船龄过老,船身朽旧,机器损坏,锅炉爆裂等;(2)船员之怠忽业务。如船员不明航路,瞭望不到,速率过大,灯光不全,信号错误,故意追越,及装载失当等;(3)监督方法之欠严。如船舶装载之逾额,救生设备之缺漏,航政官署疏于查验,以及定期检查逾期尚未施行等。(4)港口设备之不周。如灯塔浮标设备不足,标识损坏失修,及航道狭窄淤塞等①。

从航政管理角度分析,以上原因中除第四项属海关管理范围外,其余三项不论是船舶方面还是船员方面的问题,归根结底应为航政监督不力。而监督不力除当时航政机关尚未树立威信外,工作中缺陷亦是重要原因。特别是航政局及地方航政机构机构重叠,职掌难分,互相推诿,矛盾重重,以致水上航行秩序混乱,酿成海难事故。

这一期间,地方航政机构在海难事故处理方面做出了努力。如过去外国轮船在川江行驶,因列强庇护,不受中国法律审判,船民无处控告,导致不顾中国民船安危,经常造成沉船死人的惨剧。为保护船民的利益,四川省川江航务管理处对凡在川江上发生的事故,通过中国引水工会将事故案件交由中国航政机构裁决。如外国轮船船主不承认,中国引水可不予开船,并动员驳船工人停止货物转运。这样,外商只得被迫赔偿。如1932年英商怡和公司的“嘉禾”轮在万县涪滩浪沉揽载木船1只,淹死68人,损失货财巨大。四川省航务管理处裁决赔偿,但怡和公司百般狡赖,久延不陪。遇难家属多次到重庆控诉,经过坚决斗争,英方终于赔偿损失1.36万元②。

四、召开第一次航政讨论会

1934年3月,国民政府交通部召开自收回部分航政管理权并建立半自主航政机构以来的第一次全国航政讨论会。出席会议的有各区域航政局局长及其办事处主任和专家共26人。会议议案计38项,分

①王洸:《如何维护航行安全》,《正论》1935年第27期。

②胡体淦:《长江航政史》,人民交通出版社2000年版,第194页。

为:改革航政组织,法令的编制及执行,人才的培训和保障,水道整理,载重线法,航政工作的扩充及其他等。会议听取航运界代表对航政局的意见,既肯定建立航政局,又对航政办理有关手续中的拖延作风提出希望。会议就改革航政局组织进行讨论,提出:目前各航政局、办事处最困难的是经费问题,本身难以为继,遑论发展,所以各局经费似应由交通部规定预算,按月发给,而各局收入全部上缴交通部。会议认为,航政局成立已近3年(1931年成立),管理人员大都凭经验行事,无一定航政业务规程执行,对管理工作甚为不利,急切希望制订具体的管理规定、规程等。

这一次航政讨论会还重点讨论了《国际船舶载重线法》。1931年12月5日,国民政府虽已公布《国际船舶载重线法》,但未明确执行日期。对此,交通部航政司就已拟定的《船舶载重线施行细则草案》在会前征求各方意见。鉴于按《国际船舶载重公约》办理,中国船舶合格的很少,已不只是技术问题,会议指定5人审查施行细则草案。航政司也要求会后赶快公布,可直到1949年新中国成立也没有公布。

会议讨论的另一个热点问题是人才。据当时国民政府海军部调查,中国有一部分海外学成回国的航政人才,其中仅学习造船的就有70多人,经验丰富者不多。但亦有船厂工作经验的,并在香港政府注册任验船师的,约15人以上。这类人才大多散落在各地,急需集中使用。在人才培养与教育上,会议代表提议,由交通部聘请外国优秀的航政专家与验船师到各航政局指导与服务,实地培养训练;也可派员出国实习学习,学成后回国服务,并在国内创办高级航政、验船技术训练班。同时,培养的技术人才应给予相当保障,待遇必须优厚。

五、航政管理工作开展艰难的原因

本来"代表国家政府""统筹及执行航行政策"的航政管理机关,应独立行使管理权力,开展各项管理工作。然而,半自主的国民政府航政机构只接管了部分航政管理权,根本不具备行使完整航政职权的条件。即便是开展船舶检丈、登记、船员发证等部分航政管理工作,也受到外国航商的阻挠反对。一般航商对中国航政管理的法律、规章不甚了解,仍保留过去到海关接受管理的习惯。更重要的是国民政府及其航政主管部门对外态度软弱,制订的航政规章不尽完备,执法手段落后,也使管理工作举步维艰,开展起来难以奏效。

(一)外轮不服管

按照收回部分航政管理权的规定,海关兼管的部分航政权应移交给专门的航政管理机构,即"凡海关对于中外船舶检验丈量及管理港务事项即行交各主管航政局继续办理"。在中国航行的外国船舶,必须接受当地航政局及各办事处的航政管理。可外籍轮船却不愿受此限制,甚至藐视中国航政机构依法管理和征收牌照费的权力。他们借口其船舶有关航政管理手续已在本国办妥,拒绝到中国的航政管理机关办理检验、丈量、登记手续,同时百般刁难不让检查,甚至非法贩运鸦片和从事走私活动。各航政局虽多次就此逐级上报,但国民政府始终态度暧昧,无所作为。由此可见,外籍船舶在中国水域不接受航政管理,与国民政府的软弱不无关系。1932年8月,英商卜内门公司的一艘汽船行驶到浙江杭县塘栖,非但拒不领船牌,而且还声言不承认浙江省地方航政具有这种权力,并以向驻沪总领事反映相威吓。1934年8月,上海航政局依照江海关理船厅章程,请示国民政府交通部对英国拖驳船进行检丈。交通部竟复电称:"内河航行权未交涉收回以前,所有外籍船舶……由船籍国主管机关所发之检丈证书,应予暂行承认"。

收回部分航政管理权,并没有改变中国半殖民地的地位,不平等条约依旧束缚着中国,使中国航政机构难以管理,导致中国航业利益受到损害。

(二)重征税、轻管理

国民政府航政管理多注重敛财,加重了中国航商负担。在行使职权时,不能保障航业正常运营,更不能维护中国航商和船员的利益,甚至骚扰旅客,严重影响航运业务的开展,为航商所痛恨。如浙江航商、船民要负担名目繁多的各种税捐。除航业营业税外,还有船舶牌照税(亦称船牌费)、水利附捐、教育附捐、赈捐、国难特捐、商轮用煤捐,以及地方抽收的船捐、票捐、养河费、修堤费等。此外,对航业危害极重的还有军队征船和无票乘船(如军警无票乘船,国民党党政机关公务人员免费或半费强行乘船),减少了航商的客票收入,破坏了航行秩序,甚至祸害航业。

上述情况使航商、船户难以忍受,纷纷要求航政管理部门加以制止,结果无济于事。于是又请求当地政府制止,仍然无效。实在无奈的情况下,还发生过航商联合请愿的事件。

(三)中央和地方航政权限不明确

就航政管理权限划分问题,国民政府中央与地方航政机构时常发生争议和冲突。如长江干线沿江各省曾数次联名呈请国民政府行政院,要求恢复修正前《航政局组织法》第三条之规定,即省内行驶之 200 吨以下轮船和 2000 担以下之帆船概由地方航政官署施行检丈登记。而各地中央区域性航政机构则坚持按 1931 年 9 月 26 日经国民政府修正公布的《航政局组织法》执行,即航政局管理的船舶以适用《海商法》规定的船舶为限。由此,重复进行船舶检丈、登记,中央、地方航政机构互扣经对方检丈、登记之船舶的扯皮情况屡有发生,导致航商无所适从。1933 年 10 月,国民政府行政院发布命令,规定:已领有部发证书的船舶,各省不得再征牌照费。这样一来,各省境内行驶总吨在 20 总吨以上的轮船和容量在 200 担以上的木帆船,地方航政机构就不能再征牌照费。这样势必减少各省的财政收入,遭到了一些省份抵制。航政力量分散,中央与地方权限不明,使管理工作成效低下。

(四)从业人员才德欠佳

航政管理开展之初,所颁布实施的航政法规、章程尚不为一般航商所知,相当一部分航商还未习惯接受航政局管理,加上有些航商故意逃避管理,令航政管理起步维艰。再者航政本身资金匮乏,入不敷出,实施船舶检丈、登记重在收费,以弥补经费不足,更使航政机构无心全力履行管理职责。还有一些管理人员水平很差,品行不良,受贿及勒索船主,“各方纷纷表示不满,目为秕政。”还有技术人员紧缺,管理工作无法开展,甚至有的机构因此只得让前来要求办理相关手续的船舶驶往他处。

六、建立与航政相关的专科学校

(一)东北商船学校

东北商船学校是由曾留学日本商船学校和海军学校的东北航警处处长沈鸿烈于 1927 年 3 月在哈尔滨创办的。该校是青岛海军学校分校(预备学校),也是民国时期东北地区唯一的商船学校、现大连海事大学前身之一。1932 年哈尔滨沦陷后,被迫迁至青岛。

该校开办时租借哈尔滨圈儿河处的航务联合局修船课房屋作为校舍(哈尔滨修造船厂)。1927 年 8 月 12 日开学,11 月迁入哈尔滨江北船坞新校舍(松花江北岸船坞附近),12 月 5 日补办开学典礼。学校设驾驶与轮机两科,驾驶又分甲、乙、丙三班。学制为三年半到四年半,在校三年到三年半,实习一年。该校首批学生来自北京、奉天(今沈阳)及哈尔滨三地,共录取驾驶科学生 50 名、轮机科学生 40 名、两科备取学生22名。到1931年,该校学生编入海军军籍,毕业后作为海军预备军官。又附设领港(引水)一个班。

驾驶科科目包括:航海学、运用学、江道学、水路测量学、气象学大意、簿记学、造船学大意、船艺、轮机学大意、国际公法、航运概论、中俄边情、航政法规、商法、俄文、国文、应用物理学、数学、医术、军事学(在军舰实习时教授)、兵事体操、实习等。

轮机科科目包括:主机学、气罐学、辅机学、机械管理法、电机学、制图、厂课、造船学大意、中俄边情、航政法规、俄文、国文、应用物理学、数学、医术、军事学(在军舰见习时教授)、兵事体操、实习等。

领港班学员学习科目有江道学、领港术、行船章程、俄文、国文、公民、地形绘图等。

1931年,东北商船学校的第一期学员(共34名)毕业。这是东北内河第一批懂航运技术和业务的专门人才。

1928年12月29日东北易帜后,国民政府于1929年3月又在哈尔滨北船坞成立东北水路测量学校,只设水路测量一个学科,共招收学员20人,1931年3月毕业。

(二)广东航海讲习所

广东航海讲习所是广东地方军阀陈济棠统治广东省三年(1933年1月至1935年)培养航运人才的项目之一,1933年6月筹办,7月1日成立,1935年开始招生。

广东航海讲习所创办之前,广东内河小轮的司舵、司机大都是水手出身,没有进过专门的学校,以致常有船舶碰撞、锅炉爆炸的事故发生。航行沿海一带轮船的船长,技能虽比内河小轮的司舵、司机略高一筹,但对天文气象、操作技术和航行法规等也多不明了,一旦遇有特别事故,必须改变航线时,即束手无策,不能应付。这就使不少旅客宁愿乘外国船,而不愿乘中国船。为此,广东省建设厅在整顿航政、收回航政主权的同时,决定设立广东航海讲习所,“训练普遍航海人才”,以便分别派往内河及沿海各船上工作,改变以往因司舵、司机“不谙航术”而影响航运的状况。

讲习所的创办经费,第一年先在船税下附加一成五,从第二年起则改为附征一成。所址先设在广州河南士敏士厂后座,以后迁往广南船厂。讲习所学制定为两年,分设驾驶科和轮机科,每科各招生50名。学生来源,一是直接招考,一是由航商选送。

驾驶科课目包括:国民党讲义、外国语、天文、数学、物理学、应用力学、水力学、电气学、航海术、操船术、引港术、水路测量学、造船学大意、轮机学大意、海上气象学、商业地理、船内卫生学、应急医学、海商法、海权史、航政法规、商船法规、簿记。

轮机科课目包括:国民党讲义、外国语、物理学、应用力学、水力学、应用化学、汽罐术、汽机术、船用机关学、摩打学、驾驶学大意、造船学大意、电气学、船内卫生学、商船法规、航政法规。

讲习所在教学方面,采取教学与实验、实习相结合的方法。教学配备的驾驶仪器和设备有罗盘、地球仪、星球仪、水程表、授时仪、测日规、测探器、测方向器、风雨表、滑车、帆缆及各种船舶模型,轮机仪器有小锅炉、小轮机等。该所除在教学时间内进行实验、实习外,并在第二学年由教员分科轮流带领学生到各商轮上实习。

广东省航海讲习所从第二学年开始改名为广东航海学校,学制由两年改为三年,并将原计划为大学本科的航海学校改为专科学校。学生在校学习两个学年之后,便开始到校外实习。轮机科学生的实习地点在广南船厂,因为“器械完备,且常有船只修理”。驾驶科学生除少数人安排在广州至汕头的小轮“安平”货轮上实习外,多数人派往上海,在招商局的“公平”轮(4000吨货轮,属专用实习船)上实习。实习生驾驶“公平”轮航行在广东至山东及上海至汉口的航线上,各航行一个航次。学生在船上实习时,要学会船只去锈、油漆船身、编织地垫、打各种绳结,以及操舵、操作救生舶板等。

第五节　海关继续兼管部分航政事务

一、国民政府承认海关兼管航政现状

南京国民政府成立后,一方面打着废除不平等条约、收回国家主权的旗号,另一方面又不得不保全外国在华利益以换取支持。1929年9月,国民党最高决策会议通过一个自相矛盾的航政方针,既宣布航政事权应归国家,又承认海关兼管航政的现状,导致海关理船厅只愿意放弃船舶检丈、船舶登记、船员考验等部分航政管理权,却不移交引水、港口船只指泊、助航设施建设与管理等。海关通过各国政府向国民政府施加压力,采取封锁资料、拒绝移交等手段阻挠国民政府接管,继续控制了部分航政管理权。当时,海关名义上属于国民政府财政部管辖。财政部认为:管理航路标识,指泊船舶,“与海关执行职务有密切之关系,应仍由海关办理”。“至管理引水与查验船只,如交通部对此项事务之管理与设备均已筹备妥善,自可饬海关不再管理。”① 以上种种原因,导致了国民政府只收回部分航政管理权,另一部分权力仍操纵于外国人把持的海关理船厅手中。

为继续掌控引水业务、助航设施建设与管理,1928年海关总税务司署对内部机构进行了一些调整,将海政局改为海务科,下设巡工股、港务股、灯塔股、海务运输股、工程股,以加强助航设施建设与管理工作②。各港口港务长的权限也不断扩大。如上海港外籍港务长权限到抗日战争前已发展到管辖港口的一切,包括:总务厅、指泊所、港口警察署、防疫所、守望台等机构,水上事故处理、码头修建核准等航政管理工作,以及水上治安和病疫防预等。凡与水相关的行政管理均掌控于海关理船厅和港务长之手。

1933年5月9日,上海江海关税务司发布公告,将《长江通商章程》修正为《长江通商暂行章程》,于5月15日起施行。新章程规定了长江通商口岸10处、商船上下客货和装卸货物6处口岸、华商船只装卸货物口岸9处、可装卸旅客随身所带行李口岸10处。该章程对华洋轮船的登记注册做出具体规定:“凡在长江常川贸易之华籍轮船,应将行程簿呈交上海、汉口、宜昌等处海关注册,并由海关在簿内予以注明。此项注册有效期以一年为限。”事实上,外国人控制的海关和外籍税务司对中国航政“兼理”局面并未彻底改变。

二、海关理船厅继续操纵中国引水业

在中国民众的抗争下,海关理船厅不得不对以前控制的引水有所松动,逐渐同意接受增补中国人参与引水管理事务与执业引水。

1927年,长江、珠江的中国引水人成立全国江海领港(引水)业总联合会。次年初,该会在上海集会。会后向国民政府上海特别市政府递交对1868年的《中国引水总章》进行修改的《修改引水章程讨论会宣言》。1928年3月15日,国民政府在收到全国江海领港(引水)业总联合会的呈文后,由外交部照会上海外国领事团,敦促上海引水公会,要求接纳中国人杨洪麟为该会成员。因杨洪麟于1926年6月就通过上海港引水人考试,此后一边练习引水,一边等待该港引水人出缺。但两年过去了,他一直没有取得正式执业资格。外籍上海引水公会生怕一旦补充数名中国引水人,可能会导致中国政府完全接管引水业,成为取缔所有外籍引水人的第一步,于是极力阻止。

对于补充中国引水人,主管引水的外籍海务巡工司心里是非常清楚的,上海引水公会所谓的“高标

---

①彭德清:《中国航海史》(近代部分),人民交通出版社1989年版,第366页。

②陈霞飞:《海关史话》,社会科学文献出版社2012年版,第94页。

准”只是一个借口。实际上,中国引水人被排斥的根由是:一方面考选权为外籍人把持,不想让中国人通过考试;另一方面上海引水公会拥有一份特许证,不想失去对上海港引水业的专营特权。

国民政府决定绕开这些牵制,于是让海军部直接提出两名海军军官,作为加入上海港引水业的候选人。迫于压力,上海港港务长、外国领事团及外国商会不得不同意增补一两名中国引水人。于是,海军部提出的候选人之一李高昌于1928年9月很快通过考试,10月取得该港引水学徒证书,1929年又取得引水人证书,成为上海引水公会的正式成员。这样,上海港口引水业经历25年的外人垄断,终于有了中国引水员加入。到1935年,上海港有3名中国引水员在执业①。

根据交通部1929年的一次调查,截至年底沿海11个主要港口已经有了一批中国引水人,但规模不大,与外籍引水人在数量上相去甚远。各港共有引水员101人,其中外国引水员占61人,中国引水员占40人。其中,中国引水员中广州一口就占23人,其他各口只有17人。而上海港只有1人,青岛、宁波港各有2人,安东(今丹东)、温州港各有3人,福州港有6人。天津、营口、汕头、厦门港没有。大连港处于日本军事管制之下,引水人都是日本人,一切引水事宜均受日本单独控制。这表明,一方面中国人开始重新参与沿海港口的引水业,另一方面中国的引水业基本上还控制在外国人手里②。

作为国民政府1933年颁布的首个引水章程——《引水管理暂行章程》,由于列强的干扰和日本的侵犯难以实施,在上海所建的上海引水管理委员会形同虚设。尽管如此,《引水管理暂行章程》较之1868年的列强操控下制订的《中国引水总章》仍有进步。原来由海关会同外国领事与外国商会共同办理引水业,已经改为由海关统一管理引水业。中国引水人有所增加。据1933年交通年报统计,在沿海和长江714名引水人员中,中国籍621人、外国籍93人,其中汉口397人(中国357人,外国40人)、重庆226人(全部为中国引水员)。据1935年《申报年鉴》记载,在上海、汉口、天津、广州4个航政局中,共有华人引水员402人,其他外籍人引水员53人,中国引水员数目已明显超过外国人。1936年,沿海和长江引水员人数仍为1933年统计的714人。中国引水权已有相当部分收回③。

这一时期中国引水业出现一个特例,那就是1936年3月连云港港建成。这是当时少见的由中国政府独立管理的港口。港口建成当年拟订了《陇海铁路连云港领港暂行规则》,获得国民政府交通部批准。这个规则规定,该港引航员必须是有一定航运或引航经验的中国公民,引航员证书发放和引航员的各项管理都由陇海铁路局驻港办事处负责。若船长或船舶经营人雇用没有该港办事处所颁引航证书的人引领,处以200元以上的罚金。规则还对引航费率做出了规定。虽后因抗日战争爆发与多雇用当地船老大担任引航工作,使这一规则没有得到执行,但它在维护中国自主引航权方面还是很突出的。

三、海关巡工司继续掌控助航设施

(一)沿海各港助航设施的设置与管理

20世纪20年代末,海关开始在沿海设置无线电指向标,当时称无线电桩。1927年,在长江口花鸟山灯塔建指向标,设备从英国进口,1930年正式对外开放。这是中国沿海设置的第一座无线电指向标。

自1931年起,日本开始向中国发动新的攻势。到1937年七七事变前,东四省已完全处于日本控制之下,华北地区也岌岌可危。在这样的形势下,海关对北方各港与海域的助航设施建设与管理基本陷于停滞,南方各港的灯塔维护、航标改良也因时局不安而受到影响,但整体上沿海各港助航设施与管理处于

---

①徐万民:《中国引航史》,人民交通出版社1999年版,第51页。

②彭德清:《中国航海史》(近代部分),人民交通出版社1989年版,第368页。

③徐万民:《中国引航史》,人民交通出版社1999年版,第53、71页。

相对稳定状态。

南部沿海地区虽没有建立新的灯塔,但所有的灯塔都换上光力强劲、寿命较长的白炽灯,灯塔楼、住房以及其他设备均经过多次检修和改建。1927年,厦门东碇灯塔进行改良。1928年,广东石碑山灯塔也作了改良,烛光达到61.8万支。1929年,厦门大担灯塔、广东遮浪角灯塔相继修改,遮浪角灯塔采用了自然式白炽纱罩,烛力骤增至93支。1930年,厦门乌邱屿灯塔改良后烛光达到60万支,广东临高与关窄窖尾两处灯塔也同时改良灯具,鱼腥脑灯塔也在这一年得到改良。广东沿海各口也对以前所建设的灯塔重新进行改装,仅1929—1931年就先后改装遮浪角、临高、关潜尾、石牌山、表角、南澎岛等灯塔。① 1933年,海关又在大戢山、佘山灯塔设指向标,与花鸟山指向标可配成一组使用,以提高船舶定位的精度。

报警雾炮系统也得到改良。广东表角灯塔设有雾炮1具,香港横栏灯塔备有电信雾笛1具,以备雾天使用。珠江虎门下游三板洲灯塔也配置了1尊自动电石雾炮,炮内装有酸质煤气,爆发之后发出声音,以提示航船方向。

至1937年抗战全面爆发,中国沿海已设有灯塔31座。

(二)长江、珠江及黑龙江助航设施的建设与管理

轮船开始航行长江时,沿用木船经验,多为昼航夜宿。沪汉、汉宜两段上水分别需时5~6天,下水3~4天,往返周期长达10多天;宜渝段上水更需越过急流险滩,一般需时6~7天。到清末民初,长江中下游少数重点地段设置导航昼标,以后逐渐增加,并添设夜航灯标。截至20世纪30年代初,长江航路的浅窄、弯曲处“均有灯船设备”,其中有光者约130只、无光者220只。下游基本上可夜间航行,中游在晴好天气亦可昼夜兼行。川江向来禁止夜航,但也能充分利用黎明和夜晚月光增加航程。驾引人员还注意总结航行经验,寻找经济航道,选择缓流捷径,以加快船舶周转,缩短航行周期。据1931年史料记载:沪汉段“上水航行三日半,下水二日半”,汉宜段“航行上水四日半,下水计二天”,宜渝段上水“则四五日可达,下水顺流,约二天可到”。以上3个航段往返周期平均比过去缩短3天②。

20世纪20—30年代,长江航标建设较快,且已建立起半独立性质的长江航标管理体系。特别是20世纪20年代有迅速发展。1920年长江共有航标223个,到1930年增至613个。

1929年,长江开始改造灯船。海关巡工司制订《灯船以钢代木的十年计划》,规定在原有的木灯船报废时,用新的钢壳灯船更换。到1937年,长江中下游的木质灯船已全部更新,灯船的性能大为提高。此外,长江上游的标准信号台也着手建设。1934年,上游巡江事务处开始设计和建造标准信号台,统一规格形式,改进外观和内部条件,提高信号台的能见度,当年就建成了15座。这一工程到1940年才完成。1937年7月,江务部门按计划点燃中游航标灯,汉口至宜昌线开始船舶(分段)夜航的历史。中游(分段)夜航计划提出只增加标灯和必需的标志船,分段夜航计划于1936年7月15口开始实施。到1937年初夏,又开始转入洪水期发光,并根据需要增加22座发光标志。此时长江中游共有灯标77个,其中灯桩68座、灯船9艘。至1936年长江共设各类航标696个③,1937年抗战前夕已有733个。

这一期间,航标维护实现制度化,维护力量增强。1930年,长江的航标与航道维护人员达473人,到1936年更达到675人。日常的灯标维护已做到“长年性”,一般由海关雇用长期或季节性灯守具体负责,岸上为灯站,水上则为灯船,中游以上则以标志船或吼划为单位。工作巡轮定期巡视与探视,枯水期重点水道还派专人驻守。

①中国海事局:《中国引标史》,广州市新闻出版局2000年,第23页。
②江天凤:《长江航运史》(近代部分),人民交通出版社1992年版,第450页。
③王轼刚:《长江航道史》,人民交通出版社1993年版,第180页。

民国初年军阀混战,长江航标增设不多。据海关资料,到1930年长江宜昌以下至江西湖口间仅有航标14座(含洞庭湖水系)。1931年以后,国民政府对长江航道进行军事管制,成立战时航标标志管理委员会,由江务部门大量增设航标,并于1936年月5日1日起首次开放汉口至宜昌间分段夜航。至1937年,长江中游航标增加到162个①。

这一时期,珠江也在主要支流西江上设置助航设施,重点在江门、三水、梧州等通商口岸的航道上。至1910年,珠江及其附近各水道共设置航标72个,其中灯标26盏、浮标29座、标桩17座,直到抗日战争爆发之前再没有增添。

九一八事变前,松花江、黑龙江的导航设施已有一定规模,计有航标2409个,为当时航行在黑龙江和松花江上的几千艘客货轮船和数千只民船安全航行起到较好的导航作用②。第二松花江、嫩江、乌苏里江、额尔古纳河主航道上也相应设置了接岸标、导标、浮标,重点浅滩段设置了通航信号台和水深信号标。

第六节　日本与伪满洲国控制东北航政

一、日军扶持建立伪满洲国航政机构

日军占领中国东三省后,国民政府所设的哈尔滨航政局胎死于腹,未能开办。之后,日本“接管”张作霖1928年设立的东北水道局③,并趁机将日本在东三省的航运企业“安东航运株式会社”更名为“安东航务局”,开始染指中国东三省的航政、水运管理事务④。

1932年3月1日,伪满洲国成立。伪满洲国宣布对中国贸易属于国与国的国际贸易,并与日本签订出卖中国东四省的秘密条约,“委托”日本负责伪满洲国的国防、安全,把东四省铁路、港口、水路、航空等交给日本人管理。日本以伪满洲国名义,攫取了中国东四省港口、海关、铁路、海河运输的管理权、使用权和所有权,完全控制了中国东四省的经济。之后,日本成立所谓独立的伪满洲国交通部水运司。水运司在日本“日满经济一体化”政策控制下,加强对中国东四省水运的统治,全面控制港口、码头、航道、航标、运输船舶等。水运司下设航政、港湾、河川、庶务等4个科,并制定各种适应殖民统治需要的管理章程,把全东四省水运集中在日本统治者手中⑤。

1933年3月1日,日本、伪满洲国出于垄断水运目的,在奉天(今沈阳)设立铁路总局,兼管北满河川航运;并在哈尔滨铁路管理局内设立哈尔滨水运局,管辖第一松花江、第二松花江、嫩江、乌苏里江、黑龙江、额尔古纳河之本流、支流、湖泊及其沿岸的航政、水运事务,局长由哈尔滨铁路管理局局长小泽宣义(日本人)兼任。4月,哈尔滨水运局策划组织哈尔滨航业联合会,强令松、黑、乌、嫩诸江的私人船主加入,以控制私有帆船航业。5月,为适应“大东亚战争”的需要,日本将伪满洲国水运司和铁道司合并,改为路政司,统一管理航政、港口、航道、航标、水运等行政事务。6—7月间,日本、伪满洲国撤销哈尔滨水运局,在营口、安东(今丹东)、哈尔滨三地设立航政局,在葫芦岛、黑河设立航政分局,在大连、吉林、虎林、漠河设立办事处,在富锦、依兰、三道沟、浪头等处设派驻人员。各航政局编制为局长3人、事务官6人、技正6人、属官18人、技士23人,共56人。航政局管辖区域,营口局为辽河及渤海区域,安东局为鸭绿江及黄海区域,哈尔滨局为黑龙江、松花江、嫩江、乌苏里江、额尔古纳河等江河区域。各航政局主要管

①王轼刚:《长江航道史》,人民交通出版社1993年版,第348页。

②《黑龙江省志·航运篇》,黑龙江人民出版社1989年版,第747-749页。

③侯长纯:《黑龙江航运史》,人民交通出版社1988年版,第158页。

④《辽宁省志·水运志》(航政管理),辽宁人民出版社1999年版,第346页。

⑤《吉林省志·行政机关》,吉林人民出版社1999年版,第619页。

理各地航政、航务、港务等行政事务,实际权力由日本人操纵。

1936 年 4 月,伪满洲国路政司改为航路司,后改为水路司。机构虽多次变动,但隶属关系和掌管范围一直未变。1937 年 1 月,日本关东军、伪满洲国将营口、丹东、哈尔滨三地航政局改为航务局,下设分支机构。如营口航务局下设航政、海事、工程 3 个科室及 1 个机修厂,在葫芦岛设立分局,在复州湾和娘娘庙设立办事处;哈尔滨航务局下设黑河分局和富锦、三姓、佳木斯、虎林、漠河 5 个办事处。3 个航务局隶属伪满洲国交通部,掌管船舶、船员、引水、航道等有关水运事项,管理内河港口的有关事项,管理航道及港口的维护、改进事项。1939 年 4 月,哈尔滨航务局改组为北满江运局,由日本人佐美齐尔独掌,垄断松、黑、乌、嫩四江的航运与航政事务,直至 1945 年日本投降①。

为规定伪满洲国的航政机构职掌,1936 年 11 月 9 日伪满洲国交通部公布《交通部分科规程》。按规程,水运事宜属航路司的水运科、工程科主管。水运科主要是掌管航政事务,即:(1)关于水运法规事项;(2)关于航运业之特许许可及认可事项;(3)关于航运业之统制及监督事项;(4)关于船舶管理及取缔事项;(5)关于船舶登记登录事项;(6)关于船舶国际事项;(7)关于船舶输入事项;(8)关于船员及领水人管理及取缔事项;(9)关于水路港湾取缔事项;(10)关于海事审判事项;(11)关于造船事项;(12)关于航路标识事项;(13)关于船舶统计事项②。以上职掌是由日本关东军规定并由其掌控。

二、日军与伪满洲国制订的航政规章

东四省沿海传统国内贸易作为外国贸易管理后,限制了中外商人通过东四省港口与中国南方各港的航运贸易。为加强对东四省航政、港务、航务的控制,日军与伪满洲国先后公布一批航政规章、规则等(详见表 5-6-1)。

伪满洲国公布的航政法规、规章一览表　　表 5-6-1

序　　号	时　　间	规 章 名 称	公布的单位
1	1933 年 4 月	船员证书章程	伪满洲国
2	1933 年 6 月	河川航业法	伪满洲国
3	1933 年 9 月	船员检定章程	伪满洲国
4	1934 年 2 月	船员管理暂行章程	伪满洲国
5	1935 年 3 月	船牌照规则	伪满洲国交通部
6	1935 年 7 月	小型船舶河川航业规程	伪满洲国交通部
7	1936 年 6 月	内河航行章程	伪满洲国交通部
8	1936 年 12 月	轮船业登记规则	伪满洲国交通部
9	1937 年 2 月	船舶法	伪满洲国交通部
10	1937 年 4 月	船舶检查章程	伪满洲国交通部
11	1937 年 12 月	船舶登记法	伪满洲国交通部
12	1937 年 12 月	船舶登记法施行细则	伪满洲国交通部
13	1941 年 8 月	临时船舶管理法	伪满洲国交通部(重新下发)

日本与伪满洲国通过以上的航政管理规章、规则、细则,实行对东四省船舶、船员、航业及造船等航政管理,还兼管航运业,且实际权力完全由日本关东军掌控③。

①《黑龙江省志·航运篇》,黑龙江人民出版社 1989 年版,第 859 页。
②《吉林省志·行政机关》,吉林人民出版社 1999 年版,第 621 页。
③《吉林省志·法规》,吉林人民出版社 1999 年版,第 633-646 页。

三、日军与伪满洲国控制下的东北航政活动

(一)殖民统治大连港及大连地区航政

早在1905年,日本就将其管辖的中国大连港及大连地区更名为日本国关东州县(省级)。1908年10月31日,日本关东都督府在大连设立“关东州海务局”,掌管船舶检查、海员监督、航路标识等航政事务及海港检疫、船舶测疫工作。

1931年九一八事变后,日本控制全东北的港口和铁路,加强对航政的管理,特别是对进出东北港口的控制,如对大连港船舶和船员做出诸多限制。1933年10月19日,“关东州海务局”公布《关东州船舶进口许可办法》,规定进港船舶须经关东州长官许可,否则不得进港。1934年12月,“关东州海务局”改为“关东海务局”。同时,日军以伪满洲国的名义,强迫伪满洲国统治区的各华轮公司缴重税,以及中国籍船舶加入伪满洲国国籍,挂伪满洲国国旗。也就是说,凡轮船航行于东四省口岸者,须悬挂伪满洲国国旗,受当地的检查,并重缴吨税;即便是设立分公司,在伪满洲国登记注册,其负责人及船东亦须加入伪满洲国国籍。总之,满洲国管辖境内的中国籍船舶不加入者不准入港。而中国的招商局轮船早于1933年7月起就停开东北各港口。①

(二)殖民统治营口港及营口地区航政

这一期间,东四省地方交通事宜由各县实业科、行政科或建设科管理,有的县由警察署承办。松花江、黑龙江等内河船舶以及沿海小船由伪交通部所属各地航政局负责检验丈量和管理,而满洲国籍的入级船舶则由日本帝国海事协会检验。伪满洲国政府各级机构的重要职位均由日本人充任。

九一八事变后,伪满洲国中断了与中国海关的一切联系,成立所谓“独立”的伪满洲国税关,将营口港的港口业务直接划归伪满洲国交通部水运司管辖。日伪海关规定,凡出入营口港的船舶必须经过海关检查,手续完备方可进出港。营口港区内木帆船数量多,运量大,日本为进一步掠夺东北财富,规定凡进出营口港的木帆船、渔船,必须经过营口海关木帆船事务所的严格检查,除办理各项纳税手续外,还要检查安全情况。港内备有“康生”号海关巡逻艇,日夜巡逻,遇有违令者予以严惩。

1933年6—7月间,伪满洲国路政司在营口、丹东、哈尔滨设立3个航政局后,营口航政局主管营口港的航道、港湾、船舶、航标、海员及一切水运行政事务。营口航政局同营口海关的管辖范围一样,西起山海关,中间有营口港,南至复州湾的渤海湾沿岸及辽河等各河流。航政局的具体管理职责包括:港口建设、船舶管理及港口管理,码头、仓库、港内工作船、引水船和修船厂等。全局有职工380多人,其中技术人员20多人、职员100人,其余为船员和工人。营口航政局主要负责人和技术人员几乎全是日本人,中国人只能在日本人指挥下从事具体业务或出卖劳动力。为掩人耳目,营口航政局编制内任用中国人李风翥出任傀儡局长。

(三)殖民统治松花江、黑龙江助航设施建设与管理

日本为了掠夺松、黑两江沿江资源,于1933年6—7月成立哈尔滨航政局时,下设有航政科标识股,统管黑龙江水系各河流的航标建设和管理,开始建设与管理松花江、第二松花江、嫩江、乌苏里江、额尔古纳河及其支流、湖泊的助航设施,主要为岸标。其名义管辖里程约1000公里,再加上槽船、木帆船通航里程,总管辖里程8000余公里。哈尔滨航政局还接管了中国海关所管辖的航路标识及其作业船,其中有:

①彭德清:《中国航海史》(近代部分),人民交通出版社1989年版,第276页。

“兴凯”号、“兴安”号、“飞龙”号、“临江”号、“扶余”号、“通河”号、“滨江”号、“嫩江”号共 8 艘,汽艇 2 艘,材料船 5 艘,宿舍船 1 艘。材料船最大的 60 吨,最小的 35 吨。该局对接收的航标设施进行了维修。

对航标维护,主要以区段管理为主,即在哈尔滨航政科标识股下设 9 个航标区,一般区段配备 15 人,负责区段内航标的设标、移标、更换、修理、刷油,以及记录航标原属、整理航标档案等。区段内的重点浅滩上还设有航标站,专门负责灯标的管理。据统计,1934 年航标点灯船有 71 只。

对航标设置工作,哈尔滨航政局从 1934 年起全面展开。该航政局在松花江、第二松花江、嫩江、黑龙江、乌苏里江、额尔古纳河的通航河段设有各类导航设施,有相当数量的航标、导标、浮标,同时还设立通航信号和深水信号,使这些河流的助航设施日趋完备。与此同时,日本和伪满洲国当局于 1934 年 6 月 28 日与当时的苏联在黑河镇举行国境河流航道会议,9 月 4 日达成协议。根据协议第五条,日本、伪满洲国当局 1935 年至 1936 年连续在额尔古纳、黑龙江(恩和哈达到抚远)、乌苏里江(江口到虎头)的中国一侧设置航标。此后,每年派 3 艘航标作业船,维护管理国境航标及重点河段航标灯,作业人员达 50 人,并雇用大批灯守。在松花江内河,派 5 艘航标作业船维护航标。1935—1936 年,派船在松花江上游哈尔滨到三岔河、第二松花江三岔河到扶余、嫩江三岔河起到齐齐哈尔等 3 段水路设置新航标。同时,日军派船常年维护管理,为其掠夺性运输服务①。

1937 年以后,日本、伪满洲国当局加强航标设置与管理,航标数量有所增多,种类由原来 5 种增加到 9 种,并在三姓浅滩增加挂灯浮标、三角浮标和棒浮标。至 1938 年,设标种类和数量中,接航标 947 座、导标 1042 座、首尾号标 18 座、挂灯浮标 13 座、三角浮标 24 座、棒浮标 37 座、水深信号 2 个,点灯天数达 57 天。1931 年至 1937 年间,航标设置与管理在原有基础上有所发展,设标里程由 3946 公里延伸至 4319 公里,设标数由 1565 座增至 2364 座,其中接航标增加 54%、导标增加 63%、浮标增加 360%。此外,还重点建设乌苏里江和兴凯湖的航标,并在新开辟的挠力河与穆棱河航道上设标。

纵观九一八事变至抗日战争全面爆发期间,日本侵占和控制了中国东四省,扶持与发展日本航运势力,打击和压制其他中外航业,致使轮船运输贸易量逐年减少,船舶运输和码头经营状态日渐恶化,企业亏损,濒临倒闭。与此同时,可通航水道的助航设施的建设与管理等却有所起色,这主要是为日本掠夺性运输提供服务。

四、创办高等船员养成所

1935 年以后,黑龙江水系及其支流上航行的机动船和驳船已达 200 多艘。这些船舶必须配备相当数量的高级船员,才能适应航行的需要。

九一八事变前,黑龙江水系绝大部分船舶都是雇用俄国人充当高级船员。日军侵占哈尔滨后,继续留用俄国船员。以后,船舶数量逐渐增多,而船员却渐渐老化,船员数量不能满足船舶扩张的需要,日军与伪满洲国政府决定开办学校,培养高级船员。1937 年 2 月,在哈尔滨创办高等船员养成所,拨款 3 万多元作为建校经费。同年 4 月 1 日,养成所开课。

由于新校舍尚未建成,学生们暂在哈尔滨道里通江街数幢民房中上课,开江后迁到“富锦”号船上学习,封江时又回到民房,直到 1937 年 12 月才搬入建成的新校舍。新校舍坐落在道里井街,1938 年扩建后总建筑面积约 5000 平方米。教学主楼有 6 个专业教室、2 个合班教室,备有理化教学仪器和船体、轮机模型。

高等船员养成所的第一期学员是从奉天(今沈阳)、哈尔滨两地录取的 30 名学生。以后每年招收一期学员,每期 30 人,仍在奉天、哈尔滨两个考区招考。

---

①侯长纯:《黑龙江航运史》,人民交通出版社 1988 年版,第 192-193 页。

学校共设两个科,即航海(驾驶)和机关(轮机)科。每科学生15人,学制三年,毕业后由伪满洲国政府交通部发给毕业证书。航海科毕业学生可获得丙种二副船员证书,按规定两年后可免试升任大副直到船长。毕业后的学生大都被分配到船上充任二副职务。

学习科目,分航海基础课、航海专业课、机关专业课。其中,航海基础课包括数学、物理、化学、日语、俄语、修身以及船舶卫生、军事训练、船艺、缝帆、结索、旗语、灯光信号等;

航海专业课包括航海学(远洋、近海、沿岸)、运用学(船舶操纵测量仪器使用)、载货学(装船、卸船、包装、标志符号)、造船大意(船体结构,船体力学)、甲板机械(锚机、舵机、装卸货机械)、河川工学(水文测验、河道整治)、航政法规(海商法、基本法、成文宪法、继承法、陆地运输法)及气象学;

机关专业课包括蒸汽机、内燃机、电气、电机、材料力学、机械制图等。

3年学习后,第一期25名学员于1940年3月3日毕业。此后,每年约毕业20余名学员。这些毕业生一部分分配到黑龙江水系支干流各船舶上任高级船员,一部分在日伪水运机关任技术员或职员。1944年春,高等船员养成所迁往葫芦岛,直至1945年日本投降。该养成所存在8年,招收学员9期,毕业6期共170多人①。

①侯长纯:《黑龙江航运史》,人民交通出版社1988年版,第187页。

第六章 中国海事的抗日与后方管理(1937—1945年)

1937年日本悍然发动全面侵华战争,很快占领了中国华北、华东、华南及长江中下游大片国土。面对不可一世的日本侵略者,中国人民在国共两党通力合作下,在不同的战场上展开了一场民族解放战争。中国航政人与全国人民一样,全力投入抗战。国民政府航政系统随全国航业迅速大转移和大撤退,或停办。人员多数改行,部分则跟随国民政府撤至长江、珠江上游大后方。经过重新调整与建立管理系统,较为完整的后方航政管理架构形成,从组织上保证了战时后方航政工作的展开。

抗战初期,沦陷区和大后方的航政部门与各机关全力投入抗战,接受军政当局的统一安排,配合开展战时运输,参与协助构筑沿海与长江御敌屏障,组织航业抢运后撤人员和物资,帮助中国籍轮船转移他国等,为延缓日军从水路进攻中国内陆地区的步伐,保证政府及长江中下游工厂西撤入川,免除中国陆上部队腹背受敌和赢得作战时间,发挥了一定的保障作用。

处于在大后方的国民政府汉口、珠江两航政局及其下属机构,以及四川、广西等地方航政机构,根据当时水运繁重,航道复杂、港口混乱、修造船困难等问题,适时地制订战时管理规章制度,开展水路交通建设、木船监造、航业管理、船舶检丈登记、船员考试、航行维护、船舶管制与引水、助航设施等航政管理工作,并创建了长江上游绞滩业,较好地完成了战时的各项水上安全监管任务。沦陷区的航政人积极参与各项军事运输活动、对进出沿海36个非开放小港的外籍船舶进行监管、组织航业联合营运等,尽其所力地维护了沦陷区的航运与港口安全。抗战期间,中国航政与其他行业一样,为抗战胜利做出了贡献。

这一时期,也是中国航政遭受日军蹂躏的8年,经历了前所未有的劫难。日军组建军事管制或半军事的航政机构,利用日本航业和扶植亲日或汉奸航业取代航政管理,对中国航政进行残暴的掠夺压榨。尤其是太平洋战争爆发后,航政遭受灾难性的打击,严重地威胁中国航业与船民的安全,导致海难事故频发。

第一节 半自主航政机构的停办与西迁

一、航政机构停办与西迁及港航业遭受摧残

抗战全面爆发后,根据战争形势的需要,为“谋集中交通力量,适应军事需要”起见,1938年1月1日国民政府决定调整交通机构,将铁道部并入交通部,张嘉璈任新组建的交通部部长。之后,对包括主管航政事务的航政司在内的交通行政机构进行改组,力图提高交通管理效率,以适应抗战的需要。

对于航政与交通管理方面存在的管理机构多,管理不善,影响交通运输效率等弊端,国民政府也有同感。蒋介石深有感触地说:“我们从前交通运输最大的一个缺点,就是事权不统一,以致组织散漫,统制缺乏,流弊所及,予国家军事以很大之障碍。”为此,1938年7月30日国民政府行政院对1930年颁行的《交通部组织法》进行修正,规定了交通部设立的各种管理机构名称以及每一个组织机关的职能,重新明确事权和统一职能①。

①中国第二历史档案馆:《国民政府交通部组织概述》,《民国档案》1992年第3期。

1937年八一三事变后,上海、南京相继沦陷,中国政治、经济中心逐步向西部转移,中国航运业遭受到极其惨重的损失。抗日战争爆发前,中国共有江海轮船3457艘,其中海轮124艘、江轮3333艘。抗日战争爆发后,日军轰炸、炮击及掳掠,使中国直接损失海轮47艘、江轮2790艘,间接损失海轮77艘、江轮86艘,合计损失江海轮船3000艘,轮船损失80%~90%,而海轮则全部丧失。中国海军舰艇损失殆尽,全国江海航业损失惨重。沿海、内河港口也同样遭到日军摧残和破坏,许多被霸占、征用。由于战争的破坏,中国各航运企业几乎陷于停顿,港埠、码头设施遭焚、被炸,商业性客货运输与装卸及乎中断。中国苦心经营数十年的航运资产毁于一旦,港航业发展陷入困境①。

二、上海与天津航政局的停办

1937年11月上海沦陷,管辖浙江、江苏、安徽与上海特别市航政事务的上海航政局本部停办,并成立保管处,将印章、文件、档案封存,寄存于英商茂泰洋行仓库②。

上海航政局停办后,其设在浙江、江苏、安徽各省的航政处也相继停办、迁移,或根据具体形势做出调整。1937年8月13日,国民政府宣布:"封锁镇江以下扬子江,并由外交部通知驻京各国使领。"8月14日,"江阴封锁后,长江下游的轮船撤退上驶,下行的轮船驶至镇江为止。"9月1日,交通部令各大轮船公司在南京组建"长江航业联合办事处",统筹船舶调配,维持战时军民运输。"11月,沪战失利,南京吃紧,国民党政府迁驻重庆,中央各机关撤退集中武汉。镇江、芜湖、九江航政办事处停办"。上海航政局除镇江航政办事处、芜湖航政办事处停办外,设在连云港的海州航政办事处也停办③。1937年12月,国民政府交通部在中国海运基本停顿,沿海各地航政机构业务清淡的情况下,特通知温州、宁波航政办事处"暂行停办轮、帆船的检查、丈量等工作,等待局势安定之后,再行继续办理。唯在停办期间,所有轮、帆船航行证书所载检查期限如已届满而无航行危险时,可以由海关给予办理船舶检验、丈量等手续。"于是,温州、宁波航政办事处即行撤销。不久,由于温州、宁波两地的海运陆续恢复,进出口船舶增加,交通部又决定恢复两地的航政办事处。1938年3月,温州航政办事处恢复,改由交通部直辖,改称"交通部直辖温州航政办事处"。接着,又成立由交通部直管的"宁波航政办事处",称"交通部宁波航政办事处"。1940年7月宁波港被日军封锁后,浙江沿海航运与贸易中心南移到石浦与海门。为适应通航需要,交通部于7月16日在海门葭芷镇设立"交通部直辖海门兼理办事处",管辖包括宁(波)、台(州)两地的内河及外海航运,以及大小轮船及容量200担以上的帆船等航政事务,归交通部宁波航政办事处主管。10月,海门恢复外海航运,有关办理轮船登记、检查、给照等航政事务由宁波与海门两航政办事处办理。1941年4月宁波沦陷,宁波航政办事处迁至海门办公,并成立海门办事处,管辖包括宁、台两地对内河及外省的大小轮船及容量200担以上的帆船的航政事务④。

管理天津、山东、河北等华北地区航政事务的天津航政局,也因该地区1937年9月沦陷被解散。其设在山东的青岛、烟台、威海的航政办事处也随即撤销或停办,设在河北省秦皇岛的办事处也停办。

三、广州航政局的西迁和重组

随着日军南侵,华北、华东的相继失守,上海、南京沦陷,中国沿海与内河航运基本上处于停滞状态。国民政府所属的中央航政系统,除上海、天津两航政局及其分支机构,陆续解散或停办外,交通部航政局

①彭德清:《中国航海史》(近代部分),人民交通出版社1989年版,第302-303页。

②张燕:《上海港志》,上海社会科学院出版社2001年版,第23页。

③陈敦平:《镇江港史》,人民交通出版社1989年版,第108页。

④童隆福:《浙江航运史》(古、近代部分),人民交通出版社1993年版,第467页。

及汉口、广州航政局及其办事处,跟随国民政府中央机关梯状式地相继西迁。汉口航政局移至重庆,广州航政局移至梧州、肇庆等地继续办公,福建、广东、广西沿海及珠江水系部分的航政基本沦入日军之手。

1938 年 10 月 21 日广州失陷。在广州失陷前夕,广州航政局开始撤退,并于 1938 年 10 月 26 日撤至广西省梧州,临时租用紫洞艇(珠江流域航行于河上的一种设有酒菜待客,有女人陪酒的酒船)办公,局机关机构依旧。其下属的航政办事处也相继迁至他处。江门办事处迁至肇庆,改称肇庆办事处,负责西江下游及南路沿海一带的航政事务。1939 年 5 月,汕头办事处移置河源,改称河源办事处,专管东江、韩江的航政事务。为了统一广东、广西航政管理,维持大后方水运秩序,1939 年 1 月国民政府交通部决定撤销广西省于 1937 年 9 月重组的广西省航务管理局(此局虽名义属广州航政局统辖,但实际上独立管理广西省航政事务),改为广西船舶管理处,同时划分权责,明令规定:广州航政局具体负责抗战后方的轮船检验、丈量、登记,航线的调整,船员考核、训练,码头泊位及拖驳船的检丈给照、航路标志等事项;广西船舶管理处负责管理民船检验发照、牌照税征收,民船水手及舵工考核和训练等事项。同时,增设桂平、曲江两航政办事处。自此,广州航政局重新统一管理广东、广西、福建三省的航政事务。中央与地方航政职权明确后,事权统一,更有利于航政管理①。1939 年 9 月,广州航政局又协助军政当局整顿航政、航务管理机构,将原有局、所裁并,留有中山、阳江、北江、东江、西江 5 个管理所,以及新昌、广海、闸坡、水东、梅豪、安铺、北海、河惊、汕尾、潮汕、清远、四会、都城等 13 个分所,“仅属维持现状,无发展可言”②。

1943 年 1 月 1 日,为统一两广航政,维护大后方水运秩序,根据当时实际,国民政府交通部(重庆)将广州航政局改称珠江区航政局,仅管辖两广航政事务,不再管辖福建航政。珠江区航政局局机关部门无变动,仍为 2 科 1 室。其中,一科设文书、事务、出纳、统计、人事等股;二科设验船、船员考核、船舶登记、航线审批、航政等股;会计室设综合、簿记两股。1944 年 9 月,船舶登记股和航线审批股撤销,业务并入一科,增设监理股具体接管。10 月,日军进犯梧州,珠江区航政局又从梧州撤至百色。由于这时沿河船舶纷纷向红水河及古江撤退,来不及撤退的船舶自行毁坏或凿沉江中,导致广西境内航运瘫痪,航政局事实上已无事务可管,陷入瘫痪。局机关仅留 7 人看守。肇庆、同源、曲江、桂平办事处因日军占领而停办。

1937 年 12 月,福州港海运逐渐停顿,业务日益清谈,广州航政局设置在福建的福州航政办事处停办。交通部通知称:该处暂行停办轮、帆船的检查、丈量等工作,等局势安定后再继续办理,停办期内所有轮、帆船航行证书所载检查期限如已届满,必须经海关查明无航行危险,方准予结关。1938 年 3 月,随着福州港海运有所恢复,福州航政办事处恢复。1940 年 9 月,福州航政办事处改由交通部直管。1944 年 10 月福州第二次沦陷,福州航政办事处迁至南平。抗战末期,福州港海运停滞,航政事务少,交通部于 1945 年 3 月裁撤福州办事处,有关航政事务改由福建省政府公路船舶管理局接收(5 月 1 日移交)。8 月,行政院批准再次恢复福州航政办事处。随后,该办事处接收福建省公路船舶管理局移交的航政管理事务③。

四、汉口航政局的西迁和重组

上海、南京沦陷以后,国民政府机关西迁至武汉,武汉一时间成为全国水运业中心。1938 年 1 月 1 日,国民政府将铁道部、交通部合并,张嘉敖任新组建的交通部部长后,交通部航政司随交通部沿长江西迁。汉口航政局航政事繁任重,而原局长董仲修消极且无作为,于是交通部重组该局。2 月 14 日,33 岁的青年航政专家王洸任汉口航政局局长。随后,汉口航政局马上着手办理以下重要工作:“①发展长江航运,增加航线与班次;②督导停滞在武汉的长江下游轮船驳船,组织联合营业所,参加营运;③督促各埠成

①蒋祖缘:《广东航运史》(近代部分),人民交通出版社 1989 年版,第 329 页。
②蒋祖缘:《广东航运史》(近代部分),人民交通出版社 1989 年版,第 330 页。
③郑元钦:《福州港史》,人民交通出版社 1996 年版,第 310-311 页。

立长江航业联合办事处,以维持民运,并供应军差;④积极督修船舶,充实水运工具;⑤救济失业船员及引水人,以维护人力资源。”

汉口航政局下属的航政办事处也随之迁移和重组。1938 年 3 月,主管湖南航政事务的长沙办事处,先后在衡阳、湘潭等地辗转办公。12 月 20 日又迁至衡阳,1939 年 2 月 27 日再迁湘潭,3 月 15 日又迁回长沙。1939 年 9 月 11 日,常德办事处成立,管理湖南省沅江、澧水航政,后又移至沅陵。主管江西航政事务的九江办事处,1937 年 11 月 30 日奉命停办。1938 年 6 月,九江办事处恢复并移至南昌,管理赣江航政事务,1939 年 5 月 16 日又移至吉安。主管川江航政事务的宜昌航政办事处,于 1940 年 6 月 11 日宜昌沦陷时撤退至巴东,改称汉口航政局巴东办事处。

1938 年 6 月,武汉形势吃紧。7 月 15 日,汉口航政局会计室及管理人员携带全部账册文件离汉赴渝。8 月 4 日,国民政府驻汉口中央各行政机关全部迁移至重庆。汉口航政局除部分人员留守汉口外,其余人员会同武汉战时运输管理机关人员乘轮船撤退至重庆。10 月 22 日,汉口航政局最后一批人员由汉口撤退①。10 月 20 日,汉口航政局在重庆航政办事处原址——朝天门信义街下首挂牌办公,直接管理重庆办事处管辖的长江干线自白沙镇以下至丰都县城、乌江和嘉陵江自北碚以下至重庆朝天门入江口的航政事务。而重庆办事处 1938 年 11 月 2 日移驻万县,1940 年 3 月 1 日又移设泸县(今泸州)。至 1940 年,汉口航政局下属的航政办事处全部辗转他处办公。

由于战时航政管理事务日益繁重,汉口航政局局机关亦相应扩大。1938 年 12 月 30 日,修改《汉口航政局分科职掌简则》,次年 1 月 4 日施行。该简则明确了各科及其所属股室的职掌与编制,充实技术人才。会计、技术两室分别由一、二科分出单独设立,第一科内增设运输股。因战时运输的需要,1938 年 10 月汉口航政局在宜昌成立绞滩管理委员会,随后在四川南充、湖南沅陵、四川泸县先后设立绞滩总站,办理战时船舶绞滩事宜。汉口航政局迁至重庆后,其设在重庆的重庆办事处与管理四川省境内航政事务的川江航务管理处,在管理权限上有交叉、重叠,极易混淆。为此,1940 年 5 月 11 日国民政府行政院将川江航务管理处的航政职权划归汉口航政局,川江航务管理处只负责川江水上治安。5 月 31 日,川江航务管理处并入汉口航政局,另设四川省水上警察局,负责四川水上治安,管理未满 200 担的木船等。

1941 年 8 月 1 日,汉口航政局经国民政府批准改称长江区航政局,统一管理长江上游及赣、鄂、湘、川四省航政事务(主要指大后方)。9 月 20 日,国民政府颁布《长江区航政局组织规程》,此时的长江航政在这一水域形成了较为完整的组织架构。10 月 1 日,交通部核准《长江区航政局各科室分股职掌规则》,明确长江区航政局下辖宜宾、泸县、广元、南充、合川、万县、巴东、长沙、常德(设沅陵)、九江(设吉安)共 10 个办事处②。

战时,大后方的国民政府长江、珠江两大区域航政局所管辖的航线主要涉及湘、赣、川、桂、粤五省。长江、珠江两大区域航政局除管理上述航线、保证轮木船只正常航行外,还相继开辟川湘、川陕、川甘等多条水陆联运线,对山高水险、水水互不相连的川、陕、甘地区的航政加强管理。

长江区航政局管辖川、湘、赣三省的长江上游水域,包括:四川省通航河流的长江上游(川江)、嘉陵江、涪江、渠江、金沙江、岷江、綦江和黔江;湖南省的湘水、沅水、资水、澧水、酉水和长沙常德航线;江西省的赣江、禾水、袁水、章水、北源、南源、贡江、桃江、琴水、锦江、信江等。

珠江区航政局管辖桂、粤两省的珠江上游水域,包括:广西省的西江上游、桂江、柳江、左江、右江、贺江、洛清口、红水河;广东省的东江、西江、北江、韩江、增江和梅江等③。

---

①谭刚:《抗战时期大后方的内河航运建设》,《抗日战争研究》2005 年第 2 期。

②《战时交通》(水运部分),20 卷 444 期,1942 年。

③张后铨:《航运史话》,社会科学文献出版社 2011 年版,第 148-149 页。

1944 年 8 月,长江区航政局局长王洸调任他职,长江区航政局局长由交通部专员周厚钧接任。

这一时期,各省市的地方航政机构参加所在省成立的“船舶管理总所”及“船舶运输总队”(有的省市地方航政机构负责人在其中兼职),成为战时军运机构的一部分。

第二节　中国航政全力投入抗日战争

一、协助组织战时军事航运机构

抗日战争爆发后,国民政府所建立的半自主的航政机构,除交通部航政司和汉口、广州航政局等随中央政府西撤到西南大后方重组外,其他的中央与地方的航政机构全都陷于侵华日军之手,遭受严重破坏。机构或停办、解散,或转移到偏僻山村;管理人员多自找门路,或从业他职,或改行。这些管理人员宁为玉碎,不当亡国奴,拒绝为敌所用。他们积极参与抗战军事运输,开展有利于抗战的管理活动,或在其他岗位上从事抗日工作。特别是部分中国引水员主动辞职,宁可失业,也不为日军所服务,有些撤至后方为抗战重操旧业。

抗战之前,国民政府基于局势变化及对交通运输的需要,即已逐步加强对水路航运业的统制管理。1936 年 12 月 8 日,国民政府军事委员会以第 2764 号令颁布《非常时期船舶管理条例》,规定:凡港口码头、仓库及一切船舶在战时得受当时军事长官的管理和征调,并对船舶行动进行监督,以免资敌。此项规定虽对航运业多有不利,但对抵御日本的军事侵略则有一定的积极作用。抗日战争爆发后,国民政府军事委员会又将水运体制转为战时体制,同时设立相应的管理机构,制定军事管制条例。航政机构及其管理工作亦全部转为军事管制,一切航政管理均服从军事斗争,服务抗战的需要。

1937 年淞沪会战前夕,国民政府交通部就命令各地航政与航运机构,要求所有轮船公司必须加入联运,所有轮船悉由联合办事处统一调度,供军民运输之用,并先后在福州、厦门、上海及镇江、芜湖、九江、汉口、长沙等地成立“航业联合办事处”。轮船招商局在长江组织成立内河航业联合办事处。1937 年 11 月 10 日,为加强战时交通运输的管理,国民政府成立国民政府军事委员会领导下的船舶运输司令部,以对民船实行半军事化、军事化的管理。国民政府还要求各省根据国民政府军政部的要求,成立船舶运输总队或船舶总队部、船舶管理总所,明确总队部、总所各级人员的职权,并确定战时运输以民船为主,各地航政机关协助对民船管理,登记境内所有大小船只,只要需要随时征调。1938 年 7 月,国民政府军事委员会要求各省成立的船舶管理总所与船舶运输总队合并办公,统一负责各省民船征调与战时航业运输,使全国民船航运业进入战时阶段。

1937 年 7 月抗日战争全面爆发至 1939 年,广东、广西、福建、浙江、上海、江苏、江西、湖南、湖北、陕西等省、市,先后成立船舶总队部、船舶运输总队,在军事要点渡口设立渡口管理处(所)①。省总队下属的县设大队,大队下设中队、小队或分队。总队长、大队长由当地行政长官兼任,中队长、小队长由所在地的木船工会或船帮首领担任,分队长则在船民中推选。其中,部分航政负责人兼任船舶管理大队或中队的负责人。如 1937 年 9 月 15 日,江西省组成江西省船舶总队部,长江航政局九江办事处主任陈皋任九江中队队长,统一指挥九江港发往南昌和鄱阳湖区的轮船和木帆船②。汉口航政局局长王洸兼任湖北省船舶运输总队部负责人。

根据《战时各省船舶编队演习办法》,当时沦陷区的中央与地方航政所进行的航政管理工作,就是协

---

①潘前芝:《论抗战初期国民政府的民船征用问题》,《抗日战争研究》2010 年第 1 期。

②孙述诚:《九江港史》,人民交通出版社 1991 年版,第 144 页。

助和配合各省或当地的军政当局机关组建战时航业联合组织,建立战时军事运输机构,以征用公营与私营的船舶,随时为抗战服务。为此,各省航政机构均将征用与登记船舶作为管理工作的重点。福建省境内的中央、地方航政机构协助福建省船舶总队,对全省船舶、航运从业人员施行战时的组织编制,将沿海、内河木帆船、木竹筏纳入驿运组织,集中一切航运力量支援抗战。1937 年 8 月,上海航政局会同上海公用局与江苏省船舶总队部,对上海境内船舶实行战时管理,分门别类统一登记和监管内河运输船只,组建轮船组、民船组,协调上海内河航运,开展抗日支前活动。1939 年,昆明市政府设置水运管理处,办理滇池轮船及木帆船登记、编号、发给牌照等事宜。这是云南第一个由政府设置的航政、水运行政管理机构。1939 年 5 月,国民革命军第五战区长官司令部(驻老河口)在陕西省安康河街设立船舶管理所,负责检查、登记进出港口船舶。境内的嘉陵江上游段船舶,由陕西船舶总队部派驻机构统管;进出长江中、下游的船舶则由四川船舶总队部派员管辖。①

以上各省成立的船舶总队部、船舶运输总队,对全国沿海、内河的通航能力,以及轮汽船、民船的运行状况,各江轮汽船、民船、竹筏的数量、性能等有关航运的情况做过大量的调查工作,有利于集中统一调配全国船舶,更好地服务于战时军事运输。

二、参与构筑沿海和长江御敌封锁线

抗战初期,国民政府为延缓日军从水路进攻中国内陆地区的步伐,保证政府和长江中下游工厂西撤入川,以及为中国军队赢得布防时间,组织大量船舶的一个重要军事防御措施。大体为 1937 年 7 月至 1939 年 12 月。

抗战前夕,中国有江海轮船约 60 万吨。抗战军兴,沿海轮船约有半数征作构筑御敌工事之用,又因江阴要塞封锁,其余多数来不及驶入长江,不得不转移国籍及留在沦陷区,有些被敌炸毁,损毁或拆卸的亦很多②。

抗战开始后,国民政府为抵抗日军的进攻,主动拆毁了一些沿海和长江港口设施,破坏了部分航道,以免被日军所利用。日军大举进攻上海后,为防止敌舰入侵,国民政府先后征用各轮船公司的轮船、趸船,沉塞港口、航道,构筑沿海港口与长江各地要塞御敌封锁线,并从长江、珠江等水系上游各省运出上百万兵员奔赴杀敌前线,以阻止日军从沿海港口和长江、珠江航道入侵。据统计,1937 年八一三事变到 1939 年年底,中国军民先后在山东的青岛、江苏的海州(连云港)、浙江的宁波与温州、福建的福州、广东的广州等沿海港口,以及长江的江阴、镇江、马当、田家镇、金口、藕池口等长江港口和航道构筑了御敌封锁线工程,凿沉在各港口、要塞的轮船和趸船共计 87 艘、11 万余吨,其中绝大部分为民营轮船公司的船舶,其他如招商局的江海轮船 24 艘、3.45 万余吨。再加上被日军炸毁、劫掠等而受损的轮船 30 余万吨,能入长江西撤的仅有 10 余万吨③。

面对国家危急存亡,中央和地方航政机构按照国民政府军政当局的要求,在当地军政当局统一安排下,积极参与协助构筑所在地御敌封锁线,为支援抗日战争发挥了积极作用。大量船舶用于构筑御敌工程,航商损失严重,但“各航商深明大义,不顾损失慷慨应征”,显示了中华民族同仇敌忾、破釜沉舟的抗日决心,体现了中国人民抗争到底的意志。这些封锁线也确实一度延缓了日军从水路进攻的步伐④。

---

①《陕西省志・航运志》,陕西人民出版社 1996 年版,第 330 页。

②中国第二历史档案馆:《中华民国史档案资料汇编》,第五辑《财政经济(七)》,凤凰出版社 1994 年版。

③彭德清:《中国航海史》(近代部分),人民交通出版社 1989 年版,第 302-306 页。

④龚学遂:《中国战时交通史》,商务印书馆 1947 年版,第 207 页。

(一)参与构筑沿海航道御敌封锁线

八一三事变发生之前,驻上海的上海航政局配合国民政府海军与上海市公安局水巡总队,先后征用三北、鸿安、达兴等 9 家民营公司的 10 艘轮船,沉塞于陆家嘴至十六铺一带,并布雷构成黄浦江数道封锁线,使中国上海守军无后顾之忧,安心作战,支撑 3 个月之久。

1937 年至 1939 年间,福州航政处配合福建军政当局,经过 28 个月的努力,完成阻塞线构筑任务,先后在闽江口征用船舶沉塞于长门、乌猪、壶江、梅花等 4 道封锁线上。船舶沉塞后,在长门航道填筑 55 个阻塞石垱,在乌猪填筑 14 垱,在梅花白头屿填筑 62 垱。仅 1937 年 9 月至 1938 年 9 月,福建航政部门协助各地军政当局构筑封锁线,先后在诏安湾、铜山湾、灯火湾、九龙江口、围头湾、深沪湾、晋江口、小炸港、平海港、兴化湾、平潭海峡、闽江口、连江口、罗源湾、三都港、福宁港、沙埕港等 17 处,或以船舶载石沉塞,或敷放水雷,或装置鱼雷,构筑了多道封锁线。其中,闽江口、九龙江口、晋江口 3 处封锁线构筑工程最为浩大①。

1937 年 11 月 11 日上海失守后,宁波航政办事处与浙江宁波城防司令部将招商局“新江天”轮(3640 总吨)沉入甬江口,之后又在甬江镇海入口处打了一道梅花桩,作为第一道防线。1939 年,再次将当时停泊在甬江上的“太平”轮、“福安”轮、“大通”轮、“定海”轮、“新宁海”轮、“象宁”轮、“姚北”轮等小轮,以及“海光”、“海皓”、“海星”3 只小兵舰和 8 只大帆船(均装有石子),共 19 艘船征用,沉于镇海口招宝山到小金鸡山一带,作为第二道防线。1940 年 7 月,宁波城防司令部又一次将“凯司登”轮、“海绥”轮两船沉于镇海港转弯处,作为第三道防线。这样,宁波先后有 21 艘共 2 万余吨大小船只被沉入甬江航道,筑起了一道“海底篱笆”防线。② 就这样,1937 年至 1940 年 7 月中央直属的宁波航政办事处协助浙江宁波城防司令部共设置甬江口三道封锁线,延缓了日军进攻宁波的时间。

类似宁波在港口构筑封锁线御敌的沿海港口,还有青岛港、连云港港、广州港。这些地方的航政机构协助相关部门沉船封锁港口与航道,作为防御日军进攻的一项重要措施。1938 年,随着日军继续南侵,广州港与国内沿海港口之间的交通情况严峻,“华籍船只来本埠者,竟至绝迹”。为阻止日军由水道侵入广州,广州航政局协助当地的国民政府军政当局,征用一批船只,沉于珠江口及珠江口内的虎门、横门、蕉门、磨刀门、虎跳门、崖门、泥湾门、潭洲等要口,并布置水雷。据《中国战时交通史》一书统计,在珠江口沉塞的应征船只 6 艘,计 1979 总吨(不包括航商、船户自动凿沉的船只)。另据《粤桂区海军抗战纪实》一书记载,在珠江虎门内淡水河附近沉废舰 7 艘、商轮 5 艘、大木船 65 艘,大刀沙处沉废舰 2 艘、大木船 17 艘,横门处沉废舰 2 艘、商轮 1 艘、大木船 15 艘,磨刀门处沉废商轮 1 艘、大木船 18 艘,崖门及虎跳门口外沉废舰 1 艘、商轮 3 艘、大木船 11 艘,潭洲口沉废商轮 1 艘、大木船 9 艘。1938 年 10 月 12 日,日军在大鹏湾登陆。13 日,广东军事当局再度“封锁”珠江。21 日,广州弃守③。

(二)参与构筑长江水道御敌封锁线

江阴位于长江下游,地处宁沪之间,与北岸靖江隔水相望。长江下游江面一般宽 3~4 公里,到此逐渐狭窄,仅有 2 公里左右。南岸山陵起伏,地势险要,可以控制整个江面,是扼守苏州、常熟、福山一线的要冲,所以历代都将此作为兵家必争之地。清朝政府曾在此设立炮台,驻军把守。孙中山当临时大总统时,曾亲自率领文武官员到此视察。这里可说是通往南京和长江上游的门户。

---

①林开明:《福建航运史》(古、近代部分),人民交通出版社 1994 年版,第 387 页。

②郑绍昌:《宁波港史》,人民交通出版社 1989 年版,第 359 页。

③程浩:《广州港史》(近代部分),人民交通出版社 1985 年版,第 262-263 页。

1937 年 7 月,日军集结上海,淞沪形势紧张,国民政府军事委员会决定加强江阴要塞守军,由海军在此封江防御,阻止日军溯江西犯,威胁南京。为阻止敌舰溯江而上,"唯有消极抵制,自谋堵塞之法。然水上防御工事之建筑,并非一蹴可就,临时应变,不得不征用船只,沉入港口,及布置水雷,以为阻塞工具"。经国民政府军事委员会研究,选定地势险要、航道狭窄的江阴港口,构筑长江第一道御敌封锁线。阻塞线的具体位置选在距长江吴淞口约 150 公里之鹅鼻嘴下的福姜沙分汊处,即江阴右牌港下游长山附近。国民政府海军部长陈绍宽及海军第二舰队具体负责这一任务。随后,国民政府军事委员会命令上海航政局征用公营、私营船舶,集结于镇江,准备沉江。

接受构筑封锁线的任务后,上海航政局及其镇江办事处一面协助海军征集组织民工、民船,采运大量石方装入沉江的船中,一面发布禁船通告,组织航业疏散。航政部门先后组织招商局的"嘉禾""新铭""同华""广利""泰顺""遇顺""公平"轮;民营公司的"醒狮""华新""回安""通利""宁静""鲲兴""新平安""茂利二号""源长""母佑""华富""大赉""通达""瑞康""万宰""泳吉"轮,加上海军的"通济""大同""自强""德胜""威胜""武胜""辰字""宿宇"等舰艇,先后沉塞江阴。此次沉船共计有军舰、轮船 31 艘,其中公私营轮船 23 艘、兵舰 8 艘。至 1937 年 8 月 14 日,第一道江阴封锁线设置完成。为在第一道封锁线后面再构筑一道辅助阻塞线,9 月 25 日又相继凿沉"海圻""海容""海筹""海琛"4 艘军舰。同时,长江江阴以下所有导航和测量标志均予拆除。以上整个江阴御敌封锁线,共征用商船、军舰、趸船 44 艘,约 7 万总吨,又从苏、浙、皖、鄂省征用民船、盐船 185 艘,船上装石头 1.2 万吨,动员民工 2000 余人①。

1937 年 12 月 13 日南京沦陷,国民政府机关西迁武汉,下令在长江马当布设第二道阻塞线。仅 1938 年 3 月至 6 月,汉口航政局与九江办事处配合军事机关先后征集"万象""松浦""华胜""天兴""庆宁""长泰""海洲""永陞""北晋""宏顺""新斗""江裕""黄石公"轮,"安广""联益"趸货船,"宁浔 1 号""宁浔 2 号""浔安""镇安"趸船,以及九江码头船 1 号与 2 号,计轮船 13 艘、趸船 6 艘、码头船 2 艘,共 21 艘,沉塞于马当江中。另在沉船间加构水下暗礁,设置钢丝拦江缆和钢丝浮木线,加强封锁力量。在敌机投弹、扫射下,施工人员不畏艰险,冒死抢筑。冯玉祥将军等曾来工地视察,深表嘉许。此次沉船吸取江阴沉船的教训,将大船放在中央,小船放在四周,再用铁链将船连成浮桥式样,然后沉于江底,阻塞效果较好,使日舰一时无法通过。6 月 30 日马当被日军从陆路攻占后,水上封锁线屹然未动。日军从水下进行爆破,一连数日,仅轰开一个能通小汽艇的孔道,大舰仍不能通过。日军占九江后,因受阻马当,军事行动、运输活动均受影响,使中国军队得以从容布置武汉外围的防务②。

为保卫武汉,在 1938 年 1 月交通与铁道两部合并为交通部后,交通部汉口航政局组织建造了 4 艘大型水泥船,凿沉于田家镇航道,迟滞了日军对武汉的侵犯。

1938 年 10 月 25 日,武汉撤守。航政机关又协助军事机关征集、制造水泥船,构筑葛店江路、石首、洞庭湖区及湘江北口阻塞线,还在石首江面沉塞小型商轮 20 艘,计 1645 吨。11 月 9—13 日,城陵矶、岳阳相继失陷,洞庭湖门户洞开,湘、资、沅、澧水道纵横,敌舰随时可达。为打破敌人南犯长沙,打通粤汉铁路的企图,汉口航政局协助当地军事机关于 11 月 11、13 两日,征调"江平""俞大猷"两艘轮船和铁驳两艘以及炮艇、民船等,沉塞在营田滩附近南达长沙、西通常德的交叉江面,再由工兵布放大量水雷,构成洞庭湖区和湘江北口封锁线。第二年 3—4 月间,日寇以舰艇数十艘大举来犯,均为封锁线所阻,苦攻营田不下。中国陆上部队免除腹背受敌,得以集中全力阻击南犯之敌,取得湘北会战大捷③。

1939 年 6 月,长江上游江防司令部召集湖北水警总队和汉口航政局宜昌办事处成立宜昌船舶撤退

①张后铨:《航运史话》,社会科学文献出版社 2011 年版,第 131 页。

②中国第二历史档案馆:《中华民国史档案资料汇编》,第五辑《财政经济(七)》,凤凰出版社 1994 年版。

③中国第二历史档案馆:《中华民国史档案资料汇编》,第五辑《财政经济(七)》,凤凰出版社 1994 年版。

委员会,决定“所有泊宜轮木船除征用封江者及外属船只外,必要时应全部撤退”,“不能行驶者拆机件,自行沉没”作为御敌的封锁线。

综上所述,抗战初期航政部门协助国民政府军政当局,组织了大量民间轮船、木船,参与构筑长江水道御敌封锁线,为保证长江中下游各工厂西撤入川及免除中国陆上部队腹背受敌,延缓日军水路进攻速度赢得了时间,做出突出贡献。

(三)御敌封锁线中做出贡献者——王洸

在长江构筑几道御敌封锁线中,有一位贡献者我们不应忘记,他就是从事交通航运、抗战中担任交通部汉口航政局局长的王洸。他在构筑长江田家镇航道封锁线,保障国家物资后撤中做出突出贡献,后来在大后方航政建设和发展中也做出成绩。

王洸,江苏省武进县人,出生于1905年。1926年,考入北平交通大学(现在的北京交通大学)学习。1928年毕业后,进入国民交通部从事航政工作。1929年,任交通部兼职法规委员会委员。1930年,被任命为汉口航政局第二科科长,负责航政事务,施行新法规。后经国防设计委员会副秘书长钱昌照聘请进入国防设计委员会工作,担任航政组组长。1934年,被派往美国研究航政管理。1936年6月,王洸完成研究课程后,由中国驻美大使施肇基介绍前往美国商务部所属各航运单位洽询航政法规实施情况。随后,又去圣路易、芝加哥考察密西西比河及大湖区的水运,到纽约航务检查处考察船舶检查、船员管理,到海关考察船舶登记、核发证照业务等。接着,转道西欧考察英国南安普顿港深水码头等。这些考察活动为他日后从事航政工作积累丰富的经验。11月,回国后出任交通部航政司船舶科科长兼海事科科长。

1937年7月,抗日战争全面爆发。1938年1月,交通与铁道两部合并为交通部,王洸任交通部汉口航政局局长,并参与江阴沉船构筑江上封锁线工作。之后,他接受在武汉田家镇长江航道下沉16艘轮船,设置阻止日军入侵的封锁线的紧急任务。面对中国余下船舶屈指可数,运力不多的最后一点家当,航运界不同意。在军情危急的情况下,王洸大胆提出用水泥船代替轮船的主意,得到军方批准,随后组织建造4艘大型水泥船。在建造中,王洸担任“钢骨水泥船试验所”主任,凡事亲力亲为,事事落实。4艘水泥船很快建成,凿沉于田家镇航道,迟滞日军从水上对武汉的侵犯,为整个国民政府撤退大后方赢得了时间。据记载,1938年7月1日该塞江工程开工,“因时间尚觉从容,商轮所存有限,乃在汉口设计,建造钢管水泥船代替之。因此能保存商轮十余艘,以为应付汉口、宜昌间空前之繁重运输任务”。田家镇被敌军侵占后数日,汉口出版的英文《楚报》称:“田家镇水雷区均已被日军扫除,唯封锁线构造奇特,军舰尚难通过。”1938年9月,田家镇、半壁山间血战方酣,但十多万日军竟未能越长江水域一步①。

1938年10月25日武汉失守,十余万吨物资囤积宜昌,等待撤往四川、重庆。此时船只缺少,又是枯水期,川江上数十处急流险滩,严重阻碍船只上驶。为保障大量物资顺利、快速撤退,王洸带领汉口航政局员工在川江主要险滩设置绞滩站。这是一项十分棘手的工作。过去,英国人蒲兰田曾经设想过办理此事,因有诸多困难未能办成。王洸经过调查研究,物色精干人员,克服资金和器材缺乏的困难,动员内迁厂家赞助,卓有成效地实施了设置绞滩站的工程,到1940年共设16处绞滩站,保证了人员和物资顺利撤至大后方,为坚持持久抗战,夺取抗战最后胜利做出重大贡献。

宜昌沦陷后,王洸率领汉口航政局撤退至重庆。此时汉口航政局的工作重点发生变化,他一方面协调在渝各家轮船企业,合理确定各公司船只航线;另一方面与重庆海关协商,由海关出资整治长江上游重要支流航道,设立助航设施,以便开辟新航线,努力繁荣活跃大后方经济和生产。当时,重庆各种物资严重缺乏,尤其是缺少钢材,又有敌机轰炸,损失的船舶无法补充。经国民政府批准,汉口航政局动员民间

---

①江天凤:《长江航运史》(近代部分),人民交通出版社1992年版,第387页。

力量,大量制造木船,弥补运输力量之不足,促进大后方经济繁荣。造船后,政府给予贷款支持。同时根据战时实际情况,考虑到方便军方征用,王洸对木船尺度做出规范要求。1939 年 11 月,王洸兼任柳州西江造船处处长,主持造出中国最早的特种机动浅水轮船。1941 年 5 月,他被任命为船舶总队少将队长,肩负运送军粮之职,改变了过去屡屡发生的军粮运送延误现象。1948 年,国民政府决定,对抗战 8 年中始终坚守岗位且功勋卓著的党政军负责人授予胜利勋章。这是整个抗战期间最高级别的奖章,水运战线上只有卢作孚和王洸两人获此殊荣。这是一种极高的荣誉。

王洸在 1928 年至 1949 年,参与了中国航权、航政管理权的收回工作,负责起草多项航政、交通法规,如《船舶登记法》《船舶检验章程》《船舶国籍证书章程》《海员管理章程》《船舶登记法施行细则》《航运引水法》《海商法施行法》等。他还于 1932 年 10 月 1 日创刊出版了《交通杂志》。至抗日战争前夕,他先后公开出版《航业与航权》《中国航业论》《航业政策》《现代航政问题》等专著。1949 年重庆解放后,王洸跟随国民政府去了台湾①。

三、组织轮船业转移与抢运物资

抗日战争全面爆发后,日军攻打上海,进窥南京,长江下游成为中日争夺的主要战场,中国江海船舶处于敌军炮火的直接威胁之下。1937 年 8 月 25 日,日军宣布封锁北起秦皇岛、南至广西北海口各港,凡中国公私船舶及军舰绝对禁止在海上活动。中国航运界和广大海员工人发扬毁家纾难、赴汤蹈火的高度爱国热情,紧密配合抗战军事部署,迅速组织起来,投入支援前线、抢运撤退、保卫长江、保卫祖国的战斗,努力完成战略防御阶段的各项水上运输任务。

(一)协助轮船驶往香港或转移外籍

1937 年 8 月 11 日淞沪之战开始前两天,国民政府交通部密电航运部门及各航商:凡不能驶入长江的,改驶南方各港或国外港口。对来不及驶入安全港口的,准予暂时转移中立国国籍。八一三事变发生后,在上海的中国轮船被迫全部停航,及至日军占领上海(租界除外)后才允许恢复运输,以致备受打击摧残的中国轮船公司已濒临绝境。轮船招商总局在上海已无航运业务可以经营,不久就迁至香港。为执行国民政府军事委员会保护战时船舶规定,上海、汉口航政局及其所属的分支机构协助各轮船公司撤退,并让吨位过大不能驶入长江或航线较远不及驶回长江的船舶驶往香港或其他海口,以避敌蜂芒。招商局的元、亨、利、贞等 4 艘海轮,即驶往香港停泊,用作堆存进口物资,至 1938 年年底方作价 30 万英镑出售给英商怡和洋行。

1937 年 8 月,国民政府交通部公布《非常时期轮船移转外籍办法》,准许未能退入长江的海轮及避泊香港或在海外的商船,暂时移转中立国国籍,以免被敌利用。先后批准转籍的船舶有 130 艘,14.5 万总吨,其中转意大利籍 18 艘、德国籍 17 艘、葡萄牙籍 37 艘、希腊籍 16 艘、巴拿马籍 7 艘、挪威籍 3 艘、荷兰籍 2 艘、英国籍 5 艘、美国籍 5 艘、其他国籍 25 艘。这种转移外籍办法,系属战时权宜措施,“俟战事敉平,再行回复,但不准直接或间接转移与敌人”,“此项船只,不特可免资敌,且可照常营运”。海船转入外籍,名为出售,实质上是改悬外国旗帜,避免被日本海空军击沉或掳获。这反映当时中国航业界审时度势,爱国护产的良苦用心。如 1937 年 11 月 12 日上海沦陷前,招商局部分人员迁往香港,设处办公,并将其在沪的产业转移由美商卫利韩公司经营。另在南京组成长江航业联合办事处,指挥沿江各分局及江海轮船逐步西撤②。

---

①黄振亚:《王洸传——一位水运专家的传奇人生》,中国文史出版社 2001 年版。

②彭德清:《中国航海史》(近代部分),人民交通出版社 1989 年版,第 307 页。

(二)配合组织抢运西撤物资

八一三沪战爆发前夕,国民政府交通部在密令各轮船公司的同时,还要求各地的航政机构迅速组织船舶,抢运西撤物资。广州航政局监督在广州的省内河船退至江门及肇庆以上水域联合营运。汉口航政局针对战时紧急,驶入长江江海轮船数量甚多的实际情况,组织和督促航运业与船舶西撤。据统计,仅汉口地区原有轮船 450 艘、46282 吨,而因后撤船只增多,到 1938 年初增至 645 艘、143790 吨。1938 年 10 月武汉沦陷,撤至宜昌船只 208 艘,撤至长沙船只 16 艘,撤至常德船只 16 艘。仅汉口航政局就组织由宜昌撤入四川境内船只 200 多艘,一时间大后方船舶比战前迅速增加。据 1941 年 6 月统计,重庆地区有轮船 228 艘(战前仅有 56 艘)、64033 吨,长沙地区有轮船 171 艘(战前仅有 118 艘)、8120 吨。这些轮船为维持战时水运发挥了重要作用①。

沪战之后,宁沪铁路全部担任军运,普通客货运输停滞,公路运量有限,而上海一地,需要内迁之工厂就达 500 多家,不尽速抢运,则必将沦于敌手,还会造成后方建设无法开展。为组织长江航运业抢运物资,交通部于 1937 年 9 月 1 日令各航运企业参加在南京组建的长江航业联合办事处,并在上海、镇江、芜湖、九江、汉口、长沙等地分设内河航业联合办事处,统筹船舶调配运输。还命令上海、汉口航政局及其各地办事处,作为战时航运业的管理机关,组织战时运输。汉口航政局局长董仲修兼任汉口内河航业办事处副主任,次年 2 月由局长王洸继任。上海沦陷后,南京告急,国民政府中央各机关撤退入川。汉口航政局迅速征集轮船将南京的公物及文件档案西运,先至汉口,再组织轮船接运入川。11 月 20 日起,大批政府机关、学校和工厂由南京纷纷迁往长江中上游,也是先撤至武汉。武汉会战后期,战事吃紧,大量公物器材囤积于湖北宜昌,急需抢运入川。这时仅有 16 艘轮船用于运输,若全部依赖轮船输送,势将旷日延时,况各地公物器材还在源源不断地运至宜昌。为此,交通部长张嘉璈责成汉口航政局与重庆办事处征集川江木船抢运物资。航政部门通过努力,征集到大量木船,缓解了大量物资从水路入川的压力。据 1943 年《中国航业》川江航运专号载:1938 年秋,驻留武汉各机关准备撤迁重庆,交通部乃策划利用四川省大量木船承担运输任务,由航政司会同汉口航政局、军事委员会长江水道运输处重庆分队及四川省船舶总队具体负责征集。航政部门召集重庆三河 21 帮木船帮首协助,又派员分赴长寿、涪陵以下各埠登记船夫,并呈请军委会特准船夫免服兵役,解除木船船主抢运存宜物资入川的后顾之忧②。

1938 年 10 月武汉失守前,在运送武汉战区附近兵工厂内迁约 8 万吨重要器材的过程中,汉口航政局发挥了一定的作用。该局前后征集四川省木船 1200 余艘参加宜昌抢运工作。各木船、轮船,特别是 3000 吨级以上的大轮船,在日军飞机轰炸和不熟悉航道的艰难条件下,冒险驶入川江,创造了长江航运史上的奇迹。抗战初期,抢运物资的数量巨很。仅 1937 年 8 月到 1939 年年底,招商局所运公物就有 8.8 万吨,运送商货 19 万吨;民生实业公司运送兵工器材及公物达 20 余万吨③。至 1940 年,大批工厂、学校、科研机构内迁大后方,仅内迁工厂即达 448 家,其中 55%迁至四川。这些内迁行动既减少了日本侵略所造成的经济损失,又为坚持长期抗战提供了重要的物质基础。

抗战初期,长江中下游撤退船舶云集武汉,大部分船只抛锚停航,船员生计发生困难。而后方交通梗阻,商货器材又集积武汉,许多货主很难找到船舶承运。产生航运供需脱节现象,一方面是由于从外港撤退到武汉的航商人生地疏,与货主之间缺乏中介介绍,另一方面则因外港轮船改变航线参加营运又受到航政规章的限制。为利用停航轮驳疏散武汉积货,汉口航政局报经交通部批准,在局内设立航务咨询处,

---

①中国第二历史档案馆:《中华民国史档案资料汇编》,第五辑《财政经济(七)》,凤凰出版社 1994 年版,第 115 页。

②潘前芝:《论抗战初期国民政府的民船征用问题》,《抗日战争研究》2010 年第 1 期。

③中国第二历史档案馆:《中华民国史档案资料汇编》,第五辑《财政经济(七)》,凤凰出版社 1994 年版,第 116 页。

于 1938 年 3 月 21 日开始办理货运及船舶买卖、租赁、修理等介绍事项。凡需用船的发运货物者,均可向航务咨询处申请登记办理。此项中介业务纯属服务性质,不收取任何费用。此举对于维持战时运输起到一定的推动作用。此项中介业务办理半年多后,因武汉失守即告停止①。

四、配合军政当局开展战时运输

(一)监管进出非开放小港的外籍船舶

早在九一八事变后,交通部就开始秘密训练大批人员,以航政研究员的名义,派驻到各国营和民营 1000 吨以上轮船上担任紧急处置任务,命令各轮船尚未安装无线电台的必须限时安装,以方便接受政府命令。必要时,驶往指定安全地带,避免危险②。抗战前夕,国民政府军事委员会命令全国开展包括水运在内的经济动员总调查。其下的资源委员会于 1937 年春下发水运调查表,全面了解各地水道、船舶、港口及水上保甲等情况。抗日战争全面爆发后,又颁布与制订了一系列非常时期的航政、航运管理法规与管理规章,以指导战时的水上运输。

1937 年 9 月淞沪会战期间,英商太古、怡和两公司即派轮船恢复行驶南北洋航线,投入船舶 11 艘,每星期往返两次,主要是客运,少量为货运。1938 年 1 月,欧美轮船在上海港南北洋和长江航线全面复航。10 月,中国沿海秦皇岛、天津、青岛、烟台、上海、厦门、广州等重要港口遭到日军封锁,然宁波、温州、福州、汕头尚未沦陷。为使这些港口成为抗战初期与大后方物资交流的通道,国民政府只有依靠外轮和一部分转籍的中国海轮及木帆船维持沿海航运往来。

为打破日军的封锁,国民政府从 1937 年 10 月至 1938 年 10 月先后开放了浙江、福建、广东沿海原非对外通商口岸的 36 个小港(详见表 6-2-1),准许外轮出入,以利上海、香港等地与内地物资的进出。为此,欧美航商纷纷派轮船行驶过去不准外国轮船航行的至定海、海门,及长江的崇明、启东、南通等的航线。

抗战初期中国开放的 36 个通商口岸表 表 6-2-1

开放年月	地　区	开放口岸
1937 年 10 月	福建省	沙埕、三江口、涵江口、晋江、东山、莆田、三都、蚶江、永宁、深沪、福清、海口、祥芝、古浮港、罗源湾、秀山屿、肖厝
1938 年 7 月	浙江省	石浦、临海、鳌江、飞云江、青江口、海门
1938 年 10 月	广东省	神泉、广海、阳江、电白、黄波、双溪、岛坎、井州、海山、汕尾、水东、范和

来源:《中国航海史》(近代部分),人民交通出版社 1989 年版,第 321 页。

为加强对进出 36 个小港外国轮船的管理,各港成立了战时航政机构,由军事当局统一领导,配合军事机关进行水上运输和安全的管理工作。对特许外国轮船到这些港口通商的管理,多为临时性的军事管制,封锁期间港口关闭,非封锁期间则开放。各地航政机构参与了上述港口关闭与开放的全过程,并协助国民政府军事管制当局制订《沿海港口限制航运办法》及《核发外国轮船通行证书办法》,以兹限制③。上海航政局海门航政处,协助军事当局进行航政管理。1938 年 1 月,浙江省政府设置交通管理处,进行省内各类船舶的注册登记、领取证书或执照等航政管理。1939 年 5 月,浙江省交通管理处改为浙江省船舶管理局,在省内各地设立船舶办事处,管理战时全省"船舶之登记、编组、征集、调拨、输送、监护、水上交通

①中国第二历史档案馆:《中华民国史档案资料汇编》,第五辑《财政经济(七)》,凤凰出版社 1994 年版,第 116 页。
②潘前芝:《论抗战初期国民政府的民船征用问题》,《抗日战争研究》2010 年第 1 期。
③彭德清:《中国航海史》(近代部分),人民交通出版社 1989 年版,第 321 页。

之管制及公民运之协助维护等事项”①。

1938年10月交通部宁波航政办事处恢复后,除配合宁波城防司令部沉船封锁甬江口航道外,1939年1月22日又成立戒严时期温州引水办事处,接管原来由瓯海关负责的引水业务,督促引水员执行温州防守司令部制定的《战时瓯江引水、舵工、老大管理暂行办法》及管理委员会的有关命令,直到太平洋战争爆发后解散。1941年以后,温州航政办事处配合当地军事机关对进出港船舶加强监视与控制,规定凡出港船舶必须向军事机关领取军事通行证,航政办事处方可发给通航证书,并开展对战时引水员和船员的管理。1944年4月,成立船舶登记检丈巡回站,派员分赴辖区各埠巡回督导,办理船舶检查、丈量、登记及核发帆船通行证书等②。

1941年,浙江海门航政处开始外籍轮船给证管理工作。凡是外籍轮船,行驶海门航政处所管辖的核准通航口岸,未进口前先由当地公司或代理行号呈请航政处,由航政处核咨当地军事当局(台州守备区指挥部),要求先行进口,经航政处检查合格,由航政处批准发给外国轮船通行证书或准驶内港签证单暨检丈证书。1942年3月,开始对轮船与出海帆船的管理,核发帆船出口通行证书。③

(二)组织航业开展联合经营

抗战初期,各省市的航政机构与部门除协助各省组织的船舶总队或船舶运输总队进行战时军事管制,“办理船舶之管制及封(锁)(调)拨事宜”外,还组织航业进行联合经营。

1.广东省

卢沟桥事变后,战争迅速燃遍华北、华中。广州一时间成为抗战重要口岸,军公运输繁重,而航商则如一盘散沙,无人领导。按照国民政府军事委员会要求,“航政使命,首求水运便利与迅捷,以配合军事。次则商旅往来,货物转运,以安定社会经济”。1937年10月,广州航政局配合广东军政当局在广州成立广东内河航业联合办事处,规定各航线成立联合办事处。各线办事处之章程,均要按照航政局下发的规定式样签订。同时,督促各地立即着手成立联合办事处,凡属航商均须加入联运,所有船只都由联合办事处调度,以利于进一步推动和加速战时的军民运输,保证战时军公运输和撤退。至于航商自动组织起来的联合机构,亦大力给予赞助,方便管制船只。④

1938年10月日军尚未进攻广州前夕,广州航政局指令广州及珠江三角洲的船舶向珠江的中上游撤退。大量船舶撤入西江中上游,三水失守后集中于肇庆、梧州的轮船达200余艘。因航线缩短,航运难以开展,大量船员失业,生计无着。为维持肇梧航线军事运输,广州航政局除按照交通部轮船登记规则办理轮船登记和改换牌照等航政管理工作外,还组织召开撤至西江的航运业会议,促进航业合作,以适应战时需要,并规定18个航运企业的轮船分别航行梧州肇庆线、梧州都城线、都城肇庆线、禄步肇庆线等14条航线,督促进行联合营运。

为救济失业船工和调剂各船营业,维持肇庆、梧州间的军事运输,1939年1月16日广州航政局组织成立交通部广州航政局西江航业战时服务合作社,总社设在梧州,下设肇庆分社,规定凡原定期行驶三水以上的轮船、轮船拖渡和驳船,以及撤至西江的轮渡航商一律参加。当时参加该合作社的大小轮船80余艘,分为10个组,专门从事肇梧间的军公物资运输。一些较小船只也承担军队或军用物资运输,行驶于梧州以上河道。西江航业战时服务合作社临时设在梧州河面上的“永发筏”(原两广航业公司梧州分公

①童隆福:《浙江航运史》(古、近代部分),人民交通出版社1993年版,第467页。

②中国第二历史档案馆:《中华民国史档案资料汇编》,第五辑《财政经济(七)》,凤凰出版社1994年版。

③金陈宋:《海门港史》,人民交通出版社1995年版,第194页。

④《珠江航运史》,人民交通出版社1998年版,第213页。

司的办公处及货仓)楼上。临时设在紫洞艇上的广州航政局亦迁至水面的筏上办公,办理航业船舶登记,组织各航业的联营。后来,交通部广州航政局西江航业战时服务合作社改为交通部广州航政局西江航业战时服务社,统筹负责航业航行费用、船员工资、船舶维修补养,以及救济失业轮渡、兼营军民运输等。1938—1939 年,在广州航政局监督下,14 条航线联合营业参加战时服务社,各航商单位推出负责人或船东组成理事会,负责该社经营业务。①

广州航政局及其办事处还与本地政府或航业联合制订安全管理规定。1938 年 9 月,广州航政局配合汕头市政府,并由市政府出面重新制订乘船规则,规定:(1)凡自备资金在各埠轮船上以接送侨民侨批为业的水客,必须具备二寸半身相片两张,并有正当商店担保,才能领取水客执照;(2)水客在各轮船中,对于搭客无论是否护送,均应诚实招待,不得有借故敲诈欺侮或在轮中设赌诱骗乘客的事情;(3)轮船到达时,水客对负责接送的搭客,应妥为照料行施,如非其接送之旅客,不得强行拉扰。上述这些规定,有利于华侨乘搭民营轮船来往汕头地区探亲访友,也提高了民营轮运业的信誉。②

2.江苏省

抗战期间,江苏省军政当局根据江苏河汉小港多的特点,确定战时运输工具以民船为主,将境内所有大小船只详细登记,规定只要需要随时征调。这些船只主要被征调供给第三战区兵站总监部的部队使用。当地的航政部门按江苏省政府统一规定,在各县设有专门的船舶管理机构,具体负责船舶征调。个别环境特殊的地区,允许船户以原有组织活动,但无论以何种形式管理,征集船舶的方法都以服从战争需要为准。凡接近战场的县,必须按日准备若干船只,随时听候派遣,其他各县船舶则编制就绪,以备需用时临时调集。③

3.湖北省

1938 年至 1941 年的 4 年间,根据国民政府军事委员会颁布的一系列军事管制条例和办法,结合省境内的实际情况,湖北省先后制订《战时船舶运输暂行条例》《征用小轮、民船补助金给与表(标准)》《统制武汉船舶暂行条例》《非常时期湘、沙、宜、渝区引水、舵工及船老大(民船驾长)管理办法》《水陆交通统一检查办法》等,以适应战时航政管理的需要。

4.江西省

抗日战争爆发前,江西地方内河航政事务由巡警公署及后来的水上公安局代为管理,主要是办理船舶的注册、给照、征税以及轮船客货运载办法的审核、立案等事项,而对船舶的检验丈量、船员考核、标志设置、航行规则等有关安全方面的问题则概不过问,致使水上运输秩序混乱,船舶严重超载,冒险航行诱发的事故时有发生。抗战开始后,在九江设立江西省航业联合办事处,规定所有轮船悉由联合办事处调度,供应军公运输。

5.云南省

1938 年,云南省建设厅自订《云南省船舶管理规则》。该规则共 36 条,为云南省第一个船舶管理办法。

五、开展内陆省的民船管理

自清末漕运废除后,中国内陆省份的通航河流上除寥寥可数的水驿船外,渐无官营运输船,从事商运的基本是民船。

---

①《广东省志 · 水运志》,广东人民出版社 2005 年版,第 431 页。

②《广东省志 · 水运志》,广东人民出版社 2005 年版,第 394-396 页。

③郭孝义:《江苏航运史》(近代部分),人民交通出版社 1990 年版,第 82 页。

内陆民船管理,清朝设有驿站,由河道派员分驻各站监督。民国时期,内河航运每况愈下,省、县均无专设航运管理机构,由省建设厅(系实业厅改组而成)、县水利局兼管河工和航务。

20世纪20年代以后,随着民营航运业的兴起,民船安全管理提到议事日程,内陆省份陆续建立起专司民船的管理机构。如河南省,1927年由省建设厅“设置四科分掌农、工商、矿、渔牧、森林、水利、市政、道路、交通及一切建设事宜”。1930年的《河南省建设厅办事细则》中,把“关于河工及其他航路工程事项”列为第四科的职掌之一,却未明确规定有关民船管理方面的具体事项。实际上,各通航河流上的民船管理和航运业务全部由勾结官府的当地封建势力把持。

抗战期间,驻防在内陆省份的国民党军队为军事需要,也加强了对民船的监管。如1942年8月,国民党第31集团军汤恩伯部在安徽省界首一带,以“沙河为豫皖水上交通要道”为由,成立鲁、苏、皖,豫边区总司令部沙河船舶管理处,先后在河南境内沙颍河沿河的水寨、周口、漯河、襄城和淮河上游沿河的三河尖、乌龙集及洪河的新蔡等港口设立船舶管理所,“对西自襄县东迄正阳关沿沙河河内所有船舶有统一指挥管理之权”,不论军运、商运概归其统筹分配调度。1943年,河南省在三河尖、乌龙集、潢川、新蔡等地设立水营段,专事征集民船、民簰为国民党军队运送军粮。①

第三节　战时大后方开展的航政管理

一、制订大后方航政法规与规章制度

抗日战争时期的大后方,是指国民政府西迁后,以陪都重庆为中心,包括西南的四川、西康、云南、贵州、西藏、广西和西北的陕西、甘肃、宁夏、青海、新疆在内的11个省份。而大后方的水运建设与航政管理则主要集中在降水丰富的西南地区,包括川江和珠江上游流域。尤其川江流域,自湖北宜昌至四川宜宾,加上川江支流嘉陵江、沱江、岷江、乌江等,战前通航里程约21000英里,即33800公里。当时西北各省干旱少雨,适航河流很少,水运极不发达,只有宁夏、甘肃一段黄河有些水运。由此可见,抗战大后方航政管理工作所涉及的区域,广义上讲为长江上游的四川、西康、西藏等和珠江上游的广西、云南、贵州等广大地区,狭义上说就是长江上游的四川、云南、贵州部分河段和珠江上游的广西段等部分河段。其中,长江上游管理工作量占大部分,由撤至后方的汉口航政局及其分支机构与四川省航政机构负责实施;珠江上游管理工作量较小,由撤退后方的广州航政局及其分支机构与广西省航政机构负责实施。②

大量国民政府机关、学校、厂矿相继迁入西部地区后,大后方人口急剧增加,给大后方经济带来巨大的压力。发展大后方工业、农业、商业等经济部门,维持大后方人民的生产和生活,必须扩大大后方航运业,开辟航线,加速河流沿岸港口城市之间的物资、人员流通。有鉴于此,国民政府除将水运体制转为战时体制,实行军事统一管理外,根据战时军事需要制定出带有军事性质的航政管理体制、管理办法。国民政府军事委员会在1938年至1941年间,先后公布《各省市船舶编队军事委员会续颁》《各省市船舶编队演习办法》《船舶总队部组织简则》《民船编队应注意事项》等,以保证战时交通管理机构有法可依。其重点是要求各地将分散的运力组织起来,支援抗战。

对于战时有关航政方面的管理法规与规章,国民政府早就开始筹划与制定,起初是由国民党陆海空军组织制订和颁布。1931年九一八事变后,海陆空军总司令部就公布了《军用船只征用暂行条例》。

抗战全面爆发前后,就战时航政可能出现的管理问题和需要开展的工作,由国民政府或军事机关继

①张圣城:《河南航运史》,人民交通出版社1989年版,第194页。

②谭刚:《抗战时期的西部交通建设与城市发展》,《天府新论》2004年第2期。

续完善与制定相关法规与规章。

1936 年 12 月 8 日,国民政府军事委员会颁布《非常时期船舶管理条例》共 14 条;12 月 9 日,又颁发《交通部促进航业合作办法》共 8 条。

1937 年 1 月 26 日,行政院颁发《行政院整理中华船员办法》共 8 条。

抗战全面爆发后的 1937 年 7 月 12 日,国民政府紧急颁发《军事征用法》;8 月,交通部公布《非常时期轮船转移外籍办法》;10 月,国民政府军事委员会颁布《战时沿海港口限制航运办法》;12 月,国民政府颁发《军事征用法施行细则》。

1938 年 1 月,船舶运输司令部公布《战时船舶管理规则》。8 月,国民政府军事委员会针对前期征用民船职权不分、分工比较混乱的现象,对 1931 年颁行的《军用船只征用暂行条例》进行修订,重新颁发《军事委员会增订船舶征用办法》;12 月,又颁发《战时船舶运输暂行条例》。

1939 年 1 月,国民政府交通部公布《交通部监理木船运输章程》。

根据国民政府与国民政府军事委员会及各军事机关颁布的一系列的战时法令、法规、条例等,后撤或转移到大后方的交通部航政司、汉口航政局、广州航政局及其分支机构,迅速制订出的落实规则、规定与细则。如汉口航政局仅 1938 年至 1944 年间,就先后制订《汉口航政局分科职掌简则》《交通部汉口航政局绞滩管理委员会组织章程》《交通部西江造船处组织规程》《交通部汉口航政局介绍木船租用办法》《交通部汉口航政局监理四川贷款木船运输办事细则》《四川省水道木船货物运价标准章程》和《四川省轮船运价章程》等。①

二、监造木船和试制浅水轮船

抗战军兴,恢复生产成为大后方当务之急。此时,大后方"内河航运渐趋繁要,普通轮船不能通航,于是木船应时而起,成为水运的主力"。为此,国民政府采用鼓励民间造船的政策,设置机构专事建造木船。国民政府各机关、企业,如军政部粮局、军工署、经济部、财政部等均有大量的自备木船。

长江干线可通航轮船航线自宜宾至上海有 2800 多公里。到 1940 年 6 月,宜昌以下的长江沿线沪、宁、汉、宜等城市相继沦陷,长江轮船航线只限于宜宾至巴东段 910 公里,水上交通逐渐向内河支流扩展。但川江和内河支流,航道狭窄且较浅,轮船不能通航,须依赖木船运输。轮船运输航线也不断遭到日军飞机的轰炸,原有轮船不断减少。因此需要增造大批木船,以维持运输。可木船船户大多比较贫穷,无力增造新船。另一方面,旧式木船在设计、构造上均不科学,存在许多缺陷。如船身未经合理计算,各种曲线均无规划,排水量、载重吨位、浮力、中心、纵横稳定率等均没有确切的计算;构造也比较简单,隔舱板不严密,甲板成水平式,无泄水及防水设备等。以上缺陷导致这些船舶难以充分发挥效用,必须要加以改良,才能提高效率、保障安全。②

为发展战时后方水上运输,国民政府决定采用贷款监造方法,即由政府贷款给船商、船户,并监督其造船。1939 年 1 月 9 日,根据交通部的指令,汉口航政局主办四川省境内贷款监造改良木船事宜。随后,汉口航政局设立汉口航政局造船处,具体筹办造船事宜。同年及次年,造船处陆续确定造船工地,并设立管理员办事处,分派管理员常驻指定造船地点,依图监造。四川省内共设置造船厂 10 处,即长江区的重庆、泸县、宜宾 3 处,嘉陵江区的南充、闵中、广元 3 处,涪江区的绵阳、太和镇 2 处,綦江区的綦江 1 处,乌江区的涪陵 1 处。造船处组织技术力量,绘制改良木船图样,依图放样,并发放贷款,监督船商按图制造。新设计的改良木船,较旧式木船有如下优点:(1)船舶各种线形均经计算规划,排水量、载重吨位、浮力、

①谭刚:《抗战时期国民政府的交通立法与交通管理》,《抗日战争研究》2007 年第 3 期。

②中国第二历史档案馆:《中华民国史档案资料汇编》,第五辑《财政经济(七)》,凤凰出版社 1994 年版,第 115 页。

中心、纵横稳定率、阻力等均有确切计算;(2)船身有肋骨,船板接头成犬牙式,比较坚固;(3)隔舱舱位设置合理,舱板装置严密,不易渗水,上半部可以抽动,易于容纳大型物件;(4)甲板成慢坡式,易于泄下,且有泄水,便于流水,防水挡板可以防水激入;(5)船身为流线型,减少水流阻力,行驶迅速;(6)船身的截面及受力面均经精密计算,转动灵活,遇有急流巨浪容易恢复原动方向。改良木船与同吨位的旧式木船相比,航速增加30%。为规范贷款造船,交通部1939年1月23日公布《交通部制造木船贷款章程》《交通部监造木船章程》《交通部监理木船运输章程》《交通部航政局派驻各地管理员章程》等,并指定由汉口航政局办理。①

国民政府对贷款制造木船的成本并非全额负担,而是"贷款以船为单位每船贷款以所估造价百分之八十为限"。就是说,每艘木船的贷款数最高按造价的80%付给航商、船户。改良木船按各江河情形分为60、45、36、30、24、18、12、6等各种吨位。1939年9月25日,贷款监造木船重庆管理员办事处监造的第一批改良木船在重庆北碚举行了试航典礼。木船制造完成后,由汉口航政局及各地管理员办事处监理运输。除航商自行承揽外,航政局尽量代为介绍业务,调度木船以满足运输机关的需要。1939—1940年,共制成改良木船38艘,计7398吨。

战时由长江中下游撤至川江的轮船,吃水甚深,不适于川江流急滩多的航道。于是,交通部于1939年夏开始着手试制浅水轮船。通过邀集在渝的造船专家,讨论决定了试制浅水轮船的原则,即:(1)此项轮船的设计,首要的是马力大而吃水浅;(2)采用客货兼用式;(3)采用燃煤的蒸汽机,免用舶来(进口)油料;(4)船壳采用国产木料;(5)船身长约100尺,宽约15尺,吃水约3尺,以便行驶嘉陵江、岷江等内河航道。1940年3月,准备工作就绪,即贷款给民生实业公司,按照核定图样试制浅水轮船两艘。浅水轮船的设计要点为:(1)船身总长106尺,首尾柱间长度100尺,宽18尺,深7尺,吃水3.5至5.5尺;(2)排水量165吨;(3)主机主要采用三联式蒸汽机2部,功率为360马力,锅炉为雅鲁式水管锅炉1座,各项副机配制齐全;(4)航速平均约10海里;(5)载客百余人,载货90吨。1941年夏,又贷款给中国内河航运公司,制造煤气机(利用汽车引擎,加装煤气炉,以代汽油燃料)浅水轮船10艘。此种煤气机浅水轮船吃水特浅,开航嘉陵江,可达南充、广元。以上浅水轮船均先后试制、试航成功。

1940年8月,为满足川湘、川陕水陆联运的需要,在湖南衡阳增设第四工场,专造浅水轮船;并将第二工场移设湘西沅陵,第三工场移设四川昭化,分别制造沅江、酉水及嘉陵江所需的改良木船。1941年年初,应江西省政府请求,川江造船处又在泰和增设第五工场,制造江西省所需船船。同时,应广东省政府要求,将第一工场移设曲江,制造珠江支流北江和东江所需的轮、木船。据统计,自1939年12月至1940年底止,川江造船处共制造木船742艘,计3907吨。

1941年1月,交通部于重庆组建川江造船处,负责制造川省船舶。除接管川江、西江两造船处业务继续办理外,又增设重庆工厂,专司修造机力船只,并于该厂附设工场,兼造木船。是年12月至次年2月,在柳城县、融县、柳州等地相继成立第一、第二、第三3个工场,赶制改良木船交付交通部东南联运处使用。广西柳州至三合、柳州至宜山、柳州至北流等航线均依赖新造的改良木船维持营运。

到1942年,仅重庆一地就有木船修造厂130余家,拥有水工、木工3000余人,比战前增长一倍多。其他沿江城市如涪陵、万县、泸县、宜宾、乐山、赵镇、太和镇、绵阳、遂宁、南充、广安等的造船厂也增加不少,约有140家,水、木工4000余人。合川作为川江的重要港口,木船由1935年的339只,激增到1945年的1160只,船民达15680人。②

广州、汕头沦陷后,珠江支流的西江、北江、东江、韩江4条江的中上游成为沟通大后方珠江流域交通

①张后铨:《航运史话》,社会科学文献出版社2011年版,第154-157页。

②谭刚:《抗战时期的西部交通建设与城市发展》,《天府新论》2004年第2期。

的重要通道。广州航政局针对船舶损失严重,退入后方各式船舶多因吃水较深只能在深水航段(如西江肇庆、梧州段,韩江松口、潮安段)行驶,上游船舶十分缺乏的情况,组织增造浅水轮船、木船。

为大批生产浅水轮船和木船,广州航政局协助广东军政当局同样采用了贷款造船的方法。1939年夏,开始贷款给航商或各地造船户,鼓励私人造船,并在各造船点设立管理员办事处监督造船。其贷款办法是,每艘按造价80%贷给,分期摊还,仅收轻微利息。在商运需要和政府鼓励刺激下,北江、东江和韩江中上游各地民办木船厂纷纷设立。①

此时,珠江流域木船建造厂又以梅江各地为最多。梅江为韩江最主要的支流,潮梅两地以一水相连,结成一体。汕头失守后,一批造船工人和船厂(铺)从潮汕一带迁入梅县地区,大部仍操旧业,并在政府的鼓励下大批建造木船,甚至有些船厂还修造一些浅水轮船。如潮安一家较有名气的民间造船厂林伍船铺,拥有一定的修造轮船技术,汕头沦陷后迁至梅县松口继续经营船舶修造业。

1939年11月,在广西柳州成立西江造船处,由汉口航政局局长王洸兼任处长,负责制造桂、粤、湘、赣4省所需改良木船和浅水轮船制造。

西江造船处下设5个造船工场。柳城县五里洲设第一工场,融县长安镇设第二工场,均于1939年12月20日开工制造木船。1940年2月,该处接管广州航政局在柳州九头山村设立的造船工场,改为第三工场,继续造船。同年8月,在湖南衡阳增设第四工场,专造浅水轮船。广西南宁和湖北宜昌失守后,各省用船情况因航路改变而发生变化,遂将第三工场移设四川昭化,第二工场移设湘西沅陵,分别制造嘉陵江及沅水、酉水的木船。1941年年初,复将第一工场移设广东曲江,同时制造浅轮和木船。

1943年1月,国民政府将川江造船处与西江造船处合并,称"交通部造船处",统筹建造长江、珠江上游的木船和浅水轮船。至1945年5月,通过贷款,"先后完成大小木船三千六百余艘,约计五万吨。"

三、管理民营航业与水上运价管制

撤至抗战大后方的民营航运企业,按照当时军事管制的要求由航政部门实行管理,主要是由汉口航政局负责。国营航运企业(如招商局)由交通部管理,省属国营航运企业则由地方航政机构管理。当时,大后方航运企业主要有招商局、民生公司、合众轮船公司、重庆轮渡公司、强华轮船公司、三北轮埠公司等。这些轮船公司在战时有了不同程度的发展。其中,民生公司已掌握川江运力的一半以上,到1945年抗战结束时有大小轮船44艘、2.6万吨,比抗战前增长39%。

对于航运业的管理,航政机构首要任务是维持战时大后方的交通运输,依据交通部1936年12月9日公布的《轮船业登记规则》《轮船业监督章程》及《促进航业合作办法》实施航政管理。其重点在于保护航业,限制同行业间的盲目竞争,取缔非法投机经营。对于航运企业的管理,主要是实行运价管理与组织各轮船公司保持战时各航线的均衡运输,并根据战时运输需要开辟新的轮运航线,妥善确定轮船航行班期。

为发展战时大后方航运,汉口航政局督促航商积极开辟新的轮运航线。在抗战期间先后开辟的航线有沅江线、湘宜线、嘉陵江线、金沙江线和川陕、川湘水陆联运线。同时,为协调各航线的运力和班期,汉口航政局及其川江各航政办事处分别管理辖区内各航线(包括轮、木船航线)。

国民政府首都迁至重庆,致使大后方人口激增,各航线乘客来往频繁,各轮船公司派轮船维持交通,无不尽力。然而为了扩展业务,各公司之间难免有角逐竞争之举,往往产生争客超载的混乱现象,严重影响航行安全。为此,汉口航政局对长江上游的重要航线,指定行驶轮船数量,详细规定航行班次及开船时间,以使供求先后有序,保证航道畅通和航行安全。

①中国第二历史档案馆:《中华民国史档案资料汇编》,第五辑《财政经济(七)》,凤凰出版社1994年版,第472页。

水运运价管理是抗战时期航政管理一个特别突出的问题。抗战开始,大后方客货运输骤然紧张,航商竞抬票价,汉口航政局遂于 1938 年 6 月 22 日发出布告,禁止垄断船票,从中渔利,并请军警当局派员严密侦察究办,但因运输市场供求矛盾突出,收效甚微。11 月,交通部指令汉口航政局统制运价。随后,汉口航政局制定宜渝木船上行、下行运输规则及各埠间运价,缓解宜昌物资积压。这是中国航政机关管理运价之始,并使当时积压于宜昌的大批物资得以顺利疏运入川。同时,受战争影响,后方物价飞涨,1939 年 4 月至 1941 年 10 月汉口航政局对木船货物运价调整 7 次,轮船旅客运价调整 5 次,轮船货物运价调整 3 次,有效地控制了水运运价。

大后方水运运力有限,导致运价上涨之势难以遏制。长江区航政局(1941 年后改为长江区航政局)为限制水运运价过快上涨,下发许多规定、命令、办法。仅以 1943 年前 3 个月为例,1 月 15 日长江区航政局拟定的《四川省木船货运限价表》开始实行;30 日“令各办事处、轮船公司及民船公会遵照限价规定办理运价”;2 月 18 日“拟呈违反轮船木船运输限价取缔办法草案”;3 月 2 日“令合川南充两事处严厉取缔黑市运价”。1944 年,下发的各类限制运价的办法、条例等多达 19 项,其中仅编制的《四川省木船货运限价表》到 11 月 1 日就下发 5 版,但均没有多少效果,足见水运货运运价的混乱程度何等严重。这是日本侵华战争造成的恶果,非长江区航政局一家之力所能彻底解决的。

加强运价管理、实行补贴政策是战时大后方航政管理一大特色。由于大后方物价变动剧烈,自实施水运运价管制以来航商亏累不支。国民政府从 1944 年 6 月开始对航业实行补贴政策,即由各公司逐月将所行驶的船只、航线里程、运量、航行次数、收支实况等分表呈报交通部,经核准后发给补贴。1944 年下半年共补贴 12467 万元(法币)。后又对此办法加以补充、修改,1945 年共补贴 210214 万元。接受贴补的航运公司有招商局、民生、三北、强华、合众、三兴、佛亨、永昌共 8 家。

救济失业船员是长江航政又一重要职责。为管理大后方四川省轮木船运价,1939 年 4 月 1 日和 22 日交通部先后公布《四川水道木船货物运价标准章程》和《四川水道轮船客货运价标准章程》。汉口航政局根据上述章程并视四川省各江航运状况及当时运价情形,编订《四川省木船运价章程》(第一版)和《四川省轮船运价章程》(第一版),并附列各航线客货运价表,先后于 4 月 13 日和 23 日公布,详细规定运价标准。这是中国航政部门统一制定水运运价之嚆矢。①

当时,汉口航政局以各航线为单位编订运价表,并视河流大小、航道水位深浅、行船吨位等不同情况,规定了长江、岷江、嘉陵江、涪江、乌江、永宁河、赤水河、綦江等 10 余条主要河流的运价。轮船运价分货运和客运两项,对四川省境内所有通行轮船的航线均作了规定,制定货物运价的原则与木船大同小异。②

运价章程颁布施行后,由于大后方物价飞涨,汉口航政局又不得不随时修订,酌情增加以适应航运成本不断上升的实际情况。据有关资料统计,自 1939 年 4 月订定运价章程起,到 1943 年 1 月 14 日止,木船货物运输标准修订过 10 次,轮船货物运价标准修订过 6 次,轮船客运运价标准修订过 8 次,但始终没有解决问题。以木船为例,据国民政府交通部 1942 年统计,长江重庆至宜宾木船每吨公里运费,1937 年 4 月为 2 分 9 厘 1 毫,1938 年增为 6 分零 8 毫,而到了 1942 年 12 月为 9 元 5 角 7 分。此后,随着通货膨胀日益加剧,运价调整更为频繁。从 1943 年 1 月 14 日至 1944 年 3 月 1 日的一年多时间里,轮船客货运价调整 4 次,却没有从根本上解决问题。

四、船舶检丈、登记与船员考试

为适应战时客观情况的变化,汉口航政局及后来改称的长江区航政局加强了对大后方船舶的检丈登

①王绍荃:《四川内河航运史》(古、近代部分),四川人民出版社 1989 年版,第 247 页。

②张后铨:《航运史话》,社会科学文献出版社 2011 年版,第 149-150 页。

记和船员考试。

(一)船舶检丈、登记对象的扩展

因川江水浅,18 艘西撤入川巨轮只好长期停航,无法营运,木船就成为川江运输的主力。为此,1938 年 9 月汉口航政局制订了《川江木船运输管理暂行办法》,规定所有宜渝间航行的木船容积在 200 担以上者,应在汉口航政局宜昌或重庆办事处依法办理船舶丈量检查及登记,没有上述航政机构所发的船舶丈量及检查等证书不得在宜渝间航行。1939 年,汉口航政局制订《四川省木船丈量检查暂行办法》《四川木船登记办法》,随即在重庆、泸县、合川办理 20 总吨以上之船舶登记、丈量事宜。战时,汉口航政局所检丈、登记的船舶范围还扩展到包括 200 担以上木船。

(二)船舶检丈、登记与船员考试范围的扩展

战时,大后方以重庆为中心的长江上游直至宜宾、屏山以及嘉陵江、岷江、渠江、涪江和湖南沅江等支流航运日趋繁忙,急需加强船舶管理。1941 年 9 月 23 日,交通部呈请行政院同意扩展长江区航政局管辖航道的范围。9 月 26 日,行政院指令:“呈悉,应准照办。”自此,长江区航政局管理范围扩展到长江各支流,船检工作范围也相应扩展。鉴于内河滩多水急,船舶易受损坏,后方船厂设备简单,又不能严格修理,给航行安全带来危险,长江区航政局指示应提高船舶检查标准,船身机器锅炉各部分有损、设备不全者不准航行。①

对于 20 总吨以下的木船和短航汽船的检丈登记,1941 年川江航务管理处撤销后,改由水上警察负责。水上警察对船舶检丈登记合格后,即发放执照和号牌,悬挂在船的后半部左墙外舷,并以号牌颜色区分船只类别,如长航船绿色、揽载船蓝色、渡船白色、趸船深绿色、驳船深灰色。号牌上标明该船的停泊及行驶的河流,如川岷、川沱、川嘉。据统计,自 1939 年至 1944 年,抗战大后方由长江航政机构丈量船舶共 460 艘,检查船舶 4287 艘次,登记船舶 681 艘。

抗战期间,长江航政机构在大后方进行船舶检丈、登记的同时,根据交通部公布的《船员检定暂行章程》及《施行细则》《船员考绩章程》《未满 200 总吨轮船船员检定暂行章程》《木船船员管理规则》等船员管理规定,对轮船船员和领江及木船驾长进行了考评。川江轮船船员多半由木船工人出身,虽经验丰富,但学识不足。而战时运输较为繁重,船员资历的深浅、技术的优劣对行船安全影响很大。因此,航政机构协同交通技术人员训练所设班,制订相当课程,抽调船员进行训练。与此同时,严令未经考验及格的船员限期办理检定考验手续,否则不准在船上服务。船员平时服务经历,应随时予以登记,作为考核资历、施行检定的根据。如有冒名顶替在船上服务者,一经发觉,即依照法令取缔。

鉴于许多小轮船船员尽管经验丰富,但学识不足,1941 年长江区航政局举办训练班,训练小轮船船员。各轮船驾驶员及轮机负责人员分批抽调入班接受训练,听聘请来的专家讲解有关航行知识,以增长技能。通过训练培养了一批适用的航运人才。以战时大后方注册船员为例,注册船员人数 1938 年为 152 人,1939 年为 241 人,1940 年为 247 人,1941 年为 344 人,1942 年为 277 人,1943 年为 347 人,1944 年为 556 人,呈逐年上升趋势。

1941 年,汉口航政局改为长江区航政局后,交通部授权该局代办未满 200 总吨船员检定(包括审查及考验)。鉴于嘉陵江木船失事多由驾长技术不良所致,从 1942 年夏开始,长江区航运局举办木船驾长考验并发证。1939 年至 1944 年共考核木船船员 5519 人。

---

①中国第二历史档案馆:《中华民国史档案资料汇编》,第五辑《财政经济(七)》,凤凰出版社 1994 年版。

五、航行安全的检查和维护

抗战期间,大后方战时运输繁忙,轮船数量减少,船舶装载逾额及港航秩序混乱时有发生,并成为发生海事的重要原因。长江航政机构先后开展多种形式的航行安全维护工作。诸如会同水上警察局等军警机关组织联合检查站,共同实施对进出口船只的检查及维护港航秩序;勘划轮船吃水线,制定限制轮船载客载货逾额办法,督促船舶配足救生消防设备及定期进行救生消防演习;取缔机器划船及汽车引擎装配及改装船只;推行视察轮船制度等。这类举措对维护航行安全起到一定的作用。尤以视察轮船制度收效最佳,既可收到现场督导和综合治理的作用,又达到检验和推动航政各项工作的目的。此为航政机构深入现场开展安全检查活动之创举。

(一)建立视察员巡回制度

为推进大后方航政工作,维护航行安全,明了航行实际情况,经交通部批准,汉口航政局于1938年4月4日正式设置巡回视察员,并拟具巡回视察员服务规则,随时派赴本局辖区巡回视察。视察分为秘密视察和公开视察两种方式。公开视察时,视察员须穿着制服,配戴证章。巡回视察员共设4名,由局长指定技术人员、航政人员等兼任。视察事项除特殊案件外,主要包括:船舶应备文书是否完全;船舶检查证书是否逾期;搭载客货是否逾额;救火消防设施是否完备;封锁之安全气门有无超封情事;救生救火演习是否按规定举行;船员是否经检定领有船员证书和船员手册;在船船员与结关时所填之船员姓名报告书是否相符;各轮船机件是否适航;关于停泊船只之动态;各航线船舶供求是否适应,有无操纵垄断或非法竞争情事;其他关于航务方面应行取缔及改进事项。视察员在每次视察结束后,须将视察结果做成详细报告并拟具意见以凭核办。

1939年7月13日,交通部公布《交通部各航政局巡查员服务规则》共22条,汉口航政局遂将这一制度由局本部向所属各办事处推行。据统计,自1940年2月至年底,航政局及其办事处的巡查员共视察轮船242艘、2567次,纠正违章、警告、限令改善的轮船共38艘66次,处罚轮船43艘、73次。其中,局本部视察轮船88艘、1699次,宜宾办事处视察轮船30艘、309次,重庆办事处视察轮船24艘、190次,宜昌办事处视察轮船10艘、10次,长沙办事处视察轮船58艘、118次,常德办事处视察轮船16艘、125次,九江办事处视察轮船16艘、116次。①

1941年9月3日,汉口航政局刚改为长江区航政局仅一个月,就重新制订《长江区航政局视察员视察轮船实施办法》,规定:视察员视察轮船分出口、进口、随船3种,并规定了3种视察的方式、时间、注意事项、视察内容和局本部、各座船、各办事处视察进出口轮船之区域划分,以及轮船视察报告表书写及填表须知,使视察轮船制度更趋完善。据长江区航政局统计,1940年至1944年该局视察轮船艘次分别为:1940年1699艘次,1941年3241艘次,1942年10426艘次,1943年10900艘次,1944年10496艘次;1940年至1942年取缔违章轮船艘共265艘次。②

(二)联合军警实行现场检查

1941年以前,国民政府交通部曾几次颁发客轮船舶限制载量规章。1943年9月7日,长江区航政局召集军警检察机关及各航商议商办法,议定《限制行轮乘客办法》,并于10月21日致函各单位遵照执行。1945年4月,“长远”轮在筲箕背发生重大水上事故,交通部重申船舶限制载量规定,并由四川省政府训

①胡体淦:《长江航政史》,人民交通出版社2000年版,第222页。

②胡体淦:《长江航政史》,人民交通出版社2000年版,第223页。

令各县、市军警检察机关对码头、趸船秩序的维护要切实负责,以策安全。由于航政机关的努力,水上安全形势有所改善,长江上游的海难事故比战前有所减少。据长江区航政局1944年统计,该年度共有9艘轮船发生险情,总吨位计2551吨。

六、船舶航行的管制

1938年至1939年的抗战初期,四川省政府根据国民政府军事委员会的《非常时期船舶管理条例》,按照军事化要求,成立了四川省船舶总队部,由川江航务管理处处长何北衡任总队长,将全省民船和轮船编成大队、中队、小队及分队,由总队部统一领导指挥。全省按江区和船籍港共编为12个大队。各大队队长一般由所在地县长兼任。嘉陵江区编为3个大队,第一大队队部设渠县,负责管理渠江船舶;第二大队队部设合川,负责管理嘉陵江干流船舶;第三大队队部设遂宁,负责管理涪江船舶。沱江区编为2个大队,第一大队队部设简阳,负责管理资中以上沱江船舶;第二大队队部设自贡,负责管理资中以下沱江船舶。岷江区编为1个大队,队部设乐山,负责管理岷江干支流船舶。

四川省船舶总队部成立后,加强了对船舶的管制和调配,在满足军公运输及防止敌机空袭等方面起到一定作用。1943年至1944年不到一年时间里,船舶总队部征调木船,向川江军粮接运处提供船舶420艘、20615吨,担负军粮运输;向军事机关提供船舶1674艘、147728吨,担负军需运输;从涪江征调木船2028吨,从渠江征调木船336吨,从长江上游征调木船4208吨,交四川粮食储运局,担负运粮任务。另外,还协助川东盐务管理局组织盐船8654吨,协助重庆盐务分局组织盐船5553吨,担负食盐运输。

当时,四川省船舶总队部在大后方的长江区编制了5个船舶管理大队,船舶总队部设在重庆,负责管理行驶长江200吨以下的轮船,200吨以上大轮船则由交通部会同中央军事机关按照《非常时期船舶管理条例》管制调配。第一大队队部设宜宾,负责管理泸县以上长江干流及永宁河船舶;第二大队队部设泸县,负责管理泸县至江津航段及赤水河船舶;第三大队队部设重庆,负责管理江津、重庆及长寿航段船舶;第四大队队部设涪陵,负责管理长寿至忠县航段及乌江船舶;第五大队队部设万县,负责管理忠县以下干流及支流船舶。

七、整顿各类民船帮会组织

抗战大后方的长江上游,早在清代各地的民船就建立帮会,受当地县衙管辖,帮会头目称会首或总领。这种帮会是船户的联合组织,任务是为船帮承揽货运,调解船户与货主、船户与船户间的纠纷,办些公益事项。但日久弊生,帮会头目往往借此把持货源、航线、码头等,巧立名目向船户抽收各种费用,贪污中饱。1927年,国民政府公布《商民协会法》,各县船帮遂即先后改名为民船商业同业公会,但换汤不换药,实质并未改变。

1943年3月,国民政府交通部、社会部为进一步加强对木船运输业的控制,适应后方抗战运输的需要,由交通部派专员瞿绥如、长江区航政局局长王洸,社会部派司长陆京士等人,在重庆建立筹备机构,训练骨干,分赴各地整顿民船组织。至9月,抗战后方地区(主要在四川)各地民船公会悉数改组,“不良分子予以淘汰”,并按河流组成长江上游区(重庆至宜宾区)、重庆至三斗坪区、嘉陵江区、渠江区、涪江区、沱江区、岷江区、綦江区、永宁河区、御临河区等江区民船同业公会及民船船员工会。

民船同业公会为资方组织,所有船户均可加入。每一江区设一民船公会,每一江区的重要城镇设立分事务所。在重庆合组川江民船商业同业公会联合会,为全省会务最高权力机关。各船业公会除依法办理其会务外,应秉承主管机关指示,实行木船限价。

民船船员工会为劳方组织,所有船夫、驾长均可加入。每条江按其船民、船工劳动性质分别成立一个工会,贯通于本江区内,主持全江会务。在重庆合组川江民船船员工会联合会,为全省会务最高权力机关。船员工会除依法办理其会务及会员福利事业外,应秉承主管机关指示,评定船员工资。

江区民船同业公会、民船船员工会成立后,对加强木船的管理调配,促进城乡物资交流起到了一定作用。但公(工)会中的袍哥大爷、地痞恶棍等不良分子,也利用这些组织,把持业务,敲诈勒索,鱼肉船工、船民,以致阻滞运输的发展。①

八、航权与航政权的有限收回

1941 年 12 月 7 日太平洋战争爆发后,英、美对日宣战,并与中国结为同盟国。12 月 9 日,国民政府亦对日本正式宣战,成为反法西斯阵线的重要成员。英、美等西方国家为联合中国抗击日本,同意改订新约。英、美两国于 1942 年 10 月 9 日同时发表声明,宣布放弃在华所享有的各种特权。

中国政府据此考虑缔结新约的内容。国民政府交通部随即提出收回航权的要求,包括:收回沿海贸易权、航行权与航政管理权,收购英美在华船舶栈埠,收回引水权等。

经过反复谈判,英国于 1943 年 1 月 11 日同中国于重庆签订《中英新约》,中方代表宋子文与英方代表薛穆、黎吉生作为双方全权代表在条约上签字(见图 6-3-1)。条约共有 9 条,其中第 2 条规定英方放弃在华一切特权。与此同时,双方代表互换照会与附件,规定:英国"放弃关于在中国通商口岸之一切现行条约权利";"放弃关于上海及厦门公共租界特别法院一切现行条约权利";"放弃关于在中华民国领土内各口岸雇用外籍引水人之一切现行权利";"放弃关于其军舰驶入中华民国领水之一切现行条约权利";"放弃要求任用英籍臣民为中国海关总税务司之任何权利";"放弃给予其船舶在中华民国领水内关于沿海贸易或内河航行之特权"。

图 6-3-1　中英新约签字仪式

《中美新约》于中英签订新约的同日签订于华盛顿。魏道明、赫尔作为双方全权代表在条约上签字。条约共分 8 条,其中第一条规定美方放弃在华一切特权。与此同时,双方规定:"关于通商口岸及上海、厦门公共租界特区法院之制度,以及中国领土内各口岸外籍引水人员之雇用,美利坚合众国政府及人民所享有各权利一并放弃";"美利坚合众国政府放弃给予美利坚合众国船舶在中华民国领水内关于沿海贸易及内河航行之特权";"放弃其军舰在中华民国领水内之特权"。

美、英两国还同意两国在华经营航运事业的一切财产由中国政府收购。

---

①《一年来长江区航政》,见《交通建设》,第二卷第二期,1944 年 2 月。

以上条约签订后,从1943年起中国与比利时、挪威、瑞典、荷兰、法国、丹麦、加拿大、葡萄牙等9个国家签订了类似的新约,各国均放弃在中国内河的航运特权。各国在华轮船全部停驶。至此,中国航权完全收回。① 这是中国人民百年来反帝斗争的一次重大胜利。

然而,国民政府与美、英等国签订的新约后来并没有完全付诸实施。原因是在美、英等国宣布废除不平等条约时,中国抗日战争正处于最艰苦的相持阶段,许多条款一时难以实施。

九、引水管理与成立全国引水委员会

随着日军占领中国沿海与长江中下游大片土地,国民政府仅控制中国西南部内陆地区,所辖水域主要集中在长江、珠江上游,范围较小,航运条件较差,船舶引水就相当重要。1937年上半年,为统一起见,奉行政院核准裁撤各区域办事处的引水指令,交通部将各区原有引水业务移交当地航政处接管,淞汉区引水管理事务交上海航政局,汉宜湘区引水事务交长江区航政局,长江上游引水事务交重庆航政办事处。12月,国民政府成立撤退至大后方的第一个引水组织——"湘沙宜渝区引水舵工老大管理委员会",隶属于军事委员会长江上游江防总司令部,负责长江中上游的引水业务。1938年5月30日,国民政府财政部(代表为海关副巡江事务长夏士清及江汉关税务司安斯迩)、军令部(代表为张铨少将)、海军总司令部(代表为唐虞上将)、交通部(代表为汉口航政局局长王洸)及汉口市商会代表余荣樵等6人组成"汉宜湘区引水管理委员会",安斯迩兼任主席。7月,武汉沦陷后,"汉宜湘区引水管理委员会"撤至重庆。7月24日,国民政府财政部、交通部、军政部、海军总部及宜昌商会代表,在宜昌成立"长江上游引水管理委员会",总税务司署海务巡工司及宜昌关税务司任财政部代表,并由宜昌税务司代理主席,1939年底迁至重庆,改由重庆关税务司代理主席。同时,国民政府还在广西梧州成立"粤桂区引水管理委员会",由梧州江防司令兼任主席,负责珠江支流西江的引航业务。②

在汉口航政局的组织和协助下,长江中下游的大部分引水人员连同家属约有2000人相继撤退到万县和重庆两地。另有包括在日本航运公司工作的中国船员大多自动离职,失业的引水、舵工、水手等达300余人,大多闲居在武汉。为防止长江中下游引水人员资敌,汉口航政局于1938年4月奉命对失业300余船员中的长江中下游引水人员实行严格管制,厉行连环保结办法,并对这些失业的引水员开展登记、检核,重新发证的受训工作。这是长江航政机构首次对引水员进行直接管理。交通部门调拨紧急救济金,由汉口航政局转发给失业的船员。后来,又将300多名船员转移至四川,按月贷给生活费,后又发给救济金。这300多名船员中的引水人才,除部分抽调至川江各绞滩站工作外,其余约有150人储备待用。此后,交通部门又将30余名较年轻、有一定专业知识的引水人员,送往交通员工训练所参加训练,其余年龄较大者则派往各轮承担服务工作。为这些撤至大后方引水人员的管理,国民政府军事委员会1939年11月颁布《非常时期湘沙、宜渝区引水舵工老大管理暂行办法》。依据此项办法,国民政府于同年12月在长沙和万县分别成立湘沙区引水舵工老大管理委员会和宜渝区引水舵工老大管理委员会等战时引水管理机构,将四川、湖北、湖南3个省的长江干支流的引水人和具有引水能力的小火轮、木帆船的舵工、老大组织起来进行军事训练,实行战时管制。

这些撤至大后方的引水员仅是少部分。例如,直到1941年上半年迁到四川的长江中下游的引水员不到40人。大部分仍由上海引水管理委员会管理,因该委员会有英、美等国背景,在太平洋战争爆发以前一直留在上海,达190多人。太平洋战争爆发后,上海引水管理委员会及其管辖的淞汉引水事务所尚未能及时撤至后方,即为日本人所接管。上下游大多数引水员失散,只有34人陆续撤至重庆,其中主要

①彭德清:《中国航海史》(近代部分),人民交通出版社1989年版,第364页。

②中国第二历史档案馆:《中华民国史档案资料汇编》,第五辑《财政经济(七)》,凤凰出版社1994年版,第130页。

是中游的引水人。这些西撤的长江中下游引水员生活无着落,曾向政府请愿。行政院责成财政部关务署负责解决,后由关务署与交通部航政司商定救济办法,按月发给救济金:自 1938 年 4 季度起,引水员每人每月发给无息贷款 30 元,学习引水员每人每月发给无息贷款 20 元。由于 1939 年 1 月起物价上涨,每人每月贷款又分别提高到 40 元和 30 元。1940 年 6 月起,再调整至 60 元和 50 元。至 1940 年 6 月底,向撤至重庆的汉宜湘引水管理委员会具领贷款的引水人数为 226 人,共发贷款 121896 元(法币),平均每人约 539 元。至于居住万县失业引水人应领的贷款,则由宜渝区引水舵工老大管理委员会汇交万县海关代发。与此同时,航政部门同后方各轮船公司及军事运输机关联系,遇有船员出缺或需要增加船员时优先安排这批失业引水人员补充,保证了抗战后方的引水人需求。①

对战时引水人进行统一管理和对失业引水人发放救济这两件事,事实上突破海关管理引水的旧管理体制的管辖范围,由航政部门直接参与引水管理。

为统一全国引水管理,国民政府行政院 1944 年 3 月通过《全国引水管理委员会组织条例》,规定该会隶属于财政部,掌握全国引水事宜。4 月 11 日,全国引水管理委员会成立,统一管理全国引水业务。委员会内设总务科、组训科。总务科负责人事文书的印信、出纳、庶务及其他不属组训科管理的事项;组训科负责引水人员的组织、训练、考验、甄审、执业凭证核发,引水工作的介绍,引水公会的监督及其他有关引水业务事项。当时所谓的全国引水管理委员会实际上只是管理长江上游、汉宜湘区两个引水管理委员会及粤桂等区引水管理机构。该会还负责管理长江中下游撤退至渝、万两地的失业引水人的有关事务。5 月 1 日,长江上游及汉宜湘区两个引水管理委员会均改组为办事处,派海务巡工司暂行兼任处长。②

全国引水管理委员会成立后,于 1945 年 4 月 1 日公布实施《长江上游引水管理细则》。该细则包括总则、雇佣、资格、考验、管理、训练、附则等 8 章 42 条,是一部比较完善的川江引水管理法规。其实,在全国引水管理委员会成立之前,国民政府考试院已于 1931 年和 1934 年先后公布了《引水考试条例》和《引水人考试法》,规定过须依照该法经过考试及格,领有考试院领水执照者,才享有引水资格,但一直未付诸实施。全国引水委员会成立后,根据引水管理细则对长江上游各轮船执行领航业务的引水员举行了一次资历和技能方面的检验审核,合格者发给临时执照。同时,还对行驶川江各内河的小火轮老大和木帆船舵工制订专门管理办法,经过检验后给予登记证书,承认他们有学习引水的资格。③

十、创建长江上游绞滩业

(一)长江上游绞滩委员会的成立及其职责

抗战爆发前,川江船舶过滩,主要依靠人力拉纤,所需人力少则几人,多则上百人,所需时间少则数小时,多则两三天。过滩不仅耗时费力,且一旦失慎,缆折绳断,就会船毁人亡。为改变这种状况,川江打滩委员会、民生公司曾试办机械绞滩,后因资金、技术不足及滩民的反对而未能实现。

抗战期间,江海轮船满载大量军公物资和客货入川,均系逆水行舟,过滩备感困难。尤其过一些大滩、险滩,要靠滩夫拉纤,或在轮船上安装绞关自绞,既耽误时日,又难保安全。整治川江,包括增设绞滩设施、整治重点险滩、添置导航设备等,在当时已是刻不容缓的事情。1938 年 7 月武汉失守前,为形势所迫,国民政府交通部责令汉口航政局组织绞滩管理委员会,负责办理绞滩事宜,以便将聚集在宜昌的大批轮船、物资及时撤退入川。经研究,建议采取机械绞滩为宜,理由是:(1)抗战以来,长江上游水运日益繁

①徐万民:《中国引航史》,人民交通出版社 1999 年版,第 55 页。

②《全国引水委员会第一次会议记录》,679 卷 1099 期,1944 年,中国第二历史馆。

③《组织成立全国引水管理委员会》,679 卷 1091 期,1944 年,中国第二历史馆。

忙,迨至广州危急,武汉紧张,大量公物器材相继迁移堆积宜昌者达数十万吨。(2)川江轮船为数有限,需动员大批木船协同运输,惟木船上驶,专赖滩夫背纤。(3)武汉撤退,长江中、下游大小轮船200余艘麇集宜昌港,时有敌机轰炸之忧,急宜设法疏散入川。(4)西南诸省水道纵横,川江航道极重要。(5)西南河道已成水运交通的动脉。(6)今绞滩工程为国人办理。交通部采纳了汉口航政局的建议。

1938年9月30日,汉口航政局制定的绞滩实施计划及《绞滩管理委员会组织章程》经交通部核准实施。10月21日,绞滩管理委员会在宜昌正式成立,汉口航政局局长王洸任主任委员,宜昌办事处主任曾白光任副主任委员。委员会下设总务、管理、工程三组。

绞滩管理委员会成立之时,正值武汉沦陷,绞滩器材来源中断,购买不易。然而委员会还是克服困难,经过短短的3个月建设,就在川江先后建立兴隆滩、青滩等7个机械绞滩站。1938年冬至次年春的川江枯水期内,各绞滩站共施绞轮船200余艘次、木船4000余艘次,西撤入川轮船赖以施绞上驶者达100余艘,完成了协助抢运物资及撤退轮船的使命。①

1940年6月11日宜昌失守,22日绞滩管理委员会移设万县。10月,在泸县设立长江上游绞滩总站。12月又在川江上游斗笠子、莲石三滩安装绞滩机。1941年2月18日,青滩绞滩站机械绞滩设备重新装设竣工,恢复施绞。1943年11月23日,绞滩管理委员会迁往重庆办公。而绞滩站也几经增减,到1945年川江共有18个。

绞滩管理委员会的主要职责是在川江各处险滩设置机械绞滩站,以利船舶航行。该委员会成立后在长江宜渝段、渝乐段、嘉陵江、永宁段、金沙江、乌江、沅江、酉水、赣江各航道间险滩处分别设置一、二、三等各级绞滩站,在长江上游、嘉陵江、沅江、赣江各水道间的适当地点各设绞滩总站一处。1938年冬,又在兴隆滩、青滩、东洋子、滚子角、塔洞、牛口、庙基子等7处重点险滩建成了机械绞滩站。1939年,设立泄滩、狐滩、下马滩、青竹标、冷水碛、油炸碛等6个绞滩站。1940年5月,又设立白洞子、宝子滩、碎石滩等3个绞滩站。1944年冬,在万县成立川江绞滩总站。

为发展绞滩事业,从上到下设置有一套比较完整的绞滩机构。委员会下设绞滩总站及绞滩站,各站设有站长,并视绞滩站任务的轻重配备一定数量的绞滩工人。②

(二)绞滩滩务管理人员与设备

为加强绞滩滩务管理,1940年1月19日汉口航政局公布了《船舶绞滩规则》及《施绞操作规程》,详细规定绞滩的联络方法、先后顺序、施绞信号、手续办理及注意事项等。接着,又制订了《滩务管理规则》,6月20日上报交通部核准施行。《滩务管理规则》规定了滩民的条件、标志、登记、分工和滩费的征收标准及其管理等事项,使绞滩管理日趋完善。绞滩工作总体情况良好,但也发生过大事故。如1942年2月,“民绥”轮在新滩施绞时,因缆索崩断翻船,溺死约300人。

绞滩站使用的设备主要是蒸汽机、绞滩船、起重摇车、铁质绞盘等。到1942年仅川江有绞滩站16个,站员131人,滩工1083人。各种设备有:双高压蒸汽机2部,绞滩船1艘,注水机2台,起重摇车1部,木划17艘,铁质绞盘(绞机)16部,木质绞盘7部,钢筋混凝土基盘20座,钢筋混凝土绞桩10座,各种直径石桩17具,大小钢缆34根,大小竹缆21根,钢缆浮筒1套,绞滩站房17幢。用机械代替人力拉滩,船舶过滩效率成倍甚至几十倍的提高,船舶事故大为减少,航行速度大为提高,尤其对招商局3000吨以上的六大江轮撤入四川起到极大作用。

---

①张后铨:《航运史话》,社会科学文献出版社2011年版,第151-153页。

②谭刚:《抗战期间的国民政府交通立法与交通管理》,《抗日战争研究》2007年第3期。

(三)重点险滩的重点管理

青滩、泄滩为川江头等滩险,前者为枯水位滩险,后者为中洪水位滩险,水势汹险程度因水位不同而此起彼伏,互为消长,故谚曰:“有青无泄,有泄无青”。因两滩相距较近,设置绞滩站时确定合并管理设立一站,绞滩工作兼顾进行。1938年年底至1939年年初,绞滩管理委员会对青滩、泄滩两站进行实地考察后,改在泄滩设站。后又相继设立狐滩、下马滩等5个滩站。以上各站都装有铁质或木质大绞盘,配合钢缆或竹缆,施绞船舶。1940年,又增设宝子滩、碎石滩及白洞子等3站。

长江支流嘉陵江,水程绵长,滩险特多。合川以下,可通轮船,滩险不大;合川以上,连木船也难以行驶,唯有停舟滩下,候集多艘木船始能联合背挽而上。1939年10月,绞滩管理委员会在南充设立嘉陵江绞滩总站与石驴子、老鸦岩等4个绞滩站。1940年上半年,又增设天子墓、磨盘滩等11个绞滩站。是年秋,交通部举办川、陕、湘三省水陆联运,绞滩管理委员会奉命在嘉陵江增设簸箕子、白头滩等10个绞滩站。到1941年,嘉陵江共设绞滩站25个。

乌江为长江支流,是川湘水陆联运四川省境内必经之水路。为保证川湘水陆联运的贯通,1941年8月乌江开始设立绞滩站。当年8—10月间就设立3个绞滩站。为便于管理,长江上游绞滩总站于1942年1月1日迁移至涪陵,改为乌江绞滩总站。7月1日总站被裁撤,10月1日又恢复。

沅江也为长江支流,在湖南省境内,滩险虽不及川江,但有的滩长达40里,拉滩亦非常艰难,故亦有举办绞滩之必要。1939年,先后设立青浪滩等4站。12月1日,又在沅陵成立绞滩总站。

长江上游重庆至宜宾及岷江宜宾至乐山间滩险也比较多,但轮船可以通航,只枯水时期功率较小的轮船经过滩险时需要施绞。绞滩管理委员会于1940年11月1日在泸县成立长江上游绞滩总站。

各江绞滩站共施绞船舶79199艘次,其中轮船2399艘次、木船76800艘次。仅1938年11月至1944年12月,各绞滩站共施绞轮船2211艘次、木船204089艘次。①

十一、增设长江上游助航标志

抗战时期,中国沿海各港区的助航设施在战火中损毁严重。如宁波、沪甬航道上除七里屿和虎山两处灯塔之外,其余的均被损坏。甬江内的3处灯桩也遭破损。在连云港,日军投降撤退时也不忘破坏港口灯塔、信号台和浮标,仅剩鹰游山灯塔还能正常发光。②

但是,这一时期大后方的长江上游助航设施状况还是有一定的改善,建设和管理得到发展。国民政府委任美国人李度为海关总税务司,任命徐祖善为海务巡工司,长江江务工作直接由海务巡工司主管。国民政府迁到重庆,各机关纷拥而至,各地助航设施建设和管理机构与人才集中到四川省,为战时长江上游助航设施的建设和管理工作增添了力量。

川江自1915年开始设立航标,到1936年已建成各种助航标志、信号等258个。从1936年起,海关又在宜渝段开始实施发展助航设施的三年计划,建造了一批航道工作船和标准化信号、标志船,增设一批直线标志、水界标志、水泥标桩和竹浮标。经过三年计划的实施,重庆以下河段的助航设施有了新的改善,标志船已由19艘增加至53艘,各种助航设施达到392座,较3年前增加61%。1938年后,上游助航设施建设重点转向渝叙段(重庆至宜宾)。1940年,渝叙段测量设标工作正式开始,至1941年4月结束,共设立岸标和浮标331座,还组成3个标志护理队,分别管理这些航标。1941年11月至次年9月,又进行第二次测量和设标,以后进行调整和改善,使这一段的助航设施初具规模。此外,海关还组织力量勘测

①谭刚:《抗战期间的国民政府交通立法与交通管理》,《抗日战争研究》2007年第3期。

②徐万民:《中国引航史》,人民交通出版社1999年版,第69页。

金沙江,在金沙江、嘉陵江和岷江上设立助航标志。1942年、1944年,海关两次派人在金沙江上设标,共建成标杆信号台5座、水位标尺6处、航标32座。1943—1945年,海关在嘉陵江上设立8处标志和6处标杆信号台,在岷江上设水位标尺22处。这些助航设施的兴建,大大改善了长江上游船舶航行条件。

特别是抗战初期,长江中下游巡江事务处的工作船艇转移至长江上游,投入到川江上游的助航设施建设中,协助上游巡江事务处建造了一批信号台房和标志船,逐步改进航行水尺,并增设一批新的航标,使川江上游的助航条件大为改善。尤其宜宾至重庆段长江航道,抗战之前发展极为缓慢,滩多水浅,标志简陋,行船多有不便。重庆成为陪都后,面对日趋繁重的水运任务,国民政府加大对此段航道的测量和设标力度,使此段航道的助航设施初具规模。①

十二、战时发生的重特大海难事故

抗战时期,中国时常发生水上恶性事故,有的还非常严重。这里既有在日本统治的沦陷区发生的,也有在大后方发生的。究其原因,一是日本对中国航业的摧残和蹂躏,二是轮船质量差、安全意识薄弱等。

1939年4月某日,宁波利涉轮船公司的"景昇"轮(1926年开始行驶镇海,主机功率35马力,时速10海里,75吨,船长100英尺,定额150人),正在宁波新江桥堍的利涉码头即将解缆开航,船上旅客竟达400余人,超过正常定额2倍之多。正当旅客熙熙攘攘拥上船,大部分挤在上舱时,船只上重下轻,突然遇日军飞机入境的警报拉响,船上顿时慌乱一团。船主惊惶失措,瞻前顾后,慌忙之中解缆不脱,用斧断缆。此时在船只外档后侧小驳船上的人正用撑篙勾紧船栏,欲将还未装上船的货物继续装上去。而当船匆匆离开码头时,立即侧倾下沉,全部旅客落水。在此次海难中,除上舱有一小部分人经抢救生还外,约有380余人死亡。

1940年4月23日,民生公司的"民望"轮准备由叙府驶往重庆,因超载过多,行至国公山遇雾掉头抛锚时,船体倾斜,随之沉入江底,造成100多人死亡。

1941年5月4日,日本海军陆战队借口搜索抗日的"恐怖分子",击沉苏州河上的木板船100多艘,造成700多人无家可归的惨剧。

1942年2月4日,"民熙"轮由三斗坪装运军人上驶,行至青滩进行绞滩时,因严重超载,船体倾斜,不能复正而倾覆,淹死800~900人。这是战时大后方发生的最大惨剧。

1944年3月24日,"民惠"轮由白沙驶往重庆,行至小南海时,因载客逾额,船身摇晃,加之操舵不当,以致倾覆翻沉,旅客、船员大多遇难,死亡252人。这一惨案在当时大后方引起极大震动。

十三、吴淞商船学校的改名和复校

1928年吴淞商船学校由交通部批准复校后,1929年9月1日正式复校,定校名为交通部吴淞商船专科学校,由国民政府交通部公布《吴淞商船专科学校章程》,校舍仍为原吴淞商船学校校舍。复校时,设驾驶科,招收高中毕业生入学。1930年秋,又开设轮机科,并建实习工厂。据《第一次中国教育年鉴》记载:"实习工厂内分翻砂间、制图间、模型间、锅炉间、机器间、马达间、车床间等,造价三万元。"1932年一二八事变,校舍、工厂被日军炸毁大半,书籍、仪器也遭掠夺,经交通部同意在旧法租界亚尔培路临时租屋上课。1933年春,吴淞商船专科学校校舍修复,返回上课,并获准附设职业学校。商船职业学校设驾驶、轮机2科,招收17岁以下的初中毕业生,学制3年,2年校内上课,1年上船实习。学习的科目除一般的高中课程外,还教一些必要的专业基础课。商船职业学校办学的目的是培养低级船员和训练准备投考商船专科的学生。交通部吴淞商船专科学校设置驾驶、轮机2科,招收20岁以下的高中和商船职业学校的

①王轼刚:《长江航道史》,人民交通出版社1993年版,第182-184页。

毕业生,入学考试极严。驾驶科开设的专业课有21门、基础课15门,均为必修,要求在2年内学完,后2年上船实习。轮机专业在校学习3年,船厂实习1年,4年毕业。驾驶、轮机的毕业生分别由交通部发给甲种远洋二副和二管证书。

1937年八一三事变,吴淞商船专科学校的校舍、图书、仪器再次为日军所毁,被迫停办,并随国民政府撤至西南大后方。

1939年,为解决西部地区航运人才缺乏的问题,国民政府国防最高会议决定,将吴淞商船专科学校改为国立重庆商船专科学校,隶属教育部,由高教司司长吴俊升兼任校长。吴淞商船专科学校的校产由重庆商船专科学校筹备委员会所聘接收委员宋建勋等3人接收,并由他们多方设法将大部分图书和部分仪器经滇越铁路和滇缅公路运抵重庆。部分吴淞学生也转入重庆继续学习。重庆商船专科学校设驾驶、轮机、造船3科,招收高中毕业生,学制4年。驾驶科开设的专业课有21门、基础课15门,均为必修课。理论课必须2年内学完,后2年上船实习。轮机和造船专业在校学习3年,船厂实习1年,4年毕业。驾驶、轮机的毕业生由交通部分别发给甲种远洋二副和二管证书。校址选在江北溉澜溪的陈姓基地。在建造校舍期间,先租用招商局停在唐家沱的4000吨"江顺"轮,于1939年11月正式上课。1940年3月,"江顺"轮租约期满,又借用江北人和场的殷家花园和黄氏祠堂为临时校舍。重庆商船专科学校在校长之下,除设教务长、事务长各1人外,还专门设有教练长1人。在教练长之下又设驾驶教练员1~2人和轮机教练员1~2人,负责管理、指导学生在船实习事宜。1940年,重庆商船专科学校第一批学生48人毕业,均获得相当的工作,并有数人被选派赴美留学。

1942年,重庆江北溉澜溪的校舍落成,占地2000余亩,有大礼堂1幢、办公室1幢、图书馆1幢、教室2幢、教职员宿舍各1幢、新生宿舍2座、盥洗室1座、学生及教职员厨房各1座。迁入新校舍仅一年,由于学生运动,教育部下令关闭该校,划归交通大学接办。

第四节　日本汪伪摧残沦陷区的航政

一、组建日本与亲日航业取代航政

七七事变以后,日本军队大举侵入中国沿海与内河,大量轮船遭到毁坏,航运业被迫停顿。中国近代航运急速从发展的高峰跌入衰败的低谷,迅速由兴旺转为萧条。中国爱国航商无比悲愤地说:"我内河航商,数十年惨淡之心血,莫不毁于一旦。"①

日本侵华之初,就提出"以华制华,以战养战"的经济政策,将大批中国资源掠夺回日本以支持其扩大侵略战争,给侵略战争提供强大的经济后援。日本对中国水路运输实行了军事管制或半军事管制。日本航运业大肆扩张,并建立起垄断性的航政、航运管理体制。日本政府和汉奸傀儡政权相互勾结,拼凑出名为中日合营、实则日方主宰的若干航运企业和航运管理机构,对其所控制的沿海、内河区域进行残暴的掠夺榨取。

中国航政在日本军队残酷统治下处境艰难。1940年2月14日,由日本企划院草拟的《东亚交通政策纲要》,第一条《基本方针》规定:"'鉴于交通为确立东亚共荣圈'之基本要素,必需建立以日本为核心的综合与有机的东亚交通政策,以谋交通计划与设施之充实及交通机构之统一。"依据这一基本方针,日本军方在沦陷区严密控制交通运输,建立起以日本为核心的交通运输体制。② 为控制中国航政,日军通

①王敬德:《上海内河航运史》,人民交通出版社1995年版,第258页。

②郑少斌:《武汉港史》,人民交通出版社1994年版,第236页。

过各种强盗手段,组建日本航运企业,挤压他国航运企业,收买和扶植汉奸航运企业,其中最突出的是组建所谓与的"中日合营"航运企业,取代航政管理,以达到控制和践踏中国航政、航业的目的。这使中国政府建立的半自主航政刚有起色就又陷入水深火热之中。

(一)组建日本航业

日本在中国沿海、内河的航运业起步较晚,但在第一次世界大战期间却发展迅猛,实力仅次于英商。九一八事变后,日本独占中国东北航业,全面控制营口、大连等东北主要沿海港口(具体由日本南满铁道株式会社掌控)。

侵占华北后,日军对沿海水路运输实行军事管制或半军事管制,当由日本航业垄断中国航政、航运业。日军与汉奸勾结,拼凑所谓中日合营、实为日方主宰的航运企业,掠夺与敲诈沦陷区的中国航运企业。1938年6月,日军侵入中国北方最大商业城市——天津,成立"中国内河航运公司"。日军特务机关控制天津地区航运业,日本华北株式会社统管天津海河航道上的航标。1939年8月,又成立"东亚海运株式会社",全面控制中日、中国沿海及中国与其他国家之间的航运业务。太平洋战争爆发后,日本便完全地将其他国家排除在外,独霸天津港的海运与天津地区内河运输。1942年,华北地区的各轮船公司组成华北轮船联营社,全面掌控华北近海及沿海的航运业。①

日本不但垄断天津的海运与内河,还霸占以天津为中心的海河、大清河、子牙河、南运河的民船运输。在占领华北的初期,由南满铁道株式会社设立在北平的华北事务所组织内河航运公会,以管制民船。1939年华北事务所改组为华北交通株式会社,下设船主公会,管理民营船舶。至此,华北地区的河运和海运,从民船到轮船,全部掌握在日本军队手中。1942年,更进一步将内河民船组成华北民船运输联营社,负责运输华北重要物资出口。②

1939年10月,隶属于日本华北开发株式会社的华北交通株式会社(亦称华北交通股份有限公司,简称华北交通公司),是"直接受命于东京,负有履行日本对华'交通国策'任务",统制和垄断华北铁路、公路、水路运输,为日本侵华战争服务的工具。1939年10月7日,天津特别市公署依照日军的命令,成立天津特别市内河航运局让渡委员会,把天津特别市内河航运局的全部资产让给了华北交通株式会社。③

上海、南京沦陷后,日本最具代表性的航运企业东亚海运株式会社分别在上海、南京设立分公司,掠夺和控制中国在江浙、上海及长江的航运企业。1938年7月,该会社首先在上海成立江浙内河轮船公司,控制江苏、浙江两省的水运。7月28日,又在上海北苏州路、河南路口成立上海内河汽船株式会社(又称上海内河轮船公司),将江浙内河轮船公司并入该会社。1940年3月19日,筹建日资中华轮船股份有限公司,以垄断长江航线运输业务。该公司在上海设总部,在南京、南通设立办事处,承担日军的军事运输,并经营长江区间的客货运输。④

沪战结束后,长江下游商轮骤减,中国船舶一部分毁于战火,一部分撤往上游,滞留上海的大都转移外籍,少数幸存的也不敢贸然开航。而日本轮船正忙于军事运输,一时腾不出手,以致"日占口岸,船只全部绝迹,而外国航业乘机抬头"。一时间上海出现许多新的欧美航运公司。如意大利的中意,美国的卫利韩、华美,葡萄牙的正德、美利,德国的远东、礼和、鲁麟,挪威的华纶等十余家轮船公司纷纷挂牌营业。欧美商船除行驶南洋沿海外,在长江下游可以行驶到苏北的泰兴。

①《天津市志·港口管理》,天津市社会科学院出版社1999年版,第513页。

②李华彬:《天津港史》(近代部分),人民交通出版社1986年版,第212页。

③《河北省志·水上安全》,河北人民出版社2011年版,第220页。

④王敬德:《上海内河航运史》,人民交通出版社1995年版,第264页。

随着日军侵略的深入,日本逐步把自己的商船、军舰开入长江,侵夺码头、仓栈,占领造船厂,扩展分支机构,建立起垄断沦陷区水运的庞大体系。当时,欧美航商经营内河航线的方式是:"授意他们手下的买办,联络一些华商航业界或报关行人士,许以厚利,共策进行。取得伪航政局和江海关许可,核准外轮在非常时期得以临时通航中国内港,以应权宜。同时,英商通过外交关系,获得日本军部谅解,暗中默契,发给通行证件,船上悬挂黄旗,另用白布标明'输送难民船'字样,以免阻碍"。①

日军控制长江后,对长江实行长期的封锁,并控制了长江中下游的航运业,所建立的航运企业有东亚海运株式会社、中支航运会社、国际运输株式会社、扬子驳运公司、上海内河轮船公司、东亚海运公司、中华轮船股份有限公司等,以及统管木帆船运输的华中帆船会社。在武汉港经营航运的日伪航业机构约有十多家。②

日本所建立的日本航运企业和亲日航运企业均具有航政管理职能,以航运企业代替航政机构,实行对中国航政的殖民统治。

(二)排挤外国航业

抗战初期,日军禁止中国轮船行驶,允许外国轮船运输。太平洋战争爆发,又宣布沿海禁航,将英、美等国航业的船舶和港口设备攫为己有,独占航政管理,开展以军事、掠夺需要为目的的航政管理工作。

七七事变后,日本于 1937 年 8 月 25 日发表所谓"遮断航行"宣言,封锁中国东南江苏、浙江、福建、广东四省沿海港口,从北纬 23°至 32°。9 月,又宣布封锁中国全部领海,北自秦皇岛、南迄北海所有沿岸港口。1939 年 9 月,"禁止第三国船只在中国沿海航行"。③ 1941 年太平洋战争爆发后,日军占领上海租界,并于 1942 年 10 月在日本海军警备区建立水上保甲,共分 20 区、166 保。日军控制了上海江海关,接管港警,把这些机构都变成日本的侵略工具。

为加强对沿海与内河航运的控制,日军利用江海关阻挠其他国家轮船正常航行。如 1938 年 10 月,美商大来轮船公司"柯立芝总统号"邮船装有美商大通银行价值 1200 万元的白银由上海运往旧金山。日军即迫使江海关阻止其出口,并借口"维新政府"禁令,拒绝与美国交涉。最后"柯立芝总统号"被迫卸下白银后,才得以起航。又如 1939 年 6 月,江海关发出通告,凡行驶上海至江苏海门、启东、信阳港,浙江海门,福建兴化、泉州、涵江、香屿等地的船只,非经日军许可,不得结关前往。英商太古公司行驶上海至海门、启东线的"万通"轮,就曾因未将日本海军许可证及结关申请书交江海关税务司核准而被拒绝结关。江海关对日本商船却处处提供方便。日本商船在上海、芜湖间长江往来,借口军事运输不但不付关税,连正常手续也不办理,江海关对此不敢过问。这时,日本的日清公司恢复沿海航运,对非日籍航运业加以限制、排挤和打击。日军还在一些港口埋设水雷,沉没沙石、民船作封锁线,不准英、美等国商船出入。此外,欧美商船被日军借口"国籍不明"或"接济游击队"而扣留的也为数不少。1939 年起,除日本轴心同盟国德、意船舶外,英、美等国船舶进出中国沿海大小港口的,日海军就予以阻拦、检扣、掳劫和炮击。仅 1939 年 4 月即有二十多艘外国船只被扣泊于上海等口岸,由日军监视。12 月,上海葡萄牙福新航业公司的"阿维玛利"轮到长江新港装棉花运上海。正当驳运装货之际,日军开枪阻止,船户纷纷逃避,结果该轮无法装运棉花,只得空船返沪。1940 年 8 月,日本海军宣布封锁中国沿海,进一步限止欧美航运企业的活动。至 8 月 16 日,至少有 72 艘各国轮船被迫停航而滞泊于上海港,导致外商航业损失严重。

继上海沦陷后,长江沿线的南京、九江、武汉、宜昌等城市与地方也相继失守,镇江、南京、芜湖、九江、武汉等地海关先后被日军接管,航政管理权同时被掠夺。长江中下游轮船航线逐步落入日军之手。在

---

①江天凤:《长江航运史》(近代部分),人民交通出版社 1992 年版,第 522 页。
②郑少斌:《武汉港史》,人民交通出版社 1994 年版,第 263 页。
③彭德清:《中国航海史》(近代部分),人民交通出版社 1989 年版,第 318 页。

1937 年秋到 1938 年夏,以进行军事行动为借口,日军阻止英商等轮船进入南京以上的长江航行,竭力让日本轮船独占长江航运。

日军除了封锁沿海与长江中下游水路,垄断航运外,还对港口进行控制。当时到南京港的乘客必须持所谓安居证,申请通行证购票后,才能在碇泊场(军管机关)指定的航路上下船。客商取送货物,也要申请搬运许可证,才能进入码头,限制极为严格。沦陷期间,南京港除转运大量军用物资外,商业性运输始终萧条。日军占领九江后,即以武装控制港口,十多艘日舰停泊江面控制水域,沿江码头均被日军占领,仓库、货场四周用铁丝网围住,库门有日军看守,九江港成了日军物资的转运港。

武汉沦陷期间,日军对武汉以下的长江水路全部实行封锁,不准中外商船驶入。1938 年年底,日军借口长江下游有军事行动,拒绝日籍以外的所有轮船在长江线行驶,只准日清、大连等日本商轮公司的船舶在上海至汉口之间的长江上从事客货运输,且多为军事服务。以后,日军还将汉口港码头据为己有。在日军军事管制下,汉口和武昌的码头也以军用为主。从汉口龙王庙到谌家矶,日军设立军用码头二十多处,大部分供海军停泊舰艇。战前招商局汉口分局的第一、二、三码头和英商码头,卢沟桥的紫花栈码头等,均为日军改为海军码头,名曰海军栈桥。日军还在霸占码头设施的同时,对进出港口的客货实行严格管制。无论货物还是旅客,均须领有日本军方所发的特许证方可载运。日军派出水上宪兵队,在沿江、沿河一带专门检查各地来武汉的船只和行旅,并管理出口物资的运输,凡无许可通行证的货物均被掳掠。在日伪军事控制下,武汉港已沦为日本的殖民地和兵站基地。1940 年 6 月,日军西侵宜昌,正式宣布封锁长江中下游航道。

1941 年 12 月 8 日,太平洋战争爆发。日本乘机没收宜昌至上海沿江英、美等国所有的轮船、码头,交由日本东亚海运株式会社接管,统一使用。长江航运被日本一家所独霸。据航海专家金月石在 1942 年《中国航权问题》发表的统计数字,仅“日本在长江原有轮船十七只,吨位 35087(吨),现在合并英国所有,约有船五十一只,吨位 102028(吨),但在战争中或有所损失,以九折计,将余船四十五只,吨位 91825(吨)”。这样,日本在长江船数增加 164.7%,吨位增加 161.7%。以上统计,不包括日本在战争中窃取的中国船舶,也没含日伪航业新增的船舶,但大体上反映出日本在长江上扩大侵略势力的概貌。①

(三)扶植亲日汉奸航业

拉拢、收买与利用汉奸,在占领区建立伪政权,实现“以华制华”,是日本侵略中国的一项重要策略。这一策略贯穿于日本侵华的全过程。1937 年 8 月 1 日,随着北平(今北京)、天津的相继沦陷,日军在天津成立华北地区第一个汉奸组织——“天津市治安维持会”。8 月 11 日,“天津市治安维持会”接管河北省内河航运局,成立“天津市治安维持会内河航运局”。② 这汉奸性质的“治安维持会”,帮助日军清理因战争造成的瓦砾废墟,遣散安置难民,恢复地方治安,筹措军需物资等,从而开启日军占领地区建立伪政权的一种模式,凡沦陷于日军的地区纷纷效仿。此后,“自治委员会”“治安维持会”等也就成为各地伪政权的最初级、最原始的形式。③

1939 年春,日军总部下令恢复广州和珠江三角洲水上交通,以达到“安定民心”“以战养战”的目的。为充分利用大批劫持来的中国船舶,并尽量控制民船,日军打出将船舶归还给中国商人或船户的招牌,暗中却指使卖身投靠日军的船商出面在广州筹组“广东民船总公所”,企图监督和操纵民间水上运输。1940 年,“广东民船总公所”成立,由伪“广州维持会”所控制,管理广州及其附近的民船,事实上为日军所操控。

---

①江天凤:《长江航运史》(近代部分),人民交通出版社 1992 年版,第 525 页。

②王树才:《河北航运史》,人民交通出版社 1988 年版,第 191 页。

③宋林飞:《江苏通史》(第 8 册),凤凰出版社 2012 年版,第 399 页。

为使船商、船户就范,在“广东民船总公所”筹建中,日伪派出爪牙分赴沦陷区各地及广州附近县镇水乡,强迫流亡的船商、船户到该公所筹备处登记,领取船牌复航,如不按时登记领牌复航,船舶予以没收。同时,日军派出舰艇对沿海巡逻、检查,对无牌船只不予放行,并扣留罚款,或罚义务代运军用物资等。在顺德、中山水网最密集的地区,更委任当地大天二(即土匪头子)为“救国军”大头目,协助日军检查往来船只,对无牌行驶的船只予以扣留或科以重罚。在日伪强暴统治下,广州沦陷区大部分航商、船户迫于生计,不得不加入“广东民船总公所”,领照开航。据不完全统计,1939 年年底加入“广东民船总公所”的大小船舶在 2000 艘左右。①

在日军的扶植下,上海先后冒出由日军指使汉奸成立的统制各种物资的基层组织,如“华中非铁五金统制会”、“橡胶原料进口同业公会”、“工业化学原料同业公会”、“制钉业同业公会”、“日华皮革工商业统制协会”等。这些由汉奸组成的基层统制机构,秉承日军旨意,为虎作伥,处处刁难上海航商、船户。②

二、日军独占沦陷区的航政

(一)独占沦陷区的引水业

上海沦陷后,日军为全力完成军事任务,制订“以上海为据点,确立帝国向华中方面发展的基础”,“对上海的港口、水路应一概保留军事上的要求权和监督权”的战略方针,迅速攫取了上海水运、航政管理权。

随着日本对华军事侵略和经济掠夺的扩大,进出上海港的日本军舰和商船越来越多,对引水需求也随之增加。八一三事变前,上海港引水实行的是列强共管制,上海引水公会中多为英、美、法国籍引水员,日籍引水员始终未超过 5 人。同时,天津港日本籍引水员有 2 人,长江中下游日籍引水员有 10 余人。战事爆发后,日军感到日籍引水员太少,不敷使用,加上一部分中国引水员拒绝引领日本船舰,便促使日军加快控制中国各港引水权的步伐,随之日籍引水员数量迅速增加。曾有 17 名日籍引水员参加日本第三舰队,以文职人员的身份参与侵华战争。1937 年 8 月 23 日在上海吴淞登陆战中,作为日军特别运输舰队的日清公司,曾派出船长、大副、轮机员等多人,参加前沿的登陆作战。他们“在夜里复杂困难的航道上,冒着猛烈的炮火,横靠吴淞铁路栈桥附近岸壁成功,同掩护队一起完成登陆目的,使第三师团得以登陆”。念念不忘重入长江的日清公司,是日本军队水陆并进攻入长江的直接帮凶。③ 当年,日舰能从大沽口进入海河,通行无阻,也是由日本引水员望月津郎和今村文平引领的。

继上海、天津、武汉、广州等沿海、长江各大港口相继沦陷后,日军每占领一个港口,即将所有引水员不论中外籍全部拘禁,换上日本的所谓“水先”(即引水员)。1938 年 2 月,日军解除上海港英籍港务长职务,换用日本人杉山弥六。至 1939 年年底,沿海及长江中下游各大港口几乎全部沦陷。1941 年 12 月 15 日,日本海军宣布:“上海港引水业务自 1941 年 12 月 8 日起完全由大日本帝国海军管理,除敌国籍者外,前上海引水公会会员都可以从事引水业务。但中立国国籍会员要宣誓服从大日本帝国海军的命令与指挥才可执行引水业务”,并宣布任命日本人菊池丰吉为上海引水公会会长。同日,引水公会中英、美、荷等国所谓敌国籍引水员 17 人被开除出会,并关入集中营。1942 年,华中日本陆海军总司令批准成立新的引水管理委员会,并宣布自 4 月 29 日起解散原上海引水公会,另行成立上海中支引水公会,除与日本外交关系恶化国籍者外,承认公会原有成员,并允许他们继续执行引水业务。6 月,原上海引水公会引水船“新扬子”号也被日本借口该船在香港注册并悬挂英国旗而作为战利品没收,并由日本佐世保审判所判决作敌产处理。

---

①陈樵:《广州沦陷初期的航运》,《广州文史资料》第 8 辑,1963 年。

②王敬德:《上海内河航运史》,人民交通出版社 1995 年版,第 258 页。

③江天风:《长江航运史》(近代部分),人民交通出版社 1992 年版,第 538 页。

沿海其余港口,如厦门、广州、宁波、连云港等先后沦陷,引航业及其管理事务也完全处于日军管制之下。如天津沦陷前,由英国控制的大沽引水公司只有日籍引水员4人。1938年,日本以8万元伪币收购英国把持长达70多年的大沽引水公司,控制了天津港的引水权,日籍引水人员便增加至10人。太平洋战争爆发后,日本将大沽引水公司的英籍引水员遣送山东潍县集中营,公司改称水先协会,独占了天津引水权。唯一的中国引水人黄慕宗撤往后方。①

这时,长江中下游引水业亦为日本人控制。日本占领军与汪伪政权联合组建"扬子江水先协会"。该协会接受汪伪政府的监督,在军事方面完全听命于日本军事当局设置的水先监督委员会。该协会的成员为日、中两国人,大约在100人左右,原日本扬子江领江公会的成员全部免试加入。

1943年1月,中英、中美分别签订新的条约,正式废止两国在华包括引水权在内的各项特权。从国际法的意义上说,中国已经收回引水权。但中国大部分沿海、长江航道、港口被日军控制,这些地方的引水权由日军所控制,以致中国政府在事实上无法完全收回引水权。从5月31日起,日军停止外籍引水员工作,停发工资,并于6月成立由中(汪伪)、日引水员组成的"中支水先协会",增加日籍引水员52名。正如1943年6月30日日籍港务长所说:"目前上海港的引水人和长江的引水人同样都要归日本方面管理"。日本终于独霸上海港及其他沿海港口和长江港口的引水业。②

(二)独占沦陷区的航政管理事务

日军侵占华北后宣称:"大东亚战争方兴未艾,运输机关极为重要,应立即施行严格的船舶管制","华北的船舶,应当一元化为大东亚战争服务"。以此为出发点,日本不择手段地强行接管统治区的中国航政机构,自行制订管理规章制度,开展航政管理工作。

1.建立日军控制的管理机构

建立由日军控制的航政管理机构,是日军摧残中国航政的首选方式。日军每占领一个港口或重要水域,马上就建立机构,强行控制航政、港务等行政事务。1938年2月3日日军占领烟台港后,即宣布改烟台特区为烟台市,接着成立胶东善后委员会(后改为鲁东道、登州道),一方面扶植道、市两级傀儡政权,另一方面通过这些傀儡政权强化殖民统治,并觊觎英国控制的东海关管理的烟台海坝工程会。9月,日本海军接管烟台海坝工程会,指定由船舶联合局(一个海军分支机构)管理。11月10日,日本海军突然宣布成立芝罘港务局,要求英国人控制的东海关交出包括引水、锚地、移泊等航政管理权。1939年1月15日,日军控制东海关,全盘接收芝罘港的锚地和指定停泊点、引航、助航设施和信号、港口的公告事宜、出入船舶、疏浚等13个方面的航政、港务事务,使烟台港航政、港务完全被置于其殖民统治之下。③

为控制青岛港及山东半岛的航政、港务事务,1938年1月日军再次侵占青岛后,于2月初设立青岛航政局,下设海务、庶务、工程、防疫、警务5个科,并专设船舶联合局,负责对轮船的审查。1939年1月10日伪华北临时政府青岛特别市公署成立后,设立海务局,取代青岛航政局,负责港口航政事务。6月29日,日本海军把3艘汽艇拨给海务局使用。7月5日,又将青岛港的助航标识移交海务局管理。海务局各重要部门均为日本人把持,其他人员日本人占一半以上。整个港口的航政、港务事务全由日本海陆军安排。海陆军都有自己的引水员,船舰进港也是由军方引水员引领,"连上下船的旅客也须经宪兵、水上警察和领事馆警察三方共同检查,才能上下船、在码头上通行。"④

---

①李华彬:《天津港史》(近代部分),人民交通出版社1986年版,第214页。

②彭德清:《中国航海史》(近代部分),人民交通出版社1989年版,第368页。

③丁抒明:《烟台港史》(古、近代部分),人民交通出版社1988年版,第193-194页。

④《青岛特别市公署施政述要》,第6页,1943年3月版;参阅寿扬宾:《青岛海港史》(近代部分),人民交通出版社1986年版,第192页。

1939 年,日本在南京设立日本中国派遣军总司令部,南京遂成为侵华日军的指挥基地,南京港也成为战略要地而受到特别控制。日军将大部分港区划为军事用地(称为碇泊场),实行军事管制。军管机关称碇泊场司令部,既管港区警卫,又管港口设施、业务。军管以后的南京码头,以军用为主,民用码头开始只有下关和浦口两处,后因日商在南京的经营范围有所扩大,日军又需用商船补充军用物资的供给,才将部分军用码头兼作民用。

2.制订强制性的管理制度

建立强制性的航政管理制度,是日军摧残中国航政的主要措施。日军通过武力征服沿海海域或内河水域后,即刻强行制订出管理规定,强迫当地的中国航业和船舶执行。1938 年以后,日军控制长江中下游,船只急剧减少,较大型的轮船几乎全被日军征用投入战争,运力顿显不足,木帆船逐渐成为重要的运输工具。为此,由日军建立的华中木帆船会社强化木帆船的管理,凡要取得航行许可证的木帆船必须加入该会社。1944 年上半年,日军撤销《船舶航行规程》,将“限制输送物资、输送人员的规程”改为:30 吨以下的民船,可以自由航行长江和内河,毋须请领航行许可证;30 吨以上的航船,凡已加入华中航路协会或华中内河民船总会(受汪伪政府控制),航行长江和内河时,原则上免领航行许可证。这样,华中木帆船会社对木船航行限制就放宽了。但这一规定对日军并无约束力,他们可以随时以军事需要为由而定行止。①

随着日本侵华战争的不断扩大,日军进一步强化对交通运输的管制。日本华北派遣军于 1939 年 2 月 4 日发布《对华北内水航运业商之公示》,规定:所有内河船舶,必须由华北派遣军司令监督指导,日本军特务机关管理并持有其签发的“许可证”,随时接受“检查”、“警备保护”,“自动的应其征用”。1940 年 3 月 16 日,华北派遣军公布《关于华北内水运业之规定》,进一步强制民船必须接受日军第一水路运输队管理,凡不服从“调遣”、“自动应其征用”,或“通敌”的民船,都不发给航行许可证。这样,凡拿到许可证的都成了日军的“笼中之鸟”。

3.实施强盗式的航政管理

施行强盗式的管理工作,是日军摧残中国航政的重要手段。

(1)强行要求悬挂日本旗帜

抗战初期,欧美航商接受中国轮船假转国籍,改挂外旗,实际产权仍归华商所有,付给外国政府的入籍注册费、收入提成费(10%至 25%不等),还须聘用外籍船长执掌营运大权。日军占领中国沿海与内河后,对中国木帆船沿海运输的封锁有所放宽,准许木帆船在向日本有关主管部门办理登记手续,悬挂日本国旗后,即可航行海上。当然,这些船必须依照日方所规定的路线航行,否则有被日本海军烧掉或凿沉的危险。如英籍拖轮“宝林”号于 1940 年 1—4 月航行温沪线时,曾先后靠泊玉环岛楚门花岩浦 4 次,将那里的走私木帆船拖带往来上海。有一次,它拖带回“字第 100”号木帆船,约装 3000 个木段往上海,被日军发现未向日方办理登记手续,即被烧毁。

为强化殖民统治,泯灭中国人民的民族意识,日军往往以“保护”为名,勒令大小民船悬挂日本国旗,否则重罚。如 1939 年春,日军强令过往广东沿海与内河的船只,无论大小,一律悬挂日本国旗,否则不予放行。对此,广大航商、船员便变换方式,遇到日舰巡查时临时挂起旗子,日舰一驶过则立即取下旗子。更有一些船只不甘受日军的压迫和日伪苛捐重税的压榨,冒险冲过日军封锁线,驶入后方地带。有的航商将船只卖掉,举家逃亡到内地谋生。

(2)从英国人手里攫夺总税务司一职

1937 年 11 月 11 日,日军进驻上海江海关。1938 年 2 月,日军解除英籍港务长的职务,由日本人杉

①胡体淦:《长江航政史》,人民交通出版社 2000 年版,第 205-208 页。

山弥六接替。同时,许多日本人进入江海关充当职员。日本对江海关的侵犯,引起了英国和以海关税收为担保的外债执券人的不安。日方趁机以恢复海关为名,诱使英国谈判。英国与美、法等国合谋后,背着中国政府与日本谈判,并对日本做出让步,于1938年5月3日签订了非法的《英日对华海关协定》,使日本从英国手里接收了沦陷区海关和处置关税的权力。太平洋战争后,在上海的日军接管总税务司署,总税务司一职为原总税务司署总务科税务司日本人岸本广吉接替。“日军进占上海公共租界,海关总税务司署即为所据,总税务司英人梅乐和爵士彼迫卸职,由日人接充伪海关总税务司,管理沦陷区内各海关,凡上海、秦皇岛、天津、龙口、烟台、威海卫、青岛、汉口、南京、宁波、厦门、汕头、广州、九龙、江门、琼州各关,均为占管。”至此,各港埠海关完全为日军所独占。1942年3月,总税务司岸本广吉命令浙海关于当年3月底停止办公,职员全部撤退,公役全部遣散。①

(3)控制大连港的航政事务

1940年2月1日,日本关东州开始实行海运统制,大连自由港制度名存实亡。8月1日,关东州海务局公布《小型船舶出入港管理办法》,规定不满20吨位轮船和中国小船除大连港、旅顺港和普兰店港外,不得进入关东州其他30余处港湾、海岸。1941年5月13日,日本政府批准《关东州船员征用令》,5月18日关东州海务局公布了实施规则。太平洋战争爆发后,日本加大对船舶、船员的限制。1942年5月4日,日本政府批准《关东州战时海运管理令》。根据此令,6月10日关东州船舶运营会成立,本部设在大连,支部设于长春、东京、北平。凡在关东州置籍的日本船舶均属关东州船舶运营会。1943年2月4日,又实施《战时船舶检查特例》。为运输军用物资,4月27日关东州海务局将中国政记轮船公司的8艘轮船征用,等同日籍船舶。5月14日,又将轩和渔业会社的8艘轮船征用。10月20日,关东州海务局公布《关东州临时船舶管理实施规则》。为最大限度地支配和限制船舶,1944年5月30日日本关东州当局竟公布大连港规则和旅顺港管理规则的《临时特例》,对进出港船舶可不按条文办理。②

(4)强行管制中国民船

日军占领中国沿海与内河大部分水域后,强行管制民船,为其侵略提供服务。日军主要采取两方面的强制措施:一是“许可证”制度;二是强行“收买”与“租用”民船,以控制民船运营。

1940年夏,日军在河北“收买”、“租用”民船高达6560艘,占拿到许可证民船的65.6%,占日本入侵前河北拥有量的54.6%。1940年9月1日,华北交通株式会社一次就“收买大批民船以便使用”,“租用”船只给船户少得可怜的“维持费”。日军出于防范和便于管制的需要,将几十艘民船组成“船团”,派重兵武装护送“船团运输”。一个“船团”一般有一至几艘拖轮和几十艘木船,在日本水路警备部队、内河航运公会、日伪河防队联合武装押运下,定期或不定期在各航线上集中运输。参加“船团”运输船舶,完全失去航行自由,只能在日伪军警特务的严密监视和武装人员荷枪实弹逼押下,为其运送军事装备和掠夺的物资。就这样,河北省民船总数由1940年9月的6000余艘,降至1944年5月的1600余艘,到日本投降时更减少为的969艘,全省内河航业到了全面破产的边缘。③

对上海水路,日军采取了更加严厉的强制和封锁政策。1941年底,日军在上海内河的各主要通道处设置检问所,严厉查禁统制物资的运输。这些检问所常以恐怖手段对付偷运统制物资的船商。特别是上海的一些处于游击区的郊县,日伪对付偷运统制物资航商的手段更为残酷,凡触犯查禁条例者皆处以死刑。④

---

①程浩:《广州港史》(近代部分),人民交通出版社1985年版,第270页。

②周永刚:《大连港史》(古、近代部分),人民交通出版社1995年版,第202页。

③王树才:《河北航运史》,人民交通出版社1988年版,第189、191页。

④王敬德:《上海内河航运史》,人民交通出版社1995年版,第258页。

战时,内陆省份处于敌我对峙的第一线。日军占领河南、陕西、山西等内陆省份的主要城市后,利用各内陆河流的水上运输为其侵华战争服务。日军建立了日本人控制的各种航运企业,如华北交通株式会社,并在主要水运港口码头分别设立航运营业所和航运营运分所,操纵傀儡的航业机构,对民船实行残酷的法西斯统治,强迫民船运送侵华军需品。①

综观日军在其占领区的航政管理,无一不烙上法西斯军事管制的特征,为其侵略、掠夺提供服务。而中国航政机构陷于瘫痪,管理制度虚列,管理工作停滞。这是中国航政有史以来遭遇到的一次大破坏、大浩劫。

三、沿海与长江中下游助航设施破坏殆尽

抗战期间,中国沿海及长江中、下游先后成为战场,各地助航设施在战火中损毁严重。如福州港,抗战爆发前台江至马尾段航道各水坝竖立有标志 44 处、燃灯 22 盏,抗战中悉数被毁。福建的马尾至闽江口通海航道上的助航标志,为防资敌,在战时亦被自行拆除破坏,灯标禁燃。通海航道原有 22 座助航标志,经过战争破坏至 1945 年 6 月仅存 5 座,根本满足不了船舶安全进出港口的需要。② 长江上的“福星”等 12 艘大、中型缉私舰和灯塔运输船为日本海军占用,改装成炮艇或军事运输船。“海星”号灯塔运输船被日军炸沉。最后仅剩下的“流星”“海光”“併徵”等 3 艘灯塔运输船,也在第二次世界大战后期被盟军飞机炸沉。抗战期间,中国沿海、长江宜昌以下各口岸的灯塔等助航设施基本上被破坏殆尽。

1939 年 8 月 10 日,日本、汪伪政府在绥靖部下设水路局,负责处理水道图志和航道标志,协同日军海军管理沦陷区沿海及长江的助航设施。但沿海及长江助航设施建设和日常维护、管理工作仍由海关负责,直至太平洋战争爆发才由日军完全控制。这时的中国沿海助航设施基本上处于瘫痪状态。③

中国政府为抵抗日军的进攻,在撤退时对沿海和长江一些港口设施、航道进行了主动的破坏,以免为日军所利用。第二次世界大战末期,盟军大举反攻。为阻止日军的海上运输,美军飞机对中国沿海朝连岛、佘山、大戢山、小板山(小龟山)、东亭山、北渔山、冬瓜屿、牛山岛和乌丘屿等灯塔进行轰炸扫射,其中大戢山灯塔和小板山灯塔遭到的破坏最严重。据统计,自 1937 年 7 月至 1945 年 8 月,中国沿海 78 座灯塔(船)有 36 座毁(或损)于战火,其中属海关管理的 56 座灯塔有 24 座被毁(或损)。④ 长江下游江阴以上的岸标和灯船,有的没来得及拆毁和破坏,海关灯守所就任其自行去留;中游岸标,海关也不管不问,任其损毁。到 1945 年日本侵略军投降时,长江入海口吴淞至汉口间的航标仅存岸标、浮标等 91 座,其中灯桩 66 座(仅 48 座外观完整)、灯船 6 艘、点灯木划 1 艘、乙炔灯浮标 16 座(均无灯)和小浮标 2 座。

松花江、黑龙江为中国东北的主要河流,九一八事变之前航道上已设航标 2409 座。自日本、伪满洲国统治东三省起,先后在松花江、第二松花江、嫩江、黑龙江、乌苏里江、额尔古纳河的通航河段上布设助航设施。1937 年起,又重点加设乌苏里江和兴凯湖的航标,并在新开辟的挠力河与穆棱河上设标。至 1938 年,松花江等六江(河)共有各类航标 2417 座。⑤

四、汪伪政府开展的航政管理

(一)汪伪政府航政机构的建立

中国沿海与内河大部分港口与通航水域沦陷后,航政管理与其他航业运输、港口客货进出、船舶修造

①张圣城:《河南航运史》,人民交通出版社 1989 年版,第 194 页。
②郑元钦:《福州港史》,人民交通出版社 1996 年版,第 293 页。
③叶嘉畲:《中国航标史》,广州市新闻出版局 2000 年,第 24 页。
④徐万民:《中国引航史》,人民交通出版社,1999 年,第 69 页。
⑤叶嘉畲:《中国航标史》,广州市新闻出版局 2000 年,第 173-178 页。

等一样,都处于日军严密控制之下。

1937 年 11 月,伪蒙疆联合委员会成立,管辖察哈尔、热河、绥化等蒙古族聚居地区。12 月,由汤尔和、王克敏为头目的伪"中华民国临时政府"在北平(今北京)成立,管辖山西、河北、河南、山东四省及北平、天津两市。1938 年 3 月 28 日,日本在南京扶植成立了伪"中华民国维新政府"。正如当时的《东方杂志》指出的:汉口陷落后,日本准备日内在南京组织一个联邦政府。该伪政府所定之政策,假惺惺地号召中国人民一致起来抵抗西方帝国主义者,其实日本真正目的在于消灭西方各国之政治、经济、金融等势力,而为日本商人攫取全中国之市场。1940 年 3 月 30 日,汪伪"中华民国政府"在南京成立,控制江苏、浙江、安徽、山东、广东、江西及两湖(湖南、湖北)部分地区,核心在宁沪一带。汪伪"中华民国政府"交通部下设航政、电政、邮政、总务 4 个司。航政司下设 1~2 科(1940 年 12 月又增设 1 科),掌管航路及航行标识,管理、经营航业和航空,监督民营航业和航空,负责船舶发照登记,计划筑港及疏浚航路,管理、监督船员、船舶及造船,改善船员待遇及其他航政事项。在日本军事、政治、经济三管齐下侵吞中国的方针策动下,沿海及长江中下游各地挂着"中日合营""国营""官商合办"不同牌号的航运公司先后开业。这些航运公司大都各据一方,经营不同航线,但也有互相穿插。究其资产来源和营利所得,这些公司都是日本殖民主义航运体系中的附庸。

为配合日军控制沦陷区的航政,伪"六大"召开之后,汪伪政府设立直隶建设部的航政司,负责汪伪控制区域的航政事务。首任航政司司长为郑钧(任职日期为 1939 年 2 月 25 日,当时还是伪南京维新政府),1940 年 8 月 31 日,何道澐任航政司司长,9 月 23 日,张瀛会接任。1943 年 4 月 12 日,何道澐接任,7 月 8 日免职。周铮接任航政司司长,直到 1945 年日本投降。①

与此同时,汪伪政府先后在其管辖区域的沿海、沿江的重点港口成立航政机构,为日军的侵略扩张活动提供便利。1939 年 3 月,汪伪政府在上海成立航政局,归其建设部管理,地址设在上海南市民国路 384 号(今上海市人民路 3 号)。上海航政局的主要职责是对 20 总吨以上的轮船和 200 总吨以上的帆船进行船舶检查、丈量和登记,其余船舶检查、丈量和登记工作由上海市公用局办理。② 苏州伪江苏省政府下设车船管理处,在南京、扬州设车船登记所。南京车船登记所又称南京航政处。1940 年,车船登记所撤销,设轮船管理处,主要管理港内渡船和驳船,次年因经费不足而撤销。此外,在扬州还成立了船舶登记店。③ 1940 年 3 月,为进一步加强对镇江港港航设施的控制,日军成立镇江船舶登记所,通知各船户务于一周内依限登记,并须注明船名、吨数、尺度、吃水、船质、价值、造船年月日等,通过登记注册集中控制港内船只,随时为扩大侵略战争服务。④

1941 年 7 月 15 日,汪伪政府交通部在广州设立广州航政局,在汕头、番禺、中山、南海、新会等市、县设立其分支机构,管理周围沦陷区的机动船和木帆船。

1943 年 3 月 1 日,汪伪政府成立湖北省建设厅船舶管理局,并在江西九江警察训练所成立湖北省建设厅船舶管理局九江分局,开始行使九江及江西地区的船舶检丈、登记等航政管理职权。6 月在九江设立江西省政府后,将九江分局改为江西省建设厅船舶管理局,对其控制的水域实施航政管理。1944 年 1 月,船舶管理局在湖口、吴城、南昌设立 3 个办事处,开展船舶检丈、登记等工作。4 月,又组建江西省民船团运输处,主要征租木船,经营九江至南昌、汉口、芜湖间的物资运输业务,实际上完全听命于日军,为其服务。这些所谓的航政管理丝毫不敢触犯日军的利益,也不可能打破日商的垄断。⑤

---

①刘寿林:《民国职官年表》,中华书局 1995 年版,第 1029、1087、1092 页。

②张燕:《上海港志》,上海社会科学院出版社 2001 年版,第 78 页。

③《江苏省志·交通志》(航运篇),江苏古籍出版社 2001 年版,第 382 页。

④《南京交通志·港口志》,海天出版社 1994 年版,第 81 页。

⑤《江西省民船团运输处行政卷》,1944 年 6 月;参阅孙述诚:《九江港史》,人民交通出版社 1991 年版,第 146 页。

1944 年 6 月,汪伪政府建设部在宁波江北外滩 35 号成立上海航政局宁波办事处,因无航业活动于 11 月停顿,航政事务归日本海军特务部管理。1945 年 1 月,伪上海航政局派何戈远接办宁波航政办事处并任主任,地址在宁波江厦街福建会馆(即天后宫)内。4 月,刘万金接任,直到 8 月日本投降。接办的航政办事处实际上并未开展航政管理工作,倒是日本投降后刘万金将所有文书卷宗放置铁香炉中焚毁了。这期间,日伪还设有船舶管理处,管理浙江内河航运。伪浙江省政府在嘉兴等水路码头均设有办事处,但所订规定因受广大船民的抵制而成为一纸空文。

(二)听命于日军的航政管理

汪伪政府名义上在其交通部下设立航政司,在各地设置隶属航政司的分支机构(如在上海、广州、南京、武汉、九江等地设立的航政局、车船管理所等),但因其为日军傀儡,有关航政管理只是作为配合日军侵略行动或控制航业,监管船舶与水上通航秩序服务,所有船舶管理先得经过日军许可方能执行。同时,日伪除垄断中国大多数轮船运输业外,还严格限制民间轮运业和木帆船运输,组织各种木帆船的会社,通过会社组织进行控制,并强行规定只有加入会社,才发给航行许可证,否则没有航行的自由,行驶的航线和装载的物资等也处在日伪控制之中。

汪伪政府航政司规定,凡进出长江的船舶非经日军许可不得在江海关结关,必须呈验日本陆海军签发的特别许可证,才可以由江海关批准通过。为把南京、镇江一带因战争逃散的船舶重新汇集起来,日军规定由设立在南京的日本扬州驳运公司办理南京、镇江、扬州等港埠的驳船登记,发放营业许可证。[①] 汪伪政府的南京船舶登记所,下设驳运股、港务股,负责南京地区的航政管理,其中的驳运股也声称"管理船舶驳运,系本股官厅职权所及,并无商办之可能",通令各商家船户,运输货物必须向驳运股登记。而本不该有航政之职的扬子驳运公司却从不理会,继续进行驳运方面的航政管理。南京船舶登记所生怕触犯日本人的利益,对其驳船登记管理不敢多问。鉴于这一情况,汪伪政权于 1939 年 5 月改组南京船舶登记所,干脆撤销了驳运股、港务股,在南京市下关静海寺里重新组建船舶驳运所,改为只负责民船登记、发照等事项,不再进行驳船航政事务,就连木船也按日军对其的航行区域、时间、泊位等规定,要求船民向日军请领航行许可证。[②]

在江苏境内,汪伪政府当时在苏州设立轮船管理处,专门负责管理轮船,勒令各地自治会登记辖境内的船舶。1939 年 4 月 20 日,汪伪江苏省政府公布《江苏省管理船舶规程》,作为省内各类非机动船舶的管理章程。这些规定和办法,名义上由汪伪政权制订并付诸实施,实际上由日本人掌管。1939 年,汪伪江苏省建设厅制订《江苏内河轮船请领行驶证办法》,次年 10 月修正补充制定《内河轮船请领行驶证须知》,规定船主必须按船交纳证书费、印花税和册照费等。1941 年 5 月起,日伪在江苏境内大举清乡,船舶登记制度等措施更为严厉。还成立了封锁总办事处,发布《封锁解说》。该解说规定,凡在清乡地区内的船舶均须登记。其中,船舶在 50 吨以上者,在特别公署登记;在 50 吨以下至 5 吨者,在当地区公所登记;在 5 吨以下者,在当地乡公所登记。还规定,未登记之船舶一律禁止通行,若有违反,即予扣留或没收。已登记的船舶,登记号码应置于显明之处。登记时,船舶甲等(载重 1000 担以上)交 5 元,乙等(载重 500 担以上)交 3 元,丙等(载重 20 担以上)交 1 元。凡登记的船舶,夜间均须集合在附近据点处,开航时须经检查并认为并无敌情方能通过。[③]

与江苏省一样,1939 年 3 月伪上海市政府成立后,伪市公用局接管上海内河航运秩序的管理权。该

---

①《镇江航业之检讨》,江苏省档案馆,卷宗 1004-2850。

②吕华清:《南京港史》,人民交通出版社 1989 年版,第 199 页。

③《江苏省志·交通志》(航运篇),江苏古籍出版社 2001 年版,第 385-388 页。

局首先进行内河船舶的调查登记。在办理船舶登记的同时,还公布了《上海市政府公用局办理船务须知》,到1940年6月底共登记各种内河船舶30603艘。继船舶登记后,1941年7月17日又公布了《上海特别市水上交通管理规则》和《上海特别市取缔船舶暂行罚则》。这两个法规中虽然也有些保障安全行驶的具体条款,但在根本还是为日本侵华战争服务。

从江苏、上海两地的情况来看,汪伪统治区所谓开展的航政管理只是装点门面,实际上未能行使太多管理职权,一切处于日军控制之下,听命于日军当局。其突出表现有以下几点:

首先,沿海及长江等内河营运的轮船必须向驻上海的日本海军武官府领取行船许可证,且手续甚繁。如汪伪江西省政府拟置备轮船行驶于九江至南京间,即需通过汪伪中央政府外交部与日本大使馆洽办。各地木船航行则要向当地的县船舶登记稽征所申请,由该所报伪县政府指导部,再转报日军有关机构核准。1944年5月,汪伪行政院对华中地区《船舶航行统制规程》作了修正,重新规定华中各地30吨以下的帆船可免领航行许可证,自由行驶于长江、内河。但这一规定对日本航业、船舶并无约束力,日军可随时以“军事需要”为由而决定船舶的行止。

其次,日军经常强行征用帆船。各地不仅从事运输的帆船常被日军征用,就连渡船亦须轮流隔日停渡一天,供日军使用。如1944年4—5月的两个月内,行驶于九江、湖口附近的2吨以上的帆船都被日军强行征用,就连伪江西省民船团运输处租用并悬有日本国旗的船只也是如此。

最后,日军对帆船的航行区域、航行时间乃至在港停泊都有严格限制。在汪伪统治区,既限定了帆船的停泊地点和航行区域,又规定了帆船的航行时间。除特准者外,一律不准夜航。而在规定的停泊地点和航行区域内,日军还可视其需要任意禁止停泊或航行。如1944年6月,伪江西省政府批准组建江西省民船团运输处护航队。护航队的主要职责是按规定保护船舶及航务人员,维护码头秩序,检查旅客并取缔违禁物品,协助船只航行事故的处理等。实际上,护航队只是为当时的军事、政治服务,对于正常航行并无补益。由此可见,伪江西省船舶管理机关在船舶管理上只是徒具虚名,实际的职权只不过是对帆船进行检丈、登记并收费而已。

第七章　中国海事的短暂复苏与衰落(1945—1949 年)

抗日战争胜利后,中国航政与其他各行各业一样,在战后初期“复员运输”中做出了贡献。国民政府直属与地方航政在较短时间恢复战前的建制、制度,迅速开展管理工作。回迁的长江、珠江航政局及其办事处恢复办公,停办的天津、上海航政局重新恢复开展工作,各省地方航政机构也尽快地投入到复员后的航政建设与管理中。各机构除行使船舶检查丈量、登记和船舶安全检查及船员、引水员考核和管理、安全航行维护、事故处理等范围内职权外,还“发展内河水运,便利民众交通”,协助军事运输调配、接收和分配日伪船舶与产业,组织轮运业投入营运等。但战后航政管理格局依旧分散,事权不一,主管、分管、兼管格局并未根本改变。

正当航政得到短暂复苏的机会,并出现发展良好势头时,国民政府发动了内战。刚刚收回的航权、航政管理权再度被出卖。中央直属与地方航政征集船舶,运送军队与物资,为国民党内战服务,并随着军运频繁,航运业走向崩溃而陷入困境,以致人心涣散,朝不保夕,惶惶不可终日,直到 1948 年年底基本解体。而中国共产党建立的各解放区航政却焕发出勃勃生机。在中国共产党和人民政府的领导下,各解放区克服种种困难,相继建立起人民的航政管理机构,开展了船舶管理、船员考核、修复旧船、整修码头、探测航路、设置航标等航政管理,保证了水上交通畅通,有力地支援了解放战争。解放区航政机构,根据中国共产党的政策和要求,在接管国民党航政系统的基础上创建了人民航政管理体制,制定了新的管理法规和规章制度,开展船舶检验、船舶管理、船员(引水员)考核、航行安全秩序维护等新的航政管理工作。也就是从这时起,学习苏联经验,全面地效仿苏联管理港、航及航政的模式,实行港、航及航政合为一体的管理体制,航政由过去独立管理体制变为港、航体制下的一个职能部门。这一在当时特殊条件下的一种过渡体制,为以后中华人民共和国航政管理体制的建立奠定了基础。

第一节　战后航政机构的恢复与新建

一、航政机构的恢复与充实

抗战胜利后,国民政府航政基本恢复战前的旧制,交通部航政司继续执掌全国的航政事务。交通部返回南京后,其航政局局机关组织亦有扩充,设立航务、船舶、海事、港工、引水及空运 6 个科,机关人员计 53 人。除空运科承办有关航空公司及空运事务外,其他都是管理航政事务的科室。① 各科职责如下:

航务科,承办轮船业注册给照、航业管理及不属于其他科的事务;

船舶科,承办核发船舶国籍证书及有关船舶修造、船厂、打捞沉船等事务;

海事科,承办核发船员证书、船员考试及海事处理等事务;

港工科,承办港口工程建设及港务管理等事务;

引水科,承办统筹引水管理事务(收回引水权后于 1948 年增设)。②

---

①高廷梓:《中国航政建设》,商务印书馆 1947 年版,第 135 页。

②丁奇中:《中国船检史》,人民交通出版社 1998 年版,第 125 页。

交通部航政局在建立司机关部门的同时,派员赴上海、广州、天津及东北4个地区,进行区域航政局的恢复、调整、新设等工作,明确管辖区域。在管理工作方面,除恢复战前船舶检丈、检查、注册与海员考核等部分管理外,开始接管海关交出的引水、助航设施等航政管理权。各省市也以继续管理本省内河航政事务为主,恢复和开始新的管理工作。在较短的时间里,除东三省航政大部由苏联红军掌管外,基本上恢复到战前的状况。特别是广州、上海、天津、长江4个区域的航政局,恢复与开展了对华南、华东、华北沿海及长江沿江航政管理工作。

(一)广州航政局的恢复与调整

1945年9月25日,退至后方已7年的珠江区航政局由广西百色迁回广州。回广州前,先在广西南宁将原来航政人员集中在一起,然后沿珠江东下广州,在广州靖海路一号开始办公,恢复管理广东、福建、广西三省(区)沿海与珠江的航政事务,局长为周演明。除保留原有的桂平办事处外,还恢复梧州、江门、汕头、海口、北海办事处,又增设湛江办事处与南宁航政办事处。① 1946年3月,国民政府交通部将珠江区航政局改为广州航政局,又将福建航政划归广州航政局管理。局内设部门沿袭珠江区航政局旧制,7月将第一科监理股撤销,在第二科设立船舶登记股和监理股,明确规定第一科专管行政事务,第二科专管航政监督和技术业务。1947年7月,广州航政局及其办事处共有131人,其中局机关48人,福州、广州湾、海口、北海各11人,厦门、汕头各9人,江门、桂平、梧州各7人。② 1948年1月,广州航政局接管了1946年交通部在广州、汕头、海口设立的引水办事处,改设引水科(不分股),增设人事室(不分股)。至此,广州航政局有三科两室,即第一科、第二科、引水科、人事室、会计室。第一科专管行政事务,第二科专管航政管理与技术监督。局机关与各处人员与1947年7月的人数没有变化。1948年1月,局机关仍为48人,其中技术人员8人。③

福州、厦门两航政办事处,在珠江区航政局迁回广州前就完成了复员工作。1945年8月,福州航政办事处由闽北迁回福州,厦门航政办事处由泉州迁回厦门,各自恢复办公后开始了航政管理工作。如福州办事处接收了原交由福建省公路船舶管理局管理的航政事务,开始对福州港船舶的检丈登记、船员考核检定、管制运价、督导航运、指导引航等,尤其健全港口的航业组织、合理调整航线、维护航行安全及船舶、船员管理等方面做了大量工作,有力地促进了福州地区航运秩序的恢复。1948年1月,福州航政办事处成立引水股,开展引航业务,不久又归于广州航政局管理。

广西境内的航政事务,一直由广州航政局北海航政办事处办理。1946年2月13日该办事处恢复后,继续开展广西省内航政管理事务。1947年7月,广西省船舶管理处撤销,10吨以上的民船交由北海航政办事处管理,10吨以下民船由各县市政府管理。

(二)上海航政局的恢复与调整

战后,上海航政局恢复得很快。1945年9月,日本投降还不到1个月,国民政府交通部就让管理苏、浙、皖和上海市航政事务的上海航政局恢复成立,由李孤帆出任航政局局长,下设两科四室,即:第一科设庶务、文书、出纳三股,第二科设登记、考核、监理三股,四室为技术、会计、人事、统计等,共有49人,其中技术人员13人。随后,接管了汪伪上海航政局及日本的中支水先(引水)协会。到1947年7月,上海航

---

①《交通部珠江区航政局关于复员后工作情形报告》,见中国第二历史档案馆:《中华民国史档案资料汇编》,第五辑《财政经济(九)》,凤凰出版社1994年版。

②高廷梓:《中国航政建设》,商务印书馆1947年版,第135页。

③《交通部珠江区航政局关于复员后工作情形报告》,见中国第二历史档案馆:《中华民国史档案资料汇编》,第五辑,《财政经济(九)》,凤凰出版社1994年版。

政局及其办事处共有84人,其中局机关55人,下属的宁波办事处11人,温州和海州各9人。①

停办8年的上海航政局,恢复后百端待举。首先恢复各航线班轮,以维护交通;其次开展航运公司的复业以及船舶、船员的登记、调派等工作,以适应航运的发展。此外,还协助接收敌伪航业,审核发还被敌伪侵占的船舶。1945年12月1日、1946年1月17日,温州、宁波航政办事处分别恢复对外办公。12月1日,主管江苏省航政事务的中央航政机构——镇江办事处恢复。12月,海州办事处也恢复对外工作。至此,上海航政局管辖的宁波、温州、海州、镇江4个航政办事处全部恢复,并开始对外办公。芜湖办事处迁至南京,改为南京办事处,也恢复办公。

为了实现长江航政的统一管理,国民政府交通部"调整沪、汉两航政局管辖区域"。② 1946年3月16日,将镇江、南京、芜湖3个办事处移交给长江区航政局管辖。因解放战争的进展,海州(今江苏连云港)办事处于1948年5月19日奉交通部指令迁至无锡,改为上海航政局无锡办事处,而海州地区的航政事务由交通部陇海铁路管理局连云港港务管理处代办。至此,上海航政局只领导宁波、温州、无锡航政办事处。③

(三)天津航政局的恢复与调整

天津航政局是国民政府设在天津,管辖天津及华北海区与港口的区域性航政机构,直属交通部航政司管辖。1945年8月日本投降后,国民政府派员来天津接收华北航政。10月,天津航政局恢复办公,俞国成任天津航政局代理局长,管辖天津及整个河北、山东海区航政事务。该局下设青岛、秦皇岛、烟台、威海4个办事处。局内设两科(行政、航政)和人事、会计两室及引水股。到1947年7月,天津航政局共有78人,其中局机关40人,青岛、烟台办事处各11人,秦皇岛办事处7人,威海办事处9人。④ 各办事处主要维护航行安全,处理海事纠纷,监督航业调整航线,取缔逾额载量等。1948年,马涤源接任天津航政局局长,管理天津及华北地区的船只登记、检查、丈量及发给牌照,船员及引水员考核监督,航道疏浚及航道标志的监督,核发船舶出入口证书及管理造船检丈等事项。

(四)长江区航政局的恢复与调整

抗战胜利后,航政机关极为繁重而紧迫的任务就是协助国民政府恢复和重建航运。特别长江水上运输日趋繁重,航政管理十分紧迫。1945年9月20日,交通部航政司先行派遣一部分人赴汉口主持航政工作,30日抵汉口,暂时在三北轮船公司成立临时办公处,10月2日开始恢复办公。局内设监理、技术(主管船舶检验)、引水3个业务科和码头管理所。11月17日,长江区航政局全部迁回汉口,由王清任局长。12月1日正式对外办公,17日王洸接任局长。同时,增设重庆航政办事处,接办重庆地区的航政工作。据记载,1945年12月长江航政局局机关设四科四室:即监理、船员、引水、总务四科,技术、人事、会计、统计四室。1946年初回到武汉后,长江区航政局开始恢复和调整机构,先后恢复战前的九江、长沙、宜昌、重庆等航政办事处并开始办公。1946年,裁撤战时设置的广元、南充、合川、泸县、万县、常德等6个办事处,只保留宜宾办事处,主管长江上游及岷江、金沙江航政。至此,长江区航政局领导九江、长沙、宜昌、重庆、宜宾5个航政办事处,管辖江西、湖南、湖北、四川省长江干线为主的航政事务。⑤ 至1947年7月,长

①高廷梓:《中国航政建设》,商务印书馆1947年版,第135页。

②中国第二历史档案馆,全宗卷廿(13)-460。

③《抗战复员后的长江航运及航政》,见中国第二历史档案馆:《中华民国史档案资料汇编》,第五辑,《财政经济(九)》,凤凰出版社1994年版。

④高廷梓:《中国航政建设》,商务印书馆1947年版,第135页。

⑤《抗战复员后的长江航运及航政》,见中国第二历史档案馆:《中华民国史档案资料汇编》,第五辑,《财政经济(九)》,凤凰出版社1994年版。

江区航政局共有 144 人,其中局机关 79 人,重庆办事处 17 人,宜昌、长沙、九江各 9 人,镇江、宜宾、南京各 7 人。①

长江区航政局在回迁时,因航运形势发生变化,于 1945 年 10 月裁撤川江绞滩管理委员会,仅保留绞滩总站。除直接隶属长江区航政局的青滩、泄滩、东洋子、兴隆滩、狐滩等 5 个绞滩站予以保留外,其他各站均撤除停办,“所保留之川江五站,又因主管人员不甚负责,兼以经费匮乏之故,业务停顿,几等虚设”。年底又奉命恢复绞滩站,以利复员运输,当年便组织人员筹措经费并将支流所裁绞滩站的器材运往川江补充使用。1946 年 1 月,獭洞、滚子角等 7 处绞滩站相继恢复设立,直至中华人民共和国成立川江共设有绞滩站 21 个(其中兼办站 4 个)。

1946 年 3 月 16 日,原上海航政局管辖的镇江、南京、芜湖 3 个航政处划归长江区航政局管理后,交通部 3 月 20 日颁布训令,调整长江、上海两航政局的管辖范围:(1)长江航线以江阴为界,江阴以下归上海航政局管辖,通桥航线归上海航政局管辖;(2)镇江以北之内河航线归长江区航政局管辖;(3)丹阳、金坛及溧阳等航线以东的内河航线归上海航政局管辖。②

1948 年 8 月 1 日,为适应已经扩展的航政管理事务的需要,长江区航政局对各科室、股的职掌作了调整,重新划定所辖的镇江、南京、芜湖、九江、长沙、宜昌、重庆、宜宾等 8 个办事处的管理职责,管辖范围较战前有所扩大,主要管辖江苏、安徽、江西、湖南、湖北、四川等长江干流,以及淮河、赣江、湘江等长江主要支流的航政事务。

(五)东北地区航政机构的设立

在东北地区建立航政机构,是国民政府一直未曾放弃的计划。日本投降前夕,专门就建立东北航政机构进行过谋划,但对由谁接管和接管方式是有所顾虑的。这从 1945 年 8 月 17 日交通部部长俞飞鹏给蒋介石回电中可以看出。回电提出:东北被日本、占领 14 年之久,加上航政、港务等行政事务长期为铁路部门兼管,交通部接收有一定的困难,建议由财政部接收后再交给交通部。这一建议上达蒋介石后却没了下文。③ 1946 年 10 月,国民政府在辽宁省营口成立中华民国交通部东北航政局,下辖吉林、安东两个接收专员办事处。可是,此时东三省已由苏联红军管辖,国民政府的东北航政局事实上形同虚设。1947 年,中共领导的东北民主联军从苏联红军手中直接接管东三省航政机构,东三省航政回到人民的怀抱。④

二、航政机构的新建与变更

在恢复战前直属交通部航政局及其办事处的同时,国民政府针对各沿海与内河港口的实际,相继建立了一些新的航政机构,沿用和重新确立了一些管理职责与任务。

战后初期,因首都南京“接收工作至为重要”,而以前又未有专门的航政机构,⑤为此 1945 年 9 月交通部将芜湖航政办事处迁至南京,在南京下关商埠街 157 号办公(现南京市天妃小学处),改名上海航政局南京航政办事处,配有主任 1 人、技术员 3 人、其他办事人员 6 人,开展南京长江水域和长江安徽段部分水域航政管理。10 月 17 日,该处开始对外办公。12 月,国民政府行政院行文批准南京航政办事处成立。⑥

①高廷梓:《中国航政建设》,商务印书馆 1947 年版,第 135 页。

②中国第二历史档案馆,655 卷-1。

③《战后交通概况,交通复员与接收》,见中国第二历史档案馆:《中华民国史档案资料汇编》,第五辑,《财政经济(十)》,凤凰出版社 1994 年版。

④《辽宁省志·公路水运志》(航政管理),辽宁人民出版社 1999 年版,第 446 页。

⑤中国第二历史档案馆,全宗卷,655-26。

⑥中国第二历史档案馆,全宗卷,廿(2)-949。

1945 年,交通部增设广州航政局湛江航政办事处、南宁航政办事处。

1946 年 3 月 16 日,南京、镇江两航政办事处划归长江区航政局管理后,南京航政办事处下设港务、总务、技术监理、统计、会计、人事 5 个组,主要办理船舶检丈登记、指泊、航务管理、船员考核、运价评定、事故处理、公用码头管理等,辖区范围为安徽省和县以下至瓜州以上长江航段。后按重庆办事处模式扩编南京办事处为特别办事处,下设的 5 个组改为 5 个股,管理职责与辖区未变。

芜湖航政办事处迁至南京后,给长江安徽段航政管理带来不便。为此,1946 年 12 月 2 日国民政府行政院批准恢复芜湖办事处建制。①

安徽境内的淮河流域,抗战以后各类"轮船甚多,因往常在内河(淮河)行驶,均未办理航政手续",不懂航行规则,以致事故不断发生。蚌埠轮船业公会多次要求在淮河设立航政机构,实施对航业和船舶的航政管理。交通部派员调查后,决定由南京办事处派员筹备成立派驻的航政技术员办公处,负责淮河的航业和船舶监管服务。1947 年 4 月 25 日,长江区航政局批准驻蚌埠技术员办公处成立。6 月 6 日,该处对外办公,开展船舶检查、丈量与确定航线等管理事务,直到 1948 年 12 月 5 日撤销为止。

1948 年 8 月 28 日,长江航政局成立由九江航政办事处管辖的九江办事处驻南昌技术员办公处,管理赣江航政事务。

1948 年,交通部成立中国验船协会,宗旨是"增强船舶安全及效率"。协会成立后,准备制订验船规范和规章,建立健全验船制度,选聘验船师,并决定 1949 年 1 月实施。后因国民政府逃往台湾而搁浅。

三、地方航政机构的恢复与变化

战后,各省市也同样视各地水上安全实际,恢复或成立航政机构。国民政府有规定,如本地设有中央直属机构,地方就不设,有关航政事务由直属机构管理;若未设中央机构,即可设地方机构并实施管理。

1945 年 10 月,国民政府从日本人手中接管天津塘沽新港,天津市设立新港港务处,管理航政事务。翌年 4 月改为新港工程处,8 月在新港工程处的基础上改组为塘沽新港工程局,隶属交通部,掌理新港维护和建设等事宜。其下设港务处,专理船舶检查、出入许可和航道标志、闸门、旗台、信号的设计管理及码头船舶管理等航政管理事务。局址设在塘沽新港办公厅。

1946 年 9 月,鉴于上海港及内河港务、航政机构重叠,职责重复,互相牵制,港口秩序比较混乱,国民政府责成交通部筹建由上海市市长吴国桢为主任委员的上海港务整理委员会,作为协调机构,下设仓库码头组、海事组、工务组、查缉警察组、视察组、秘书组。每星期由主任委员主持召开例会,有关单位提出议案讨论决定。目的是"解决目前上海港务之困难问题及督导该港有关港务政令之实施",统一航政、港务管理。上海航政局与全国引水管理委员会各派 1 人参加上海港务整理委员会的工作,成为当然的委员。港务整理委员会从 1946 年 9 月 3 日筹备与 10 月 1 日成立,到 1948 年 12 月 1 日结束,共召开 54 次例会,只做些组织和行政事务工作,很少进行航政管理工作。

浙江省地方航政,战后因沿海设有宁波、温州两个交通部直属航政处,故交通部一再要求浙江省取消浙江省交通管理处,一切航政由宁波、温州航政办事处办理。1947 年 3 月 1 日,浙江省交通管理处被迫停办,统一于交通部上海航政局管理。但因宁波、温州两航政办事处地处沿海,无法顾及浙西的航政事务,各县呈文仍送浙江省交通管理处,以致延误时间,申报航运企业和船民意见很大。

战后为把广东省民营轮船、驳船全部控制起来,1949 年 1 月 15 日国民政府广州绥靖公署成立卸驳调配委员会,以统一调拨之名,为军运服务。该委员会还成立民船劳动服务大队,将轮船、驳船编列成队,"互相监督,共负责任",即实行航业的保甲制度。为对所有商船实行军事统制,随时征用以应军差,10 月

①中国第二历史档案馆,全宗卷,廿(13)-75。

1 日(即广州解放前 14 天)国民政府广州卫戍司令部成立华南战时船舶管理处,完全支配航商,控制商船,使航商、船舶失去自由。

第二节 航政在复员运输中的短暂复苏

一、组织战后水路复员运输

(一)战后航港业的发展与衰落

战时,中国航运业遭到摧残,运输能力急骤下降。到抗战胜利时,全国船舶仅存 8 万多吨,如长江轮船 738 艘,不及战前的 1/6。据 1948 年国民政府交通部统计,与战前相比轮船损失 80%~90%,海轮则全部丧失。这给战后"复员运输"带来莫大的困难。

战后,经过一段时间接收日伪船舶,运力大增,航运业有所发展。仅招商局就接收船只 2358 艘,拥有大小轮船 3000 余艘,约 116 万余吨。之后,相继恢复与增辟多条江海航线,迅速发展江海航运,特别是还开辟了多条远洋航线。接收的各地港口、码头、货栈通过修复与重建,也相继投入使用。但好景不长,随着船舶、码头等成为国民党发动内战的工具,一切正常的客货运输被打乱,战后中国航运业由短暂繁荣随即迅速趋向衰落。

(二)组织各类船舶复员运输

战后的复员运输,主要指从 1945 年 8 月 15 日日本投降后的第二个月(即 9 月)开始的为期 15 个月的大量人员、物资东下北上的大回迁,集中地为长江上游向下游及沿海一带。

日本无条件投降后,备受颠沛流离之苦、流亡异地的各地民众急待回归故里,偏安西南一隅的国民政府及战时西迁的沿海、沿江各省机关、学校、工厂、商店急欲迁回原地。此外,大批日俘、日侨需要遣返。因此,战后复员运输中,国民政府航政机构的主要任务就是组织各类船舶,将长江上游大量人员与物资运至目的地,迅速恢复航政建制与开展各项管理工作。

1945 年 9 月 8 日,民生公司"民权"号作为还都南京的专轮,满载官方团体的人员驶离重庆,揭开战后复员运输的序幕。接着,招商局、民生、三北、大达等公司也先后派船驶出川江。

对于战后的复员运输工作,早在 1941 年太平洋战争爆发后,国民政府鉴于"敌人崩溃迹象已显",就开始着手准备。从 1944 年开始,为了准备复员运输之运力,长江区航政局就提出建议与筹划:建议由政府拨款或贷款给航业修理后方沉没水下与年久失修的旧船。此建议被国民政府交通部采纳,并指定由长江区航政局着手准备。随后,长江区航政局根据交通部的要求进行了以下准备工作:

(1)对招商局撤退入川,长期停泊,年久失修的"江安""江顺""江汉""江新""江华""江建"等 6 艘巨轮,由交通部拨款抢修。这些船舶均于 1945 年抗战胜利后枯水期前抢修完成相继下水,为复员承担了大量客货运输任务。

(2)交通部于 1945 年 2 月组织成立捞、修川江沉、旧船舶工程视察团,聘请专家并由长江区航政局派员参加,赴重庆、万县、巴东一带查勘应修船只。经查有应修船舶 40 艘,由交通部贷款给大达、大通仁记、三北公司及湖北省交通事业管理局等单位抢修,以应急需。

(3)由战时运输管理局拨款于 1945 年 10 月成立长沙造船厂,负责修复湘北 4 次大战时拆弃沉江的客货小轮 10 艘。其中 8 艘于当年冬修复,2 艘于次年 1 月完工,即参加复员运输。

(4)交通部于复员开始时,拨款给川江造船处,建造 90 吨木驳船 40 艘,交予民生公司木驳管理所,用于小轮拖带载运客货,以供复员之用。

除上述各项准备工作外,长江区航政局还组织公务机关自备船舶充作本单位复员之用,如盐务局巡艇、邮政局邮轮、各兵工厂自备小轮以及海军旧舰艇等。这些轮船由川江下驶只有 15 艘,大多每轮拖带木驳 2 艘。同时,还组织动员大批木船兼载客货,参加复员运输。不少机关雇用木船进行复员运输,以返回汉、宁。一般平民皆搭乘木船返乡。1946 年 5 月,木船载运人数达 10000 人之多。①

复员运输初期,国民政府还分别成立由战时运输管理局领导的航运复员委员会、后方勤务总司令部领导的水路军运指挥部,分别负责党政及军事的运输调配工作。但因职权不统一,以致调度轮船及配搭人员等问题均感困难,常有由渝开航船舶中途被截留或占用情况发生。为统一调配全国船舶,以应复员时期军公运输需要,1945 年 12 月 1 日国民政府行政院命令交通部组织成立全国船舶调配委员会,总会设于上海,在南京、汉口、重庆设分会,沿江、沿海各埠设办事处。

(三)协助调配船只分流水运压力

战后初期,长江区航政局奉命协办川江复员运输,恢复管理。复员运输任务异常繁重且困难重重。急需复员东下的人员,除高级官员和部分军队乘飞机外,因铁路及"各线公路修复需时,交通工具仅赖船舶"。而船舶首要的困难是运力不足。

复员运输初期,撤入川江的轮船复员东下,运输流向也多系由渝直达宁、沪,运输工具及时间比较充裕,尚能勉为维持。

1946 年,国民党撕毁《双十协定》后,动员大量运力,加紧输送军队抢占收复区,进逼解放区,准备内战。1946 年 2 月起,军运最为繁重,多数大型轮船被调应征。长江中下游及支流航线渐次恢复,运输流向逐渐扩展。这时,复员运力愈见短缺。

原来招商局有十余艘大型江轮行驶沪汉航线,承担客货运输,后大多被国民党军队征用,仅剩"江汉""澄平"两艘客轮勉强维持,"运输逐渐停滞"。

与军运同时并行的还有从 1946 年 4 月开始的国民政府还都和遣返日俘、日侨,5 月接济苏、湘、鄂等地的川粮运输,6 月教育系统的复校运输,以及一般复员运输和社会客货运输。

面对运输船只如此地奇缺和运量骤增的形势,国民政府有关当局要求多方挖掘运力。长江区航政局一面采取加紧清除航道障碍、恢复助航标志、额定船舶载重、检验木船及核发木船驾长执照、恢复川江绞滩等措施,以保障航行安全;另一方面全力动员运力,加速船舶周转,提高运输效率。一是减少川江干支线航次或停航,抽出运力。二是动员社会公务机关自用船只,并拖带驳船。三是将鄂、湘、赣三省接收的日伪 751 艘船舶中可利用的 590 艘,让航运业代管使用。四是成立复员木船联合办公处,制定《木船参加复员运输管制办法》,组织民船投入抢运。仅重庆一处,经检验合格下驶的船只达 637 艘。五是提倡航商建造 40~200 马力的小轮船及载重 50~200 吨的木驳,供机关团体包租。

上述方法采用后,运力仍感不足,枯水时期更为困难。为此,重庆航政办事处提倡在渝航商建造木壳小轮船与木驳,由小轮船拖带木驳下驶。此种小轮船壳长 50~150 尺,主机功率 40~200 马力。另外,还将武汉区接收的日伪船舶,除充作军用者外,暂交各航业机关及民营航业代管使用,参加复员运输。②

---

①王洸:《抗战复员后的长江航运及航政》,见中国第二历史档案馆:《中华民国史档案资料汇编》,第五辑《财政经济(九)》,凤凰出版社 1994 年版。

②王洸:《抗战复员后的长江航运及航政》,见中国第二历史档案馆:《中华民国史档案资料汇编》,第五辑《财政经济(九)》,凤凰出版社 1994 年版。

为缓和运输紧张形势,长江航政局与有关当局继续强调在长江干线上实行三段运输,即指定主机功率较大的川江轮船行驶渝宜段,中型轮船及300总吨以下参加复员运输的小轮船行驶宜汉段,大型江轮行驶汉沪段。规定除必要修理及特殊任务外,渝宜段的轮船不得驶过宜昌,宜汉段的轮船不得驶过汉口。由渝装运复员人员物资到宜时,均应下船卸载,再转船东下,借以充分发挥船舶的效率和适航性,加快船舶周转。另外,采取措施发动和吸收小轮船加入宜汉、汉宁线的复员运输,以缓解压力。据统计,1939年,长江共存有轮船614艘,计120130吨。由于战时损失巨大,至1944年仅余396艘、87521吨,实际营运轮船只有378艘、47045吨,其中包括撤退入川的轮船18艘。

1946年2月,因军运及枯水关系,汉申航线大型轮船或供差或停航,仅余"江汉""澄平"两艘担任复员运输,汉口港滞留复员人员甚多。长江区航政局召集航商会议,发动小轮船加入汉宜、汉宁段运输,并予以航行手续、配购煤炭、免费停靠公用码头种种便利。各航商均踊跃参加,即席登记的轮船有27艘、驳船32艘,以后续有增加,使沿线主要港口达到一日一船。据3月份统计,小轮船占总运量比例,汉申线为70%以上,汉宜线为54%以上。以后江水上涨,大轮船虽相继开航,但因复员还都及遣送日本俘侨等任务仍然繁重,运力还是相当紧张,小轮船继续协助复员运输。至1946年年底,汉宁沪线300吨以下轮船运送乘客64340人、货物55490吨。

整个复员运输至1946年年底全部完成。川江运输量除军运无统计数字外,据重庆航政办事处统计,仅1945年9月至11月,轮船承运军人、公务人员及商民计203024人,货运量计84497吨;木船1945年12月至1946年11月,计运出乘客44588人、货物32551吨。据长江区航政局统计,汉宁沪线在1946年3月至12月间,从汉口运往南京、上海的乘客176242人、货物171728吨。此外,遣送湘鄂赣区日俘20万人、日侨4万余人,从南京通过水路遣送日俘6万人左右。①

(四)清除航道障碍保障通航安全

除运力不足外,影响复员运输的另一因素是抗战期间遗留在沿海与内河的大量水雷和沉没的商船、军舰。战时中国沿海与内河,因被炸及其他原因,沉没在航道上的船只约237艘、48万余吨。这样一来,清除通航水道沉船、恢复航路标识及维护港航秩序等项任务,极其紧迫而艰巨。②

抗战之后,珠江区航政局首要的管理任务就是清理珠江流域河道的障碍,清除水雷。起初扫雷工作是由江防布雷总队负责,后第二方面军司令部指派珠江区航政局监督各有关的机关与部门进行清理。珠江区航政局制订了打捞沉船计划,针对珠江内沉没的船舶,会同珠江水利局、广东省建设厅、粤海关、江防布雷总队、粤越区海军特派员办公处,于1945年12月1日成立珠江区沉船起捞委员会并开展相关工作。以后,拟促使各沉船业主于12月底以前自行打捞,逾期由起捞委员会组织打捞,业主出费用。珠江区航政局还会同水利局进行航道疏浚。③

1945年11月1日,长江区航政局令各航业机关及公司填送沉船调查表,调查抗战期间自动凿沉和被炸沉的船舶,以便统一办理申请救济及捞修事宜。据招商局汉口分局、汉口三北轮埠公司、汉口市轮船同业公会整理委员会及各轮船公司呈报的沉没船只调查表汇总,沉没船只总计达126艘。其中,招商局沉船就有22艘,三北轮埠公司沉船有18艘。另经长江区航政局查明,汉口至南京沿江沉船20艘,菅田封

①王洸:《抗战复员后的长江航运及航政》,见中国第二历史档案馆:《中华民国史档案资料汇编》,第五辑《财政经济(九)》,凤凰出版社1994年版。

②王洸:《抗战复员后的长江航运及航政》,见中国第二历史档案馆:《中华民国史档案资料汇编》,第五辑《财政经济(九)》,凤凰出版社1994年版。

③《交通部珠江区航政局关于复员后工作情形报告》,见中国第二历史档案馆:《中华民国史档案资料汇编》,第五辑《财政经济(九)》,凤凰出版社1994年版。

锁线沉船 4 艘。还派员协助海军江防舰队查明马当封锁线水下障碍物情况,并拟具炸毁方法。1946 年 12 月 3 日,国民政府行政院发布《打捞沉船办法》。

除各方积极努力清除航道障碍,到 1945 年 11 月长江宜昌至汉口段的设标任务宣告完成,长江全线航标也在次第设置。12 月,长江全线水雷基本清除。1946 年 3 月,长江干支流已基本具备通航条件,通航里程恢复到战前水平。在此基础上,复员运输如火如荼地展开,各公司船舶纷纷顺江东下,轮、木、驳各类船只竞相沿江川行,川江和长江中下游各港呈现繁盛景象。1946 年上半年,复员运输大体完成。这次复员运输,运量庞大,时间紧迫,仅招商局 1945 年 9 月至 1946 年底就承运兵员 65.3 万人次、军用物资 33.3 万吨。各航运公司遣送的日俘、日侨共达 30 余万人。

二、接收、发还各地日伪船舶与产业

(一)接收各地日伪船舶与产业

抗战胜利后,国民政府的首要任务就是对沦陷区日伪产业的接收。当时在华的外商轮船公司共 27 家,一般其船舶航行国际航线,从事的是由外国港口直达中国某一个口岸的航运。日本在华航运企业与军事机关仍有 30 万吨船舶未来得及撤走或破坏,并留下了一批码头、仓库等不动产。

抢夺抗战胜利果实是国民党的既定方针。1945 年 8 月中旬,急于复员还都的国民政府,十分担心日伪船只落入在敌后坚持抗战的爱国军民之手,特制定《行政院各部会署局派遣收复区接收人员办法》,并通知日方将长江一带所有船只集中沙市、宜昌,沿海一带船只集中上海,听候接收。9 月 5 日,国民政府决定在陆军总部之下成立党政接收委员会,各战区、省、市也相应设立党政接收委员会。10 月,国民政府行政院又成立行政院收复区全国性事业接收委员会,各省市相应设立敌伪物资产业处理局,作为接收和处理敌产的中心机关。当时,除有关军事系统的接收仍由陆军总司令部负责外,一切属行政院范围内的接收、处理工作,已全部划归行政院负责。全国的经济接收工作划分为苏浙皖、湘鄂赣、粤桂闽、冀察热、鲁豫晋、东北、台湾 7 大行政区,每区设特派员 1 人,主持接收事宜。大行政区所在地由大行政区负责接收,其他在省设立派驻临时接收专员办事处。1946 年 11 月 23 日,国民政府行政院发布《收复区敌伪产业处理办法》。

交通部门接收清查的范围,主要是日伪航业、战前中外航业以及被日伪掠占的所有港口设施。1945 年 8 月,国民政府交通部批准招商局拟定的《接管敌伪船只办法》,9 月 12 日正式对外颁布,规定:日伪所有商船,一律由交通部配合各地负责接收的军事机关协商管理。交通部接收的日伪船只,暂交招商局负责营运。接收部门根据移交一方开具的清册进行清点整理,然后分别发还原主,或分配使用,或交由有关部门代管,逐渐修复开放使用。招商局直接主持了上海敌伪物资产业处理局,职责范围包括苏、浙、皖、沪、宁五省市。各地军政机关接受的敌伪航产,一律归招商局接管。① 珠江流域的日伪船舶由国民党第二方面军司令部指定后勤部船管所接收,珠江区航政局只是进行监督。一部分良好的船舶由后勤部船管所供应军运外,其余修理后交招商局广州分局保管使用。②

当时航政机关虽没有直接接收日伪产业的任务,但有参与“接收、整理、处理、清理”的责任,主要工作是进行“船舶标旧、吨位丈量、马力结算、价格评估”,协助进行航业清理、调查并统计上报。③ 1945 年 9

①《战后交通概况》,见中国第二历史档案馆:《中华民国史档案资料汇编》,第五辑,《财政经济(九)》,凤凰出版社 1994 年版。

②《抗战复员后的长江航运与航政》,见中国第二历史档案馆:《中华民国史档案资料汇编》,第五辑,《财政经济(九)》,凤凰出版社 1994 年版。

③中国第二历史档案馆,全宗卷 20-3487。

月,国民政府在上海成立航业接收委员会,在武汉成立地区航业整理委员会,并在南京、上海、武汉设立敌伪产业特派员办公处。10月,交通部在上海组成京沪区航业整理委员会,处理接收日伪港航企业的船舶和其他资产等有关事宜。武汉区敌伪产业特派员办公处接收湘鄂赣三省的敌伪产业和船舶后,均由武汉地区航业整理委员会分配给各机关及少数轮船公司代管使用。同月,交通部又对长江一线的接收工作重新作出规定:京沪地区,包括苏、浙、皖三省及沪、宁两市,由招商局主办;武汉地区,含湘、鄂、赣三省,由长江航政局主办。12月,武汉地区航业整理委员会撤销,其业务于29日移交给长江区航政局接办。该委员会向航政局移交清册内列入分配代管的日伪船舶共计680艘。长江区航政局接收的对象是日本航业及汪伪航业,主要有上海运输株式会社、上海内河运输公司、三光洋行运输公司、中华轮船公司、东亚海运株式会社、中支航运会社、日本邮船会社及武汉交通、双龙、黑谷、武汉联运等公司。在各地接收处理过程中,多家竞相争夺,纠纷迭起。到1946年1月行政院发布《收复区敌伪产业处理办法》,才使接收口径趋于统一。至1947年,京沪区接收日伪船只1234艘,武汉区接收751艘,共计大小船只1985艘。此外,还接收了几家规模大小不等的造船厂。①

(二)发还各地日伪船舶与产业

接收日伪船舶与产业后,航政机构根据有关规定要发还于航商。当时国民政府确定的接收处理原则有3条:(1)接收之敌伪船舶中,凡确系中国机关和商人或盟国商人所有者,即予呈请行政院特派员办公处准予发还;(2)在未确定产权及未决定最后处理办法以前仍由原分配代管单位使用;(3)代管之船舶如必须修理者,应由代管人将修理工程及修理费报送航政局备查,并予发还给原船舶所有人。如经向长江航政局及其分支机构申请发还的轮船,1945年发还轮船51艘、铁驳8艘、起重船1艘,经查证核实产权的轮船25艘、起重船1艘;1946年发还轮船22艘、起重机船1艘;1947年发还轮船2艘。接收船舶中原属盟国商人所有,原船舶所有人向航政局申表发还的总共165艘,其中下落不明及沉没者54艘,其余111艘经查证核实产权后于1946年发还85艘、1947年发还24艘。

除应发还的船舶外,其余接收日伪的船舶进行标售。由长江区航政局拟订《武汉区接收敌伪船舶标售办法(草案)》,经行政院核准备案施行。自1947年1月起至3月3日止,按照上项办法的规定,由代管机关及民营轮船公司优先承购者,计有轮船9艘、木质驳船3艘,共计12艘,合计450.55吨、761马力。3月以后,船舶标售工作即由2月份成立的中央信托局武汉区敌伪产业清理处负责,长江区航政局不再经办,但仍参加船舶标售中关于吨位丈量、主机功率测算及价格评估等工作。自1947年3月至年底止,标售船舶共203艘(其中轮船110艘),合计总吨位310310吨。

这期间,美军为“协助”国民政府发动内战,抢先接收天津的日伪产业。1945年9月3日,美国第三军团1.8万人从天津大沽口登陆,抢先占据塘沽新港、紫竹林码头和塘沽码头。美军接收占用了大部分日伪产业,塘沽新港成为其兵站基地,港口所有房屋和仓库皆被占驻。其余的航运产业及船舶设备等几经变迁仅一部分由招商局接管。国民政府接收了天津海关,恢复了天津航政局,考虑天津港地位重要,“仅次于上海港,故设为一等分局”。②

对于战后包括航政事务在内的东北接收,国民政府早在日本投降前夕就开始策划了。1945年8月10日,国民政府就东北战后交通复员与接收问题做出决定,由交通部负责筹备。蒋介石代表国民政府军事委员会电呈交通部部长俞飞鹏:“东北方面金融与交通复员计划,及负责主持人选,及其组织,务于本月

①王洸:《抗战复员后的长江航运及航政》,见中国第二历史档案馆:《中华民国史档案资料汇编》,第五辑,《财政经济(九)》,凤凰出版社1994年版。

②李华彬:《天津港史》(古、近代部分),人民交通出版社1986年版,第236页。

二十日以前筹备完毕”。可交通部对其接收东北的航政事务存有一定的顾虑。17 日,俞飞鹏回复蒋介石:“查东北四省为敌伪侵据十四年……一切组织章则,运用习惯,与技术措施,均属特殊,与国内一般极不一致,而国际间情势亦极复杂”,建议分先接收、再派人办理的两步走计划,即“中国港务行政及引水管理等事,向系由海关管理,归财政部节制。日前最高国防会议虽有统移本部(交通部)办理之决定,尚在本部与财政部商洽办法之中,未定实行日期。今全面复员,事务纷繁,斯时改隶,恐致影响工作,所有东北之港务行政及引水管理,事关重要,拟请仍交财政部委派委员,先行接收,再定期移交本部接办。”同时,还提出接收东北航政的人选要慎重,要求由“西南公路管理局长陈延炯一员主持……该员对东北交通向来有研究,素所熟悉”。①

三、整顿航业与航线及运价

(一)整顿航业

据统计,中国在 1937 年时全国有轮船约 60 万总吨,其中属民营的约 50 万总吨,战时民营航业损失惨重,江海轮船丧失殆尽。据 1945 年 11 月成立的民营船舶战时损失赔偿委员会的统计,民营船舶损失为:征用封港船舶 63 艘,119906 吨;在军公运输中被损毁的船舶 33 艘,15981 吨;被日本俘去船舶 67 艘,111006 吨;被日军炸沉炸毁的船舶 43 艘,49357 吨。共计损失 206 艘,296250 吨。日本投降时全国航业的全部船舶仅剩下大小江轮 58738 吨,海轮已荡然无存。沿海、沿江各港原有码头、趸船设施也破坏严重。②

战后,国民政府接管日伪航业及码头、仓库、趸船等设施,使沿海与内河航运业出现了暂时复苏,沿海航运亦出现转机。如国民政府广州地区有关部门接管广州港的航业及码头、仓库、趸船,广东内河航运暂时得到一定程度的恢复。据航政部门统计,复员初期的 1946 年度,广州港辖内大小船舶共 1146 艘,相当部分是接收的日伪船只。长江各埠接收码头数量,上海 228 处,南京 37 处,汉口 83 处。

国民政府接收的长江、珠江日伪产业中的码头、仓库、趸船等设施,大多经日本移挪、拆毁、改建而面目全非,导致原各业主之间为争夺产权纷争迭起。为平息纠纷,国民政府交通部与长江、广州航政局对产权难以确定的码头、趸船、仓栈等进行重新指拨、分配。如汉口港码头,分配民生公司 5 处,大达、大通公司各 1 处,湖北省小航商 2 处;南京港码头,分配招商局 5 处,民生、三北公司各 1 处。上海港由招商局接收、留用日伪航运公司的码头、仓库共 7 处,民生公司续建、购买和租用码头、仓库共 3 处。

为维持水上交通,广州航政局战后对轮船业及船舶航线与吨位数量进行了普查和登记工作,包括轮船公司、船行所属的船舶、业务范围、行驶路线、股东经理、股本数额及企业地址等。还进行了临时性的验船,主要检验珠江流域各水系未经检查丈量手续的船舶状况,是否超过有效期。经航政局审查属实的,发放临时准航单,允许营业。一部分发放简易临时的轮船业登记证(暂不确定所有权),迅速投入营运。仅广州一地,至 1949 年 6 月已登记的轮船企业达 380 多家。大批船舶和企业经过正式登记,明确了船舶产权和业权,对广东航运业的稳定具有一定的意义。当时,上海航运界一再强调提出:“复员同业应遵照航政法令,向交通部重行呈请轮船业登记,为区别收复区航商资格……以免奸伪之徒蒙蔽冒领;复员同业之船舶,应一律向上海航政局依照船舶法之规定,办竣各项手续后,方得开始营业,决不可如现在各航线之非正式轮船,胡乱开行。”

---

①《战后交通概况,交通复员与接收》,见中国第二历史档案馆:《中华民国史档案资料汇编》,第五辑,《财政经济(十)》,凤凰出版社 1994 年版。

②彭德清:《中国航海史》(近代部分),人民交通出版社 1989 年版,第 352 页。

战后,长江沿线港埠航业复员船舶来源庞杂,既有自置船,又有租赁船,仅南京港籍的轮船公司就有20多家,航业之间互相争抢航线的矛盾越来越突出。长江区航政局及其分支机构在扶助原有轮船公司恢复营运的基础上,针对新建立的轮船公司,多数没有自置轮船,仅凭租用轮船选择有利航线,乘机牟利,甚至轮票局和报关行也有代理轮船业务从中取利等情形,进行航业整顿,取缔投机经营。1946年,该航政局制订《整理管制轮船业办法》,并按照国民政府"扶持国营、奖励民营"的政策和轮船业登记规则,督促轮船业登记,以了解航业的基本情况。据长江区航政局1946年统计,辖区共有轮船公司247家,已登记者(包括战前已登记、战后复业者)仅25家。未登记者,除47家系外港在长江设立的分公司,按规定其轮船业登记由其总公司在所在地航政机构申请办理外,尚有175家需申请办理轮船业登记。经该航政局督促,1947年度申请轮船业登记并领到营业执照者计64家,已申请轮船业登记并经主管航政官署核转交通部办理而尚未领到执照者计21家,申请补发执照者3家,以上3项合计共88家,加上原已登记的25家,总计登记的船公司113家。上海航政局恢复后登记轮船业317家,超过战前3倍多。

抗战以后,天津区航政局主要航政管理工作依规定包括造船设备检验、港务建设、气象通信、航路标志、海运测量、海员培养等。但国民政府统治面临崩溃,既无经费,又缺乏技术人才,导致天津区航政局的航政管理与建设工作成效不多,仅接收17艘船舶,打捞沉船39艘,加上接收后修理使用船舶100余艘。

经过各地航政部门统计,基本上掌握了全国航业、船舶的大概情况。至1948年,全国有航运企业116家、轮船3830艘,比战前增长10.7%;从事远洋运输航运企业4家,即招商局、中兴、益祥、中国航运,总运力超过10万吨。①

(二)调整航线

内河航线受货源淡旺及水位高低的影响较大,如不随时根据实际情形妥为调整运力,则不能适应运输市场的要求,甚至会发生竞航抢班等纠纷。1947年,长江区航政局根据管辖职权,以及不同季节水位变化和航商意见,对湖北省内河航线进行调整。广州航政局就珠江流域的船舶航行情况,按定期和不定期方式审批航线。其中,定期航线有广州至梧州、江门、三埠、肇庆、石岐等,每年办理一次审批手续;不定期航线有珠江三角洲地区各港埠来往香港、澳门的航线,一般一个月清理审批一次。审批航线时,船主先自报航线,包括起点、中经地和终点港埠,还要报明船舶运载能力和经营业务内容。广州航政局批准后,则发给"准航证"。航线审批可以对行驶各航线的船舶作适当安排,限制盲目竞争。如广州至新造(属番禺县)的客轮,原多行走广州南河道一线,因航商争相经营,以致船舶拥挤不堪。广州航政局于1947年起限定行走南河道的客船数额,指定若干客船行走广州东河道,经黄埔到新造。这样既缓解了竞争,又方便了商旅往来。②

(三)运价管理

1947年3月25日以前,航运运价由交通部统一核定。之后,改为全国轮船商业同业公会联合议价,再根据本地区情况,确定运价增加成数和调整次数。航政机关随时派员检查各航运企业及轮票局是否按规定票价售票。战后国统区的经济刚刚有所恢复,国民党即发动了内战,经济由短暂的繁荣迅速走向崩溃,通货膨胀率创世界最高纪录。航运运价调整频繁,管理处于混乱状态,航运业深受其害。如1945年12月,民船重庆至宜昌载重50吨木船,每吨成本下水为72940元,上水为130200元,而价格限制在下水

①张后铨:《航运史话》,社会科学文献出版社2011年版,第179页。

②蒋祖缘:《广东航运史》(近代部分),人民交通出版社1989年版,第329页。

仅 28640 元,上水 40930 元,亏损率达 61% 和 69%。运价过低,不敷支出,遭到民船普遍反对。

四、船舶检丈、登记和船员考试

战后,沿海、内河,尤其中国最大的内河——长江船舶往来频繁,情况复杂。如战时撤退至后方的船舶相继驶回原船籍港,战时沉毁的船只有一些陆续打捞修复投入运营,有些船舶航行期满未经定期检查。特别是战时损失的轮船,均未申请注销登记,致使登记簿所载之轮船数量与实有数量之间出入甚大。同时,接收过来的日伪船舶面广量大,也要进行船舶检查、丈量、登记和注册,才能投入营运。复员后从上中游返回的公私营船舶多数未办理检查、丈量和注册手续。战前办理的船籍港船舶登记簿多数在抗战中焚失。凡此种种给战后船舶检丈、登记管理造成了相当大的困难。根据以上情况,国民政府在各地的中央与地方航政机构尽力开展管理工作。

(一)船舶检丈

复员期间运力不足,一批不合格船舶投入运输。复员后,这批船舶需要迅速进行检查、丈量,经检查合格后方准航行,一般情况下不准超期航行。为此,国民政府在各地的中央与地方航政机构,首先对船舶状况进行检查与勘察。上海航政局 1945 年 10 月到 1947 年 6 月底,共检查轮船 1825 艘、帆船 598 艘、拖驳船 603 艘,丈量轮船 1208 艘、帆船 570 艘、拖驳船 548 艘。

长江航政局组织船舶查勘队,对辖区船舶实地查勘。第一、第二查勘队于 1945 年 12 月 20 日从汉口出发,31 日查勘完毕,历时 12 天,共查勘船舶 403 艘,其中除与以往接收船舶相符者外,新发现船舶 71 艘。长沙办事处组织第三查勘队,于 1946 年 1 月 16 日起到湘江水域查勘,共查勘船舶 305 艘。九江办事处组织第四勘查队,于 1946 年 3 月开始查勘黄石至芜湖水域船舶,共查勘 121 艘。经过查勘,基本查清收复区湘、鄂、赣三省船舶情况。长江区航政局根据对各港调查的结果,编制出 1946 年长江区轮船名录,长江港口共计拥有轮船 1153 艘、1587268 总吨。①

在勘查的同时,上海、长江、广州等航政局与一些地方航政机构,根据轻重缓急,对辖区的轮船、拖船、木帆船、码头等进行突击检查,核对航行期限是否届满,证书是否符合要求;丈量“乘客定额多寡,装载货物重量,明了船舶吨位大小”。如上海航政局共检查轮船 1825 艘、帆船 598 艘、拖驳船 603 艘;丈量轮船 1208 艘,其中帆船 570 艘、拖驳船 548 艘。② 广州航政局开展船舶检验管理工作,主要按照英国的标准对救生、消防设备、曲拐轴等进行检验。当时广州没有大的船坞,较大船只进坞检修均到香港,由英国劳氏船级社验船师检验,出具报告与证书,再由广州航政局予以承认。

(二)船舶登记

船舶检查与航行安全有直接关系,稍有松懈,即存在隐患。战后,各地航政机构开展船舶登记,强调凡航行期满的船舶,必须经过检查合格方准航行,一般情况不准超期航行。外来轮船必须经过临时检查,确认没有危险方准航行。凡无乘客救生设备的船舶,不准搭载乘客;有救生设备而不合规定者,必须补充齐全,方发给检验证书。凡新造轮船,必须呈送图纸审核,并于制造中进行特别检查,合格后发给检查证书,始准航行。此外,还规定所有船舶必须按章进行登记注册,逾期不申请登记者,依照船舶法之规定予

①王洸:《抗战复员后的长江航运及航政》,见中国第二历史档案馆:《中华民国史档案资料汇编》,第五辑,《财政经济(九)》,凤凰出版社 1994 年版。

②王洸:《抗战复员后的长江航运及航政》,见中国第二历史档案馆:《中华民国史档案资料汇编》,第五辑,《财政经济(九)》,凤凰出版社 1994 年版。

以注销登记。船舶登记有所有权保存、所有权转移、所有权注销、附记、船籍港变更、销籍、回复注销、抵押权设定、抵押权注销9项内容。接收的日伪船舶,未经检查丈量,一律不准航行。

抗战时期,广东船舶损失惨重,船舶所有权多有变更。战后,船舶骤增,航行混乱,重新登记船舶、有计划地调剂航线、建立合理的航运秩序至为重要。但因广州航政局将专管监督和技术的第二科登记股和航线审批股撤销,而在专管行政管理的第二科设立监理股,负责船舶登记和航线审批事宜,混淆行政监督和技术监督,以致迟迟未能办理船舶登记和航线审批,只发放"临时准航单"。在发放"临时准航单"时,经办人大肆勒索航商,中饱私囊,引起航商不满,影响航业的恢复和发展。直至1946年7月,广州航政局将行政监督和技术监督明确分开后,船舶登记和航线审批才做了些有利于航商的实际工作。

与此同时,广州航政局还将20吨以上船舶(包括轮船、渡船、驳船和其他船只)分新建、转移、赠予和继承四类进行登记。据统计,1946年8月至1949年6月,广州航政局及其属下办事处共登记机动船舶700多艘。至于航行支流航线,如清远至韶关、惠州至老隆、松口至梅县的船舶,因不驶入广州及各航政局办事处所在地,往往不办理登记手续,航政部门也不予过问。有人估计,未办理登记手续的机动船舶有200艘左右。在登记船舶的同时,广州航政局对轮船企业也作了些普查和登记的工作。凡轮船公司、船务行所属的船舶、业务范围、行驶路线、股东经理、股本数额以及企业地址,经航政局审查属实后,就发给"轮船业登记证"。仅广州一地,1949年6月登记的轮船企业达380多家,明确了船舶产权和业权。上海航政局为有序地进行船舶检、丈量,制订《办理船舶检丈登记通航手续过程表》,注明案号、文号、档号,分列收发日期、经办程序、办理日期、经办人盖章等栏。仅1945年10月到1947年6月底对复业和开业的轮船公司进行登记,共登记317家,是战前的3倍多;登记的船只744艘、634766.83总吨(20吨以下的船只未计入。其中,从国外购进115艘,257337总吨;接收日伪船只264艘,51025总吨;盟国赠予139艘,297696.57总吨;其他船只226艘,28708.26总吨)。①

因抗战期间船舶损毁甚多,全国原已登记轮船仅存十之二三。以长江汉口港为例,登记轮船本有200余艘,据查实存数目不过50余艘,其余大半已经损失。因船舶所有人尚未依法办理注销登记,无法证实实有数字。因此,长江区航政局饬令汉口市轮船业同业公会调查,限令各船舶所有人办理注销登记。为保证船检工作能认真开展,长江区航政局还加发船舶检查证书及乘客定额证书副本,令各船将两种证书悬示于船上明显处所,以便稽查。经过战后两年的努力,船检工作才逐步走上正轨。仅1946年共检查、丈量各类船舶4959艘,计576936.39总吨。1947年,继续对长江营运船舶进行检查、丈量工作。仅长江区航政局本部统计,共检查、丈量各类船只655艘。同时,调查和登记长江轮船业的船舶所有权保存、转移、注销以及船籍港变更等。据对1946年和1947年两年统计,共调查登记船舶165艘。1948年,在全国航政部门登记的轮船3830艘、1159897总吨,向全国轮船商业同业工会登记的各轮船公司共116家。②

(三)船员管理

随着航业恢复,大量船舶投入营运,各地航政机构也加强了对船员的管理,当时全国对船员的考试主要是检查、考核、登记等,并由起初的从数量上核定人员,到后来注重质量、技术的培训。考核的内容为"一检定、二考验、三登记、四奖惩"。所谓检定,是对船员资格审核;考验,是对学识、经验、技术实地试验;登记,有受雇和解雇两种;奖惩,是对船员实绩好坏予以奖励和惩罚。③ 国民政府在各地的中央、地方航政机构战后对船员的管理均按以上4个方面的考核内容进行船员管理。

---

①茅伯科:《上海港史》(古、近代部分),人民交通出版社1990年版,第411页。

②胡体淦:《长江航政史》,人民交通出版社2000年版,第247-250页。

③中国第二历史档案馆,全宗卷,655-26。

上海地区战后急待复兴,交通特别繁忙,原有航运企业相继复业,并出现一批新兴的轮船公司,故船员管理成为上海航政局恢复后一项重要的管理内容。仅 1945 年 10 月到 1947 年 6 月底,就先后对船员考试 4 批,共 407 人。经登记领有证书的船员 1302 人,其中外籍 16 人,按类别分为驾驶员 644 人、轮机员 658 人;领有海员手册的船员(包括练习生、舵工)共 4325 人。①

长江区航政局对船员进行雇佣登记和解雇登记,核发海员手册。只有经该航政局核准登记者,取得海员手册,才能上船服务。1946 年,长江区航政局办理船员雇佣登记 852 人、解雇登记 252 人,核发海员手册 665 人。1947 年,办理受雇登记 749 人、解雇登记 729 人,核发海员手册 612 本。办理收复区船舶海员登记,共计登记 509 人,但其中 90%未经过检定考核即发放船员证书。

长江区航政局还举办了未满 200 总吨及 200 总吨以上轮船船员考试。1946 年以前,该局举行了未满 200 总吨船员考试,开始须将船员申请各项检定书表呈经交通部审查合格后,再由该局举行考试。为简化手续,自 1946 年起交通部将长江未满 200 总吨轮船船员资历审查及考核全部交由该局负责办理,同时令其代办 200 总吨以上轮船船员考核。按照交通部 1934 年 4 月 13 日及 1946 年 9 月 21 日公布施行的《轮船船员数额表》和《轮船船员配额表》,长江区航政局对行驶江湖航线未满 200 总吨船及 200 总吨以上轮船的船员进行检定发证。其检定给照等级为:未满 200 总吨轮船船员证书等级为正、副驾驶及正、副司机;200 总吨以上轮船船员证书等级为丙种船长及大、二、三副和乙种轮机长及大、二、三管轮。从 1946 年 6 月 25 日起,长江航政局每逢星期二及星期五各举行考试一次,星期二考轮机船员,星期五考驾驶船员。据长江区航政局统计,1946—1948 年考核未满 200 总吨轮船的船员共 1280 人,1947—1949 年考核 200 总吨以上轮船的船员共 555 人。

五、公用码头的开辟与秩序维护

公用码头开辟与秩序维护是战后航政管理一项有特色的工作。先是对接收来的日伪码头、趸船设施进行重新调整分配,然后进行公用码头开辟和码头秩序的维护。

1945 年 10 月,珠江区航政局根据广州码头的实际,召集广东省建设厅、市政府、海关、船管所等,筹备设立统一码头管理委员会,指定专人负责管理,并按各航线设立码头,进出船只依次碇泊,以维持水上秩序,改进环境卫生,管理码头安全。②

在日军占领期间,长江中下游港口原有中外航业及其他机关的码头、趸船设施尽被掠夺占用。日本投降后,国民党军队接收了日方仓库的物资、码头及设施。据不完全统计,汉口、南京、上海先后清查接收的码头分别为 83 处、37 处、228 处。至 1945 年年底,接收工作大体结束。随后,航政机构整理码头,经修复后协商分配使用。据 1948 年 2 月江海关向上海航政局报送的黄浦江两岸码头仓库概况表所列的数字统计,当时黄浦江两岸共有码头 55 座、码头使用岸线 65632 英尺,其中码头长度 40563 英尺,码头上共有仓库 502 座,仓库总面积 7756267 平方英尺。在这些主要码头仓库中,属中国所有的码头 35 座,占码头总座数的 63.6%;岸线长 39717 英尺,占岸线总长度的 60.5%;码头长度 23599 英尺,占码头总长度的 58.2%;仓库 271 座,仓库总面积 3620883 平方英尺,分别占仓库总数和仓库总面积的 53.98%、46.7%。上述主要码头还未包括南市一带由公用局和仓库管理处管理的码头。③

战后,为推广设置和开辟公用码头,长江区航政局于 1947 年 11 月先后接收原为行政院善后救济总

---

①《抗战复员后的长江航运及航政》,见中国第二历史档案馆:《中华民国史档案资料汇编》,第五辑《财政经济(九)》,凤凰出版社 1994 年版。

②《珠江区航政局关于复员后工作情形报告》,见中国第二历史档案馆:《中华民国史档案资料汇编》,第五辑《财政经济(九)》,凤凰出版社 1994 年版。

③茅伯科:《上海港史》(古、近代部分),人民交通出版社 1990 年版,第 403 页。

署汉口物资储运局使用的青岛路口码头和位于兰陵路口的军用第三码头(战前为日清公司码头),辟为公用码头。至此,汉口的公用码头已增至6处,均于同年11月1日开放公用。随后,修复了前日本租界及谌家矶、丹水池3处打捞的趸船或跳船3艘,收回原第一码头趸船,改为水上仓库。在南京港,南京航政办事处将招商局南京分局第四、第五、第六、第十一码头辟为公用码头,分别更名为第一、第二、第三、第四公用码头。① 在九江港,九江航政办事处将接收的日伪趸船和原宁绍公司码头分别辟为第一、第二公用码头。到1947年,汉口、九江、南京航政机构共开辟公用码头12处。这些公用码头大多是在收回日伪码头或外资码头及其水面基础上开辟的,是中国近代首次从外国人手中收回长江水面、陆域的管理权。设立公共码头,使所有船舶都享有平等停泊的权利,避免了码头业主对船舶停泊权的垄断,有利于中小轮运企业的发展。

各公用码头建立后,长江区航政局特增设港务室负责管理。港务室设主任1人,各公用码头设正、副管理员各1人。为便利督导各码头管理员及各轮船公司办理停靠手续,长江区航政局将港务室设于公用码头办公,对维持港区码头秩序、指泊船舶、整理码头力夫摊贩、厘定力资标准及航行咨询等工作一一加以整理推进,取得了良好的效果。港务室还拟订《长江区航政局公用码头使用暂行办法》,并于1946年6月16日开始施行。

针对汉口港运输日益增繁,每有轮船进口停靠码头时,小商贩、力夫云集趸船栈桥上,纷乱异常,挑送行李任意索价、欺诈旅客等混乱状况,长江航政局会同汉口市政府警察局、社会部汉口社会服务处等机关,于1946年7月16日商讨整理汉口港码头秩序,按照《长江区航政局公用码头使用暂行办法》由汉口警察局在江边成立分驻所(驻港派出所),取缔非法过档工人,划定摊贩集中营业地段、人力车停车处所,制发工人工作服,标明号码,设立力价登记处,规定搬运费价格等,先在公用码头试行。在第三公用码头增设栅栏门,由警察配备警力进行现场维持秩序。这些做法后又推广到招商局、民生、三北轮船公司的码头上,促使汉口港口所有码头秩序有了很大的改观。②

长江区航政局还派专人到码头监督进出口船只,组织航业联合检查,逢节假日昼夜监督,严禁轮船超额载客,或临时督促增船分载,取缔无票乘客。若发现违章船只,当即予以制止或制裁。该局还会同水运有关单位组成管理机构,对码头区域实行维护管理。如1946年4月4日,长江区航政局南京办事处就开辟南京公用码头的秩序维护问题,组织召开由船舶调配委员会南京分会等8个单位组成的码头管理小组会议,成立南京港公用码头管理处,并决定由南京航政办事处负责码头行政管理及拟定船舶靠泊规定,并制定了《南京港公用码头管理实施办法》。③

航政机构不但承担对公用码头的安全管理职责,而且对“其他各码头、坡路、栈桥、趸船、跳船需要修理改善者,均随时督促办理”,为港口水域创造了良好的通航环境。同时,公用码头的设立,使港区泊位有所增加,一定程度上缓解船舶停泊码头的混乱紧张状况。

六、航行秩序的整治及安全检查

抗战胜利后,珠江区航政局针对沿海与内河的水上航行秩序,全面调查船舶、航业状况,开展有针对性的航政管理,保证船只航行安全。该局针对当时船舶时遭不法分子抢劫的情况,商请军政当局派军队清剿,责成沿线县市乡镇维持治安,并将各轮船原有的自卫力量组织起来,组成航警队驻船护航,再由军队派快艇沿途巡逻护卫;与广州亚洲电器公司订约,装置无线电台1座,经常发放气象电报,通报给各航

①中国第二历史档案馆,全宗卷,679-14659。

②中国第二历史档案馆:《中华民国史档案资料汇编》,第五辑,《财政经济(九)》,凤凰出版社1994年版。

③中国第二历史档案馆,全宗卷,679-14659。

政办事处与各出海船舶;在珠江出入口的南石头、二沙头两处派员常驻,检查船舶出入口,检查是否超载旅客与货物;召集拥有码头的省建设厅、市府、海关、船管所等机关或单位,建立统一码头管理委员会,指定专责人员负责码头管理,并规定各航线的船舶按顺序选择靠泊,以保证码头靠泊秩序;开展船舶检查丈量登记;确定船舶产权利;调查日伪船舶;处理海难事故。①

复员运输时间紧,运量大,参加运输的船舶有相当部分适航状况不佳,多数装载逾额。特别是木船参加复员运输危险性更大。长江区航政局重庆办事处除检验木船船身构造外,还加强考查木船驾长资格,规定只有发给其执照方准参加复员运输。据统计,经检验的木船 637 艘,核发驾长执照 648 份。1946 年 4 月,重庆航政办事处与重庆社会服务处、重庆市警察局水上分局组成复员木船运输联合办公处,办理有关木船航政事宜,对载客定额逐船配载,开船时派员查验证书及装载情况。

为维护安全秩序,长江区航政局还积极开展联合检查。1946 年 9 月底,长江区航政局与武汉警备司令部、湖北省水上警察局、联勤总队武汉水运办公处、宪兵队等 5 个单位组成长江襄河船舶联合检查站,进行联合检查,检查合格方准放行。凡检查时发现有违反航政法令的轮船,即根据巡视员报告,予以制裁。据统计,1946 年长江区航政局及其宜宾、重庆、长沙、九江、南京、镇江各办事处视察进口轮船 9338 艘次、出口轮船 10124 艘次,共计 19462 艘次。1947 年,视察进口轮船 5471 艘次、出口轮船 5757 艘次,共计 11228 艘次。②

这一期间,浙江省地方航政机构——交通管理处针对钱江口渡船与渡口的安全状况加强整治。1945 年 9 月,浙江省交通管理处接收了伪钱江轮渡局,改为钱江轮渡所,配置轮渡 1 艘,次年 2 月又增加渡轮 1 艘。当时,钱江渡口的船舶陈旧,已超龄行驶,险象环生,甚至曾发生突然自沉的事故。该处对渡船进行定期维修,维修经费通过筹集解决。1946 年 10 月 1 日,浙江省交通管理处邀集有关机关、法团集议筹商,筹集经费,对轮渡渡船进行维修。后浙江省公路局补拨 40 亿元(伪币),使轮渡修复经费有了着落。

七、专题研究航政与参加国际人命安全会议

战后,国民政府加紧对航政的研究。1947 年 7 月 7 日,交通部在南京召开了全国航政会议,出席会议的有全国航业界代表及各区域航政局、港务局的领导共 60 多人,讨论航务、船舶、海事、港务及航业政策等 5 个专题问题。由于当时船舶燃料飞涨,航运业不景气,困难日益加剧,航业界呼吁航政及其他管理机构协助保护航业、执行查验务使不误船期。会议还就已收回航权,原来海关管理的灯塔、助航标识及港务等航政事项,以及航运工作,提出应由交通部主管。会议还决定港务、航政本属一体,一地不应设立两局。同时,对《船舶国际证书施行办法草案》进行审议。

1948 年,国际协作组织酝酿召开第三次国际海上人命安全会议,总结历史经验,尤其总结战时的经验教训,以进一步保障海上人命安全。国民政府接到会议通知后,由交通部下发通知,要求各航政机关和有关工厂、学校、团体分别研究公约所包含的各项内容,拟具议案,送交通部参考。并分造船、航海、无线电各组,指定专人负责联络,并汇编议案。归纳各方意见后,交通部认为中国虽加入公约,但对所有规定尚未完全付诸实施,且战时沿海沦陷,船只损失甚多,于航业技术上难有贡献,乃决定在此次会议中以维护本国权益为主要目标,对提高安全标准方面就中国经济及工业能力可承担实现的予以支持,不多提方案。建议原拟的外交、航政、造船、轮机、航海、无线电等各行业派专人参加。后来因行政院节约费用,而派驻英大使及海军武官与交通部 1 人出席会议。由于会议内容广泛,各项问题均分组讨论,而中国代表

①《交通部珠江区航政局关于复员后工作情形报告》,见中国第二历史档案馆:《中华民国史档案资料汇编》,第五辑,《财政经济(九)》,凤凰出版社 1994 年版。

②《抗战复员后的长江航运及航政》,见中国第二历史档案馆:《中华民国史档案资料汇编》,第五辑,《财政经济(九)》,凤凰出版社 1994 年版。

团人数过少,无法应付,后临时在英国聘请数人协助。国民政府代表在《1948 年国际海上人命安全公约》上签字,公约于 1952 年 11 月 19 日生效。①

八、引水的自主立法与队伍壮大

(一)颁布自主的《引水法》

1945 年 9 月 28 日,国民政府公布《引水法》,次年 4 月 1 日施行。这是中国收回引水权后,中国政府自行颁布的第一部全国性的引水法规,共 6 章 33 款。这一《引水法》与 1933 年《引航管理暂行章程》相比,体现了一个主权国家对引水业的自主管理,内容上也更加完善具体。该《引水法》对引水管理体制作了重大改变,规定"管理引水的职权属于交通部",中国引水开始走向统一。新的《引水法》彻底改变了以前的引水主管机关没有明确规定,沿袭海关兼管的模式,从根本上收回了外国领事和商会的发言权。1947 年 9 月,在《引水法》公布刚好两年的时候,国民政府交通部公布《引水法施行细则》,共 6 章 32 款。作为中国从法理上收回引航权后对引水的首次立法,此细则建立一套完整的引航行业规范。可惜因内战,中国引水主权未能得到完全实施。

(二)重组全国引水管理委员会

全国引水管理委员会的重组,是国民政府废除外国在华特权,加快新的引水管理体制建立步伐的最集中体现。早在 1944 年 3 月,国民政府行政院第 655 次院会通过了《全国引水管理委员会组织条例》,规定在财政部的隶属下组建全国性的引水主管机关。同年 4 月 11 日,由国民政府财政部、军令部、军政部、海军总司令部、交通部、社会部各派 1 名代表组成全国引水管理委员会,由财政部关务署长任主任委员。其下设总务、组训两科,负责管理全国引航员组织、训练、考验、甄审、执业凭证核发、引航工作介绍、引航公会监督等事宜。全国引水管理委员会的成立,标志着中国政府开始对引水事务的自主管理。不过,当时沿海、沿江大部分港口处于日军占领之下,这个引水委员会只对大后方的长江上游、汉宜湘区和粤桂区的引水进行管理,也包括撤退到此沿海和长江中下游的失业引水员。

战后,根据颁布的《引水法》规定,国民政府改变引水管理体制的隶属关系,由交通部接管财政部主管的全国引水事宜。1946 年 5 月 1 日,全国引水管理委员会在南京重新组建,由交通部航政司司长(高廷梓)任主任委员,军政部、后勤部、社会部、财政部关务署各派 1 人为委员。该会的主要任务是:划分全国引水管理区域,设立各区引水办事处,举行引水人员资历检验并核发引水人员执照,厘定引水费率。随后,全国引水管理委员会在全国划分 11 个引水区,具体为:长江上游区(宜渝区),辖宜渝、渝叙、渝合、叙嘉、叙秉等河段;汉宜湘区,辖汉宜、汉湘段;淞汉区,辖汉口至吴淞段;淞沪区,辖铜沙上海段;闽浙区,辖福州、厦门、宁波、温州等港;台湾区,辖基隆、高雄、花莲、马公等港;粤桂区,辖广州、汕头、广州湾、九龙、拱北等港,以及西江、浔江、柳江、珠江、左江、桂江、东江、北江、融江等段;海南区,辖海口、榆林、北黎、三亚、八所、清兰、博鳌等港;冀鲁区,辖天津、青岛、烟台、威海、秦皇岛等港;辽东区,辖大连、安东、营口、葫芦岛等;吉黑区(东北区),辖黑龙江、松花江、乌苏里江等段。

1947 年上半年,交通部为统一管理引水起见,经呈奉行政院批准,裁撤全国引水管理委员会,各区段引水管理办事处也随之裁撤,将各区段引水机构和业务移交给当地航政机构接管。②

随后,各地引水机构发生变化。天津港航运业发起组织天津引水公会(属私人职业组织),并通过航

---

①王世铨:《1948 年国际海上人命安全会议》,《中国造船》1948 年第 1 卷第 2 期。

②徐万民:《中国引航史》,人民交通出版社 1999 年版,第 59 页。

政部门转呈全国引水管理委员会。1946 年 6 月 16 日,天津港引水公会筹备处成立。1947 年 8 月 15 日,交通部以“华北引水业务日趋重要,实有联合组织之必要”,饬令天津港引水公会筹备处改组成立冀鲁区引水公会。会址设于天津,在塘沽、秦皇岛、青岛设事务所。该会辖天津、秦皇岛、烟台、威海、龙口的引水业务。12 月,全国引水管理委员会裁撤,改由天津航政局兼管冀鲁区引水公会。1949 年 1 月,人民解放军接管了国民政府天津航政局。9 月,天津航政局又接收了冀鲁区引水公会,结束了天津港私人引水的历史。①

此外,1947 年 10 月 8 日,上海航政局接管淞汉区引水管理事宜,长江区航政局重庆办事处接管长江上游(宜渝区)引水。10 月 15 日,长江区航政局接管汉宜湘区引水。闽浙区引水事务由厦门、宁波航政办事处接管。各地航政接管当地的引水管理事务时,有些航政部门还增设了引水科,具体管理引水事宜。②

1947 年,福州设立浙闽区引水办事处,厦门设分办事处,开展引水事务的规划和管理工作。1948 年 1 月,厦门引水分处由国民政府广州航政局厦门航政处临时接管,5 月又改为交通部广州区引水辅导委员会厦门港引水业务所,负责厦门港 5000 吨以上船舶的强制性引领,并收引水费,一直维持到中华人民共和国成立前夕。③

(三)中国引水队伍的壮大

战后,虽然按中国与列强各国的新约规定各国放弃了在中国的引水特权,但实际上并非心甘情愿,也不可能一蹴而就。如上海港外籍引水员最多,外国势力最强,且上海港由美军管制 1 年,引航事务也暂由美军管理。1946 年 6 月,美军将上海港引水业务移交给国民政府管理,但提出移交给海关,上海引水公会由海关代管,留用全部外籍引水员,而对持有中国政府颁发的引水执照的 18 名中国引水员则拒绝接收。上海引水公会在事实上为美国人所控制。其他各港引水管理也是一样,名义上各区段成立引水办事处自主管理,事实上主动权仍掌握在外国人之手,如福州、广州、天津等港口的引水业。

按照中美、中英新约,国民政府战后已取消了外籍引水人在华执业的权利。但战争结束之初,沿海各港中国引水人普遍缺乏,因此上海、天津、连云港和秦皇岛 4 个港口仍有外籍引水人继续执业。其中,天津港有 3 名英籍引水人,连云港有 1 名日籍引水人,秦皇岛港有 2 名英籍引水人,上海港有 20 多名外籍引水人。

战后,中国引水人队伍开始重组,并开展引水人检(查)复(核)工作,其中最重要的内容就是“逐步淘汰外籍引水”。1946 年 2 月,国民政府行政院颁布了《雇用外籍引水人管理办法》,着手贯彻“逐步淘汰外籍引水”的政策,规定合同期最长以 5 年为限。不过,直到 1949 年国民政府统治结束,外籍引水员也没有完全脱离中国引水业。

1946 年,引水人重新登记均为复核,即经检核考核及格,送请交通部全国引水管理委员会复核,并发临时执业证书。到 1948 年 2 月底止,长江上游领有证书引水人共计 431 人,其中宜渝段 240 人(一等引水 95 人、二等引水 62 人、学习引水 83 人)、渝叙段 107 人(一等引水 38 人、二等引水 46 人、学习引水 23 人)、重庆短航 36 人(一等引水 11 人、二等引水 19 人、学习引水 6 人)、渝合段 32 人(一等引水 15 人、二等引水 5 人、学习引水 12 人)、叙嘉段 13 人(一等引水 8 人、二等引水 4 人、学习引水 1 人)、叙屏段 3 人(一、二等及学习引水各 1 人)。

---

①《天津市志·港口管理》,天津市社会科学院出版社 1999 年版,第 502 页。
②彭德清:《中国航海史》(近代部分),人民交通出版社 1989 年版,第 368 页。
③彭德清:《中国航海史》(近代部分),人民交通出版社 1989 年版,第 368 页。

(四)近代天津港第一引水人

生于1893年的黄慕宗,上海崇明人,复旦大学预科生,因家庭经济困难,退学回家谋生,进入上海肇兴公司上船当练习生,开始了航海生涯。1919年,他在"肇兴"轮(营口轮船公司的第一艘轮船)上实习,很快成为二副与优秀驾驶员。1926年,黄慕宗到同德公司的轮船上当大副(船长第一助手)。试用半年后,黄慕宗成为中国第一名5000吨级船长。1928年,黄慕宗进了招商局,先后在3艘海轮上当船长。1933年,又在"新丰"轮当船长,驾船跑上海—天津航线。他不负众望,后来成了天津港第一名中国引水员。①

1937年七七事变,华北沦陷。黄慕宗不愿为日本船引航,在日本宪兵抓捕时化装逃出天津,奔赴重庆。招商局总经理徐学禹闻讯,登门拜访,邀黄慕宗担任该局船务处负责人。1946年2月,美国卖给中国10艘万吨级自由轮。招商局总经理徐学禹认为万吨级海轮无一中国人驾驶过,要用外国人当船长。黄慕宗据理力争,建议让上海航运界最优秀的船长滕士标、陈邦达、张丕烈等10人到万吨级自由轮当船长。他们对黄慕宗说:"您为中国人说话,我们愿意跟着您!"1947年,黄慕宗升任招商局副总经理,兼任上海航政局局长、交通部船员考试委员会主任委员等要职。他策动了一批中国船员去和海关英籍总税务司司长梅乐和争吵,迫使他同意吴京强、朱哲两位船长进入引水员公会,当引水员。不久,外籍引水员因要求增加薪水而集体罢工,他趁机向国民政府交通部提议收回引水权。在取得交通部同意后,他宣布接管上海港的引水权和海关。他在海关时留用了一部分外籍引水员,并量才录用中国引水员,将一批航海技术高超的中国船长安排进引水公会。此事引起连锁反应,广州、厦门、青岛、天津等各地沿海港口也仿效上海,纷纷夺回了引水权。

1949年,人民解放军逼近上海。轮船招商局总经理徐学禹想拉黄慕宗去台湾,而黄慕宗在中共地下党员动员下,决心留下来。上海解放前夕,招商局大批船只被劫往台湾,上海急需海船运输物资。黄慕宗和留沪的原招商局总经理胡时渊商谈,于1949年8月21日以两人的名义给招商局香港分局局长汤传篪、驻港总船长陈天骏写了一封密信,希望他俩动员该局职工和泊港13艘船的海员起义。1950年1月15日,招商局香港分局宣布起义。13艘海船归来后,承担了南北航线大量物资运输任务。上海招商局改名国营轮船总公司,黄慕宗被任命为首席顾问,并被评为交通部教育司一等二级工程师,后当选上海徐汇区政协委员。1985年,黄慕宗因病逝世,享年91岁。②

纵观近代中国引水的历史,是一百多年来中国人民荣辱兴衰的历史缩影,以及几代人为引水权持续奋斗的历史。20世纪上半期收回引水权的历程,先是民众(主要是航运和引水界)及政府引水权观念的觉醒,以及收回引水权的微弱努力。1927年南京国民政府成立之初,增补了一些中国引水人,修改了引水章程,并试图接管引水权,但收效甚微。1937年日本全面侵华,收回引水权运动一度陷入低谷。然而随着形势变化,中国国际地位的提升,列强放弃了在华引水特权,收回引水权的根本障碍由此排除。及至抗战胜利后,中国的引水法规和管理制度建立起来,引水业基本置于国民政府独立管制之下,中国引水人队伍亦得以重建,引水权基本收回。

九、助航设施的恢复发展

战后,沿海沿江助航设施得到了部分恢复继续发展。各港纷纷清理航道,打捞沉船,对航标、灯塔和码头进行整治。如1946年9月,在国民政府交通部组成的上海港务整理委员会疏浚航道、修复码头、打

---

①大取:《交通人物:黄慕宗》,中国第二历史档案馆,全宗号-20-496。

②吴长荣、金宝山:《第一位中国籍5000吨级船长》,《人民政协报》2011年7月7日。

捞沉船的同时,海关海务处为该港添置了一些助航设施。厦门港也对航标、灯塔进行了修理。青岛港、连云港修复了部分航标。在灯塔修复过程中,对一些被破坏的一、二等大型牛眼透镜,因一时无法添置,暂用五等电气灯代替。然而有些灯塔毁损严重,直到中华人民共和国成立前尚未恢复。如东北地区的助航设施,在国民党军队进犯东北期间处于无人管理的状态。

1945 年以后,国民政府通过联合国善后救济总署,以租借法案及剩余物资处理等渠道,从美国买进代号为“AN”的港口防潜布网船、“A”字号扫雷舰、“Y”字号港湾扫雷艇和其他一批舰艇。这批舰艇稍加改装后作为灯塔运输船和缉私舰投入使用。担任这批舰船的高级船员,除海关税务专门学校航政班毕业生外,还招考海军航海专业的学生加以培训担任。在太平洋战争时被侵华日军关押在集中营的英、美籍海关船员和部分西欧籍船员,仍聘任为灯塔运输船和缉私舰的高级船员。1946 年,经海关总税务司批准,海务科从美国购买一批直径 2.4 米钢质浮标及蓄电池,200 毫米、375 毫米电闪灯及爱迪生电池,配布在长江口至南通航段和上海黄浦江,其电气部分也用于恢复第二次世界大战中遭破坏的部分灯塔。这是中国向航标电气化迈出的第一步。①

长江中下游航道战时遭到严重破坏,只有部分河段能够夜航。随着航运任务的加重,长江中下游开放夜航的呼声越来越高。为此,国民政府加大对中下游助航设施的建设与经费的投入。海关由宜昌与上海齐头并进,着手恢复各处航标,全线航标也次第设置。到 1945 年 11 月,宜昌至汉口段的航标设置任务完成。至 1946 年 3 月,中下游航标基本恢复到战前的水平,新型电闪光标灯开始在中下游部分航道使用,轮船夜间通航的条件基本具备。

总体来说,这一期间助航设施的建设和管理依然处于落后状态。如广州港及西江等水系,国民政府海关海务科曾制定了 7 年(1948—1955 年)航标工作计划,可由于国民政府已处于风雨飘摇中,内外交困,财政支绌,根本无法实现。据统计,至 1948 年 12 月 1 日,由海关建设与维护管理的灯塔、灯桩、立标等各类航标共 1645 座,其中沿海 421 座。

十、事故处理与重特大事故

战后,国民政府航政机构本来是代表国家实施海(水)上安全管理的行政机关,但由于受海关兼管这一特殊体制没有根本改变,外国航运业尚未完全退出中国水域的影响,其完整的正常航政管理没能开展起来。当时航政存有不少“黑幕”,敲诈勒索、收取“黑钱”、索贿受贿等屡见不鲜。航商为自身利益,只好忍气吞声,忍痛破财,以金钱打通关节,动辄数百或数千。更加重要的是由于国民政府为发动内战而实施军运,航业管理混乱(客货混装、超载),加之船员技术不熟练、违反操作规程等,致使海损事故频仍,其中有的海损事故为中外航运史上所罕见。从 1946 年起海损事故就屡有发生,及至 1948 年更为频繁。②

这一时期所发生的海损事故一般为碰撞、倾覆、沉没、触礁、搁浅、失火、爆炸等。海损事故发生后,主要是了解情况,按各自责任拟出行政处分意见,督促船东进行善后处理。事故处理由各地航政部门组织成立的船舶碰撞纠纷处理委员会负责。一般由航政部门主要负责人任委员会主任委员,聘请对航政处理有经验的资深航业人员参加。事故交由船舶碰撞纠纷处理委员会审定,严重者则交地方法院审理。③ 如长江航政局在汉口设船舶碰撞纠纷委员会,负责处理海损事故,但对距离较远的事故往往鞭长莫及。为此,1947 年特请交通部核准增加委员名额,分别在南京、重庆两处选聘专家,充任委员,以便就近处理,方便当事人。航政局对于海损事故、违章现象虽有审定责任权,却无执行之力,所作处分仅限于行政部分,

①徐万民:《中国引航史》,人民交通出版社 1999 年版,第 70 页。

②《船舶海事损伤类别统计表》,国民政府交通部,1948 年,中国第二历史馆。

③中国第二历史档案馆,全宗卷,655-40。

不能发挥最大威力。如江西的“庐山”轮,于1946年10月间由南昌驶往九江,向长江区航政局九江办事处申请检丈登记。经检查,九江办事处以该轮船壳构造过高、装配机件欠善、灭火器具未备等原因,命令该轮添配、修理。该轮以九江修理不便,在未经呈请复验,没领船舶证书的情况下,即在南昌委托江西轮船公司代理,擅自带“病”航行南昌吉安线。① 九江办事处无可奈何,对该船没有任何制裁手段。

内战时期,航政机构渐趋解体,管理混乱,通航秩序紧张,海损事故更加频繁发生。据国民政府交通部统计,1948年仅招商局发生的各类海损事故就有209起,其中被撞49起、肇祸74起、互撞18起、搁浅触礁19起、其他49起。民生公司发生重大事故4起,沉船4艘,后有两艘被捞起。事故不仅发生在航行沿海、沿江的大型轮船公司中,而且在航行支流内河的小轮船公司中亦屡见不鲜。② 据长江区航政局统计:1946年,辖区有53艘船舶发生事故,死亡208人;1947年,有46艘船舶发生事故,死亡466人。失事原因仍以碰撞居首,且重大恶性事故不少,死亡人数增加。特别是沪甬线上最大的定期客货班轮“江亚”轮,1948年12月爆炸沉没,遇难旅客、船员2000余人(其中旅客90%以上是宁波人),酿成中外航运史上罕见的大惨案。惨案经过大致如下:

1948年冬,人民解放军已在淮海战役中取得决定性的胜利,国民党统治动摇,许多江浙一带的富人纷纷思谋逃离。12月3日16时,满载旅客和货物的“江亚”轮缓缓离开十六铺码头,驶上前往宁波的航程。18时45分,船抵吴淞口外横沙西南的龙港洋面水道(东经121°4′7,北纬31°15′),船身后部突然发生爆炸。数分钟后,船体发生剧烈震动,所有灯火顷刻熄灭。与爆炸处紧挨的电报房瞬时坍塌,报务员被炸得血肉横飞,发报机损毁,与外界联络中断。船头驾驶舱内,求援汽笛仅象征性地鸣响一声,就再也发不出声来。船舱内漆黑如墨,冰凉的海水哗哗涌入,男女老幼惊慌万状,慌乱中群相挤轧,纷纷向船顶甲板夺路奔命。然而十几分钟后,汹涌的海水便已盖没甲板。据“江亚”轮惨案善后委员会统计,该船额定乘客应为2250人,实际乘客总数2607人,加上船员191人,超载乘客357人。事故发生后,死难旅客及船员达1483人,打捞出尸体1280具,死亡人数超过“泰坦尼克”号。③ 惨案发生后,全国舆论大哗,群情鼎沸,招商局成为众矢之的。

这一期间,还发生其他重特大事故:

1945年10月25日,广东“祯祥”轮(机帆船,江南船务行所属)由汕头开往香港。26日半夜,该轮锅炉汽管爆裂,无法行驶,后在波涛中沉没,失踪旅客227人。

1946年1月21日8时左右,行驶于镇江至扬州间的“达汕”客轮驶离镇江,行至近六好对面江滩时,在角湾灯塔附近江面翻沉。该轮额定载客人数仅51人,在镇江码头开出时已“卖出客票100余张,无票乘客亦有一二十人,连同船员约一百三四十人”,加之旅客行李物件,超载严重,造成船舶翻沉、死亡100多人。

1947年1月17日,招商局“芷江”轮在上海吴淞口外与公益实业公司的“华通铁驳”相撞。“芷江”轮沉没,乘客获救700余人,落水死亡100多人。

1947年2月,“源记”花尾渡从广州开往三埠,已超载行驶,许多乘客又涌上棚顶(最上层)听粤曲,造成重心上移。船行至广州港南石头转弯时倾倒翻沉,死亡300多人。

1947年3月,“海闽”轮从厦门织锦开往上海,午夜在厦门外海海龟山岛附近海面与军舰“伏波”号相撞。军舰沉没,舰上官兵131人中仅1人生还。

---

①胡体淦:《长江航政史》,人民交通出版社2000年版,第260页。

②彭德清:《中国航海史》(近代部分),人民交通出版社1989年版,第383页。

③彭德清:《中国航海史》(近代部分),人民交通出版社1989年版,第384页。

1948年4月12日,“万里”轮由津驶沪途中触礁沉没,旅客遇难,而该船超定额900人。①

以上重特大海难事故的原因涉及方方面面,但在航政管理方面有以下几点:

(1)航政管理不善和航政基础落后。台风虽是一种自然灾害,但若做好预防工作,船舶损失当可减轻。然而,我国沿海多台风区,国民政府当地的航政机构既没有在港口划定避风锚位,又没有悬挂台风信号。虽然一些有无线电收音装置的轮船可以收听中国香港地区或菲律宾的台风信息,但绝大多数船舶由于没有这种设备,只能凭经验防范台风的袭击。尽管在长期实践中,一些老船员有着较丰富的气象观测经验,能解决一般问题,但遇特殊情况,仍会措手不及。

(2)国民政府航政部门监督管理工作马虎。航政机构管理人员轻管理,重利益,多把眼睛盯在钱上,收受贿赂,对待管理工作不认真。特别战后航行的汽船,多采用旧锅炉,潜在危险性很大,航政人员只要有了好处,往往就睁一只眼闭一只眼,任由其冒险航行。航政机构对船员考试往往采用口试,从不考核实际操作,致使一些不合格的船员也能上船。广州航政局曾制订有“锁定蒸汽气压”之类的规章,但每年只例行公事“检查”一次,平时更不加过问。在盲目竞争下,汽船老板为增大利润,一味强调航速快,并以此招揽生意,那些不敢超气压加速的轮机员往往不被雇用。而航政部门常常对此也是不闻不问。在这种情况下,轮机员不得不抱着侥幸的心理,冒险操作,以致锅炉爆炸事故不断发生。

(3)航政机构对船舶超载管理不严。战后水运繁忙,载客载货的船只多,超载超装现象严重。而航政部门对此隐患没有切实的防范措施,对超载船只更没认真监督。如广东有些渡船的船老板为多吸引旅客,时常聘请艺人上船演唱(多在顶层),引起乘客的涌动,导致船只稳性下降,酿成重大事故。

十一、航政专科学校的建立与复校

(一)广东省立海事专科学校

广东海事专科学校创立于1945年。1945年9月,在汕头筹备成立,分商船、水产2个部分。商船部分下设轮机、驾驶2个专业,每个专业招生1个班,每班50人。驾驶、轮机专业学制4年。

1946年夏,广东海事专科学校更名广东省立海事专科学校,迁至广州市西村襄勤工学校旧址。由于学校没有实习船,学生多到上海实习。从1945年至1947年,该校共招收了4届约500名学生,培养了一批从事远洋、沿海和内河航运的骨干力量。

(二)广东省潮汕高级商船职业学校

广东省潮汕高级商船职业学校创建于1945年年底,校址在广东省汕头。到1947年,每年招一届学生,每届2个班,共100人。自1948年起,分春秋两次招生。到汕头解放时,该校共招了7届学生,共约700人。毕业的学生多从事轮船驾驶,逐步取代了老一辈单凭经验、缺乏专门训练的驾驶员。该校打破航海学校不招收女学员的惯例,从第七届起招收女生,一些女学员后来成为中华人民共和国第一代轮船女驾驶员。

(三)吴淞商船专科学校复校

1946年2月,国民政府教育部成立吴淞商船专科学校复校筹备委员会,聘请教授,添派职员,招收新生,准备恢复吴淞商船专科学校。由于原校舍在日本侵占上海时全部被毁,乃租用东长治路505号原雷士德工业专科学校为临时校址。10月14日,学校正式开学。所有由交通大学代办的航海、轮机两科奉

①《“万里”客轮沉没谜团》,《道世报》1948年4月16日。

令仍划归吴淞商船专科学校办理。驾驶专业设置课程31门,学制5年,前3年在校学习,后2年上船实习。轮机科也是5年制。1948年还办过1期1年制的电讯班。后来,吴淞商船专科学校与交通大学航业管理系于1950年合并,改名为国立上海航务学院。1953年迁至大连,与福建航海专科学校(即集美航海学校)、东北航海学院等合并成立大连海运学院。①

(四)其他与航政相关的学校或专业

1946年,国立海事职业学校在湖北省武昌下新河成立,设驾驶、轮机、造船工程、航业管理等科,共招收学生200人。

1946年,福建省立林森商船学校在福建马尾成立,设驾驶、轮机、造船等科,后还加设航空机械1科,有学生共150人。

第三节　航权和航政权收回与再度出卖

一、航权与航政管理权的收回

1946年1月8日,为实施收回的航权和航政管理权,国民政府交通部公布《外国人所有小轮船行驶内河规则》,规定在内河行驶的外国人所有小轮船以未满20总吨者为限,航线不得超过15海里,不得经营有收益之客运业务,不得拖带其他驳船,应遵守内河航行章程。12月11日又修正上述规则,增加"外国人所有之小轮船行驶各开放港口仍应受本规则之限制"。同日,交通部在答复上海航政局呈请《外国人所有小轮船行驶内河规则》疑点之航务字第7036号训令中,明确规定:"关于外国人所有小轮船可否准许运输其本厂出品之物资一节,按此项小轮船使用范围系以运送该厂办事人员及其行李为限,若运输出品物资,即与经营运输业务无异,自应一律禁止,以维航权。"

为贯彻国民政府行政院1946年5月28日关于收回外商在中国沿海各开放口岸租用码头水面权的指令,长江区航政局于7月24日和8月23日两次致电沿江各省市政府:"内河航行权业已收回,此后,外商船舶不得在内河行驶,外国在华企业无继续租用水面之必要。战前各地方政府租与外商之码头水面应请收回,嗣后,关于该项码头水面权如有外商借口原有借期未满,请求继续使用时,应请予以拒绝。"1947年7月26日,外交部复长江区航政局关于处理英商在华江岸水面产业问题的公函称:"该项江岸财产码头趸船等,我方如有需要,而英商情愿以相当价格出租出卖者,应依中英新约附件(1)庚款规定,以公平价格予以收购。倘英商不愿出租又不欲出卖,而我方必须使用且合于中国征收法令之规定时,依照中英新约第五条:'应受中国政府关于征收捐税、征用土地及有关国际各项法令之约束的规定,得予以征收。'"实际上,在此之前长江区航政局在抗战复员后已将英商太古、怡和等码头接收并辟为公用码头,于1947年1月对外开放使用。②

二、反对重开长江四口的斗争

战后的国际新兴航业资本家,对近百年来对中国的航业垄断仍恋栈难舍,力谋卷土重来。当时在华的外商轮船公司共27家,实力大减。但国民政府1946年6月起悍然发动内战,又为其创造了一个再次攫取中国特权的难得契机与条件。

---

①《上海海事大学〈校史研究〉》,《上海海运学院学报》1983年第9期。

②胡体淦:《长江航政史》,人民交通出版社2000年版,第252页。

日本刚投降不久,美国就开始谋划染指中国航业和侵犯主权。它倚仗自己与中国是抗战中的盟国,对中国抗战给予过支持和帮助,俨然作为中国的主人,公然干涉中国内政,派军队进驻中国沿海主要港口,抢先接收日伪产业。1945年9月7日,美国海军上校史密斯带领先头部队进入上海港,宣布对上海港实行军事管制。9月11日,驻沪美军司令威雅特擅自宣布9月15日上海港对外开放,同时美国人李度代替英国人梅乐和出任海关总税务司,力图通过江海关窃取上海的航政事务。美军还以"军管"名义成立上海引水公会。此外,美军抢先登陆天津大沽口港,接收了大部分日伪产业。1945年9月,英国公然在中国香港组建远东联运局,10月派船进入广州港,以形成"广州、汕头至上海航线尽是英轮"的局面。

为重新侵入长江,美国亦假借运输救济物资为名,建议中国开放南京、汉口、九江、芜湖4个港口。1946年3月,国民党以尽快疏运援华物资为由,宣布暂时开放长江,准许外国船只在以上四口航行。3月21日,江海关发布第39号布告:"在中国各港口间运载货物及旅客仅以中国轮船为限。鉴于目前情形特殊,凡中国政府委用之外国商船,为善后救济起见,得暂时往来各港口间载运货物及旅客,至三十六年(1947年)三月二十一日为止。"5月3日,国民政府行政院院长宋子文训令福建省政府:"美国战时船舶管理局为美国政府管理及分配船舶之机关,在中国设置驻华办事处,协助中国运输善后救济物及燃料暨美军剩余物资等,须在中国各港口设置人员办理运输事项,此为襄助中国善后救济工作。凡我政府各机关人员应尽力予以合作并协助。"①6月5日,国民政府国防最高委员会通过行政院提议,开放南京、芜湖、九江、汉口4个港口,准许外轮驶泊以上四埠装卸货物。

上述通告、议案一经传出,激起中国人民的极大愤慨,航业界纷纷联名反对。中华海员公会,中国商船驾驶员总会,中国航海驾驶员联合会,中国轮机员联合总会,上海、镇江、南京、汉口、重庆各轮船商业同业公会,上海市商会,淞汉区引水公会,重庆市各轮船公司联名电呈国防最高委员会、行政院、交通部,请求政府收回开放外轮航行宁、芜、浔、汉四口之成命。

1946年10月14日,中国共产党在延安的《解放日报》发表评论文章,在列举种种事实之后说,国民政府把中国主权"陆陆续续地拍卖得如此之多,造成了中外古今卖国罪行的新纪录"。

由于全国各方反对甚烈,迫于强大社会舆论的压力,国民政府行政院终于收回成命,发布指令称:"采纳舆情,准予废止"。江海关于1946年8月也宣布废止第39号公告。②

但是,美国、英国政府置中国人民的反对而不顾,继续推动长江四口对外开放。1946年9月29日,联合善后救济总署远东区委员会在中国举行会议,中、美、英、苏等8国代表出席会议。美国公然提出,联合国救济总署(以下简称联总)中国分署应与中国政府签约。会议不顾中国代表的强烈反对,强行通过允许中国租用的外国海轮装载联总救济物资至长江四口岸。此举在全国激起更大的抗议浪潮。国民政府对这一提案不敢执行,救济物资改由中国商轮承运。国民政府交通部1946年9月还假惺惺地发出代电:"……查外轮假装运救济物资名义在沿海揽载客货,近数月来屡见不鲜,亟应严密制止以维航权"。

三、航权与航政管理权的再度出卖

1946年11月4日,国民政府与美国在南京签订《中美友好通商航海条约》(以下简称《中美商约》)。国民政府外交部部长王世杰、外交部条约司司长王化成、美国驻华大使司徒雷登、美国驻天津总领事施麦斯分别代表双方国家在《中美商约》上签字。这一多达30条的新不平等条约,使美国重新获得在中国江海的航权、航政管理权。《中美商约》规定:

"美国船舶(包括军舰)可以在中国开放的任何口岸、地方或领水自由航行。如遇任何危难,可以进

①林开明:《福建航运史》(古、近代部分),人民交通出版社1994年版,第433页。

②彭德清:《中国航海史》(近代部分),人民交通出版社1989年版,第372-373页。

入对外商务或航业不开放之任何口岸、地方或领水。”

“缔约此方之国民,应许其进入缔约彼方之领土,并许其在该领土全境内居住、旅行及经商。”“缔约双方领土间应有通商航海之自由。”

“缔约此方之船舶,应与任何第三国之船舶,同样享有装载货物前往缔约彼方现在或将来对外国商务及航业开放之一切口岸、地方及领水之自由。”

“倘缔约此方之船舶,由于气候恶劣,或因任何其他危难,被迫避入缔约彼方对外国商务或航业不开放之任何口岸、地方或领水时,此项船舶,应获得友好之待遇及协助,以及必须与现有之供应品及修理器材。本款于军舰及渔船以及第二十一条第二款所规定之船舶,亦适用之。”

“倘缔约此方,以内河航行或沿海贸易之权利,给予任何第三国之船舶时,则此项权利,亦应同样给予缔约彼方之船舶。”①

依照上述条款,不仅美国商船可以驶入中国江海水域,而且美国军舰亦可以各种借口进入中国任何港口,并得以军品贸易为名,向国民政府运送军火。从条约文本表面上看,《中美商约》又貌似“对等”“公正”,实则是维护美方的利益。当时美国商船和军舰加在一起的总吨位在6000余万吨,而中国的轮船吨位在几十万吨;美国船舶可游弋于中国水域,而中国无一艘船舶驶抵美国口岸。这样的“平等”,完全是欺人之谈。

《中美商约》一公布,立即激起中国人民的坚决反对,举国上下反对浪潮一浪高过一浪,很快就与全国人民“反独裁、反内战”的斗争相互呼应。11月15日,全国航业公会秘书长李云良发表谈话,代表航业界坚决反对国民政府出卖长江航权、航政管理权。

对此,中国共产党也发表文章,强烈反对国民政府的卖国行径,认定《中美商约》是一个丧权辱国的条约。1946年11月6日,《解放日报》发表《评蒋美商约》社论,指出:“这是历史上最可耻的卖国条约,是蒋政府把中国作为美国附属国的重大标志之一,是中华民族又一次新的大国耻。”11月10日,中国共产党在重庆的《新华日报》以《反对卖国商约》为题发表社论,对该约进行深刻披露和批驳。

尽管1948年11月30日中美两国代表王世杰与司徒雷登在南京签署《友好通商航海条约互换批准议定书》,但国民政府面对全国人民的强烈反对,不敢贸然完成条约批准手续。所以,《中美商约》未能正式生效。这是中国人民在维护国家航权与航政管理权斗争中取得的又一胜利。此次反不平等条约和收回引水权的斗争与正在全国展开的反内战的斗争汇合起来,有力地配合中国共产党领导的解放战争。

但是,为满足内战的需要,国民政府事实上在偷偷执行着未生效的《中美商约》,最突出的是让美国人成为上海港的新主人。1945年8月日本投降后,外商航业虽基本上按照中英、中美新约的规定退出中国水上运输,但是仍有一部分外商船舶在中国沿海营运。其借口就是《中美商约》中规定美国船舶可在中国“开放之任何口岸、地方或领水内”自由航行,可以无限制地停泊几处口岸。美国船舶(包括军舰)遇到危难开入中国“对外国商务或航业不开放之任何口岸、地方或领水”,中国方面需对它采取“友好之待遇及协助”等。从此,外国商船利用美国救援物资和剩余物资大批运到上海,一时难以疏运的机会,纷纷要求参加中国的沿海运输。国民政府行政院善后救济总署(以下简称行总)不仅同意它们转运救济物资,而且同意在有空吨位时可装运一般商货。

为着内战的需要,国民政府也允许美国控制中国轮运业。1946年,行总以运输救济物资为名,向美国租借船只20万吨,加上联总来华船只及美国剩余船只,大小百艘(20余万总吨),组成一个运输机构,定名为行政院善后救济总署水上运输大队(以下简称行总水运大队)。行总水运大队实际上由美国人掌握实权,船上的高级船员及大部分水手均由美国人或白俄罗斯人充任。行总水运大队船舶的船桅悬挂联

①彭德清:《中国航海史》(近代部分),人民交通出版社1989年版,第372-373页。

总旗帜;尾部悬挂英国旗帜,可在中国广州、上海、天津等沿海港口与长江各口岸自由航行。20 余万吨的偌大一支船队,每月运输救济物资仅 6000~7000 吨,“把剩余的吨位装商货,抢中国船的生意……少数的救济,多数的占夺”。

1948 年 5 月,美国政府组建经济合作总署中国分署(以下简称中国分署),总部设在上海,在广州、天津等地设办事处。这个所谓的中国分署实际上是美国对中国推行侵略政策的据点及进行经济掠夺的“参谋部”。

在这一背景下,当时中国沿海与内河助航设施建设和管理仍由海关海务科兼管。美国人水佩尔任海关海务巡工司,英国人爱弗斯任额外海务巡工司,中国船长王承训和陈念慈任代理副海务巡工司(王承训于 1947 年任副海务巡工司)。海关海务科下设秘书、会计、灯务、海图、验船、军械、材料等部门。当时,陈有仁任代理总工程师(1947 年任总工程师)。他从南到北(包括台湾和湛江地区,但香港、澳门和旅顺地区除外)实地调查沿海灯塔的工作状况,曾写过一份《关于恢复中国沿海损坏灯塔的建议书》,由于国民政府热衷内战,未能全部依照进行。当时中国最大的港口上海港助航设施建设与管理,仍由江海关负责,内设港务课主管,港务长兼港务课课长。江海关总税务司由美国人李度担任。江海关的一切活动,首先要为美国的军事、贸易需要服务,为美国船舰进入上海港提供方便。上海港港务长一职,开始由中国人担任,另设 1 名英国人担任额外港务长,1 名苏联人担任副港务长。港务长办公室下设秘书课、港务课、浮筒课、港口消防队、港口警察总署。可港务长归海关税务司管辖,所以仍未摆脱外国通过江海关对港口航政、港务事宜的干涉和控制,只是由受控于英国变为受控于美国而已。此外,航道疏浚仍由浚浦局负责,助航设施的添置、维修由海关海务处负责,市有码头、仓库由上海市公用局码头仓库管理处管理。当时,上海与航政、港政有关的管理机构有十多个。[①] 这种局面直到上海解放后才发生根本改变。

第四节　国民党航政在内战政策下解体

一、航业崩溃致使航政无事可管

战后的中国航运业与其他各行各业一样,迫切需要医治战争创伤,重新建设与发展。然而,国民政府却蓄意挑起内战,无意于经济建设。1947 年 7 月 4 日,国民政府发布《总动员令》,在全国各地设置内战机构,征用各种船舶与水上设施转作军用,把战后的中国推向内战的深渊。众多公私航业又一次惨遭摧残,重新陷入异常艰难的境地。

内战需要集运大量的军队、军火与给养,而当时平汉、津浦、陇海铁路均遭战争破坏,许多地方的公路也是千疮百孔,沿海、内河水路运输便成为最重要的运输通道。船舶成为战争工具被大批投入频繁的军运,港口、码头被强行侵占、封锁供军事人员和物资转运、装卸,刚刚恢复的沿海、沿江航运业又陷入严重困境。繁忙的军事运输把民间商业运输排挤到非常次要的位置。船舶应征,班期无定,商旅裹足,货运阻滞,航业不能自主经营,正常的运输秩序全被打乱,经济一片混乱,运输市场凋零。

这时,珠江流域社会经济已濒临破产边缘。滇、黔、桂、粤四省秩序混乱,珠江水系航运难以为继。国民党军队除大量调用“国营”轮船以应军差外,对民船也采取强行封用的措施。1946 年 6 月,国民党 93 军从广西东调,就封用多艘轮渡,多次往返梧州、广州间运载军队和军用物资。7 月,被封的民船多达 400 多艘。到了广州解放前夕,对商船的封用达到漫无限制的程度。1949 年 1 月,广州绥靖公署成立卸驳调配委员会,将全部民营轮船、驳船转为军队服务。10 月 1 日(即广州解放前 14 天),广州卫戍司令部成立

①郑则民:《国民政府史话》,社会科学文献出版社 2012 年版,第 143 页。

华南战时船舶管理处,对所有商船实行军事统制,随时征用以应军差,航商已完全失去支配自己船舶的自由。每天都有各类民船三四百艘到黄埔港听应调遣。待到广州解放前夕,珠江民营轮运业已到衰落至极限,商船被强制征用,航商亏损惨重。当解放军进入广州时,广州港仅存大小船只数十艘,约相当于最繁盛时船舶总数的1%,航运境况悲惨异常。①

长江流域更是如此。从1945年11月起,所有军公民船均归军政当局统筹调遣。随着内战范围的扩大,由军方出面在重要港埠设立军事管理机关,直接控制所有航运业。如在首都南京先后设立联合勤务总司令部水运办公处、首都卫戍司令部江防委员会,在芜湖设立城防指挥部船舶管理处,在上海设立港口司令部,在宜昌设立武汉行辕宜昌水陆督运处等控制船舶运输的机构,甚至京沪杭警备总司令部和华中"剿匪"总司令部也从高层插手船舶运输。广州、福建、浙江等地方,也设立相似的军事管理机关,在不同时期对不同航线船舶行驶加以种种干预和限制。如1948年4月23日联勤总部宜昌水运办公处决定,对过往船只实行征调,"不得以任何理由推诿避差"。在执行中由于国民党军政指挥不统一,地方机关和驻军部队随时强封勒扣船只的事件时有发生。在这样层层控制、四方插手的情势下,船舶所有者完全丧失指挥调度的权力,一切听命于军方或官方的指派。

以招商局为例,1945年年底至1946年6月先后被国民政府军政当局征用于军事运输的各式轮船、拖轮、拖驳达45艘。据统计,从1945年9月到1949年5月招商局共为国民政府运送军队342.4万人次,军需物资(包括枪支、弹药等)154.2万吨。在军运压倒一切的情况下,招商局的经营业务遭受巨大损失,正如招商局自称的那样:"军公运输,变动无常,常使本局定期班轮无法维持,影响本局之收入及信誉,至深且巨。"差运收费低廉,欠费久拖不付,加上国民政府实行经济统制,使本已经营相当严峻的招商局始终跟在物价狂涨后面缓慢爬行,逐渐陷入困境。②

长江民营的民生公司也是如此。该公司经常有18艘主力船只供差军运,"兵差给费,被远远压低在一般标准以下",以致公司营业收入大减。"差费收入,不敷支出甚巨,仅及成本五分之一,甚有差费收入不敷(润)滑油(支出)者"。各线营业船只也常被征用,损失日益增加,营业愈益减少。1945年至1947年,"应差损失共为一百零九亿四千四百六十四万三千余元"。该公司"以一民营事业,如此巨款损失,断难负荷",以致"天天借债,又天天还债",拆东补西,艰难度日,蒙受着通货膨胀带来的巨大损失。

其他内河轮船公司也在军运的沉重负荷下,完全陷入赔累不堪的境地。1946年5月27日,三北、大达、大通3家公司联名致交通部的快邮代电中诉称:"各轮几乎全部军用,应差频繁,收支不敷,后勤总司令部所定差租,不及客货运费三分之一,以致业务未能开展。"1949年3月5日,全国轮船业公会在致政府当局的呈文中,更全面地申诉军运负担的严重情况:"三四年来,军运频繁,不论大小船只,任何航线,无日无时,不在军事动员状态之中",各轮船公司"不仅疲于奔命,抑且亏蚀重重,实属万难维持","军运运费,经久不发","垫用燃料,亦历久不还","其因币值之降落,利息之负担,收到款项,已等于无所收益,如以最近市息为例,一月之后,本利为本银之六倍,此种重荷,轮船公司曷克担当"。

内战破坏轮运业,众多公私航运业惨遭摧残,客货运输严重受阻,重新陷入异常艰难的境地。如1948年11月,九江招商分局电告上海招商总局,九江有粮食2万包急需运至南京,经洽汉口无船可派,请总局速派船运。而总局却复电称:"各船都在应差,何来余船运粮?"此时南京因是长江客运的中转大站,积压的旅客成千上万,沪汉班轮过南京停靠时,候船旅客和散兵游勇蜂拥而上,秩序混乱异常,安全更无保障,导致有些班轮不敢在南京靠岸。为此,交通部长俞飞鹏电召轮船业代表李云良到南京商讨靠船事宜。商讨中,他曾问宪兵团长能否保证整顿风纪,宪兵团长表示他也无法控制。当时的《新华日报》《大

---

①黄伟:《广州解放前夕黄埔港的护产斗争》,《羊城今古》2002年第3期。

②江天凤:《长江航运史》(近代部分),人民交通出版社1992年版,第612页。

公报》曾以《轮船全应军差,宜昌几千人空候》和《战火使航业停顿》等标题,报道长江航线的瘫痪状况。另有人在《大公报》上发表题为《航业十年》的专文,其中一节着重论述战后军运的危害说:“水路军运指挥机关的一纸命令,换来了航商的千声叫苦,旅客的万声叹息。当时的旅客整天为船票钻营。‘两岸怨声啼不住,差船已过万重山’,道尽了国民党发动内战的灾祸,长江航业的困顿,和广大客商的愁苦。”

更为艰难的是民营轮运业,遭受苛捐暴敛,困于频繁征调。内战后期,国统区经济萧条,客货源不足,兵差征调不断,营运不振,加上物价连番暴涨,运费收不抵出,造成各航商严重亏损。民营航业在种种桎梏下,苦苦挣扎“于创痛之余,自谋罗掘之计”的困境,有的停航歇业,有的散资退股,有的举债度日,有的终至破产倒闭。如中国最大的民营公司——民生公司,因内战的影响,业务出现巨额亏损,既要筹措巨款以填补企业亏损,维持庞大的机构和船舶营运开支,又要另举新债以偿付国外借贷的本息,已到了“债台高筑,罗掘俱穷,濒于破产”的境地。其他的民营轮运业、木船运输业也是在内战重压下挣扎图存,民船船工生计更是难以为继,陷入苦难沉重的深渊。

“皮之不存,毛将焉附”,轮运业的灾难深重和困境,带给刚刚恢复元气的航政的只能是停滞的厄运,许多航政机构已处于无航政事务可管的境地,时常整天见不到一艘船前来要求登记注册。如 1947 年以后,长江区航政局镇江办事处随着内战深入,已无管理之事可做,办事处处于瘫痪状态。主任不辞而别,人员空闲,频繁调动。办事处已无经济来源,入不敷出,整天为生计而苦恼,处于皇皇不可终日的地步。

二、协助内战进行军事运输

在国民政府高压政策下,无论是国民政府中央直属的航政机构,还是各省的地方航政机构,均按照国民党军政当局的内战要求,协助国民政府军运,在各地征集各种船只,调遣军差所需的船只和物资运输,一直扮演着协助内战水上军事运输的重要角色。“各局专轮应付军用以及各项兵差,不胜浩繁……而各军事机关,饬征军用,未尝间断”。如 1946 年 4 月 18 日,长江区航政局指定招商、民生、三北等公司“江昌”“江济”“民安”“同元”等 15 艘轮船为宜汉段复员、军运船只,饬令于指定地段航行,不得改行他线。

起初,航政机构只是通过轮船同业公会或民船公会征用军差所需要的船只。后来随着内战的深入,以及国民党军队在战场上的失利,尤其临近解放军渡江战役时,惊恐万状的国民政府军政当局便直接控制沿海与内河航运船只,一切航政管理均听从军政当局的安排。

1948 年之后,国民党败局已定,崩溃在即。由于民船船只大量被征用,到 9 月首都南京已无船可征,港内候船的军人及家属人数太多,难以疏运。一旦有轮船停靠,一哄而上,强行登轮者不计其数。船上军人又寻衅闹事,哄抢之事无人敢管,码头秩序混乱不堪。12 月,因军队调动频繁,军政当局竟命令取消客轮载客人数限制。交通部航政司也置航行安全于不顾,公然通令各航政局、处及轮船公司允许客轮超载。①

这时,航政机构还参与国民政府军政机关的各种服务于战争活动的船舶管理处(所)等一类机构。1949 年 1 月 23 日,国民党淞沪警备司令部以“彻底管制辖区内所有公私船舶、木排、竹排暨一切可供渡口、渡河之水上交通工具”为目的,成立淞沪警备司令部船舶管制处,在吴淞口、崇明口、苏州河及南汇县等处成立船舶管制片区,对上海所有的船舶进行管制。交通部上海航政局作为该处的成员,参加战时军事建制的组织。②

三、国民政府航政体制的相继解体

1948 年下半年,解放战争进入最后的阶段,人民解放军由战略防御转入战略反攻,国民政府面临全

①胡体淦:《长江航政史》,人民交通出版社 2000 年版,第 102 页。

②王敬德:《上海内河航运史》,人民交通出版社 1995 年版,第 242 页。

面崩溃,开始策划撤退南逃计划,其所建立的航政机构也进入崩溃边缘。曾一度复苏的国民政府航政机构,因军运频繁,轮运业亏累严重,航政无事可做,管理停滞,管理人员无经济来源,濒临崩溃。

经过战后几年的恢复与调整,国民党航政管理系统已上下统一,管理机制也基本上健全。据交通部航政司1949年4月出版的《航政工作简报》中"交通部航政部门组织系统表"记载:天津航政局,局长为冯法祖,下辖烟台、威海、青岛办事处(已移归上海航政局管辖);上海航政局,局长为洪瑞涛,下辖宁波、温州、无锡办事处;广州航政局,局长为卢逢泰,下辖桂平、福州、厦门、梧州、海口、北海、湛江、江门、汕头航政办事处;长江区航政局,局长为王洸,下辖镇江、南京、芜湖、九江、长沙、宜昌、重庆、宜宾办事处,以及川江绞滩总站(设在万县)。① 然而,此时这些航政机构基本上处于名存实亡、分崩离析或解体状态。正如《航政工作简报》中称:"各以人手不敷调度,经费又极感拮据,推行尚未达理想地步。"由于整个航运业面临崩溃,航政部门已处无事务可管的停滞状态,管理人员人心惶惶,除少量准备跟随国民政府逃往台湾(如准备跟随国民政府去台湾的长江航政局局长、候任的交通部航政司司长王洸)、香港及他处外,其他绝大部分等待着人民解放军的接管。同时,无论是国民政府的交通部,还是主管航政的航政司,也是惶惶不可终日,对下面要求撤退或辞职等请求,故作镇定,能拖则拖,置之不理,甚或坚不许撤。1949年1月25日,针对各地航政机构一再请求后撤和辞职的报告,交通部部长俞大维电告上海、广州航政局及各办事处《关于各航政局办事处不准撤退以维交通》,称:"查各办事处主持航业行政,关系重要,一律不准撤退,以维交通……"但是,全国各地航政机构与人员基本上惊恐万状,食住无着,举目无亲,还乡无路,均在自谋出路。国民党统治区笼罩在一片恐怖混乱之中,整个航政处于全面衰落和解体境地。②

(一)天津航政局由人民接管

国民政府设在天津,管辖天津、河北、山东等沿海港口和华北地区的天津航政局,战后名义上恢复旧制。1945年和1948年更换了两任局长。但因处于内战的前沿,特别是到1948年辽沈战役结束,东北人民解放军入关,华北地区陷入人民解放军的包围之中,此时的天津航政局已有名无实,航政管理工作基本上停滞,管理人员纷纷自谋出路。1949年1月15日天津解放,人民解放军接管了天津航政局,共接管该局的主要财产办公房、宿舍各1座,总计房屋82间,职工61人,小型船舶3艘。3月11日,天津军管会交通处在天津招商分局举行天津航政局与天津招商局接管交接仪式。至此,国民政府天津航政局回归人民手中。

(二)上海航政局管辖范围缩小

1945年8月16日,国民政府交通部派交通部京沪区交通接收委员接收上海航政局的物资、人员等。18日,接收委员致函上海航政局保管处,通知接管事项。保管处将保管的卷宗、簿册、杂物等63箱,连同关防、官章、局戳等于9月28日交接完成。另外,还接收日伪管理进出口帆船的戎克协会和管理引水人的水先协会。

国民政府上海航政局于1945年9月24日恢复,设两科四室,即第一科下设庶务、文书、出纳3股;第二科设登记、考试、监理3股;四室为技术、会计、人事、统计。全局人员共49人,其中技术人员13人。1947年5月,人员达54人,其中技术人员7人。7月为80人,其中局办3人、第一科18人、第二科23人、技术室23人、人事室4人、统计室3人、会计室6人。③ 1948年12月5日,在册68人,实际57人,另宁波

①国民政府航政司:《航政工作简报》,见中国第二历史档案馆:《中华民国史档案资料汇编》,第五辑,《财政经济(九)》,凤凰出版社1994年版。

②国民政府航政司:《航政工作简报》,见中国第二历史档案馆:《中华民国史档案资料汇编》,第五辑,《财政经济(九)》,凤凰出版社1994年版。

③高廷梓:《中国航政建设》,商务印书馆1947年版,第135页。

办事处 11 人、温州办事处 9 人、海州办事处 9 人。1948 年 5 月 19 日,海州办事处迁至无锡,改为无锡办事处。

自 1946 年 3 月,镇江、南京、芜湖 3 个航政办事处划归长江区航政局管辖后,上海航政局只管辖浙江沿海的宁波、温州两航政办事处。上海地区航政事务管理以上海航政局为主,但内战爆发后,各种航运事务复杂,涉及航政事务的管理机构逐渐增多和重叠,相关的机构有十余个,如航政局、全国引水管理委员会、公用局、海关、土地局、水警局、水利局、浚浦局等,还有部分临时性的管理机构,造成管理职责重复、互相牵制,导致航运秩序混乱。1946 年 9 月,国民政府筹建的由上海市市长吴国桢为主任委员的上海港务整理委员会,目的是"解决目前上海港务之困难问题及督导该港有关港务政令之实施",以对上海地区的航政、港务实行统一管理,上海航政局、全国引水管理委员会各派出 1 人参加,成为当然的委员,参与对上海港与地区航政事务的管理工作。1948 年 9 月,该委员会撤销。①

(三)长江区航政局四分五裂

到 1948 年年底,长江区航政局已是惶惶不可终日,各办事处已浮躁不定,各寻出路。12 月 5 日,镇江办事处主任致函长江航政局局长王洸:"……苏北会战,徐州守军已自动撤离,战事重心移转宿埠间,张八岭(靠近扬州)正在激战,江阴靖江间已实施江面封锁。似此情形,深恐京沪交通断绝,职为求同安全计,拟即遵照 11 月 30 日手谕,全部迁移长沙……望赐电示并筹拨巨款汇济。"王洸 12 月 8 日回电:"镇处迁移问题,应候江苏省政府决定迁移或战事确已迫近镇江时,方可迁移。兄负主管之责,务希沉着应付为。妥"

然而,面对国民党的全面崩溃,王洸本人亦无法"沉着应付"。1948 年 12 月 21 日,下令会计室、人事室、统计室由汉口撤退至万县川江绞滩总站。他一面转示各办事处坚守岗位,一面于 1949 年 1 月 21 日急电交通部乞请南京、镇江、芜湖 3 个航政办事处撤退办法,要求将长江区航政局撤退至重庆。这时交通部已自顾不暇,拖延很长时间不回电。后来迫于无奈,交通部长俞大维于 1 月 25 日电示王洸:"查各办事处主持航业行政,关系重要,一律不得撤退。"王洸 1 月 31 日致密电交通部:"武汉紧张,军品限期抢运过江,本局与'剿总'密切联系,以期善尽责职。惟将来情势迫紧,武汉没有阻隔,本局移动为难,目前应否局部迁渝办公,在汉另设办事处维持至最后为止,抑或本局不予移动,工作至最后全部即予结束,乞先行电示以资准备。"2 月,九江、宜昌、镇江等航政处电呈要求撤离或辞职,并请发疏散费。2 月 2 日,镇江办事处刘坚勇擅自携带部分档案文件逃回尚未解放的原籍湖南,办事处迁往杭州,王洸令镇江办事处立即迁回镇江。2 月 6 日,镇江办事处主任复信,拒不迁回,并呈请辞职。不久,九江办事处主任刘守约亦呈请辞职,长沙办事处主任周培基指定技术员张益兆兼理后出走。其他航政办事处主任及职员也自行离职或辞职。

随着人民解放战争的胜利进展,长江区航政局及下属各办事处已惶惶然浮躁不定,在处理疏散问题上"焦头烂额、茫然无序"。1949 年 3 月 28 日,长江区航政局局长王洸在局机关职工大会上宣布去川江巡视。后交通部批准该局迁移重庆。5 月 20 日,迁来重庆的长江区航政局在原重庆办事处地址正式办公。随后做出紧急部署:(1)镇江、南京、芜湖等 3 个办事处暂时撤销;(2)原汉口长江区航政局改为汉口办事处;(3)原重庆办事处建制不动;(4)局本部科室机构基本未变,为四科三室,即监理、技术、船员、总务四科,会计、统计、人事三室。9 月 2 日,重庆发生"九·二"火灾,历时 16 小时,从水面到岸上连成一片火海。长江区航政局及重庆办事处全部烧焚,烧死职工 5 人和家属 11 人,受灾员工 44 人。9 月 7 日,长江区航政局及重庆办事处迁至林森路(今重庆解放东路)西三街口招商局营业大楼合署恢复办公。1949

①《上海市志》(港口),方志出版社 2004 年版,第 3746 页。

年10月国民政府撤离重庆前,王洸跟随国民政府撤至广州,接任国民政府交通部航政司司长一职,后又撤至台湾。王洸走后,重庆办事处主任朱文秋代理长江区航政局局长。至此,长江区航政局业已解体。①

(四)广州航政局留守人员看家

随着淮海战役的胜利,国民党1948年12月27日在上海招商局召开加强水路军运会议,调遣大量船只准备南撤广州和台湾。国民政府行政院等国家机关于1949年1月16日从南京迁至广州,不久总统府、财政部、交通部等机关也相继撤至广州,广州一时成为所谓国民党政府的"陪都"。广东大部分地区解放后,广州航政局航政人员外出各谋生路,局机关只有少数人留守,有的趁机对航商进行盘剥。1946年2月13日张益平任广州航政局北海办事处主任后,就与北海当地恶霸勾结,组织"合浦县北海市民船商业同业工会",强迫港口工人、航商船员参加,对工人和船员进行盘剥。1949年大陆解放前夕,广州航政局迁至海南海口航政办事处办公。海南岛解放后,广州航政局机关及海口办事处主要人员撤往台湾。②

1946年11月全面内战爆发至1949年中华人民共和国成立的三年多时间里,国民政府的航政计划一一落空,航政部门也一步步地变为协助内战的工具。随着国民政府的垮台,航政管理体制逐渐溃散,管理人员沉沦,管理工作瘫痪,继而由人民航政取代。

第五节　人民航政的始建与现代航政雏形

一、各解放区人民航政的始建

(一)苏军设置的东北航政机构

1945年2月11日,苏、美、英三国首脑签订《雅尔塔协定》。8月8日,苏联对日本宣战,9日出兵中国东北。8月14日,苏联政府同中国国民政府签订《关于大连之协定》《关于旅顺口之协定》《关于中国长春铁路之协定》。以上协定有关条款,规定苏联在大连港、旅顺港和东北铁路拥有特殊权益。8月22日,苏联红军接管旅顺军港,次日接管大连港。

由于苏军的控制,美蒋始终未能染指大连港口。1945年11月8日大连市政府成立,12月设立大连中苏自由港,由苏军代管,港长及各部门要职均由苏籍人员担任,并逐渐完善港口管理机构。1948年,大连中苏自由港改称为大连港湾管理局,港长以下设业务副港长、总工程师、港务监督长和人事生活副港长。业务副港长职能是经营港口装卸运输生产,总工程师职能是管理港内电气与通信设备、装卸机械等技术工作,港务监督长职能是负责大连港的航政、港务事务的监督管理,人事生活副港长是管理职工劳动、住房、就医等。其中,港务监督长下设管理监督室、监督台、引水信号、船舶区、海上救护、气象台、检疫所等,事实上是管理航政事务。苏军管理大连港口航政是中国海事历史上一个特殊时期,也有其特殊性。③ 12月,中共大连市委书记韩光、市公安总局局长赵东斌与苏军大连警备司令部司令官高兹洛夫议定:进出大连的苏联船舶和军人由苏方负责管理,中国和其他国籍的船舶及人员由中方负责管理,从而确定了苏军管制下的大连港口船舶及人员治安管理的基本分工原则。

①丁奇中:《中国船检史》,人民交通出版社1998年版,第129页。

②中国第二历史档案馆:《中华民国史档案资料汇编》,第五辑,《财政经济(九)》,凤凰出版社1994年版。

③周永刚:《大连港史》(古、近代部分),人民交通出版社1995年版,第233页。

1945年9月,苏联红军进驻哈尔滨后,曾临时组成松花江航务局(部),下设船舶处专理航政事务,有航务科、修船科、船员科,维持战时运输,由曾任过船长的俄国人布立丹青出任局长。①

(二)各解放区的航政机构

1.东北解放区

1946年4月28日,苏军撤退哈尔滨,中共领导的东北民主联军进驻哈尔滨。4月30日,松花江航务局成立。5月7日,新建立的松江省人民政府接管了松花江航务局。9月,松花江航务局改为松江航务局。黑龙江省诞生了第一个人民航政、航运机构。8月7日,东北各省代表联席会议在哈尔滨第一中学礼堂开幕,15日闭幕。会议选举产生东北解放区最高行政领导机构——东北各省行政联合会办事处行政委员会,简称"东北行政委员会"。10月,东北行政委员会交通委员会在哈尔滨成立,管理铁路、松花江航运、邮电及公路恢复工作。1947年5月11日,东北行政委员会将松江航务局改名为东北航务局,并由其直接领导。

1948年3月8日,吉林解放。东北航务局接管丰满地区船舶,成立吉林航运办事处。东北行政委员会命令:凡属日伪江运局、国际运输株式会社、航务局所有财产,均由东北航务局接管。由于该局兼管航运、航政管理事务,故东北航务局改称为东北航政局。4月,在安东(今辽宁省丹东市)成立辽东航务总局,下设安东、哈尔滨两个航政局。1948年7月,东北行政委员会交通委员会划分为交通部、铁道部。11月,交通部迁至沈阳,名为东北行政委员会交通部。

1948年11月2日,沈阳解放。1949年2月7日,经东北行政委员会交通部批准,将原驻哈尔滨的东北航务局改组为东北行政委员会交通部东北航政总局,由哈尔滨迁到沈阳。4月,东北航政总局正式成立,总局局址设在营口。总局下设哈尔滨、营口、安东(丹东)3个航政局和葫芦岛办事处,隶属于东北行政委员会交通部。营口航政局虽有名称,但未另设机构,实由东北航政总局直接管理。原东北航政局合并于哈尔滨航政局。

东北航政总局的人员,主要为设在哈尔滨的原东北航务局和设在安东的辽东航务局的随迁人员及编余职工,还有在营口招聘的一批旧航政局的专业技术人员及船员。② 该局重点是加强东北航运、港口的恢复和发展工作,其辖区为北起黑龙江、松花江、嫩江、乌苏里江,东至鸭绿江及辽东半岛两侧的黄、渤海沿岸,西至葫芦岛、山海关,南至复州湾的东北地区的内河及北洋海区、内河及沿海水运及港口。其所属的各航政局,按区域划分管理范围,下设分支机构。③ 东北航政总局是人民政权管理全东北航政、水运业的领导机构。

2.山东解放区

1946年2月,山东省政府成立交通总局。11月,交通总局撤并于华东军区总兵站。1947年2月,交通科改为交通处。3月,渤海行署交通局成立,下设航运局,管理内河航运业务。1948年12月,渤海行署成立小清河河务局,下设黄台、羊角沟两个办事处,管理小清河流域航运和水利事宜。1949年年末,羊角沟办事处撤销,改制为管理所,隶属于小清河航务办事处,负责船舶的管理。

3.晋冀鲁豫解放区

抗战胜利后,冀鲁豫、冀南、太行、太岳4个解放区连成一片。1946年2月,晋冀鲁豫中央局、边区政府、军区进驻河北省廊坊。由此,廊坊成为晋冀鲁豫解放区的政治、军事和经济中心,交通运输地位日益

---

①侯长纯:《黑龙江航运史》(古、近代部分),人民交通出版社1988年版,第214页。

②《辽宁省志·公路水运志》(航政管理),辽宁人民出版社2003年版,第447页。

③《黑龙江省志·航运篇》,黑龙江人民出版社1989年版,第213页。

重要。这样,1945 年 4 月成立的太行运输公司(边区政府的第一个公营运输机构)改称晋冀鲁豫边区交通运输公司,成为边区政府发展交通运输的重要机构。①

1946 年 4 月,晋冀鲁豫边区中央局经济部设立运输处,负责边区的运输工作。1948 年 9 月,华北人民政府成立。1949 年 2 月,卫运河管理委员会改称卫运河航政管理处,隶属于华北人民政府交通部。5 月,卫运河航政管理处改组为华北人民政府交通部内河航运管理局,并管理其所属的办事处、船运公司。同时,在卫运河沿线设立 3 个轮船分公司,在主要港口设立航运管理站。

4.苏北解放区

1946 年冬,中国共产党华中工作委员会(后改为苏北区委员会)为巩固后方,组织运输,重建华中沿海委员会,调集部队骨干加强海防纵队的领导,同时成立沿海船舶管理局和盐阜、两台、(南)通如(东)船舶管理分局,管理除吕四、连云港、陈港外的全部沿海港口。为使工作有效地开展,各分局还分别在南坎、北坎、环港、琼港、黄港、新津、射阳等地设立 15 个办事处,专管海上船舶运输和渔业生产。委员会还加强对船民协会的领导,对木帆船进行登记发证,实施船舶进出口管理,组织出港运输。海防纵队和各分局海防大队还经常武装出海护航,确保沿海运输和捕鱼的安全。图 7-5-1 为华中工委支前场景模型。

图 7-5-1 华中工委支援解放战争的木船(复制品)

为开展海上交通贸易活动,各分局在沿海各港所设的办事处积极配合华中、利民、江海等贸易公司组织生油、食盐、棉花等农副土特产品输出,换回武器、弹药、西药、布匹和生活必需用品。1947 年从温州运回的 20 万发子弹和其他弹药就是通过海运送到苏中解放区的。从 1942 年下半年到 1948 年年底,仅经弶港海上运输物资的木帆船累计达 130 多艘、4000 多吨。②

(三)各解放区开展的管理工作

这一时期,先期解放的各解放区为迅速恢复航运生产与支援前线,克服了各种艰难困苦,开展航业、船舶、船员管理,维护通航水域安全,以及组织打捞与修复沉船、整修码头、探测航路、整修助航设施等航

①《河北省志·交通志》,河北人民出版社 1992 年版,第 261-263 页。

②宋林飞:《江苏通史》(第 8 册),凤凰出版社 2012 年版,第 312 页。

政管理工作,为赢得解放战争的最后胜利做出了贡献。

1.东北解放区

日本投降后,东北地区基本上是由苏联红军接管,对航业、船舶进行安全管理。苏联红军是借用苏联当时管理航业的模式,航业行政和航政管理合二为一。于是,东北解放区初创的水运管理机构就具有双重任务,既负责水上运输,又进行安全管理。

然而,这时航运业突出的矛盾是运力(主要指机动船舶)短缺。就当时的财力、物力和技术条件而言,采取大量造船的办法解决运力不足的问题,是短时间内所办不到的。为尽快地获得运输工具,保证水陆交通畅通,支援解放战争,各航业在中共和人民政府的领导下,克服了设备缺、资金少的困难,组织全体员工打捞沉船,修复旧船,整修码头,探测航路,设置航标。

东北航政总局筹建时,首要任务是拨款抢修营口港。东北行政委员会要求双管齐下,边组建边抢修港口,明确指出一切为了前线。随后,刚建成的东北航政总局提出"建港第一"的口号。1949年初,东北航政总局的全体干部和工人在千里冰封与寒风凛冽的严冬展开修复营口港的大会战。面对设备简陋、技术条件差,施工困难多,大家硬是用肩扛人抬、挖土填方、开山采石、焊板、打桩的方式,克服重重困难大干了100天,用自己的力量修复营口港被破坏的码头、航标,清除航道上的主要沉船障碍。1949年3月中旬辽河解冻之前,营口港终于恢复到能够初步开港通航的程度。开港后,全局职工边生产边抢修,并继续修复河道上的航标。①

1946年,松江航务局的干部、职工在开江之前就组织职工修复日伪时期年久失修的"同昌"号木质客轮,于1946年5月17日首次由哈尔滨开往通河(238公里),开始人民航运的第一个航程。"同昌"号的胜利出航,使修造船工人倍受鼓舞。他们以主人翁的精神,在技术设备非常简陋的情况下,土法上马打捞沉船,抢修旧船。克服种种困难,创造许多奇迹。

在航行期打捞浅水处沉船时,解放区的航政、航运人员用十几只或几十只"铁孩子"(即千斤顶),把船体从水中顶起上架,垫上墩木后再进行修理。待船体、机器修好后,在船下面铺上滑板,再推往深水处浮起。在航行期,打捞深水处沉船须将船体内的沉积泥沙及其他淤积物彻底清除,以减轻船体重量和阻力,然后用大型绞车把船体绞到岸边浅水处,在水中用"千斤顶"把船体顶起,等船体高出水面后,再垫上墩木进行修理。冬季封冻后在浅水处打捞沉船,比起航行期打捞要更艰苦。先须在船体两侧打开冰槽,掏出托泥板,再将船尾掏空,露出船舵和推进器,然后用"千斤顶"顶起上架,垫上墩木进行修理。修好的船在开江时还要根据水位情况,决定推入深水的时间。冬季在深水处打捞沉船,先要打开船体上的冰层,再打开绞船通道的冰层,然后打开绞船通道的冰层,把沉船沿着绞船通道绞到接近岸边的浅水处上架进行修理。1946年5月,在哈尔滨港区内首先打捞、修复"大兴"号客轮(后改名李灿号),继而又打捞、修复"北海"号客轮(后改名"公略"号)、"福州"号拖轮(后改名"锦州"号)。据统计,仅松江航务局,1946年就打捞修复轮船6艘、驳船3艘,1947年打捞修复轮船3艘、驳船1艘,1948年打捞修复沉船11艘、驳船9艘。

设在松花江第二大港佳木斯的合江轮船公司为尽快恢复航运,由领导带头,竭尽全力打捞沉船。1946年,先后在汤原打捞、修复"大岭山"号拖轮(后改名"解放"号),在依兰码头打捞、修复了"南山"号拖轮(后改名"工农"号),在沙河子码头打捞、修复了"杭州"号拖轮(后改名"胜利"号)。继而又在依兰、富锦、绥滨、新城镇等地打捞修复千吨级驳船4艘(后改名为101、102、103、104号)。1947年后,又在绥滨打捞、修复"广济"号拖轮(后改"工人"号),在沙河子打捞、修复千吨级驳船1艘(改名为105号)。还把沉没在依兰码头的"亚洲"号客轮的主辅机打捞出来,安装到新造的客货轮"东北"号的船体上。合江

①高宝玉:《营口港史》,人民交通出版社1995年版,第178页。

轮船公司在3年多的时间内,就修复拖轮4艘、客货轮1艘、驳船5艘,开辟了哈尔滨—同江—虎头间的1300多公里航线。

1946年,黑阿轮船公司在黑龙江最大的港口黑河成立。这个公司于1946年在黑龙江上游怀柔站打捞出“富江”号客轮的主辅机,并安装在新造客轮“黑河”号上。1947年,在黑龙江上游依其肯、金山镇等地打捞出沉船“天泰”号客轮和“老铁山”号拖轮的主辅机,并将“老铁山”号主辅机安装在新造的木壳客轮“海兰”号上,接着又利用从江中打捞出来的旧机器,加上部分新造的机器,安装到新造的拖轮“龙江”号和“友好”号上。抢修旧船和打捞沉船的高潮历时3年多,共打捞、修复船舶42艘,其中轮船22艘、驳船20艘。这些打捞后修复的船只,对迅速恢复东北地区的航运、支援全国的解放战争起了重要作用。

为支援解放战争,东北解放区的军民在航政管理上,除吸收过去一些习惯管理分工和方法外,还在管理民主化、经营企业化方面进行了初步探索。如1949年哈尔滨航政局在各职能科室设置上力求简化,只设有经理科、秘书科、航运科和航政科。经理科业务执掌范围相当于现在的计划,统计、财务、会计部门的职责;航运科的业务执掌范围相当于现在商务、港务和调度各部门的职责;航政科的职责大体上与现在的航政(海事)部门相同。当时各部门业务量不多,没有更细分工和设置更多机构的必要,往往一个部门可承担多项职能,且行之有效。

哈尔滨航政局由原航运机构改为兼管航政以后,加强了对航政的管理,有效地开展管理工作:

(1)安设航道标志。这主要是指安设由哈尔滨至沙河子间和哈尔滨至召源的航道标志。沙河子以下至同江的航标由合江轮船公司负责安设。

(2)航道与港湾疏浚。这主要是指清除航路上的沉船,在八区坞口、造船所坞口等处进行挖泥清淤。

(3)船舶检丈。当时一些船主对船舶检丈意义不甚了解,航政局就边宣传边检丈。船舶丈量方法仍沿用旧制。小型船舶(船长不足20米者)用简易丈量法,常用系数为0.6、0.68、0.75三种。大型船以西普算法则丈量。

(4)水位气象观测。由于水位气象仪器遗失和破损,最初只用目测与标杆测,以了解水位与气象的关系。后经多方努力,利用汇集的资料绘制成哈尔滨港开封江图。又在佳木斯、依兰等地设置了水准标尺和水深信号。

(5)监督船舶修造。这一时期,东北地区初步建立起来的航运、航政管理制度虽然还很不健全,但已初步具备了民主管理的雏形,标志着东北人民航运事业的发展迈出了可贵的一步。①

2.晋冀鲁豫解放区

晋冀鲁豫边区的南端为黄河。黄河横贯豫鲁两省。当1946年国民党军队大举进犯解放区之际,为粉碎国民党妄图“以水代兵”,分割、淹没解放区的阴谋,边区加紧修复黄河大堤,在沿河各县设立船管所,征集民船,以备黄河归故后使用。黄河沿河各县船管所由冀鲁豫区黄河水利委员会统一领导,逐渐加强了对黄河民船的管理。冀鲁豫区后方指挥部于1947年1月14日发出《关于沿河各县指挥部成立船只管理科及迅速组织民船,以应军需的指示信》。沿河各县根据这封指示信的要求,会同黄河修防段成立渡口管理所,修理码头。对于组织起来的民船,结合船只和渡工实际情况编制组、队,在指定渡口摆渡,由渡口管理所负责管理。参加摆渡的船只由指挥部发给渡口营业证,统一调度,无证的不得营运。关于民船水手待遇,主要依靠平时营运收入,公家不供给。在船只集中使用时,其待遇按支差规定。已组织的民船,在船只下水后,水手免去其他战勤支差。公家船只也按指定渡口参加营业,听候支差,同样接受指挥部管理,与民船同等待遇,毫无特殊权利。

随着解放战争节节胜利,黄河航运支援大军南下的军运任务日益繁重,渡运组织管理机构也随之逐

①侯长纯:《黑龙江航运史》,人民交通出版社1988年版,第226页。

渐健全。1949 年,黄河北的太岳第三专署与黄河南的豫西专署为合理解决南北渡口之间(即黄河南的塌地与黄河北的小教沟、西沃与长泉、渡口与关阳、打鱼腰与交兑、南北河清、南北白坡、扣马与曹坡庙)的渡运业务分工,为军运和民间过渡提供便利的渡运条件,于 5 月 11 日派员在河北白坡开会研究了南北统一摆渡办法。会议决定在组织管理方面成立河渡管理委员会,并制订南北渡口双方轮摆时间和安全检查等具体办法,以及例会制度。会议明确规定了军事任务统一调用船只的要求,促使黄河渡运支前工作日趋正规化。1949 年平原省成立后,在黄河先后建立白坡、柳园口、高村等 3 个渡口管理所,还组织 4 个民船大队,发展黄河航运。

1949 年 1 月 20 日蚌埠解放,人民解放军蚌埠军事管制委员会和蚌埠市人民政府接管国民政府航运企业。为满足支前运输,华东支前司令部淮河船舶管理处发布了第一个航政命令——《船舶管理暂行办法》。3 月上旬,又对淮河沿线各类船舶开始进行船舶登记,发放船舶航行执照,以保证解放战争支前运输的需要。在解放军渡江前夕,沿江各市县的船舶管理部门组织大小木帆船 1.27 万多艘、拖轮 25 艘、驳船 35 艘。4 月 21 日晚,在西起华阳、汤沟,东至裕溪口一线,从鸭儿沟、极阳、桂坝、泥汉、大套沟等渡点用木帆船将几十万人民解放军强行渡过长江天堑,为渡江战役做出贡献。①

二、现代航政管理体制的雏形

(一)现代航政管理体制初现雏形

1947 年解放军攻克石门后,华北的晋察冀和晋冀鲁豫两大解放区连成一片。12 月 26 日,石门市改为石家庄市。1948 年 8 月 7 日,华北临时人民政府在石家庄成立,并成立华北人民政府交通部,部长为武竞天,副部长为刘建章、张文昂、黎亮。

1949 年 1 月 15 日,天津市解放,中国人民解放军天津区军事管制委员会(以下简称军管会)成立。当天下午,军管会交通接管部航政组由石家庄进入天津,遵照“按系统,自上而下,原封不动,先接后管”的方针开始对天津航政局等港航单位进行接收。3 月 11 日,军管会交通处在天津招商局举行天津航政局、招商局接管交接仪式。至此,国民政府交通部在天津的主要航政、航业均收归人民所有。3 月 21 日,接管后的天津航政局命令冀鲁区引水公会解雇天津港英籍引水员翰伯林和包尔特。整个接收工作于 4 月结束。

与此同时,1949 年 2 月河北省将设在德州的卫运河管理委员会改组为既从事内河运输又管理航政的综合机构——华北人民政府交通部卫运河航政管理处,并在山东临清设立办事处。

天津港收归人民所有后,统一航政、港务、航务等水运管理被提到议事日程,以对运力、运价、运输进行更好的协调,支援解放战争,巩固人民政权,保证群众供给。但这时全国许多地区尚未解放,中央人民政府还没有成立,新的港、航统一管理机构正在逐步建立中。1949 年 4 月 1 日,华北人民政府在天津军管会整理津塘航政初步草案基础上,成立华北人民政府航务总局,局址设在天津解放路积余大楼(今天津第一饭店股份有限公司),统一领导天津航政局、天津招商分局、塘沽新港工程局、西沽海军修船厂、渤政公司等单位,并对外商和民营航业以及华北地区的水上交通实行管理和领导。6 月 28 日,华北人民政府又委任交通部副部长张文昂兼任华北人民政府航务总局局长,王化民为华北人民政府交通部驻天津航政局代表,马涤源为天津航政局局长,浦济生为华北人民政府交通部驻天津招商局代表,张庆楠为天津招商局经理,周纶接替早期到职的首席军代表石在任华北人民政府交通部驻塘沽新港工程局军代表,谭真为总工程师。在此之前,李华彬已就任驻渤政公司军代表兼经理。

①马茂棠:《安徽航运史》,人民交通出版社 1991 年版,第 9 页。

另外,华北人民政府明确海河和河北省沿海的航政工作,由天津航政局负责;卫运河及河北省内各内河航政,统由华北内河航运管理局航监科和下属各地办事处航政股负责。

1949年4月,华北人民政府在卫运河航政管理处基础上组建华北人民政府交通部航运管理局(以下简称内河管理局),受华北人民政府航务总局统一领导。5月6日,内河管理局在德州正式成立。5月19日,交通部将卫运河航政管理处所属办事处、船运公司划归内河管理局管辖,局址也由德州迁至天津。接着,内河管理局对机构进行调整,在德州、沧州、临清、天津设立航运办事处,组建华北内河船运公司。刘乐三为内河管理局首任局长。至此,天津港及华北地区的各项航政、港务、航务工作,通过华北人民政府航务局和内河管理局领导,均置于华北人民政府和天津市军管会领导之下。

随着华北地区政治、经济形势的不断发展,特别是1949年4月1日华北人民政府航务总局的建立,以及其所属的国营港、航单位的成立,天津及华北地区的港、航及航政管理等已经从政治领导到经济管理,从组织机构到生产经营,较完整地从国民党政权统治之下回到人民手中。新的港、航及航政管理效仿苏联模式,由分散管理走上港、航及航政合为一体的统一管理体制,航政由过去的独立管理机构变为与港、航合一的管理职能部门。这是在当时特殊条件下的一种过渡性管理体制,为新中国成立后建立新生的航政管理体制打下了基础,也可以说是形成了现代航政管理体制的雏形。其后,南京、上海、武汉等大、中城市相继解放,人民解放军均按照“原封不动,先接后管”的方针对当地的国民党航政机构进行接管,以港、航及航政统一管理的模式实行领导和管理。1949年10月1日中华人民共和国成立,政务院在华北人民政府交通部的基础上组建中央人民政府交通部,11月1日对外办公。至此,华北人民政府交通部即宣告结束,各项业务转交中央人民政府交通部。

(二)短暂的国共“三通”运输

1949年3月1日,根据国共“以煤换面”的南北通航、通邮、通商实际情况,华北人民政府公布了共10条的《华北区战时船舶管理暂行办法》。其第四条规定:船舶之调离,须经航政局(指华北人民政府接管后的天津航政局)批准,系指渤海区之船舶。随后,天津航政局宣布并执行这一战时船舶管理办法。3月2日,华北人民政府又批准国共双方在天津成立的全国轮船业联合会天津船舶统一调配委员会,负责华北各港口船舶进出口处理事宜,并决定使用指定之电台(国民党船舶使用上海民营航业电台;共产党船舶使用原天津招商局分局电台,但由人民政府电信局派专人管理)作为国共水陆通航中的专用通信电台,同时对轮船进港之标志亦作了充分讨论。①

---

①交通部航政司:《航政工作简报》,见中国第二历史档案馆:《中华民国史档案资料汇编》,第五辑,《财政经济(九)》,凤凰出版社1994年版。

大 事 记

先秦

10000 年前

江苏连云港锦屏山将军崖上有将军崖岩雕的人面中间夹杂着星云图,星云图中有表示太阳和月亮的图形。这些反映了远古东南沿海我们先辈们"断发文身"的习俗,表示他们已获得原始的天文知识,在航海中积累了天文观测的经验,知道利用太阳、月亮和北极星等星辰的出没规律辨别方向,以指导舟船出(返)航和进行捕捞活动等。这是目前见到的最早的自然航标。

它表明先民们已对舟船和驾舟人的安全与水运的依存关系有了一定的认识,也是舟航活动安全监管(海事)的萌芽的标志。

7000 年前

从全国各遗址出土的众多独木舟及其附属设备的残骸、船棺、船桨、陶舟等实体来看,距今 8000—7000 年前的新石器时代早期,中国已能制造有相当水平的独木舟,并熟练驾驶独木舟在近海水域中进行捕捞、航运、迁徙活动。其中最具代表性的有浙江余姚县(今余姚市)河姆渡的桨楫、陕西宝鸡的彩陶舟形壶、湖北宜都县(今宜都市)的方头方尾独木舟等。

前 20 世纪

从"命九夷东狩于海,获大鱼"的记载来看,夏朝有能力组织沿海居民到深海捕鱼,航海工具已脱离筏和独木舟,进入木板船阶段。

原属东夷的殷人,居住于今东北西南部和河北东北部,主要活动在黄河中下游(约为今山西、河南、山东、河北一带)。他们在渤海沿岸和跨渤海海峡水域进行海上活动,甚至从山东半岛航行至朝鲜半岛西海岸。这说明从这时起中国已经开始跨海海上活动。

前 16 至前 11 世纪

商代,今山西运城市平陆县西南约 4 公里处的黄河北岸太阳渡村的茅族人在当地设置津渡。这是中国目前有文字记载的最早津渡。

商代,《说文》释甲骨文"般"字:"从舟从殳,令舟旋也。""殳"者,转动之控向器械也。利用这一装置,可增加舟船稳定性,加快航速,扩大载运量。

从上海博物馆所藏殷商时饕餮纹大铜鼎的一个铭文"般"(一说"荡")字,可知商代商品交换和水上运输的关系密切。这个字形是木板船上乘着两个人,其中一个人以手执楫在撑船,一个人挑着贝币或货物。这说明当时生产和交换的发展已经常使用木板船。

商时,中国沿海形成了番禺(今广州)港、河北的碣石(今秦皇岛)港、句章(今宁波)港。这是中国有文字记载最早的沿海港口。

前 11 世纪

周武王设立专门管理舟楫的官吏,称苍兕(船官)。这是迄今为止中国最早有文字记载有关海事的职官。另设舟牧,作为审核查验舟船的职官。这是中国古代船舶检验技术监管制度的发轫。

周昭王第一次讨伐楚国,出师不利。3 年后(即前 969 年),他又亲率大军南征,终于取得胜利。但昭王再也没能生还北方,而是卒于江上。这次沉船,死溺不详,考虑王师之庞大,人数应当不少。这是迄今见于史籍记载最早的大型海损事故。

前 723—前 645 年

春秋齐国桓公、管仲时代,已在研究"使海于有蔽,渠洱于有渚"。这是最早见到的对水上战争经验的总结,可提供水上航运与水上安全借鉴。

前 549 年(楚康王十一年)

吴国建立舟师后,按照训练陵军(陆军)的办法训练舟师(海军)。篙工、舡师等优秀行船者作为教员,采用不同的方法,分等级训练舟师。这是中国有文字记载最早的船员培训事例。

前 522 年(鲁昭公二十二年)

鲁国有掌管泽薮的官吏,名曰舟鲛,设在有水上盗贼出没的地方,起到防守看管的作用。这一职官类似现在的水上公安,既抓盗贼,又对过往舟船进行检查监督。这是中国有文字记载最早的水上舟船检查活动。

前 328—前 314 年(楚怀王元年至十五年)

楚怀王特令工尹铸造铜质的舟、车铜符节,赐给鄂君启,称为"鄂君启节"。启持着这种通商符节中的"舟节",可以在楚国境内从事经营水陆商贸。

这是目前所见中国最早的舟船航行凭证(相当现在船舶签证)。它是中国海事史上的一个里程碑,标志着中国海事进入形成阶段。

秦代

前 221 年(始皇政二十四年)

秦王朝为军事斗争需要组织漕运,"漕运之法,自此方详"。这是中国漕运历史的开端。

秦置都水长、丞一级官吏管理河道、水运事务,开创设置河务管理专门职官的先例。自此,管理河道、海事事务的官吏便成了中国历代王朝吏制中的一个常设职官。

前 206—前 202 年

楚汉相争时,丞相萧何兼管漕粮运输,所谓"汉王引兵从故道出袭雍(今陕凤翔歧山之间),留萧何收巴蜀租给军粮食"。

西汉

前 129 年(建元元年)

汉武帝颁布《告缗令》,制定车、船征税制度,规定舟船征税计算法为"船五丈以上一算",一算为 120 钱,一年算一次。这是秦汉统一中国后较早实施的舟船税收制度。

前 116 年(元鼎元年)

开辟合浦(今广西壮族自治区合浦县)港、徐闻(今广东徐闻县)港—缅甸、印度和斯里兰卡的远洋航线。合浦港成为中国"海上丝绸之路"的最早始发港。此为中国"海上丝绸之路"的肇始。

前 116—前 111 年(元鼎年间)

汉武帝为发动统一的东南沿海战争,曾"内增七校,外有楼船,皆岁时讲肄,修武备云"。这表明中国出现了由官方组织的有教练人员、培训期限,以及有讲授、实习和考核的船员培训管理。后来,这种做法作为一种法令推行开来,开启中国对水运船员培训管理的先河。

前 115 年(元鼎二年)

汉武帝将都水使者改为水衡都尉,位列九卿之末,年秩二千石。该职官本为管理上林苑、皇室财政收入的高级官员，因其又兼掌都水，故称“水衡”。

前 104 年（太初元年）

前代管理治安、造船的中尉更名为执金吾，属官有都船令丞，负责掌管包括水上军用船只在内的造船事务。

汉代起，设守津吏、津长、监津椽等，专掌舟船津梁之事。这是目前见到的有文字记载的最早津渡管理职官。

东汉

连云港花果山下遗留有旗杆石。这是中国目前发现的最原始人工航标。

25 年（建武元年）

撤销水衡都尉，复都水使者，以掌水利建设与水运、海事事务。后来又改都水使者为河堤谒者，管理河渠的整治与维修。地方上，置都水参军，基层置河堤员吏。

三国

222 年（孙吴黄武元年）

孙吴以福建会稽南郡为建安郡，设专事造船的职官——典船都尉，“主谪徒之人造船于此”。都尉营的旧址在今福州市鼓楼区东直巷。

225 年（曹魏黄初六年）

曹魏设立度支尚书，并特设监运谏议大夫、监运大中大夫、都匠中郎将和督运使者等职官，专理漕运、海事事务，形成以度支尚书为中央管理机构，专门职官和地方郡守组成的地方管理机构，大司农为代表的关涉机构三部分组成的漕运、海事管理系统。由此，曹魏形成属于九卿系统的都水使者（大舟卿）和尚书系统的尚书水部的两套漕运、海事管理系统。前者是立法与审查官员，后者为行政执行官员。

226—231 年（孙吴黄武五年至黄龙三年）

孙吴康泰船队前往南海国家和地区。船队雇用闽粤航行经验丰富的篙工、楫师指挥、指引舟船。这是中国船舶引水的开始。孙吴在长江设置烽燧台基，用于军事水运通信联络。

两晋南北朝

271 年（西晋泰始七年）

中央工部下设置水部，掌管水上交通政策法令，官员为水部郎。同时始设置专管舟船及水运的官署（机构）——都水台，将魏时水衡都尉并入，作为统领治水与水运、海事的管理机构。其官名为都水使者，从四品。都水台与都水使者的出现，标志着中国水运、海事管理既有职官又有机构历史的开始。

317 年（东晋建武元年）

朝廷在南京开始设立两津关，“西有石头津，东有方山津”，除征收商货实物税之外，还对民间商业航行进行安全管理，检丈船舶，以及维持码头治安。

455—500 年（南朝宋元嘉三十二年至齐永元二年）

祖冲之发明装有桨轮的船舶，改造千里船，从而提高船舶的航行速度。

东晋

都水台署中设有专管重要津桥的职官——尉皆分司诸津桥。

495—498 年（南齐建武二年至五年）

长江三峡流行传唱《滟滪歌》。这是一种特殊的夔门导航、驾引指南。

隋

581 年(开皇元年)

隋文帝废北周官制,在中央设工部尚书,下设水部和水部侍郎,主管水利、航运政令。设都水台,主管官为都水使者、都水丞,下属有都水参军、河堤谒者、录事、领掌船局都水尉等,以及掌管渡口、桥梁等若干官员。

601 年(大业元年)

朝廷将都水台改都水监,607 年又改都水使者。其下设舟楫、河渠二署,各设有令、丞。其中,舟楫署掌管漕运,河渠署负责修治河道和堰闸。舟楫署还在各航运要冲设尉具体执行。

唐

625 年(武德八年)

唐王朝设都水监,下设河渠、舟楫二署,主事官为都水令、丞。各地设河堤使者,后改为河堤谒者。另置诸津令、丞,负责重要渡口及水运要冲管理。

627—649 年(贞观年间)

珠江岸边的怀圣寺内建成光塔,高 165 尺,塔顶高竖导航明灯,指引船只进出广州港口水域。这是中国沿海最早以宝塔兼作船舶导航的助航标识。

632 年(贞观六年)

转运使下设舟楫署,管理漕政、海事事务。736 年废罢。

682 年(武后后垂拱元年)

唐律规定了船舶航行与靠泊、船舶违章处罚、渡船与渡运管理等海事方面的管理规章与管理制度。其涉及海事管理范围之广、内容之多是前所未有的。这表明唐是中国历史上第一个为海事立法的王朝。唐律中与海事有关的规定对后世历代王朝制定与颁布水上安全管理法律、法规及各种制度产生了很大的影响。

714 年(开元二年)

唐王朝在广州设立市舶司。这是中国历史上首次设置市舶司,标志着中国对外国籍船舶管理的市舶司制度的肇始。

726 年六月(开元十四年)

“沧州大风,海运船没者十一二,失平卢军粮五千余石,舟人皆死”。

733 年(开元二十一年)

宣州刺史裴耀卿任江淮转运使,常驻扬州,自此主管漕运、海事的转运使成为固定职官。航海者开始用白鸽进行海上航行的船舶的通信联络。这是最早见到的用白鸽作为传递信息工具的记载。

开元至贞元年间

位于大渡河青衣江与岷江三条支流汇合处的石刻造像乐山大佛历时 90 多年刻制完成,可起到导航标志的作用。

751 年(天宝十年)

“广陵(扬州)大风,驾海潮,沉江船数千艘。”

760 年(上元元年)

刘晏就任江淮、河南转运使,开始改革漕运:分不同水情建造舟船,按不同水势组建官运队伍,分不同河道训练漕船船员。

763 年十二月(唐广德元年)

湖北鄂州失火,烧毁船舶 3000 艘,并延及岸上居民 2000 余家,造成 4000 余人死亡。

821 年(长庆元年)

位于长江入海口处与吴淞口入海口南岸的青龙镇北报德寺内兴建高塔,高 7 层,临近港口,兼具引导舟船进出港口的导航作用。

宋

974 年(开宝七年)

今安徽安庆迎江寺塔建成。该塔被誉为“万里长江第一塔”,可为长江过往船舶导航。

1068—1077 年(熙宁年间)

在京城开封出现专用于修船的干船坞。这是中国最早的船坞。

1074 年(熙宁七年)

上海镇设市舶提举司,开始管理前来的外国商船。

1080 年(元丰三年)

中国第一个管理外贸与外舶的法规——《元丰市舶条例》颁布实施。该条例以立法的形式确定了市舶司对外贸与外舶的管理规范,规定由中央政府直接管辖。据此,中国商船出海必须有市舶司签发的公凭(又称公据),方可出海。

1080 年(元丰三年)

作为外贸门户的广州港,外国商船进出港口时由驻扎在溽州(一曰为台山广海,一曰为宝安担竿洲)的巡检司官兵强制引水。同时,到闽江口的外舶,必须由巡检司做向导和派引水人引领入福州港。这标志着北宋时中国东南沿海港口开始对外国籍船舶实行强制引水(航)。《广州市舶条》中有对外舶强制引水的记载,是中国第一个对外舶强制引水的管理规章。驻防口岸的巡检司,时常派巡船在通航“洋面巡缉”。这是中国最早有关在通航水域现场巡逻检查的记载。

1088 年(元祐三年)

山东密州板桥镇设立市舶司。这是中国长江口以北设立的唯一市舶司。

1099 年(元符二年)

对外舶遭遇海难的救助做出规定。这是中国历史上首次在法律上对外舶遇难救助做出管理规定。

1169 年(乾道五年)

陆游任四川夔州通判,写成《入蜀记》,记述了入蜀为官途中的经历。

1177 年(淳熙四年)

范成大由四川成都东归家乡,后写成《吴船录》,记录了此次顺江下航的见闻,对所经停沿江各码头与航道情况均有描述。

1195—1200 年(庆元年间)

颁发《庆元条法》。这是一部包括官运船纲、榷禁、铸钱、私贩官卖物资处分及国库管理等内容的法规,使南宋的船纲条令更为完整、严密,且上升到国家法律的高度。

1124 年(宣和六年)

徐兢撰《宣和奉使高丽图经》。该图经与绍兴五年(1135 年)刘豫献的海道图均为是中国古代航海极其珍贵的资料,为《郑和航海图》的形成提供弥足珍贵的基础资料。

元

1282 年(至元十九年)

在中央设置管理漕运的机构,分段管理运河漕运。具体机构包括南北两漕运司,即江淮都漕司与京畿都漕运司。前者驻在长江与大运河交汇处的瓜洲,负责江南至瓜州段的漕运事务;后者接收前司漕粮,负责中滦(今河南封丘南,黄河北岸)至大都(今北京)粮运。

1283 年(至元二十年)

海路运送漕粮肇始,航线自刘家港开洋,至崇明三沙放洋,往东驶入黑水大洋,取成山,转西至刘家岛,到登州沙门岛,于莱州大洋入界河(海河),到直沽(今天津)。同时,开始设置海道运粮万户府,负责海道运粮事务。

1287 年(至元二十四年)

始立行泉府司,专掌海运。在上海设都漕运万户府,上海总管与都漕运万户府共同负责漕粮从海路自刘家港运往京都(今北京)。

1292 年(至元二十九年)

上海镇升为上海县,恢复设置上海市舶司。

1311 年(至大四年)

长江三角洲一带有航行经验的船户在浏家港设置指浅号船。这是中国江海交汇处的长江口设置的第一个人工航标。

明

1368 年(明洪武元年)

朱元璋在金陵龙江关设立龙江船厂,这是明代最大的造船基地。朝廷规定驶往京都的外国商船,先泊太仓“六国码头”,由海防巡检司和有关部门官吏登船检查后,选聘有航运经验的伙长(船长)一同监督和指引驶入金陵(今南京),相当于现在的对外籍船舶的强制引航。

1387 年(洪武二十年)

今福建惠安县崇武半岛的东端崇武古城处灯塔建成。该处为大陆和台湾通航的一个重要港口。

1404 年(永乐二年)

开始设漕运总兵官(简称漕运总兵),协助管理漕务、海事等,统领海上军事运输。后海运罢废,只理河运。

1405—1433 年(永乐三年至宣德八年)

郑和七下西洋,先后率 240 多艘船舶组成的船队,从刘家港(今江苏太仓)出发,泛海远洋东南亚、南亚、西亚,甚至东非沿岸。根据下西洋经验绘制的《郑和航海图》,标明了 500 个地方和港口,对航向、航程、停泊港口、暗礁、浅滩、海岸和海底地形、海水运动、风向等都作了比较详尽可靠的记录。这是中国第一部完整的航海图集,一份有关航海地理的珍贵资料,也是世界上最早的航海图之一。为保证远征船队整齐,进退有致,郑和利用音响和信号创造出一种独特的船舶通信联络方法。

1412 年(永乐十年)

在今天上海市浦东新区高桥镇以北五里的地方筑起一座土墩,于其上昼放烟、夜举火。这是当时长江口最大的固定航标。

1451 年(明景泰二年)

设置漕运总督,专理漕务、海事事务,相当于唐时转运使、宋代发运使。

1562 年(嘉靖四十二年)

朝廷将建于浙江澄海县的靖海馆改为海防馆,作为专门管理洋面、出海口的军事管制机构;置海防同知,权同州、县,管防海商及其船舶进出等。

1593 年(万历二十一年)

海防馆改为督饷馆,受理与颁发东、西洋船引(即官方颁发的安全文书,也称商船出洋凭证)。中国籍船舶出海盘检、丈量,交纳水饷(水税)、进口税等也在此进行,检查事务仍由市舶司领掌。这是明代后期开放海禁的一个标志。

清

1663 年(清康熙二年)

广东南海县突遇"暴风疾雨,雷电大作,飘没深井尾海面船只,淹死人民千计"。

1683 年(康熙二十二年)

清政府收复台湾,有厦门一口与台湾鹿耳门对渡。1784 年始增一渡,福建泉州府晋江县之蚶江与台湾府彰化县鹿耳门港对渡。1790 年,又增福州府闽江口五虎门,与台湾淡水县八里岔对渡。继此之后,沿海其他小港也陆续开放与台对渡。

1685 年(康熙二十四年)

清政府设立粤海关、闽海关、浙海关、江海关四大海关,检验进出港口船只,制发执照,检查有否夹带违禁物品,征收船税(又称梁头税)、货税和规例(即附加杂税)等。

1744 年(乾隆九年)

澳门海防同知印光任制定七条管理章程,后称《防夷七条》,对外舶进出港口的引水与引水人员的选择均有规定。《防夷七条》的出台标志着中国引水管理制度的正式确立。

1775 年(乾隆四十年)

长江忠县东南约 7.5 公里的折栀子滩南岸的崖壁上刻写"对我来"三字。这是利用川江两岸自然地貌导航的较早记录之一。

1778 年(乾隆四十三年)

台湾澎湖渔翁岛的西屿灯塔(又名渔翁岛灯塔)建成。石塔 7 级,高约 5 丈,灯光射程 1 海里。这是中国沿海最早由地方官吏与民间集资共建的一座灯塔。

1791 年(乾隆五十六年)

三峡沿江州县对峡江险滩进行普查,在沿江两岸"插立标记"为舟船导航。这是川江上一次大规模设置简易航标的活动。

1736—1795 年(乾隆年间)

朝廷提出船舶修造的"九验之法",即验木、验板、验底、验梁、验栈、验钉、验缝、验舱、验头。这项制度的创立标志着中国古代造船业的船舶质量检验达到一定的规范水平。

广东地方官府制定珠江三角洲海事救助制度——《粤东省例新纂》,对遇难、施救、打捞及奖惩均做出具体规定。

1820 年(嘉庆二十五年)

江宁府颁布《南京港口救生条规》21 条款,刻石碑竖于江岸,由救生局监督执行。该《条规》的主要内容是关于在港区内失事船舶和落水人员的抢险、救捞、善后处理、奖惩办法等。

1840 年(道光二十年)

航行长江中上游干支流河道上的各类救生红船达 9 万多艘。

近代

1842 年(道光二十二年)

8 月 29 日　在南京签订中英《南京条约》,除割让香港,赔偿英国侵略军费 2100 万银元外,开放广州、福州、厦门、宁波、上海等五处为外国船只通商口岸,协定进出口关税及派设领事等。这是近代中国被迫签订的第一个不平等条约,标志着中国开始进入半殖民、半封建社会,也是中国航行权、航政管理权丧失的开始。

1843 年(道光二十三年)

7 月 22 日　中英《五口通商章程·海关税则》在香港公布,作为《南京条约》的补充。

10 月 8 日　中英《五口通商附粘善后条款》(通称《虎门条约》)签订。其中规定允许进入中国的外国船"自雇引水"和外国人充当引水人,以及外国领事有权批准外船进出港。自此,作为中国航政重要管理权力——引水权与外船进出港批准权均受制于西方列强。此举既开中国引水管理权丧失之先河,又首开外国领事干预外国船舶指泊权的恶例。

11 月 8 日　英国驻上海第一任领事官巴富尔乘"美尔萨"轮到上海。该轮是侵入上海港的第一艘外国商轮。

11 月 14 日　巴富尔宣布上海港 11 月 17 日起正式对外开放,开外国领事干预中国港口主权的先例。

1844 年(道光二十四年)

7 月 3 日　中美签订《望厦条约》。援中英《南京条约》及其附约之例,美国攫取了五口通商、领事裁判等特权。

10 月 24 日　中法签订《黄埔条约》,规定法国享有协定关税、五口通商、领事裁判等特权。

本年　在广州珠江海珠炮台附近,利用沉没的"伶仃"号鸦片趸船露出水面 2 米的前桅顶挂灯,作为水上灯桩,指示航道。

本年　英国驻沪领事向本国人托玛斯·林克莱特发放了上海港引水执照。此人是近代中国由外国领事发给引水执照的第一个外籍引水员,也是上海港的第一个外国引水人。

1846 年(道光二十六年)

6 月　江海关(洋关)"置于各有约国领事的管辖之下"。这是外国人控制上海江海关(洋关)的开始。此后,这一办法推广到全国各口岸港口,以前清政府设立的海关改为常关(厘关)。

1847 年(道光二十七年)

本年　由苏松太道拨款,英人巴夏礼主持,在长江口北岸浅滩设标桩。这是近代中国第一次设立的新式助航标志。此后中国沿海又陆续出现一些近代助航设施。

本年　在长江口北岸及南岸浅滩外缘各设置一座标桩。这一对标桩标示出进入长江口的南北界限。

1851 年(咸丰元年)

9 月 24 日　英、美、法三国驻上海领事联名发表通告,颁布《上海港章程》。上海道台任命美国人贝莱士为上海港港务长。这为上海港第一任港务长,也是全国港口设港务长之职的开始。港务长的职责是为外国船只指泊,监督外国商船等。此举开启了西方列强染指中国政府对船舶实施管理的权力。次年,贝莱士港务长被迫离职。

9 月　以上海道台名义发布《上海港口管理章程》。这是近代中国第一个管理港口的章程,以后移植到全国各港口。

1852 年(咸丰二年)

12 月 2—13 日　太平军攻下益阳、岳州,各获民舟数千艘,将船工、水手编成水营。

1853 年(咸丰三年)

2 月 9 日　太平军放弃武汉,沿江东进,拥兵 50 万人,船万余艘。3 月 9 日,抵金陵,水陆连营 60 余里。

9 月 7 日　小刀会举行起义,占领上海县城,英、美等国借口“租界中立”,赶走设在租界内的中国海关官员,宣告由英、美领事代征关税。

本年　太平天国定都南京,改称天京,并设税关,称天京关,后改天海关。其下设上、中、下分关,即提中关、提头关、提下关,分别进行船舶的检查与征收税务,实行“行路船票”制度,还负责水师管理。这是中国历史上第一个由农民政权设置的包括兼管航政事务在内的税关。

1854 年(咸丰四年)

6 月 29 日　上海道台吴健彰与英、美、法三国领事签订上海海关征税规则,成立上海关税管理委员会(即由三名领事代表组成的税务司署)。自此,第一个管理海关的外国税务司在江海关出现,开启外人管理中国海关之端,是中国近代海关之滥觞。

1855 年(咸丰五年)

12 月 10 日　驻上海各国领事和上海英商总会自行制定与公布《上海港口引水章程》,共 8 条。这不仅是近代中国引水史上的第一个章程,而且将不平等条约中西方列强攫取的引水权具体化。

本年　苏松太道从国外购置灯船“柯普登爵士”号,置于长江口铜沙浅滩,称铜沙灯船。这是中国的第一艘新式灯船,也是引进西方先进技术在中国使用的第一艘新式灯船。

1858 年(咸丰八年)

6 月 13—27 日　分别签订中俄、中美、中英、中法《天津条约》,开放沿海的牛庄(今营口)、登州、淡水、台南、潮州、琼州口岸和长江的镇江、南京、九江、汉口口岸,允许外国船只在长江一带各口通商,外国兵船在通商各口停泊,来往游弋。这是长江航行权丧失之始。《天津条约》还规定:“通商各口分设浮桩、号船、塔表、望楼,由地方官会同领事官酌量办理”,经费“在船钞项下拨用”。至此,西方列强在享有船舶进出口审批权、自雇引水权等两个航政管理特权的基础上,又增加对助航设施建设和管理的特权。

11 月　清政府与英、美、法等国又签订《通商章程善后条约》,把航政、港务、航务的管理职权均交予海关,使西方列强进一步取得了劫夺中国航政管理权的合法依据,从此开始把持海关、海关兼管航政。

本年　中俄第一个不平等条约《瑷珲条约》签订,沙俄取得黑、松、乌三江的航权、航政管理权。

本年　上海江海关(洋关)下设立由外籍税务司控制的理船厅,兼理航政事务。这是第一个设理船厅兼理航政事务的海关。之后,各条约口岸均予仿效,在设立海关的同时或之后均设置理船厅,兼理航政事务。

1859 年(咸丰九年)

9 月　上海关税管理委员会撤销,在上海设立总税务司公署。

10 月 24 日　广州设粤海关(新海关),美国人吉罗福为首任税务司,行代理职权(因英国人费士来未到任),赫德和马福臣为副税务司,分驻广州和黄埔,并下设专司航政事务的理船厅与港务长。

12 月 23 日　驻沪各国领事在 1855 年的《上海港引水章程》基础上公布第二个《上海外籍引水人管理章程》。

1860 年(咸丰十年)

1 月 1 日　广东潮州(今汕头)设海关,建立管理航政、港务事务的理船厅,美国人华为士为首任税务司。

1月　上海港的引水员考试委员会成立,由6位外国船长、外国保险公司职员组成。这是中国近代史上的第一个引水考试管理委员会。

3月23日　天津海关(简称津海关)建立,英国人克士可士吉为首任税务司。下设河泊司(即理船厅)负责航政事务,负责人为港务长,首任者为英人洛维特。1863年2月在塘沽、大沽设分关,1898年在秦皇岛设分关。

4月16日　全部由外籍引水员参加的上海引水公司组成。这是中国近代史上的第一家专门引水职业团体。

10月至11月　中英、中法、中俄分别签订《续增条约》(即《北京条约》),"增开天津为商埠",沿海条约口岸增至12处。

本年　沙俄将黑龙江以北和乌苏里江以东100多万平方公里的中国领土并入俄国版图,把原属于中国内河的黑龙江和乌苏里江变成中俄两国的界河。

1861年(咸丰十一年)

1月24日　清政府任命英人李泰国为海关总税务司。

3月25日　中英签订《长江各口通商暂订章程》。

4月　琼记洋行木质拖轮"火鸽"号,用一个月时间完成沪汉间往返航程。这是长江首次出现从事商业航行的轮船。

5月10日　镇江开埠。这是长江上第一个对外开放的港口。同年设海关,成立理船厅。

5月22日　宁波港设新关(称浙海新关),成立管航政事务的理船厅。英人华德为闽海关第一任税务司。

7月14日　闽海关(新海关)在福州成立,英人华德为第一任税务司。1865年设立理船厅,专理航政事务,由南段巡工司领导,外国人主其事。

8月22日　烟台设新关,称东海洋关,英国人汉南为第一任税务司。1865年,在青岛、塔埠头和金家口分别设立东海分关。

10月9日　清政府与各国签订《长江各口通商暂行章程》及《通商各口通共章程》。这样一来,丧失于不平等《天津条约》中的长江航权、航政管理权,在清政府自订的章程中得到确认。翌年,上述章程修订为《长江收税章程》。

本年　在长江狼山水道布设灯船1艘,称狼山水道灯船。这是长江下游近代设置的第一座航标。

1862年(同治元年)

1月1日　设江汉关,在汉阳、石灰窑两处设分关,英国人吐麦司·狄克为第一任税务司,并设理船厅管理航政事务。

1月1日　设九江关。

3月30日　设厦门海关,置理船厅,英人华为士为首任税务司,由副税务司休士主持关务。

3月27日　美商旗昌洋行在上海设立旗昌轮船公司,经营长江和沿海航业。这是进入长江的第一个外国轮船公司,最初是以"惊异"号轮船投入长江沪汉线营运。

本年　上海港恢复空缺10年之久的外籍港务长,英国人贺克莱为新任港务长。

1863年(同治二年)

11月15日　清政府任命英人赫德为总税务司,接替李泰国。

本年　淡水、打狗(今高雄)设立新海关。

1864年(同治三年)

5月9日　营口设新海关,立理船厅,管理航政事务。此关为中国东北建立最早的海关。同时在沈阳设奉天(沈阳)分关。1903 年,又在大连设分关。

本年　总税务司赫德下令港务长划归税务司管理,航政从属于海关,港务长为税务司下属,听命于外籍税务司,以扩大税务司管理航政的权力。这样做的结果是在事实上将税务、航政、邮政管理大权集于税务司一身。

1865 年(同治四年)

6 月 8 日　江南制造局在上海成立。

本年　徐寿、华蘅芳、蔡国祥、徐建寅等在南京试造轮船成功,后定名“黄鹄”号。这是中国人建造的第一艘轮船。

本年　总税务司赫德制定 27 条《通商口岸募用外国人帮办税务章程》,明确了税务司和港务长的调职和撤职均由总税务司做主,各口港务长听命于总税务司。总税务司统揽各口航政管理大权的局面形成。

1866 年(同治五年)

本年　广东籍手工业者孙英德等在上海合伙开办发昌铁厂,陆续制造出小轮船。这是近代民资船厂造船最早的记录。

本年　天津大沽口曹妃甸设灯标一座,委托曹妃庙内的和尚代为管理。这是天津港近代设立航标之始。

1867 年(同治六年)

本年　福州船政学堂成立,前学堂为造船专业,后学堂为驾驶专业。这是中国近代以来自建的第一所培养造船和驾驶、航政人才的学校。

本年　海关总税务司赫德拟定引水总章,提出准许外籍人士充任中国引水,并由领事官及海关税务司负责考选之事。

本年　曾国藩公布《华商买用洋商火轮夹板等项船只章程》,晓谕各口试行,限只赴外国贸易及在通商各口来往。

本年　镇江海关在长江下游辖区内设灯标 7 座。这是长江上近代设置的第一批灯塔。之后,九江关、江汉关纷纷仿效,相继在辖区内设置灯桩和灯船。

1868 年(同治七年)

4 月 25 日　设立隶属于总税务司的海政局(亦称船钞项下,即船钞部),下辖巡工、理船、灯塔、运输四科,其中巡工、理船、灯塔均管理有关的航政事务。

12 月 27 日　由赫德制定的《各海口引水总章》(也称《中国引水总章》)公布,之后施行 65 年。这是中国近代引水史上第一个全国性的章程。本来该总章并不准外国引水进入长江,但西方列强硬说适用于长江,以致后来外籍船长开始偷偷进入长江引水,开长江引水权落入外国人之手的先河。

本年　中国沿海分北、中、南 3 个区段,每段设外籍巡工司 1 员,分驻烟台、上海、福州,分段建设与管理沿海助航设施。

1869 年(同治八年)

4 月 26 日　英国人立德罗乘木船探测川江,5 月 12 日抵渝。

本年　江汉关在黄同县七矶洪设西角灯船。

1870 年(同治九年)

同年　九江关在辖区内设岸标 10 座。

1872 年(同治十一年)

8 月 15 日　李鸿章向总署咨送朱其昂等所拟轮船招商节略,并请户部拨直隶练饷局存款作为官借资本,另招私股,筹办轮船招商局。

1873 年(同治十二年)

1 月 17 日　作为具有资本主义性质的"官督商办"的轮船招商公局在上海南永安街正式宣布成立。由朱其昂、朱其诏主持局务。8 月 7 日迁至上海三马路新址,改称轮船招商总局。这标志着中国民族航业兴起,开始跻身世界航运业。

1874(同治十三年)

本年　招商局在上海虹口购进耶松码头、栈房.在汉口、九江添造栈房,在镇江置趸船。

1876 年(光绪二年)

4 月 1 日　琼州海关在海口成立,由外人任海关税务司,负责对进出船舶检查、海口河道测绘,以及建设和管理助航设施。

9 月 13 日　中英《烟台条约》签订,增开温州、北海两沿海港口,并增开宜昌、芜湖、大通、安庆、湖口、武穴、陆溪口、沙市等长江口岸。

本年　《长江及沿海通商口内,内地船只防备轮船碰撞章程》颁布。这是近代中国航政史上第一个技术行政管理法规,也是海(水)上最早的行船避碰章程。

1877 年(光绪三年)

3 月 27 日　芜湖设海关。

3 月 18 日　北海设海关,英人李华达出任首任税务司,下设理船厅。

4 月 1 日　温州港设海关,好博逊为首任税务司。半年后改称瓯海关。

同日　宜昌设海关。

6 月　龙州对外开埠。1889 年 6 月 1 日设关,首任税务司为宾格纳。

1881 年(光绪七年)

本年　总税务司撤销海务税务司,将 3 个段巡工司合并为 1 个,改称为海务巡工司。总税务司直管营造、理船、灯塔 3 个股。

1884 年(光绪十年)

本年　总税务司拟订《华商购造小火轮请领牌照,并拖带渡船章程》,并呈报总理衙门。该章程仍只准在沿海通商口岸行驶,不准载货搭客,驶入内港内河及沿海不通商地方贸易。

1885 年(光绪十一年)

5 月　中法战争结束,招商局依约将局产从旗昌洋行买回,8 月换旗过户。

1888 年(光绪十四年)

2 月　立德罗将浅水轮船"固陵"号开到宜昌,试图开进川江,遭到川江船工和纤夫反对。立德罗被迫放弃川江试航计划,将"固陵"轮售给招商局,改走长江中游。

1889 年(光绪十五年)

6 月 1 日　龙州设海关,首任关署税务司为宾格纳。

1890 年(光绪十六年)

3 月 31 日　中英签订《烟台条约续增专条》,辟重庆为通商口岸,允许英商雇用华船或自备华式船只往来宜渝运货。

1891 年(光绪十七年)

3 月 1 日　重庆开关,第一任税务司为英国人霍伯森。建关初期,海关外班中设总巡(相当港务长)1 人,兼理航政、港务和船舶工作,由英人鲁富充任。

1894 年(光绪二十年)

本年　盛景康在上海开办泰昌轮船公司,经营航线以芜湖为中心,上至安徽、江西两省内河,下至江苏南京、镇江和上海附近,逐渐发展成为当时民族资本中最大的小轮企业。

1895 年(光绪二十一年)

4 月 17 日　中日签订《马关条约》,割让辽东半岛(包括鸭绿江口至凤凰城、海城、营口以南及旅顺、大连在内)、台湾及所有附属岛屿和澎湖列岛给日本,赔偿日本军费等。在条约中,清政府许诺开放广西梧州,开外国人攫取珠江航行特权之先例;开放沙市、重庆、苏州、杭州为商埠。这是继《南京条约》之后,西方列强又一次侵略中国的高潮。

1896 年(光绪二十二年)

10 月 1 日　杭州设新关,李士理为首任海关税务司,并在嘉兴设分关。

10 月　沙市设海关。

本年　沙俄又以借地筑路(即修筑中东铁路)为名,与清政府签订《中俄密约》,获取内河松花江航行、航政管理权。

本年　沙俄组建航道整治部,隶属于黑龙江铁道研究会,1898 年改为黑龙江水路局,掌管黑龙江干支流航标及航道测量、疏浚等事务。

本年　黑龙江上、中游设置接岸标、导标。这是黑龙江最早设立的岸标。当年冬季又在黑龙江、乌苏里江全线设置航标。

1897 年(光绪二十三年)

2 月 4 日　清政府同意将广西梧州府,广东三水县城江根墟开为通商口岸,作为领事官驻扎处所,并允许外国轮船在香港至三水、梧州和广东至三水、梧州间往来行驶。

11 月 14 日　德国强占山东胶州湾。

本年　在黑龙江、乌苏里江浅滩处首次设置水上浮标。

1898 年(光绪二十四年)

2 月 15 日　立德罗以“利川”小汽船由宜昌上驶,试航川江,历时 23 天,于 3 月 9 日抵重庆。此为川江有轮船行驶的开始。

3 月 26 日　清政府宣布秦皇岛港自行对外通商。

3 月 27 日　沙俄强占旅顺、大连。

4 月 1 日　清政府公布修改《长江通商章程》,增辟长江江阴、宜兴、黄子岗、黄州、芦泾港、天星桥、荆河口、新堤等 8 处为外国轮船上下旅客的地方。

5 月 25 日　由总税务司赫德拟订、清政府颁布的《内港行轮章程》施行,凡属通商省份所有内河港口均准外轮“领照航行”。至此,中国内河与内港航权、航政管理权丧失殆尽。

7 月 1 日　英国强行租借威海。

9 月　英国强租九龙。

1899 年(光绪二十五年)

5 月 1 日　在南京设金陵关。

5 月　湖南岳阳设海关。

1900 年(光绪二十六年)

1 月　上海引水公会共有成员 35 人,中国籍引水员只有 1 人,即张玉。张玉被迫于 1903 年退休后,上海港竟无一名中国籍引水员在执业,直到 1928 年。

1901 年(光绪二十七年)

9 月 7 日　《辛丑条约》签订,条文包括“中国允将通商行船各条约内,诸国视为应行商改之处,及有关通商各地事宜,均行议商”,为以后续增通商口岸、扩大外轮侵入范围开了方便之门。

本年　在汉口以上的金口礁设置了长江中游近代第一座航标(即金口礁引导灯桩)。

1902 年(光绪二十八年)

9 月 5 日　《续议通商行船条约》签订,开长沙、万县、安庆、惠州、江门、三水、梧州、南宁为通商口岸。

本年　法国兵舰首次测量川江滩险。

1903 年(光绪二十九年)

本年　海关巡江司派航道工作船“春星”号驻九江,巡查灯标和测量航道。

1905 年(光绪三十一年)

4 月　江南制造局、坞分立,成立江南船坞。

1906 年(光绪三十二年)

4 月　清政府设立税务处,统辖海关,并由船政司管航政,后又多次演变。但因西方列强控制的海关不愿放弃理船厅兼管的航政实权,船政司只是一个空名。

本年　清政府成立邮传部,内设船政司,管理商船与航政。

1907 年(光绪三十三年)

2 月 19 日,在南宁设立海关。

本年　清政府在吉林、黑龙江两省的中心哈尔滨(该地亦为中外交通枢纽)设海关,称滨江关(后又称哈尔滨关)。这是黑龙江水系的第一个中国海关。1909 年 7 月 1 日,滨江关开关。1910 年 1 月 1 日,在珲春建分关。

本年　岳州关在湖南沅江口的白沙塘庙附近设标杆 1 架,时称白沙塘灯桩。此为长江中游支流航道设置近代航标之始。

1908 年(光绪三十四年)

11 月 1 日　日军在大连设立关东州海务局,掌管大连港口的航路标识、船舶检测丈量、船籍、船员及引水员等航政管理事务。

本年　海关巡江司在岳州、长沙、常德航道上设置棒形浮标 14 处和灯桩 2 座。

1909 年(宣统元年)

10 月　清政府邮传部颁布《招商局商办隶部章程》。

12 月 29 日　川江轮船公司“蜀通”轮由沪抵渝。这是中国商轮航行川江之始。

本年　海关总税务司赫德去职回国,其控制中国海关 48 年。

1911 年(宣统三年)

7 月　清政府设航政司,管辖航政、航务、航道等。8 月,撤销航政司。

本年　遮浪角灯塔落成。这是当时世界上最大的灯塔之一。南澎岛灯塔设气压雾笛,为世界最强的雾角之一。

本年　邮传部设高等实业(商船)学堂于上海。其前身为 1909 年的上海南洋公学。

1912 年(民国元年)

1 月 1 日　中华民国成立,孙中山在南京就任临时政府大总统,力主废除不平等条约,努力收回航权,发展民族航业。

本年　北京政府设交通部,下设航政司,主管全国航政事务。首任航政司司长为曹汝英。8 月,以航政事务简单为由,将四科合并为总务、航业两科,航务科归总务科兼理,港务科归航业科兼理。

本年　北京政府交通部在原上海高等商船学堂基础上,筹建吴淞商船学校。江南船坞改名江南造船所。

本年　总税务司将船钞部改称为海政局。其原管辖的建筑、工程事务分出,另设一部,称工程局,以总管造司为负责人,统辖各口灯塔的建筑、维修和管理。

本年　北京政府拟设天津、上海、广州、汉口4个航政局,及烟台、营口、镇江、芜湖、潮州、梧州、九江、长沙等8个航政分局。次年,又增设重庆、温州、福州、哈尔滨航政局及安东、济南、南京、安庆、苏州、琼州、北海、南宁、沙市、岳州、万县、宜昌、宁波、福州、厦门、杭州航政分局。但因航政管理权并未收回,北京政府的控制区域又有限,实际上只是虚列而已。

1913 年(民国二年)

本年　北京政府裁撤航政司,有关航政事宜改由邮传局管理。

本年　总税务司颁定《理船章程》,共31条。

1914 年(民国三年)

5月14日　北京政府交通部公布《轮船注册给照暂行章程》。

本年　上海宁波籍海员工人成立焱盈社;上海海员中的水手成立均安水手公所。太古、怡和、招商三公司船上侍役、厨工举行罢工,要求增薪。

本年　涪滩、庙河等处开始设立导航标杆。

1915 年(民国四年)

6月　《起除沉船章程》和《民船夜间悬灯章程》由交通部公布。

本年　重庆成立长江上游巡江事务处后,开始在川江设置航标。当年8月17日在狐滩南岸设立标杆信号1座。这是长江上游(川江)航道近代所设的第一座航标。

1916 年(民国五年)

8月　恢复航政司,下设总务、管理、航业、工程四科,直至北京政府终结。

4月　《军警用轮船暂行章程》公布。

1917 年(民国六年)

3月16日　设隶属于重庆海关的万县分关。

4月　修浚宜渝滩险事务处开始测量川江水道滩险,次年编成的《峡江滩险图志》,1921年出版。

1918 年(民国七年)

4月25日　招商局"江宽"轮在长江汉口丹水池被"楚材"舰撞沉,溺死数百人。

1919 年(民国八年)

3月13日　设立航律委员会,由北京政府交通部参事陆梦熊兼会长,聘请安格联推荐的海关海务巡工司戴理尔为顾问。

1921 年(民国十年)

3月6日　中华海员工业联合总会(简称海总)在香港成立。这是中国海员第一个工会组织,也是中国最早的产业工会之一。

10月　川江第一个引水规则——《宜昌重庆轮船领江规则》发布。

本年　选用在宁波航业界享有盛誉的周裕昌、顾复生为引水员。这是宁波港开埠以来中国人担任引水之始。

本年　吴淞商船专科学校停办。

1922 年(民国十一年)

1 月 11 日　海员工会第三次要求增加工资未果,当即举行大罢工,湖北、河南、上海等地组织香港海员后援会。

1 月 24 日　北京政府扬子江水道讨论委员会成立,内务总长高凌璐任会长,下设扬子江技术委员会,专门办理测量、设计事宜。

2 月　北京政府海军部海道测量局在上海成立,作为培养训练引水人才的教育机构。

5 月 1 日　第一次全国劳动大会在广州举行,海员代表出席会议。

7 月 2 日　中华海员工业联合总会上海支部成立。上海海员因招商局拒绝履行香港海员罢工提出的加薪条件而宣布罢工,坚持 22 天,终于取得胜利。

10 月 4 日　北京政府交通部公布《商船职员证书施行细则》。

1923 年(民国十二年)

6 月　北京政府交通部公布《航业公会暂行章程》,并改组原商船公会。

9 月　扬子江水道讨论委员会复勘长江水道。11 月提出复勘报告。

本年　扬子江技术委员会购置“利农”“利商”“利江”“利湖”等小轮 4 艘,作测量专用船。

1925 年(民国十四年)

6 月 17 日　北京政府交通部公布《商船船员抚恤章程》及《保全海上人命使用无线电信条例》等。

6 月 19 日　为响应上海人民反帝爱国斗争,香港各行各业工人举行省港大罢工。中共广东区委开始在海总中建立党组织。

1926 年(民国十五年)

1 月　中国海员第一次全国代表大会在广州召开,决定在香港或广州设海员工会总会,上海、汉口、重庆等地设分会,各船上设支部。

6 月 10 日　民生实业股份有限公司在合川正式成立。

9 月 5 日　英军为庇护多次撞沉中国船只而被扣留在万县的英轮,动用军舰炮轰万县居民区,死伤中国人千余人,酿成“万县惨案”。

10 月 16 日　被军阀孙传芳征用的“江永”轮,装运军队泊九江时,弹药失火爆炸,全船焚毁,伤亡士兵、民夫 400 余人,遇难海员 88 人。

1927 年(民国十六年)

1 月 5 日　武汉各界数十万民众示威游行,海员纠察队乘势配合收回英租界。

1 月 6 日　英军在九江英租界登陆,打伤码头罢工纠察队员。英舰炮击群众,死伤甚众。后迫于群情激愤,英军撤走,九江英租界被收回。

2 月 1 日　广西省政府在梧州成立广西航政局,管理民船。翌年 4 月,又在南宁、柳州、桂平、桂林、百色、龙州设航政分局。8 月,广西航政局由梧州迁往南宁,另设分局于梧州,原各分局均改称航政办事处。

3 月　东北商船学校在哈尔滨创办。该校为青岛海军学校分校,设驾驶、轮机、测量班。1932 年哈尔滨沦陷,该校停办,人员被迫迁往青岛。

7 月　南京国民政府成立,下置交通部,并设航政司。

本月　国民政府交通部公布《轮船注册给照章程》,成立上海航业公会。

12 月　四川省在重庆设立川江航务管理处。

本月　国民政府公布《监督招商局章程》7 条,设立招商局监督办公处,隶交通部,置监督、总办各 1 人。交通部长王伯群兼监督,总办由部派赵铁桥充任。

本年　长江、珠江的中国引水人成立全国江海领港业总联合会。次年年初，该会在上海集会。会后向国民政府上海特别市政府递交对1868年的《中国引水总章》进行修改的《修改引水章程讨论会宣言》。

本年　在长江口花鸟山灯塔建设指向标，设备从英国进口，1930年正式投入使用。这是中国沿海第一座无线电指向标。

1928年（民国十七年）

2月17日　大通轮船公司的“新大明”轮，自上海开往口岸。在次日驶近口岸时被从上水驶来的日商“厚田第二丸”迎面撞击，致使该轮突然倾覆，仅救出40余人，其余365名乘客和船员均遇难，船货损失约数十万元。这是长江航运史上一起罕见的海难事故。

2月22日　招商局总管理处成立，解散和改组原董事会及各级机构。至此，国民政府完全控制了招商局。

5月　交通部航政司正式设立，专理航政管理事务。首任国民政府交通部航政司司长为沈蕃。

9月　国民党中央执行委员会政治会议通过中国航政根本方针，决定航政实行中央、地方两级管理，“向由海关代管航政各部分暂行仍旧”。自此，中国航政形成了国民政府建立的半自主航政机构主管、海关理船厅兼管、地方航政机构分管的分治格局，三者并存。

本年　吴淞海军学校经交通部批准复校，名为吴淞商船专科学校。校长由交通部长王伯群兼任。

本年　以吴淞商船学校同学会为基础的商船驾驶员总会成立。次年1月在上海成立中华航海职工联合会。

1929年（民国十八年）

9月1日　交通部公布吴淞商船专科学校章程，11月11日该校正式开办。

12月20日　交通部颁布《航政局组织通则》，规定航政局下设三科，并明确了各自的职责。

12月30日　国民政府公布《海商法》。这是中国近代首部海运专门法律，在中国航海史上具有划时代意义，同时也奠定了中国近代航政法律体系的基础。

本年　李高昌取得引水证书，成为上海引水公会的正式成员。这是上海港口引水业由外国人垄断25年后的第一个中国引水员。到1935年，上海港有3名中国引水员执业。

1930年（民国十九年）

11月29日　国民政府首次公布《交通部航政局组织法》14条，从12月15日开始实施。该《组织法》规定中央航政机构的部门设置、人员编制、人员选用标准、隶属关系、管理职责等。其中，航政司下设两个科室（第一科、第二科），有局长1人、科长2人、技术员4～8人、科员8～14人。局长（司长）由交通部任命，科长由局长任命，技术员与科员由科长任命。航政局职责包括船舶的检验与丈量、载线标识、船舶登记发照、船员与引水人员的考核监督、船舶出入查验证的核发、造船、航道疏浚、航道标识监督等八项。《组织法》首次明确了中央与地方航政分工：中央航政管理20总吨以上的航海轮船暨容量200担以上的航海帆船，以及在与海相通能供海船行驶之水上航行的20总吨以上轮船暨200担以上的帆船；其他为地方航政机构管理。

12月　国民政府公布《船舶法》《船舶登记法》。

1931年（民国二十年）

1月31日　国民政府行政院院长蒋介石发表训令：令交通部在上海、汉口、天津、哈尔滨四大港埠先行分设航政局，各局所辖地域为“上海局兼辖江、浙、皖各埠，汉口局兼辖湘、鄂、赣、川各埠，天津局兼辖直、鲁、辽东沿海各埠，哈尔滨局兼辖松、黑两江各埠”。

6月26日　上海、汉口、天津、哈尔滨航政局首任代理局长人选确定，分别为奚定谟、徐濬镕、陶毅、曾广钦。

7月1日　上海航政局成立,首任局长(代理)为奚定谟。局内设一、二两科。第一科管理行政事务;第二科管理航政事务,下设登记、考检、验船三股,并分别在上海、江苏、浙江、安徽要埠杭州、苏州、南通、镇江、南京、芜湖、安庆、蚌埠、宁波、温州、台州、海州等地设立航政办事处,在吴淞、苏州河、闵行、浏河、镇海、定海、绍萧、石浦、严东关、闸口、嘉兴、吴兴、无锡、江阴、盱眙、正阳等地设立船舶登记所。各地航政机构成立后,先后接收江海关、浙海关等兼管的部分航政管理事权。

同日　汉口航政局正式成立,首任局长(代理)为徐濬镕。局内设一、二两科。第一科管理行政事务;第二科管理航政事务,下设验船、登记、监理、航政四股,并分别在江西、湖北、湖南、四川要埠九江、南昌、长沙、常德、益阳、宜昌、重庆等地设立航政办事处,在湖口、武穴、团风、钟祥、下新河、虾蟆矶、罗家河、岳阳、皇经堂等地设船舶登记所。各航政机构接管相应各地海关兼管的部分航政管理事权。

同日　天津航政局成立,首任局长(代理)为陶毅。该局主管天津、河北、山东和辽东沿海各埠航政,并分别设立了除天津市以外的青岛、烟台、威海、秦皇岛 4 个航政办事处。航政机构成立后,接管了当地海关移交的部分航政管理事权。

同日　哈尔滨航政局成立,但还未开展工作,因东北沦陷于日本之手而停办。

7月　由于广东全境被陈济棠掌控,南京国民政府的广州航政局未能成立,直到 1936 年只成立了中央直属的福州、厦门两航政处。

本月　西方列强被迫同意将原海关理船厅兼管的船舶丈量、检查、注册、海员考核等部分航政管理权交出,归国民政府成立的航政机构管理,但引水、助航设施建设和管理权仍未放弃。

9月19日　国民政府交通部修正公布《交通部航政局组织法》,共 14 款,于 9 月 26 日实施。该组织法明确规定:交通部航政司(局)直隶交通部。其设置及管辖区域由行政院划定。

1932 年(民国二十一年)

3月9日　伪满洲国成立,随后设立水运司,控制其所辖区域航政、港务、航道等管理事务。

8月　国民政府建立的半自主区域航政局,因管理线长面广、鞭长莫及等弊端,引致航商意见纷纷。随后,交通部裁撤、合并了部分航政办事处和登记所,改在航业集中的港埠和地方统一设置船舶登记所。到 1932 年年底,裁撤、合并工作完成。

8月16日　国民政府公布《交通部船员检定委员会暂行章程》《船员检定暂行章程》和《船员证书暂行章程》,决定对船员实施检定。但因种种原因,交通部船员检定委员会至 1933 年 5 月才正式成立,上述章程于同年 6 月 1 日开始实行。

9月　《引水管理暂行章程》公布,次年 1 月施行。同时, 1868 年的《中国引水总章》及各口分章废止。两年后(1934 年)公布《引水人考试法》:

11月7日　陈济棠军政府成立广东省港务管理局,“屡续办理丈量、检验船舶及发给牌照等事项”。次年 2 月 14 日,该局接收粤海关理船厅兼管的航政管理权。

11月11日　招商局正式改为“国营”。

1933 年(民国二十二年)

1月　为统一航政管理,国民政府决定一省只设一个直隶的中央航政机构,沿海、沿江“商务繁盛船舶荟萃之重要口岸,设置航政办事处。”这样,上海航政局辖区设镇江、芜湖、宁波、温州、海州 5 个航政办事处;汉口航政局辖区设重庆、宜昌、长沙、九江 4 个航政办事处;天津航政局辖区设青岛、烟台、威海卫、秦皇岛 4 个航政办事处。

本月　“新宁台”轮从海门港开往宁波港途中,因在上甲板装载生猪过多,在镇海口外三山头翻船沉设,全船500余人均溺亡,无一生还。

2月 上海航政局各登记所裁撤,改为航政办事处,共有宁波、温州、芜湖、镇江、海州5个办事处,其中宁波、芜湖办事处为甲等办事处,其余为乙等办事处。

本月 汉口航政局设宜昌、沙市两个航政办事处,并将重庆船舶登记所更名为重庆办事处,在湖南境内设长沙办事处,在常德、益阳、岳阳分设舶舶登记所。另在江西境内设九江办事处,侧重长江和鄱阳湖航线工作。

3月1日 伪满洲国在奉天(今沈阳)设置铁路总局,兼管北满航运。该总局在哈尔滨设置的铁路管理局内设哈尔滨水运局,管理航政事务等。

5月31日 由于国民政府与日本关东军签订《塘沽协定》,承认了日本对东三省和热河省的占领,把河北东部划为"非武装区",国民政府成立的天津航政局实际只是个形式,难以开展航政管理事务。

5月 伪满洲国水运司和铁道司合并,改称路政司,管辖航政、港口、航道、航标等航政事务。

6月14日 东北水道局、滨江税关河关港务部合并,成立哈尔滨航政局和松黑运输公司等机构。

本月 日本、伪满洲国撤销哈尔滨水运局,成立营口、安东(今丹东)、哈尔滨3个航政局,主管黑龙江、吉林、辽宁三省航政、港务等水运行政事务。

7月1日 广东航海讲习所成立,1935年开始招生。

9月 交通部公布《全国各船籍港名称疆界表》,划定了各船籍港的名称和所辖地界。按此表全国共划定了46个船籍港,同时公布各区域航政局及各办事处的管辖区域。46个船籍港分别为上海、南京、海州、镇江、南通、宁波、海门(今台州)、温州、芜湖、安庆、天津、秦皇岛、滦河口、青岛、威海、烟台、龙口、营口、葫芦岛、丹东、广州、三水、江门、汕头、安东、北海、海口、梧州、南宁、福州、厦门、泉州、三都澳、汉口、沙市、宜昌、长沙、岳州、九江、湖口、万县、重庆、哈尔滨、虎林、龙口、大黑河。

10月24日 国民政府交通部航政司于1933年至1934年先后集中统一举办了4期船员定期考试,即:1933年10月24日在南京举办的第一期,1934年1月24日在上海举办的第二期,1934年4月20日在南京举办的第三期,1934年6月27日在上海举办的第四期。

本年 因每届船员考试临期多有船员航海未归或因事不能赴考者,为方便船员应考,国民政府交通部于1934年7月改定期考试为随到随考。

本年 国民政府交通部在广西北海设立直管的广州航政局北海办事处,管理钦、廉港口航政事务。

1934年(民国二十三年)

1月至6月30日 全国注册船员领得甲种证书者,驾驶员193人,轮机员101人;领得乙种证书者,驾驶员773人,轮机员870人。

1935年(民国二十四年)

2月15日 国民政府公布再次修正的《交通部航政局组织法》,2月26日实施。这是该组织法第二次修正。

3月26日 交通部修正《船员检定暂行章程》,公布《船员检定章程》。

6月14日 再一次修改《交通部航政局组织法》,6月28日施行。这是该组织法的第三次修正。

1936年(民国二十五年)

8月 陈济棠所担任的国民政府西南政务委员会委员、第一集团军总司令等各种职务被免去,余汉谋担任广东绥靖主任,并派员前往广州接管原广东省港务管理局工作。

9月1日 交通部广州航政局成立,下设一科、二科。一科管理行政事务,二科管理航政事务。在广州、江门、汕头、海口、北海、梧州、桂平、厦门、福州九处设立办事处,管理广东、广西、福建三省航政事务。

但实际上广西自行设立航政局,不受国民政府领导,所以广州航政局只管广东、福建两省的航政事务。

5月1日　首次开放汉口至宜昌间分段夜航。

12月9日　交通部公布《轮船业登记规则》《轮船业监督章程》及《促进航业合作办法》三项规章与规则。

本年　各口岸中国引水员已达621人,外国引水员93人。

本年　据1936年交通部核发证书统计:全年颁发甲种船员证书108人,乙种船员证书567人。历年总计已有620人获得甲种证书,3419人获得乙种证书。到1936年,计有4039人获得高级和中级船员证书。

1937年(民国二十六年)

2月　伪满洲国交通部在哈尔滨设立高等船员养成所。4月1日,从奉天(今沈阳)、哈尔滨两地考取的30名学生,作为第一期学员,入学开课。

8月11日　国民政府发布训令,指示各轮船公司迅速将海轮驶入长江,或转移至香港等地,以免资敌。

8月12日　国民政府军事当局封锁江阴下游江面,先后征用公私船舰43艘(计64000多吨)及木船185只沉江,构筑长江第一道封线。长江下行轮船止于镇江。

8月25日　日军封锁中国沿海港口。国民政府接收镇江以上长江各地的日清码头、仓库、趸船、轮船等。

本月　国民政府公布《非常时期轮船转移外籍办法》。

8月13日至次年12月　先后在青岛、海州、上海、宁波与温州、福州、广州等沿海港口,以及长江的江阴、镇江、马当、田家镇、金口、藕池口等长江港口和航道构筑御敌的封锁线工程,凿沉在各港口要塞的轮船和趸船87艘11万余吨。

9月　天津航政局停办、解散,下设青岛、烟台、威海、秦皇岛航政办事处也随之停办。

10月至次年10月　先后开放浙江、福建、广东沿海原非对外通商口岸的36个小港,准许外国轮船出入,以便利上海、香港等地与内地物资交换和运输。9月1日,国民政府交通部令各大轮船公司在南京组建长江航业联合办事处,统筹船舶调配,维持战时军民运输,并令上海、镇江、芜湖、九江、汉口、长沙等地分设内河航业联合办事处。

11月　管辖浙江、江苏、安徽与上海特别市航政事务的上海航政局停办,并成立保管处。该处将印章、文件、档案封存,寄存于英商茂泰洋行仓库。

11月30日　九江航政办事处停办,次年6月恢复,移设南昌,1939年5月16日又移至吉安。

12月　国民政府交通部通知上海航政局所属的温州、宁波两航政机构,暂行停办。次年3月恢复,并改由交通部直管。

本月　国民政府广州航政局福州航政办事处停办。

本月　国民政府成立撤退至后方的第一个引水组织——湘沙宜渝区引水舵工老大管理委员会,隶属于国民政府军事委员会长江上游江防总司令部,负责长江中上游的引水业务。

本年至1939年12月　广东、广西、福建、浙江、上海、江苏、江西等省市先后成立船舶管理总队(后改为船舶管理所),作为战时对民船的管理机构,主要进行船舶的登记,以利随时征调。

1938年(民国二十七年)

1月1日　铁道部并入交通部,原铁道部长张嘉璈任交通部长,卢作孚为常务次长。

3月　恢复福州航政办事处,1940年9月起改由交通部直辖,1941年1月始管理闽江上游船舶,1944

年10月迁至南平。1945年3月裁撤,业务改归福建省政府公路船舶管理局。8月,福州航政办事处再次恢复。

4月4日　汉口航政局设巡回视察员制度,视察分秘密视察和公开视察两种。

7月24日　国民政府在宜昌成立长江上游引水管理委员会。

7月30日　修正1930年颁行的《交通部组织法》,规定交通部设立的各种管理机构的名称以及每一个组织机关的职能,明确事权,统一职能。

8月4日　汉口航政局部分人员留守汉口,会同武汉战时运输管理机关督促轮船撤退。10月25日,该局最后一批人员在武汉陷敌前撤退。12月1日,该局迁至重庆朝天门信义街下首恢复办公。

10月21日　汉口航政局在宜昌设立绞滩管理委员会,随后在四川南充、湖南沅陵、四川泸县设立绞滩总站,办理战时船舶绞滩事宜。

10月　广州沦陷前夕,广州航政局奉令撤至广西梧州办公。下属的江门办事处也迁至肇庆,改称肇庆办事处,负责西江下游及南路沿海一带的航政事务。

11月2日　重庆办事处移驻万县。1940年3月1日又移至泸县(现泸州)。

12月2日　再一次修改《交通部航政局组织法》,修改后为8款,12月8日公布实施。

12月20日　长沙办事处迁至衡阳,次年2月27日迁至湘潭,3月15日又迁回长沙。

本年　国民政府在梧州成立粤桂区引水管理委员会,负责珠江西江支流的引航业务。

1939年(民国二十八年)

1月9日　交通部令汉口航政局设立汉口航政局造船处,主办贷款监造木船。

1月　撤销广西航务管理局(此局名义属广州航政局统辖,实际上独立管理广西航政事务),改为广西船舶管理处,所有广西航政事务改由广州航政局管理。

1月16日　成立交通部广州航政局西江航业战时服务合作社。

3月　汪伪政权成立交通部上海航政局,隶属伪建设部。

4月　川江泄滩绞滩站在趸船上设置绞机成功,又在川江、嘉陵江、沅江等处设绞滩站多处。

4月　交通部公布四川省轮船、木船运价标准章程,将水运运价纳入航政经常管理事项。

5月　汕头航政办事处移置洞源,改称洞源办事处,专管东江、韩江航政事务。

本月　日伪合办武汉交通股份有限公司,经营市区轮渡、公共汽车以及以武汉为中心的沦陷区轮船运输。

9月11日　常德航政办事处成立,后移至沅陵,管理湘省沅江、澧水航政事务。

11月　川江改良木船和浅水轮船试制成功后,交通部遂将此经验推广到广西、广东、江西、湖南四省,并于1939年11月在广西柳州成立西江造船处,由汉口航政局局长王洸兼任处长。

12月　在长沙和万县分别成立湘沙区和宜渝区引水舵工老大管理委员会,管理战时后方的引水。

本年　增设桂平、曲江两航政办事处。

本年　将撤至重庆的吴淞商船学校改为国立重庆商船专科学校,隶属教育部。

1940年(民国二十九年)

1月1日　国民政府交通部将汉口航政局造船处改组为川江造船处,负责办理川江木船贷款事宜,仍隶属汉口航政局。

2月25日　日本扶持汪伪拼凑成立中华轮船股份有限公司,以小轮40多艘行驶长江下游各线。

6月11日　宜昌航政办事处撤至巴东,改称汉口航政局巴东办事处。

6月　绞滩管理委员会移设万县。10月,在泸县设立长江上游绞滩总站。1943年11月23日,绞滩管理委员会迁至重庆。后绞滩站几经增减,至 1945 年川江共有绞滩 18 个。

7 月 16 日　设立海门航政办事处,由国民政府交通部直辖,归宁波航政办事处兼理。

10 月　裁撤 1940 年在温州临时设立的浙江省战时温台航运管理处,航政事务交宁波与海门两航政办事处办理。

5 月 11 日　川江航务管理处负责的四川省航政事权划归汉口航政局管理。川江航务管理处只负责维护川江水上治安。

本年　西江造船处分设柳州、曲江、衡阳、沅陵、泰和造船工场,建造浅水轮船和木船。

1941 年(民国三十年)

1 月　重新在重庆设立川江造船处,并分设三汇、昭化、宜宾、合川等地工场,制造粮运和航运木船。西江造船处继续在湘、赣两省建造木船。

4 月　交通部直辖的宁波航政办事处迁至海门,海门办事处归其兼理。

7 月 15 日　汪伪政权交通部在广州设立广州航政局,在汕头、番禺、中山、南海、新会等市、县设立分支机构。

8 月 1 日　汉口航政局改称长江区航政局,统一管理长江上游及川、湘两省长江航政事宜。原川江航务管理处同时撤销,其职能交由四川水上警察局属理。

10 月 1 日　国民政府交通部明确长江区航政局下辖宜宾、泸县、广元、南充、合川、万县、巴东、长沙、常德(设沅陵)、九江(设吉安)共 10 个办事处。

1942 年(民国三十一年)

6 月 1 日　交通部川湘、川陕水陆联运总管理处成立。

10 月 9 日　英、美两国宣布放弃在华内河航行权及沿海贸易权。

11 月　水利委员会成立嘉陵江工程处,开始整治重庆至南充间的河道,并由绞滩委员会在南充至广元间设置绞滩机械设备。

1943 年(民国三十二年)

1 月　广州航政局改组为珠江区航政局,仅管辖广东、广西航政事务,不再管辖福建航政。局内机构并无变动,保留广州航政局内的二科一室。川江造船处与西江造船处合并,统称交通部造船处,统筹建造长江、珠江上游的木船和浅水轮船。

1 月 11 日　中英、中美签订新约,宣布中国丧失百年之久的江海航权收回,但只是有限收回。

3 月 1 日　汪伪政权成立湖北省建设厅船舶管理局,在江西九江警察训练所成立湖北省建设厅船舶管理局九江分局。

4 月 26 日　招商局总局在重庆恢复办公,同时撤销长江业务管理处。

6 月　国民政府交通部设立水陆空联运委员会,办理东南、西北、西南三区联运事宜。

1944 年(民国三十三年)

3 月　行政院通过《全国引水管理委员会组织条例》。

4 月 11 日　国民政府成立全国引水管理委员会,统一管理全国引水业务。这标志着中国政府开始对引水事务的自主管理。因当时中国沿海、沿江大部分港口仍为日军占领,这个引水委员会只能对后方的长江上游、汉宜湘区和粤桂区的引水实施管理,也包括撤退到这些地方的沿海和长江中下游失业引水员。

5 月 1 日　长江上游及汉宜湘区两个引水管理委员会均改组为办事处,派海务巡工司暂行兼任处长。

10月 珠江区航政局由梧州撤至广西百色,因无航政可管,实际上处于瘫痪状态,仅留7个人看守局本部。

本年 珠江区航政局所属的肇庆、同源、曲江、桂平航政办事处因日军占领而相继停办。

1945年(民国三十四年)

8月23日 苏联红军接管大连港,设立大连中苏自由港,港长及各部门要职均由苏籍人员担任。1948年大连中苏自由港改称为大连港湾管理局,港长以下设业务副港长、总工程师、港务监督长和人事生活副港长。其中港务监督长下设管理监督室、监督台、引水信号、船舶区、海上救护、气象台、检疫所等,在事实上管理航政事务。这是中国航政史上一个特别时期的特例。

9月1日 国民政府海军部召集海关等部门部署清除长江航道水雷及其他障碍物。

9月7日 美国海军上校史密斯带领先头部队进入上海港,宣布对上海港实行军事管制。11日,驻沪美军司令威雅特宣布上海港9月15日开放。这标志着中国航权、航政管理权的再次丧失。

9月8日 民生公司"民权"轮驶出川江,揭开抗战胜利后"复员运输"的序幕。此后,全线轮、木船并举,突击复员运输。战时西撤的各轮船公司也先后回迁复航。

9月20日 长江区航政局一部分人开始赶赴汉口,30日抵达,暂时在三北轮船公司成立临时办公处,10月2日开始恢复办公。11月17日,长江区航政局全部迁回汉口,12月1日正式对外办公。

9月25日 退至后方已7年的珠江区航政局由百色迁回广州,在广州靖海路一号开始办公,恢复管理广东、广西省沿海、沿江的航政事务,局长为周演明。该局还增设了湛江办事处与南宁航政办事处。

9月28日 国民党政府公布《引水法》,次年4月1日施行。这是废除不平等条约中外国在华引航权之后,中国政府颁行的第一部全国性的引水法规,共6章33款。这一《引水法》与1933年《引航管理暂行章程》相比,更加体现出一个主权国家对引水的自主管理,内容也更加完善、具体。

9月 交通部上海航政局恢复办公,继续兼管苏、浙、皖和上海市航政事务。

本月 苏联红军进驻哈尔滨,临时组建松花江航务局,下设船舶处专理航政事务,有航务科、修船科、船员科,维持战时运输。曾任过船长的俄国人布立丹青出任该航务局局长。

10月 珠江区航政局召集广东省建设厅、市政府、海关、船管所等,筹备设立统一码头管理委员会,以维持码头秩序和安全。国民政府交通部组建航业整理委员会,接收处理日伪航业。

10月17日 芜湖办事处暂迁南京,改名为上海航政局南京航政办事处。

12月1日 上海航政局镇江办事处恢复。

同日 重建上海航政局温州航政办事处。

12月 国民政府交通部航政司司长何墨林离任,高廷梓接任。全国船舶调配委员会在重庆成立,刘鸿生任主任委员,卢作孚任副主任委员,主持复员运输事宜。

本年 国民政府派员到天津接收华北航政,俞国成任天津航政局代理局长,并接收青岛、秦皇岛、烟台、威海4个办事处。

1946年(民国三十五年)

1月6日 香港海员工会经筹备重建,召开海员代表大会。

1月17日 上海航政局宁波航政办事处重建。

2月13日 广州航政局北海航政办事处恢复。

2月 国民政府行政院颁发《雇用外籍引水人管理办法》,实施"逐步淘汰外籍引水"政策。但直到1949年国民政府垮台,外籍引水员也没有完全脱离中国引水业。

2月 中共山东省政府成立交通总局。11月,交通总局裁撤,并入华东军区总兵站。1947年2月,交通科改为交通处。3 月,渤海行署交通局成立,下设航运局,管理内河航运业务。

2 月　晋冀鲁豫中央局、边区政府、军区进驻廊坊。边区政府将 1945 年 4 月成立的太行运输公司(边区政府的第一个公营运输机构)改称晋冀鲁豫边区交通运输公司,成为边区政府发展交通运输的重要机构。

3 月 1 日　国民政府在南京重新成立全国引水管理委员会,下设各引水区办事处。至此,中国政府全部收回引水权。

3 月　国民政府交通部将珠江区航政局改为广州航政局,并将福建航政事务划归该局管辖。

3 月 16 日　国民政府交通部将镇江、南京航政办事处移交给长江区航政局管辖,实现长江航政的统一管理。

4 月 30 日　中国共产党领导下的东北民主联军在苏军(4 月 28 日)撤出哈尔滨后,进驻哈尔滨,成立松花江航务局,由东北行政委员会运输部副部长陈铭三任局长。这是中国共产党领导下的人民政府建立的第一个航政与航运机构。

4 月　中共晋冀鲁豫边区中央局经济部设立运输处,负责边区的运输工作。

5 月 7 日　中共松江省人民政府改组松花江航务局。

6 月 5 日　国民政府通过宋子文提案,公然“准许外轮驶泊南京、芜湖、九江、汉口四埠,装卸货物”,出卖中国航权,遭到全国各界激烈反对。

上半年　国民党政府“复员运输”大体完成。

11 月 4 日　国民政府与美国签订《中美友好通商航海条约》(简称《中美商约》),进一步向美国出卖航权、航政管理权。

12 月 2 日　恢复芜湖办事处建制,与南京航政办事处、重庆航政办事处一样,扩编为特别办事处。

本年　长江区航政局先后在汉口、九江、南京三处收回太古、怡和及日清各公司的码头水面,设置趸船,辟为公用码头。这是中国近代建立公用码头之始。

本年冬　中国共产党华中工作委员会(后改为苏北区委员会)成立沿海船舶管理局和盐阜、两台、(南)通如(东)船舶管理分局,管理除吕四、连云港、陈港外的全部沿海港口。工作委员会对木帆船进行登记发证、船舶进出口、组织出港运输等管理。并在南坎、北坎、环港、琼港、黄港、新津、射阳等地设立 15 个办事处,专管海船运输和渔业生产。

1947 年(民国三十六年)

3 月 22 日　国民政府行政院允准航业界组成济运联营处,接办行总水运大队。

3 月　中共东北行政委员会财经办事处任命吴自立为松花江航务局局长。

5 月 11 日　中共将松花江航务局改名为东北航务局,隶属东北行政委员会。局长为吴自立,副局长为樊继才、何辑庥。

8 月 15 日　天津港引水公会改组成立冀鲁区引水公会,负责天津、秦皇岛、青岛、烟台、威海、龙口六港口的引水业务。塘沽、青岛、秦皇岛分设事务所。

9 月　交通部颁布《引水法施行细则》,共 6 章 32 款。

1948 年(民国三十七年)

1 月 1 日　为统一管理引水,国民政府将引航管理及业务分开,裁撤各区引水管理办事处,引水行政管理移交当地航政办事处接管,办理引航人员的检验、奖惩、碰撞纠纷协调、费率拟定及引航管理事项等。

1 月　江海关将上海引水公会移交上海航政局管理。上海引水公会改名为上海铜沙引水公会。

4 月　海州航政办事处撤销,改设上海航政局无锡航政办事处。

8月7日　中共华北临时人民政府在石家庄成立,并成立华北人民政府交通部。这成为中华人民共和国成立交通部的基础。

12月3日　招商局“江亚”轮在吴淞口外航行途中,发生爆炸,全船沉没。死亡旅客、船员共达1483人,死亡人数超过“泰坦尼克”号。

12月　中共东北局决定,在沈阳成立东北航政总局,下设哈尔滨航政局、安东航政局、营口航政局及葫芦岛办事处。同时,将东北航政局与哈尔滨航政局合并,改称哈尔滨航政局。东北航政总局第一任局长为吴自立,副局长为周才。

12月　中共渤海行署成立小清河河务局,下设黄台、羊角沟两个办事处,管理小清河流域航运和水利事宜。1949年年末,羊角沟办事处撤销,改制为管理所,隶属于小清河航务办事处,负责船舶的管理。

本年　增设长江区航政局宜宾航政办事处。

1949年(民国三十八年)

1月15日　天津市解放。中国人民解放军天津区军事管制委员会(简称军管会)成立,并发布一号布告,对天津实行军管。黄克诚任主任,谭政、黄敬任副主任。当天下午,军管会交通接管部航政组由石家庄进入天津,遵照“按系统,自上而下,原封不动,先接后管”的方针,开始对天津航政局等港航单位进行接管。

2月14日　上海航业界收到毛泽东、周恩来电,称赞南北通航一举极为必要,并表示欢迎。先后有“大上海”“唐山”“天平”等10艘轮船开行于上海与华北解放区之间。

2月　中共华北人民政府将卫运河管理委员会改称卫运河航政管理处,隶属于华北人民政府交通部。5月,又将卫运河航政管理处改组为华北人民政府交通部内河航运管理局。

3月11日　天津军管会交通处在天津招商局举行天津航政局、招商局接管交接仪式。至此,原国民党政府在天津的航政、航业均收归人民所有。

3月21日　接管后的天津航政局命令冀鲁区引水公会解雇天津港英籍引水员翰伯林和包尔特。9月,又接管私人冀鲁区引水公会。至此,天津港长达89年的洋人和私人控制引水权的历史宣告结束。

3月28日　长江区航政局局长王洸在全局职工大会上宣布去川江巡视。后经交通部批准,该局迁移重庆,自5月20日在原重庆办事处地址正式办公。

4月1日　中共华北人民政府成立华北航务局,统一领导天津航政局等单位,并对外商和民营航业以及华北地区的水上交通实行管理。6月28日,华北人民政府交通部又委任张文昂兼任华北航务局局长,王化民为华北人民政府交通部驻天津航政局代表,马涤源为天津航政局局长,其他航业机关相继委派了首席军代表和负责人。

4月23日　国民政府首都南京解放,南京国民政府彻底覆灭。这也标志着这一政府航政管理系统的垮台。

至4月　国民政府航政管理系统组织结构为:天津航政局,局长为冯法祖,下辖烟台、威海、青岛办事处(现移归上海航政局管辖);广州航政局,局长为卢逢泰,下辖桂平、福州、厦门、梧州、海口、北海、湛江、江门、汕头航政办事处;上海航政局,局长为洪瑞涛,下辖宁波、温州、海州办事处(移设无锡);长江区航政局,局长为王洸,下辖镇江、南京、芜湖、九江、长沙、宜昌、重庆、宜宾办事处,以及川江绞滩总站(设在万县)。但这一系统组织只是名义上的存在,如天津航政局已于1月15日被人民解放军接管。

5月14日　中共在天津成立华北人民政府交通部内河管理局,由刘乐三任局长。至此,华北航务局和内河管理局所管理的天津港及华北地区的各项航政、港务、航务工作,均置于华北人民政府和天津市军管会的领导之下。当时效仿苏联的港航及航政管理模式,实行一体化管理,航政机构由过去的独立管理机构变为与港航管理合一的管理职能部门。这是在当时特殊条件下的一种过渡性管理体制,也是中华人民共和国成立后的中国航政管理体制的雏形。

9 月 2 日　重庆发生“九·二”火灾,历时 16 小时,从水面到岸上一片火海。长江区航政局及重庆办事处全部烧焚,职工 5 人及家属 11 人被烧死,受灾员工 44 人。

9 月 7 日　长江区航政局及重庆办事处迁至林森路(今重庆解放东路)西三街口原招商局营业大楼合署办公。重庆解放前夕,长江区航政局局长王洸将权柄匆匆移交重庆办事处主任朱文秋代理,自己随国民政府撤至广州,不久接任国民党交通部航政司司长之职,后又逃往台湾。至此,长江航政机构事实上已解体。

后 记

马克思、恩格斯在《德意志意识形态》一书中指出:“历史不外是各个世代的依次交替。每一代都利用以前各代遗留下来的材料、资金和生产力,由于这个缘故,每一代一方面在完全改变了的条件下继续从事先辈的活动,另一方面又通过完全改变了的活动来改变旧的条件。”

中国海事史,是介于研究中国的大海事与一般海事(指水上海损事故)之间的相对比较宽泛且又有一定范围限制,涉及水上安全监督管理活动过程与内在变化规律的一门经济技术管理历史的学科。从时间跨度上讲,上自远古舟航活动中“海事”萌发起,下迄当今专业的海事管理,上下几千年;从涵盖的范围而言,自中国一舟一人之安全航行意识,乃至所有领海、河流、水系、湖泊、岛屿与水上交通安全有关的事物。它的发生和发展,是与国家建立后中国社会、经济、政治、军事、文化等的进步密不可分,与农耕生活、工业生产、商业流通更是互相依托。它的自身结构较为复杂,职能分工渐趋精细,涉及航运、港口、造船、航道等诸方面。若按现代国家法律、法规赋予的职权,海事主要包含了十二大方面:海事变化与发展的时代背景,海事管理体制,海事法律、法规与规章及规范,海事管理工作,海事保障,海事应急管理,海事发展规划,海事基本建设,海事信息化,海事管理队伍建设,海事国际合作,海事综合管理。

以上十二大方面的内容是一个宽泛的领域与庞大的体系,我们不可能面面俱到,完全涉猎。但就海事管理角度来说,可大体归纳为五大方面:

一是海事管理机构建立与演变,及其管理职能、范围等;

二是海事法律、法规、规章制度的拟定与贯彻实施;

三是海事主要管理活动与管理事件;

四是海事队伍管理、人才培训,以及国际交流合作;

五是海事设施、科技、信息等建设与应用,以及发展规划等。

以上五大方面决定了中国海事作为国家经济管理的一个部门,所涉及的名目繁多,必须要有一个整体的把握。内容所及上至中央,下至地方;既包括沿海,又要涉及内河水系,甚至干线与支流;不但要着眼于国内,而且更需放眼世界。这就决定中国海事史的研究工作颇具艰巨性和复杂性。面对纷繁复杂的研究对象,我们只有尽可能地大量、充分占有史料,分析它的各种发展形式,探寻这些形式的内在联系,从中得出规律性的认识,从个性中找出共性,从事物的表象中挖掘本质。

《中国海事史》,从宏观角度讲是国民经济发展史中的一个经济技术管理史著;从微观角度讲是船舶检验、船舶管理、船员管理、通航管理、危险货物与防污染管理、助航建设和管理、应急搜救,以及维护国家领水主权等的综合管理史。因此,我们注意以水上交通安全监督管理为中心,顾及中国海事的全局,适当处理海事与经济、政治、军事、文化,尤其与航运、港口、造船、航道等相互关系。本书研究编撰的出发点和主要内容包括:保障水上交通安全、防止船舶污染水域、维护国家领水主权利益、履行国际海事公约等在中国的发生、发展的历史演变过程,与中国海事发展有关的历史背景及海事社会效果,兼及政治、军事、文化、自然诸方面对中国海事的影响和制约等。我们在编写中力求处理好经济基础与上层建筑、生产力与生产关系之间的辩证统一关系,根据中国海事的职能、职责、职权及管理的对象和范围进行深入研究,整体思考中国海事的历史基本线索、时代主要矛盾、不同时期的管理职能与发展特点等。以上就是我们从整体角度所确定的《中国海事史》应有的主题和要旨、内涵和外延。我们的研究主题与方向,经过领导与专家们的最后确认,侧重于以“管理”为中心、以“发展”为主线,并将之贯穿始终,以全面、系统地勾画出中国海事自古迄今的发展基本轮廓与演变过程。

呈现于大家面前的《中国海事史》(古、近代部分),是记载远古至1949年中华人民共和国成立前中国海事发生、发展及演进历史过程的史著。这一专业的历史迄今为止还没有人进行过全面深入的探讨,仅在有关中国航运、港口、造船、航道等史著中有一些零星的记载,更未曾有一部完整的专著加以整理、综述与全面评价。相对于中国海事的悠久历史及其在中国历史中的重要地位与作用而言,系统地探讨中国海事的发生、发展历程,揭示其内在规律及其与社会发展的相互关系,为中国海事今后的发展提供经验和教训是非常必要和重要的。《中国海事史》的出版,就是在这方面的尝试,力求填补这一项空白,为历史留下一笔宝贵的海事文化建设经验和财富。